2025 年度全国会计专业技术资格考试辅导教材

中级会计资格

中级会计实务

财政部会计财务评价中心　编著

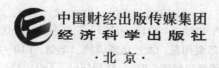

中国财经出版传媒集团
经济科学出版社
·北京·

图书在版编目（CIP）数据

中级会计实务／财政部会计财务评价中心编著．
北京：经济科学出版社，2025.4. -- （2025 年度全国会
计专业技术资格考试辅导教材）. -- ISBN 978 - 7 - 5218
- 6760 - 2

Ⅰ. F233

中国国家版本馆 CIP 数据核字第 2025MX4529 号

责任编辑：刘子鋆
责任校对：靳玉环
责任印制：邱　天

防伪鉴别方法

　　封一左下方粘贴有防伪标识。在荧光紫外线照射下可见防伪标识中部呈现红色"会计"二字。刮开涂层，可通过扫描二维码或者登录网站（http：//www. cfeacc. cn）进行考试用书真伪验证。正版图书可享受免费增值服务。

2025 年度全国会计专业技术资格考试辅导教材

中级会计资格

中级会计实务

ZHONGJI KUAIJI SHIWU

财政部会计财务评价中心　编著

经济科学出版社出版、发行　新华书店经销

社址：北京市海淀区阜成路甲 28 号　邮编：100142

总编部电话：010 - 88191217　发行部电话：010 - 88191522

天猫网店：经济科学出版社旗舰店

网址：http：//jjkxcbs. tmall. com

河北鹏山实业有限责任公司印装

787×1092　16 开　33 印张　730000 字

2025 年 4 月第 1 版　2025 年 4 月第 1 次印刷

印数：00001—70000 册

ISBN 978 - 7 - 5218 - 6760 - 2　定价：84.00 元

（图书出现印装问题，本社负责调换。电话：010 - 88191545）

（打击盗版举报热线：010 - 88191661，QQ：2242791300）

会计人员职业道德规范

一、坚持诚信，守法奉公。牢固树立诚信理念，以诚立身、以信立业，严于律己、心存敬畏。学法知法守法，公私分明、克己奉公，树立良好职业形象，维护会计行业声誉。

二、坚持准则，守责敬业。严格执行准则制度，保证会计信息真实完整。勤勉尽责、爱岗敬业，忠于职守、敢于斗争，自觉抵制会计造假行为，维护国家财经纪律和经济秩序。

三、坚持学习，守正创新。始终秉持专业精神，勤于学习、锐意进取，持续提升会计专业能力。不断适应新形势新要求，与时俱进、开拓创新，努力推动会计事业高质量发展。

前言

为帮助考生全面理解和掌握全国会计专业技术资格考试领导小组办公室印发的 2025 年度中级会计专业技术资格考试大纲，更好地复习备考，财政部会计财务评价中心组织专家按照考试大纲的要求和最新颁布的法律法规，编写了《中级会计实务》《财务管理》《经济法》辅导用书，并对《全国会计专业技术资格考试参考法规汇编》作了相应调整。编写和调整所参照的法律法规截止到 2025 年 3 月底。

本考试用书作为指导考生复习备考之用，不作为全国会计专业技术资格考试指定用书。考生在学习过程中如遇到疑难问题，可登录全国会计资格评价网咨询答疑栏目提出问题，并注意查阅有关问题解答。

书中如有疏漏和不当之处，敬请指正，并及时反馈我们。

财政部会计财务评价中心
二〇二五年四月

目录

第一章　总　　论

本章主要内容

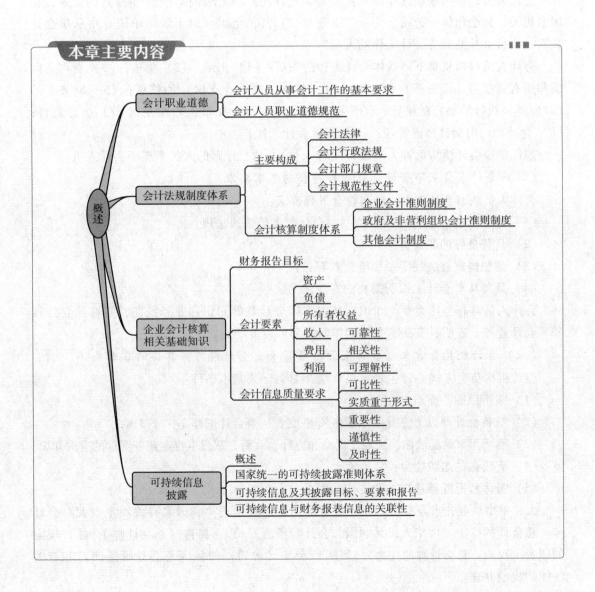

会计职业道德
- 会计人员从事会计工作的基本要求
- 会计人员职业道德规范

会计法规制度体系
- 主要构成
  - 会计法律
  - 会计行政法规
  - 会计部门规章
  - 会计规范性文件
- 会计核算制度体系
  - 企业会计准则制度
  - 政府及非营利组织会计准则制度
  - 其他会计制度

企业会计核算相关基础知识
- 财务报告目标
- 会计要素
  - 资产
  - 负债
  - 所有者权益
  - 收入
  - 费用
  - 利润
- 会计信息质量要求
  - 可靠性
  - 相关性
  - 可理解性
  - 可比性
  - 实质重于形式
  - 重要性
  - 谨慎性
  - 及时性

可持续信息披露
- 概述
- 国家统一的可持续披露准则体系
- 可持续信息及其披露目标、要素和报告
- 可持续信息与财务报表信息的关联性

概述

第一节　会计职业道德概述

一、会计人员从事会计工作的基本要求

（一）会计人员的范围

会计人员，是指根据《中华人民共和国会计法》（以下简称《会计法》）的规定，在国家机关、社会团体、公司、企业、事业单位和其他组织（以下统称单位）中从事会计核算、实行会计监督等会计工作的人员。

会计人员包括从事下列具体会计工作的人员：（1）出纳；（2）稽核；（3）资产、负债和所有者权益（净资产）的核算；（4）收入、费用（支出）的核算；（5）财务成果（政府预算执行结果）的核算；（6）财务会计报告（决算报告）编制；（7）会计监督；（8）会计机构内会计档案管理；（9）其他会计工作。

担任单位会计机构负责人（会计主管人员）、总会计师的人员，属于会计人员。

（二）会计人员从事会计工作应当符合的基本要求

会计人员从事会计工作，应当符合下列要求：

（1）遵守《会计法》和国家统一的会计制度等法律法规；

（2）具备良好的职业道德；

（3）按照国家有关规定参加继续教育；

（4）具备从事会计工作所需要的专业能力。

会计人员具有会计类专业知识，基本掌握会计基础知识和业务技能，能够独立处理基本会计业务，表明具备从事会计工作所需要的专业能力。

（三）会计机构负责人（会计主管人员）和总会计师应当具备的基本条件

会计机构负责人（会计主管人员）应当具备下列基本条件：

（1）坚持原则，廉洁奉公；

（2）具备会计师以上专业技术职务资格或者从事会计工作不少于3年；

（3）熟悉国家财经法律、法规、规章和方针、政策，掌握本行业业务管理的有关知识；

（4）有较强的组织能力；

（5）身体状况能够适应本职工作的要求。

大、中型企业，事业单位，业务主管部门应当根据法律和国家有关规定设置总会计师。总会计师行使《中华人民共和国总会计师条例》（以下简称《总会计师条例》）规定的职责、权限。总会计师的任命（聘任）、免职（解聘）依照《总会计师条例》和有关法律的规定办理。

（四）会计人员任用（聘用）管理相关规定

单位负责人对本单位的会计工作和会计资料的真实性、完整性负责。单位应当根据

《会计法》等法律法规规定，结合会计工作需要，自主任用（聘用）会计人员。单位任用（聘用）的会计机构负责人（会计主管人员）、总会计师，应当符合《会计法》《总会计师条例》等法律法规和有关规定。单位应当对任用（聘用）的会计人员及其从业行为加强监督和管理。单位应当根据有关法律法规、内部控制制度要求和会计业务需要设置会计岗位，明确会计人员职责权限。

因发生与会计职务有关的违法行为被依法追究刑事责任的人员，单位不得任用（聘用）其从事会计工作。因违反《会计法》有关规定受到行政处罚5年内不得从事会计工作的人员，处罚期届满前，单位不得任用（聘用）其从事会计工作。

县级以上地方人民政府财政部门、新疆生产建设兵团财政局、中央军委后勤保障部、中共中央直属机关事务管理局、国家机关事务管理局应当采用随机抽取检查对象、随机选派执法检查人员的方式，依法对单位任用（聘用）会计人员及其从业情况进行管理和监督检查，并将监督检查情况及结果及时向社会公开。

依法成立的会计人员自律组织，应当依据有关法律法规和其章程规定，指导督促会员依法从事会计工作，对违反有关法律法规、会计职业道德和其章程的会员进行惩戒。

二、会计人员职业道德规范

会计人员承担着生成和提供会计信息、维护国家财经纪律和经济秩序的重要职责。会计人员职业道德直接影响会计工作和会计信息质量。

党的十八大以来，党中央、国务院部署加快社会信用体系建设、构筑诚实守信的经济社会环境，将会计人员作为职业信用建设的重点人群，要求引导职业道德建设与行为规范。为贯彻落实党中央、国务院关于加强社会信用体系建设的决策部署，推进会计诚信体系建设，提高会计人员职业道德水平，根据《会计法》《会计基础工作规范》，财政部于2023年1月12日制定印发了《会计人员职业道德规范》（以下简称《规范》）。这是我国首次制定全国性的会计人员职业道德规范。《规范》将新时代会计人员职业道德要求总结提炼为三条核心表述，即"坚持诚信，守法奉公""坚持准则，守责敬业""坚持学习，守正创新"（以下简称"三坚三守"），具体内容如下：

（1）坚持诚信，守法奉公。要求会计人员牢固树立诚信理念，以诚立身、以信立业，严于律己、心存敬畏；学法知法守法，公私分明、克己奉公，树立良好职业形象，维护会计行业声誉。

（2）坚持准则，守责敬业。要求会计人员严格执行准则制度，保证会计信息真实完整；勤勉尽责、爱岗敬业，忠于职守、敢于斗争，自觉抵制会计造假行为，维护国家财经纪律和经济秩序。

（3）坚持学习，守正创新。要求会计人员始终秉持专业精神，勤于学习、锐意进取，持续提升会计专业能力；不断适应新形势新要求，与时俱进、开拓创新，努力推动会计事业高质量发展。

《规范》提出"三坚三守",强调会计人员"坚"和"守"的职业特性和价值追求,是对会计人员职业道德要求的集中表达。第一条"坚持诚信,守法奉公"是对会计人员的自律要求;第二条"坚持准则,守责敬业"是对会计人员的履职要求;第三条"坚持学习,守正创新"是对会计人员的发展要求。加强会计人员职业道德建设,对长期以来会计职业活动实践中形成的职业道德要求进行总结提炼和大力宣传,引导会计人员形成正确的价值追求和行为规范,对于提高会计工作水平和会计信息质量,加强社会信用体系建设,推动经济社会高质量发展具有重要意义。

第二节 会计法规制度体系概述

一、会计法规制度体系的构成

会计法规制度是指国家权力机关和行政机关制定的,用以调整会计关系的各种法律、法规、规章和规范性文件的总称。目前,我国已经形成了以《会计法》为主体,由会计法律、会计行政法规、会计部门规章和规范性文件有机构成的会计法规制度体系。

（一）会计法律

会计法律是指由全国人民代表大会及其常务委员会经过一定立法程序制定的有关会计工作的法律,属于会计法律制度中层次最高的法律规范,是制定其他会计法规的依据,也是指导会计工作的最高准则。主要会计法律包括《会计法》和《中华人民共和国注册会计师法》。

其中,会计领域最基本的法律是《会计法》,该法于 1985 年 1 月 21 日第六届全国人民代表大会常务委员会第九次会议通过、1993 年 12 月 29 日第八届全国人民代表大会常务委员会第五次会议第一次修正、1999 年 10 月 31 日第九届全国人民代表大会常务委员会第十二次会议修订、2017 年 11 月 4 日第十二届全国人民代表大会常务委员会第三十次会议第二次修正、2024 年 6 月 28 日第十四届全国人民代表大会常务委员会第十次会议第三次修正,其立法宗旨是为了规范会计行为,保证会计资料真实、完整,加强经济管理和财务管理,提高经济效益,维护社会主义市场经济秩序。

（二）会计行政法规

会计行政法规是指由国务院制定并发布,或者国务院有关部门拟定并经国务院批准发布,调整经济生活中某些方面会计关系的法律规范。会计行政法规主要包括 1990 年 12 月 31 日国务院发布、2011 年 1 月 8 日国务院修订的《总会计师条例》,2000 年 6 月 21 日国务院发布的《企业财务会计报告条例》。

（三）会计部门规章

会计部门规章是指由国家主管会计工作的行政部门即财政部根据法律和国务院的行政法规、决定、命令制定的、调整会计工作中某些方面内容的法律规范,通常以部令的形式公布。会计部门规章主要包括1996年6月17日财政部发布、2019年3月14日修改的《会计基础工作规范》，2006年2月15日财政部发布、2014年7月23日修改的《企业会计准则——基本准则》，2015年10月23日财政部发布的《政府会计准则——基本准则》，2018年12月6日财政部发布的《会计人员管理办法》，2015年12月11日财政部、国家档案局第二次修订发布的《会计档案管理办法》，2016年2月16日财政部发布、2019年3月14日修改的《代理记账管理办法》，2018年5月19日财政部、人力资源社会保障部发布的《会计专业技术人员继续教育规定》等。

（四）会计规范性文件

会计规范性文件是除会计行政法规以及部门规章外，由国务院财政部门依照法定权限、程序制定并公开发布，涉及公民、法人和其他组织权利义务，具有普遍约束力，在一定期限内反复适用的公文，通常以财会字文件印发。会计规范性文件主要涉及会计核算、会计监督、会计机构和会计人员以及会计工作管理等内容。关于会计核算的规范性文件主要包括企业会计准则制度、政府及非营利组织会计准则制度等。

此外，省、自治区、直辖市人民代表大会或常务委员会在同宪法、会计法律、行政法规和国家统一的会计制度不相抵触的前提下，根据本地区情况制定发布一些地方性会计法规，如《陕西省会计管理条例》《山东省实施〈中华人民共和国会计法〉办法》等。

二、国家统一的会计制度体系概述

根据《会计法》的规定，国家实行统一的会计制度。国家统一的会计制度由国务院财政部门根据《会计法》制定并公布。国家统一的会计制度，是指国务院财政部门根据《会计法》制定的关于会计核算、会计监督、会计机构和会计人员以及会计工作管理的制度。国家统一的会计制度尤其是规范会计核算的准则制度，是生成和提供口径一致、相互可比会计信息的重要标准，是投资者、债权人、政府及其有关部门和社会公众等运用会计信息进行投资决策、宏观调控等的重要依据。

根据会计主体不同，我国统一的会计核算制度体系主要包括企业会计准则制度、政府及非营利组织会计准则制度和基金（资金）类会计制度、农村集体经济组织会计制度等。

（一）企业会计准则制度

1. 企业会计准则体系①。

企业会计准则主要适用于上市公司、金融机构及大中型国有企业等。我国企业会计准则体系自2006年正式发布以来，财政部在坚持国际趋同和服务国内实践基础上，形成了由基本准则、具体准则、准则解释等构成的基本制度安排。其中，基本准则在企业会

---

① 本教材第二章至第二十三章的内容依据企业会计准则的规定进行编写。

计准则体系中起统驭作用，是具体准则制定的依据，主要规范财务会计报告（又称财务报告，下同）目标、会计基本假设、会计基础、会计信息质量要求、会计要素的定义及确认、计量原则、财务报告等内容；具体准则规范企业各项具体业务事项的确认、计量和报告；准则解释对具体准则实施过程出现的问题、具体准则条款规定不清楚或尚未规定的问题进行补充规范。

目前，我国企业会计准则体系主要包括 1 项基本准则、42 项具体准则和 18 项企业会计准则解释等。此外，《企业会计准则——应用指南》（财会〔2006〕18 号）中仍然有效的具体准则应用指南也属于企业会计准则体系的有机组成内容。

2. 小企业会计准则。

小企业会计准则主要适用于符合《中小企业划型标准规定》（工信部联企业〔2011〕300 号）所规定的小型企业标准的企业，但以下三类小企业除外：（1）股票或债券在市场上公开交易的小企业；（2）金融机构或其他具有金融性质的小企业；（3）企业集团内的母公司和子公司。

目前，我国小企业会计准则主要包括《小企业会计准则》（财会〔2011〕17 号）等。

3. 企业会计制度。

企业会计制度适用于执行企业会计准则、小企业会计准则的企业以外的其他企业。

目前，我国企业会计制度主要包括《企业会计制度》（财会〔2000〕25 号）等。

（二）政府及非营利组织会计准则制度

1. 政府会计准则制度体系[①]。

我国的政府会计准则制度体系主要由基本准则、具体准则及应用指南、会计制度、会计准则制度解释等组成。政府会计准则制度体系适用于政府会计主体。政府会计主体主要包括各级政府、各部门、各单位。各级政府指各级政府财政部门负责的财政总会计。各部门、各单位是指与本级政府财政部门直接或者间接发生预算拨款关系的国家机关、军队、政党组织、社会团体、事业单位和其他单位。但是，军队、已纳入企业财务管理体系的单位和执行《民间非营利组织会计制度》的社会团体，其会计核算不适用政府会计准则制度体系。

基本准则在政府会计准则制度体系中居于统驭地位，主要规范政府会计目标、政府会计主体、政府会计信息质量要求、政府会计核算基础，以及政府会计要素定义、确认和计量原则、列报要求等基本问题。2015 年 10 月，财政部印发了《政府会计准则——基本准则》。

具体准则依据《政府会计准则——基本准则》制定，主要规范政府会计主体发生的经济业务或事项的会计处理原则。2016 年以来，财政部相继印发了存货、投资、固定资产、无形资产、公共基础设施、政府储备物资、会计调整、负债、财务报表编制和列报、文物资源等 10 项政府会计具体准则。应用指南是对具体准则的实际应用提供操作性规

---

① 本教材第二十四章的内容依据政府会计准则制度的规定进行编写。

定，如《〈政府会计准则第 3 号——固定资产〉应用指南》。

政府会计制度依据《政府会计准则——基本准则》制定，主要规定政府会计科目及账务处理、报表体系及编制说明等，与政府会计具体准则相互补充。按照政府会计主体不同，政府会计制度主要由财政总会计制度和政府单位会计制度组成。财政部于 2022 年修订发布了《财政总会计制度》，于 2017 年制定发布了《政府会计制度——行政事业单位会计科目和报表》（以下简称《政府单位会计制度》），并于 2018 年制定发布了高等学校、医院、科学事业单位等 7 个特殊行业事业单位执行《政府单位会计制度》的补充规定，这些补充规定属于《政府单位会计制度》的有机组成部分。此外，财政部 2019 年以来相继印发了《事业单位成本核算基本指引》和公立医院、高等学校、科学事业单位 3 项成本核算具体指引，这些成本核算指引也属于政府会计制度的组成内容。

政府会计准则制度解释是为了确保政府会计准则制度全面有效实施对政府会计准则和政府会计制度有关内容的进一步说明。2019 年以来，财政部相继印发了 7 项政府会计准则制度解释。

2. 非营利组织会计制度。

目前，我国的非营利组织会计制度主要包括《民间非营利组织会计制度》（财会〔2024〕25 号）和《工会会计制度》（财会〔2021〕7 号）。

《民间非营利组织会计制度》[①] 适用于在我国境内依法设立的符合该制度规定特征的民间非营利组织。国务院财政部门另有规定的，从其规定。民间非营利组织包括依照国家法律、行政法规登记的社会团体、基金会、社会服务机构、宗教活动场所、国际性社会团体、外国商会和境外非政府组织在中国境内依法登记设立的代表机构等组织。

《工会会计制度》适用于各级工会，包括基层工会及县级以上（含县级）工会。工会所属事业单位应当执行政府会计准则制度，工会所属企业应当执行企业会计准则制度，挂靠工会管理的社会团体应当按规定执行《民间非营利组织会计制度》。

（三）其他会计制度

1. 基金（资金）类会计制度。

基金（资金）类会计制度主要包括《住房公积金会计核算办法》（财会字〔1999〕33 号）、《土地储备资金会计核算办法（试行）》（财会〔2008〕10 号）、《社会保险基金会计制度》（财会〔2017〕28 号）、《住宅专项维修资金会计核算办法》（财会〔2020〕7 号）、《机关事业单位职业年金基金相关业务会计处理规定》（财会〔2021〕19 号）、《道路交通事故社会救助基金会计核算办法》（财会〔2022〕15 号）等。

与企业、政府和非营利组织会计准则制度不同的是，基金（资金）类会计制度要求以某项基金或资金作为独立的会计主体进行核算，核算基础一般采用收付实现制。

2. 农村集体经济组织和农民专业合作社会计制度。

《农村集体经济组织会计制度》（财会〔2023〕14 号）适用于在我国境内依法设立

---

① 本教材第二十五章的内容依据《民间非营利组织会计制度》的规定进行编写。

的农村集体经济组织，包括乡镇级集体经济组织、村级集体经济组织、组级集体经济组织。依法代行农村集体经济组织职能的村民委员会、村民小组参照执行本制度。

《农民专业合作社会计制度》（财会〔2021〕37 号）适用于依照《中华人民共和国农民专业合作社法》设立，并取得法人资格的农民专业合作社和农民专业合作社联合社。

第三节　财务报告目标、会计要素和会计信息质量要求

财务报告目标是会计主体编制财务报告提供会计信息的目的。会计要素是对根据交易或者事项的经济特征确定的会计对象所进行的基本分类。会计信息质量要求是对会计主体所提供的会计信息质量的基本要求。因不同会计主体所面对的会计信息使用者不同，需要满足的会计信息需求不同，各类会计准则制度针对不同会计主体所规定的具体财务报告目标、会计要素和会计信息质量要求也有所不同。本节内容主要依据《企业会计准则——基本准则》对企业财务报告目标、会计要素和会计信息质量要求进行介绍。

一、财务报告目标

按照《企业会计准则——基本准则》规定，财务报告的目标是向财务报告使用者提供与企业财务状况、经营成果和现金流量等有关的会计信息，反映企业管理层受托责任履行情况，有助于财务报告使用者作出经济决策。财务报告使用者包括投资者、债权人、政府及其有关部门和社会公众等。

财务报告目标要求满足投资者等财务报告使用者决策的需要，体现为财务报告目标的决策有用观；财务报告目标要求反映企业管理层受托责任的履行情况，体现为财务报告目标的受托责任观。财务报告目标的决策有用观与其受托责任观是有机统一的。投资者出资委托企业管理层经营，希望获得更多的回报，实现股东财富的最大化，从而进行可持续投资；企业管理层接受投资者的委托从事生产经营活动，努力实现资产安全完整、保值增值、防范风险，促进企业可持续发展，就能够更好地、持续地履行受托责任，以为投资者提供回报，为社会创造价值，从而构成企业经营者的目标。

二、企业会计要素及其确认条件

企业会计要素按照其性质分为资产、负债、所有者权益、收入、费用和利润，其中，资产、负债和所有者权益要素侧重于反映企业的财务状况，收入、费用和利润要素侧重于反映企业的经营成果。会计要素的界定和分类可以使财务会计系统更加科学严密，为投资者等财务报告使用者提供更加有用的信息。

（一）资产及其确认条件

资产是指企业过去的交易或者事项形成的、由企业拥有或者控制的、预期会给企业

带来经济利益的资源。过去的交易或者事项包括购买、生产、建造行为或者其他交易或事项。预期在未来发生的交易或者事项不形成资产。由企业拥有或者控制，是指企业享有某项资源的所有权，或者虽然不享有某项资源的所有权，但该资源能被企业所控制。预期会给企业带来经济利益，是指资产直接或者间接导致现金和现金等价物流入企业的潜力。这种潜力可以来自企业日常的生产经营活动，也可以是非日常活动；带来的经济利益可以是现金或者现金等价物形式，也可以是能转化为现金或者现金等价物的形式，或者是可以减少现金或者现金等价物流出的形式。

将一项资源确认为资产，需要符合资产的定义，还应同时满足以下两个条件：（1）与该资源有关的经济利益很可能流入企业；（2）该资源的成本或者价值能够可靠地计量。

（二）负债及其确认条件

负债是指企业过去的交易或者事项形成的，预期会导致经济利益流出企业的现时义务。现时义务是指企业在现行条件下已承担的义务。未来发生的交易或者事项形成的义务，不属于现时义务，不应当确认为负债。这里所指的义务可以是法定义务，也可以是推定义务。其中，法定义务是指具有约束力的合同或者法律法规规定的义务，通常必须依法执行。推定义务是指根据企业多年来的习惯做法、公开的承诺或者公开宣布的政策而导致企业将承担的责任，这些责任使有关各方形成了企业将履行义务解脱责任的合理预期。

将一项现时义务确认为负债，需要符合负债的定义，还应当同时满足以下两个条件：（1）与该义务有关的经济利益很可能流出企业；（2）未来流出的经济利益的金额能够可靠地计量。

（三）所有者权益及其确认条件

所有者权益是指企业资产扣除负债后，由所有者享有的剩余权益。公司的所有者权益又称为股东权益。所有者权益是所有者对企业资产的剩余索取权，它是企业资产中扣除债权人权益后应由所有者享有的部分，既可反映所有者投入资本的保值增值情况，又体现了保护债权人权益的理念。

所有者权益的来源包括所有者投入的资本、直接计入所有者权益的利得和损失（如其他综合收益等）、留存收益等，通常由实收资本（或股本）、资本公积（含资本溢价或股本溢价、其他资本公积）、盈余公积和未分配利润等构成。直接计入所有者权益的利得和损失，是指不应计入当期损益、会导致所有者权益发生增减变动的、与所有者投入资本或者向所有者分配利润无关的利得或者损失。利得是指由企业非日常活动所形成的、会导致所有者权益增加的、与所有者投入资本无关的经济利益的流入。损失是指由企业非日常活动所发生的、会导致所有者权益减少的、与向所有者分配利润无关的经济利益的流出。

所有者权益的确认主要依赖于其他会计要素，尤其是资产和负债的确认；所有者权益金额的确定也主要取决于资产和负债的计量。

（四）收入及其确认条件

收入是指企业在日常活动中形成的、会导致所有者权益增加的、与所有者投入资本无关的经济利益的总流入。其中，日常活动是指企业为完成其经营目标所从事的经常性活动以及与之相关的活动。例如，工业企业制造并销售产品、商业企业销售商品、商业银行对外贷款、保险公司签发保单、咨询公司提供咨询服务、软件企业为客户开发软件、安装公司提供安装服务、建筑企业提供建造服务、租赁公司出租资产等，均属于企业的日常活动。

企业收入的来源渠道多种多样，不同收入来源的特征有所不同，如销售商品、提供劳务、让渡资产使用权等。对于企业销售商品、提供劳务等取得的收入，企业应当在履行了合同中的履约义务，即在客户取得相关商品或服务控制权时确认收入。对于企业让渡资金使用权取得的收入，如利息收入，企业应当在资产负债表日，按照他人使用本企业货币资金的时间和实际利率计算确定利息收入金额。

（五）费用及其确认条件

费用是指企业在日常活动中发生的、会导致所有者权益减少的、与向所有者分配利润无关的经济利益的总流出。

费用的确认至少应当符合以下条件：（1）与费用相关的经济利益应当很可能流出企业；（2）经济利益流出企业的结果会导致资产的减少或者负债的增加；（3）经济利益的流出额能够可靠计量。

（六）利润及其确认条件

利润是指企业在一定会计期间的经营成果。通常情况下，如果企业实现了利润，表明企业的所有者权益将增加，业绩得到了提升；反之，如果企业发生了亏损（即利润为负数），表明企业的所有者权益将减少，业绩下滑了。利润往往是评价企业管理层业绩的一项重要指标，也是投资者等财务报告使用者进行决策时的重要参考。

利润包括收入减去费用后的净额、直接计入当期利润的利得和损失等。其中收入减去费用后的净额反映的是企业日常活动的经营业绩，直接计入当期利润的利得和损失反映的是企业非日常活动的业绩。直接计入当期利润的利得和损失，是指应当计入当期损益、最终会引起所有者权益发生增减变动的、与所有者投入资本或者向所有者分配利润无关的利得或者损失。企业应当严格区分收入和利得、费用和损失，以更加全面地反映企业的经营业绩。

利润反映的是收入减去费用、利得减去损失后的净额，因此，利润的确认主要依赖于收入和费用以及利得和损失的确认，其金额的确定也主要取决于收入、费用、利得、损失金额的计量。

三、会计信息质量要求

企业会计信息质量要求包括可靠性、相关性、可理解性、可比性、实质重于形式、重要性、谨慎性和及时性等。

（一）可靠性

可靠性要求企业应当以实际发生的交易或者事项为依据进行确认、计量和报告，如实反映符合确认和计量要求的各项会计要素及其他相关信息，保证会计信息真实可靠、内容完整。也就是说，企业提供的会计信息，必须以实际发生的经济业务及证明经济业务发生的合法凭证为依据，如实反映财务状况或者经营成果，做到内容真实、数字准确、项目完整、手续齐备、资料可靠。会计凭证、会计账簿、会计报表和其他会计资料的内容和要求必须符合国家统一的会计制度规定，不得伪造、变造会计凭证和会计账簿，不得设置账外账，不得报送虚假财务报表。

会计信息要有用，必须以可靠为基础，如果财务报告所提供的会计信息是不可靠的，就会给投资人等使用者的决策产生误导甚至损失。为了贯彻可靠性要求，企业应当做到：

（1）以实际发生的交易或者事项为依据进行确认、计量，将符合会计要素定义及其确认条件的资产、负债、所有者权益、收入、费用和利润等如实反映在财务报表中，不得根据虚构的、没有发生的或者尚未发生的交易或者事项进行确认、计量和报告。

（2）在符合重要性和成本效益原则的前提下，保证会计信息的完整性，其中包括应当编报的报表及其附注内容等应当保持完整，不能随意遗漏或者减少应予披露的信息，与使用者决策相关的有用信息都应当充分披露。

（3）在财务报告中的会计信息应当是客观中立的、无偏的。如果企业在财务报告中为了达到事先设定的结果或效果，通过选择或列示有关会计信息以影响决策和判断的，这样的财务报告就不是中立的。

（二）相关性

相关性要求企业提供的会计信息应当与投资人等财务报告使用者的经济决策需要相关，有助于投资人等财务报告使用者对企业过去、现在或者未来的情况作出评价或者预测。

会计信息是否有用，是否具有价值，关键是看其与使用者的决策需要是否相关，是否有助于决策或者提高决策水平。相关的会计信息应当能够有助于使用者评价企业过去的决策，证实或者修正过去的有关预测，因而具有反馈价值。相关的会计信息还应当具有预测价值，有助于使用者根据财务报告所提供的会计信息预测企业未来的财务状况、经营成果和现金流量。例如，区分收入和利得、费用和损失，区分流动资产和非流动资产、流动负债和非流动负债以及采用公允价值计量等，都可以提高会计信息的预测价值，进而提升会计信息的相关性。

会计信息质量的相关性要求，需要企业在确认、计量和报告会计信息的过程中，充分考虑使用者的决策模式和信息需要。但是，相关性是以可靠性为基础的，两者之间并不矛盾，不应将两者对立起来。也就是说，会计信息在可靠性前提下，尽可能地做到相关性，以满足投资者等财务报告使用者的决策需要。

（三）可理解性

可理解性要求企业提供的会计信息应当清晰明了，便于投资人等财务报告使用者理解和使用。

企业编制财务报告、提供会计信息的目的在于使用，而要使使用者有效使用会计信息，应当能让其了解会计信息的内涵，弄懂会计信息的内容，这就要求财务报告所提供的会计信息应当清晰明了，易于理解。只有这样，才能提高会计信息的有用性，实现财务报告的目标，满足向投资人等财务报告使用者提供决策有用信息的要求。

会计信息毕竟是一种专业性较强的信息产品，在强调会计信息的可理解性要求的同时，还应假定使用者具有一定的有关企业经营活动和会计方面的知识，并且愿意付出努力去研究这些信息。对于某些复杂的信息，如交易本身较为复杂或者会计处理较为复杂，但其与使用者的经济决策相关，企业就应当在财务报告中予以充分披露。

（四）可比性

可比性要求企业提供的会计信息应当相互可比。主要包括两层含义：

（1）同一企业不同时期可比。为了便于投资人等财务报告使用者了解企业财务状况、经营成果和现金流量的变化趋势，比较企业在不同时期的财务报告信息，全面、客观地评价过去、预测未来，从而作出决策，可比性要求同一企业不同时期发生的相同或者相似的交易或者事项，应当采用一致的会计政策，不得随意变更。但是，满足会计信息可比性要求，并非表明企业不得变更会计政策。如果按照规定或者在会计政策变更后可以提供更可靠、更相关的会计信息，企业可以变更会计政策。有关会计政策变更的情况，应当在附注中予以说明。

（2）不同企业相同会计期间可比。为了便于投资人等财务报告使用者评价不同企业的财务状况、经营成果和现金流量及其变动情况，可比性要求不同企业同一会计期间发生的相同或者相似的交易或者事项，应当采用规定的会计政策，确保会计信息口径一致、相互可比，以使不同企业按照一致的确认、计量和报告要求提供有关会计信息。

（五）实质重于形式

实质重于形式要求企业应当按照交易或者事项的经济实质进行会计确认、计量和报告，不应仅以交易或者事项的法律形式为依据。

企业发生的交易或事项在多数情况下其经济实质和法律形式是一致的，但在有些情况下也会出现不一致。例如，企业按照销售合同已经售出商品，客户已经取得对该商品的控制权，但企业为确保到期收回货款而暂时保留商品的法定所有权时，该权利通常不会对客户取得对该商品的控制权构成障碍，在满足收入确认的其他条件时，企业应当确认相应的收入。又如，在企业合并中，经常会涉及"控制"的判断，有些合并，从投资比例来看，虽然投资者拥有被投资企业50%或50%以下股份，但是投资企业通过与其他表决权持有人的协议使其可以持有足以主导被投资方相关活动的表决权，从而拥有对被投资方的权力，就不应当简单地以持股比例来判断控制权，而应当根据实质重于形式的原则来判断投资企业是否控制被投资单位。再如，关联交易中，通常情况下，只要交易价格是公允的，关联交易属于正常交易，按照准则规定进行确认、计量、报告；但是，某些情况下，关联交易的交易价格有可能不公允，虽然这个交易的法律形式没有问题，但从交易的实质来看，可能会出现关联方之间转移利益或操纵利润的行为，损害会计信息质量。由此可见，在会计职业判断中，正确贯彻实质重于形式原则至关重要。

（六）重要性

重要性要求企业提供的会计信息应当反映与企业财务状况、经营成果和现金流量有关的所有重要交易或者事项。

在合理预期下，如果财务报表某项目的省略或者错报会影响财务报告使用者据此作出决策的，该项目就具有重要性。重要性应当根据企业所处的具体环境，从项目的性质和金额两方面予以判断，且对各项目重要性的判断标准一经确定，不得随意变更。判断项目性质的重要性，应当考虑该项目在性质上是否属于企业日常活动、是否显著影响企业的财务状况、经营成果和现金流量等因素；判断项目金额大小的重要性，应当考虑该项目金额占资产总额、负债总额、所有者权益总额、营业收入总额、营业成本总额、净利润、综合收益总额等直接相关项目金额的比重或所属报表单列项目金额的比重。

（七）谨慎性

谨慎性要求企业对交易或者事项进行会计确认、计量和报告应当保持应有的谨慎，不应高估资产或者收益、低估负债或者费用。

在市场经济环境下，企业的生产经营活动面临着许多风险和不确定性，如应收款项的可收回性、固定资产的使用寿命、无形资产的使用寿命、售出存货可能发生的退货或者返修等。会计信息质量的谨慎性要求，需要企业在面临不确定性因素的情况下作出职业判断时，应当保持应有的谨慎，充分估计到各种风险和损失，既不高估资产或者收益，也不低估负债或者费用。例如，要求企业对可能发生的资产减值损失计提资产减值准备、对售出商品可能发生的保修义务等确认预计负债等，就体现了会计信息质量的谨慎性要求。

谨慎性的应用也不允许企业设置秘密准备，如果企业故意低估资产或者收益，或者故意高估负债或者费用，将不符合会计信息的可靠性和相关性要求，损害会计信息质量，扭曲企业实际的财务状况和经营成果，从而对使用者的决策产生误导，这是不符合会计准则要求的。

（八）及时性

及时性要求企业对于已经发生的交易或者事项，应当及时进行确认、计量和报告，不得提前或者延后。

会计信息的价值在于帮助所有者或者其他方面作出经济决策，具有时效性。即使是可靠、相关的会计信息，如果不及时提供，就失去了时效性，对于使用者的效用就大大降低，甚至不再具有实际意义。在会计确认、计量和报告过程中贯彻及时性，一是要求及时收集会计信息，即在经济交易或者事项发生后，及时收集整理各种原始单据或者凭证；二是要求及时处理会计信息，即按照会计准则的规定，及时对经济交易或者事项进行确认、计量，并编制财务报告；三是要求及时传递会计信息，即按照国家规定的有关时限，及时地将编制的财务报告传递给财务报告使用者，便于其及时使用和决策。

在实务中，为了及时提供会计信息，可能需要在有关交易或者事项的信息全部获得之前即进行会计处理，这样就满足了会计信息的及时性要求，但可能会影响会计信息的可靠性；反之，如果企业等到与交易或者事项有关的全部信息获得之后再进行会计处理，这样的信息披露可能会由于时效性问题，对于投资者等财务报告使用者决策的有用性将大大降低。这就需要在及时性和可靠性之间作相应权衡，以更好地满足投资者等财务报告使用者的经济决策需要。

第四节　可持续信息披露

一、概述

可持续发展是人类社会繁荣进步的必然选择。随着全球对环境、社会和治理（ESG）问题的关注，加强企业可持续发展信息（以下简称可持续信息）披露逐渐成为大势所趋。2021 年以来，国际可持续准则理事会（以下简称理事会）的成立及"可持续相关财务信息披露一般要求""气候相关披露"两项国际财务报告可持续披露准则（以下简称国际准则）的发布，引起了国际社会的广泛关注。为贯彻绿色发展理念、推动高质量发展，展现中国参与可持续披露准则国际治理负责任大国姿态，财政部会同外交部、国家发展改革委、工业和信息化部、生态环境部、商务部、中国人民银行、国务院国资委、金融监管总局、中国证监会等部门成立跨部门工作专班，立足我国企业可持续披露实践和投资者、债权人、监管部门等信息使用者的需求，在深度参与国际准则制定的同时，以国际准则为基础，制定体现国际准则有益经验、符合中国国情且能彰显中国特色的国家统一的可持续披露准则。

为深入贯彻落实党的二十大精神，推动经济、社会和环境可持续发展，稳步推进我国可持续披露准则体系建设，规范企业可持续发展信息披露，2024 年 11 月，财政部等 9 部门联合印发了《企业可持续披露准则——基本准则（试行）》（财会〔2024〕17 号，以下简称《基本准则》），拉开了国家统一的可持续披露准则体系建设的序幕。综合考虑我国企业的发展阶段和披露能力，《基本准则》发文通知中明确指出，在实施范围及实施要求作出规定之前，由企业自愿实施。

制定发布包括《基本准则》在内的国家统一的可持续披露准则，是促进企业践行可持续发展理念、更好地参与全球经贸投资活动、提高国际竞争力、推动高质量发展的有效途径；是促进经济、社会和环境可持续发展，人与自然和谐共生的迫切需要；也是加强与国际规则深度对接的高标准市场体系基础制度建设、推动可持续披露领域制度型开放改革的必然要求。

二、国家统一的可持续披露准则体系

国家统一的可持续披露准则体系由基本准则、具体准则和应用指南组成。

（1）基本准则对企业可持续信息披露提出一般要求，主要规范企业可持续信息披露的基本概念、原则、方法、目标和一般共性要求等，统驭具体准则和应用指南的制定。

（2）具体准则对企业在环境、社会和治理等方面的可持续议题的信息披露提出具体要求。环境方面的议题包括气候、污染、水与海洋资源、生物多样性与生态系统、资源利用与循环经济等，社会方面的议题包括员工、消费者和终端用户权益保护、社区资源和关系管理、客户关系管理、供应商关系管理、乡村振兴、社会贡献等，治理方面的议题包括商业行为等。

（3）应用指南包括行业应用指南和准则应用指南两类。行业应用指南针对特定行业应用基本准则和具体准则提供指引，以指导特定行业企业识别并披露重要的可持续信息。准则应用指南对基本准则和具体准则进行解释、细化和提供示例，以及对重点难点问题进行操作性规定。

此外，为解决企业实施可持续披露准则过程中出现的问题，在必要时提供准则实施问答，提高可持续信息的可比性和透明度，推动可持续披露准则的应用。

国家统一的可持续披露准则体系建设的总体目标是，到2027年，企业可持续披露基本准则、气候相关披露准则及应用指南相继出台；到2030年，国家统一的可持续披露准则体系基本建成。鉴于准则体系建设周期较长，可由相关部门根据实际需要先行制定针对特定行业或领域的披露指引、监管制度等，未来逐步调整完善。

三、可持续信息及其披露目标、要素和报告

（一）可持续信息的概念

可持续信息，是指企业在环境、社会和治理等方面的可持续议题相关风险、机遇和影响的信息，包括国家法律法规要求披露的可持续信息。

可持续风险和机遇，是指企业就特定可持续议题与其整个价值链中的利益相关方、经济、社会和环境的互动而产生的可合理预期会影响企业发展前景（即企业短期、中期或者长期的现金流量、融资渠道及资本成本等）的风险和机遇。

可持续影响，是指企业与特定可持续议题相关的活动（包括与之相关的价值链活动）对经济、社会和环境产生的实际影响或者可预见的潜在影响，包括积极影响或者消极影响。

（二）可持续信息披露的目标

企业可持续信息披露的目标，是向信息使用者提供重要的可持续风险、机遇和影响的信息，以便其作出经济决策、资源配置或者其他决策。可持续信息披露有助于企业贯彻新发展理念，推动经济、社会和环境可持续发展，促进人与自然和谐共生，构建和谐

社会关系。

可持续信息使用者包括投资者、债权人、政府及其有关部门和其他利益相关方。其中，投资者、债权人为可持续信息的基本使用者。其他利益相关方，是指其利益受到或者可能受到企业活动影响的群体或者人员，如员工、消费者、客户、供应商、社区以及企业的业务伙伴和社会伙伴等。

（三）可持续信息披露的要素

为满足可持续信息基本使用者的信息需求，企业披露的可持续信息应当包括下列四个核心要素：

（1）治理，即企业管理和监督可持续风险和机遇的治理架构、控制措施和程序。

（2）战略，即企业管理可持续风险和机遇的规划、策略和方法。

（3）风险和机遇管理，即企业用于识别、评估、排序和监控可持续风险和机遇的流程。

（4）指标和目标，即企业衡量可持续风险和机遇管理绩效的指标，以及企业已设定的目标和国家法律法规、战略规划要求企业实现的目标及其进展。

为满足信息使用者的信息需求，企业除按照《基本准则》相关规定外，还应当按照具体准则和应用指南的规定，披露上述四个核心要素信息中未涵盖的重要的可持续影响信息。企业披露的可持续影响信息不应掩盖或者模糊其披露的可持续风险和机遇信息，二者应当可区分。

（四）可持续发展报告

企业应当按照企业可持续披露准则的要求编制可持续发展报告。可持续发展报告应当采用清晰的结构和语言，与财务报表同时对外披露，监管部门另有要求的除外。企业应当在其官方网站或者以其他方式公布可持续发展报告。

四、可持续信息与财务报表信息的关联性

按照《基本准则》相关规定，可持续信息与财务报表信息之间的关联，包括可持续定量信息直接取自财务报表相关项目数值，或者取自财务报表相关项目数值的一部分或者合计数。企业编制可持续信息所使用的数据和假设应当考虑所适用的企业会计准则的要求，尽可能与其编制相关财务报表所使用的数据和假设保持一致；若存在不一致的，应当披露重大差异的信息并说明理由。

除此之外，企业可持续信息与财务报表的关联性还体现在以下方面：

（1）可持续信息披露的报告主体应当与财务报表的报告主体保持一致。

（2）以货币计量的可持续信息应当使用与其相关财务报表一致的币种。

（3）企业可持续信息披露的报告期间应当与其财务报表的报告期间保持一致。企业一般应当按公历年度披露可持续信息。

（4）可持续发展报告应当与财务报表同时对外披露，监管部门另有要求的除外。

本章思考题

1. 会计人员从事会计工作应当符合哪些基本条件？

2. 新时代会计人员应当遵循的职业道德规范包括哪些内容？

3. 我国会计法规制度体系由哪些内容构成？国家统一的会计制度包括哪些内容？企业会计准则制度体系和政府会计准则制度体系分别包括哪些内容？

4. 企业财务会计报告的目标是什么？企业会计各要素的定义及确认条件是什么？

5. 企业会计信息质量要求有哪些？如何理解和应用？

第二章 存 货

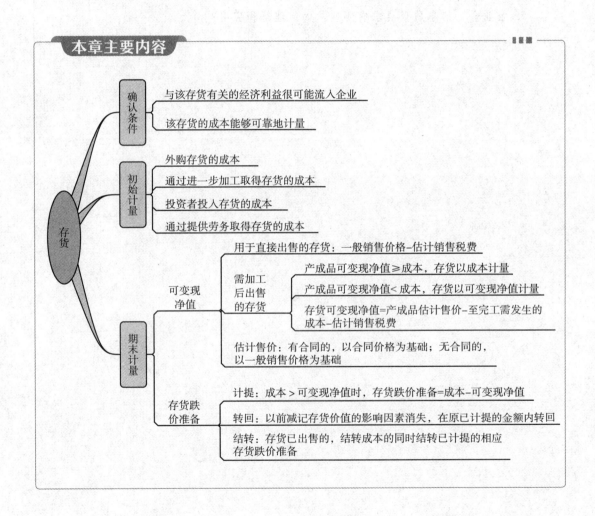

存货

确认条件
- 与该存货有关的经济利益很可能流入企业
- 该存货的成本能够可靠地计量

初始计量
- 外购存货的成本
- 通过进一步加工取得存货的成本
- 投资者投入存货的成本
- 通过提供劳务取得存货的成本

期末计量

可变现净值
- 用于直接出售的存货：一般销售价格–估计销售税费
- 需加工后出售的存货
  - 产成品可变现净值≥成本，存货以成本计量
  - 产成品可变现净值＜成本，存货以可变现净值计量
  - 存货可变现净值=产成品估计售价–至完工需发生的成本–估计销售税费
- 估计售价：有合同的，以合同价格为基础；无合同的，以一般销售价格为基础

存货跌价准备
- 计提：成本＞可变现净值时，存货跌价准备=成本–可变现净值
- 转回：以前减记存货价值的影响因素消失，在原已计提的金额内转回
- 结转：存货已出售的，结转成本的同时结转已计提的相应存货跌价准备

第一节　存货的确认和初始计量

一、存货的确认条件

存货是指企业在日常活动中持有以备出售的产成品或商品、处在生产过程中的在产品、在生产过程或提供劳务过程中耗用的材料、物料等。存货区别于固定资产等非流动资产的最基本特征是，企业持有存货的最终目的是为了出售，包括可供直接出售的产成品、商品，以及需经过进一步加工后出售的原材料等。

存货同时满足下列条件的，才能予以确认：

（一）与该存货有关的经济利益很可能流入企业

企业在确认存货时，需要判断与该项存货相关的经济利益是否很可能流入企业。在实务中，主要通过判断与该项存货所有权相关的风险和报酬是否转移到了企业来确定。与存货所有权相关的风险，是指由于经营情况发生变化造成的相关收益的变动，以及由于存货滞销、毁损等原因造成的损失；与存货所有权相关的报酬，是指在出售该项存货或其经过进一步加工取得的其他存货时获得的收入，以及处置该项存货实现的利得等。

通常情况下，取得存货的所有权是与存货相关的经济利益很可能流入本企业的一个重要标志。例如，根据销售合同已经售出（取得现金或收取现金的权利）的存货，其所有权已经转移，与其相关的经济利益已不再流入本企业，此时，即使该项存货尚未运离本企业，也不能再确认为本企业的存货。又如，委托代销商品，由于其所有权并未转移至受托方，因而委托代销的商品仍应当确认为委托企业存货的一部分。总之，企业在判断与存货相关的经济利益能否流入企业时，主要结合该项存货所有权的归属情况进行分析确定。

（二）该存货的成本能够可靠地计量

作为企业资产的组成部分，要确认存货，企业必须能够对其成本进行可靠的计量。存货的成本能够可靠地计量必须以取得确凿、可靠的证据为依据，并且具有可验证性。如果存货成本不能可靠地计量，则不能确认为一项存货。例如，企业承诺的订货合同，由于并未实际发生，不能可靠确定其成本，因此就不能确认为购买企业的存货。又如，企业预计发生的制造费用，由于并未实际发生，不能可靠地确定其成本，因此不能计入产品成本。

二、存货的初始计量

存货应当按照成本进行初始计量。存货成本包括采购成本、加工成本和其他成本。不同存货的成本构成内容不同：（1）原材料、商品、低值易耗品等通过购买而取得的存货的初始成本，由采购成本构成；（2）产成品、在产品、半成品、委托加工物资等通过进一步加工取得的存货的初始成本，由采购成本、加工成本以及使存货达到目前场所和状态所发生的其他成本构成。

（一）外购的存货

原材料、商品、低值易耗品等通过购买取得的存货的初始成本，由采购成本构成。存货的采购成本，包括购买价款、相关税费、运输费、装卸费、保险费以及其他可归属于存货采购成本的费用。

（1）购买价款，是指企业购入材料或商品的发票账单上列明的价款，但不包括按规定可以抵扣的增值税进项税额。

（2）相关税费，是指企业购买、自制或委托加工存货所发生的、应归属于该存货成本的消费税、资源税和不能从销项税额中抵扣的增值税进项税额等。

（3）其他可归属于存货采购成本的费用，即采购成本中除上述各项以外的可归属于存货采购成本的费用，如在存货采购过程中发生的仓储费、包装费、运输途中的合理损耗、入库前的挑选整理费用等。这些费用能分清负担对象的，应直接计入存货的采购成本；不能分清负担对象的，应选择合理的分配方法，分配计入有关存货的采购成本。分配方法通常包括按所购存货的重量或采购价格的比例进行分配。对于企业通过外购方式取得确认为存货的数据资源，可归属于存货采购成本的数据权属鉴证、质量评估、登记结算、安全管理等费用，也应当计入有关存货的采购成本。

但是，对于采购过程中发生的物资毁损、短缺等，除合理的损耗应作为存货的"其他可归属于存货采购成本的费用"计入采购成本外，应区别不同情况进行会计处理：（1）从供货单位、外部运输机构等收回的物资短缺或其他赔款，应冲减物资的采购成本；（2）因遭受意外灾害发生的损失和尚待查明原因的途中损耗，不得增加物资的采购成本，应暂作为待处理财产损溢进行核算，在查明原因后再作处理。

商品流通企业在采购商品过程中发生的运输费、装卸费、保险费以及其他可归属于存货采购成本的费用等，应当计入存货的采购成本，也可以先进行归集，期末再根据所购商品的存销情况进行分摊。对于已售商品的进货费用，计入当期损益（主营业务成本）；对于未售商品的进货费用，计入期末存货成本。企业采购商品成本的进货费用金额较小的可以在发生时直接计入当期损益（销售费用）。

企业外购的原材料，由于结算方式和采购地点的不同，材料入库和货款的支付在时间上不一定完全同步，相应的账务处理也有所不同。

本章例题如无特别说明，均假定企业采用实际成本法对存货进行日常核算。

（二）通过进一步加工取得的存货

通过进一步加工取得的存货的成本由采购成本、加工成本以及为使存货达到目前场所和状态所发生的其他成本构成。

1. 委托外单位加工的存货。

委托外单位加工完成的存货，以实际耗用的原材料或者半成品、加工费等费用以及按规定应计入成本的税金，作为实际成本。其在会计处理上主要包括拨付加工物资、支付加工费用和税金、收回加工物资和剩余物资等环节。

【例 2 - 1】 甲企业委托乙企业加工一批材料（属于应税消费品的非黄金饰品）。原材料成本为 20 000 元，支付的加工费为 7 000 元（不含增值税），消费税税率为 10%，材料加工完成并已验收入库，加工费用等已经支付。双方适用的增值税税率为 13%。

扫码看讲解

甲企业按实际成本核算原材料，有关账务处理如下：

（1）发出委托加工材料。

借：委托加工物资——乙企业   20 000

  贷：原材料   20 000

（2）支付加工费和税金。

消费税组成计税价格 =（20 000 + 7 000）÷（1 - 10%）= 30 000（元）

受托方代收代缴的消费税税额 = 30 000 × 10% = 3 000（元）

应交增值税税额 = 7 000 × 13% = 910（元）

①甲企业收回加工后的材料用于连续生产应税消费品的。

借：委托加工物资——乙企业   7 000

  应交税费——应交增值税（进项税额）   910

      ——应交消费税   3 000

  贷：银行存款   10 910

②甲企业收回加工后的材料直接用于销售的。

借：委托加工物资——乙企业（7 000 + 3 000） 10 000

  应交税费——应交增值税（进项税额）   910

  贷：银行存款   10 910

（3）加工完成，收回委托加工材料。

①甲企业收回加工后的材料用于连续生产应税消费品的。

借：原材料（20 000 + 7 000）   27 000

  贷：委托加工物资——乙企业   27 000

②甲企业收回加工后的材料直接用于销售的。

借：库存商品（20 000 + 10 000）   30 000

  贷：委托加工物资——乙企业   30 000

委托加工物资用于连续生产应税消费品的，受托方代收代缴的消费税不计入存货成本；委托加工物资直接用于销售的，受托方代收代缴的消费税计入存货成本。

2. 自行生产的存货。

自行生产的存货的初始成本包括投入的原材料或半成品、直接人工和按照一定方法分配的制造费用。制造费用是指企业为生产产品和提供劳务而发生的各项间接费用，包括企业生产部门（如生产车间）管理人员的薪酬、折旧费、办公费、水电费、机物料消耗、劳动保护费、季节性和修理期间的停工损失以及与存货的生产和加工相关的固定资产日常修理费用等。在生产车间只生产一种产品的情况下，企业归集的制造费用可直接计入该产品成本；在生产多种产品的情况下，企业应采用与该制造费用相关性较强的方法对其进行合理分配。通常采用的方法有生产工人工时比例法、生产工人工资比例法、机器工时比例法和按年度计划分配率分配法等，还可以按照耗用原材料的数量或成本、直接成本及产品产量分配制造费用。

（三）其他方式取得的存货

1. 投资者投入存货的成本，应当按照投资合同或协议约定的价值确定，但合同或协议约定价值不公允的除外。在投资合同或协议约定价值不公允的情况下，按照该项存货的公允价值作为其入账价值，存货的公允价值与投资合同或协议约定的价值之间的差额计入资本公积。

【例2-2】2024年1月1日，A、B、C三方共同投资设立了甲有限责任公司（以下简称甲公司）。A以其生产的产品作为投资（甲公司作为原材料管理和核算），投资合同约定的该批产品的价值为5 000 000元（与公允价值相同）。甲公司取得的增值税专用发票上注明的不含税价款为5 000 000元，增值税税额为650 000元。假定甲公司的实收资本总额为10 000 000元，A在甲公司享有的份额为35%。甲公司为增值税一般纳税人，适用的增值税税率为13%；甲公司采用实际成本法核算存货。

本例中，由于甲公司为增值税一般纳税人，投资合同约定的该项原材料的价值为5 000 000元，因此，甲公司接受的这批原材料的入账价值为5 000 000元，增值税税额650 000元单独作为可抵扣的进项税额进行核算。

A在甲公司享有的实收资本金额 = 10 000 000 × 35% = 3 500 000（元）

A在甲公司投资的资本溢价 = 5 000 000 + 650 000 - 3 500 000 = 2 150 000（元）

甲公司的账务处理如下：

借：原材料　　　　　　　　　　　　　　　　　　　5 000 000

　　应交税费——应交增值税（进项税额）　　　　　　650 000

　　贷：实收资本——A　　　　　　　　　　　　　　　3 500 000

　　　　资本公积——资本溢价　　　　　　　　　　　　2 150 000

2. 通过提供劳务取得的存货。

通过提供劳务取得的存货，其成本按从事劳务提供人员的直接人工和其他直接费用以及可归属于该存货的间接费用确定。

第二节　存货的期末计量

一、存货期末计量原则

资产负债表日，存货应当按照成本与可变现净值孰低计量。即资产负债表日，当存货成本低于其可变现净值时，存货按成本计量；当存货成本高于其可变现净值时，应当计提存货跌价准备，计入当期损益。可变现净值，是指在日常活动中，存货的估计售价减去至完工时估计将要发生的成本、估计的销售费用以及相关税费后的金额。存货成本，是指期末存货的实际成本。如果企业在存货成本的日常核算中采用计划成本法、售价金额核算法等简化核算方法，则成本应为经调整后的实际成本。

企业预计的销售存货现金流量，并不完全等于存货的可变现净值。存货在销售过程中可能发生的销售费用和相关税费，以及为达到预定可销售状态还可能发生的加工成本等相关支出，构成现金流入的抵减项目。企业预计的销售存货现金流量，扣除这些抵减项目后，才能确定存货的可变现净值。企业应以确凿证据为基础计算确定存货的可变现净值。

二、存货期末计量方法

（一）存货减值迹象的判断

存货存在下列情形之一的，通常表明存货的可变现净值低于成本：

（1）该存货的市场价格持续下跌，并且在可预见的未来无回升的希望。

（2）企业使用该项原材料生产的产品成本大于产品的销售价格。

（3）企业因产品更新换代，原有库存原材料已不适应新产品的需要，而该原材料的市场价格又低于其账面成本。

（4）因企业所提供的商品或劳务过时或消费者偏好改变而使市场的需求发生变化，导致市场价格逐渐下跌。

（5）其他足以证明该项存货实质上已经发生减值的情形。

存货存在下列情形之一的，通常表明存货的可变现净值为零：

（1）已霉烂变质的存货。

（2）已过期且无转让价值的存货。

（3）生产中已不再需要，并且已无使用价值和转让价值的存货。

（4）其他足以证明已无使用价值和转让价值的存货。

（二）可变现净值的确定

1. 企业确定存货的可变现净值时应考虑的因素。

企业确定存货的可变现净值，应当以取得的确凿证据为基础，并且考虑持有存货的目的、资产负债表日后事项的影响等因素。

（1）存货可变现净值的确凿证据。存货可变现净值的确凿证据，是指对确定存货的可变现净值有直接影响的客观证明。存货的采购成本、加工成本和其他成本及以其他方式取得的存货的成本，应当以取得外来原始凭证、生产成本资料、生产成本账簿记录等作为确凿证据；产成品或商品的市场销售价格、与产成品或商品相同或类似商品的市场销售价格、销售方提供的有关资料等。

（2）持有存货的目的。由于企业持有存货的目的不同，确定存货可变现净值的计算方法也不同。如用于出售的存货和用于继续加工的存货,其可变现净值的计算方法就不相同。因此,企业在确定存货的可变现净值时,应考虑持有存货的目的。一般地,企业持有存货的目的:一是持有以备出售,如商品、产成品,其中又分为有合同约定的存货和没有合同约定的存货;二是将在生产过程或提供劳务过程中耗用,如材料等。

(3)资产负债表日后事项等的影响。在确定资产负债表日存货的可变现净值时,应当考虑:一是以资产负债表日取得最可靠的证据估计的售价为基础并考虑持有存货的目的;二是资产负债表日后发生的事项为资产负债表日存在状况提供进一步证据,以表明资产负债表日存在的存货价值发生变动的事项。

2. 不同情况下存货可变现净值的确定。

(1)产成品、商品等直接用于出售的商品存货,没有销售合同约定的,其可变现净值应当为在正常生产经营过程中,产成品或商品的一般销售价格(即市场销售价格)减去估计的销售费用和相关税费等后的金额。

【例2-3】2024年12月31日,甲公司生产的A型机器的账面价值(成本)为2 160 000元,数量为12台,单位成本为180 000元/台。2024年12月31日,A型机器的市场销售价格(不含增值税)为200 000元/台。甲公司没有签订有关A型机器的销售合同。

本例中,由于甲公司没有就A型机器签订销售合同,计算确定A型机器的可变现净值应以其一般销售价格总额2 400 000元(200 000×12)作为计量基础。

(2)用于出售的材料等,应当以市场价格减去估计的销售费用和相关税费等后的金额作为其可变现净值。这里的市场价格是指材料等的市场销售价格。

【例2-4】2024年,由于产品更新换代,甲公司决定停止生产B型机器。为减少不必要的损失,甲公司决定将原材料中专门用于生产B型机器的外购原材料——钢材全部出售,2024年12月31日其账面价值(成本)为900 000元,数量为10吨。根据市场调查,此种钢材的市场销售价格(不含增值税)为60 000元/吨,同时,销售这10吨钢材可能发生销售费用及税金50 000元。

本例中,由于企业已决定不再生产B型机器,该批原专门用于生产B型机器的钢材的可变现净值不能再以B型机器的销售价格作为其计量基础,而应按钢材本身的市场销售价格作为计量基础。因此,该批钢材的可变现净值应为550 000元(60 000×10-50 000)。

(3)需要经过加工的材料存货,如原材料、在产品、委托加工材料等,由于持有该材料的目的是用于生产产成品,该材料存货的价值将体现在用其生产的产成品上。因此,在确定需要经过加工的材料存货的可变现净值时,需要以其生产的产成品的可变现净值与该产成品的成本进行比较,如果该产成品的可变现净值高于其成本,则该材料应当按照其成本计量。

【例2-5】2024年12月31日，甲公司库存原材料——A材料的账面价值（成本）为1 500 000元，市场销售价格总额（不含增值税）为1 400 000元，假设不发生其他购买费用；用A材料生产的产成品——B型机器的可变现净值高于成本。

本例中，虽然A材料在2024年12月31日的账面价值（成本）高于其市场价格。但是由于用其生产的产成品——B型机器的可变现净值高于其成本，即用该原材料生产的最终产品此时并没有发生价值减损。因而，在这种情况下，A材料即使其账面价值（成本）已高于市场价格，也不应计提存货跌价准备，仍应按其账面价值（成本）1 500 000元列示在甲公司2024年12月31日资产负债表的存货项目之中。

如果材料价格的下降表明以其生产的产成品的可变现净值低于成本，则该材料应当按可变现净值计量。其可变现净值为在正常生产经营过程中，以该材料所生产的产成品的估计售价减去至完工时估计将要发生的成本、估计的销售费用以及相关税费后的金额确定。

【例2-6】2024年12月31日，甲公司库存原材料——钢材的账面价值为600 000元，可用于生产1台C型机器，相对应的市场销售价格为550 000元，假设不发生其他购买费用。由于钢材的市场销售价格下降，用钢材作为原材料生产的C型机器的市场销售价格由1 500 000元下降为1 350 000元，但其生产成本仍为1 400 000元，即将该批钢材加工成C型机器尚需投入800 000元，估计销售费用及税金为50 000元。

根据上述资料，可按以下步骤确定该批钢材的账面价值：

第一步，计算用该原材料所生产的产成品的可变现净值。

C型机器的可变现净值＝C型机器估计售价 – 估计销售费用及税金＝1 350 000 – 50 000 ＝1 300 000（元）

第二步，将用该原材料所生产的产成品的可变现净值与其成本进行比较。

C型机器的可变现净值1 300 000元小于其成本1 400 000元，即钢材价格的下降和C型机器销售价格的下降表明C型机器的可变现净值低于其成本。因此，该批钢材应当按可变现净值计量。

第三步，计算该批钢材的可变现净值，并确定其期末价值。

该批钢材的可变现净值＝C型机器的估计售价 – 将该批钢材加工成C型机器尚需投入的成本 – 估计销售费用及税金＝1 350 000 – 800 000 – 50 000 ＝500 000（元）

该批钢材的可变现净值500 000元小于其成本600 000元，因此，该批钢材的期末价值应为其可变现净值500 000元，即该批钢材应按500 000元列示在2024年12月31日资产负债表的存货项目之中。

（4）为执行销售合同或者劳务合同而持有的存货，其可变现净值应当以合同价格为基础，而不是以估计售价减去估计的销售费用和相关税费等后的金额确定。

企业与购买方签订了销售合同（或劳务合同，下同），并且销售合同订购的数量大于或等于企业持有的存货数量的，与该项销售合同直接相关的存货的可变现净值，应当以合同价格为计量基础。如果企业销售合同所规定的标的物尚未生产出来，但持有专门用于该标的物生产的材料，其可变现净值也应当以合同价格作为计量基础。

【例2-7】2023年8月10日，甲公司与乙公司签订了一份不可撤销的销售合同，双方约定，2024年2月18日甲公司应按200 000元/台的价格向乙公司提供A型机器10台。2023年12月31日，甲公司A型机器的账面价值（成本）为1 360 000元，数量为8台，单位成本为170 000元/台。2023年12月31日，A型机器的市场销售价格为190 000元/台。

本例中，根据甲公司与乙公司签订的销售合同，甲公司该批A型机器的销售价格已由销售合同约定，并且其库存数量小于销售合同订购的数量。在这种情况下，计算库存A型机器的可变现净值时，应以销售合同约定的价格1 600 000元（200 000×8）作为计量基础，即估计售价为1 600 000元。

【例2-8】2023年12月20日，甲公司与丙公司签订了一份不可撤销的销售合同，双方约定，2024年3月15日甲公司应按200 000元/台的价格向丙公司提供10台B型机器。至2023年12月31日，甲公司尚未生产该批B型机器，但持有专门用于生产该批10台B型机器的库存原材料——钢材，其账面价值为900 000元，市场销售价格总额为700 000元。

本例中，根据甲公司与丙公司签订的销售合同，甲公司该批B型机器的销售价格已由销售合同规定，虽然甲公司还未生产，但持有专门用于生产该批B型机器的库存钢材，且可生产的B型机器的数量不大于销售合同订购的数量。在这种情况下，计算该批钢材的可变现净值时，应以销售合同中B型机器的销售价格总额2 000 000元（200 000×10）作为计量基础。

如果企业持有的同一项存货数量多于销售合同或劳务合同订购的数量的，应分别确定其可变现净值，并与其相对应的成本进行比较，分别确定存货跌价准备的计提或转回金额。超出合同部分的存货的可变现净值，应当以一般销售价格为基础计算。

【例2-9】2023年9月11日，甲公司与丁公司签订了一份不可撤销的销售合同，双方约定，2024年2月18日甲公司应按180 000元/台的价格向丁公司提供C型机器10台。2023年12月31日，甲公司C型机器的账面价值为1 920 000元，数量为12台，单位成本为160 000元/台。2023年12月31日，C型机器的市场销售价格为200 000元/台。

本例中，甲公司该批C型机器的销售价格已在双方签订的销售合同中约定，但是其库存数量大于销售合同约定的数量。这种情况下，对于销售合同约定数量内（10台）的C型机器的可变现净值应以销售合同约定的价格总额1 800 000元（180 000×10）作为计量基础；而对于超出部分（2台）的C型机器的可变现净值应以一般销售价格总额400 000元（200 000×2）作为计量基础。

（三）存货跌价准备的计提与转回

1. 存货跌价准备的计提。

资产负债表日，存货的可变现净值低于成本的，企业应当计提存货跌价准备。

企业通常应当按照单个存货项目计提存货跌价准备。即资产负债表日，企业将每个存货项目的成本与其可变现净值逐一进行比较，按较低者计量存货。其中，可变现净值低于成本的，两者的差额即为应计提的存货跌价准备。企业计提的存货跌价准备应计入当期损益。

对于数量繁多、单价较低的存货，可以按照存货类别计提存货跌价准备。与在同一地区生产和销售的产品系列相关、具有相同或类似最终用途或目的，且难以与其他项目分开计量的存货，可以合并计提存货跌价准备；存货具有相同或类似最终用途或目的，并在同一地区生产和销售，意味着存货所处的经济环境、法律环境、市场环境等相同，具有相同的风险和报酬，因此可以对其进行合并计提存货跌价准备。

【例2-10】甲公司按照单项存货计提存货跌价准备。2024年12月31日，A、B两项存货的成本分别为300 000元、210 000元，可变现净值分别为280 000元、250 000元，假设"存货跌价准备"科目余额为0。

本例中，对于A存货，其成本300 000元高于其可变现净值280 000元，应计提存货跌价准备20 000元（300 000-280 000）。对于B存货，其成本210 000元低于其可变现净值250 000元，无须计提存货跌价准备。因此，乙公司对A、B两项存货计提的跌价准备共计为20 000元，在当日资产负债表中列示的存货金额为490 000元（280 000+210 000）。

【例2-11】乙公司按单项存货计提存货跌价准备。2024年12月31日，乙公司库存自制半成品成本为350 000元，预计加工完成该产品尚需发生加工费用110 000元，预计产成品的销售价格（不含增值税）为500 000元，销售费用为60 000元。假定该库存自制半成品未计提存货跌价准备，且不考虑其他因素的影响。

本例中，2024年末，乙公司该库存自制半成品可变现净值=预计产成品的销售价格-预计销售费用-预计加工完成尚需发生费用=500 000-60 000-110 000=330 000（元）。所以，该自制半成品应计提存货跌价准备=自制半成品成本-自制半成品可变现净值=350 000-330 000=20 000（元）。

【例2-12】2023年末，丙公司A存货的成本为100 000元，由于本年以来A存货的市场价格持续下跌，根据资产负债表日状况确定的A存货的可变现净值为95 000元，"存货跌价准备"期初余额为0，应计提的存货跌价准备为5 000元（100 000-95 000）。相关账务处理如下：

> 借：资产减值损失——A存货　　　　　　　　　　　　　　　　5 000
> 　　贷：存货跌价准备——A存货　　　　　　　　　　　　　　　　5 000

2. 存货跌价准备的转回。

以前减记存货价值的影响因素已经消失的，减记的金额应当予以恢复，并在原已计提的存货跌价准备金额内转回，转回的金额计入当期损益。

在核算存货跌价准备的转回时，转回的存货跌价准备与计提该准备的存货项目或类别应当存在直接对应关系。在原已计提的存货跌价准备金额内转回，意味着转回的金额以将存货跌价准备的余额冲减至零为限。

【例2－13】沿用【例2－12】，假设2024年末，丙公司A存货的种类和数量、成本和已计提的存货跌价准备均未发生变化，但是2024年以来A存货市场价格持续上升，市场前景明显好转，至2024年末根据当时状态确定的A存货的可变现净值为110 000元。

本例中，由于A存货市场价格上涨，2024年末A存货的可变现净值（110 000元）高于其账面成本（100 000元），可以判断以前造成减记存货价值的影响因素（价格下跌）已经消失。A存货减记的金额应当在原已计提的存货跌价准备金额5 000元内予以恢复。相关账务处理如下：

> 借：存货跌价准备——A存货　　　　　　　　　　　　　　　　5 000
> 　　贷：资产减值损失——A存货　　　　　　　　　　　　　　　　5 000

需要注意的是，导致存货跌价准备转回的是以前减记存货价值的影响因素的消失，而不是在当期造成存货可变现净值高于其成本的其他影响因素。如果本期导致存货可变现净值高于其成本的影响因素不是以前减记该存货价值的影响因素，则不允许将该存货跌价准备转回。

3. 存货跌价准备的结转。

企业计提了存货跌价准备，如果其中有部分存货已经销售，则企业在结转销售成本时，应同时结转对其已计提的存货跌价准备。如果按存货类别计提存货跌价准备的，应当按照发生销售等而转出存货的成本占该存货未转出前该类别存货成本的比例结转相应的存货跌价准备。

【例2－14】甲公司系增值税一般纳税人，2023年，甲公司库存A机器5台，每台成本为5 000元，已经计提的存货跌价准备合计为6 000元。2024年，甲公司将库存的5台机器全部以每台6 000元的价格售出，适用的增值税税率为13%，货款未收到。

甲公司的相关账务处理如下：

> 借：应收账款　　　　　　　　　　　　　　　　　　　　　　33 900
> 　　贷：主营业务收入——A机器　　　　　　　　　　　　　　　30 000
> 　　　　应交税费——应交增值税（销项税额）　　　　　　　　　3 900

借：主营业务成本——A 机器	19 000	
存货跌价准备——A 机器	6 000	
贷：库存商品——A 机器		25 000

本章思考题

1. 存货期末计量的原则是什么？
2. 需要经过加工的材料存货如何确定可变现净值？

第三章　固定资产

本章主要内容

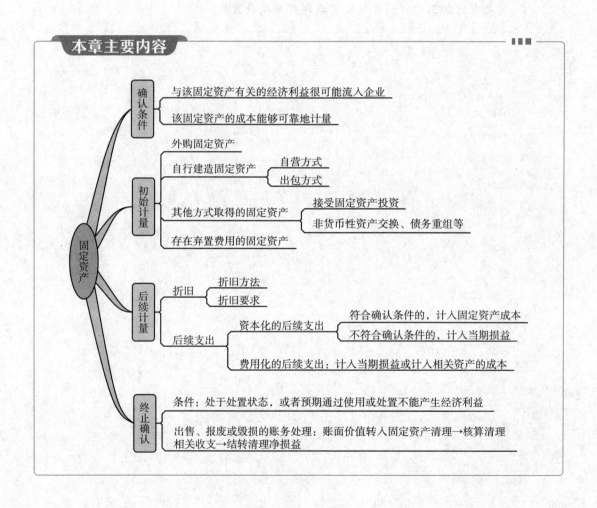

固定资产

确认条件
- 与该固定资产有关的经济利益很可能流入企业
- 该固定资产的成本能够可靠地计量

初始计量
- 外购固定资产
- 自行建造固定资产
  - 自营方式
  - 出包方式
- 其他方式取得的固定资产
  - 接受固定资产投资
  - 非货币性资产交换、债务重组等
- 存在弃置费用的固定资产

后续计量
- 折旧
  - 折旧方法
  - 折旧要求
- 后续支出
  - 资本化的后续支出
    - 符合确认条件的，计入固定资产成本
    - 不符合确认条件的，计入当期损益
  - 费用化的后续支出：计入当期损益或计入相关资产的成本

终止确认
- 条件：处于处置状态，或者预期通过使用或处置不能产生经济利益
- 出售、报废或毁损的账务处理：账面价值转入固定资产清理→核算清理相关收支→结转清理净损益

第一节　固定资产的确认和初始计量

一、固定资产的确认

（一）固定资产的确认条件

固定资产，是指同时具有下列特征的有形资产：（1）为生产商品、提供劳务、出租或经营管理而持有的；（2）使用寿命超过一个会计年度。使用寿命，是指企业使用固定资产的预计期间，或者该固定资产所能生产产品或提供劳务的数量。

一项资产如要作为固定资产加以确认，首先需要符合固定资产的定义，其次还要符合固定资产的确认条件，即与该固定资产有关的经济利益很可能流入企业，同时，该固定资产的成本能够可靠地计量。

1. 与该固定资产有关的经济利益很可能流入企业。

企业在确认固定资产时，需要判断与该项固定资产有关的经济利益是否很可能流入企业。实务中，主要是通过判断与该固定资产所有权相关的风险和报酬是否转移到了企业来确定。

2. 该固定资产的成本能够可靠地计量。

成本能够可靠地计量是资产确认的一项基本条件。要确认固定资产，企业取得该固定资产所发生的支出必须能够可靠地计量。企业在确定固定资产成本时，有时需要根据所获得的最新资料，对固定资产的成本进行合理的估计。如果企业能够合理地估计出固定资产的成本，则视同固定资产的成本能够可靠地计量。

（二）固定资产确认条件的具体运用

企业由于安全或环保的要求购入设备等，虽然不能直接给企业带来未来经济利益，但有助于企业从其他相关资产的使用中获得未来经济利益或者获得更多的未来经济利益，也应确认为固定资产。如为净化环境或者满足国家有关排污标准的需要购置的环保设备，这些设备的使用虽然不会为企业带来直接的经济利益，但有助于企业提高对废水、废气、废渣的处理能力，有利于净化环境，企业为此将减少未来由于污染环境而需支付的环境治理费或者罚款，应将这些设备确认为固定资产。

固定资产的各组成部分，如果具有不同使用寿命或者以不同方式为企业提供经济利益，表明这些组成部分实际上是以独立的方式为企业提供经济利益，企业应当将各组成部分确认为单项固定资产。如飞机的引擎，如果其与飞机机身具有不同的使用寿命，则企业应当将其单独确认为一项固定资产。

对于工业企业所持有的工具、用具、备品备件、维修设备等资产，施工企业所持有的模板、挡板、架料等周转材料，以及地质勘探企业所持有的管材等资产，尽管该类资产具有固定资产的某些特征，如使用期限超过一年，也能够带来经济利益，但由于数量多、单价低，考虑到成本效益原则，在实务中通常确认为存货。但符合固定资产定义和确认条件的，应当确认为固定资产，比如企业（民用航空运输）的高价周转件等。

二、固定资产的初始计量

固定资产应当按照成本进行初始计量。固定资产的成本，是指企业购建某项固定资产达到预定可使用状态前所发生的一切合理、必要的支出。这些支出包括直接发生的价款、相关税费（不包括允许抵扣的增值税进项税额）、运杂费、包装费和安装成本等，也包括间接发生的支出，如应予资本化的借款费用以及应分摊的其他间接费用。

企业取得固定资产的方式一般包括购买、自行建造、投资者投入、债务重组、非货币性资产交换等。取得方式不同，初始计量的方法也各不相同。

（一）外购固定资产

企业外购固定资产的成本，包括购买价款、相关税费、使固定资产达到预定可使用状态前所发生的可归属于该项资产的运输费、装卸费、安装费和专业人员服务费等。

外购固定资产是否达到预定可使用状态，需要根据具体情况进行分析判断。如果购入不需安装的固定资产，购入后即可发挥作用，则购入后即达到预定可使用状态。如果购入需安装的固定资产，在安装调试后达到设计要求或合同规定的标准，才能达到预定可使用状态。

【例3-1】2024年3月10日，甲公司①购入需安装的生产设备一台，取得的增值税专用发票上注明的设备价款为300 000元，增值税税额为39 000元。当日，设备运抵甲公司并开始安装。为安装设备，领用本公司原材料一批，价值50 000元，该批材料购进时支付的增值税进项税额为6 500元；以银行存款支付安装费，取得的增值税专用发票上注明的安装费为40 000元，增值税税额为3 600元。2024年3月28日，该设备经调试达到预定可使用状态。甲公司的账务处理如下：

（1）3月10日，购入设备。

借：在建工程——××设备　　　　　　　　　　　　　　　300 000

　　应交税费——应交增值税（进项税额）　　　　　　　　39 000

　　贷：银行存款　　　　　　　　　　　　　　　　　　　　339 000

（2）领用本公司原材料，支付安装费等。

借：在建工程——××设备　　　　　　　　　　　　　　　90 000

　　应交税费——应交增值税（进项税额）　　　　　　　　3 600

　　贷：原材料　　　　　　　　　　　　　　　　　　　　　50 000

　　　　银行存款　　　　　　　　　　　　　　　　　　　　43 600

（3）3月28日，该设备经调试达到预定可使用状态。

借：固定资产　　　　　　　　　　　　　　　　　　　　　390 000

　　贷：在建工程——××设备　　　　　　　　　　　　　　390 000

---

① 如无特殊说明，本章例题中的公司均为增值税一般纳税人，其发生在购建生产用固定资产上的增值税进项税额均符合规定，已经税务机关认证，除非特别指明，均可以从当期抵扣。

在实际工作中，企业可能以一笔款项购入多项没有单独标价的固定资产。此时，应当按照各项固定资产的公允价值比例对总成本进行分配，分别确定各项固定资产的成本。

【例 3 - 2】2024 年 4 月 21 日，甲公司向乙公司一次购入 3 套不同型号且具有不同生产能力的设备 A、B、C，取得的增值税专用发票上注明的设备总价款为 5 000 000 元，增值税税额为 650 000 元；支付装卸费取得的增值税专用发票上注明的装卸费为 20 000 元，增值税税额为 1 200 元，全部以银行转账支付。假定 A、B、C 设备分别满足固定资产确认条件，其公允价值分别为 1 560 000 元、2 340 000 元、1 300 000 元。不考虑其他相关税费，甲公司的账务处理如下：

（1）确定应计入固定资产成本的金额，包括购买价款和装卸费，即：

5 000 000 + 20 000 = 5 020 000（元）

（2）确定 A、B、C 设备的价值分配比例：

A 设备应分配的固定资产价值比例为：

1 560 000 ÷（1 560 000 + 2 340 000 + 1 300 000）× 100% = 30%

B 设备应分配的固定资产价值比例为：

2 340 000 ÷（1 560 000 + 2 340 000 + 1 300 000）× 100% = 45%

C 设备应分配的固定资产价值比例为：

1 300 000 ÷（1 560 000 + 2 340 000 + 1 300 000）× 100% = 25%

（3）确定 A、B、C 设备各自的成本：

A 设备的成本 = 5 020 000 × 30% = 1 506 000（元）

B 设备的成本 = 5 020 000 × 45% = 2 259 000（元）

C 设备的成本 = 5 020 000 × 25% = 1 255 000（元）

（4）会计分录：

借：固定资产——A 设备		1 506 000
——B 设备		2 259 000
——C 设备		1 255 000
应交税费——应交增值税（进项税额）		651 200
贷：银行存款		5 671 200

（二）自行建造固定资产

自行建造的固定资产，其成本由建造该项资产达到预定可使用状态前所发生的必要支出构成，包括工程用物资成本、人工成本、计入成本的相关税费、应予资本化的借款费用以及应分摊的其他间接费用等。企业为建造固定资产通过出让方式取得土地使用权而支付的土地出让金不计入在建工程成本，应确认为无形资产（土地使用权）。企业将固定资产达到预定可使用状态前或者研发过程中产出的产品或副产品对外销售（以下简称试运行销售）的，应当按照《企业会计准则第 14 号——收入》《企业会计准则第 1 号——存货》等规定，对试运行销售相关的收入和成本分别进行会计处理，计入当期损益，不应将试运行销售相关收入抵销相关成本后的净额冲减固定资产成本或者研发支出。企业自行建造固定资产包括自营建造和出包建造两种方式。

1. 自营方式建造固定资产。

企业以自营方式建造固定资产，是指企业自行组织工程物资采购、自行组织施工人员从事工程施工完成固定资产建造，其成本应当按照实际发生的材料、人工、机械施工费等计量。

企业为建造固定资产准备的各种物资，包括工程用材料、尚未安装的设备以及为生产准备的工器具等，通过"工程物资"科目进行核算。工程物资应当按照实际支付的买价、运输费、保险费等相关税费作为实际成本，并按照各种专项物资的种类进行明细核算。

建造固定资产领用工程物资、原材料或库存商品，应按其实际成本转入所建工程成本。自营方式建造固定资产应负担的职工薪酬、辅助生产部门为之提供的水、电、修理、运输等劳务，以及其他必要支出等也应计入所建工程项目的成本。建设期间发生的工程物资盘亏、报废及毁损，减去残料价值及保险公司、过失人等赔款后的净损失，计入所建工程项目的成本；盘盈的工程物资或处置净收益，冲减所建工程项目的成本。工程完工后，剩余的工程物资转为本企业存货的，按其实际成本或计划成本进行结转。工程完工后发生的工程物资盘盈、盘亏、报废、毁损，计入当期营业外收支。

2. 出包方式建造固定资产。

采用出包方式建造固定资产，企业要与建造承包商签订建造合同。企业的新建、改建、扩建等建设项目，通常均采用出包方式。

企业以出包方式建造固定资产，其成本由建造该项固定资产达到预定可使用状态前所发生的必要支出构成，包括发生的建筑工程支出、安装工程支出，以及需分摊计入的待摊支出。待摊支出，是指在建设期间发生的、不能直接计入某项固定资产价值，而应由所建造固定资产共同负担的相关费用，包括为建造工程发生的管理费、可行性研究费、临时设施费、公证费、监理费、应负担的税金、符合资本化条件的借款费用、建设期间发生的工程物资盘亏、报废及毁损净损失，以及负荷联合试车费等。

以出包方式建造固定资产的具体支出，由建造承包商核算，"在建工程"科目实际成为企业与建造承包商的结算科目，企业将与建造承包商结算的工程价款作为工程成本，统一通过"在建工程"科目进行核算。

企业采用出包方式建造固定资产发生的支出中需分摊计入固定资产价值的待摊支出，应按下列公式进行分摊：

待摊支出分摊率 = 累计发生的待摊支出 ÷（建筑工程支出 + 安装工程支出 + 在安装设备支出）× 100%

××工程应分摊的待摊支出 =（××工程的建筑工程支出 + ××工程的安装工程支出 + ××工程的在安装设备支出）× 待摊支出分摊率

【例3-3】 甲公司是一家化工企业，2023年5月经批准启动硅酸钠项目建设工程，整个工程包括建造新厂房、冷却循环系统以及安装生产设备3个单项工程。2023年6月1日，甲公司与乙公司签订合同，将该项目出包给乙公司承建。根据双方签订的合同，建造新厂房的价款为6 000 000元，建造冷却循环系统的价款为4 000 000元，安装生产设备需支付安装费用500 000元，上述价款中均不含增值税。建造期间发生的有关经济业务如下：

（1）2023年6月10日，甲公司按合同约定向乙公司预付10%备料款1 000 000元，其中厂房600 000元，冷却循环系统400 000元。

（2）2023年11月2日，建造厂房和冷却循环系统的工程进度达到50%，甲公司与乙公司办理工程价款结算5 000 000元，其中厂房3 000 000元，冷却循环系统2 000 000元。乙公司开具的增值税专用发票上注明的价款为5 000 000元，增值税税额为450 000元。甲公司抵扣了预付备料款后，将余款通过银行转账付讫。

（3）2023年12月8日，甲公司购入需安装的设备，取得的增值税专用发票上注明的价款为4 500 000元，增值税税额为585 000元，已通过银行转账支付。

（4）2024年3月10日，建筑工程主体已完工，甲公司与乙公司办理工程价款结算5 000 000元，其中，厂房3 000 000元，冷却循环系统2 000 000元。乙公司开具的增值税专用发票上注明的价款为5 000 000元，增值税税额为450 000元。甲公司通过银行转账支付了上述款项。

（5）2024年4月1日，甲公司将生产设备运抵现场，交乙公司安装。

（6）2024年5月10日，生产设备安装到位，甲公司与乙公司办理设备安装价款结算。乙公司开具的增值税专用发票上注明的价款为500 000元，增值税税额为45 000元。甲公司通过银行转账支付上述款项。

（7）整个工程项目发生管理费、可行性研究费、监理费共计300 000元，未取得增值税专用发票，款项已通过银行转账支付。

（8）2024年6月1日，完成验收，各项指标达到设计要求。

假定不考虑其他相关税费和其他因素，甲公司的账务处理如下：

（1）2023年6月10日，预付备料款。

借：预付账款——乙公司   1 000 000
    贷：银行存款   1 000 000

（2）2023年11月2日，办理工程价款结算。

借：在建工程——乙公司——建筑工程——厂房   3 000 000
    ——冷却循环系统   2 000 000
  应交税费——应交增值税（进项税额）   450 000
    贷：银行存款   4 450 000
    预付账款——乙公司   1 000 000

（3）2023 年 12 月 8 日，购入设备。

借：工程物资——××设备   4 500 000

  应交税费——应交增值税（进项税额）   585 000

  贷：银行存款   5 085 000

（4）2024 年 3 月 10 日，办理建筑工程价款结算。

借：在建工程——乙公司——建筑工程——厂房   3 000 000

         ——冷却循环系统   2 000 000

  应交税费——应交增值税（进项税额）   450 000

  贷：银行存款   5 450 000

（5）2024 年 4 月 1 日，将设备交乙公司安装。

借：在建工程——乙公司——在安装设备——××设备   4 500 000

  贷：工程物资——××设备   4 500 000

（6）2024 年 5 月 10 日，办理安装工程价款结算。

借：在建工程——乙公司——安装工程——××设备   500 000

  应交税费——应交增值税（进项税额）   45 000

  贷：银行存款   545 000

（7）支付工程发生的管理费、可行性研究费、监理费。

借：在建工程——乙公司——待摊支出   300 000

  贷：银行存款   300 000

（8）结转固定资产。

①计算分摊待摊支出。

待摊支出分摊率 = 300 000 ÷（6 000 000 + 4 000 000 + 4 500 000 + 500 000）× 100% = 2%

厂房应分摊的待摊支出 = 6 000 000 × 2% = 120 000（元）

冷却循环系统应分摊的待摊支出 = 4 000 000 × 2% = 80 000（元）

在安装设备应分摊的待摊支出 = 4 500 000 × 2% = 90 000（元）

安装工程应分摊的待摊支出 = 500 000 × 2% = 10 000（元）

借：在建工程——乙公司——建筑工程——厂房   120 000

         ——冷却循环系统   80 000

       在安装设备——××设备   90 000

       安装工程——××设备   10 000

  贷：在建工程——乙公司——待摊支出   300 000

②计算完工固定资产的成本。

厂房的成本 = 6 000 000 + 120 000 = 6 120 000（元）

冷却循环系统的成本 = 4 000 000 + 80 000 = 4 080 000（元）

生产设备的成本 = (4 500 000 + 500 000) + 100 000 = 5 100 000 (元)

借：固定资产——厂房 6 120 000

　　　　　　——冷却循环系统 4 080 000

　　　　　　——××设备 5 100 000

　　贷：在建工程——乙公司——建筑工程——厂房 6 120 000

　　　　　　　　　　　　　　　　——冷却循环系统 4 080 000

　　　　　　在安装设备——××设备 4 590 000

　　　　　　安装工程——××设备 510 000

（三）其他方式取得的固定资产

（1）接受固定资产投资的企业，在办理了固定资产移交手续之后，应按投资合同或协议约定的价值加上应支付的相关税费作为固定资产的入账价值，但合同或协议约定价值不公允的除外。在投资合同或协议约定价值不公允的情况下，按照该项固定资产的公允价值作为入账价值，固定资产的公允价值与投资合同或协议约定的价值之间的差额计入资本公积。

（2）非货币性资产交换、债务重组等方式取得的固定资产的成本，应当按照《企业会计准则第7号——非货币性资产交换》《企业会计准则第12号——债务重组》的有关规定进行会计处理。

（四）存在弃置费用的固定资产

特殊行业的特定固定资产，对其进行初始计量时，还应当考虑弃置费用。弃置费用通常是指根据国家法律和行政法规、国际公约等规定，企业承担的环境保护和生态恢复等义务所确定的支出。对此，企业应当将弃置费用的现值计入相关固定资产的成本，同时确认相应的预计负债。在固定资产的使用寿命内，按照预计负债的摊余成本和实际利率计算确定的利息费用，应当在发生时计入财务费用。由于技术进步、法律要求或市场环境变化等原因，特定固定资产的弃置义务可能会发生支出金额、预计弃置时点、折现率等的变动，从而引起原确认的预计负债的变动。此时，应按照以下原则调整该固定资产的成本：

（1）对于预计负债的减少，以该固定资产账面价值为限扣减固定资产成本。如果预计负债的减少额超过该固定资产账面价值，超出部分确认为当期损益。

（2）对于预计负债的增加，增加该固定资产的成本。

按照上述原则调整的固定资产，在资产剩余使用年限内计提折旧。一旦该固定资产的使用寿命结束，预计负债的所有后续变动应在发生时确认为损益。

一般企业的固定资产发生的报废清理费用不属于弃置费用，应当在发生时作为固定资产处置费用处理。

第二节　固定资产的后续计量

一、固定资产折旧

固定资产折旧，是指在固定资产使用寿命内，按照确定的方法对应计折旧额进行系统分摊。其中，应计折旧额是指应当计提折旧的固定资产的原价扣除其预计净残值后的金额；已计提减值准备的固定资产，还应当扣除已计提的固定资产减值准备累计金额。预计净残值是指假定固定资产预计使用寿命已满并处于使用寿命终了时的预期状态，企业目前从该项资产处置中获得的扣除预计处置费用后的金额。

企业应当根据固定资产的性质和使用情况，合理确定固定资产的使用寿命和预计净残值。固定资产的使用寿命、预计净残值一经确定，不得随意变更。

（一）固定资产折旧范围

《企业会计准则第4号——固定资产》规定，企业应对所有的固定资产计提折旧；但是，已提足折旧仍继续使用的固定资产和单独计价入账的土地除外。

提足折旧，是指已经提足该项固定资产的应计折旧额。固定资产提足折旧后，不论能否继续使用，均不再计提折旧。提前报废的固定资产也不再补提折旧。已达到预定可使用状态但尚未办理竣工决算的固定资产，应当按照暂估价值确定其成本，并计提折旧；待办理竣工决算后再按实际成本调整原来的暂估价值，但不需要调整原已计提的折旧额。

企业应当按月计提固定资产折旧，当月增加的固定资产，当月不计提折旧，从下月起计提折旧；当月减少的固定资产，当月仍计提折旧，从下月起不计提折旧。

对于处于更新改造过程中而停止使用的固定资产，应将其账面价值转入在建工程，不再计提折旧。更新改造项目达到预定可使用状态转为固定资产后，再按照重新确定的使用寿命、预计净残值和折旧方法计提折旧。

（二）固定资产折旧方法

企业应当根据与固定资产有关的经济利益的预期消耗方式，合理选择折旧方法。固定资产折旧方法包括年限平均法、工作量法、双倍余额递减法和年数总和法等。需要注意的是，企业不能以包括使用固定资产在内的经济活动所产生的收入为基础进行折旧。因为收入可能受到投入、生产过程、销售等因素的影响，这些因素与固定资产有关经济利益的预期消耗方式无关。企业选用不同的固定资产折旧方法，将影响固定资产使用寿命期间内不同时期的折旧费用，固定资产的折旧方法一经确定，不得随意变更。

1. 年限平均法。

年限平均法，又称直线法，是指将固定资产的应计折旧额均衡地分摊到固定资产预计使用寿命内的一种方法。采用这种方法计算的每期折旧额相等。计算公式如下：

年折旧率 = (1 − 预计净残值率) ÷ 预计使用寿命（年）× 100%

月折旧率 = 年折旧率 ÷ 12

月折旧额 = 固定资产原价 × 月折旧率

2. 工作量法。

工作量法是根据实际工作量计算每期应计提折旧额的一种方法。计算公式如下：

单位工作量折旧额 = 固定资产原价 × (1 − 预计净残值率) ÷ 预计总工作量

某项固定资产月折旧额 = 该项固定资产当月工作量 × 单位工作量折旧额

3. 双倍余额递减法。

双倍余额递减法，是指在不考虑固定资产预计净残值的情况下，根据每期期初固定资产原价减去累计折旧后的金额和双倍的直线法折旧率计算固定资产折旧的一种方法。应用这种方法计算折旧额时，由于每年年初固定资产净值没有扣除预计净残值，所以在计算固定资产折旧额时，应在其折旧年限到期前两年内，将固定资产净值扣除预计净残值后的余额平均摊销。计算公式如下：

年折旧率 = 2 ÷ 预计使用寿命（年）× 100%

月折旧率 = 年折旧率 ÷ 12

月折旧额 = (固定资产原价 − 累计折旧) × 月折旧率

4. 年数总和法。

年数总和法，又称年限合计法，是指将固定资产的原价减去预计净残值后的余额，乘以一个以固定资产尚可使用寿命为分子、以预计使用寿命逐年数字之和为分母的逐年递减的分数计算每年的折旧额。计算公式如下：

年折旧率 = 尚可使用寿命 ÷ 预计使用寿命的年数总和 × 100%

月折旧率 = 年折旧率 ÷ 12

月折旧额 = (固定资产原价 − 预计净残值) × 月折旧率

企业计提的固定资产折旧，应当根据用途计入相关资产的成本或者当期损益。基本生产车间使用的固定资产，其计提的折旧应计入制造费用；管理部门使用的固定资产，计提的折旧应计入管理费用；销售部门使用的固定资产，计提的折旧应计入销售费用；未使用的固定资产，其计提的折旧应计入管理费用等。

（三）固定资产使用寿命、预计净残值和折旧方法的复核

《企业会计准则第4号——固定资产》规定，企业至少应当于每年年度终了，对固定资产的使用寿命、预计净残值和折旧方法进行复核。

在固定资产使用过程中，其所处的经济环境、技术环境以及其他环境有可能对固定资产使用寿命和预计净残值产生较大影响。如固定资产使用强度比正常情况大大加强，致使固定资产使用寿命大大缩短；替代该项固定资产的新产品的出现致使其实际使用寿命缩短，预计净残值减少等。此时，如果不对固定资产使用寿命和预计净残值进行调整，

必然不能准确反映其实际情况，也不能真实反映其为企业提供经济利益的期间及每期实际的资产消耗。

企业至少应当于每年年度终了，对固定资产使用寿命和预计净残值进行复核。如有确凿证据表明固定资产使用寿命预计数与原先估计数有差异的，应当调整固定资产使用寿命；固定资产预计净残值预计数与原先估计数有差异的，应当调整预计净残值。

在固定资产使用过程中，与其有关的经济利益预期消耗方式也可能发生重大变化。在这种情况下，企业也应相应改变固定资产折旧方法。

固定资产使用寿命、预计净残值和折旧方法的改变按照会计估计变更的有关规定进行处理。需要特别注意的是，企业应当根据与固定资产有关的经济利益的预期消耗方式等实际情况合理确定固定资产折旧方法、预计净残值和使用寿命，除非有确凿证据表明经济利益的预期消耗方式发生了重大变化，或者取得了新的信息、积累了更多的经验，能够更准确地反映企业的财务状况和经营成果，否则不得随意变更。

二、固定资产的后续支出

固定资产的后续支出，是指固定资产使用过程中发生的更新改造支出、修理费用等。企业的固定资产在投入使用后，为了适应新技术发展的需要，或者为维护或提高固定资产的使用效能，往往需要对现有固定资产进行维护、改建、扩建或者改良。

后续支出的处理原则：符合固定资产确认条件的，应当计入固定资产成本或其他相关资产的成本，同时将被替换部分的账面价值扣除；不符合固定资产确认条件的，应当计入当期损益。

（一）资本化的后续支出

固定资产发生可资本化的后续支出时，企业一般应将该固定资产的原价、已计提的累计折旧和减值准备转销，将其账面价值转入在建工程，并停止计提折旧。发生的可资本化的后续支出，通过"在建工程"科目核算。在固定资产发生的后续支出完工并达到预定可使用状态时，再从在建工程转为固定资产，并按重新确定的使用寿命、预计净残值和折旧方法计提折旧。

【例3-4】甲公司是一家饮料生产企业，有关业务资料如下：

（1）2018年12月，该公司自行建成了一条饮料生产线并投入使用，建造成本为600 000元；采用年限平均法计提折旧；预计净残值率为固定资产原价的3%，预计使用年限为6年。

（2）2020年12月31日，由于生产的产品适销对路，现有这条饮料生产线的生产能力已难以满足公司生产发展的需要，但若新建生产线则成本过高，周期过长，于是公司决定对现有生产线进行改扩建，以提高其生产能力。假定该生产线未发生过减值。

（3）至2021年4月30日，完成了对这条生产线的改扩建工程，达到预定可使用状态。改扩建过程中发生以下支出：用银行存款购买工程物资一批，增值税专用发票上注明的价款为 210 000 元，增值税税额为 27 300 元，已全部用于改扩建工程；发生有关人员薪酬 84 000 元。

（4）该生产线改扩建工程达到预定可使用状态后，大大提高了生产能力，预计尚可使用年限为 7 年。假定改扩建后的生产线的预计净残值率为改扩建后其账面价值的 4%；折旧方法仍为年限平均法。

假定甲公司按年度计提固定资产折旧，为简化计算过程，整个过程不考虑其他相关税费，甲公司的账务处理如下：

（1）本例中，饮料生产线改扩建后生产能力大大提高，能够为企业带来更多的经济利益，改扩建的支出金额也能可靠计量，因此该后续支出符合固定资产的确认条件，应计入固定资产的成本。

固定资产后续支出发生前，该条饮料生产线的应计折旧额 = 600 000 × (1 − 3%) = 582 000（元）。

年折旧额 = 582 000 ÷ 6 = 97 000（元）

2019 年 1 月 1 日至 2020 年 12 月 31 日两年间，各年计提固定资产折旧：

借：制造费用　　　　　　　　　　　　　　　　　　　　　97 000
　　贷：累计折旧　　　　　　　　　　　　　　　　　　　　　97 000

（2）2020 年 12 月 31 日，将该生产线的账面价值 406 000 元（600 000 − 97 000 × 2）转入在建工程：

借：在建工程——饮料生产线　　　　　　　　　　　　　406 000
　　累计折旧　　　　　　　　　　　　　　　　　　　　194 000
　　贷：固定资产——饮料生产线　　　　　　　　　　　　600 000

（3）发生改扩建工程支出：

借：工程物资　　　　　　　　　　　　　　　　　　　　210 000
　　应交税费——应交增值税（进项税额）　　　　　　　　 27 300
　　贷：银行存款　　　　　　　　　　　　　　　　　　　237 300

借：在建工程——饮料生产线　　　　　　　　　　　　　294 000
　　贷：工程物资　　　　　　　　　　　　　　　　　　　210 000
　　　　应付职工薪酬　　　　　　　　　　　　　　　　　 84 000

（4）2021 年 4 月 30 日，生产线改扩建工程达到预定可使用状态，转为固定资产：

借：固定资产——饮料生产线　　　　　　　　　　　　　700 000
　　贷：在建工程——饮料生产线　　　　　　　　　　　　700 000

（5）2021 年 4 月 30 日，转为固定资产后，按重新确定的使用寿命、预计净残值和折旧方法计提折旧：

应计折旧额 = 700 000 × (1 − 4%) = 672 000（元）

月折旧额 = 672 000 ÷ (7 × 12) = 8 000 (元)

2021 年应计提的折旧额为 64 000 元 (8 000 × 8),会计分录为:

借:制造费用   64 000

    贷:累计折旧   64 000

2022~2027 年每年应计提的折旧额为 96 000 元 (8 000 × 12),会计分录为:

借:制造费用   96 000

    贷:累计折旧   96 000

2028 年应计提的折旧额为 32 000 元 (8 000 × 4),会计分录为:

借:制造费用   32 000

    贷:累计折旧   32 000

企业发生的一些固定资产后续支出可能涉及替换原固定资产的某组成部分。如对某项机器设备进行检修时,发现其中的电机(未单独确认为一项固定资产)出现难以修复的故障,将其拆除后重新安装了一个新电机。在这种情况下,当发生的后续支出符合固定资产确认条件时,应将其计入固定资产成本,同时将被替换部分的账面价值扣除,以避免将替换部分的成本和被替换部分的成本同时计入固定资产成本,导致固定资产成本重复计算。

【例 3 - 5】2024 年 6 月 30 日,甲公司一台生产用升降机械出现故障,经检修发现其中的电动机磨损严重,需要更换。该升降机械购买于 2020 年 6 月 30 日,甲公司已将其整体作为一项固定资产进行了确认,原价 400 000 元(其中的电动机在 2020 年 6 月 30 日的市场价格为 85 000 元),预计净残值为 0,预计使用年限为 10 年,采用年限平均法计提折旧。为继续使用该升降机械并

扫码看讲解

提高工作效率,甲公司决定对其进行改造,为此购买了一台更大功率的电动机替代原电动机。新购置电动机的价款为 82 000 元,增值税税额为 10 660 元,款项已通过银行转账支付;改造过程中,辅助生产车间发生了劳务支出 15 000 元。

假定原电动机磨损严重,没有任何价值。不考虑其他相关税费,甲公司的账务处理为:

(1) 固定资产转入在建工程。

本例中的更新改造支出符合固定资产的确认条件,应予资本化;同时应终止确认原电动机价值。2024 年 6 月 30 日,原电动机的价值为:85 000 - (85 000 ÷ 10) × 4 = 51 000 (元)。

借:营业外支出——处置非流动资产损失   51 000

    在建工程——升降机械   189 000

    累计折旧——升降机械 (400 000 ÷ 10 × 4)   160 000

    贷:固定资产——升降机械   400 000

（2）更新改造支出。

借：工程物资——新电动机　　　　　　　　　　　　　82 000
　　应交税费——应交增值税（进项税额）　　　　　　10 660
　　　贷：银行存款　　　　　　　　　　　　　　　　　　　92 660
借：在建工程——升降机械　　　　　　　　　　　　　97 000
　　　贷：工程物资——新电动机　　　　　　　　　　　　　82 000
　　　　　生产成本——辅助生产成本　　　　　　　　　　　15 000
（3）在建工程转回固定资产。

借：固定资产——升降机械　　　　　　　　　　　　286 000
　　　贷：在建工程——升降机械　　　　　　　　　　　　286 000

企业对固定资产进行定期检查发生的大修理费用，有确凿证据表明符合固定资产确认条件的部分，应予资本化计入固定资产成本，不符合固定资产确认条件的，应当费用化，计入当期损益。

（二）费用化的后续支出

一般情况下，固定资产投入使用之后，由于固定资产磨损、各组成部分耐用程度不同，可能导致固定资产的局部损坏，为了维护固定资产的正常运转和使用，充分发挥其使用效能，企业会对固定资产进行必要的维护。

不符合固定资产资本化后续支出条件的固定资产日常修理费用，在发生时应当按照受益对象计入当期损益或计入相关资产的成本。与存货的生产和加工相关的固定资产日常修理费用按照存货成本确定原则进行处理；与行政管理部门、企业专设的销售机构等发生的固定资产日常修理费用按照功能分类计入管理费用或销售费用。

第三节　固定资产的处置

一、固定资产终止确认的条件

固定资产处置包括将固定资产划分为持有待售类别，以及固定资产的出售、转让、报废或毁损、对外投资、债务重组、非货币性资产交换等。

固定资产满足下列条件之一的，应当予以终止确认：

1. 该固定资产处于处置状态。

处于处置状态的固定资产不再用于生产商品、提供劳务、出租或经营管理。因此，不再符合固定资产的定义，应予终止确认。

2. 该固定资产预期通过使用或处置不能产生经济利益。

固定资产的确认条件之一是"与该固定资产有关的经济利益很可能流入企业"，如果一项固定资产预期通过使用或处置不能产生经济利益，就不再符合固定资产的定义和确认条件，应予终止确认。

二、固定资产处置的会计处理

企业出售、转让未划分为持有待售类别的固定资产，以及报废固定资产或发生固定资产毁损，应当将处置收入扣除账面价值和相关税费后的金额计入当期损益。固定资产的账面价值是固定资产成本扣减累计折旧和累计减值准备后的金额。固定资产处置一般通过"固定资产清理"科目进行核算。

（一）固定资产出售、报废或毁损的账务处理

1. 固定资产转入清理。

固定资产转入清理时，按固定资产账面价值，借记"固定资产清理"科目，按已计提的累计折旧，借记"累计折旧"科目，按已计提的减值准备，借记"固定资产减值准备"科目，按固定资产原价，贷记"固定资产"科目。

2. 发生的清理费用。

企业在固定资产清理过程中发生的相关税费及其他费用，应借记"固定资产清理"科目，贷记"银行存款""应交税费"等科目。

3. 出售收入、残料等的处理。

企业收回出售固定资产的价款、残料价值和变价收入等，应冲减清理支出，借记"银行存款""原材料"等科目，贷记"固定资产清理""应交税费——应交增值税"等科目。

4. 保险赔偿的处理。

企业计算或收到的应由保险公司或过失人赔偿的损失，应借记"其他应收款""银行存款"等科目，贷记"固定资产清理"科目。

5. 清理净损益的处理。

固定资产清理完成后的净损失，属于生产经营期间正常的出售、转让所产生的损失，借记"资产处置损益"科目，贷记"固定资产清理"科目；属于因自然灾害发生毁损、已丧失使用功能等原因而报废清理所产生的损失，借记"营业外支出——非流动资产毁损报废损失"科目，贷记"固定资产清理"科目。固定资产清理完成后的净收益，借记"固定资产清理"科目，贷记"资产处置损益"或"营业外收入"科目。

（二）其他方式减少的固定资产

其他方式减少的固定资产，如出售、转让划分为持有待售类别的固定资产或处置组以及以固定资产清偿债务、投资转出固定资产、以非货币性资产交换换出固定资产等，分别按照持有待售的非流动资产、处置组和终止经营以及债务重组、非货币性资产交换等的处理原则进行核算，有关内容参见本书其他章节。

本章思考题

1. 企业自行建造固定资产的成本包括哪些？
2. 固定资产折旧的方法有哪些？固定资产折旧如何进行会计处理？
3. 固定资产出售、报废或毁损时如何进行会计处理？

第四章 无形资产

本章主要内容

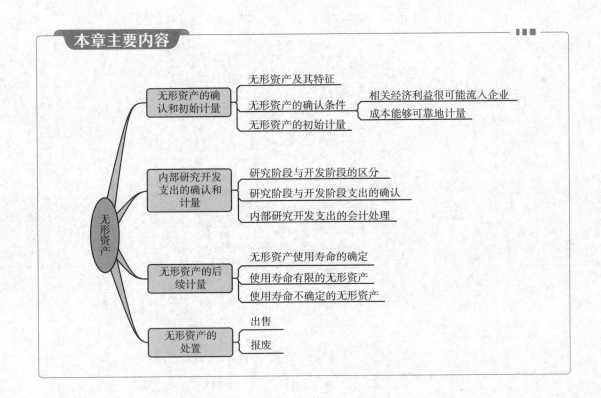

第一节 无形资产的确认和初始计量

一、无形资产及其特征

无形资产，是指企业拥有或者控制的没有实物形态的可辨认非货币性资产，通常包括专利权、非专利技术、商标权、著作权、特许权、土地使用权等。无形资产具有以下特征：（1）由企业拥有或者控制并能为其带来未来经济利益；（2）不具有实物形态；（3）具有可辨认性，能够区别于其他资产可单独辨认；（4）属于非货币性资产。

二、无形资产的确认条件

无形资产应当在符合定义的前提下，同时满足下列两个确认条件时，才能予以确认：

（一）与该无形资产有关的经济利益很可能流入企业

作为无形资产确认的项目，必须满足其所产生的经济利益很可能流入企业这一条件。通常情况下，无形资产产生的未来经济利益可能包括在销售商品、提供劳务的收入当中，或者企业使用该项无形资产而减少或节约了成本，或者体现在获得的其他利益当中。如生产加工企业在生产工序中使用了某种知识产权，从而降低了未来生产成本。

会计实务中，要确定无形资产所创造的经济利益是否很可能流入企业，需要运用职业判断。在进行这种职业判断时，需要对无形资产在预计使用寿命内可能存在的各种经济因素作出合理估计，并且应当有确凿的证据支持。如企业是否有足够的人力资源、高素质的管理队伍、相关的硬件设备、相关的原材料等来配合无形资产为企业创造经济利益。同时，更为重要的是关注一些外界因素的影响，如是否存在与该无形资产相关的新技术、新产品冲击，或据其生产的产品是否存在市场等。在进行判断时，企业管理层应对在无形资产的预计使用寿命内存在的各种因素作出最稳健的估计。

（二）该无形资产的成本能够可靠地计量

成本能够可靠地计量是确认资产的一项基本条件，对于无形资产而言，这个条件显得更为重要。如企业内部产生的品牌、报刊名、刊头、客户名单和实质上类似项目的支出，由于不能与整个业务开发成本区分开来，成本无法可靠计量，不应确认为无形资产。

三、无形资产的初始计量

无形资产通常按照实际成本进行初始计量，即以取得无形资产并使之达到预定用途而发生的全部支出作为无形资产的成本。对于不同来源取得的无形资产，其成本构成不尽相同。

（一）外购无形资产的成本

外购无形资产的成本，包括购买价款、相关税费以及直接归属于使该项资产达到预定用途所发生的其他支出。其中，直接归属于使该项资产达到预定用途所发生的其他支出包括使无形资产达到预定用途所发生的专业服务费用、测试无形资产是否能够正常发挥作用的费用等，但不包括为引入新产品进行宣传发生的广告费、管理费用及其他间接费用，也不包括在无形资产已经达到预定用途以后发生的费用。

购买无形资产的价款超过正常信用条件延期支付，实质上具有融资性质的，无形资产的成本应以购买价款的现值为基础确定。实际支付的价款与购买价款的现值之间的差额作为未确认融资费用，并应在付款期间内采用实际利率法进行摊销。其摊销金额除满足借款费用资本化条件应当计入无形资产成本外，均应当在信用期间内确认为财务费用，计入当期损益。

（二）投资者投入无形资产的成本

投资者投入无形资产的成本，应当按照投资合同或协议约定的价值确定，但合同或协议约定价值不公允的，应按无形资产的公允价值入账。

（三）土地使用权的处理

企业取得的土地使用权，通常应当按照取得时所支付的价款及相关税费之和确认为无形资产。但属于投资性房地产的土地使用权，应当按投资性房地产进行会计处理。

土地使用权用于自行开发建造厂房等地上建筑物时，土地使用权的账面价值不与地上建筑物合并计算其成本，而仍作为无形资产进行核算，土地使用权与地上建筑物分别进行摊销和计提折旧。但下列情况除外：

（1）房地产开发企业取得的土地使用权用于建造对外出售的房屋建筑物，相关的土地使用权应当计入所建造的房屋建筑物成本。

（2）企业外购的房屋建筑物，实际支付的价款中包括土地使用权和建筑物的价值的，应当对实际支付的价款按照合理的方法（例如，公允价值相对比例）在土地使用权与地上建筑物之间进行分配；如果确实无法在土地使用权与地上建筑物之间进行合理分配的，应当全部作为固定资产，按照固定资产确认和计量的原则进行会计处理。

企业改变土地使用权的用途，将其用于赚取租金或资本增值时，应将其转为投资性房地产。

【例4-1】甲公司从事土地开发与建设业务。2024年7月1日，甲公司取得作为股东出资投入的一宗土地使用权及地上建筑物。取得时，土地使用权的公允价值为10 000万元，地上建筑物的公允价值为6 000万元。甲公司将上述土地使用权和地上建筑物用于管理部门办公，预计使用50年。假定不考虑相关税费，甲公司取得土地使用权和地上建筑物的账务处理为：

借：无形资产——土地使用权	100 000 000
固定资产——××建筑物	60 000 000
贷：股本	160 000 000

第二节　内部研究开发支出的确认和计量

一、研究阶段与开发阶段的区分

对于企业自行进行的研究开发项目，应当区分研究阶段与开发阶段分别进行核算。在实际工作中，关于研究阶段与开发阶段的具体划分，企业应当根据自身实际情况以及相关信息加以判断。

（一）研究阶段

研究，是指为获取并理解新的科学或技术知识等进行的有计划的调查。研究活动的例子包括：意在获取知识而进行的活动；研究成果或其他知识的应用研究、评价和最终选择；材料、设备、产品、工序、系统或服务替代品的研究；以及新的或经改进的材料、设备、产品、工序、系统或服务的可能替代品的配制、设计、评价和最终选择等。

研究阶段基本上是探索性的，是为进一步的开发活动进行资料及相关方面的准备，已经进行的研究活动将来是否会转入开发、开发后是否会形成无形资产等均具有较大的不确定性。在这一阶段一般不会形成阶段性成果。

（二）开发阶段

开发，是指在进行商业性生产或使用前，将研究成果或其他知识应用于某项计划或设计，以生产出新的或具有实质性改进的材料、装置、产品等。开发活动的例子包括：生产前或使用前的原型和模型的设计、建造和测试；含新技术的工具、夹具、模具和冲模的设计；不具有商业性生产经济规模的试生产设施的设计、建造和运营；新的或经改造的材料、设备、产品、工序、系统或服务所选定的替代品的设计、建造和测试等。

相对于研究阶段而言，开发阶段应当是已完成研究阶段的工作，在很大程度上具备了形成一项新产品或新技术的基本条件。

二、研究阶段与开发阶段支出的确认

（一）研究阶段支出

考虑到研究阶段的探索性及其成果的不确定性，企业无法证明其能够带来未来经济利益的无形资产的存在，因此，对于企业内部研究开发项目，研究阶段的支出应当在发生时全部费用化，计入当期损益（管理费用）。

（二）开发阶段支出

考虑到进入开发阶段的研发项目往往形成成果的可能性较大，如果企业能够证明开发阶段的支出符合无形资产的定义及相关确认条件，则可将其确认为无形资产。具体来讲，对于企业内部研究开发项目，开发阶段的支出同时满足下列条件的才能资本化，计入无形资产成本，否则应当计入当期损益（管理费用）。

（1）完成该无形资产以使其能够使用或出售在技术上具有可行性。企业在判断无形资产的开发在技术上是否具有可行性时，应当以目前阶段的成果为基础，并提供相关证据和材料，证明企业进行开发所必需的技术条件等已经具备，不存在技术上的障碍或其他不确定性。如企业已经完成了全部计划、设计和测试活动，这些活动是使资产能够达到设计规划书中的功能、特征和技术所必需的活动，或经过专家鉴定等。

（2）具有完成该无形资产并使用或出售的意图。企业研发项目形成成果以后，是对外出售还是供自己使用并从使用中获得经济利益，应当由企业管理层的意图而定。企业管理层应当能够说明其开发无形资产的目的，并具有完成该项无形资产开发并使其能够使用或出售的可能性。

（3）无形资产产生经济利益的方式，包括能够证明运用该无形资产生产的产品存在市场或无形资产自身存在市场；无形资产将在内部使用的，应当证明其有用性。如果相关无形资产在形成以后，主要是用于生产新产品或新工艺的，企业应当对运用该无形资产生产的产品的市场情况进行可靠估计，应当能够证明所生产的产品存在市场，并能够带来经济利益的流入；如果相关无形资产开发以后主要是用于对外出售的，则企业应当能够证明市场上存在对该类无形资产的需求，开发以后存在外部的市场可以出售并能够带来经济利益的流入；如果无形资产开发以后，不是用于生产产品，也不是用于对外出售，而是在企业内部使用的，则企业应能够证明其对企业的有用性。

（4）有足够的技术、财务资源和其他资源支持完成该无形资产的开发，并有能力使用或出售该无形资产。这一条件主要包括：①为完成该项无形资产的开发具有技术上的可靠性。开发无形资产并使其形成成果在技术上的可靠性，是继续开发活动的关键。因此，必须有确凿证据证明企业有足够的技术支持和技术能力继续开发该项无形资产。②财务资源和其他资源支持。财务资源和其他资源支持是能够完成该项无形资产开发的经济基础，因此，企业必须能够说明为完成该项无形资产开发所需的财务资源和其他资源，是否能够足以支持完成该项无形资产的开发。③能够证明企业可以取得无形资产开发所需的技术、财务资源和其他资源，以及获得这些资源的相关计划等。如企业自有资金不足以提供支持的，应当能够证明存在外部其他方面的资金支持，如银行等金融机构声明愿意为该无形资产的开发提供所需资金等。④有能力使用或出售该项无形资产以取得收益。

（5）归属于该无形资产开发阶段的支出能够可靠地计量。企业对于开发活动所发生的支出应单独核算，如直接发生的开发人员薪酬、材料费以及相关设备折旧费等。在企业同时从事多项开发活动的情况下，所发生的支出同时用于支持多项开发活动的，应按照合理的标准在各项开发活动之间进行分配；无法合理分配的，应予以费用化计入当期损益，不计入开发活动的成本。

（三）无法区分研究阶段和开发阶段的支出

无法区分研究阶段和开发阶段的支出，应当在发生时费用化，计入当期损益（管理费用）。

三、内部研究开发支出的会计处理

内部开发活动形成的无形资产，其成本由可直接归属于该无形资产的创造、生产并使该无形资产能够以管理层预定的方式运作的所有必要支出组成。可直接归属成本包括：开发该无形资产时耗费的材料、劳务成本、注册费、在开发该无形资产过程中使用的其他专利权和特许权的摊销、按照借款费用的处理原则可以资本化的利息支出等。在开发无形资产过程中发生的、除上述可直接归属于无形资产开发活动之外的其他销售费用、管理费用等间接费用，无形资产达到预定用途前发生的可辨认的无效和初始运作损失，为运行该无形资产发生的培训支出等，不构成无形资产的开发成本。

值得强调的是，内部开发无形资产的成本仅包括在满足资本化条件的时点至无形资产达到预定用途前发生的支出总和，对于同一项无形资产在开发过程中达到资本化条件之前已经费用化计入当期损益的支出不再进行调整。

企业自行开发无形资产发生的研发支出，不满足资本化条件的，借记"研发支出——费用化支出"科目，满足资本化条件的，借记"研发支出——资本化支出"科目，贷记"原材料""银行存款""应付职工薪酬"等科目。研究开发项目达到预定用途形成无形资产的，应按"研发支出——资本化支出"科目的余额，借记"无形资产"科目，贷记"研发支出——资本化支出"科目。期末，应将不符合资本化条件的研发支出转入当期管理费用，借记"管理费用"科目，贷记"研发支出——费用化支出"科目；将符合资本化条件但尚未完成的开发费用继续保留在"研发支出"科目中，待开发项目达到预定用途形成无形资产时，再将其转入无形资产。

外购或以其他方式取得的、正在研发过程中应予资本化的项目，应按确定的金额，借记"研发支出——资本化支出"科目，贷记"银行存款"等科目。以后发生的研发支出，应当比照上述原则进行会计处理。

企业为享受《关于完善研究开发费用税前加计扣除政策的通知》中有关研究开发费用加计扣除优惠政策，可以对享受加计扣除的研究开发费用按研发项目设置辅助账，归集核算当年可加计扣除的各项研究开发费用实际发生额。

【例4－2】2023年1月1日，甲公司的董事会批准研发某项新型技术，该公司董事会认为，研发该项目具有可靠的技术和财务等资源的支持，并且一旦研发成功将降低该公司的生产成本。2024年1月29日，该项新型技术研发成功并已经达到预定用途。研发过程中所发生的直接相关的必要支出情况如下：

扫码看讲解

（1）2023年度发生材料费用9 000 000元，人工费用4 500 000元，计提专用设备折旧750 000元，以银行存款支付其他费用3 000 000元，总计17 250 000元，其中，符合资本化条件的支出为7 500 000元。

（2）2024年1月发生材料费用800 000元，人工费用500 000元，计提专用设备折旧50 000元，其他费用20 000元，总计1 370 000元。

本例中，甲公司经董事会批准研发某项新型技术，并认为完成该项新型技术无论从技术上还是财务等方面都能够得到可靠的资源支持，一旦研发成功将降低公司的生产成本，并且有确凿证据予以支持。因此，符合条件的开发费用可以资本化。

其次，甲公司在开发该项新型技术时，累计发生了18 620 000元的研究与开发支出，其中，符合资本化条件的开发支出为8 870 000元，符合"归属于该无形资产开发阶段的支出能够可靠地计量"的条件。

甲公司的账务处理为：

（1）2023 年度发生研发支出。

借：研发支出——××技术——费用化支出   9 750 000

         ——××技术——资本化支出   7 500 000

     贷：原材料   9 000 000

         应付职工薪酬   4 500 000

         累计折旧   750 000

         银行存款   3 000 000

（2）2023 年 12 月 31 日，将不符合资本化条件的研发支出转入当期管理费用。

借：管理费用——研究费用   9 750 000

     贷：研发支出——××技术——费用化支出   9 750 000

（3）2024 年 1 月发生研发支出。

借：研发支出——××技术——资本化支出   1 370 000

     贷：原材料   800 000

         应付职工薪酬   500 000

         累计折旧   50 000

         银行存款   20 000

（4）2024 年 1 月 29 日，该项新型技术已经达到预定用途。

借：无形资产——××技术   8 870 000

     贷：研发支出——××技术——资本化支出   8 870 000

第三节　无形资产的后续计量

一、无形资产使用寿命的确定

无形资产的后续计量以其使用寿命为基础。企业应当于取得无形资产时分析判断其使用寿命。无形资产的使用寿命是有限的，应当估计该使用寿命的年限或者构成使用寿命的产量等类似计量单位数量；无法预见无形资产为企业带来未来经济利益期限的，应当视为使用寿命不确定的无形资产。

（一）估计无形资产使用寿命应考虑的因素

估计无形资产使用寿命应考虑的主要因素包括：

（1）运用该无形资产生产的产品通常的寿命周期、可获得的类似资产使用寿命的信息。

（2）技术、工艺等方面的现阶段情况及对未来发展趋势的估计。

（3）以该无形资产生产的产品或提供的服务的市场需求情况。

（4）现在或潜在的竞争者预期将采取的行动。

（5）为维持该无形资产产生未来经济利益能力的预期维护支出，以及企业预计支付有关支出的能力。

（6）对该无形资产的控制期限，以及对该资产使用的相关法律规定或类似限制，如特许使用期、租赁期等。

（7）与企业持有的其他资产使用寿命的关联性等。

（二）确定无形资产使用寿命的主要原则

（1）源自合同性权利或其他法定权利取得的无形资产，其使用寿命通常不应超过合同性权利或其他法定权利的期限。如企业以支付土地出让金方式取得一块土地50年的使用权，如果企业准备持续持有且在50年期间内没有计划出售，则该项土地使用权预期为企业带来未来经济利益的期间为50年。但如果企业使用资产的预期期限短于合同性权利或其他法定权利规定的期限的，则应当按照企业预期使用的期限来确定其使用寿命。如企业取得的某项实用新型专利权，法律规定的保护期限为10年，企业预计运用该项实用新型专利权所生产的产品在未来6年内会为企业带来经济利益，则该项专利权的预计使用寿命为6年。

如果合同性权利或其他法定权利能够在到期时因续约等延续，当有证据表明企业续约不需要付出重大成本时，续约期才能够包括在使用寿命的估计中。下列情况下，一般说明企业无须付出重大成本即可延续合同性权利或其他法定权利：有证据表明合同性权利或法定权利将被重新延续，如果在延续之前需要第三方同意，则还需有第三方将会同意的证据；有证据表明为获得重新延续所必需的所有条件将被满足，以及企业为延续持有无形资产所付出的成本相对于预期从重新延续中流入企业的未来经济利益相比不具有重要性。如果企业为延续无形资产持有期间而付出的成本与预期从重新延续中流入企业的未来经济利益相比具有重要性，则从本质上来看是企业获得了一项新的无形资产。

（2）没有明确的合同或法律规定无形资产的使用寿命的，企业应当综合各方面因素判断，如聘请相关专家进行论证、与同行业的情况进行比较以及参考企业的历史经验等，来确定无形资产为企业带来未来经济利益的期限。

（3）企业经过上述努力仍确实无法合理确定无形资产为企业带来经济利益的期限的，才能将其作为使用寿命不确定的无形资产。如企业取得了一项在过去几年中市场份额领先的畅销产品的商标，该商标按照法律规定还有5年的使用寿命，但是在保护期届满时，企业可每10年以较低的手续费申请延期，同时有证据表明企业有能力申请延期。此外，有关的调查表明，根据产品生命周期、市场竞争等方面情况综合判断，该商标将在不确定的期间内为企业带来现金流量。综合各方面情况，该商标可视为使用寿命不确定的无形资产。又如，企业通过公开拍卖取得一项出租车运营许可，按照所在地的规定，以现有出租车运营许可权为限，不再授予新的运营许可权，而且在旧的出租车报废以后，有关的运营许可权可用于新的出租车。企业估计在有限的未来，将持续经营出租车行业。对于该运营许可权，由于其能为企业带来未来经济利益的期限从目前情况来看，无法可靠地估计，因而应将其视为使用寿命不确定的无形资产。

（三）无形资产使用寿命的复核

企业至少应当于每年年度终了，对使用寿命有限的无形资产的使用寿命进行复核。如果有证据表明无形资产的使用寿命与以前估计不同的，应当改变其摊销期限，并按照会计估计变更进行处理。如企业使用的某项专利权，原预计使用寿命为 10 年，使用至第 3 年年末时，该企业计划再使用 2 年即不再使用，为此，在第 3 年年末，企业应当变更该项无形资产的使用寿命，并作为会计估计变更进行处理。

企业应当在每个会计期末对使用寿命不确定的无形资产的使用寿命进行复核。如果有证据表明该无形资产的使用寿命是有限的，应当按照确定的无形资产使用寿命进行会计处理，并作为会计估计变更进行处理。

二、使用寿命有限的无形资产

使用寿命有限的无形资产，应以成本减去累计摊销额和累计减值损失后的余额进行后续计量。无形资产的减值参见本书第七章的相关内容。这里仅重点介绍使用寿命有限的无形资产摊销的处理。使用寿命有限的无形资产，应在其预计的使用寿命内采用系统合理的方法对应摊销金额进行摊销。

（一）应摊销金额

无形资产的应摊销金额，是指其成本扣除预计残值后的金额。已计提减值准备的无形资产，还应扣除已计提的无形资产减值准备累计金额。无形资产的残值一般为零，但下列情况除外：

（1）有第三方承诺在无形资产使用寿命结束时购买该无形资产。

（2）可以根据活跃市场得到预计残值信息，并且该市场在无形资产使用寿命结束时很可能存在。

无形资产的残值意味着，在其经济寿命结束之前，企业预计将会处置该无形资产，并且从该处置中获得利益。估计无形资产的残值应以资产处置时的可收回金额为基础，此时的可收回金额是指在预计出售日，出售一项使用寿命已满且处于类似使用状况下，同类无形资产预计的处置价格（扣除相关税费）。残值确定以后，在持有无形资产的期间内，至少应于每年年末进行复核，预计其残值与原估计金额不同的，应按照会计估计变更进行处理。如果无形资产的残值重新估计以后高于其账面价值的，则无形资产不再摊销，直至残值降至低于账面价值时再恢复摊销。

（二）摊销期和摊销方法

无形资产的摊销期自其可供使用（即其达到预定用途）时起至终止确认时止。企业选择的无形资产摊销方法，应根据与无形资产有关的经济利益的预期消耗方式作出决定，并一致地运用于不同会计期间。具体摊销方法包括直线法、产量法等。受技术陈旧因素影响较大的专利权和专有技术等无形资产，可采用类似固定资产加速折旧的方法进行摊销；有特定产量限制的特许经营权或专利权，应采用产量法进行摊销。无法可靠确定其预期消耗方式的，应当采用直线法进行摊销。

由于收入可能受到投入、生产过程和销售等因素的影响，这些因素与无形资产有关经济利益的预期消耗方式无关，因此，企业通常不应以包括使用无形资产在内的经济活动所产生的收入为基础进行摊销，但是，下列极其有限的情况除外：（1）企业根据合同约定确定无形资产固有的根本性限制条款（如无形资产的使用时间、使用无形资产生产产品的数量或因使用无形资产而应取得固定的收入总额）的，当该条款为因使用无形资产而应取得的固定的收入总额时，取得的收入可以成为摊销的合理基础，如企业获得勘探开采黄金的特许权，且合同明确规定该特许权在销售黄金的收入总额达到某固定的金额时失效。（2）有确凿的证据表明收入的金额和无形资产经济利益的消耗是高度相关的。

企业采用车流量法对高速公路经营权进行摊销的，不属于以包括使用无形资产在内的经济活动产生的收入为基础的摊销方法。

企业至少应当于每年年度终了，对使用寿命有限的无形资产的使用寿命及摊销方法进行复核，如果有证据表明无形资产的使用寿命及摊销方法与以前估计不同的，应当改变其摊销期限和摊销方法，并按照会计估计变更进行会计处理。

（三）使用寿命有限的无形资产摊销的会计处理

无形资产的摊销金额一般应当计入当期损益，但如果某项无形资产是专门用于生产某种产品或其他资产的，其所包含的经济利益是通过转入所生产的产品或其他资产中实现的，则该无形资产的摊销金额应当计入相关资产的成本。例如，一项专门用于生产某种产品的专利技术，其摊销金额应构成所生产产品成本的一部分，计入制造该产品的制造费用。

【例4-3】2024年1月1日，甲公司从外单位购得一项新专利技术用于产品生产，支付价款75 000 000元，款项已支付。该项专利技术法律保护期间为15年，公司预计运用该专利生产的产品在未来10年内会为公司带来经济利益。假定这项无形资产的净残值为0，并按年采用直线法摊销。

本例中，甲公司外购的专利技术的预计使用期限（10年）短于法律保护期间（15年），则应当按照企业预计使用期限确定其使用寿命，同时这也就表明该项专利技术是使用寿命有限的无形资产，且该项无形资产用于产品生产，因此，应当将其摊销金额计入相关产品的成本。

甲公司的账务处理如下：

（1）取得无形资产时。

借：无形资产——专利权   75 000 000

    贷：银行存款   75 000 000

（2）按年摊销时。

借：制造费用——专利权摊销   7 500 000

  贷：累计摊销   7 500 000

2026 年 1 月 1 日，就上述专利技术，第三方向甲公司承诺在 3 年内以其最初取得时公允价值的 60% 购买该专利技术，从公司管理层目前的持有计划来看，准备在 3 年内将其出售给第三方。为此，甲公司应当在 2026 年变更该项专利技术的估计使用寿命为 3 年，变更净残值为 45 000 000 元（75 000 000×60%），并按会计估计变更进行处理。

2026 年该项无形资产的摊销金额为 5 000 000 元 $[（75 000 000 - 7 500 000×2 - 45 000 000）÷3]$。

甲公司 2026 年对该项专利技术按年摊销的账务处理为：

借：制造费用——专利权摊销   5 000 000

  贷：累计摊销   5 000 000

三、使用寿命不确定的无形资产

根据可获得的相关信息判断，有确凿证据表明无法合理估计其使用寿命的无形资产，才能作为使用寿命不确定的无形资产。对于使用寿命不确定的无形资产，在持有期间内不需要进行摊销，但应当至少在每个会计期末按照本书第七章的有关规定进行减值测试。如经减值测试表明已发生减值，则需要计提相应的减值准备，具体账务处理为：借记"资产减值损失"科目，贷记"无形资产减值准备"科目。

第四节　无形资产的处置

无形资产的处置，主要是指无形资产出售、报废等，此时无形资产无法为企业带来未来经济利益，应予转销并终止确认。

一、无形资产的出售

企业出售某项无形资产，应当将取得的价款与该无形资产账面价值的差额作为资产处置利得或损失计入当期损益。

二、无形资产的报废

如果无形资产预期不能为企业带来未来经济利益，如某无形资产已被其他新技术所替代或超过法律保护期，不能再为企业带来经济利益的，则不再符合无形资产的定义，应将其报废并予以转销，其账面价值转入当期损益（营业外支出）。

【例 4 - 4】 甲企业原拥有一项非专利技术，采用直线法进行摊销，预计使用期限为 10 年。现该项非专利技术已被内部研发成功的新技术所替代，并且根据市场调查，用该非专利技术生产的产品已没有市场，预期不能再为企业带来任何经济利益，故应当予以转销。转销时，该项非专利技术的成本为 9 000 000 元，累计摊销为 5 400 000 元，累计计提减值准备为 2 400 000 元，该项非专利技术的残值为 0。假定不考虑其他相关因素。

甲企业的账务处理为：

借：累计摊销   5 400 000

  无形资产减值准备——非专利技术   2 400 000

  营业外支出——处置非流动资产损失   1 200 000

 贷：无形资产——非专利技术   9 000 000

本章思考题

1. 对于企业内部研究开发项目，研究阶段和开发阶段的支出应当如何处理？开发阶段的支出资本化的条件是什么？无法区分研究阶段和开发阶段的支出，应当如何确认？

2. 使用寿命有限的无形资产是否必须按年平均摊销？使用寿命不确定的无形资产是否需要进行摊销？

第五章　投资性房地产

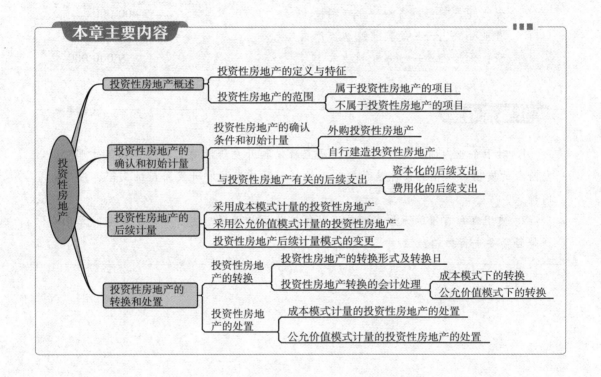

本章主要内容

- 投资性房地产
  - 投资性房地产概述
    - 投资性房地产的定义与特征
    - 投资性房地产的范围
      - 属于投资性房地产的项目
      - 不属于投资性房地产的项目
  - 投资性房地产的确认和初始计量
    - 投资性房地产的确认条件和初始计量
      - 外购投资性房地产
      - 自行建造投资性房地产
    - 与投资性房地产有关的后续支出
      - 资本化的后续支出
      - 费用化的后续支出
  - 投资性房地产的后续计量
    - 采用成本模式计量的投资性房地产
    - 采用公允价值模式计量的投资性房地产
    - 投资性房地产后续计量模式的变更
  - 投资性房地产的转换和处置
    - 投资性房地产的转换
      - 投资性房地产的转换形式及转换日
      - 投资性房地产转换的会计处理
        - 成本模式下的转换
        - 公允价值模式下的转换
    - 投资性房地产的处置
      - 成本模式计量的投资性房地产的处置
      - 公允价值模式计量的投资性房地产的处置

第一节　投资性房地产概述

一、投资性房地产的定义与特征

投资性房地产，是指为赚取租金或资本增值，或者两者兼有而持有的房地产。投资性房地产应当能够单独计量和出售。

投资性房地产具有以下特征：

（一）投资性房地产是一种经营性活动

投资性房地产的主要形式是出租建筑物、出租土地使用权，这实质上属于一种让渡资产使用权行为。房地产租金就是让渡资产使用权取得的使用费收入，是企业为完成其经营目标所从事的经营性活动以及与之相关的其他活动形成的经济利益总流入。投资性房地产的另一种形式是持有并准备增值后转让的土地使用权，尽管其增值收益通常与市场供求、经济发展等因素相关，但目的是为了增值后转让以赚取增值收益，也是企业为完成其经营目标所从事的经营性活动以及与之相关的其他活动形成的经济利益总流入。

（二）投资性房地产在用途、状态、目的等方面区别于作为生产经营场所的房地产和用于销售的房地产

企业持有的房地产除了用作自身管理、生产经营活动场所和对外销售之外，出现了将房地产用于赚取租金或增值收益的活动，甚至成为个别企业的主营业务。这就需要将投资性房地产单独作为一项资产核算和反映，与自用的厂房、办公楼等房地产和作为存货的房地产加以区别，从而更加清晰地反映企业所持有房地产的构成情况和盈利能力。

二、投资性房地产的范围

投资性房地产主要包括已出租的土地使用权、持有并准备增值后转让的土地使用权和已出租的建筑物。

（一）属于投资性房地产的项目

1. 已出租的土地使用权。

已出租的土地使用权，是指企业通过出让或转让方式取得并以经营租赁方式出租的土地使用权。企业计划用于出租但尚未出租的土地使用权，不属于此类。对于租入土地使用权再转租给其他单位的，不能确认为投资性房地产。

【例5-1】2024年5月10日，甲公司与乙公司签订了一项租赁合同，约定自2024年6月1日起，甲公司以年租金8 000 000元租赁使用乙公司拥有的一块400 000平方米的场地，租赁期为8年。乙公司按照企业会计准则规定将其分类为经营租赁。2024年7月1日，甲公司又将这块场地转租给丙公司，以赚取租金差价，租赁期为5年。假设以上交易不违反国家有关规定。

本例中，对于甲公司而言，这项土地使用权不能确认为投资性房地产。对于乙公司而言，自租赁期开始日（2024年6月1日）起，这项土地使用权属于投资性房地产。

2. 持有并准备增值后转让的土地使用权。

持有并准备增值后转让的土地使用权，是指企业通过出让或转让方式取得并准备增值后转让的土地使用权。但是，按照国家有关规定认定的闲置土地，不属于持有并准备增值后转让的土地使用权，也就不属于投资性房地产。

3. 已出租的建筑物。

已出租的建筑物，是指企业拥有产权并出租的房屋等建筑物，包括自行建造或开发活动完成后用于出租的建筑物。

企业在判断和确认已出租的建筑物时，应当把握以下要点：

（1）用于出租的建筑物是指企业拥有产权的建筑物，企业租入再转租的建筑物不属于投资性房地产。

（2）已出租的建筑物是企业已经与其他方签订了租赁协议，约定以经营租赁方式出租的建筑物。一般应自租赁协议规定的租赁期开始日起，经营租出的建筑物才属于已出租的建筑物。

【例5-2】2021年8月15日，甲公司与乙公司签订了一项经营租赁合同，乙公司将其拥有产权的两间房屋出租给甲公司，租赁期为6年。甲公司起初将这两间房屋用于自行经营餐馆。3年后，由于连续亏损，甲公司把这两间房屋转租给丙公司，以赚取租金差价。

本例中，对于甲公司而言，这两间房屋属于租入后又转租的建筑物，甲公司并不拥有其产权，因此不能将其确认为投资性房地产。乙公司拥有这两间房屋的产权并以经营租赁方式对外出租，应当将其确认为投资性房地产。

（3）企业将建筑物出租，按租赁协议向承租人提供的相关辅助服务在整个协议中不重大的，应当将该建筑物确认为投资性房地产。例如，企业将其办公楼出租，同时向承租人提供维护、保安等日常辅助服务，企业应当将该办公楼确认为投资性房地产。

（二）不属于投资性房地产的项目

下列房地产不属于投资性房地产：

（1）自用房地产，即为生产商品、提供劳务或者经营管理而持有的房地产，包括自用建筑物和自用土地使用权。

（2）作为存货的房地产，通常指房地产开发企业在正常经营过程中销售的或为销售而正在开发的商品房和土地使用权。

如果某项房地产部分用于赚取租金或资本增值、部分自用（即用于生产商品、提供劳务或经营管理），能够单独计量和出售的、用于赚取租金或资本增值的部分，应当确认为投资性房地产；不能够单独计量和出售的、用于赚取租金或资本增值的部分，不确认为投资性房地产。该项房地产自用的部分，以及不能够单独计量和出售的、用于赚取租金或资本增值的部分，应当确认为固定资产或无形资产。

第二节 投资性房地产的确认和初始计量

一、投资性房地产的确认条件和初始计量

投资性房地产只有在符合定义，并同时满足下列条件时，才能予以确认：

（1）与该投资性房地产有关的经济利益很可能流入企业。

（2）该投资性房地产的成本能够可靠地计量。

投资性房地产初始计量时，应当按照成本进行计量。

（一）外购投资性房地产的确认和初始计量

企业外购的房地产，只有在购入的同时开始对外出租或用于资本增值，才能作为投资性房地产加以确认。

企业购入房地产，自用一段时间之后再改为出租或用于资本增值的，应当先将外购的房地产确认为固定资产或无形资产，自租赁期开始日或用于资本增值之日起，才能从固定资产或无形资产转换为投资性房地产。

企业外购投资性房地产时，应当按照取得时的实际成本进行初始计量。取得时的实际成本，包括购买价款、相关税费和可直接归属于该资产的其他支出。采用成本模式进行后续计量的，企业应当在购入投资性房地产时，借记"投资性房地产"科目，贷记"银行存款"等科目；采用公允价值模式进行后续计量的，企业应当在购入投资性房地产时，借记"投资性房地产——成本"科目，贷记"银行存款"等科目。

（二）自行建造投资性房地产的确认和初始计量

企业自行建造的房地产，只有在自行建造活动完成（即达到预定可使用状态）的同时开始对外出租或用于资本增值，才能将自行建造的房地产确认为投资性房地产。

企业自行建造房地产达到预定可使用状态后一段时间才对外出租或用于资本增值的，应当先将自行建造的房地产确认为固定资产、无形资产或存货，自租赁期开始日或用于资本增值之日开始，从固定资产、无形资产或存货转换为投资性房地产。

自行建造投资性房地产，其成本由建造该项资产达到预定可使用状态前发生的必要支出构成，包括土地开发费、建筑成本、安装成本、应予以资本化的借款费用、支付的其他费用和分摊的间接费用等。采用成本模式进行后续计量的，应按照确定的自行建造投资性房地产成本，借记"投资性房地产"科目，贷记"在建工程"或"开发产品"科目；采用公允价值模式进行后续计量的，应按照确定的自行建造投资性房地产成本，借记"投资性房地产——成本"科目，贷记"在建工程"或"开发产品"科目。

【例5-3】2024年3月15日，甲公司按照公允价值42 000万元购入一栋写字楼，部分自用、部分对外出租，这栋写字楼的各楼层均能够单独计量和出售，价款以银行存款支付。当日，甲公司与乙公司签订了租赁合同，约定自当日起将这栋写字楼的5层至10层出租给乙公司，为期5年，出租部分的公允价值占这栋写字楼公允价值总额的比例为1/2，甲公司按照企业会计准则规定将其分类为经营租赁。其余楼层由甲公司自用。假定甲公司采用成本模式对投资性房地产进行后续计量。

企业购入的房地产，部分用于赚取租金或资本增值、部分自用，用于赚取租金或资本增值的部分应当予以单独确认的，应按照不同部分的公允价值占公允价值总额的比例将成本在不同部分之间进行合理分配。甲公司对出租部分的账务处理如下：

借：投资性房地产——写字楼（420 000 000×1/2） 210 000 000

　　贷：银行存款 210 000 000

二、与投资性房地产有关的后续支出

（一）资本化的后续支出

与投资性房地产有关的后续支出，满足投资性房地产确认条件的，应当计入投资性房地产成本。例如，企业为了提高投资性房地产的使用效能，往往需要对投资性房地产进行改建、扩建而使其更加坚固耐用，或者通过装修而改善其室内装潢，改扩建或装修支出满足投资性房地产确认条件的，应当将其资本化。

采用成本模式计量的投资性房地产进入改扩建或装修阶段后，应当将其账面价值转入改扩建工程，借记"投资性房地产——在建"和"投资性房地产累计折旧"等科目，贷记"投资性房地产"科目。发生资本化的改扩建或装修支出，通过"投资性房地产——在建"科目归集，借记"投资性房地产——在建"科目，贷记"银行存款""应付账款"等科目。改扩建或装修完成后，借记"投资性房地产"科目，贷记"投资性房地产——在建"科目。

采用公允价值模式计量的投资性房地产进入改扩建或装修阶段后，应当将其账面价值转入改扩建工程，借记"投资性房地产——在建"科目，贷记"投资性房地产——成本"科目，借记或贷记"投资性房地产——公允价值变动"科目。改扩建或装修完成后，借记"投资性房地产——成本"科目，贷记"投资性房地产——在建"科目。

企业对某项投资性房地产进行改扩建等再开发且将来仍作为投资性房地产的，再开发期间应继续将其作为投资性房地产，不计提折旧或摊销。

【例5-4】甲公司将其持有的一栋厂房出租给乙公司，并按照企业会计准则规定将其分类为经营租赁。2024年5月，该项厂房租赁合同即将到期。该厂房原价为50 000 000元，已计提折旧10 000 000元。为了提高厂房的租金收入，甲公司决定在租赁期满后对该厂房进行改扩建，并与丙公司签订了租赁合同，约定自改扩建完工时将该厂房出租给丙公司，甲公司按照企业会计准则

扫码看讲解

规定将其分类为经营租赁。2024年5月31日，与乙公司的租赁合同到期，该厂房随即进入改扩建工程。2024年12月31日，该厂房改扩建工程完工，共发生应当予以资本化的支出5 000 000元，均已通过银行存款支付，即日按照租赁合同出租给丙公司。假定甲公司采用成本模式对投资性房地产进行后续计量。

甲公司的账务处理如下：

（1）2024年5月31日，投资性房地产转入改扩建工程。

借：投资性房地产——厂房（在建）　　　　　　　　　40 000 000

　　投资性房地产累计折旧　　　　　　　　　　　　　10 000 000

　　　贷：投资性房地产——厂房　　　　　　　　　　　　　　50 000 000

（2）2024 年 5 月 31 日至 2024 年 12 月 31 日，发生应当予以资本化的改扩建支出。

借：投资性房地产——厂房（在建）　　　　　　　　　5 000 000

　　　贷：银行存款　　　　　　　　　　　　　　　　　　　　5 000 000

（3）2024 年 12 月 31 日，改扩建工程完工。

借：投资性房地产——厂房　　　　　　　　　　　　　45 000 000

　　　贷：投资性房地产——厂房（在建）　　　　　　　　　　45 000 000

【例 5-5】甲公司将其持有的一栋厂房出租给乙公司，并按照企业会计准则规定将其分类为经营租赁。2024 年 5 月，该项厂房租赁合同即将到期。为了提高厂房的租金收入，甲公司决定在租赁期满后对该厂房进行改扩建，并与丙公司签订了租赁合同，约定自改扩建完工时将该厂房出租给丙公司，甲公司按照企业会计准则规定将其分类为经营租赁。2024 年 5 月 31 日，与乙公司的租赁合同到期，该厂房随即进入改扩建工程。2024 年 5 月 31 日，该厂房账面余额为 20 000 000 元，其中成本 16 000 000 元，累计公允价值变动 4 000 000 元。2024 年 11 月 30 日，该厂房改扩建工程完工，共发生应当予以资本化的支出 3 000 000 元，均已通过银行存款支付，即日按照租赁合同出租给丙公司。假定甲公司采用公允价值模式对投资性房地产进行后续计量。

甲公司的账务处理如下：

（1）2024 年 5 月 31 日，投资性房地产转入改扩建工程。

借：投资性房地产——厂房（在建）　　　　　　　　　20 000 000

　　　贷：投资性房地产——厂房——成本　　　　　　　　　　16 000 000

　　　　　　　　　　　　　　　——公允价值变动　　　　　　　4 000 000

（2）2024 年 5 月 31 日至 2024 年 11 月 30 日，发生应当予以资本化的改扩建支出。

借：投资性房地产——厂房（在建）　　　　　　　　　3 000 000

　　　贷：银行存款　　　　　　　　　　　　　　　　　　　　3 000 000

（3）2024 年 11 月 30 日，改扩建工程完工。

借：投资性房地产——厂房——成本　　　　　　　　　23 000 000

　　　贷：投资性房地产——厂房（在建）　　　　　　　　　　23 000 000

（二）费用化的后续支出

与投资性房地产有关的后续支出，不满足投资性房地产确认条件的，如企业对投资性房地产进行日常维护所发生的支出，应当在发生时计入当期损益，借记"其他业务成本"等科目，贷记"银行存款"等科目。

第三节 投资性房地产的后续计量

投资性房地产的后续计量有成本和公允价值两种模式，通常应当采用成本模式计量，满足特定条件时也可以采用公允价值模式计量。但是，同一企业只能采用一种模式对所有投资性房地产进行后续计量，不得同时采用两种计量模式。

一、采用成本模式计量的投资性房地产

企业通常应当采用成本模式对投资性房地产进行后续计量。采用成本模式进行后续计量的投资性房地产，应当遵循以下会计处理规定：

（1）按照《企业会计准则第 4 号——固定资产》或《企业会计准则第 6 号——无形资产》的有关规定，按期（月）计提折旧或摊销，借记"其他业务成本"等科目，贷记"投资性房地产累计折旧"或"投资性房地产累计摊销"科目。

（2）取得的租金收入，借记"银行存款"等科目，贷记"其他业务收入"等科目。

（3）投资性房地产存在减值迹象的，适用《企业会计准则第 8 号——资产减值》的有关规定。经减值测试后确定发生减值的，应当计提减值准备，借记"资产减值损失"科目，贷记"投资性房地产减值准备"科目。已经计提的减值准备，在以后的会计期间不得转回。

【例 5-6】甲公司将一栋写字楼出租给乙公司使用，确认为投资性房地产，采用成本模式进行后续计量。甲公司按照企业会计准则规定将其分类为经营租赁。假设这栋办公楼的成本为 72 000 000 元，按照年限平均法计提折旧，使用寿命为 20 年，预计净残值为 0。租赁合同约定，乙公司每月等额支付甲公司租金 400 000 元。

甲公司的账务处理如下：

（1）每月计提折旧。

每月计提的折旧 = （72 000 000 ÷ 20） ÷ 12 = 300 000 （元）

借：其他业务成本——出租写字楼折旧	300 000
贷：投资性房地产累计折旧	300 000

（2）每月确认租金收入。

借：银行存款（或其他应收款）	400 000
贷：其他业务收入——出租写字楼租金收入	400 000

二、采用公允价值模式计量的投资性房地产

只有存在确凿证据表明投资性房地产的公允价值能够持续可靠取得的情况下，企业才可以采用公允价值模式对投资性房地产进行后续计量。企业一旦选择采用公允价值计量模式，就应当对其所有投资性房地产采用公允价值模式进行后续计量，不得对一部分投资性房地产采用成本模式进行后续计量，对另一部分投资性房地产采用公允价值模式进行后续计量。

（一）采用公允价值模式计量的条件

采用公允价值模式进行后续计量的投资性房地产，应当同时满足以下两个条件：

（1）投资性房地产所在地有活跃的房地产交易市场。

所在地，通常指投资性房地产所在的城市。对于大中型城市，应当为投资性房地产所在的城区。

（2）企业能够从活跃的房地产交易市场上取得同类或类似房地产的市场价格及其他相关信息，从而对投资性房地产的公允价值作出合理的估计。

同类或类似的房地产，对建筑物而言，是指所处地理位置和地理环境相同、性质相同、结构类型相同或相近、新旧程度相同或相近、可使用状况相同或相近的建筑物；对土地使用权而言，是指同一位置区域、所处地理环境相同或相近、可使用状况相同或相近的土地。

投资性房地产的公允价值是市场参与者在计量日的有序交易中，出售该房地产所能收到的金额。确定投资性房地产的公允价值时，应当参照活跃市场上同类或类似房地产的现行市场价格（市场公开报价）；无法取得同类或类似房地产现行市场价格的，应当参照活跃市场上同类或类似房地产的最近交易价格，并考虑交易情况、交易日期、所在区域等因素，从而对投资性房地产的公允价值作出合理的估计；也可以基于预计未来获得的租金收益和相关现金流量予以估计。

（二）采用公允价值模式计量的会计处理规定

采用公允价值模式进行后续计量的投资性房地产，应当遵循以下会计处理规定：

（1）不对投资性房地产计提折旧或摊销。企业应当以资产负债表日投资性房地产的公允价值为基础调整其账面价值，公允价值与原账面价值之间的差额计入当期损益。

资产负债表日，投资性房地产的公允价值高于原账面价值的差额，借记"投资性房地产——公允价值变动"科目，贷记"公允价值变动损益"科目；公允价值低于原账面价值的差额，作相反的账务处理。

（2）取得的租金收入，借记"银行存款"等科目，贷记"其他业务收入"等科目。

【例5-7】2024年9月，甲公司与乙公司签订租赁合同，约定将甲公司新建造的一栋写字楼租赁给乙公司使用，租赁期为10年。甲公司按照企业会计准则规定将其分类为经营租赁。

2024 年 12 月 1 日，该写字楼开始起租，写字楼的工程造价为 80 000 000 元，公允价值也为相同金额。该写字楼所在区域有活跃的房地产交易市场，而且能够从房地产交易市场上取得同类房地产的市场报价，假设甲公司采用公允价值模式对投资性房地产进行后续计量。

在确定该投资性房地产的公允价值时，甲公司选取了与该写字楼所处地区相近、结构及用途相同的房地产，参照该写字楼所在地房地产交易市场上平均销售价格，结合了周边市场信息和自有房产的特点。2024 年 12 月 31 日，该写字楼的公允价值为 84 000 000 元。

甲公司的账务处理如下：

（1）2024 年 12 月 1 日，甲公司出租写字楼。

借：投资性房地产——写字楼——成本　　　　　　　　　　　80 000 000

　　贷：固定资产——写字楼　　　　　　　　　　　　　　　　80 000 000

（2）2024 年 12 月 31 日，按照公允价值调整其账面价值，公允价值与原账面价值之间的差额计入当期损益。

借：投资性房地产——写字楼——公允价值变动　　　　　　　4 000 000

　　贷：公允价值变动损益——投资性房地产　　　　　　　　　4 000 000

三、投资性房地产后续计量模式的变更

为保证会计信息的可比性，企业对投资性房地产的计量模式一经确定，不得随意变更。只有在房地产市场比较成熟、能够满足采用公允价值模式条件的情况下，才允许企业对投资性房地产从成本模式计量变更为公允价值模式计量。成本模式转为公允价值模式的，应当作为会计政策变更处理，按计量模式变更时公允价值与账面价值的差额调整期初留存收益。企业变更投资性房地产计量模式的，应当按照计量模式变更日投资性房地产的公允价值，借记"投资性房地产——成本"科目，按照已计提的折旧或摊销，借记"投资性房地产累计折旧"或"投资性房地产累计摊销"科目，原已计提减值准备的，借记"投资性房地产减值准备"科目，按照原账面余额，贷记"投资性房地产"科目，按照公允价值与其账面价值之间的差额，调整期初留存收益。

已采用公允价值模式计量的投资性房地产，不得从公允价值模式转为成本模式。

在极少数情况下，采用公允价值模式对投资性房地产进行后续计量的企业，如果有证据表明企业首次取得某项非在建投资性房地产时（或某项现有房地产在完成建造或开发活动或改变用途后首次成为投资性房地产时），该投资性房地产的公允价值不能持续可靠取得的，应当对该投资性房地产采用成本模式计量直至处置，并且假设无残值。但是，采用成本模式对投资性房地产进行后续计量的企业，即使有证据表明企业首次取得某项投资性房地产时，该投资性房地产的公允价值能够持续可靠取得，该企业仍应对该投资性房地产采用成本模式进行后续计量。

第四节　投资性房地产的转换和处置

一、投资性房地产的转换

（一）投资性房地产的转换形式及转换日

房地产的转换，是因房地产用途发生改变而对房地产进行的重新分类。企业不得随意对自用或作为存货的房地产进行重新分类。企业有确凿证据表明房地产用途发生改变，满足下列条件之一的，才应当将投资性房地产转换为其他资产或者将其他资产转换为投资性房地产：

（1）投资性房地产开始自用，即将投资性房地产转为自用房地产。在此种情况下，转换日为房地产达到自用状态，企业开始将其用于生产商品、提供劳务或者经营管理的日期。

（2）有确凿证据表明房地产企业将用于经营出租的房地产重新开发用于对外销售，从投资性房地产转为存货。在这种情况下，转换日为租赁期满，企业董事会或类似机构作出书面决议明确表明将其重新开发用于对外销售的日期。

（3）自用建筑物停止自用，改为出租。即企业将原本用于生产商品、提供劳务或者经营管理的房地产改用于出租，固定资产相应地转换为投资性房地产。在此种情况下，转换日为租赁期开始日。

（4）自用土地使用权停止自用，改用于赚取租金或资本增值。即企业将原本用于生产商品、提供劳务或者经营管理的土地使用权改用于赚取租金或资本增值，该土地使用权相应地转换为投资性房地产。在此种情况下，转换日为自用土地使用权停止自用后确定用于赚取租金或资本增值的日期。

（5）作为存货的房地产改为出租，通常指房地产开发企业将其持有的开发产品以经营租赁的方式出租，存货相应地转换为投资性房地产。在此种情况下，转换日为房地产的租赁期开始日。

以上所指确凿证据包括两个方面：一是企业董事会或类似机构应当就改变房地产用途形成正式的书面决议；二是房地产因用途改变而发生实际状态上的改变，如从自用状态改为出租状态。

（二）投资性房地产转换的会计处理

1. 成本模式下的转换。

（1）投资性房地产转换为自用房地产。

企业将采用成本模式计量的投资性房地产转换为自用房地产时，应当按该项投资性房地产在转换日的账面余额、累计折旧或摊销、减值准备等，分别转入"固定资产""无形资产""累计折旧""累计摊销""固定资产减值准备""无形资产减值准备"等科目,按其账面余额,借记"固定资产"或"无形资产"科目,贷记"投资性房地产"科目,按已计提的折旧或摊销,借记"投资性房地产累计折旧"或"投资性房地产累计摊销"科目,贷记"累计折旧"或"累计摊销"科目,原已计提减值准备的,借记"投资性房地产减值准备"科目,贷记"固定资产减值准备"或"无形资产减值准备"科目。

【例5-8】2024年8月10日,为扩大生产经营,甲公司董事会作出书面决议,计划于2024年8月31日将某出租在外的厂房在租赁期满时收回,用于本公司生产产品。随后,甲公司做好了厂房重新用于生产的各项准备工作。2024年8月31日,甲公司将该出租的厂房收回,2024年9月1日开始用于本公司生产产品。该项房地产在转换前采用成本模式计量,截至2024年8月31日,账面余额为80 000 000元,已计提累计折旧金额为20 000 000元。假定不考虑其他因素。

本例属于成本模式下投资性房地产转换为自用房地产,甲公司应当将投资性房地产在转换日的账面余额80 000 000元转入"固定资产——厂房";将投资性房地产在转换日的累计折旧20 000 000元转入"累计折旧——厂房"。

甲公司的账务处理如下:

2024年9月1日:

借:固定资产——厂房   80 000 000

  投资性房地产累计折旧   20 000 000

 贷:投资性房地产——厂房   80 000 000

   累计折旧——厂房   20 000 000

（2）投资性房地产转换为存货。

企业将采用成本模式计量的投资性房地产转换为存货时,应当按照该项房地产在转换日的账面价值,借记"开发产品"科目,按照已计提的折旧或摊销,借记"投资性房地产累计折旧"或"投资性房地产累计摊销"科目,原已计提减值准备的,借记"投资性房地产减值准备"科目,按其账面余额,贷记"投资性房地产"科目。

（3）自用房地产转换为投资性房地产。

企业将自用土地使用权或建筑物转换为采用成本模式计量的投资性房地产时,应当按该项建筑物或土地使用权在转换日的原价、累计折旧或摊销、减值准备等,分别转入"投资性房地产"、"投资性房地产累计折旧"或"投资性房地产累计摊销"、"投资性房地产减值准备"科目,按其账面余额,借记"投资性房地产"科目,贷记"固定资产"或"无形资产"科目,按已计提的折旧或摊销,借记"累计折旧"或"累计摊销"科目,贷记"投资性房地产累计折旧"或"投资性房地产累计摊销"科目,原已计提减值准备的,借记"固定资产减值准备"或"无形资产减值准备"科目,贷记"投资性房地产减值准备"科目。

【例5-9】 甲公司拥有一栋本公司总部办公使用的办公楼，公司董事会就将该栋办公楼用于出租形成了书面决议。2024年4月10日，甲公司与乙公司签订了租赁合同，将这栋办公楼整体出租给乙公司使用，租赁期开始日为2024年5月1日，租期为5年。甲公司按照企业会计准则规定将其分类为经营租赁。2024年5月1日，这栋办公楼的账面余额为500 000 000元，已计提折旧5 000 000元。假设甲公司所在地不存在活跃的房地产交易市场。

甲公司的账务处理如下：

2024年5月1日：

借：投资性房地产——办公楼　　　　　　　　　　　500 000 000

　　累计折旧　　　　　　　　　　　　　　　　　　　5 000 000

　　贷：固定资产——办公楼　　　　　　　　　　　　500 000 000

　　　　投资性房地产累计折旧　　　　　　　　　　　　5 000 000

（4）作为存货的房地产转换为投资性房地产。

企业将作为存货的房地产转换为采用成本模式计量的投资性房地产时，应当按该项存货在转换日的账面价值，借记"投资性房地产"科目，原已计提跌价准备的，借记"存货跌价准备"科目，按其账面余额，贷记"开发产品"等科目。

【例5-10】 甲公司是从事房地产开发的企业，2024年4月10日，甲公司董事会就将其开发的一栋写字楼由出售改为出租形成了书面决议。甲公司遂与乙公司签订了租赁合同，将此写字楼整体出租给乙公司使用，租赁期开始日为2024年5月1日，租赁期为5年。甲公司按照企业会计准则规定将其分类为经营租赁。2024年5月1日，该写字楼的账面余额为500 000 000元，未计提存货跌价准备，转换后采用成本模式进行后续计量。

甲公司的账务处理如下：

2024年5月1日：

借：投资性房地产——写字楼　　　　　　　　　　　500 000 000

　　贷：开发产品　　　　　　　　　　　　　　　　　500 000 000

2. 公允价值模式下的转换。

（1）投资性房地产转换为自用房地产。

企业将采用公允价值模式计量的投资性房地产转换为自用房地产时，应当以其转换当日的公允价值作为自用房地产的账面价值，公允价值与原账面价值的差额计入当期损益。转换日，按该项投资性房地产的公允价值，借记"固定资产"或"无形资产"科目，按该项投资性房地产的成本，贷记"投资性房地产——成本"科目，按该项投资性房地产的累计公允价值变动，贷记或借记"投资性房地产——公允价值变动"科目，按其差额，贷记或借记"公允价值变动损益"科目。

【例 5 - 11】 2024 年 10 月 31 日，因租赁期满，甲公司将出租的写字楼收回，公司董事会就将该写字楼作为办公楼用于本公司的行政管理形成了书面决议。2024 年 11 月 1 日，该写字楼正式开始自用，相应由投资性房地产转换为自用房地产，当日的公允价值为 72 000 000 元。该项房地产在转换前采用公允价值模式计量，原账面价值为 70 000 000 元，其中，成本为 67 000 000 元，公允价值变动为增值 3 000 000 元。

甲公司的账务处理如下：

2024 年 11 月 1 日：

借：固定资产——写字楼　　　　　　　　　　　　　　　　72 000 000

　　贷：投资性房地产——写字楼——成本　　　　　　　　　67 000 000

　　　　　　　　　　　　　　——公允价值变动　　　　　　 3 000 000

　　公允价值变动损益——投资性房地产　　　　　　　　　　 2 000 000

（2）投资性房地产转换为存货。

企业将采用公允价值模式计量的投资性房地产转换为存货时，应当以其转换当日的公允价值作为存货的账面价值，公允价值与原账面价值的差额计入当期损益。

转换日，按该项投资性房地产的公允价值，借记"开发产品"等科目，按该项投资性房地产的成本，贷记"投资性房地产——成本"科目，按该项投资性房地产的累计公允价值变动，贷记或借记"投资性房地产——公允价值变动"科目，按其差额，贷记或借记"公允价值变动损益"科目。

（3）自用房地产转换为投资性房地产。

企业将自用土地使用权或建筑物转换为采用公允价值模式计量的投资性房地产时，应当按该项土地使用权或建筑物在转换日的公允价值，借记"投资性房地产——成本"科目，按已计提的累计摊销或累计折旧，借记"累计摊销"或"累计折旧"科目，原已计提减值准备的，借记"无形资产减值准备"或"固定资产减值准备"科目，按其账面余额，贷记"无形资产"或"固定资产"科目；同时，转换日的公允价值小于原账面价值的，按其差额，借记"公允价值变动损益"科目，转换日的公允价值大于原账面价值的，按其差额，贷记"其他综合收益"科目。待该项投资性房地产处置时，因转换计入其他综合收益的部分应转入当期损益。

【例 5 - 12】 2023 年 8 月，甲公司打算搬迁至新建办公楼，由于原办公楼处于商业繁华地段，甲公司准备将其出租，以赚取租金收入，已经公司董事会批准形成书面决议。2023 年 12 月底，甲公司完成了搬迁工作，原办公楼停止自用。2024 年 1 月 1 日，甲公司与乙公司签订了租赁合同，将其原办公楼租赁给乙公司使用，约定租赁期开始日为 2024 年 1 月 1 日，租赁期为 3 年，甲公司按照企业会计准则规定将其分类为经营租赁。

在该例中，甲公司应当于租赁期开始日（2024 年 1 月 1 日），将自用房地产转换为投资性房地产。该办公楼所在地房地产交易活跃，公司能够从市场上取得同类或类似房地产的市场价格及其他相关信息，假设甲公司对投资性房地产采用公允价值模式计量。

假设 2024 年 1 月 1 日，该办公楼的公允价值为 380 000 000 元，其原价为 550 000 000 元，已计提折旧 150 000 000 元。

甲公司的账务处理如下：

2024 年 1 月 1 日：

借：投资性房地产——办公楼——成本	380 000 000
公允价值变动损益——投资性房地产	20 000 000
累计折旧	150 000 000
贷：固定资产——办公楼	550 000 000

（4）作为存货的房地产转换为投资性房地产。

企业将作为存货的房地产转换为采用公允价值模式计量的投资性房地产时，应当按该项房地产在转换日的公允价值，借记"投资性房地产——成本"科目，原已计提跌价准备的，借记"存货跌价准备"科目，按其账面余额，贷记"开发产品"等科目；同时，转换日的公允价值小于原账面价值的，按其差额，借记"公允价值变动损益"科目，转换日的公允价值大于原账面价值的，按其差额，贷记"其他综合收益"科目。待该项投资性房地产处置时，因转换计入其他综合收益的部分应转入当期损益。

【例 5 - 13 】甲公司是从事房地产开发的企业，2024 年 4 月 15 日，甲公司董事会就将其开发的一栋写字楼用于出租形成了书面决议。甲公司遂与乙公司签订了租赁合同，租赁期开始日为 2024 年 5 月 1 日，租赁期为 5 年。甲公司按照企业会计准则规定将其分类为经营租赁。2024 年 5 月 1 日，该写字楼的账面余额为 400 000 000 元，公允价值为 430 000 000 元。

甲公司的账务处理如下：

2024 年 5 月 1 日：

借：投资性房地产——写字楼——成本	430 000 000
贷：开发产品	400 000 000
其他综合收益——投资性房地产公允价值变动	30 000 000

二、投资性房地产的处置

当投资性房地产被处置或者永久退出使用且预计不能从其处置中取得经济利益时，应当终止确认该项投资性房地产。企业出售、转让、报废投资性房地产或者发生投资性房地产毁损，应当将处置收入扣除其账面价值和相关税费后的金额计入当期损益。此外，企业因其他原因，如非货币性资产交换等而减少投资性房地产，也属于投资性房地产的处置。

（一）成本模式计量的投资性房地产的处置

处置采用成本模式计量的投资性房地产时，应当按实际收到的金额，借记"银行存款"等科目，贷记"其他业务收入"科目；按该项投资性房地产的账面价值，借记"其他业务成本"科目，按其账面余额，贷记"投资性房地产"科目，按照已计提的折旧或摊销，借记"投资性房地产累计折旧"或"投资性房地产累计摊销"科目，原已计提减值准备的，借记"投资性房地产减值准备"科目。

【例5-14】甲公司将其出租的一栋写字楼确认为投资性房地产。租赁期届满后，甲公司将该写字楼出售给乙公司，合同价款为200 000 000元，乙公司已用银行存款付清。假设该写字楼原采用成本模式计量。出售时，该写字楼的成本为180 000 000元，已计提折旧20 000 000元，假定不考虑相关税费。

甲公司的账务处理如下：

借：银行存款 200 000 000

　　贷：其他业务收入 200 000 000

借：其他业务成本 160 000 000

　　投资性房地产累计折旧 20 000 000

　　贷：投资性房地产——写字楼 180 000 000

（二）公允价值模式计量的投资性房地产的处置

处置采用公允价值模式计量的投资性房地产时，应当按实际收到的金额，借记"银行存款"等科目，贷记"其他业务收入"科目；按该项投资性房地产的账面余额，借记"其他业务成本"科目，按其成本，贷记"投资性房地产——成本"科目，按其累计公允价值变动，贷记或借记"投资性房地产——公允价值变动"科目。同时结转投资性房地产累计公允价值变动。若存在原转换日计入其他综合收益的金额，也一并结转。

需要说明的是，采用公允价值模式计量的投资性房地产的账面余额一般与成本不是一个金额，因为"投资性房地产——成本"科目核算的是投资性房地产初始计量时的金额，例如，自行建造投资性房地产的成本由建造该项资产达到预定可使用状态前发生的必要支出构成，包括土地开发费、建筑成本、安装成本、应予以资本化的借款费用、支付的其他费用和分摊的间接费用等。在采用公允价值模式计量的投资性房地产的后续计量中，应当以资产负债表日投资性房地产的公允价值为基础调整其账面价值，即投资性房地产的账面价值中还包含其累计公允价值变动。由于采用公允价值模式计量的投资性房地产不计提折旧或摊销，也不存在减值问题，因此采用公允价值模式计量的投资性房地产的账面余额与其账面价值相等。

【例5-15】甲公司与乙公司签订租赁合同，将其原先自用的一栋写字楼出租给乙公司使用，租赁期开始日为2023年4月15日。甲公司按照企业会计准则规定将其分类为经营租赁。2023年4月15日，该写字楼的账面余额原价为50 000万元，已计提折旧5 000万元，公允价值为47 000万元。2023年12月31日，该项投资性房地产的公允价值为48 000万元。2024年6月租赁期届满，甲公司收回该项投资性房地产，并以 55 000 万元出售，出售款项已收讫。假定甲公司采用公允价值模式计量投资性房地产，不考虑相关税费。

甲公司的账务处理如下：

（1）2023 年 4 月 15 日，自用房地产转换为投资性房地产：

借：投资性房地产——成本	470 000 000
累计折旧	50 000 000
贷：固定资产	500 000 000
其他综合收益	20 000 000

（2）2023 年 12 月 31 日，公允价值变动：

借：投资性房地产——公允价值变动	10 000 000
贷：公允价值变动损益	10 000 000

（3）2024 年 6 月，收回并出售投资性房地产：

借：银行存款	550 000 000
贷：其他业务收入	550 000 000
借：公允价值变动损益	10 000 000
其他综合收益	20 000 000
其他业务成本	450 000 000
贷：投资性房地产——成本	470 000 000
——公允价值变动	10 000 000

本章思考题

1. 投资性房地产包括哪些项目？哪些房地产不属于投资性房地产？

2. 投资性房地产应当如何进行初始计量？

3. 投资性房地产采用成本模式或公允价值模式计量的要求有何不同？

4. 将投资性房地产转换为其他资产或者将其他资产转换为投资性房地产的条件有哪些？在成本模式或公允价值模式下应当如何进行会计处理？

5. 处置以成本模式或以公允价值模式计量的投资性房地产时，应当如何进行会计处理？

第六章　长期股权投资和合营安排

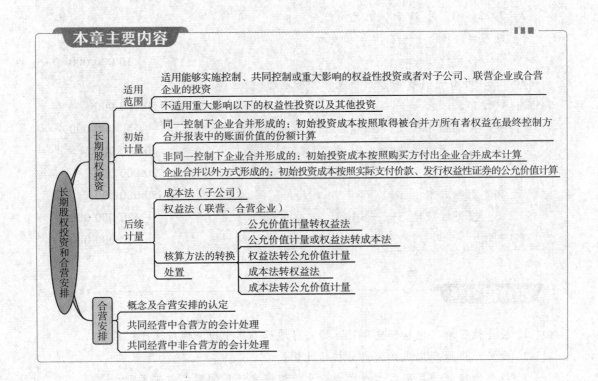

本章主要内容

- 长期股权投资和合营安排
  - 长期股权投资
    - 适用范围
      - 适用能够实施控制、共同控制或重大影响的权益性投资或者对子公司、联营企业或合营企业的投资
      - 不适用重大影响以下的权益性投资以及其他投资
    - 初始计量
      - 同一控制下企业合并形成的：初始投资成本按照取得被合并方所有者权益在最终控制方合并报表中的账面价值的份额计算
      - 非同一控制下企业合并形成的：初始投资成本按照购买方付出企业合并成本计算
      - 企业合并以外方式形成的：初始投资成本按照实际支付价款、发行权益性证券的公允价值计算
    - 后续计量
      - 成本法（子公司）
      - 权益法（联营、合营企业）
      - 核算方法的转换
        - 公允价值计量转权益法
        - 公允价值计量或权益法转成本法
        - 权益法转公允价值计量
      - 处置
        - 成本法转权益法
        - 成本法转公允价值计量
  - 合营安排
    - 概念及合营安排的认定
    - 共同经营中合营方的会计处理
    - 共同经营中非合营方的会计处理

第一节　长期股权投资的适用范围和初始计量

一、长期股权投资的适用范围

企业应当以对被投资单位的影响程度为判断基础，根据《企业会计准则第 2 号——长期股权投资》《企业会计准则第 22 号——金融工具确认和计量》所规定的适用范围，对其取得的权益性投资选择适当的会计准则进行会计处理。本章涉及的长期股权投资是指应当按照《企业会计准则第 2 号——长期股权投资》进行核算的权益性投资，主要包括三个方面。

（1）投资方能够对被投资单位实施控制的权益性投资，即对子公司投资。控制，是指投资方拥有对被投资单位的权力，通过参与被投资单位的相关活动而享有可变回报，并且有能力运用对被投资单位的权力影响其回报金额。

（2）投资方与其他合营方一同对被投资单位实施共同控制且对被投资单位净资产享有权利的权益性投资，即对合营企业投资。共同控制，是指按照相关约定对某项安排所共有的控制，并且该安排的相关活动必须经过分享控制权的参与方一致同意后才能决策。关于合营企业，参见本章第三节合营安排的相关内容。

（3）投资方对被投资单位具有重大影响的权益性投资，即对联营企业投资。重大影响，是指对一个企业的财务和经营政策有参与决策的权力，但并不能够控制或者与其他方一起共同控制这些政策的制定。实务中，较为常见的重大影响体现为在被投资单位的董事会或类似权力机构中派有代表，通过在被投资单位财务和经营决策制定过程中的发言权实施重大影响。投资方直接或通过子公司间接持有被投资单位20%以上但低于50%的表决权时，一般认为对被投资单位具有重大影响，除非有明确的证据表明该种情况下不能参与被投资单位的生产经营决策，不形成重大影响。相反，如果投资方直接或通过子公司间接持有被投资单位20%以下的表决权，一般认为对被投资单位不具有重大影响，除非能够证明存在这种影响。在确定能否对被投资单位施加重大影响时，一方面应考虑投资方直接或间接持有被投资单位的表决权股份，同时要考虑投资方及其他方持有的当期可执行潜在表决权在假定转换为对被投资单位的股权后产生的影响，如被投资单位发行的当期可转换的认股权证、股份期权及可转换公司债券等的影响。

除上述以外其他的权益性投资，包括风险投资机构、共同基金，以及类似主体持有的、在初始确认时按照《企业会计准则第22号——金融工具确认和计量》的规定以公允价值计量且其变动计入当期损益的金融资产，投资性主体对不纳入合并财务报表的子公司的权益性投资，以及其他权益性投资，应当按照本书第八章的相关内容进行会计处理。

二、长期股权投资的初始计量

（一）企业合并形成的长期股权投资

企业合并形成的长期股权投资，应分别同一控制下企业合并与非同一控制下企业合并确定其初始投资成本。

1. 同一控制下企业合并形成的长期股权投资。

合并方以支付现金、转让非现金资产或承担债务方式作为合并对价的，应当在合并日按照取得的被合并方所有者权益在最终控制方合并财务报表中的账面价值的份额作为长期股权投资的初始投资成本。被合并方在合并日的净资产账面价值为负数的，长期股权投资成本按零确定，同时在备查簿中予以登记。长期股权投资的初始投资成本与支付的现金、转让的非现金资产及所承担债务账面价值之间的差额，应当调整资本公积（资本溢价或股本溢价）；资本公积（资本溢价或股本溢价）不足冲减的，依次冲减盈余公积和未分配利润。合并方以发行权益性工具作为合并对价的，应按发行股份的面值总额作为股本，长期股权投资的初始投资成本与所发行股份面值总额之间的差额，应当调整资本公积（股本溢价）；资本公积（股本溢价）不足冲减的，依次冲减盈余公积和未分配利润。

合并方发生的审计、法律服务、评估咨询等中介费用以及其他相关管理费用，于发生时计入当期损益。与发行权益性工具作为合并对价直接相关的交易费用，应当冲减资本公积（资本溢价或股本溢价），资本公积（资本溢价或股本溢价）不足冲减的，依次冲减盈余公积和未分配利润。与发行债务性工具作为合并对价直接相关的交易费用，应当计入债务性工具的初始确认金额。

在按照合并日应享有被合并方在最终控制方合并财务报表中的净资产的账面价值的份额确定长期股权投资的初始投资成本时，前提是合并前合并方与被合并方采用的会计政策应当一致。企业合并前合并方与被合并方采用的会计政策不同的，应基于重要性原则，统一合并方与被合并方的会计政策。在按照合并方的会计政策对被合并方在最终控制方合并财务报表中的净资产的账面价值进行调整的基础上，计算确定长期股权投资的初始投资成本。如果被合并方编制合并财务报表，则应当以合并日被合并方的合并财务报表为基础确认长期股权投资的初始投资成本。

> 【例6-1】2024年6月30日，甲公司向其母公司乙公司发行10 000 000股普通股（每股面值为1元，每股公允价值为4.34元），取得乙公司拥有对丙公司100%的股权，并于当日起能够对丙公司实施控制。合并后丙公司仍维持其独立法人地位继续经营。2024年6月30日，乙公司合并财务报表中的丙公司净资产账面价值为40 000 000元。假定甲公司和丙公司都受乙公司最终同一控制，在企业合并前采用的会计政策相同。不考虑相关税费等其他因素影响。
>
> 甲公司在合并日应确认对丙公司的长期股权投资，初始投资成本为应享有丙公司在乙公司合并财务报表中的净资产账面价值的份额，账务处理为：
>
> 借：长期股权投资——丙公司　　　　　　　　　　　　　　　40 000 000
>
> 　　贷：股本　　　　　　　　　　　　　　　　　　　　　10 000 000
>
> 　　　　资本公积——股本溢价　　　　　　　　　　　　　30 000 000

企业通过多次交易分步取得同一控制下被投资单位的股权，最终形成企业合并的，按照本章第二节"三、长期股权投资核算方法的转换"中"（二）公允价值计量或权益法核算转成本法核算"相关内容进行会计处理。

2. 非同一控制下企业合并形成的长期股权投资。

非同一控制下的控股合并中，购买方应当按照确定的企业合并成本作为长期股权投资的初始投资成本。企业合并成本包括购买方付出的资产、发生或承担的负债、发行的权益性工具或债务性工具的公允价值之和。购买方为企业合并发生的审计、法律服务、评估咨询等中介费用以及其他相关管理费用，应于发生时计入当期损益；购买方作为合并对价发行的权益性工具或债务性工具的交易费用，应当计入权益性工具或债务性工具的初始确认金额。

【例6-2】2024年3月31日，甲公司取得乙公司70%的股权，并于当日起能够对乙公司实施控制。合并中，甲公司支付的有关资产在购买日的账面价值与公允价值如表6-1所示。合并中，甲公司为核实乙公司的资产价值，聘请专业资产评估机构对乙公司的资产进行评估，支付评估费用1 000 000元。假定合并前甲公司与乙公司不存在任何关联方关系。不考虑相关税费等其他因素影响。

表6-1　　　　　　　　甲公司支付的有关资产在购买日的账面价值与公允价值

2024年3月31日　　　　　　　　　　　　　　　　　单位：元

项　目	账面价值	公允价值
土地使用权（自用）	20 000 000（成本为30 000 000，累计摊销10 000 000）	32 000 000
专利技术	8 000 000（成本为10 000 000，累计摊销2 000 000）	10 000 000
银行存款	8 000 000	8 000 000
合计	36 000 000	50 000 000

本例中，因甲公司与乙公司在合并前不存在任何关联方关系，应作为非同一控制下的企业合并处理。甲公司对于合并形成的对乙公司的长期股权投资，应按支付对价的公允价值确定其初始投资成本。甲公司应进行的账务处理为：

借：长期股权投资——乙公司——投资成本　　　　　　50 000 000
　　累计摊销　　　　　　　　　　　　　　　　　　12 000 000
　　管理费用　　　　　　　　　　　　　　　　　　 1 000 000
　　贷：无形资产　　　　　　　　　　　　　　　　　　40 000 000
　　　　银行存款　　　　　　　　　　　　　　　　　　 9 000 000
　　　　资产处置损益　　　　　　　　　　　　　　　　14 000 000

企业通过多次交易分步实现非同一控制下企业合并的，按照本章第二节"三、长期股权投资核算方法的转换"中"（二）公允价值计量或权益法核算转成本法核算"相关内容进行会计处理。

（二）企业合并以外的其他方式取得的长期股权投资

（1）以支付现金取得的长期股权投资，应当按照实际支付的购买价款作为初始投资成本，包括与取得长期股权投资直接相关的费用、税金及其他必要支出，但不包括应自被投资单位收取的已宣告但尚未发放的现金股利或利润。

【例6-3】甲公司于 2024 年 2 月 10 日自公开市场中买入乙公司 20% 的股份，实际支付价款 80 000 000 元。在购买过程中支付手续费等相关费用 1 000 000 元。甲公司取得该部分股权后能够对乙公司施加重大影响。假定甲公司取得该项投资时，乙公司已宣告但尚未发放现金股利，甲公司按其持股比例计算确定可分得 300 000 元。

本例中，甲公司应当按照实际支付的购买价款扣减应收未收的现金股利后的余额作为取得长期股权投资的成本，其账务处理为：

借：长期股权投资——乙公司——投资成本　　　　　　　　80 700 000
　　应收股利——乙公司　　　　　　　　　　　　　　　　　　300 000
　　　贷：银行存款　　　　　　　　　　　　　　　　　　　81 000 000

（2）以发行权益性证券取得的长期股权投资，应当按照发行权益性证券的公允价值作为初始投资成本，但不包括应自被投资单位收取的已宣告但尚未发放的现金股利或利润。为发行权益性证券支付的手续费、佣金等与发行直接相关的费用，不构成长期股权投资的初始投资成本。这部分费用应自所发行证券的溢价发行收入中扣除，溢价收入不足冲减的，应依次冲减盈余公积和未分配利润。

【例6-4】2024 年 3 月，甲公司通过增发 30 000 000 股（每股面值 1 元）本公司普通股为对价，从非关联方处取得对乙公司 20% 的股权，所增发股份的公允价值为 52 000 000 元。为增发该部分普通股，甲公司支付了 2 000 000 元的佣金和手续费。取得乙公司股权后，甲公司能够对乙公司施加重大影响。不考虑相关税费等其他因素影响。

本例中，甲公司应当以所发行股份的公允价值作为取得长期股权投资的成本。

借：长期股权投资——乙公司——投资成本　　　　　　　　52 000 000
　　　贷：股本　　　　　　　　　　　　　　　　　　　　　30 000 000
　　　　　资本公积——股本溢价　　　　　　　　　　　　　22 000 000
借：资本公积——股本溢价　　　　　　　　　　　　　　　　2 000 000
　　　贷：银行存款　　　　　　　　　　　　　　　　　　　2 000 000

一般而言，投资者投入的长期股权投资应根据法律法规的要求进行评估作价，在公平交易当中，投资者投入的长期股权投资的公允价值，与所发行证券（工具）的公允价值不应存在重大差异。如有确凿证据表明，取得长期股权投资的公允价值比所发行证券（工具）的公允价值更加可靠的，以投资者投入的长期股权投资的公允价值为基础确定其初始投资成本。投资方通过发行债务性证券（债务性工具）取得长期股权投资的，比照通过发行权益性证券（权益性工具）处理。

（3）以非货币性资产交换、债务重组等方式取得的长期股权投资，其初始投资成本的确定应当分别按照《企业会计准则第 7 号——非货币性资产交换》《企业会计准则第

12 号——债务重组》的有关规定进行会计处理。

第二节　长期股权投资的后续计量

企业取得的长期股权投资，在持续持有期间，视对被投资单位的影响程度等情况的不同，应分别采用成本法及权益法进行核算。对子公司的长期股权投资应当按成本法核算，对合营企业、联营企业的长期股权投资应当按权益法核算。

一、成本法

投资方持有的对子公司投资应当采用成本法核算，投资方为投资性主体且子公司不纳入其合并财务报表的除外。投资方在判断对被投资单位是否具有控制时，应综合考虑直接持有的股权和通过子公司间接持有的股权。在个别财务报表中，投资方进行成本法核算时，应仅考虑直接持有的股权份额。

采用成本法核算的长期股权投资，应当按照初始投资成本计价。追加或收回投资应当调整长期股权投资的成本。在追加投资时，按照追加投资支付的成本的公允价值及发生的相关交易费用增加长期股权投资的账面价值。

被投资单位宣告分派现金股利或利润的，投资方根据应享有的部分确认当期投资收益。投资企业在确认自被投资单位应分得的现金股利或利润后，应当考虑长期股权投资是否发生减值。在判断该类长期股权投资是否存在减值迹象时，应当关注长期股权投资的账面价值是否大于享有被投资单位净资产（包括相关商誉）账面价值的份额等情况。出现类似情况时，企业应当按照《企业会计准则第 8 号——资产减值》的规定对长期股权投资进行减值测试，可收回金额低于长期股权投资账面价值的，应当计提减值准备。

【例6-5】甲公司于 2023 年 4 月 10 日自非关联方处取得乙公司 60% 股权，成本为 12 000 000 元，相关手续于当日完成，并能够对乙公司实施控制。2024 年 2 月 6 日，乙公司宣告分派现金股利，甲公司按照持股比例可取得 100 000 元。乙公司于 2024 年 2 月 12 日实际分派现金股利。不考虑相关税费等其他因素的影响。

甲公司应进行的账务处理如下：

（1）2023 年 4 月 10 日：

借：长期股权投资——乙公司——投资成本　　　　　　　　12 000 000

　　贷：银行存款　　　　　　　　　　　　　　　　　　　　　12 000 000

（2）2024 年 2 月 6 日：

借：应收股利　　　　　　　　　　　　　　　　　　　　　100 000

　　贷：投资收益　　　　　　　　　　　　　　　　　　　　　100 000

（3）2024 年 2 月 12 日：

借：银行存款　　　　　　　　　　　　　　　　　　　100 000

　　贷：应收股利　　　　　　　　　　　　　　　　　100 000

进行上述处理后，如相关长期股权投资存在减值迹象的，应当进行减值测试。

子公司将未分配利润或盈余公积直接转增股本（实收资本），且未向投资方提供等值现金股利或利润的选择权时，母公司并没有获得收取现金股利或者利润的权力，这通常属于子公司自身权益结构的重分类，母公司不应确认相关的投资收益。

二、权益法

对合营企业和联营企业投资应当采用权益法核算。投资方在判断对被投资单位是否具有共同控制、重大影响时，应综合考虑直接持有的股权和通过子公司间接持有的股权。在综合考虑直接持有的股权和通过子公司间接持有的股权后，如果认定投资方在被投资单位拥有共同控制或重大影响，在个别财务报表中，投资方进行权益法核算时，应仅考虑直接持有的股权份额；在合并财务报表中，投资方进行权益法核算时，应同时考虑直接持有和间接持有的份额。

采用权益法核算的长期股权投资，一般的会计处理为：

（1）初始投资或追加投资时，按照初始投资成本或追加投资的投资成本，增加长期股权投资的账面价值。

（2）比较初始投资成本与投资时应享有被投资单位可辨认净资产公允价值的份额，前者大于后者的，不调整长期股权投资账面价值；前者小于后者的，应当按照两者之间的差额调增长期股权投资的账面价值，同时计入取得投资当期损益（营业外收入）。

（3）持有投资期间，随着被投资单位所有者权益的变动相应调整增加或减少长期股权投资的账面价值，并分别以下情况处理：对于因被投资单位实现净损益和其他综合收益而产生的所有者权益的变动，投资方应当按照应享有的份额，增加或减少长期股权投资的账面价值，同时确认投资损益和其他综合收益；对于被投资单位宣告分派的利润或现金股利计算应分得的部分，相应减少长期股权投资的账面价值；对于被投资单位除净损益、其他综合收益以及利润分配以外的因素导致的其他所有者权益变动，相应调整长期股权投资的账面价值，同时确认资本公积（其他资本公积）。

值得注意的是，尽管在评估投资方对被投资单位是否具有重大影响时，应当考虑潜在表决权的影响，但在确定应享有的被投资单位实现的净损益、其他综合收益和其他所有者权益变动的份额时，潜在表决权所对应的权益份额不应予以考虑。

在持有投资期间，被投资单位编制合并财务报表的，应当以合并财务报表中净利润、其他综合收益和其他所有者权益变动中归属于被投资单位的金额为基础进行会计处理。

此外，如果被投资单位发行了分类为权益的可累积优先股等类似的权益工具，无论被投资单位是否宣告分配优先股股利，投资方计算应享有被投资单位的净利润时，均应将归属于其他投资方的累积优先股股利予以扣除。

（一）初始投资成本的调整

投资方取得对联营企业或合营企业的投资以后，对于取得投资时初始投资成本与应享有被投资单位可辨认净资产公允价值份额之间的差额，应区别情况处理。

（1）初始投资成本大于取得投资时应享有被投资单位可辨认净资产公允价值份额的，该部分差额是投资方在取得投资过程中通过作价体现出的与所取得股权份额相对应的商誉价值，这种情况下不要求对长期股权投资的成本进行调整。

（2）初始投资成本小于取得投资时应享有被投资单位可辨认净资产公允价值份额的，两者之间的差额体现为双方在交易作价过程中转让方的让步，该部分经济利益流入应计入取得投资当期的营业外收入，同时调整增加长期股权投资的账面价值。

【例6-6】甲公司于2024年1月2日取得乙公司30%的股权，支付价款30 000 000元。取得投资时被投资单位账面所有者权益的构成如下（假定该时点被投资单位各项可辨认资产、负债的公允价值与其账面价值相同）。

（1）实收资本：30 000 000元。

（2）资本公积：24 000 000元。

（3）盈余公积：6 000 000元。

（4）未分配利润：15 000 000元。

（5）所有者权益总额：75 000 000元。

假定在乙公司的董事会中，所有股东均以其持股比例行使表决权。甲公司在取得对乙公司的股权后，派人参与了乙公司的财务和生产经营决策，能够对乙公司的生产经营决策施加重大影响，甲公司对该项投资采用权益法核算。取得投资时，甲公司应进行的账务处理为：

借：长期股权投资——乙公司——投资成本　　　　　　　　30 000 000

　　贷：银行存款　　　　　　　　　　　　　　　　　　　　　30 000 000

长期股权投资的成本30 000 000元大于取得投资时应享有乙公司可辨认净资产公允价值的份额22 500 000元（75 000 000×30%），不对其初始投资成本进行调整。

假定上例中取得投资时乙公司可辨认净资产公允价值为120 000 000元，甲公司按持股比例30%计算确定应享有36 000 000元，则初始投资成本与应享有乙公司可辨认净资产公允价值份额之间的差额6 000 000元应计入取得投资当期的损益。

借：长期股权投资——乙公司——投资成本　　　　　　　　36 000 000

　　贷：银行存款　　　　　　　　　　　　　　　　　　　　　30 000 000

　　　　营业外收入　　　　　　　　　　　　　　　　　　　　6 000 000

（二）投资损益的确认

采用权益法核算的长期股权投资，在确认应享有（或分担）被投资单位的净利润

（或净亏损）时，在被投资单位账面净利润的基础上，应考虑以下因素的影响进行适当调整：

（1）被投资单位采用的会计政策和会计期间与投资方不一致的，应按投资方的会计政策和会计期间对被投资单位的财务报表进行调整，在此基础上确定被投资单位的损益。

（2）以取得投资时被投资单位固定资产、无形资产等的公允价值为基础计提的折旧额或摊销额，以及有关资产减值准备金额等对被投资单位净利润的影响。投资方取得投资时，被投资单位有关资产、负债的公允价值与其账面价值不同的，未来期间，在计算归属于投资方应享有的净利润或应承担的净亏损时，应考虑对被投资单位计提的折旧额、摊销额以及资产减值准备金额等进行调整。

投资方在对被投资单位的净利润进行调整时，应考虑重要性原则，不具有重要性的项目可不予调整。投资企业无法合理确定取得投资时被投资单位各项可辨认资产、负债等公允价值的，或者投资时被投资单位可辨认资产、负债的公允价值与账面价值之间的差额不具有重要性的，或是其他原因导致无法取得对被投资单位净利润进行调整所需资料的，可以按照被投资单位的账面净利润为基础，经调整未实现内部交易损益后，计算确认投资收益。

【例6-7】 沿用【例6-6】，假定甲公司长期股权投资的成本大于取得投资时乙公司可辨认净资产公允价值份额的情况下，2024年乙公司实现净利润8 000 000元。甲公司、乙公司均以公历年度作为会计年度，采用相同的会计政策。由于投资时乙公司各项资产、负债的账面价值与其公允价值相同，不需要对乙公司的净利润进行调整，甲公司应确认的投资收益为2 400 000元（8 000 000×30%），一方面增加长期股权投资的账面价值，另一方面作为利润表中的投资收益确认。

甲公司的会计处理如下：

借：长期股权投资——乙公司——损益调整   2 400 000

　　贷：投资收益   2 400 000

【例6-8】 甲公司于2024年1月2日购入乙公司30%的股份，购买价款为20 000 000元，自取得股份之日起派人参与乙公司的生产经营决策。取得投资日，乙公司可辨认净资产公允价值为60 000 000元，除表6-2所列项目外，其他资产、负债的公允价值与账面价值相同。假定不考虑相关税费等其他因素影响。

表6-2　　　存货、固定资产、无形资产的账面原价、折旧及公允价值情况

项目	账面原价（元）	已提折旧或摊销（元）	公允价值（元）	原预计使用年限（年）	剩余使用年限（年）
存货	5 000 000		7 000 000		
固定资产	10 000 000	2 000 000	12 000 000	20	16

项目	账面原价（元）	已提折旧或摊销（元）	公允价值（元）	原预计使用年限（年）	剩余使用年限（年）
无形资产	6 000 000	1 200 000	8 000 000	10	8
小计	21 000 000	3 200 000	27 000 000		

假定乙公司 2024 年实现净利润 6 000 000 元，其中在甲公司取得投资时的账面存货 5 000 000 元中有 80% 对外出售。甲公司与乙公司的会计年度和采用的会计政策相同。固定资产、无形资产等均按直线法提取折旧或摊销，预计净残值均为 0。假定甲、乙公司间未发生其他任何内部交易。

甲公司在确定其应享有乙公司 2024 年的投资收益时，应在乙公司实现净利润的基础上，根据取得投资时乙公司有关资产的账面价值与其公允价值差额的影响进行调整：

调整后的净利润 = 6 000 000 – (7 000 000 – 5 000 000) × 80% – (12 000 000 ÷ 16 – 10 000 000 ÷ 20) – (8 000 000 ÷ 8 – 6 000 000 ÷ 10) = 3 750 000（元）

甲公司应享有份额 = 3 750 000 × 30% = 1 125 000（元）

借：长期股权投资——乙公司——损益调整　　　　　　1 125 000
　　贷：投资收益　　　　　　　　　　　　　　　　　　　　1 125 000

（3）对于投资方或纳入投资方合并财务报表范围的子公司与其联营企业及合营企业之间发生的未实现内部交易损益应予抵销。即，投资方与联营企业及合营企业之间发生的未实现内部交易损益，按照应享有的比例计算归属于投资方的部分，应当予以抵销，在此基础上确认投资损益。投资方与被投资单位发生的内部交易损失，按照资产减值准则等规定属于资产减值损失的，应当全额确认。

未实现内部交易损益的抵销，应当分别顺流交易和逆流交易进行会计处理。顺流交易是指投资方向其联营企业或合营企业投出或出售资产。逆流交易是指联营企业或合营企业向投资方投出或出售资产。未实现内部交易损益体现在投资方或其联营企业、合营企业持有的资产账面价值中的，在计算确认投资损益时应予抵销。

①对于投资方向联营企业或合营企业投出或出售资产的顺流交易，在该交易存在未实现内部交易损益的情况下（即有关资产未对外部独立第三方出售或未被消耗），投资方采用权益法计算确认应享有联营企业或合营企业的投资损益时，应抵销该未实现内部交易损益的影响，同时调整对联营企业或合营企业长期股权投资的账面价值。投资方因投出或出售资产给其联营企业或合营企业而产生的损益中，应仅限于确认归属于联营企业或合营企业其他投资方的部分。

【例6-9】甲公司持有乙公司20%有表决权的股份，能够对乙公司施加重大影响。2024年9月，甲公司将其账面价值为8 000 000元的商品以12 000 000元的价格出售给乙公司，乙公司将取得的商品作为管理用固定资产，预计使用寿命为10年，净残值为0。假定甲公司取得该项投资时，乙公司各项可辨认资产、负债的公允价值与其账面价值相同，两者在以前期间未发生过内部交易。乙公司2024年实现净利润为20 000 000元。不考虑相关税费等其他因素影响。

甲公司在该项交易中实现利润4 000 000元，其中的800 000元（4 000 000×20%）是针对本公司持有的对联营企业的权益份额，在采用权益法计算确认投资损益时应予抵销，同时应考虑相关固定资产折旧对损益的影响，即甲公司应当进行以下账务处理：

借：长期股权投资——乙公司——损益调整

[（20 000 000 - 4 000 000 + 4 000 000 ÷ 10 ÷ 12 × 3）× 20%]

3 220 000

贷：投资收益 3 220 000

②对于联营企业或合营企业向投资方投出或出售资产的逆流交易，比照上述顺流交易处理。

【例6-10】甲公司持有乙公司20%有表决权股份，能够对乙公司施加重大影响。2023年8月，乙公司将其成本为9 000 000元的某商品以15 000 000元的价格出售给甲公司，甲公司将取得的商品作为存货。至2023年12月31日，甲公司仍未对外出售该存货。乙公司2023年实现净利润48 000 000元。假定甲公司取得该项投资时，乙公司各项可辨认资产、负债的公允价值与其账面价值相同，两者在以前期间未发生过内部交易。不考虑相关税费等其他因素影响。

扫码看讲解

甲公司在按照权益法确认应享有乙公司2023年净损益时，应进行以下账务处理：

借：长期股权投资——乙公司——损益调整 [（48 000 000 - 6 000 000）× 20%]

8 400 000

贷：投资收益 8 400 000

假定2024年，甲公司将该商品以18 000 000元的价格出售给外部独立第三方，因该部分内部交易损益已经实现，甲公司在确认应享有乙公司2024年净损益时，应考虑将原未确认的该部分内部交易损益计入投资损益，即应在考虑其他因素计算确定的投资损益基础上调整增加1 200 000元。假定乙公司2024年实现的净利润为30 000 000元。甲公司的账务处理如下：

借：长期股权投资——乙公司——损益调整 [（30 000 000 + 6 000 000）× 20%]

7 200 000

贷：投资收益 7 200 000

应当说明的是，投资方与联营、合营企业之间的顺流交易或逆流交易产生的未实现内部交易损失，其中属于所转让资产发生减值损失的，有关未实现内部交易损失不应予以抵销。

【例 6 - 11】 甲公司持有乙公司 20% 有表决权的股份，能够对乙公司施加重大影响。2024 年，甲公司将其账面价值为 2 000 000 元的商品以 1 600 000 元的价格出售给乙公司。至 2024 年 12 月 31 日，该批商品尚未对外部第三方出售。假定甲公司取得该项投资时，乙公司各项可辨认资产、负债的公允价值与其账面价值相同，两者在以前期间未发生过内部交易。乙公司 2024 年实现净利润为 15 000 000 元。不考虑相关税费等其他因素影响。

甲公司在确认应享有乙公司 2024 年净损益时，如果有证据表明该商品交易价格 1 600 000 元与其账面价值 2 000 000 元之间的差额为减值损失的，不应予以抵销。甲公司应当进行以下会计处理：

借：长期股权投资——乙公司——损益调整（15 000 000 × 20%）

　　　　　　　　　　　　　　　　　　　　　　　　　　　　3 000 000

　　贷：投资收益　　　　　　　　　　　　　　　　　　　　3 000 000

应当注意的是，投资方与联营、合营企业之间发生投出或出售资产的交易，该资产构成业务的，应当按照《企业会计准则第 20 号——企业合并》《企业会计准则第 33 号——合并财务报表》的有关规定进行会计处理。

（三）被投资单位其他综合收益变动的处理

被投资单位其他综合收益发生变动的，投资方应当按照归属于本企业的部分，相应调整长期股权投资的账面价值，同时增加或减少其他综合收益。

【例 6 - 12】 甲公司持有乙公司 30% 的股份，能够对乙公司施加重大影响。当期，乙公司因持有分类为以公允价值计量且其变动计入其他综合收益的金融资产（其他债权投资）公允价值的变动计入其他综合收益的金额为 20 000 000 元，除该事项外，乙公司当期实现的净利润为 80 000 000 元。假定甲公司与乙公司适用的会计政策、会计期间相同，两者在当期及以前期间未发生任何内部交易，投资时乙公司各项可辨认资产、负债的公允价值与其账面价值相同。不考虑相关税费等其他因素影响。

甲公司应进行以下账务处理：

借：长期股权投资——乙公司——损益调整　　　　　　　　24 000 000

　　　　　　　　　　　　　　——其他综合收益　　　　　　6 000 000

　　贷：投资收益　　　　　　　　　　　　　　　　　　　24 000 000

　　　　其他综合收益　　　　　　　　　　　　　　　　　　6 000 000

（四）取得现金股利或利润的处理

按照权益法核算的长期股权投资，投资方自被投资单位取得的现金股利或利润，应抵减长期股权投资的账面价值。在被投资单位宣告分派现金股利或利润时，借记"应收股利"科目，贷记"长期股权投资——损益调整"科目。

（五）超额亏损的确认

权益法下，投资方确认应分担被投资单位发生的损失，原则上应以长期股权投资及其他实质上构成对被投资单位净投资的长期权益减记至零为限，投资方负有承担额外损失义务的除外。这里所讲"其他实质上构成对被投资单位净投资的长期权益"通常是指长期应收项目等，例如，投资方对被投资单位的长期债权，该债权没有明确的清收计划且在可预见的未来期间不准备收回的，实质上构成对被投资单位的净投资。应予说明的是，该类长期权益不包括投资方与被投资单位之间因销售商品、提供劳务等日常活动所产生的长期债权。

投资方在确认应分担被投资单位发生的损失时，应按照以下顺序处理：

首先，减记长期股权投资的账面价值。

其次，在长期股权投资的账面价值减记至零的情况下，考虑是否有其他构成长期权益的项目，如果有，则以其他实质上构成对被投资单位长期权益的账面价值为限，继续确认投资损失，冲减长期应收项目等的账面价值。

最后，在其他实质上构成对被投资单位长期权益的价值也减记至零的情况下，如果按照投资合同或协议约定，投资方需要履行其他额外的损失赔偿义务，则需按预计将承担责任的金额确认预计负债，计入当期投资损失。

除按上述顺序已确认的损失以外仍有额外损失的，应在账外作备查登记，不再予以确认。

投资方按权益法确认应分担被投资单位的净亏损或被投资单位其他综合收益减少净额，将有关长期股权投资冲减至零并产生了未确认投资净损失的，被投资单位在以后期间实现净利润或其他综合收益增加净额时，投资方应当按照以前确认或登记有关投资净损失时的相反顺序进行会计处理，即依次减记未确认投资净损失金额、恢复其他长期权益和恢复长期股权投资的账面价值，同时，投资方还应当重新复核预计负债的账面价值。

【例6-13】 甲公司持有乙公司40%的股权，能够对乙公司施加重大影响。2023年12月31日，该项长期股权投资的账面价值为20 000 000元。乙公司2024年发生亏损30 000 000元。假定甲公司取得投资时，乙公司各项可辨认资产、负债的公允价值与其账面价值相同，两公司采用的会计政策和会计期间也相同。甲公司2024年应确认的投资损失为12 000 000元。确认上述投资损失后，长期股权投资的账面价值变为8 000 000元。

本例中，如果乙公司2024年的亏损额为60 000 000元，则甲公司按其持股比例确认应分担的损失为 24 000 000 元，但期初长期股权投资的账面价值仅为 20 000 000 元，如果没有其他实质上构成对被投资单位净投资的长期权益项目，甲公司应确认的投资损失仅为 20 000 000 元，超额损失在账外进行备查登记；如果在确认了 20 000 000 元的投资损失后，甲公司账上仍有应收乙公司的长期应收款 8 000 000 元（实质上构成对乙公司的净投资），则在长期应收款的账面价值大于 4 000 000 元的情况下，应进一步确认投资损失 4 000 000 元。甲公司应进行的账务处理为：

借：投资收益 24 000 000

 贷：长期股权投资——乙公司——损益调整 20 000 000

  长期应收款——乙公司——超额亏损 4 000 000

（六）被投资单位除净损益、其他综合收益以及利润分配以外的所有者权益的其他变动

被投资单位除净损益、其他综合收益以及利润分配以外的所有者权益的其他变动的因素，主要包括被投资单位接受其他股东的资本性投入、被投资单位发行可分离交易的可转债中包含的权益成分、以权益结算的股份支付、其他股东对被投资单位增资导致投资方持股比例变动等。投资方应按所持股权比例计算应享有的份额，调整长期股权投资的账面价值，同时计入资本公积（其他资本公积），并在备查簿中予以登记，投资方在后续处置股权投资但对剩余股权仍采用权益法核算时，应按处置比例将这部分资本公积转入当期投资收益；对剩余股权终止权益法核算时，将这部分资本公积全部转入当期投资收益。

【例6-14】2022 年 3 月 20 日，甲、乙、丙三家公司分别以现金 200 万元、400 万元和 400 万元出资设立丁公司，分别持有丁公司 20%、40%、40% 的股权，丁公司股本为 1 000 万元。甲公司对丁公司具有重大影响，采用权益法对有关长期股权投资进行核算。丁公司自设立日起至 2024 年 1 月 1 日实现净损益 1 000 万元，除此以外，无其他影响净资产的事项。2024 年 1 月 1 日，经甲、乙、丙公司协商，乙公司对丁公司增资 800 万元（其中，200 万元计入股本），增资后丁公司净资产为 2 800 万元，甲、乙、丙公司分别持有丁公司 16.67%、50%、33.33% 的股权。相关手续于当日完成。假定甲公司对丁公司仍然具有重大影响，并采用权益法对有关长期股权投资进行核算。假定甲公司与丁公司适用的会计政策、会计期间相同，双方在当期及以前期间未发生其他内部交易。不考虑相关税费等其他因素影响。

本例中，2024 年 1 月 1 日，乙公司增资前，丁公司的净资产账面价值为 2 000 万元，甲公司应享有丁公司权益份额为 400 万元（2 000×20%）。乙公司单方面增资后，丁公司的净资产增加 800 万元，甲公司应享有丁公司权益份额为 466.76 万元（2 800×16.67%）。甲公司享有的权益变动 66.76 万元（466.76－400），属于丁公司除净损益、其他综合收益和利润分配以外所有者权益的其他变动。甲公司对丁公司的长期股权投资的账面价值应调增 66.76 万元，并相应调整资本公积——其他资本公积。

（七）长期股权投资的减值

投资方应当关注长期股权投资的账面价值是否大于享有被投资单位所有者权益账面价值的份额等类似情况。出现类似情况时，投资方应当按照《企业会计准则第8号——资产减值》对长期股权投资进行减值测试，确定其可收回金额，可收回金额低于长期股权投资账面价值的，应当计提减值准备。长期股权投资的减值准备在提取以后，不允许转回。

三、长期股权投资核算方法的转换

（一）公允价值计量转权益法核算

原持有的对被投资单位的股权投资（不具有控制、共同控制或重大影响的），按照本书第八章相关内容进行会计处理的，因追加投资等原因导致持股比例上升，能够对被投资单位施加共同控制或重大影响的，在转按权益法核算时，投资方应当按其确定的原股权投资的公允价值加上为取得新增投资而应支付对价的公允价值，作为改按权益法核算的初始投资成本。原持有的股权投资分类为以公允价值计量且其变动计入当期损益的金融资产的，其公允价值与账面价值之间的差额应当转入改按权益法核算的当期损益；原持有的股权投资指定为以公允价值计量且其变动计入其他综合收益的非交易性权益工具投资的，其公允价值与账面价值之间的差额以及原计入其他综合收益的累计公允价值变动应当直接转入留存收益。然后，比较上述计算所得的初始投资成本，与按照追加投资后全新的持股比例计算确定的应享有被投资单位在追加投资日可辨认净资产公允价值份额之间的差额，前者大于后者的，不调整长期股权投资的账面价值；前者小于后者的，差额应调整长期股权投资的账面价值，并计入当期营业外收入。

【例6-15】2022年2月，甲公司以9 000 000元现金自非关联方处取得乙公司10%的股权，将其作为以公允价值计量且其变动计入当期损益的金融资产。2024年1月2日，甲公司又以18 000 000元的现金自另一非关联方处取得乙公司15%的股权，相关手续于当日完成。当日，乙公司可辨认净资产公允价值总额为120 000 000元，甲公司原持有乙公司10%的股权（以公允价值计量且其变动计入当期损益的金融资产）公允价值为15 000 000元（假定其公允价值在2022年末未发生改变）。取得该部分股权后，甲公司能够对乙公司施加重大影响，对该项股权投资转为采用权益法核算。不考虑相关税费等其他因素影响。

本例中，甲公司原持有10%股权的公允价值为15 000 000元，取得成本为9 000 000元，由于其公允价值在2022年末未发生改变，因此，在2024年1月2日产生的公允价值变动为6 000 000元（15 000 000 - 9 000 000），应当计入当期损益。由于为取得新增投资而支付对价的公允价值为18 000 000元，因此，甲公司对乙公司25%股权的初始投资成本为33 000 000元。

甲公司对乙公司新持股比例为 25%，应享有乙公司可辨认净资产公允价值的份额为 30 000 000 元（120 000 000×25%）。由于初始投资成本（33 000 000 元）大于应享有乙公司可辨认净资产公允价值的份额（30 000 000 元），因此，甲公司无须调整长期股权投资的成本。

2024 年 1 月 2 日，甲公司应进行如下账务处理：

借：交易性金融资产——公允价值变动 6 000 000

　　贷：公允价值变动损益 6 000 000

借：长期股权投资——乙公司——投资成本 33 000 000

　　贷：交易性金融资产 15 000 000

　　　　银行存款 18 000 000

【例 6-16】 沿用【例 6-15】，如果甲公司将以 9 000 000 元现金自非关联方处取得乙公司 10% 的股权，指定为以公允价值计量且其变动计入其他综合收益的非交易性权益工具投资，其他条件均未改变。

本例中，甲公司原持有 10% 股权的公允价值为 15 000 000 元，取得成本为 9 000 000 元，因此，在 2024 年 1 月 2 日产生的公允价值变动 6 000 000 元应当计入其他综合收益，并在改按权益法核算时转入留存收益。假定不考虑提取公积金等其他因素影响。

2024 年 1 月 2 日，甲公司应进行如下账务处理：

借：其他权益工具投资——公允价值变动 6 000 000

　　贷：其他综合收益 6 000 000

借：长期股权投资——乙公司——投资成本 33 000 000

　　贷：其他权益工具投资 15 000 000

　　　　银行存款 18 000 000

借：其他综合收益 6 000 000

　　贷：利润分配——未分配利润 6 000 000

（二）公允价值计量或权益法核算转成本法核算

投资方原持有的对被投资单位不具有控制、共同控制或重大影响的按照本书第八章相关内容进行会计处理的权益性投资，或者原持有对联营企业、合营企业的长期股权投资，因追加投资等原因，能够对被投资单位实施控制的长期股权投资，应按多次交易实现企业合并形成的长期股权投资有关内容进行会计处理。

1. 多次交易实现同一控制下企业合并。

企业通过多次交易分步取得同一控制下被投资单位的股权，最终形成企业合并的，应当判断多次交易是否属于"一揽子"交易。多次交易的条款、条件以及经济影响符合以下一种或多种情况，通常表明应将多次交易事项作为"一揽子"交易进行会计处理：（1）这些交易是同时或者在考虑了彼此影响的情况下订立的；（2）这些交易整体才能达成一项完整的商业结果；（3）一项交易的发生取决于其他至少一项交易的发生；（4）一项交易单独看是不经济的，但和其他交易一并考虑时是经济的。

属于"一揽子"交易的，合并方应当将各项交易作为一项取得控制权的交易进行会计处理。不属于"一揽子"交易的，取得控制权日，应按照以下步骤进行会计处理：

（1）确定同一控制下企业合并形成的长期股权投资的初始投资成本。在合并日，根据合并后应享有被合并方净资产在最终控制方合并财务报表中的账面价值的份额，确定长期股权投资的初始投资成本。

（2）长期股权投资初始投资成本与合并对价账面价值之间的差额的处理。合并日长期股权投资的初始投资成本，与达到合并前的长期股权投资账面价值加上合并日进一步取得股份新支付对价的账面价值之和的差额，调整资本公积（资本溢价或股本溢价），资本公积不足冲减的，冲减留存收益。

（3）合并日之前持有的股权投资，因采用权益法核算或按照本书第八章的相关内容核算而确认的其他综合收益，暂不进行会计处理，直至处置该项投资时采用与被投资单位直接处置相关资产或负债相同的基础进行会计处理；因采用权益法核算而确认的被投资单位净资产中除净损益、其他综合收益和利润分配以外的所有者权益其他变动，暂不进行会计处理，直至处置该项投资时转入当期损益。其中，处置后的剩余股权采用成本法或权益法核算的，其他综合收益和其他所有者权益应按比例结转，处置后的剩余股权不再属于长期股权投资核算范围的，按照本书第八章的相关内容进行会计处理。

【例6-17】 2022年1月1日，甲公司取得同一控制下的乙公司25%的股份，实际支付款项90 000 000元，能够对乙公司施加重大影响。相关手续于当日办理完毕。当日，乙公司可辨认净资产账面价值和公允价值均为330 000 000元。2022年度及2023年度，乙公司共实现净利润15 000 000元，无其他所有者权益变动。2024年1月1日，甲公司以定向增发30 000 000股普通股（每股面值为1元）的方式取得同一控制下另一企业所持有的乙公司35%股权，相关手续于当日完成。进一步取得股权后，甲公司能够对乙公司实施控制。当日，乙公司在最终控制方合并财务报表中的净资产的账面价值为345 000 000元。假定甲公司和乙公司采用的会计政策和会计期间相同。甲公司和乙公司一直受同一最终控制方控制。上述交易不属于"一揽子"交易。不考虑相关税费等其他因素影响。假定甲公司初次取得乙公司25%的股权，已按规定进行了会计处理。

（1）确定合并日长期股权投资的初始投资成本。

合并日追加投资后甲公司持有乙公司股权比例为60%（25% +35%）。

合并日甲公司享有乙公司在最终控制方合并财务报表中净资产的账面价值份额为207 000 000元（345 000 000×60%）。

（2）长期股权投资初始投资成本与合并对价账面价值之间的差额的处理。

原25%的股权投资采用权益法核算，在合并日的原账面价值为93 750 000元

（90 000 000 + 15 000 000 × 25%）。

追加投资（35%）所支付对价的账面价值为 30 000 000 元。

合并对价账面价值为 123 750 000 元（93 750 000 + 30 000 000）。

长期股权投资初始投资成本与合并对价账面价值之间的差额为 83 250 000 元（207 000 000 − 123 750 000）。

合并日，甲公司应进行的账务处理为：

借：长期股权投资——乙公司——投资成本　　　　　207 000 000

　　贷：长期股权投资——乙公司——投资成本　　　　　90 000 000

　　　　　　　　　　　　　　——损益调整　　　　　　3 750 000

　　　　股本　　　　　　　　　　　　　　　　　　30 000 000

　　　　资本公积——股本溢价　　　　　　　　　　83 250 000

2. 多次交易实现非同一控制下企业合并。

企业通过多次交易分步实现非同一控制下企业合并的，应当区分个别财务报表和合并财务报表进行会计处理。在编制个别财务报表时，应当按照原持有的股权投资的账面价值加上新增投资成本之和，作为改按成本法核算的初始投资成本。

购买日之前持有的股权采用权益法核算的，相关其他综合收益应当在处置该项投资时采用与被投资单位直接处置相关资产或负债相同的基础进行会计处理，因被投资方除净损益、其他综合收益和利润分配以外的其他所有者权益变动而确认的所有者权益，应当在处置该项投资时相应转入处置期间的当期损益。其中，处置后的剩余股权采用成本法或权益法核算的，其他综合收益和其他所有者权益应按比例结转，处置后的剩余股权不再属于长期股权投资核算范围的，按照本书第八章的相关内容进行会计处理。

购买日之前持有的股权投资，按照本书第八章的相关内容进行会计处理的，应当将按其确定的股权投资的公允价值加上新增投资成本之和，作为改按成本法核算的初始投资成本。对于购买日前持有的股权投资分类为以公允价值计量且其变动计入当期损益的金融资产的，其公允价值与账面价值之间的差额转入改按成本法核算的当期投资收益；对于购买日前持有的股权投资指定为以公允价值计量且其变动计入其他综合收益的非交易性权益工具的，其公允价值与账面价值之间的差额以及原计入其他综合收益的累计公允价值变动应当直接转入留存收益。

在合并财务报表中的会计处理，参见本书第二十一章的相关内容。

【例 6-18】 2022 年 1 月 1 日，甲公司以现金 45 000 000 元自非关联方处取得了乙公司 20% 股权，并能够对其施加重大影响。当日，乙公司可辨认净资产公允价值为 210 000 000 元。2024 年 7 月 1 日，甲公司另支付现金 120 000 000 元，自另一非关联方处取得乙公司 40% 股权，并取得对乙公司的控制权。购买日，甲公司原持有的对乙公司的 20% 股权的公允价值为 60 000 000 元，账面价值为 52 500 000 元，甲公司确认与乙公司权益法核算相关的累计投资收益为 3 000 000 元，其他综合收益为 3 000 000 元，其他所有者权益变动为 1 500 000 元；乙公司可辨认净资产公允价值为 270 000 000 元。假设甲公司前期购买乙公司 20% 的股权和后续购买乙公司 40% 的股权的交易不构成 "一揽子" 交易。以上交易的相关手续均于当日完成。不考虑相关税费等其他因素影响。

本例中，购买日前，甲公司持有乙公司的投资作为对联营企业的投资进行会计核算，购买日前甲公司原持有股权的账面价值为 52 500 000 元（45 000 000 + 3 000 000 + 3 000 000 + 1 500 000）。

本次投资支付对价的公允价值为 120 000 000 元。

购买日对子公司按成本法核算的初始投资成本为 172 500 000 元（52 500 000 + 120 000 000）。

购买日前甲公司原持有股权相关的其他综合收益 3 000 000 元以及其他所有者权益变动 1 500 000 元在购买日均不进行会计处理。

【例 6-19】 2022 年 1 月 1 日，甲公司以每股 6 元的价格购入某上市公司乙公司的股票 2 000 000 股，并由此持有乙公司 5% 的股权。甲公司与乙公司不存在关联方关系。甲公司将对乙公司的投资指定为以公允价值计量且其变动计入其他综合收益的非交易性权益工具投资（以下简称其他权益工具投资），并进行会计处理。2024 年 1 月 1 日，甲公司以现金 150 000 000 元为对价，向乙公司大股东收购乙公司 50% 的股权，相关手续于当日完成。假设甲公司购买乙公司 5% 的股权和后续购买 50% 的股权不构成 "一揽子" 交易，甲公司取得乙公司控制权之日为 2024 年 1 月 1 日，乙公司当日股价为每股 6.5 元，乙公司可辨认净资产的公允价值为 240 000 000 元，不考虑相关税费等其他因素影响。

本例中，购买日前，甲公司将持有对乙公司的股权投资作为其他权益工具投资进行会计处理，购买日前甲公司原持有其他权益工具投资的账面价值为 13 000 000 元（6.5×2 000 000）。

本次追加投资支付对价的公允价值为 150 000 000 元。

购买日对子公司按成本法核算的初始投资成本为 163 000 000 元（150 000 000 + 13 000 000）。

购买日前甲公司原持有其他权益工具投资相关的累计公允价值变动已计入其他综合收益的金额为 1 000 000 元〔（6.5-6）×2 000 000〕，购买日该其他综合收益转入留存收益。假定不考虑提取公积金等其他因素影响。

借：长期股权投资——乙公司——投资成本   163 000 000
  贷：其他权益工具投资——乙公司股票——成本   12 000 000
            ——公允价值变动   1 000 000
    银行存款   150 000 000
借：其他综合收益   1 000 000
  贷：利润分配——未分配利润   1 000 000

（三）权益法核算转公允价值计量

原持有的对被投资单位具有共同控制或重大影响的长期股权投资，因部分处置等原因导致持股比例下降，不能再对被投资单位实施共同控制或重大影响的，应按照本书第八章的相关内容对剩余股权投资进行会计处理，其在丧失共同控制或重大影响之日的公允价值与账面价值之间的差额计入当期损益。原采用权益法核算的相关其他综合收益应当在终止采用权益法核算时，采用与被投资单位直接处置相关资产或负债相同的基础进行会计处理；因被投资方除净损益、其他综合收益和利润分配以外的其他所有者权益变动而确认的所有者权益，应当在终止采用权益法核算时全部转入当期损益。

【例6-20】甲公司持有乙公司30%的有表决权股份，能够对乙公司施加重大影响，对该股权投资采用权益法核算。2024年10月，甲公司将该项投资中的60%出售给非关联方，取得价款32 000 000元。相关手续于当日完成。甲公司无法再对乙公司施加重大影响，将剩余股权投资转为以公允价值计量且其变动计入当期损益的金融资产。出售时，该项长期股权投资的账面价值为48 000 000元，其中，投资成本为39 000 000元，损益调整为4 500 000元，其他综合收益为3 000 000元（为被投资单位其他债权投资的累计公允价值变动），除净损益、其他综合收益和利润分配外的其他所有者权益变动为1 500 000元；剩余股权的公允价值为21 000 000元。不考虑相关税费等其他因素影响。

甲公司的账务处理如下：

（1）确认有关股权投资的处置损益。

借：银行存款 32 000 000
  贷：长期股权投资——乙公司——投资成本（39 000 000×60%）
        23 400 000
     ——损益调整（4 500 000×60%）
        2 700 000
     ——其他综合收益（3 000 000×60%）
        1 800 000
     ——其他权益变动（1 500 000×60%）
        900 000
    投资收益 3 200 000

（2）由于终止采用权益法核算，将原确认的相关其他综合收益全部转入当期损益。

借：其他综合收益 3 000 000
  贷：投资收益 3 000 000

（3）由于终止采用权益法核算，将原计入资本公积的其他所有者权益变动全部转入当期损益。

借：资本公积——其他资本公积 1 500 000
  贷：投资收益 1 500 000

（4）剩余股权投资转为以公允价值计量且其变动计入当期损益的金融资产，当日公允价值为 21 000 000 元，账面价值为 19 200 000 元，两者差异应计入当期投资收益。

借：交易性金融资产　　　　　　　　　　　　　　21 000 000
　　贷：长期股权投资——乙公司——投资成本　　　　　15 600 000
　　　　　　　　　　　　　　——损益调整　　　　　　 1 800 000
　　　　　　　　　　　　　　——其他综合收益　　　　 1 200 000
　　　　　　　　　　　　　　——其他权益变动　　　　　 600 000
　　　　投资收益　　　　　　　　　　　　　　　　　 1 800 000

（四）成本法核算转权益法核算

因处置投资等原因导致对被投资单位由能够实施控制转为具有重大影响或者与其他投资方一起实施共同控制的，首先应按处置投资的比例结转应终止确认的长期股权投资成本。然后比较剩余长期股权投资的成本与按照剩余持股比例计算原投资时应享有被投资单位可辨认净资产公允价值的份额，前者大于后者的，不调整长期股权投资的账面价值；前者小于后者的，在调整长期股权投资成本的同时，调整留存收益。

对于原取得投资时至处置投资时（转为权益法核算）之间被投资单位实现净损益中投资方应享有的份额，应调整长期股权投资的账面价值，同时，对于原取得投资时至处置投资当期期初被投资单位实现的净损益（扣除已宣告发放的现金股利和利润）中应享有的份额，调整留存收益，对于处置投资当期期初至处置投资之日被投资单位实现的净损益中享有的份额，调整当期损益；对于被投资单位其他综合收益变动中应享有的份额，在调整长期股权投资账面价值的同时，应当计入其他综合收益；除净损益、其他综合收益和利润分配外的其他原因导致被投资单位其他所有者权益变动中应享有的份额，在调整长期股权投资账面价值的同时，应当计入资本公积（其他资本公积）。

【例 6-21】甲公司原持有乙公司 60% 的股权，能够对乙公司实施控制。2024 年 11 月 6 日，甲公司对乙公司的长期股权投资账面价值为 30 000 000 元，未计提减值准备，甲公司将其持有的对乙公司长期股权投资中的 1/3 出售给非关联方，取得价款 18 000 000 元，当日被投资单位可辨认净资产公允价值总额为 80 000 000 元。相关手续于当日完成，甲公司不再对乙公司实施控制，但具有重大影响。甲公司原取得乙公司 60% 股权时，乙公司可辨认净资产公允价值总额为 45 000 000 元（假定公允价值与账面价值相同）。自甲公司取得对乙公司长期股权投资后至部分处置投资前，乙公司实现净利润 25 000 000 元。其中，自甲公司取得投资日至 2024 年初实现净利润 20 000 000 元。假定乙公司一直未进行利润分配，也未发生其他计入资本公积的交易或事项。不考虑相关税费等其他因素影响。

扫码看讲解

甲公司有关账务处理如下：

（1）确认长期股权投资处置损益。

借：银行存款 18 000 000

　　贷：长期股权投资——乙公司 10 000 000

　　　　投资收益 8 000 000

（2）调整长期股权投资账面价值。

剩余长期股权投资的账面价值为 20 000 000 元，与原投资时应享有被投资单位可辨认净资产公允价值份额之间的差额 2 000 000 元（20 000 000 − 45 000 000 × 40%）为商誉，该部分商誉的价值不需要对长期股权投资的成本进行调整。处置投资以后按照持股比例计算享有被投资单位自购买日至处置投资当期期初之间实现的净损益为 8 000 000 元（20 000 000 × 40%），应调整增加长期股权投资的账面价值，同时调整留存收益；处置期初至处置日之间实现的净损益 2 000 000 元，应调整增加长期股权投资的账面价值，同时计入当期投资收益。

投资方因其他投资方对其子公司增资而导致本投资方持股比例下降，从而丧失控制权但能实施共同控制或施加重大影响的，投资方在个别财务报表中，应当对该项长期股权投资从成本法转为权益法核算。首先，按照新的持股比例确认本投资方应享有的原子公司因增资扩股而增加净资产的份额，与应结转持股比例下降部分所对应的长期股权投资原账面价值之间的差额计入当期损益；然后，按照新的持股比例视同自取得投资时即采用权益法核算进行调整。

【例 6 – 22】 2022 年 1 月 1 日，甲公司以 30 000 000 元现金取得乙公司 60% 的股权，能够对乙公司实施控制；当日，乙公司可辨认净资产公允价值为 45 000 000 元（假定公允价值与账面价值相同）。2024 年 10 月 1 日，乙公司向非关联方丙公司定向增发新股，增资 27 000 000 元，相关手续于当日完成，甲公司对乙公司持股比例下降为 40%，对乙公司丧失控制权但仍具有重大影响。2022 年 1 月 1 日至 2024 年 10 月 1 日期间，乙公司实现净利润 25 000 000 元。其中，2022 年 1 月 1 日至 2023 年 12 月 31 日期间，乙公司实现净利润 20 000 000 元。假定乙公司一直未进行利润分配，也未发生其他计入资本公积和其他综合收益的交易或事项。假定不考虑提取公积金以及其他税费等因素影响。

2024 年 10 月 1 日，甲公司有关账务处理如下：

（1）按比例结转部分长期股权投资账面价值并确认相关损益。

27 000 000 × 40% − 30 000 000 × (60% − 40%) ÷ 60% = 800 000（元）

借：长期股权投资——乙公司 800 000

　　贷：投资收益 800 000

（2）对剩余股权视同自取得投资时即采用权益法核算进行调整。

借：长期股权投资——乙公司——损益调整　　　　　　　10 000 000

　　贷：利润分配——未分配利润　　　　　　　　　　　　　　8 000 000

　　　　投资收益　　　　　　　　　　　　　　　　　　　　　2 000 000

（五）成本法核算转公允价值计量

原持有的对被投资单位具有控制的长期股权投资，因部分处置等原因导致持股比例下降，不再对被投资单位实施控制、共同控制或重大影响的，应按照本书第八章的相关内容进行会计处理，在丧失控制之日的公允价值与账面价值之间的差额计入当期投资收益。

【例6-23】甲公司持有乙公司60%的有表决权股份，能够对乙公司实施控制，对该股权投资采用成本法核算。2024年8月，甲公司将该项投资中的80%出售给非关联方，取得价款90 000 000元，相关手续于当日完成。甲公司无法再对乙公司实施控制，也不能施加共同控制或重大影响，将剩余股权投资分类为以公允价值计量且其变动计入当期损益的金融资产。出售时，该项长期股权投资的账面价值为90 000 000元，剩余股权投资的公允价值为22 000 000元。不考虑相关税费等其他因素影响。

甲公司有关账务处理如下：

（1）确认有关股权投资的处置损益。

借：银行存款　　　　　　　　　　　　　　　　　　　　90 000 000

　　贷：长期股权投资——乙公司　　　　　　　　　　　　　72 000 000

　　　　投资收益　　　　　　　　　　　　　　　　　　　　18 000 000

（2）剩余股权投资转为以公允价值计量且其变动计入当期损益的金融资产，当日公允价值为22 000 000元，账面价值为18 000 000元，两者差异应计入当期投资收益。

借：交易性金融资产　　　　　　　　　　　　　　　　　22 000 000

　　贷：长期股权投资——乙公司　　　　　　　　　　　　　18 000 000

　　　　投资收益　　　　　　　　　　　　　　　　　　　　4 000 000

四、长期股权投资的处置

处置长期股权投资时，应相应结转与所售股权相对应的长期股权投资的账面价值，一般情况下，出售所得价款与处置长期股权投资账面价值之间的差额，应确认为当期损益。

投资方全部处置权益法核算的长期股权投资时，原权益法核算的相关其他综合收益应当在终止采用权益法核算时采用与被投资单位直接处置相关资产或负债相同的基础进行会计处理，因被投资方除净损益、其他综合收益和利润分配以外的其他所有者权益变动而确认的所有者权益，应当在终止采用权益法核算时全部转入当期投资收益。投资方部分处置权益法核算的长期股权投资，剩余股权仍采用权益法核算的，原权益法核算的相关其他综合收益应当采用与被投资单位直接处置相关资产或负债相同的基础处理并按比例结转，因被投资方除净损益、其他综合收益和利润分配以外的其他所有者权益变动而确认的所有者权益，应当按比例结转入当期投资收益。

【例6-24】甲公司持有乙公司40%的股权并采用权益法核算。2024年7月1日，甲公司将乙公司20%的股权出售给非关联的第三方，对剩余20%的股权仍采用权益法核算。甲公司取得乙公司股权至2024年7月1日期间，确认的相关其他综合收益为8 000 000元（为按比例享有的乙公司其他债权投资的公允价值变动），享有乙公司除净损益、其他综合收益和利润分配以外的其他所有者权益变动为2 000 000元。不考虑相关税费等其他因素影响。

由于甲公司处置后的剩余股权仍采用权益法核算，因此，相关的其他综合收益和其他所有者权益应按比例结转。甲公司有关账务处理如下：

借：其他综合收益 4 000 000
　　资本公积——其他资本公积 1 000 000
　　贷：投资收益 5 000 000

假设甲公司2024年7月1日将乙公司35%的股权出售给非关联的第三方，剩余5%股权作为以公允价值计量且其变动计入当期损益的金融资产核算。由于甲公司处置后的剩余股权按照本书第八章的相关内容进行会计处理，因此，相关的其他综合收益和其他所有者权益应全部结转。甲公司有关账务处理如下：

借：其他综合收益 8 000 000
　　资本公积——其他资本公积 2 000 000
　　贷：投资收益 10 000 000

企业通过多次交易分步处置对子公司股权投资直至丧失控制权，如果上述交易属于"一揽子"交易的，应当将各项交易作为一项处置子公司股权投资并丧失控制权的交易进行会计处理；但是，在丧失控制权之前每一次处置价款与所处置的股权对应的长期股权投资账面价值之间的差额，在个别财务报表中，应当先确认为其他综合收益，到丧失控制权时再一并转入丧失控制权的当期损益。

第三节　合营安排

一、概念及合营安排的认定

（一）合营安排

合营安排是指一项由两个或两个以上的参与方共同控制的安排。合营安排的主要特征包括：

一是各参与方均受到该安排的约束。合营安排通过相关约定对各参与方予以约束。相关约定是指据以判断是否存在共同控制的一系列具有执行力的合约，通常包括合营安排各参与方达成的合同安排，如合同、协议、会议纪要、契约等，也包括对该安排构成约束的法律形式本身。从内容来看，有关约定可能涵盖以下方面：对合营安排的目的、业务活动及期限的约定；对合营安排的治理结构（如董事会或类似机构）成员的任命方式的约定；对合营安排相关事项的决策方式的约定，包括哪些事项需要参与方决策、参与方的表决权情况、决策事项所需表决权比例等内容，合营安排相关事项的决策方式是分析是否存在共同控制的重要因素；对参与方需要提供的资本或其他投入的约定；对合营安排的资产、负债、收入、费用、损益在参与方之间分配方式的约定。当合营安排通过单独主体达成时，该单独主体所制定的章程或其他法律文件有时会约定相关内容。

二是两个或两个以上的参与方对该安排实施共同控制。任何一个参与方都不能够单独控制该安排，对该安排具有共同控制的任何一个参与方均能够阻止其他参与方或参与方组合单独控制该安排。

（二）共同控制及判断原则

合营安排的一个重要特征是共同控制。共同控制是指按照相关约定对某项安排所共有的控制，并且该安排的相关活动必须经过分享控制权的参与方一致同意后才能决策。共同控制不同于控制，共同控制是由两个或两个以上的参与方实施，而控制由单一参与方实施。共同控制也不同于重大影响，享有重大影响的参与方只拥有参与安排的财务和经营决策的决策权力，但并不能够控制或者与其他方一起共同控制这些政策的制定。

在判断是否具有共同控制时，首先判断是否所有参与方或参与方组合集体控制该安排，其次再判断该安排相关活动的决策是否必须经过这些参与方一致同意。相关活动是指对某项安排的回报产生重大影响的活动，具体应视安排的情况而定，通常包括商品或劳务的销售和购买、资产的购买和处置、研究与开发活动及融资活动等。

1．集体控制。

如果所有参与方或一组参与方必须一致行动才能决定某项安排的相关活动，则称所有参与方或一组参与方集体控制该安排。在判断集体控制时，需要注意以下几点：

（1）集体控制不是单独一方控制。为了确定相关约定是否赋予参与方对该安排的共同控制，主体首先识别该安排的相关活动，然后确定哪些权利能够赋予参与方主导相关活动的权力。如果某一个参与方能够单独主导该安排中的相关活动，则为控制；如果一组参与方或所有参与方联合起来才能够主导该安排中的相关活动，则为集体控制。

（2）尽管所有参与方联合起来一定能够控制该安排，但在集体控制下，集体控制该安排的组合指的是那些既能联合起来控制该安排，又使得参与方数量最少的一个或几个参与方组合。能够集体控制一项安排的参与方组合很可能不止一个。

2．相关活动的决策。

主体应当在确定是由参与方组合集体控制该安排，而不是某一参与方单独控制该安排后，再判断这些集体控制该安排的参与方是否控制该安排。当且仅当相关活动的决策要求集体控制该安排的参与方一致同意时，才存在共同控制。

存在共同控制时，有关合营安排相关活动的所有重大决策必须经过分享控制权的各方一致同意。一致同意的规定保证了对合营安排具有共同控制的任何一个参与方均可以阻止其他方在未经其同意的情况下就相关活动单方面作出决策。

"一致同意"中，并不要求其中一方必须具备主动提出议案的能力，只要具备对合营安排的相关活动的所有重大决策予以否决的权力即可；也不需要该安排的每个参与方都一致同意，只要那些能够集体控制该安排的参与方意见一致，就可以达成一致同意。有时，相关约定中设定的决策方式也可能暗含需要达成一致同意。例如，假定两方建立一项安排，在该安排中双方各拥有50%的表决权。双方约定，对相关活动作出决策至少需要51%的表决权。在这种情况下，意味着双方同意共同控制该安排，因为如果没有双方的一致同意，就无法对相关活动作出决策。

当相关约定中设定了就相关活动作出决策所需的最低投票权比例时，若存在多种参与方的组合形式中均能满足最低投票权要求的情形，则该安排就不是合营安排；除非相关约定明确指出，需要其中哪些参与方一致同意才能就相关活动作出决策。

如果存在两个或两个以上的参与方组合能够集体控制某项安排的，不构成共同控制。

3. 争议解决机制。

在分析合营安排的各方是否共同分享控制权时，要关注对于争议解决的机制安排。相关约定可能包括处理纠纷的条款，例如，关于仲裁的约定。这些条款可能允许具有共同控制的各参与方在没有达成一致意见的情况下进行决策。这些条款的存在不会妨碍该安排构成共同控制的判断，因此，也不会妨碍该安排成为合营安排。但是，如果在各方未就相关活动的重大决策达成一致意见的情况下，其中一方具备"一票通过权"或者潜在表决权等特殊权力，则需要仔细分析，很可能具有特殊权力的一方实质上具备控制权。

4. 仅享有保护性权利的参与方不享有共同控制。

保护性权利，是指仅为了保护权利持有人利益却没有赋予持有人对相关活动进行决策的一项权利。保护性权利通常只能在合营安排发生根本性改变或某些例外情况发生时才能够行使，它既没有赋予其持有人对合营安排拥有权力，也不能阻止其他参与方对合营安排拥有权力。

5. 一项安排的不同活动可能分别由不同的参与方或参与方组合主导。

在不同阶段，一项安排可能发生不同的活动，从而导致不同参与方可能主导不同的相关活动，或者共同主导所有相关活动。不同参与方分别主导不同相关活动时，相关的参与方需要分别评估自身是否拥有主导对回报产生最重大影响的活动的权利，从而确定是否能够控制该项安排，而不是与其他参与方共同控制该项安排。

6. 综合评估多项相关协议。

有时，一项安排的各参与方之间可能存在多项相关协议。在单独考虑一份协议时，某参与方可能对合营安排具有共同控制，但在综合考虑该安排的目的和设计等所有情况时，该参与方实际上可能对该安排并不具有共同控制。因此，在判断是否存在共同控制时，需要综合考虑该多项相关协议。

（三）合营安排中的不同参与方

只要两个或两个以上的参与方对该安排实施共同控制，一项安排就可以被认定为合营安排，并不要求所有参与方都对该安排享有共同控制。即一项合营安排的所有投资者群体中，只要其中部分投资者能够对该合营安排实施共同控制即可，构成合营安排的前提条件不要求所有投资者均具有共同控制能力。对合营安排享有共同控制的参与方（分享控制权的参与方）被称为"合营方"；对合营安排不享有共同控制的参与方被称为"非合营方"。

（四）合营安排的分类

合营安排分为共同经营和合营企业。共同经营，是指合营方享有该安排相关资产且承担该安排相关负债的合营安排。合营企业，是指合营方仅对该安排的净资产享有权利的合营安排。合营方应当根据其在合营安排的正常经营中享有的权利和承担的义务，来确定合营安排的分类。对权利和义务进行评价时，应当考虑该合营安排的结构、法律形式以及合营安排中约定的条款、其他相关事实和情况等因素。

合营安排是为不同目的而设立的（例如，参与方为了共同承担成本和风险，或者参与方为了获得新技术或新市场），可以采用不同的结构和法律形式。一些安排不要求采用单独主体形式开展活动，另一些安排则涉及构造单独主体。在实务中，主体可以从合营安排是否通过单独主体达成为起点，判断一项合营安排是共同经营还是合营企业。

在因具有共同控制形成合营安排的情况下，进一步区分有关合营安排是共同经营还是合营企业，关键是看根据合营安排的合同、协议以及基于其法律形式确定的各投资方的权利、义务关系，投资方拥有的是对合营安排净资产的要求权还是对合营安排中持有有关资产份额的要求权，并基于其所承担负债的份额承担责任。

当合营安排未通过单独主体达成时，该合营安排为共同经营。在这种情况下，合营方通常通过相关约定享有与该安排相关资产的权利并承担与该安排相关负债的义务，同时享有相应收入的权利，并承担相应费用的责任，因此该合营安排应当划分为共同经营。单独主体，是指具有单独可辨认的财务架构的主体，包括单独的法人主体和不具备法人主体资格但法律所认可的主体。

如果合营安排通过单独主体达成，在判断该合营安排是共同经营还是合营企业时，通常首先分析单独主体的法律形式，法律形式不足以判断时，将法律形式与合同安排结合进行分析，法律形式和合同安排仍不足以判断时，进一步考虑其他事实和情况。

1. 单独主体的法律形式。

各参与方应当根据该单独主体的法律形式，判断该安排是赋予参与方享有与安排相关资产的权利，并承担与安排相关负债的义务，还是赋予参与方享有该安排的净资产的权利。即，各参与方应当根据单独主体的法律形式判断是否能够将参与方和单独主体分离。例如，各参与方可能通过单独主体执行合营安排，单独主体的法律形式决定在单独主体中的资产和负债是单独主体的资产和负债，而不是各参与方的资产和负债。在这种情况下，基于单独主体的法律形式赋予各参与方的权利和义务，可以初步判定该项安排是合营企业。在各参与方通过单独主体达成合营安排的情形下，当且仅当单独主体的法律形式没有将参与方和单独主体分离（即单独主体持有的资产和负债是各参与方的资产和负债）时，基于单独主体的法律形式赋予参与方权利和义务的判断，足以说明该合营安排是共同经营。

2. 合同安排。

当单独主体的法律形式并不能将合营安排的资产的权利和对负债的义务授予该安排的参与方时，还需要进一步分析各参与方之间是否通过合同安排赋予该安排的参与方对合营安排资产的权利和对负债的义务。合同安排中常见的某些特征或者条款可能表明该安排为共同经营或者合营企业。共同经营和合营企业的一些普遍特征的比较包括但不限于表 6 - 3 所列。

表 6 - 3　　　　　　　　　　共同经营和合营企业对比

对比项目	共同经营	合营企业
合营安排的条款	参与方对合营安排的相关资产享有权利并对相关负债承担义务	参与方对与合营安排有关净资产享有权利，即单独主体（而不是参与方），享有与安排相关资产的权利，并承担与安排相关负债的义务
对资产的权利	参与方按照约定的比例分享合营安排的相关资产的全部利益（例如，权利、权属或所有权等）	资产属于合营安排，参与方并不对资产享有权利
对负债的义务	参与方按照约定的比例分担合营安排的成本、费用、债务及义务。第三方对该安排提出的索赔要求，参与方作为义务人承担赔偿责任	合营安排对自身的债务或义务承担责任。参与方仅以其自身对该安排认缴的投资额为限对该安排承担相应的义务。合营安排的债权方无权就该安排的债务对参与方进行追索
收入、费用及损益	合营安排建立了各参与方按照约定的比例（例如，按照各自所耗用的产能比例）分配收入和费用的机制。某些情况下，参与方按约定的份额比例享有合营安排产生的净损益不会必然使其被分类为合营企业，仍应当分析参与方对该安排相关资产的权利以及对该安排相关负债的义务	各参与方按照约定的份额比例享有合营安排产生的净损益
担保	参与方为合营安排提供担保（或提供担保的承诺）的行为本身并不直接导致一项安排被分类为共同经营	

3. 其他事实和情况。

如果一项安排的法律形式与合同安排均没有将该安排的资产的权利和对负债的义务授予该安排的参与方，则应考虑其他事实和情况，包括合营安排的目的和设计，其与参与方的关系及其现金流的来源等。在某些情况下，合营安排设立的主要目的是为参与方提供产出，这表明参与方可能按照约定实质上享有合营安排所持资产几乎全部经济利益。在这种安排下，参与方根据相关合同或法律约定有购买产出的义务，并往往通过阻止合营安排将其产出出售给其他第三方的方式确保参与方能获得产出。这样，该安排产生的负债实质上是由参与方通过购买产出支付的现金流量而得以清偿。因此，如果参与方实质上是该安排持续经营和清偿债务所需现金流的唯一来源，这表明参与方承担了与该安排相关的负债。综合考虑该合营安排的其他相关事实和情况，表明参与方实质上享有合营安排所持资产几乎全部的经济利益，合营安排所产生的负债的清偿实质上也持续依赖于向参与方收取产出的销售现金流，该合营安排的实质为共同经营。

在区分合营安排的类型时，需要了解该安排的目的和设计。如果合营安排同时具有以下特征，则表明该安排是共同经营：（1）各参与方实质上有权享有，并有义务接受由该安排资产产生的几乎所有经济利益（从而承担了该经济利益的相关风险，如价格风险、存货风险、需求风险等），如该安排所从事的活动主要是向合营方提供产出等；（2）持续依赖于合营方清偿该安排活动产生的负债，并维持该安排的运营。

在考虑其他事实和情况时，只有当该安排产生的负债的清偿持续依赖于合营方的支持时，该安排才为共同经营，即强调参与方实质上是该安排持续经营所需现金流的唯一来源。

4. 重新评估。

企业对合营安排是否拥有共同控制权，以及评估该合营安排是共同经营还是合营企业，这需要企业予以判断并持续评估。在进行判断时，企业需要对所有的相关事实和情况加以考虑。

如果法律形式、合同条款等相关事实和情况发生变化，合营安排参与方应当对合营安排进行重新评估：一是评估原合营方是否仍对该安排拥有共同控制权；二是评估合营安排的类型是否发生变化。相关事实和情况的变化有时可能导致某一参与方控制该安排，从而使该安排不再是合营安排。由于相关事实和情况发生变化，合营安排的分类可能发生变化，可能由合营企业转变为共同经营，或者由共同经营转为合营企业。例如，经重新协商，修订后的合营安排的合同条款约定参与方拥有对资产的权利，并承担对负债的义务，在这种情况下，该安排的分类可能发生了变化，应重新评估该安排是否由合营企业转为共同经营。

二、共同经营中合营方的会计处理

（一）一般会计处理原则

合营方应当确认其与共同经营中利益份额相关的下列项目，并按照相关企业会计准则的规定进行会计处理：一是确认单独所持有的资产，以及按其份额确认共同持有的资产；二是确认单独所承担的负债，以及按其份额确认共同承担的负债；三是确认出售其享有的共同经营产出份额所产生的收入；四是按其份额确认共同经营因出售产出所产生的收入；五是确认单独所发生的费用，以及按其份额确认共同经营发生的费用。

合营方可能将其自有资产用于共同经营，如果合营方保留了对这些资产的全部所有权和控制权，则这些资产的会计处理与合营方自有资产的会计处理并无差别。

合营方也可能与其他合营方共同购买资产来投入共同经营，并共同承担共同经营的负债，此时，合营方应当按照企业会计准则相关规定确认在这些资产和负债中的利益份额。如按照《企业会计准则第 4 号——固定资产》来确认在相关固定资产中的利益份额，按照《企业会计准则第 22 号——金融工具确认和计量》来确认在相关金融资产和金融负债中的份额。

共同经营通过单独主体达成时，合营方应确认按照上述原则单独所承担的负债，以及按本企业的份额确认共同承担的负债。但合营方对于因其他股东未按约定向合营安排提供资金，按照我国相关法律或相关合同约定等规定而承担连带责任的，从其规定，在会计处理上应遵循《企业会计准则第 13 号——或有事项》的要求。

有关合营合同安排通常描述了该安排所从事活动的性质，以及各参与方打算共同开展这些活动的方式。例如，合营安排各参与方可能同意共同生产产品，每一参与方负责特定的任务，使用各自的资产，承担各自的负债。合同安排也可能规定了各参与方分享共同收入和分担共同费用的方式。在这种情况下，每一个合营方在其资产负债表上确认其用于完成特定任务的资产和负债，并根据相关约定确认相关的收入和费用份额。

当合营安排各参与方可能同意共同拥有和经营一项资产时，相关约定规定了各参与方对共同经营资产的权利，以及来自该项资产的收入或产出和相应的经营成本在各参与方之间分配的方式。每一个合营方对其在共同资产中的份额、同意承担的负债份额进行会计处理，并按照相关约定确认其在产出、收入和费用中的份额。

【例 6-25】 2024 年 1 月 1 日，A 公司和 B 公司共同出资购买一栋写字楼，各自拥有该写字楼 50% 的产权，用于出租收取租金。合同约定，该写字楼相关活动的决策需要 A 公司和 B 公司一致同意方可作出；A 公司和 B 公司的出资比例、收入分享比例和费用分担比例均为各自 50%。该写字楼购买价款为 80 000 000 元，由 A 公司和 B 公司以银行存款支付，预计使用寿命 20 年，预计净残值为 3 200 000 元，采用年限平均法按月计提折旧。该写字楼的租赁合同约定，租赁期限为 10 年，每年租金为 4 800 000 元，按月支付。该写字楼每月支付维修费 20 000 元。另外，A 公司和 B 公司约定，该写字楼的后续维护和维修支出（包括再装修支出和任何其他的大修支出）以及与该写字楼相关的任何资金需求，均由 A 公司和 B 公司按比例承担。假设 A 公司和 B 公司均采用成本法对投资性房地产进行后续计量，不考虑税费等其他因素影响。

本例中，由于关于该写字楼相关活动的决策需要 A 公司和 B 公司一致同意后方可做出，所以 A 公司和 B 公司共同控制该写字楼，购买并出租写字楼为一项合营安排。由于该合营安排并未通过一个单独主体来架构，并明确约定了 A 公司和 B 公司享有该安排中的资产的权利、获得该安排相应收入的权利、承担相应费用的责任等，因此该合营安排是共同经营。

A 公司的相关会计处理如下：

（1）出资购买写字楼时：

借：投资性房地产（80 000 000×50%） 40 000 000

　　贷：银行存款 40 000 000

（2）每月确认租金收入时：

借：银行存款（4 800 000×50%÷12） 200 000

　　贷：其他业务收入 200 000

（3）每月计提写字楼折旧时：

借：其他业务成本 160 000

　　贷：投资性房地产累计折旧 160 000

即（80 000 000 − 3 200 000）÷20÷12×50% = 160 000（元）

（4）支付维修费时：

借：其他业务成本（20 000×50%） 10 000

　　贷：银行存款 10 000

（二）合营方向共同经营投出或出售不构成业务的资产的会计处理

合营方向共同经营投出或出售资产等（该资产构成业务的除外），在共同经营将相关资产出售给第三方或相关资产消耗之前（即未实现内部利润仍包括在共同经营持有的资产账面价值中时），应当仅确认归属于共同经营其他参与方的利得或损失。交易表明投出或出售的资产发生符合《企业会计准则第 8 号——资产减值》等规定的资产减值损失的，合营方应当全额确认该损失。

（三）合营方自共同经营购买不构成业务的资产的会计处理

合营方自共同经营购买资产等（该资产构成业务的除外），在将该资产等出售给第三方之前（即未实现内部利润仍包括在合营方持有的资产账面价值中时），不应当确认因该交易产生的损益中该合营方应享有的部分。即，此时应当确认因该交易产生的损益中归属于共同经营其他参与方的部分。

（四）合营方取得构成业务的共同经营中的利益份额的会计处理

合营方取得共同经营中的利益份额，且该共同经营构成业务时，应当按照《企业会计准则第 20 号——企业合并》等相关准则进行相应的会计处理，但其他相关准则的规定不能与本章节的规定相冲突。企业应当按照《企业会计准则第 20 号——企业合并》等相关规定判断该共同经营是否构成业务。该处理原则不仅适用于收购现有的构成业务的共同经营中的利益份额，也适用于与其他参与方一起设立共同经营，且由于有其他参与方注入既存业务，使共同经营设立时即构成业务。

合营方增加其持有的一项构成业务的共同经营的利益份额时，如果合营方对该共同经营仍然是共同控制，则合营方之前持有的共同经营的利益份额不应按照新增投资日的公允价值重新计量。

三、共同经营中非合营方的会计处理

对共同经营不享有共同控制的参与方（非合营方），如果享有该共同经营相关资产且承担共同经营相关负债的，比照合营方进行会计处理。即，共同经营的参与方，不论其是否具有共同控制，只要能够享有共同经营相关资产的权利、并承担共同经营相关负债的义务，对在共同经营中的利益份额采用与合营方相同的会计处理。否则，应当按照相关企业会计准则的规定对其利益份额进行会计处理。例如，如果该参与方对于合营安排的净资产享有权利并具有重大影响，则按照《企业会计准则第 2 号——长期股权投资》等相关规定进行会计处理；如果该参与方对于合营安排的净资产享有权利并且无重大影响，则按照《企业会计准则第 22 号——金融工具确认和计量》等相关规定进行会计处理；向共同经营投出构成业务的资产的，以及取得共同经营的利益份额的，则按照《企业会计准则第 20 号——企业合并》及《企业会计准则第 33 号——合并财务报表》等相关规定进行会计处理。

本章思考题

1. 一般情况下，企业对被投资单位具有重大影响及以上时采用长期股权投资准则核算，重大影响以下采用金融工具相关准则核算，那么如何判断企业对被投资单位是否具有重大影响，以及如何判断企业对被投资单位重大影响是否已经发生变化？

2. 为什么企业对子公司的投资后续计量采用成本法核算，对联营企业和合营企业的投资的后续计量采用权益法核算？

3. 企业一般在什么情况下会进行合营安排？合营安排与设立子公司、联营企业相比有哪些不同特点？

第七章 资产减值

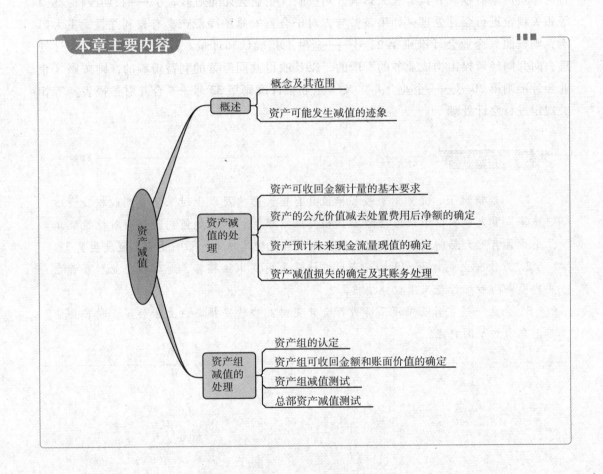

本章主要内容

- 资产减值
  - 概述
    - 概念及其范围
    - 资产可能发生减值的迹象
  - 资产减值的处理
    - 资产可收回金额计量的基本要求
    - 资产的公允价值减去处置费用后净额的确定
    - 资产预计未来现金流量现值的确定
    - 资产减值损失的确定及其账务处理
  - 资产组减值的处理
    - 资产组的认定
    - 资产组可收回金额和账面价值的确定
    - 资产组减值测试
    - 总部资产减值测试

第一节 资产减值概述

一、资产减值的概念及其范围

资产减值，是指资产的可收回金额低于其账面价值。本章所指资产，包括单项资产和资产组。

由于企业不同的资产特性不同，其减值的会计处理也有差异，适用的会计准则也不一样。本章涉及的资产主要是企业的非流动资产，具体包括对子公司、联营企业和合营企业的长期股权投资，采用成本模式进行后续计量的投资性房地产，固定资产，无形资产，探明石油天然气矿区权益和井及相关设施等。

二、资产可能发生减值的迹象

企业应当在资产负债表日判断资产是否存在可能发生减值的迹象。如果资产存在发生减值的迹象，应当进行减值测试，估计资产的可收回金额。资产存在减值迹象是资产需要进行减值测试的必要前提，但对于企业合并所形成的商誉和使用寿命不确定的无形资产，无论是否存在减值迹象，至少应当每年进行减值测试。

资产可能发生减值的迹象，主要可从企业外部信息来源和企业内部信息来源两方面加以判断。

1. 从企业外部信息来源判断。

从企业外部信息来源看，以下情况均属于资产可能发生减值的迹象，企业需要据此估计资产的可收回金额，确定是否需要确认减值损失：

（1）资产的市价当期大幅度下跌，其跌幅明显高于因时间的推移或者正常使用而预计的下跌。

（2）企业经营所处的经济、技术或者法律等环境以及资产所处的市场在当期或者将在近期发生重大变化，从而对企业产生不利影响。

（3）市场利率或者其他市场投资报酬率在当期已经提高，从而影响企业计算资产预计未来现金流量现值的折现率，导致资产可收回金额大幅度降低。

2. 从企业内部信息来源判断。

从企业内部信息来源看，以下情况均属于资产可能发生减值的迹象，企业需要据此估计资产的可收回金额，确定是否需要确认减值损失：

（1）有证据表明资产已经陈旧过时或者其实体已经损坏。

（2）资产已经或者将被闲置、终止使用或者计划提前处置。

（3）企业内部报告的证据表明资产的经济绩效已经低于或者将低于预期，如资产所创造的净现金流量或者实现的营业利润（或者亏损）远远低于（或者高于）预计金额等。

第二节 资产可收回金额的计量和减值损失的确定

一、资产可收回金额计量的基本要求

资产存在可能发生减值迹象的，企业应当进行减值测试，估计可收回金额。可收回

金额低于账面价值的，应当按照可收回金额低于账面价值的差额，计提减值准备，确认减值损失。资产的可收回金额，应当根据资产的公允价值减去处置费用后的净额与资产预计未来现金流量的现值两者之间较高者确定。因此，估计资产的可收回金额，通常需要同时估计该资产的公允价值减去处置费用后的净额和资产预计未来现金流量的现值。但是在下列情况下，可以有例外或者做特殊考虑：

（1）资产的公允价值减去处置费用后的净额与资产预计未来现金流量的现值，只要有一项超过了资产的账面价值，就表明资产没有发生减值，不需要再估计另一项金额。

（2）如果没有确凿证据或者理由表明，资产预计未来现金流量现值显著高于其公允价值减去处置费用后的净额，可以将资产的公允价值减去处置费用后的净额视为资产的可收回金额。如企业持有待售的非流动资产，该资产在持有期间（处置之前）产生的现金流量可能很少，其最终取得的未来现金流量往往就是资产的处置净流入。在这种情况下，以资产的公允价值减去处置费用后的净额作为其可收回金额是恰当的，因为该类资产的未来现金流量现值通常不会显著高于其公允价值减去处置费用后的净额。

（3）以前报告期间的计算结果表明，资产可收回金额显著高于其账面价值，之后又没有发生消除这一差异的交易或者事项的，资产负债表日可以不重新估计该资产的可收回金额。

（4）以前报告期间的计算与分析表明，资产可收回金额相对于某种减值迹象反应不敏感，在本报告期间又发生了该减值迹象的，可以不因该减值迹象的出现而重新估计该资产的可收回金额。例如，当期市场利率或市场投资报酬率上升，对计算资产未来现金流量现值采用的折现率影响不大的，可以不重新估计资产的可收回金额。

二、资产的公允价值减去处置费用后净额的确定

资产的公允价值减去处置费用后的净额，通常反映的是资产如果被出售或者处置时可以收回的净现金流入。资产的公允价值，是指市场参与者在计量日发生的有序交易中，出售一项资产所能收到的价格。有序交易，是指在计量日前一段时期内相关资产或负债具有惯常市场活动的交易。清算等被迫交易不属于有序交易。处置费用，是指可以直接归属于资产处置的增量成本，包括与资产处置有关的法律费用、相关税费、搬运费以及为使资产达到可销售状态所发生的直接费用等，但是财务费用和所得税费用等不包括在内。

资产的公允价值减去处置费用后的净额，应当按照下列顺序确定：

首先，应当根据公平交易中资产的销售协议价格减去可直接归属于该资产处置费用的金额确定。这是估计资产的公允价值减去处置费用后净额的最佳方法，企业应当优先采用这一方法。但是在实务中，企业的资产往往都是内部持续使用的，取得资产的销售协议价格并不容易，在这种情况下，需要采用后面所述方法估计资产的公允价值减去处置费用后的净额。

其次，在资产不存在销售协议但存在活跃市场的情况下，应当根据该资产的市场价格减去处置费用后的净额确定。资产的市场价格通常应当按照资产的买方出价确定。如果难以获得资产在资产负债表日买方出价的，企业可以将资产最近的交易价格作为其公允价值减去处置费用后的净额的估计基础，其前提是在此期间，有关经济、市场环境等没有发生重大变化。

最后，在既不存在资产销售协议又不存在活跃市场的情况下，企业应当以可获取的最佳信息为基础，根据在资产负债表日假定处置该资产，熟悉情况的交易双方自愿进行公平交易愿意提供的交易价格减去资产处置费用后的净额，估计资产的公允价值减去处置费用后的净额。在实务中，该净额可以参考同行业类似资产的最近交易价格或者结果进行估计。

企业按照上述顺序仍然无法可靠估计资产的公允价值减去处置费用后的净额的，应当以该资产预计未来现金流量的现值作为其可收回金额。

三、资产预计未来现金流量现值的确定

资产预计未来现金流量的现值，应当按照资产在持续使用过程中和最终处置时所产生的预计未来现金流量，选择恰当的折现率对其进行折现后的金额加以确定。预计资产未来现金流量的现值，需要综合考虑资产的预计未来现金流量、资产的使用寿命和折现率三个因素。其中，资产使用寿命的预计与固定资产、无形资产准则等规定的使用寿命预计方法相同。

（一）资产未来现金流量的预计

1. 预计资产未来现金流量的基础。

预计资产未来现金流量时，企业管理层应当在合理和有依据的基础上对资产剩余使用寿命内整个经济状况进行最佳估计，并将资产预计未来现金流量的估计，建立在经企业管理层批准的最近财务预算或者预测数据的基础上。出于数据的可靠性和便于操作等方面的考虑，建立在财务预算或者预测基础上的预计未来现金流量最多涵盖 5 年，企业管理层如能证明更长的期间是合理的，可以涵盖更长的期间。

对于最近财务预算或者预测期之后的现金流量，企业应当以该预算或者预测期之后年份稳定的或者递减的增长率为基础进行估计。企业管理层如能证明递增的增长率是合理的，可以递增的增长率为基础进行估计，所使用的增长率除了企业能够证明更高的增长率是合理的以外，不应当超过企业经营的产品、市场、所处的行业或者所在国家或地区的长期平均增长率，或者该资产所处市场的长期平均增长率。在恰当、合理的情况下，该增长率可以是零或者负数。

在经济环境经常变化的情况下，资产的实际现金流量与预计数往往会有出入，而且预计资产未来现金流量时的假设也有可能发生变化，因此，企业管理层在每次预计资产未来现金流量时，应当分析以前期间现金流量预计数与现金流量实际数的差异情况，以

评判预计当期现金流量所依据假设的合理性。通常情况下，企业管理层应当确保当期预计现金流量所依据的假设与前期实际结果相一致。

2. 预计资产未来现金流量应当包括的内容。

（1）资产持续使用过程中预计产生的现金流入。

（2）为实现资产持续使用过程中产生的现金流入所必需的预计现金流出（包括为使资产达到预定可使用状态所发生的现金流出）。该现金流出应当是可直接归属于或者可通过合理和一致的基础分配到资产中的现金流出，后者通常是指那些与资产直接相关的间接费用。

对于在建工程、开发过程中的无形资产等，企业在预计其未来现金流量时，应当包括预期为使该类资产达到预定可使用（或可销售）状态而发生的全部现金流出数。

（3）资产使用寿命结束时，处置资产所收到或者支付的净现金流量。该现金流量应当是在公平交易中，熟悉情况的交易双方自愿进行交易时，企业预期可从资产的处置中获取的、减去预计处置费用后的金额。

3. 预计资产未来现金流量应当考虑的因素。

（1）以资产的当前状况为基础预计资产未来现金流量。

企业资产在使用过程中有时会因为改良、重组等原因发生变化。在预计资产未来现金流量时，企业应当以资产的当前状况为基础，不应当包括与将来可能会发生的、尚未作出承诺的重组事项或者与资产改良有关的预计未来现金流量。但是，企业未来发生的现金流出，如果是为了维持资产正常运转或者资产正常产出水平而必要的支出或者属于资产维护支出，应当在预计资产未来现金流量时将其考虑在内。

企业已经承诺重组的，在确定资产的未来现金流量现值时，预计的未来现金流入和流出数，应当反映重组所能节约的费用和由重组所带来的其他利益，以及因重组所导致的估计未来现金流出数。其中，重组所能节约的费用和由重组所带来的其他利益，通常应当根据企业管理层批准的最近财务预算或者预测数据进行估计；因重组所导致的估计未来现金流出数应当根据或有事项准则确认的因重组所发生的预计负债金额进行估计。

（2）预计资产未来现金流量不应当包括筹资活动和与所得税收付有关的现金流量。

预计资产未来现金流量不应当包括筹资活动产生的现金流入或流出，主要是因为筹资活动与经营活动性质不同，筹资活动产生的现金流量不应当纳入资产的预计未来现金流量，而且，筹集资金的货币时间价值已经通过折现因素考虑在内。预计资产未来现金流量现值采用的折现率是建立在所得税前的基础上，预计资产未来现金流量也应当以所得税前为基础，从而可以有效地避免计算资产预计未来现金流量现值过程中可能出现的重复计算等问题。

（3）对通货膨胀因素的考虑应当和折现率相一致。

企业预计资产未来现金流量和折现率时，应当在一致的基础上考虑因一般通货膨胀而导致物价上涨等因素的影响。如果折现率考虑了这一影响因素，预计资产未来现金流量也应当考虑这一影响因素；如果折现率没有考虑这一影响因素，预计资产未来现金流量也不应当考虑这一影响因素。总之，在考虑通货膨胀影响因素问题上，预计资产未来现金流量和确定折现率，应当保持一致。

（4）对内部转移价格应当予以调整。

在部分企业或企业集团，出于整体发展战略的考虑，某些资产生产的产品或者其他产出可能供企业或者企业集团内部其他企业使用或者对外销售，所确定的交易价格或者结算价格建立在内部转移价格的基础上，而内部转移价格很可能与市场交易价格不同。在这种情况下，为了如实估计资产的可收回金额，企业不应当以内部转移价格为基础预计资产未来现金流量，而应当采用在公平交易中企业管理层能够达成的最佳未来价格估计数进行估计。

4. 预计资产未来现金流量的方法。

预计资产未来现金流量，通常应当根据资产未来期间最有可能产生的现金流量进行预测，即，使用单一的未来每期预计现金流量和单一的折现率计算资产未来现金流量现值。

【例7-1】 甲公司拥有剩余使用年限为3年的MN固定资产。甲公司预计在正常情况下未来3年中，MN固定资产每年可为公司产生的净现金流量分别为：第1年2 000 000元；第2年1 000 000元；第3年200 000元。该现金流量通常即为最有可能产生的现金流量，甲公司应以该现金流量的预计数为基础计算MN固定资产的现值。

在实务中，如果影响资产未来现金流量的因素较多，不确定性较大，使用单一的现金流量可能并不能如实反映资产创造现金流量的实际情况。此时，如果采用期望现金流量法更为合理，企业应当采用期望现金流量法预计资产未来现金流量，即，资产未来现金流量应当根据每期现金流量期望值进行预计，每期现金流量期望值按照各种可能情况下的现金流量乘以相应的发生概率加总计算。

【例7-2】 承〖例7-1〗，如果MN固定资产生产的产品受市场行情波动影响较大，在产品市场行情好、一般和差三种可能情况下，产生的现金流量有较大差异。MN固定资产预计未来3年每年产生的现金流量情况见表7-1。

表7-1　　　　　　　　　MN固定资产未来3年现金流量预计表　　　　　　　单位：元

年限	市场行情好（30%可能性）	市场行情一般（60%可能性）	市场行情差（10%可能性）
第1年	3 000 000	2 000 000	1 000 000
第2年	1 600 000	1 000 000	400 000
第3年	400 000	200 000	0

在本例中，甲公司采用期望现金流量法预计资产未来现金流量更为合理，即资产未来现金流量应当根据每期现金流量期望值进行预计，每期现金流量期望值按照各种

可能情况下的现金流量乘以相应的发生概率加总计算。因此，根据表 7-1 提供的信息，甲公司计算 MN 固定资产每年预计未来现金流量如下：

第 1 年预计现金流量（期望现金流量）

$= 3\,000\,000 \times 30\% + 2\,000\,000 \times 60\% + 1\,000\,000 \times 10\%$

$= 2\,200\,000$（元）

第 2 年预计现金流量（期望现金流量）

$= 1\,600\,000 \times 30\% + 1\,000\,000 \times 60\% + 400\,000 \times 10\%$

$= 1\,120\,000$（元）

第 3 年预计现金流量（期望现金流量）

$= 400\,000 \times 30\% + 200\,000 \times 60\% + 0 \times 10\%$

$= 240\,000$（元）

预计资产未来现金流量现值时，如果资产未来现金流量的发生时间不确定，企业应当根据资产在每一种情况下的现值乘以相应的发生概率加总计算。

（二）折现率的预计

在资产减值测试中，计算资产未来现金流量现值时所使用的折现率应当是反映当前市场货币时间价值和资产特定风险的税前利率。该折现率是企业在购置或者投资资产时所要求的必要报酬率。预计资产未来现金流量时如果企业已经对资产特定风险的影响作了调整，估计折现率时不需要考虑这些特定风险；如果用于估计折现率的基础是所得税后的，应当将其调整为所得税前的折现率，以便与资产未来现金流量的估计基础相一致。

企业确定折现率时，通常应当以该资产的市场利率为依据。如果该资产的市场利率无法从市场获得，可以使用替代利率估计折现率。在估计替代利率时，企业应当充分考虑资产剩余使用寿命期间的货币时间价值和其他相关因素，如资产未来现金流量金额及其时间的预计离散程度、资产内在不确定性的定价等。如果预计资产未来现金流量已经对这些因素做了有关调整，应当予以剔除。企业在估计替代利率时，可以根据企业的加权平均资金成本、增量借款利率或者其他相关市场借款利率作适当调整后确定。调整时，应当考虑与资产预计现金流量有关的特定风险以及其他有关货币风险和价格风险等。

企业在估计资产未来现金流量现值时，通常应当使用单一的折现率。但是，如果资产未来现金流量的现值对未来不同期间的风险差异或者利率的期限结构反应敏感，企业应当在未来不同期间采用不同的折现率。

（三）资产未来现金流量现值的确定

在预计资产的未来现金流量和折现率的基础上，企业将该资产的预计未来现金流量按照预计折现率在预计期限内予以折现后，即可确定该资产未来现金流量的现值。计算公式如下：

$$\text{资产未来现金流量的现值（PV）} = \sum \frac{\text{第 t 年预计资产未来现金流量（NCF}_t\text{）}}{[1 + \text{折现率（R）}]^t}$$

【例7-3】 乙航运公司于2024年末对一艘远洋运输船舶进行减值测试。该船舶账面价值为320 000 000元，预计尚可使用年限为8年。乙航运公司难以确定该船舶的公允价值减去处置费用后的净额，因此，需要通过计算其未来现金流量的现值确定资产的可收回金额。假定乙航运公司的增量借款利率为15%，公司认为15%是该资产的最低必要报酬率，已考虑了与该资产有关的货币时间价值和特定风险。因此，计算该船舶未来现金流量现值时，使用15%作为其折现率（所得税前）。

乙航运公司管理层批准的最近财务预算显示：公司将于2029年更新船舶的发动机系统，预计为此发生资本性支出36 000 000元，这一支出将降低船舶运输油耗、提高使用效率，因此，将显著提高船舶的运营绩效。

为了计算船舶在2024年末未来现金流量的现值，乙航运公司首先必须预计其未来现金流量。假定公司管理层批准的2024年末与该船舶有关的预计未来现金流量见表7-2。

表7-2 与该船舶有关的预计未来现金流量 单位：元

年份	预计未来现金流量 （不包括改良的影响金额）	预计未来现金流量 （包括改良的影响金额）
2025	50 000 000	
2026	49 200 000	
2027	47 600 000	
2028	47 200 000	
2029	47 800 000	
2030	49 400 000	65 800 000
2031	50 000 000	66 320 000
2032	50 200 000	67 800 000

乙航运公司在2024年末预计资产未来现金流量时，应当以资产的当前状况为基础，不应当考虑与该资产改良有关的预计未来现金流量，因此，尽管2029年船舶的发动机系统将进行更新从而改良资产绩效，提高资产未来现金流量，但是在2024年末对其进行减值测试时，不应将其包括在内。即在2024年末计算该资产未来现金流量现值时，应当以不包括资产改良影响金额的未来现金流量为基础加以计算。具体计算过程见表7-3（计算时，折现系数保留四位小数）。

表7-3		该船舶预计未来现金流量现值计算表	
年份	预计未来现金流量（元） （不包括改良的影响金额）	折现率15%的折现系数	预计未来现金流量现值 （元）
2025	50 000 000	0.8696	43 480 000
2026	49 200 000	0.7561	37 200 120
2027	47 600 000	0.6575	31 297 000
2028	47 200 000	0.5718	26 988 960
2029	47 800 000	0.4972	23 766 160
2030	49 400 000	0.4323	21 355 620
2031	50 000 000	0.3759	18 795 000
2032	50 200 000	0.3269	16 410 380
合　计			219 293 240

由于在2024年末，船舶的账面价值（尚未确认减值损失）为320 000 000元，可收回金额为219 293 240元，账面价值高于其可收回金额，因此，应当确认减值损失，并计提相应的资产减值准备。

应当确认的减值损失 = 320 000 000 - 219 293 240 = 100 706 760（元）

（四）外币未来现金流量及其现值的确定

预计资产的未来现金流量如果涉及外币，企业应当按照下列步骤确定资产未来现金流量的现值：

首先，应当以该资产所产生的未来现金流量的结算货币为基础预计其未来现金流量，并按照该货币适用的折现率计算资产预计未来现金流量的现值。

其次，将该外币现值按照计算资产未来现金流量现值当日的即期汇率进行折算，从而折算成按照记账本位币表示的资产未来现金流量的现值。

最后，在该现值基础上，将其与资产公允价值减去处置费用后的净额相比较，确定其可收回金额，再根据可收回金额与资产账面价值相比较，确定是否需要确认减值损失以及确认多少减值损失。

四、资产减值损失的确定及其账务处理

（一）资产减值损失的确定

企业在对资产进行减值测试并计算确定资产的可收回金额后，如果资产的可收回金额低于账面价值，应当将资产的账面价值减记至可收回金额，减记的金额确认为资产减值损失，计入当期损益，同时计提相应的资产减值准备。资产的账面价值是指资产成本扣减累计折旧（或累计摊销）和累计减值准备后的金额。

资产减值损失确认后，减值资产的折旧或者摊销费用应当在未来期间作相应调整，以使该资产在剩余使用寿命内，系统地分摊调整后的资产账面价值（扣除预计净残值）。如固定资产计提了减值准备后，固定资产账面价值为抵减了计提的固定资产减值准备后的金额，因此，在以后会计期间对该固定资产计提折旧时，应当以固定资产的账面价值（扣除预计净残值）为基础计算每期的折旧额。

资产减值准则规定，资产减值损失一经确认，在以后会计期间不得转回。资产报废、出售、对外投资、以非货币性资产交换方式换出、通过债务重组抵偿债务等符合资产终止确认条件的，企业应当将相关资产减值准备予以转销。

（二）资产减值损失的账务处理

企业应当设置"资产减值损失"科目，核算企业计提各项资产减值准备所形成的损失。对于固定资产、无形资产、长期股权投资等资产发生减值的，企业应当按照所确认的可收回金额低于账面价值的差额，借记"资产减值损失"科目，贷记"固定资产减值准备""无形资产减值准备""长期股权投资减值准备"等科目。

【例7-4】 承〖例7-3〗，根据乙航运公司船舶减值测试结果，在2024年末，船舶的账面价值为320 000 000元，可收回金额为219 293 240元，可收回金额低于账面价值100 706 760元。乙航运公司应当在2024年末计提固定资产减值准备，确认相应的资产减值损失。账务处理如下：

借：资产减值损失——固定资产减值损失——船舶　　　　100 706 760
　　贷：固定资产减值准备　　　　　　　　　　　　　　　100 706 760

第三节　资产组减值的处理

一、资产组的认定

如果有迹象表明一项资产可能发生减值，企业应当以单项资产为基础估计其可收回金额。在企业难以对单项资产的可收回金额进行估计的情况下，应当以该资产所属的资产组为基础确定资产组的可收回金额，并据此判断是否需要计提资产减值准备以及应当计提多少资产减值准备。

（一）资产组的概念

资产组，是指企业可以认定的最小资产组合，其产生的现金流入应当基本上独立于其他资产或资产组产生的现金流入。资产组应当由与创造现金流入相关的资产构成。

（二）认定资产组应当考虑的因素

（1）资产组的认定，应当以资产组产生的主要现金流入是否独立于其他资产或者资产组的现金流入为依据。资产组能否独立产生现金流入是认定资产组的最关键因素。如企业的某一生产线、营业网点、业务部门等，如果能够独立于其他部门或者单位等形成收入、产生现金流入，或者其形成的收入和现金流入绝大部分独立于其他部门或者单位，并且属于可认定的最小资产组合的，通常应将该生产线、营业网点、业务部门等认定为一个资产组。

【例7-5】丙矿业公司拥有一个煤矿，与煤矿的生产和运输相配套，建设有一条专用铁路线。该铁路线除非报废出售，否则，其在持续使用过程中，难以脱离与煤矿生产和运输相关的资产而产生单独的现金流入。因此，丙矿业公司难以对专用铁路线的可收回金额进行单独估计。专用铁路线和煤矿其他相关资产必须结合在一起，成为一个资产组，以估计该资产组的可收回金额。

企业在认定资产组时，如果几项资产的组合生产的产品（或者其他产出）存在活跃市场，即使部分或者所有这些产品（或者其他产出）均供内部使用，也表明这几项资产的组合能够独立产生现金流入，在符合其他相关条件的情况下，应当将这些资产的组合认定为资产组。

【例7-6】丁公司拥有A、B、C三家工厂，以生产某单一产品。A、B、C三家工厂分别位于三个不同的国家，三个国家又位于三个不同的洲。工厂A生产一种组件，由工厂B或者工厂C进行组装，最终产品由工厂B或者工厂C销往世界各地，工厂B的产品可以在本地销售，也可以在工厂C所在洲销售（如果将产品从工厂B运到工厂C所在洲更方便的情况下）。工厂B和工厂C的生产能力合在一起尚有剩余，没有被完全利用。工厂B和工厂C生产能力的利用程度依赖于丁公司对于所销售产品在两地之间的分配。以下分别认定与工厂A、工厂B、工厂C有关的资产组。

如果工厂A生产的产品（即组件）存在活跃市场，则工厂A很可能可以认定为一个单独的资产组，原因是它生产的产品尽管主要用于工厂B或者工厂C组装销售，但是由于该产品存在活跃市场，可以产生独立的现金流量，因此，通常应当认定为一个单独的资产组。在确定其未来现金流量现值时，丁公司应当调整其财务预算或预测，按照在公平交易中对工厂A所生产产品未来价格的最佳估计数，而不是内部转移价格，估计工厂A的预计未来现金流量。

对于工厂B和工厂C而言，即使组装的产品存在活跃市场，工厂B和工厂C的现金流入依赖于产品在两地之间的分配。工厂B和工厂C的未来现金流入不可能单独确定，但是，工厂B和工厂C组合在一起是可以认定的、可产生基本上独立于其他资产或者资产组的现金流入的资产组合。因此，工厂B和工厂C应当认定为一个资产组。在确定该资产组未来现金流量现值时，丁公司也应当调整其财务预算或预测，按照在公平交易中从工厂A所购买产品未来价格的最佳估计数，而不是内部转移价格，估计工厂B和工厂C的预计未来现金流量。

（2）资产组的认定，应当考虑企业管理层管理生产经营活动的方式（如是按照生产线、业务种类还是按照地区或者区域等）和对资产的持续使用或者处置的决策方式等。如企业各生产线都是独立生产、管理和监控的，则各生产线很可能应当认定为单独的资产组；如果某些机器设备是相互关联、相互依存，且其使用和处置是一体化决策的，则这些机器设备很可能应当认定为一个资产组。

【例 7 - 7】 甲家具制造有限公司由 M 和 N 两个生产车间组成，M 车间专门生产家具部件且该部件没有活跃市场，生产后由 N 车间负责组装并对外销售。甲家具制造有限公司对 M 车间和 N 车间资产的使用和处置等决策是一体化的。在这种情况下，M 车间和 N 车间通常应当认定为一个资产组。

（三）资产组认定后不得随意变更

资产组一经确定，在各个会计期间应当保持一致，不得随意变更，即资产组各项资产的构成通常不能随意变更。但是，企业如果由于重组、变更资产用途等原因，导致资产组的构成确需变更的，企业可以进行变更，但企业管理层应当证明该变更是合理的，并在附注中作出说明。

二、资产组可收回金额和账面价值的确定

资产组的可收回金额，应当按照该资产组的公允价值减去处置费用后的净额与其预计未来现金流量的现值两者之间较高者确定。

资产组账面价值的确定基础应当与其可收回金额的确定方式相一致。资产组的账面价值包括可直接归属于资产组与可以合理和一致地分摊至资产组的资产账面价值，通常不应包括已确认负债的账面价值。这是因为估计资产组可收回金额时，既不包括与该资产组的资产无关的现金流量，也不包括与已在财务报表中确认的负债有关的现金流量。

资产组在处置时如要求购买者承担一项负债（如环境恢复负债等），该负债金额已经确认并计入相关资产账面价值，而且企业只能取得包括上述资产和负债在内的单一公允价值减去处置费用后的净额的，为了比较资产组的账面价值和可收回金额，在确定资产组的账面价值及其预计未来现金流量的现值时，应当将已确认的负债金额从中扣除。

【例 7 - 8】 乙公司经营一座有色金属矿山，根据有关规定，公司在矿山完成开采后应当将该地区恢复原貌。弃置费用主要是山体表层复原费用（比如恢复植被等），因为山体表层必须在矿山开发前挖走。因此，乙公司在山体表层挖走后，确认了一项金额为 10 000 000 元的预计负债，并计入矿山成本。

2024 年 12 月 31 日，随着开采的进展，乙公司发现矿山中的有色金属储量远低于预期，有色金属矿山有可能发生了减值，因此，对该矿山进行了减值测试。考虑到矿山的现金流量状况，整座矿山被认定为一个资产组。该资产组在 2024 年末的账面价值为 20 000 000 元（包括确认的恢复山体原貌的预计负债）。

乙公司如果2024年12月31日对外出售矿山（资产组），买方愿意出价16 400 000元（包括恢复山体原貌成本，即已经扣减这一成本因素），预计处置费用为400 000元，因此该矿山的公允价值减去处置费用后的净额为16 000 000元。乙公司估计矿山的未来现金流量现值为24 000 000元，不包括弃置费用。

为比较资产组的账面价值和可收回金额，乙公司在确定资产组的账面价值及其预计未来现金流量现值时，应当将已确认的预计负债金额从中扣除。

在本例中，资产组的公允价值减去处置费用后的净额为16 000 000元，该金额已经考虑了弃置费用。该资产组预计未来现金流量现值在考虑了弃置费用后为14 000 000元（24 000 000 - 10 000 000）。因此，该资产组的可收回金额为16 000 000元。资产组的账面价值在扣除了已确认的恢复山体原貌预计负债后的金额为10 000 000元（20 000 000 - 10 000 000）。资产组的可收回金额大于其账面价值，没有发生减值，乙公司不应当确认资产减值损失。

三、资产组减值测试

资产组减值测试的原理和单项资产相同，即企业需要估计资产组（包括资产组组合）的可收回金额并计算资产组的账面价值，并将两者进行比较，如果资产组的可收回金额低于其账面价值，应当按照差额确认相应的减值损失。减值损失金额应当按照下列顺序进行分摊：

首先，抵减分摊至资产组中商誉的账面价值。

其次，根据资产组中除商誉之外的其他各项资产的账面价值所占比重，按比例抵减其他各项资产的账面价值。

以上资产账面价值的抵减，应当作为各单项资产（包括商誉）的减值损失处理，计入当期损益。抵减后的各资产的账面价值不得低于以下三者之中最高者：该资产的公允价值减去处置费用后的净额（如可确定的）、该资产预计未来现金流量的现值（如可确定的）和零。因此而导致的未能分摊的减值损失金额，应当按照相关资产组中其他各项资产的账面价值所占比重继续进行分摊。

【例7-9】丙公司拥有一条生产线生产某精密仪器，该生产线由A、B、C三部机器构成，成本分别为800 000元、1 200 000元和2 000 000元。使用年限均为10年，预计净残值均为0，都采用年限平均法计提折旧。

扫码看讲解

2024年，该生产线生产的精密仪器有替代产品上市，导致公司生产的精密仪器销售量锐减40%，该生产线可能发生了减值，因此，丙公司在2024年12月31日对该生产线进行减值测试。假定至2024年12月31日，丙公司整条生产线已经使用5年，预计尚可使用5年，以前年度未计提固定资产减值准备，因此，A、B、C三部机器在2024年12月31日的账面价值分别为400 000

元、600 000 元和 1 000 000 元。

丙公司在综合分析后认为，A、B、C 三部机器均无法单独产生现金流量，但整条生产线构成完整的产销单元，属于一个资产组。丙公司估计 A 机器的公允价值减去处置费用后的净额为 300 000 元，B 机器和 C 机器都无法合理估计其公允价值减去处置费用后的净额以及未来现金流量的现值。

丙公司估计整条生产线在未来 5 年的现金流量及其恰当的折现率后，得到该生产线预计未来现金流量现值为 1 200 000 元。由于无法合理估计整条生产线的公允价值减去处置费用后的净额，丙公司以该生产线预计未来现金流量现值为其可收回金额。

在 2024 年 12 月 31 日，该生产线的账面价值为 2 000 000 元，可收回金额为 1 200 000 元，生产线的账面价值高于其可收回金额，该生产线发生了减值，应当确认减值损失 800 000 元，并将该减值损失分摊到构成生产线的 A、B、C 三部机器中。由于 A 机器的公允价值减去处置费用后的净额为 300 000 元，因此，A 机器分摊减值损失后的账面价值不应低于 300 000 元。具体分摊过程见表 7 - 4。

表 7 - 4 该生产线减值损失分摊表

项目	A 机器	B 机器	C 机器	整条生产线（资产组）
账面价值（元）	400 000	600 000	1 000 000	2 000 000
可收回金额（元）				1 200 000
减值损失（元）				800 000
减值损失分摊比例（%）	20	30	50	
分摊减值损失（元）	100 000*	240 000	400 000	740 000
分摊后账面价值（元）	300 000	360 000	600 000	
尚未分摊的减值损失（元）				60 000
二次分摊比例（%）		37.5	62.5	
二次分摊减值损失（元）		22 500	37 500	60 000
二次分摊后应确认减值损失总额（元）		262 500	437 500	
二次分摊后账面价值（元）		337 500	562 500	

注：*按照分摊比例，A 机器应当分摊减值损失 160 000 元（800 000×20%），但由于 A 机器的公允价值减去处置费用后的净额为 300 000 元，因此 A 机器最多只能确认减值损失 100 000 元（400 000 - 300 000），未能分摊的减值损失 60 000 元（160 000 - 100 000），应当在 B 机器和 C 机器之间进行再分摊。

根据上述计算和分摊结果，构成生产线的 A 机器、B 机器和 C 机器应当分别确认减值损失 100 000 元、262 500 元和 437 500 元，账务处理如下：

借：资产减值损失——固定资产减值损失——A 机器　　　　　100 000
　　　　　　　　　　　　　　　　　　——B 机器　　　　　262 500
　　　　　　　　　　　　　　　　　　——C 机器　　　　　437 500

贷：固定资产减值准备——A 机器	100 000
——B 机器	262 500
——C 机器	437 500

四、总部资产减值测试

企业总部资产包括企业集团或其事业部的办公楼、电子数据处理设备、研发中心等资产。总部资产的显著特征是难以脱离其他资产或者资产组产生独立的现金流入，其账面价值也难以完全归属于某一资产组。总部资产通常难以单独进行减值测试，需要结合其他相关资产组或者资产组组合进行。资产组组合，是指由若干个资产组组成的最小资产组组合，包括资产组或者资产组组合，以及按合理方法分摊的总部资产部分。

在资产负债表日，如果有迹象表明某项总部资产可能发生减值，企业应当计算确定该总部资产所归属的资产组或者资产组组合的可收回金额，然后将其与相应的账面价值进行比较，据以判断是否需要确认资产减值损失。

企业在对某一资产组进行减值测试时，应当先认定所有与该资产组相关的总部资产，再根据相关总部资产能否按照合理和一致的基础分摊至该资产组，分别下列情况进行处理：

（1）对于相关总部资产能够按照合理和一致的基础分摊至该资产组的部分，应当将该部分总部资产的账面价值分摊至该资产组，再据以比较该资产组的账面价值（包括已分摊的总部资产的账面价值部分）和可收回金额，并按照前述资产减值损失处理顺序和方法处理。

（2）对于相关总部资产中有部分资产难以按照合理和一致的基础分摊至该资产组的，应当按照下列步骤进行处理：

①在不考虑相关总部资产的情况下，估计和比较资产组的账面价值和可收回金额，并按照前述资产减值损失处理顺序和方法处理。

②认定由若干个资产组组成的最小的资产组组合，该资产组组合应当包括所测试的资产组与可以按照合理和一致的基础将该总部资产的账面价值分摊其上的部分。

③比较所认定的资产组组合的账面价值（包括已分摊的总部资产的账面价值部分）和可收回金额，并按照前述资产减值损失处理顺序和方法处理。

④经上述减值测试并调整相应资产账面价值后，比较包括未分摊的总部资产在内的资产组组合的账面价值与可收回金额，并按照前述资产减值损失处理顺序和方法处理。

【例7-10】 丁公司属于高科技企业，拥有 A、B、C 三条生产线，分别认定为三个资产组。在 2024 年末，A、B、C 三个资产组的账面价值分别为 4 000 000 元、6 000 000 元和 8 000 000 元；预计剩余使用寿命分别为 10 年、20 年和 20 年，采用直线法计提折旧；不存在商誉。由于丁公司的竞争对手通过技术创新开发出了技术含量更高的新产品，且广受市场欢迎，从而对丁公司生产的产品产生了重大不利影响，用于生产该产品的 A、B、C 三条生产线可能发生减值，为此，丁公司于 2024 年末对 A、B、C 三条生产线进行减值测试。

首先，丁公司在对资产组进行减值测试时，应当认定与其相关的总部资产。丁公司的生产经营管理活动由公司总部负责，总部资产包括一栋办公大楼和一个研发中心，研发中心的账面价值为 6 000 000 元，办公大楼的账面价值为 2 000 000 元。研发中心的账面价值可以在合理和一致的基础上分摊至各资产组，但是办公大楼的账面价值难以在合理和一致的基础上分摊至各相关资产组。

其次，丁公司根据各资产组的账面价值和剩余使用寿命加权平均计算的账面价值分摊比例，分摊研发中心的账面价值。具体见表 7-5。

表 7-5　　　　　　　　　　　　　　研发中心账面价值分摊

项　目	资产组 A	资产组 B	资产组 C	合　计
各生产线账面价值（元）	4 000 000	6 000 000	8 000 000	18 000 000
各生产线剩余使用寿命（年）	10	20	20	
按使用寿命计算的权重	1	2	2	
加权计算后的账面价值（元）	4 000 000	12 000 000	16 000 000	32 000 000
研发中心分摊比例（各资产组加权计算后的账面价值/各资产组加权计算后的账面价值合计）（%）	12.5	37.5	50	100
研发中心账面价值分摊到各资产组的金额（元）	750 000	2 250 000	3 000 000	6 000 000
包括分摊的研发中心账面价值部分的各资产组账面价值（元）	4 750 000	8 250 000	11 000 000	24 000 000

最后，丁公司应当确定各资产组的可收回金额，并将其与账面价值（包括已分摊的研发中心的账面价值部分）进行比较，确定相应的资产减值损失。考虑到办公大楼的账面价值难以按照合理和一致的基础分摊至相关资产组，因此，丁公司确定由 A、B、C 三个资产组与办公大楼组成最小资产组组合（即为丁公司整个企业），通过计算该资产组组合的可收回金额，并将其与账面价值（包括已分摊的研发中心和未分摊的办公大楼的账面价值部分）进行比较，以确定相应的资产减值损失。假定各资产组和资产组组合的公允价值减去处置费用后的净额难以确定，丁公司根据它们的预计未来现金流量现值计算其可收回金额，计算现值所用的折现率为 15%。计算过程见表 7-6。

表7-6　　　　　　　　各资产组和资产组组合未来现金流量现值计算　　　　　　　单位：元

年限	资产组 A		资产组 B		资产组 C		包括办公大楼在内的最小资产组组合（丁公司）	
	未来现金流量	现值	未来现金流量	现值	未来现金流量	现值	未来现金流量	现值
第1年	720 000	626 112	360 000	313 056	400 000	347 840	1 560 000	1 356 576
第2年	1 240 000	937 564	640 000	483 904	800 000	604 880	2 880 000	2 177 568
第3年	1 480 000	973 100	960 000	631 200	1 360 000	894 200	4 200 000	2 761 500
第4年	1 680 000	960 624	1 160 000	663 288	1 760 000	1 006 368	5 120 000	2 927 616
第5年	1 840 000	914 848	1 280 000	636 416	2 040 000	1 014 288	5 720 000	2 843 984
第6年	2 080 000	899 184	1 320 000	570 636	2 240 000	968 352	6 200 000	2 680 260
第7年	2 200 000	826 980	1 360 000	511 224	2 400 000	902 160	6 480 000	2 435 832
第8年	2 200 000	719 180	1 400 000	457 660	2 520 000	823 788	6 640 000	2 170 616
第9年	2 120 000	602 716	1 400 000	398 020	2 600 000	739 180	6 680 000	1 899 124
第10年	1 920 000	474 624	1 400 000	346 080	2 640 000	652 608	6 760 000	1 671 072
第11年			1 440 000	309 456	2 640 000	567 336	5 280 000	1 134 672
第12年			1 400 000	261 660	2 640 000	493 416	5 240 000	979 356
第13年			1 400 000	227 500	2 640 000	429 000	5 240 000	851 500
第14年			1 320 000	186 516	2 600 000	367 380	5 120 000	723 456
第15年			1 200 000	147 480	2 480 000	304 792	4 880 000	599 752
第16年			1 040 000	111 176	2 400 000	256 560	4 600 000	491 740
第17年			880 000	81 752	2 280 000	211 812	4 320 000	401 328
第18年			720 000	58 176	2 040 000	164 832	3 880 000	313 504
第19年			560 000	39 368	1 720 000	120 916	3 400 000	239 020
第20年			400 000	24 440	1 400 000	85 540	2 840 000	173 524
现值合计		7 934 932		6 459 008		10 955 248		28 832 000

根据表7-6可见，资产组 A、资产组 B、资产组 C 的可收回金额分别为 7 934 932 元、6 459 008 元和 10 955 248 元，相应的账面价值（包括分摊的研发中心账面价值）分别为 4 750 000 元、8 250 000 元和 11 000 000 元，资产组 B 和资产组 C 的可收回金额均低于其账面价值，应当分别确认 1 790 992 元和 44 752 元减值损失，并将该减值损失在研发中心和资产组之间进行分摊。根据分摊结果，因资产组 B 发生减值损失 1 790 992 元而导致研发中心减值 488 452 元（1 790 992 × 2 250 000 ÷ 8 250 000），导致生产线 B 发生减值 1 302 540 元（1 790 992 × 6 000 000 ÷ 8 250 000）；因资产组 C 发生减值损失 44 752 元而导致研发中心减值 12 205 元（44 752 × 3 000 000 ÷ 11 000 000），

导致生产线 C 发生减值 32 547 元（44 752 × 8 000 000 ÷ 11 000 000）。

经过上述减值测试后，生产线 A、生产线 B、生产线 C 和研发中心的账面价值分别为 4 000 000 元、4 697 460 元、7 967 453 元和 5 499 343 元，办公大楼的账面价值仍为 2 000 000 元，由此包括办公大楼在内的最小资产组组合（即丁公司）的账面价值总额为 24 164 256 元（4 000 000 + 4 697 460 + 7 967 453 + 5 499 343 + 2 000 000），但其可收回金额为 28 832 000 元，高于其账面价值，因此，丁公司不必再进一步确认减值损失（包括办公大楼的减值损失）。

根据上述计算和分摊结果，丁公司的生产线 B、生产线 C、研发中心应当分别确认减值损失 1 302 540 元、32 547 元和 500 657 元，账务处理如下：

借：资产减值损失——固定资产减值损失——生产线 B   1 302 540

          ——生产线 C   32 547

          ——研发中心   500 657

  贷：固定资产减值准备——生产线 B   1 302 540

          ——生产线 C   32 547

          ——研发中心   500 657

本章思考题

1. 判断资产是否发生减值时，如何确定资产的可收回金额？
2. 哪些资产无论是否存在减值迹象，至少应每年进行减值测试？

第八章 金融资产和金融负债

本章主要内容

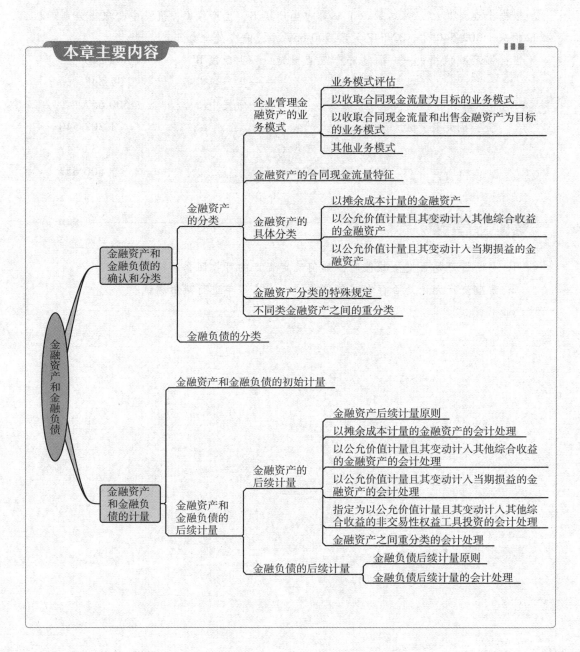

第一节　金融资产和金融负债的确认和分类

金融工具是指形成一方的金融资产并形成其他方的金融负债或权益工具的合同。一般来说，金融工具包括金融资产、金融负债和权益工具，也可能包括一些尚未确认的项目。企业在成为金融工具合同的一方时，应当确认一项金融资产或金融负债。当企业尚未成为合同的一方时，即使企业已有计划在未来交易，不管其发生的可能性有多大，都不是企业的金融资产或金融负债。

一、金融资产的分类

企业的金融资产主要包括库存现金、银行存款、应收账款、应收票据、其他应收款、贷款、垫款、债权投资、股权投资、基金投资、衍生金融资产等。

企业应当根据其管理金融资产的业务模式和金融资产的合同现金流量特征，将金融资产划分为以下三类：（1）以摊余成本计量的金融资产；（2）以公允价值计量且其变动计入其他综合收益的金融资产；（3）以公允价值计量且其变动计入当期损益的金融资产。上述分类一经确定，不得随意变更。此外，在初始确认时，如果能够消除或显著减少会计错配，企业可以将金融资产指定为以公允价值计量且其变动计入当期损益的金融资产。该指定一经作出，不得撤销。

（一）企业管理金融资产的业务模式

1. 业务模式评估。

企业管理金融资产的业务模式，是指企业如何管理其金融资产以产生现金流量。业务模式决定企业所管理金融资产现金流量的来源是收取合同现金流量、出售金融资产还是两者兼有。

企业确定其管理金融资产的业务模式时，应当注意以下方面：

（1）企业应当在金融资产组合的层次上确定管理金融资产的业务模式，而不必按照单个金融资产逐项确定业务模式。金融资产组合的层次应当反映企业管理该金融资产的层次。有些情况下，企业可能将金融资产组合分拆为更小的组合，以合理反映企业管理该金融资产的层次。如企业购买一个抵押贷款组合，以收取合同现金流量为目标管理该组合中的一部分贷款，以出售为目标管理该组合中的其他贷款。

（2）一个企业可能会采用多个业务模式管理其金融资产。如企业持有一组以收取合同现金流量为目标的投资组合，同时还持有另一组既以收取合同现金流量为目标又以出售该金融资产为目标的投资组合。

（3）企业应当以企业关键管理人员决定的对金融资产进行管理的特定业务目标为基础，确定管理金融资产的业务模式。其中，"关键管理人员"是指有权力并负责计划、指挥和控制企业活动的人员。

（4）企业的业务模式并非企业自愿指定，通常可以从企业为实现其目标而开展的特定活动中得以反映。

（5）企业不得以按照合理预期不会发生的情形为基础确定管理金融资产的业务模式。如对于某金融资产组合，如果企业预期仅会在压力情形下将其出售，且企业合理预期该压力情形不会发生，则该压力情形不得影响企业对该类金融资产的业务模式的评估。

此外，如果金融资产实际现金流量的实现方式不同于评估业务模式时的预期，只要企业在评估业务模式时已经考虑了当时所有可获得的相关信息，这一差异不构成企业财务报表的前期差错，也不改变企业在该业务模式下持有的剩余金融资产的分类。但是，企业在评估新的金融资产的业务模式时，应当考虑这些信息。

2. 以收取合同现金流量为目标的业务模式。

在以收取合同现金流量为目标的业务模式下，企业管理金融资产旨在通过在金融资产存续期内收取合同付款来取得现金流量，而不是通过持有并出售金融资产产生整体回报。

【例8-1】 甲企业购买了一个贷款组合，且该组合中包含已发生信用减值的贷款。如果贷款不能按时偿付，甲企业将通过各种方式尽可能实现合同现金流量，例如通过邮件、电话或其他方法与借款人联系催收。同时，甲企业签订了一项利率互换合同，将贷款组合的利率由浮动利率转换为固定利率。

本例中，甲企业管理该贷款组合的业务模式是以收取合同现金流量为目标。即使甲企业预期无法收取全部合同现金流量（部分贷款已发生信用减值），但并不影响其业务模式。此外，该企业签订利率互换合同也不影响该贷款组合的业务模式。

3. 以收取合同现金流量和出售金融资产为目标的业务模式。

在同时以收取合同现金流量和出售金融资产为目标的业务模式下，企业的关键管理人员认为收取合同现金流量和出售金融资产对于实现其管理目标而言都是不可或缺的。与以收取合同现金流量为目标的业务模式相比，此业务模式涉及的出售通常频率更高、金额更大。因为出售金融资产是此业务模式的目标之一，在该业务模式下不存在出售金融资产的频率或者价值的明确界限。

【例8-2】 甲银行持有金融资产组合以满足其每日流动性需求。甲银行为了降低其管理流动性需求的成本，高度关注该金融资产组合的回报，包括收取的合同现金流量和出售金融资产的利得或损失。

本例中，甲银行管理该金融资产组合的业务模式以收取合同现金流量和出售金融资产为目标。

4. 其他业务模式。

如果企业管理金融资产的业务模式不是以收取合同现金流量为目标，也不是以收取合同现金流量和出售金融资产为目标，则该企业管理金融资产的业务模式是其他业务模式。例如，企业持有金融资产的目的是交易性的或者基于金融资产的公允价值作出决策并对其进行管理，在这种情况下，企业管理金融资产的目标是通过出售金融资产以取得现金流量。即使企业在持有金融资产的过程中会收取合同现金流量，企业管理金融资产的业务模式也不是以收取合同现金流量和出售金融资产为目标，因为收取合同现金流量对实现该业务模式目标来说只是附带性质的活动。

（二）金融资产的合同现金流量特征

金融资产的合同现金流量特征，是指金融工具合同约定的、反映相关金融资产经济特征的现金流量属性。金融资产的合同现金流量特征与基本借贷安排相一致，是指金融资产在特定日期产生的合同现金流量仅为支付的本金和以未偿付本金金额为基础的利息（以下简称本金加利息的合同现金流量特征）。无论金融资产的法律形式是否为一项贷款，都可能是一项基本借贷安排。

本金是指金融资产在初始确认时的公允价值，本金金额可能因提前还款等原因在金融资产的存续期内发生变动。利息包括对货币时间价值、与特定时期未偿付本金金额相关的信用风险，以及其他基本借贷风险（如流动性风险）、成本（如管理费用）和利润的对价。在基本借贷安排中，利息的构成要素中最重要的通常是货币时间价值和信用风险的对价。如甲银行有一项支付逆向浮动利率（即贷款利率与市场利率呈负相关关系）的贷款，该贷款的利息金额不是以未偿付本金金额为基础的货币时间价值的对价，其不符合本金加利息的合同现金流量特征。

如果金融资产合同中包含与基本借贷安排无关的合同现金流量风险敞口或波动性敞口（如权益价格或商品价格变动敞口）的条款，则此类合同不符合本金加利息的合同现金流量特征。如甲企业持有一项可转换成固定数量的发行人权益工具的债券，则该债券不符合本金加利息的合同现金流量特征，因为其回报与发行人的权益价值挂钩。又如，如果贷款的利息支付金额与涉及债务人业绩的一些变量（如债务人的净收益）挂钩或者与权益指数挂钩，则该贷款不符合本金加利息的合同现金流量特征。

货币时间价值是利息要素中仅因为时间流逝而提供对价的部分，不包括为所持有金融资产的其他风险或成本提供的对价。货币时间价值要素有时可能存在修正，在货币时间价值要素存在修正的情况下，企业应当对相关修正进行评估，以确定其是否满足上述合同现金流量特征的要求。此外，金融资产包含可能导致其合同现金流量的时间分布或金额发生变更的合同条款（如包含提前还款特征）的，企业应当对相关条款进行评估，如果评估认为提前还款特征的公允价值非常小，可以认为其满足上述合同现金流量特征的要求。

【例8-3】甲企业持有一项具有固定到期日且支付浮动市场利率的债券。合同规定了利率浮动的上限。

对于固定利率或浮动利率特征的金融工具，只要利息反映了对货币时间价值、与特定时期未偿付本金金额相关的信用风险，以及其他基本借贷风险、成本和利润的对价，则其符合本金加利息的合同现金流量特征。本例中，合同条款设定利率上限，可以看作是固定利率和浮动利率相结合的工具，通过合同设定利率上限可能降低合同现金流量的波动性。

（三）金融资产的具体分类

1. 以摊余成本计量的金融资产。

金融资产同时符合下列条件的，应当分类为以摊余成本计量的金融资产：

（1）企业管理该金融资产的业务模式是以收取合同现金流量为目标。

（2）该金融资产的合同条款规定，在特定日期产生的现金流量，仅为支付的本金和以未偿付本金金额为基础的利息。

如银行向企业客户发放的固定利率贷款，在没有其他特殊安排的情况下，贷款通常可能符合本金加利息的合同现金流量特征。如果银行管理该贷款的业务模式是以收取合同现金流量为目标，则该贷款可以分类为以摊余成本计量的金融资产。再如，普通债券的合同现金流量是到期收回本金及按约定利率在合同期间按时收取固定或浮动利息。在没有其他特殊安排的情况下，普通债券通常符合本金加利息的合同现金流量特征。如果企业管理该债券的业务模式是以收取合同现金流量为目标，则该债券可以分类为以摊余成本计量的金融资产。又如，企业正常商业往来形成的具有一定信用期限的应收账款，如果企业拟根据应收账款的合同现金流量收取现金，且不打算提前处置应收账款，则该应收账款可以分类为以摊余成本计量的金融资产。

2. 以公允价值计量且其变动计入其他综合收益的金融资产。

金融资产同时符合下列条件的，应当分类为以公允价值计量且其变动计入其他综合收益的金融资产：

（1）企业管理该金融资产的业务模式，既以收取合同现金流量为目标又以出售该金融资产为目标。

（2）该金融资产的合同条款规定，在特定日期产生的现金流量，仅为支付的本金和以未偿付本金金额为基础的利息。

【例8-4】 甲企业在销售中通常会给予客户一定期间的信用期。为了盘活存量资产，提高资金使用效率，甲企业与银行签订应收账款无追索权保理总协议，银行向甲企业一次性授信10亿元人民币，甲企业可以在需要时随时向银行出售应收账款。历史上甲企业较为频繁地向银行出售应收账款，且出售金额重大，上述出售满足终止确认的规定。

本例中，应收账款的业务模式符合"既以收取合同现金流量为目标又以出售该金融资产为目标"，且该应收账款符合本金加利息的合同现金流量特征，因此应当分类为以公允价值计量且其变动计入其他综合收益的金融资产。

3. 以公允价值计量且其变动计入当期损益的金融资产。

企业分类为以摊余成本计量的金融资产和以公允价值计量且其变动计入其他综合收益的金融资产之外的金融资产，应当分类为以公允价值计量且其变动计入当期损益的金融资产。如企业常见的下列投资产品通常应当分类为以公允价值计量且其变动计入当期损益的金融资产：

（1）股票。股票的合同现金流量包括源自收取被投资企业未来股利分配以及其清算时获得剩余权益的权利。由于股利及获得剩余权益的权利均不符合本章关于本金和利息的定义，因此股票不符合本金加利息的合同现金流量特征。在不考虑特殊指定的情况下，企业持有的股票应当分类为以公允价值计量且其变动计入当期损益的金融资产。

（2）基金。常见的开放式股票型基金、债券型基金、货币基金或混合基金，通常投资于动态管理的资产组合，投资者从该类投资中所取得的现金流量既包括投资期间基础资产产生的合同现金流量，也包括处置基础资产产生的现金流量。基金一般情况下不符合本金加利息的合同现金流量特征。企业持有的基金通常应当分类为以公允价值计量且其变动计入当期损益的金融资产。

（3）可转换债券。可转换债券除按一般债权类投资的特性到期收回本金、获取约定利息或收益外，还嵌入了一项转股权。通过嵌入衍生工具，企业获得的收益在基本借贷安排的基础上，会产生基于其他因素变动的不确定性。可转换债券作为一个整体进行评估，由于其不符合本金加利息的合同现金流量特征，企业持有的可转换债券投资应当分类为以公允价值计量且其变动计入当期损益的金融资产。

（四）金融资产分类的特殊规定

权益工具投资一般不符合本金加利息的合同现金流量特征，因此应当分类为以公允价值计量且其变动计入当期损益的金融资产。但在初始确认时，企业可以将非交易性权益工具投资指定为以公允价值计量且其变动计入其他综合收益的金融资产，并将股利收入计入当期损益。该指定一经作出，不得撤销。企业投资上市公司股票或者非上市公司股权的，都可能属于这种情形。

金融资产或金融负债满足下列条件之一的，表明企业持有该金融资产或承担该金融负债的目的是交易性的：

（1）取得相关金融资产或承担相关金融负债的目的，主要是为了近期出售或回购。例如，企业以赚取差价为目的从二级市场购入的股票、债券和基金等，或者发行人根据债务工具的公允价值变动计划在近期回购的、有公开市场报价的债务工具。

（2）相关金融资产或金融负债在初始确认时属于集中管理的可辨认金融工具组合的一部分，且有客观证据表明近期实际存在短期获利目的。在这种情况下，即使组合中有某个组成项目持有的期限稍长也不受影响。其中，"金融工具组合"指金融资产组合或金融负债组合。

（3）相关金融资产或金融负债属于衍生工具。但符合财务担保合同定义的衍生工具以及被指定为有效套期工具的衍生工具除外。如未作为套期工具的利率互换或外汇期权。

只有不符合上述条件的非交易性权益工具投资才可以进行该指定。在非同一控制下的企业合并中，企业作为购买方确认的或有对价形成金融资产的，该金融资产应当分类为以公允价值计量且其变动计入当期损益的金融资产，不得指定为以公允价值计量且其变动计入其他综合收益的金融资产。

（五）不同类金融资产之间的重分类

企业改变其管理金融资产的业务模式时，应当对所有受影响的相关金融资产进行重分类。

企业对金融资产进行重分类，应当自重分类日起采用未来适用法进行相关会计处理，不得对以前已经确认的利得、损失（包括减值损失或利得）或利息进行追溯调整。重分类日，是指导致企业对金融资产进行重分类的业务模式发生变更后的首个报告期间的第一天。如甲上市公司决定于 2023 年 3 月 22 日改变其管理某金融资产的业务模式，则重分类日为 2023 年 4 月 1 日（即下一个季度会计期间的期初）；乙上市公司决定于 2023 年 10 月 15 日改变其管理某金融资产的业务模式，则重分类日为 2024 年 1 月 1 日。

企业管理金融资产业务模式的变更是一种极其少见的情形。该变更源自外部或内部的变化，必须由企业的高级管理层进行决策，且其必须对企业的经营非常重要，并能够向外部各方证实。因此，只有当企业开始或终止某项对其经营影响重大的活动时（如当企业收购、处置或终止某一业务线时），其管理金融资产的业务模式才会发生变更。如某银行决定终止其零售抵押贷款业务，该业务线不再接受新业务，并且该银行正在积极寻求出售其抵押贷款组合，则该银行管理其零售抵押贷款的业务模式发生了变更。

【例 8-5】甲公司持有拟在短期内出售的某商业贷款组合。甲公司近期收购了一家资产管理公司（乙公司），乙公司持有贷款的业务模式以收取合同现金流量为目标。甲公司决定，对该商业贷款组合的持有不再以出售为目标，而是将该组合与乙公司持有的其他贷款一起管理，以收取合同现金流量为目标，则甲公司管理该商业贷款组合的业务模式发生了变更。

以下情形不属于业务模式变更：

（1）企业持有特定金融资产的意图改变。企业即使在市场状况发生重大变化的情况下改变对特定资产的持有意图，也不属于业务模式变更。

（2）金融资产特定市场暂时性消失从而暂时影响金融资产出售。

（3）金融资产在企业具有不同业务模式的各部门之间转移。

需要注意的是，如果企业管理金融资产的业务模式没有发生变更，而金融资产的条款发生变更但未导致终止确认的，不允许重分类。如果金融资产条款发生变更导致金融资产终止确认的，不涉及重分类问题，企业应当终止确认原金融资产，同时按照变更后的条款确认一项新金融资产。金融资产终止确认，是指企业将之前确认的金融资产从其资产负债表中予以转出。

二、金融负债的分类

金融负债主要包括应付账款、长期借款、其他应付款、应付票据、应付债券、衍生金融负债等。除下列各项外，企业应当将金融负债分类为以摊余成本计量的金融负债：

（1）以公允价值计量且其变动计入当期损益的金融负债，包括交易性金融负债（含属于金融负债的衍生工具）和指定为以公允价值计量且其变动计入当期损益的金融负债。

（2）不符合终止确认条件的金融资产转移或继续涉入被转移金融资产所形成的金融负债。

（3）不属于上述（1）或（2）情形的财务担保合同，以及不属于上述（1）情形的、以低于市场利率贷款的贷款承诺。

在非同一控制下的企业合并中，企业作为购买方确认的或有对价形成金融负债的，该金融负债应当按照以公允价值计量且其变动计入当期损益进行会计处理。

企业对金融负债的分类一经确定，不得变更。

第二节　金融资产和金融负债的计量

一、金融资产和金融负债的初始计量

企业初始确认金融资产和金融负债，应当按照公允价值计量。对于以公允价值计量且其变动计入当期损益的金融资产和金融负债，相关交易费用应当直接计入当期损益；对于其他类别的金融资产和金融负债，相关交易费用应当计入初始确认金额。但是，企业初始确认的应收账款未包含重大融资成分或不考虑不超过一年的合同中的融资成分的，应当按照交易价格进行初始计量。

交易费用，是指可直接归属于购买、发行或处置金融工具的增量费用。增量费用是指企业没有发生购买、发行或处置相关金融工具的情形就不会发生的费用，包括支付给代理机构、券商、证券交易所、政府有关部门等的手续费、佣金、相关税费以及其他必要支出，不包括债券溢价、折价、融资费用、内部管理成本和持有成本等与交易不直接相关的费用。

企业取得金融资产所支付的价款中包含的已宣告但尚未发放的现金股利或已到付息期但尚未领取的利息，应当单独确认为应收项目处理。

二、金融资产和金融负债的后续计量

（一）金融资产的后续计量

1. 金融资产后续计量原则。

金融资产的后续计量与金融资产的分类密切相关。企业应当对不同类别的金融资产，分别以摊余成本、以公允价值计量且其变动计入其他综合收益或以公允价值计量且其变动计入当期损益进行后续计量。

2. 以摊余成本计量的金融资产的会计处理。

（1）摊余成本和实际利率法。

金融资产的摊余成本，应当以该金融资产的初始确认金额经下列调整后的结果确定：

①扣除已偿还的本金。

②加上或减去采用实际利率法将该初始确认金额与到期日金额之间的差额进行摊销形成的累计摊销额。

③扣除计提的累计信用减值准备。

实际利率法，是指计算金融资产或金融负债的摊余成本以及将利息收入或利息费用分摊计入各会计期间的方法。

实际利率，是指将金融资产或金融负债在预计存续期的估计未来现金流量，折现为该金融资产账面余额（不考虑减值）或该金融负债摊余成本所使用的利率。在确定实际利率时，应当在考虑金融资产或金融负债所有合同条款（如提前还款、展期、看涨期权或其他类似期权等）的基础上估计预期现金流量，但不应当考虑预期信用损失。

合同各方之间支付或收取的、属于实际利率组成部分的各项费用、交易费用及溢价或折价等，应当在确定实际利率时予以考虑。

（2）具体会计处理。

以摊余成本计量的金融资产的会计处理，主要包括该金融资产实际利率的计算、摊余成本的确定、持有期间的收益确认及将其处置时损益的处理。以摊余成本计量的金融资产所产生的利得或损失，应当在终止确认、按照规定重分类、按照实际利率法摊销或确认减值时，计入当期损益。

以摊余成本计量的债权投资相关的账务处理如下：

①企业取得的以摊余成本计量的债权投资，应按该投资的面值，借记"债权投资——成本"科目，按支付的价款中包含的已到付息期但尚未领取的利息，借记"应收利息"科目，按实际支付的金额，贷记"银行存款"等科目，按其差额，借记或贷记"债权投资——利息调整"科目。

②资产负债表日，以摊余成本计量的债权投资，应按票面利率计算确定的应收未收利息，借记"债权投资——应计利息"科目，按该金融资产摊余成本和实际利率计算确定的利息收入，贷记"投资收益"科目，按其差额，借记或贷记"债权投资——利息调整"科目。对于已过付息期但尚未收到的利息，应借记"应收利息"科目，贷记"债权投资——应计利息"科目。

资产负债表日，应以预期信用损失为基础确定应计提的减值准备金额，该金额大于当前减值准备账面余额的，按其差额，借记"信用减值损失"科目，贷记"债权投资减值准备"科目。应计提的减值准备金额小于当前减值准备账面余额的，按其差额作相反会计分录。

③出售债权投资，应重新计算剩余存续期预期信用损失，该损失金额大于当前减值准备账面余额的，按其差额，借记"信用减值损失"科目，贷记"债权投资减值准备"科目；该损失金额小于当前减值准备账面余额的，按其差额作相反会计分录。

终止确认债权投资时，应按实际收到的金额，借记"银行存款"等科目，按相关债权投资减值准备余额，借记"债权投资减值准备"科目，按该金融资产的账面余额，贷记"债权投资——成本""债权投资——应计利息"等科目，贷记或借记"债权投资——利息调整"科目，按其差额，贷记或借记"投资收益"科目。

④到期收回债权投资，应按实际收到的金额，借记"银行存款"等科目，按相关债权投资减值准备余额，借记"债权投资减值准备"科目，按该金融资产的账面余额，贷记"债权投资——成本""债权投资——应计利息"等科目，贷记或借记"债权投资——利息调整"科目，按其差额，贷记或借记"信用减值损失"科目。

【例8-6】2020年1月1日，甲公司（制造业企业）支付价款1 000万元（含交易费用）从公开市场购入乙公司同日发行的5年期公司债券12 500份，债券票面价值总额为1 250万元，票面年利率为4.72%，于年末支付本年度债券利息（即每年利息为59万元），本金在债券到期时一次性偿还。合同约定，该债券的发行方在遇到特定情况时可以将债券赎回，且不需要为提前赎回支付额外款项。甲公司在购买该债券时，预计发行方不会提前赎回。甲公司根据其管理该债券的业务模式和该债券的合同现金流量特征，将该债券分类为以摊余成本计量的金融资产。

情形1：

假定不考虑所得税、减值损失等因素，计算该债券的实际利率r：

$$59 \times (1+r)^{-1} + 59 \times (1+r)^{-2} + 59 \times (1+r)^{-3} + 59 \times (1+r)^{-4} + (59+1\,250) \times (1+r)^{-5} = 1\,000 （万元）$$

采用插值法，计算得出r=10%。

根据表8-1中的数据，甲公司的有关账务处理如下：

表8-1 实际利率法计算表
单位：万元

年份	期初摊余成本 （A）	实际利息收入 （B=A×10%，四舍五入）	现金流入 （C）	期末摊余成本 （D=A+B-C）
2020	1 000	100	59	1 041
2021	1 041	104	59	1 086
2022	1 086	109	59	1 136
2023	1 136	114	59	1 191
2024	1 191	118*	1 309	0

注：*尾数调整：1 250+59-1 191=118（万元）。

（1）2020 年 1 月 1 日，购入乙公司债券。

借：债权投资——成本　　　　　　　　　　　　　　12 500 000

　　贷：银行存款　　　　　　　　　　　　　　　　　　10 000 000

　　　　债权投资——利息调整　　　　　　　　　　　　2 500 000

（2）2020 年 12 月 31 日，确认乙公司债券实际利息收入、收到债券利息。

借：债权投资——应计利息　　　　　　　　　　　　590 000

　　　　　　——利息调整　　　　　　　　　　　　410 000

　　贷：投资收益　　　　　　　　　　　　　　　　　1 000 000

借：银行存款　　　　　　　　　　　　　　　　　　590 000

　　贷：债权投资——应计利息　　　　　　　　　　　　590 000

（3）2021 年 12 月 31 日，确认乙公司债券实际利息收入、收到债券利息。

借：债权投资——应计利息　　　　　　　　　　　　590 000

　　　　　　——利息调整　　　　　　　　　　　　450 000

　　贷：投资收益　　　　　　　　　　　　　　　　　1 040 000

借：银行存款　　　　　　　　　　　　　　　　　　590 000

　　贷：债权投资——应计利息　　　　　　　　　　　　590 000

（4）2022 年 12 月 31 日，确认乙公司债券实际利息收入、收到债券利息。

借：债权投资——应计利息　　　　　　　　　　　　590 000

　　　　　　——利息调整　　　　　　　　　　　　500 000

　　贷：投资收益　　　　　　　　　　　　　　　　　1 090 000

借：银行存款　　　　　　　　　　　　　　　　　　590 000

　　贷：债权投资——应计利息　　　　　　　　　　　　590 000

（5）2023 年 12 月 31 日，确认乙公司债券实际利息收入、收到债券利息。

借：债权投资——应计利息　　　　　　　　　　　　590 000

　　　　　　——利息调整　　　　　　　　　　　　550 000

　　贷：投资收益　　　　　　　　　　　　　　　　　1 140 000

借：银行存款　　　　　　　　　　　　　　　　　　590 000

　　贷：债权投资——应计利息　　　　　　　　　　　　590 000

（6）2024 年 12 月 31 日，确认乙公司债券实际利息收入、收到债券利息和本金。

借：债权投资——应计利息　　　　　　　　　　　　590 000

　　　　　　——利息调整　　　　　　　　　　　　590 000

　　贷：投资收益　　　　　　　　　　　　　　　　　1 180 000

借：银行存款　　　　　　　　　　　　　　　　　　590 000

　　贷：债权投资——应计利息　　　　　　　　　　　　590 000

借：银行存款　　　　　　　　　　　　　　　　　　　　　　　12 500 000

　　贷：债权投资——成本　　　　　　　　　　　　　　　　　　　　　　12 500 000

情形2：

假定在2022年1月1日，甲公司预计本金的一半（即625万元）将会在该年年末收回，而其余的一半本金将于2024年末付清。则甲公司应当调整2022年初的摊余成本，计入当期损益；调整时采用最初确定的实际利率。据此，调整表8－1中相关数据后如表8－2所示。

表8－2　　　　　　　　　　　　　　实际利率法计算表　　　　　　　　　　　　单位：万元

年份	期初摊余成本（A）	实际利息收入（B＝A×10%，四舍五入）	现金流入（C）	期末摊余成本（D＝A＋B－C）
2020	1 000	100	59	1 041
2021	1 041	104	59	1 086
2022	1 139 *	114	684	569
2023	569	57	30 **	596
2024	596	59 ***	655	0

注：*（625＋59）×（1＋10%）$^{-1}$＋30×（1＋10%）$^{-2}$＋（625＋30）×（1＋10%）$^{-3}$＝1 139（万元）（四舍五入）；**625×4.72%＝30（万元）（四舍五入）；***625＋30－596＝59（万元）（尾数调整）。

根据上述调整，甲公司的账务处理如下：

（1）2022年1月1日，调整期初账面余额。

借：债权投资——利息调整　　　　　　　　　　　　　　　　　　530 000

　　贷：投资收益　　　　　　　　　　　　　　　　　　　　　　　　　530 000

（2）2022年12月31日，确认实际利息收入、收回本金等。

借：债权投资——应计利息　　　　　　　　　　　　　　　　　　590 000

　　　　　　　　——利息调整　　　　　　　　　　　　　　　　　　550 000

　　贷：投资收益　　　　　　　　　　　　　　　　　　　　　　　1 140 000

借：银行存款　　　　　　　　　　　　　　　　　　　　　　　　590 000

　　贷：债权投资——应计利息　　　　　　　　　　　　　　　　　　　590 000

借：银行存款　　　　　　　　　　　　　　　　　　　　　　　6 250 000

　　贷：债权投资——成本　　　　　　　　　　　　　　　　　　　6 250 000

（3）2023年12月31日，确认实际利息收入等。

借：债权投资——应计利息　　　　　　　　　　　　　　　　　　300 000

　　　　　　　　——利息调整　　　　　　　　　　　　　　　　　　270 000

　　贷：投资收益　　　　　　　　　　　　　　　　　　　　　　　　570 000

借：银行存款　　　　　　　　　　　　　　　　　　　　　　　　300 000

　　贷：债权投资——应计利息　　　　　　　　　　　　　　　　　　　300 000

（4）2024 年 12 月 31 日，确认实际利息收入、收回本金等。

借：债权投资——应计利息   300 000

      ——利息调整   290 000

  贷：投资收益   590 000

借：银行存款   300 000

  贷：债权投资——应计利息   300 000

借：银行存款   6 250 000

  贷：债权投资——成本   6 250 000

情形 3：

假定甲公司购买的乙公司债券不是分次付息，而是到期一次还本付息，且利息不以复利计算。此时，甲公司所购买乙公司债券的实际利率 r 计算如下：

$$(59 + 59 + 59 + 59 + 59 + 1\ 250) \times (1 + r)^{-5} = 1\ 000\ （万元）$$

由此计算得出 r ≈ 9.05%。

据此，调整表 8-1 中相关数据后如表 8-3 所示。

表 8-3   实际利率法计算表   单位：万元

年份	期初摊余成本（A）	实际利息收入（B = A × 9.05%，保留小数点后两位）	现金流入（C）	期末摊余成本（D = A + B − C）
2020	1 000	90.5	0	1 090.5
2021	1 090.5	98.69	0	1 189.19
2022	1 189.19	107.62	0	1 296.81
2023	1 296.81	117.36	0	1 414.17
2024	1 414.17	130.83*	1 545	0

注：*尾数调整：1 250 + 295 − 1 414.17 = 130.83（万元）。

根据表 8-3 中的数据，甲公司的有关账务处理如下：

（1）2020 年 1 月 1 日，购入乙公司债券。

借：债权投资——成本   12 500 000

  贷：银行存款   10 000 000

    债权投资——利息调整   2 500 000

（2）2020 年 12 月 31 日，确认乙公司债券实际利息收入。

借：债权投资——应计利息   590 000

      ——利息调整   315 000

  贷：投资收益   905 000

（3）2021 年 12 月 31 日，确认乙公司债券实际利息收入。

借：债权投资——应计利息   590 000

     ——利息调整   396 900

  贷：投资收益   986 900

（4）2022 年 12 月 31 日，确认乙公司债券实际利息收入。

借：债权投资——应计利息   590 000

     ——利息调整   486 200

  贷：投资收益   1 076 200

（5）2023 年 12 月 31 日，确认乙公司债券实际利息收入。

借：债权投资——应计利息   590 000

     ——利息调整   583 600

  贷：投资收益   1 173 600

（6）2024 年 12 月 31 日，确认乙公司债券实际利息收入、收回债券本金和票面利息。

借：债权投资——应计利息   590 000

     ——利息调整   718 300

  贷：投资收益   1 308 300

借：银行存款   15 450 000

  贷：债权投资——成本   12 500 000

     ——应计利息   2 950 000

3. 以公允价值计量且其变动计入其他综合收益的金融资产的会计处理。

以公允价值计量且其变动计入其他综合收益的金融资产的会计处理，与以公允价值计量且其变动计入当期损益的金融资产的会计处理存在类似之处，如均要求按公允价值进行后续计量。但是，也有一些不同之处，以公允价值计量且其变动计入其他综合收益的金融资产所产生的利得或损失，除减值损失或利得和汇兑损益外，均应当计入其他综合收益，直至该金融资产终止确认或被重分类。但是，采用实际利率法计算的该金融资产的利息应当计入当期损益。终止确认时，之前计入其他综合收益的累计利得或损失应当从其他综合收益中转出，计入当期损益。

相关的账务处理如下：

（1）企业取得以公允价值计量且其变动计入其他综合收益的金融资产，应按该金融资产投资的面值，借记"其他债权投资——成本"科目，按支付的价款中包含的已到付息期但尚未领取的利息，借记"应收利息"科目，按实际支付的金额，贷记"银行存款"等科目，按其差额，借记或贷记"其他债权投资——利息调整"科目。

（2）资产负债表日，以公允价值计量且其变动计入其他综合收益的金融资产，应按票面利率计算确定的应收未收利息，借记"其他债权投资——应计利息"科目，按债券的摊余成本和实际利率计算确定的利息收入，贷记"投资收益"科目，按其差额，借记或贷记"其他债权投资——利息调整"科目。对于已过付息期但尚未收到的利息,应借记"应收利息"科目,贷记"其他债权投资——应计利息"科目。

资产负债表日,应以预期信用损失为基础确定应计提的减值准备金额,该金额大于当前减值准备账面余额的,按其差额,借记"信用减值损失"科目,贷记"其他综合收益——信用减值准备"科目。应计提的减值准备金额小于当前减值准备账面余额的,按其差额作相反会计分录。

(3)资产负债表日,以公允价值计量且其变动计入其他综合收益的金融资产的公允价值高于其账面余额的差额,借记"其他债权投资——公允价值变动"科目,贷记"其他综合收益——其他债权投资公允价值变动"科目;公允价值低于其账面余额的差额作相反的会计分录。

(4)出售其他债权投资,应重新计算剩余存续期预期信用损失,该损失金额大于当前减值准备账面余额的,按其差额,借记"信用减值损失"科目,贷记"其他综合收益——信用减值准备"科目;该损失金额小于当前减值准备账面余额的,按其差额作相反会计分录。

终止确认其他债权投资时,应按实际收到的金额,借记"银行存款"等科目,按相关债权投资减值准备余额,借记"其他综合收益——信用减值准备"科目,按该金融资产的账面余额,贷记"其他债权投资——成本""其他债权投资——应计利息"等科目,贷记或借记"其他债权投资——公允价值变动""其他债权投资——利息调整"等科目;按应从其他综合收益中转出的公允价值累计变动额,借记或贷记"其他综合收益——其他债权投资公允价值变动"科目,按其差额,贷记或借记"投资收益"科目。

(5)到期收回其他债权投资,应按实际收到的金额,借记"银行存款"等科目,按相关债权投资减值准备余额,借记"其他综合收益——信用减值准备"科目,按该金融资产的账面余额,贷记"其他债权投资——成本""其他债权投资——应计利息"等科目,贷记或借记"其他债权投资——公允价值变动""其他债权投资——利息调整"等科目,按应从其他综合收益中转出的公允价值累计变动额,借记或贷记"其他综合收益——其他债权投资公允价值变动"科目,按其差额,贷记或借记"信用减值损失"科目。

【例8-7】2020年1月1日,甲公司(制造业企业)支付价款1 000万元(含交易费用)从公开市场购入乙公司同日发行的5年期公司债券12 500份,债券票面价值总额为1 250万元,票面年利率为4.72%,于年末支付本年度债券利息(即每年利息为59万元),本金在债券到期时一次性偿还。合同约定,该债券的发行方在遇到特定情况时可以将债券赎回,且不需要为提前赎回支付额外款项。甲公司在购买该债券时,预计发行方不会提前赎回。甲公司根据其管理该债券的业务模式和该债券的合同现金流量特征,将该债券分类为以公允价值计量且其变动计入其他综合收益的金融资产。其他资料如下:

(1)2020年12月31日,乙公司债券的公允价值为1 200万元(不含利息)。

(2)2021年12月31日,乙公司债券的公允价值为1 300万元(不含利息)。

（3）2022年12月31日，乙公司债券的公允价值为1 250万元（不含利息）。

（4）2023年12月31日，乙公司债券的公允价值为1 200万元（不含利息）。

（5）2024年1月20日，通过公开市场出售了乙公司债券12 500份，取得价款1 260万元。

假定不考虑所得税、减值损失等因素，计算该债券的实际利率r：

$$59 \times (1+r)^{-1} + 59 \times (1+r)^{-2} + 59 \times (1+r)^{-3} + 59 \times (1+r)^{-4} + (59+1\,250) \times (1+r)^{-5} = 1\,000 （万元）$$

采用插值法，计算得出r＝10%。

根据表8-4中的数据，甲公司的有关账务处理如下：

表8-4　　　　　　　　　　　　　　实际利率法计算表　　　　　　　　　　　　单位：万元

日期	现金流入（A）	实际利息收入（B=期初D×10%，四舍五入）	已收回的本金（C=A-B）	摊余成本余额（D=期初D-C）	公允价值（E）	公允价值变动额（F=E-D-期初G）	公允价值变动累计金额（G=期初G+F）
2020年1月1日				1 000	1 000	0	0
2020年12月31日	59	100	-41	1 041	1 200	159	159
2021年12月31日	59	104	-45	1 086	1 300	55	214
2022年12月31日	59	109	-50	1 136	1 250	-100	114
2023年12月31日	59	113	-54	1 190	1 200	-104	10

（1）2020年1月1日，购入乙公司债券。

借：其他债权投资——成本　　　　　　　　　　　　　　　　　12 500 000
　　贷：银行存款　　　　　　　　　　　　　　　　　　　　　　10 000 000
　　　　其他债权投资——利息调整　　　　　　　　　　　　　　2 500 000

（2）2020年12月31日，确认乙公司债券实际利息收入、公允价值变动，收到债券利息。

借：其他债权投资——应计利息　　　　　　　　　　　　　　　590 000
　　　　　　　　　　——利息调整　　　　　　　　　　　　　　410 000
　　贷：投资收益　　　　　　　　　　　　　　　　　　　　　1 000 000
借：银行存款　　　　　　　　　　　　　　　　　　　　　　　590 000
　　贷：其他债权投资——应计利息　　　　　　　　　　　　　　590 000
借：其他债权投资——公允价值变动　　　　　　　　　　　　　1 590 000
　　贷：其他综合收益——其他债权投资公允价值变动　　　　　　1 590 000

（3）2021年12月31日，确认乙公司债券实际利息收入、公允价值变动，收到债券利息。

借：其他债权投资——应计利息   590 000

      ——利息调整   450 000

 贷：投资收益   1 040 000

借：银行存款   590 000

 贷：其他债权投资——应计利息   590 000

借：其他债权投资——公允价值变动   550 000

 贷：其他综合收益——其他债权投资公允价值变动 550 000

（4）2022 年 12 月 31 日，确认乙公司债券实际利息收入、公允价值变动，收到债券利息。

借：其他债权投资——应计利息   590 000

      ——利息调整   500 000

  贷：投资收益   1 090 000

借：银行存款   590 000

  贷：其他债权投资——应计利息   590 000

借：其他综合收益——其他债权投资公允价值变动 1 000 000

 贷：其他债权投资——公允价值变动   1 000 000

（5）2023 年 12 月 31 日，确认乙公司债券实际利息收入、公允价值变动，收到债券利息。

借：其他债权投资——应计利息   590 000

      ——利息调整   540 000

 贷：投资收益   1 130 000

借：银行存款   590 000

 贷：其他债权投资——应计利息   590 000

借：其他综合收益——其他债权投资公允价值变动 1 040 000

 贷：其他债权投资——公允价值变动   1 040 000

（6）2024 年 1 月 20 日，确认出售乙公司债券实现的损益。

借：银行存款   12 600 000

 其他综合收益——其他债权投资公允价值变动 100 000

 其他债权投资——利息调整   600 000

 贷：其他债权投资——成本   12 500 000

      ——公允价值变动   100 000

  投资收益   700 000

【例 8－8】甲公司于 2023 年 12 月 15 日购入一项公允价值为 1 000 万元的债务工具，分类为以公允价值计量且其变动计入其他综合收益的金融资产。该工具合同期限为 10 年，年利率为 5%，实际利率也为 5%。2023 年 12 月 31 日，由于市场利率变动，该债务工具的公允价值跌至 950 万元，甲公司计提信用减值损失 30 万元。为简化起见，本例不考虑利息。

2024 年 1 月 1 日，甲公司决定以当日的公允价值 950 万元出售该债务工具。假定不考虑其他因素。

甲公司的相关账务处理如下：

（1）购入该工具时：

借：其他债权投资——成本   10 000 000

  贷：银行存款   10 000 000

（2）2023 年 12 月 31 日：

借：信用减值损失   300 000

  其他综合收益——其他债权投资公允价值变动   500 000

  贷：其他债权投资——公允价值变动   500 000

    其他综合收益——信用减值准备   300 000

（3）2024 年 1 月 1 日：

借：银行存款   9 500 000

  投资收益   200 000

  其他综合收益——信用减值准备   300 000

  其他债权投资——公允价值变动   500 000

  贷：其他综合收益——其他债权投资公允价值变动   500 000

    其他债权投资——成本   10 000 000

4. 以公允价值计量且其变动计入当期损益的金融资产的会计处理。

以公允价值计量且其变动计入当期损益的金融资产的会计处理，着重于反映该类金融资产公允价值的变化，以及对企业财务状况和经营成果的影响。

相关的账务处理如下：

（1）企业取得以公允价值计量且其变动计入当期损益的金融资产，按其公允价值，借记"交易性金融资产——成本"科目，按发生的交易费用，借记"投资收益"科目，按支付价款中已到付息期但尚未领取的利息或已宣告但尚未发放的现金股利，借记"应收利息"或"应收股利"科目，按实际支付的金额，贷记"银行存款"等科目。

（2）以公允价值计量且其变动计入当期损益的金融资产持有期间，被投资单位宣告发放现金股利，应借记"应收股利"科目，贷记"投资收益"科目。以公允价值计量且其变动计入当期损益的金融资产为债权投资的，可以将按票面或合同利率计算的利息计入投资收益，借记"交易性金融资产——应计利息"科目，贷记"投资收益"科目；也可以不单独确认前述利息，而通过"交易性金融资产——公允价值变动"科目汇总反映包含利息的债权投资的公允价值变化。

（3）资产负债表日，以公允价值计量且其变动计入当期损益的金融资产的公允价值高于其账面余额的差额，借记"交易性金融资产——公允价值变动"科目，贷记"公允价值变动损益"科目；公允价值低于其账面余额的差额作相反的会计分录。

（4）出售以公允价值计量且其变动计入当期损益的金融资产，应按实际收到的金额，借记"银行存款"等科目，按该金融资产的账面余额，贷记"交易性金融资产——成本""交易性金融资产——应计利息"等科目，贷记或借记"交易性金融资产——公允价值变动"等科目，按其差额，贷记或借记"投资收益"科目。

【例8-9】2023年1月1日，甲公司从二级市场购入丙公司债券，支付价款合计1 020 000元（含已到付息期但尚未领取的利息20 000元），另发生交易费用20 000元。该债券面值1 000 000元，剩余期限为2年，票面年利率为4%，每半年付息一次，其合同现金流量特征满足仅为对本金和以未偿付本金金额为基础的利息的支付。甲公司根据其管理该债券的业务模式和该债券的合同现金流量特征，将该债券分类为以公允价值计量且其变动计入当期损益的金融资产。其他资料如下：

（1）2023年1月5日，收到丙公司债券2022年下半年利息20 000元。

（2）2023年6月30日，丙公司债券的公允价值为1 150 000元（不含利息）。

（3）2023年7月5日，收到丙公司债券2023年上半年利息。

（4）2023年12月31日，丙公司债券的公允价值为1 100 000元（不含利息）。

（5）2024年1月5日，收到丙公司债券2023年下半年利息。

（6）2024年6月20日，通过二级市场出售丙公司债券，取得价款1 180 000元（含第一季度利息10 000元）。

假定不考虑其他因素，甲公司的账务处理如下：

（1）2023年1月1日，从二级市场购入丙公司债券。

借：交易性金融资产——成本 1 000 000

　　应收利息 20 000

　　投资收益 20 000

　　贷：银行存款 1 040 000

（2）2023年1月5日，收到该债券2022年下半年利息20 000元。

借：银行存款 20 000

　　贷：应收利息 20 000

（3）2023年6月30日，确认丙公司债券公允价值变动和投资收益。

借：交易性金融资产——公允价值变动 150 000

　　贷：公允价值变动损益 150 000

借：交易性金融资产——应计利息 20 000

　　贷：投资收益 20 000

（4）2023年7月5日，收到丙公司债券2023年上半年利息。

借：银行存款 20 000

　　贷：交易性金融资产——应计利息 20 000

（5）2023 年 12 月 31 日，确认丙公司债券公允价值变动和投资收益。

借：公允价值变动损益 50 000

　　贷：交易性金融资产——公允价值变动 50 000

借：交易性金融资产——应计利息 20 000

　　贷：投资收益 20 000

（6）2024 年 1 月 5 日，收到丙公司债券 2023 年下半年利息。

借：银行存款 20 000

　　贷：交易性金融资产——应计利息 20 000

（7）2024 年 6 月 20 日，通过二级市场出售丙公司债券。

借：银行存款 1 180 000

　　贷：交易性金融资产——成本 1 000 000

　　　　　　　　　　——公允价值变动 100 000

　　投资收益 80 000

5. 指定为以公允价值计量且其变动计入其他综合收益的非交易性权益工具投资的会计处理。

指定为以公允价值计量且其变动计入其他综合收益的非交易性权益工具投资的会计处理，与分类为以公允价值计量且其变动计入其他综合收益的金融资产的会计处理有相同之处，但也有明显不同。相同之处在于，二者公允价值的后续变动均计入其他综合收益。不同之处在于，指定为以公允价值计量且其变动计入其他综合收益的非交易性权益工具投资不需计提减值准备，除了获得的股利收入（作为投资成本部分收回的股利收入除外）计入当期损益外，其他相关的利得和损失（包括汇兑损益）均应当计入其他综合收益，且后续不得转入损益；当终止确认时，之前计入其他综合收益的累计利得或损失应当从其他综合收益中转出，计入留存收益。

相关的账务处理如下：

（1）企业取得指定为以公允价值计量且其变动计入其他综合收益的非交易性权益工具投资，应按该投资的公允价值与交易费用之和，借记"其他权益工具投资——成本"科目，按支付的价款中包含的已宣告但尚未发放的现金股利，借记"应收股利"科目，按实际支付的金额，贷记"银行存款"等科目。

（2）资产负债表日，指定为以公允价值计量且其变动计入其他综合收益的非交易性权益工具投资的公允价值高于其账面余额的差额，借记"其他权益工具投资——公允价值变动"科目，贷记"其他综合收益——其他权益工具投资公允价值变动"科目；公允价值低于其账面余额的差额作相反的会计分录。

（3）出售指定为以公允价值计量且其变动计入其他综合收益的非交易性权益工具投

资，应按实际收到的金额，借记"银行存款"等科目，按其账面余额，贷记"其他权益工具投资——成本"科目，贷记或借记"其他权益工具投资——公允价值变动"科目，按其差额，计入留存收益。同时，将持有期间计入其他综合收益的公允价值累计变动额转入留存收益。

【例8-10】 2023年5月6日，甲公司支付价款1 016万元（含交易费用1万元和已宣告但尚未发放现金股利15万元），购入乙公司发行的股票200万股，占乙公司有表决权股份的0.5%。甲公司将其指定为以公允价值计量且其变动计入其他综合收益的非交易性权益工具投资。

扫码看讲解

2023年5月10日，甲公司收到乙公司发放的现金股利15万元。

2023年6月30日，该股票市价为每股5.2元。

2023年12月31日，甲公司仍持有该股票；当日，该股票市价为每股5元。

2024年5月9日，乙公司宣告发放现金股利4 000万元。

2024年5月13日，甲公司收到乙公司发放的现金股利。

2024年5月20日，甲公司由于某特殊原因，以每股4.9元的价格将股票全部转让。

假定不考虑其他因素，终止确认时其他综合收益转入留存收益中的"利润分配"科目。

甲公司的账务处理如下：

（1）2023年5月6日，购入股票。

借：应收股利 150 000
　　其他权益工具投资——成本 10 010 000
　　贷：银行存款 10 160 000

（2）2023年5月10日，收到现金股利。

借：银行存款 150 000
　　贷：应收股利 150 000

（3）2023年6月30日，确认股票价格变动。

借：其他权益工具投资——公允价值变动 390 000
　　贷：其他综合收益——其他权益工具投资公允价值变动 390 000

（4）2023年12月31日，确认股票价格变动。

借：其他综合收益——其他权益工具投资公允价值变动 400 000
　　贷：其他权益工具投资——公允价值变动 400 000

（5）2024年5月9日，确认应收现金股利。

借：应收股利 200 000
　　贷：投资收益 200 000

（6）2024 年 5 月 13 日，收到现金股利。

借：银行存款   200 000
　　贷：应收股利   200 000

（7）2024 年 5 月 20 日，出售股票。

借：利润分配——未分配利润   10 000
　　贷：其他综合收益——其他权益工具投资公允价值变动   10 000

借：银行存款   9 800 000
　　其他权益工具投资——公允价值变动   10 000
　　利润分配——未分配利润   200 000
　　贷：其他权益工具投资——成本   10 010 000

如果甲公司根据其管理乙公司股票的业务模式和乙公司股票的合同现金流量特征，将乙公司股票分类为以公允价值计量且其变动计入当期损益的金融资产，且 2023 年 12 月 31 日乙公司股票市价为每股 4.8 元，其他资料不变，则甲公司应作如下账务处理：

（1）2023 年 5 月 6 日，购入股票。

借：应收股利   150 000
　　交易性金融资产——成本   10 000 000
　　投资收益   10 000
　　贷：银行存款   10 160 000

（2）2023 年 5 月 10 日，收到现金股利。

借：银行存款   150 000
　　贷：应收股利   150 000

（3）2023 年 6 月 30 日，确认股票价格变动。

借：交易性金融资产——公允价值变动   400 000
　　贷：公允价值变动损益   400 000

（4）2023 年 12 月 31 日，确认股票价格变动。

借：公允价值变动损益   800 000
　　贷：交易性金融资产——公允价值变动   800 000

（5）2024 年 5 月 9 日，确认应收现金股利。

借：应收股利   200 000
　　贷：投资收益   200 000

（6）2024 年 5 月 13 日，收到现金股利。

借：银行存款   200 000
　　贷：应收股利   200 000

（7）2024 年 5 月 20 日，出售股票。

借：银行存款	9 800 000	
交易性金融资产——公允价值变动	400 000	
贷：交易性金融资产——成本		10 000 000
投资收益		200 000

6. 金融资产之间重分类的会计处理。

（1）以摊余成本计量的金融资产的重分类。

①企业将一项以摊余成本计量的金融资产重分类为以公允价值计量且其变动计入当期损益的金融资产的，应当按照该金融资产在重分类日的公允价值进行计量。原账面价值与公允价值之间的差额计入当期损益。

②企业将一项以摊余成本计量的金融资产重分类为以公允价值计量且其变动计入其他综合收益的金融资产的，应当按照该金融资产在重分类日的公允价值进行计量。原账面价值与公允价值之间的差额计入其他综合收益。该金融资产重分类不影响其实际利率和预期信用损失的计量。

【例8-11】 2022年10月15日，甲银行以公允价值500 000元购入一项债券投资，并按规定将其分类为以摊余成本计量的金融资产，该债券的账面余额为500 000元。2023年10月15日，甲银行变更了其管理债券投资组合的业务模式，其变更符合重分类的要求，因此，甲银行于2024年1月1日将该债券从以摊余成本计量的金融资产重分类为以公允价值计量且其变动计入当期损益的金融资产。2024年1月1日，该债券的公允价值为490 000元，已确认的信用减值准备为6 000元。假定不考虑该债券的利息收入。

甲银行的会计处理如下：

借：交易性金融资产	490 000	
债权投资减值准备	6 000	
公允价值变动损益	4 000	
贷：债权投资		500 000

（2）以公允价值计量且其变动计入其他综合收益的金融资产的重分类。

①企业将一项以公允价值计量且其变动计入其他综合收益的金融资产重分类为以摊余成本计量的金融资产的，应当将之前计入其他综合收益的累计利得或损失转出，调整该金融资产在重分类日的公允价值，并以调整后的金额作为新的账面价值，即视同该金融资产一直以摊余成本计量。该金融资产重分类不影响其实际利率和预期信用损失的计量。

②企业将一项以公允价值计量且其变动计入其他综合收益的金融资产重分类为以公允价值计量且其变动计入当期损益的金融资产的，应当继续以公允价值计量该金融资产；同时，企业应当将之前计入其他综合收益的累计利得或损失从其他综合收益转入当期损益。

【例 8 - 12】2022 年 9 月 15 日，甲银行以公允价值 500 000 元购入一项债券投资，并按规定将其分类为以公允价值计量且其变动计入其他综合收益的金融资产，该债券的账面余额为 500 000 元。2023 年 10 月 15 日，甲银行变更了其管理债券投资组合的业务模式，其变更符合重分类的要求，因此，甲银行于 2024 年 1 月 1 日将该债券从以公允价值计量且其变动计入其他综合收益的金融资产重分类为以摊余成本计量的金融资产。2024 年 1 月 1 日，该债券的公允价值为 490 000 元，已确认的信用减值准备为 6 000 元。假定不考虑利息收入。

甲银行的会计处理如下：

借：债权投资   500 000

　　其他债权投资——公允价值变动   10 000

　　其他综合收益——信用减值准备   6 000

　贷：其他债权投资——成本   500 000

　　　其他综合收益——其他债权投资公允价值变动   10 000

　　　债权投资减值准备   6 000

（3）以公允价值计量且其变动计入当期损益的金融资产的重分类。

①企业将一项以公允价值计量且其变动计入当期损益的金融资产重分类为以摊余成本计量的金融资产的，应当以其在重分类日的公允价值作为新的账面余额。

②企业将一项以公允价值计量且其变动计入当期损益的金融资产重分类为以公允价值计量且其变动计入其他综合收益的金融资产的，应当继续以公允价值计量该金融资产。

对以公允价值计量且其变动计入当期损益的金融资产进行重分类的，企业应当根据该金融资产在重分类日的公允价值确定其实际利率。同时，企业应当自重分类日起对该金融资产适用金融工具减值的相关规定，并将重分类日视为初始确认日。

（二）金融负债的后续计量

1. 金融负债后续计量原则。

企业应当按照以下原则对金融负债进行后续计量：

（1）以公允价值计量且其变动计入当期损益的金融负债，应当按照公允价值进行后续计量。

（2）上述金融负债以外的金融负债，除特殊规定外，应当按摊余成本进行后续计量。金融负债的摊余成本，应当以该金融负债的初始确认金额经下列调整后的结果确定：

①扣除已偿还的本金。

②加上或减去采用实际利率法将该初始确认金额与到期日金额之间的差额进行摊销形成的累计摊销额。

2. 金融负债后续计量的会计处理。

（1）对于以公允价值进行后续计量的金融负债，其公允价值变动形成利得或损失，除与套期会计有关外，应当计入当期损益。

【例8-13】 2023年7月1日，甲公司经批准在全国银行间债券市场公开发行10亿元人民币短期融资券，期限为1年，票面年利率5.58%，每张面值为100元，到期一次还本付息。所募集资金主要用于公司购买生产经营所需的原材料及配套件等。公司将该短期融资券指定为以公允价值计量且其变动计入当期损益的金融负债。假定不考虑发行短期融资券相关的交易费用以及企业自身信用风险变动。

2023年12月31日，该短期融资券市场价格每张120元（不含利息）；2024年6月30日，该短期融资券到期兑付完成。

据此，甲公司账务处理如下（单位为万元）：

（1）2023年7月1日，发行短期融资券。

借：银行存款　　　　　　　　　　　　　　　　　100 000
　　贷：交易性金融负债——本金　　　　　　　　　　100 000

（2）2023年12月31日，年末确认公允价值变动和利息费用。

借：公允价值变动损益　　　　　　　　　　　　　　20 000
　　贷：交易性金融负债——公允价值变动　　　　　　20 000

借：财务费用　　　　　　　　　　　　　　　　　　2 790
　　贷：交易性金融负债——应计利息　　　　　　　　2 790

（3）2024年6月30日，短期融资券到期。

借：财务费用　　　　　　　　　　　　　　　　　　2 790
　　贷：交易性金融负债——应计利息　　　　　　　　2 790

借：交易性金融负债——本金　　　　　　　　　　100 000
　　　　　　　　　　——公允价值变动　　　　　　20 000
　　　　　　　　　　——应计利息　　　　　　　　5 580
　　贷：银行存款　　　　　　　　　　　　　　　105 580
　　　　投资收益　　　　　　　　　　　　　　　　20 000

（2）以摊余成本计量且不属于任何套期关系一部分的金融负债所产生的利得或损失，应当在终止确认时计入当期损益或在按照实际利率法摊销时计入相关期间损益。

【例8-14】 甲公司发行公司债券为建造专用生产线筹集资金。有关资料如下：

（1）2020年12月31日，委托证券公司以7 755万元的价格发行3年期分期付息公司债券。该债券面值为8 000万元，票面年利率4.5%，实际年利率5.64%，每年付息一次，到期后按面值偿还。假定不考虑发行公司债券相关的交易费用。

（2）生产线建造工程采用出包方式，于2021年1月1日开始动工，发行债券所得款项当日全部支付给建造承包商，2022年12月31日所建造生产线达到预定可使用状态。

（3）假定各年度利息的实际支付日期均为下年度的1月10日；2024年1月10日支付2023年度利息，一并偿付面值。

（4）所有款项均以银行存款支付。

据此，甲公司计算得出该债券在各年年末的摊余成本、应付利息金额、当年应予资本化或费用化的利息金额、利息调整的本年摊销和年末余额。有关结果如表8－5所示。

表8－5　　　　　　　　　　　　实际利率法计算表　　　　　　　　　单位：万元

项目		2020年 12月31日	2021年 12月31日	2022年 12月31日	2023年 12月31日
年末摊余成本	面值	8 000	8 000	8 000	8 000
	利息调整	−245	−167.62	−85.87	0
	合计	7 755	7 832.38	7 914.13	8 000
当年应予资本化或费用化的利息金额			437.38	441.75	445.87
年末应付利息金额			360	360	360
"利息调整"本年摊销额			77.38	81.75	85.87

相关账务处理如下：

（1）2020年12月31日，发行债券。

借：银行存款　　　　　　　　　　　　　　　　　77 550 000

　　应付债券——利息调整　　　　　　　　　　　　2 450 000

　　贷：应付债券——面值　　　　　　　　　　　　　　　80 000 000

（2）2021年12月31日，确认和结转利息。

借：在建工程　　　　　　　　　　　　　　　　　　4 373 800

　　贷：应付债券——应计利息　　　　　　　　　　　　　3 600 000

　　　　　　　　——利息调整　　　　　　　　　　　　　773 800

（3）2022年1月10日，支付利息。

借：应付债券——应计利息　　　　　　　　　　　　3 600 000

　　贷：银行存款　　　　　　　　　　　　　　　　　　　3 600 000

（4）2022年12月31日，确认和结转利息。

借：在建工程　　　　　　　　　　　　　　　　　　4 417 500

　　贷：应付债券——应计利息　　　　　　　　　　　　　3 600 000

　　　　　　　　——利息调整　　　　　　　　　　　　　817 500

（5）2023年1月10日，支付利息。

借：应付债券——应计利息　　　　　　　　　　　　3 600 000

　　贷：银行存款　　　　　　　　　　　　　　　　　　　3 600 000

（6）2023 年 12 月 31 日，确认和结转利息。

借：财务费用 4 458 700

    贷：应付债券——应计利息 3 600 000

              ——利息调整 858 700

（7）2024 年 1 月 10 日，债券到期兑付。

借：应付债券——应计利息 3 600 000

            ——面值 80 000 000

    贷：银行存款 83 600 000

本章思考题

1. 金融资产和金融负债分别可以划分为哪些类别？

2. 金融资产初始确认应当采用何种计量属性？交易费用应当如何进行会计处理？

3. 以摊余成本计量的金融资产和以公允价值计量且其变动计入其他综合收益的金融资产计提减值准备时，应当采用何种方法？

4. 分类为以公允价值计量且其变动计入其他综合收益的金融资产和指定为以公允价值计量且其变动计入其他综合收益的金融资产的会计处理有哪些异同？

第九章　职工薪酬

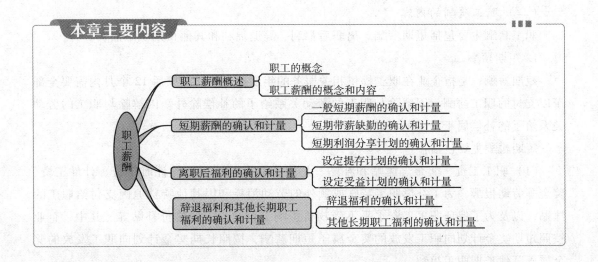

第一节　职工薪酬概述

一、职工的概念

职工，是指与企业订立劳动合同的所有人员，含全职、兼职和临时职工，也包括虽未与企业订立劳动合同但由企业正式任命的人员。具体而言，职工至少应当包括以下人员：

（1）与企业订立劳动合同的所有人员，含全职、兼职和临时职工。按照《中华人民共和国劳动法》和《中华人民共和国劳动合同法》的规定，企业作为用人单位应当与劳动者订立劳动合同。与企业订立了固定期限、无固定期限和以完成一定工作作为期限的劳动合同的人员均属于职工。

（2）未与企业订立劳动合同但由企业正式任命的人员，如企业按照有关规定聘请的独立董事、外部监事等，虽然其未与企业订立劳动合同，但属于由企业正式任命的人员，也属于职工的范畴。

（3）在企业的计划和控制下，虽未与企业订立劳动合同或未由其正式任命，但向企业提供的服务与职工所提供服务类似的人员，也属于职工的范畴，如通过企业与劳务中介公司签订用工合同而向企业提供服务的人员。

二、职工薪酬的概念和内容

（一）职工薪酬的概念

职工薪酬，是指企业为获得职工提供的服务或解除劳动关系而给予的各种形式的报酬或补偿。企业提供给职工配偶、子女、受赡养人、已故员工遗属及其他受益人等的福利，也属于职工薪酬。

（二）职工薪酬的内容

职工薪酬主要包括短期薪酬、离职后福利、辞退福利和其他长期职工福利。

1. 短期薪酬。

短期薪酬，是指企业在职工提供相关服务的年度报告期间结束后 12 个月内需要全部予以支付的职工薪酬，因解除与职工的劳动关系给予的补偿除外。因解除与职工的劳动关系给予的补偿属于辞退福利。

短期薪酬主要包括：

（1）职工工资、奖金、津贴和补贴，是指企业支付给职工的计时工资、计件工资、奖金等劳动报酬，为了补偿职工特殊或额外的劳动消耗和因其他特殊原因支付给职工的津贴，以及为了保证职工工资水平不受物价影响支付给职工的物价补贴等。其中，企业按照短期奖金计划向职工发放的奖金属于短期薪酬，按照长期奖金计划向职工发放的奖金属于其他长期职工福利。

（2）职工福利费，是指企业向职工提供的生活困难补助、丧葬补助费、抚恤费、职工异地安家费、防暑降温费等职工福利支出。

（3）医疗保险费和工伤保险费等社会保险费，是指企业按照国家规定的基准和比例计算，向社会保险经办机构缴存的医疗保险费、工伤保险费和生育保险费等。

（4）住房公积金，是指企业按照国家规定的基准和比例计算，向住房公积金管理机构缴存的住房公积金。

（5）工会经费和职工教育经费，是指企业为改善职工文化生活以及为职工学习先进技术、提高文化水平和业务素质，用于开展工会活动和职工教育及职业技能培训等的相关支出。

（6）短期带薪缺勤，是指职工虽然缺勤但企业仍向其支付报酬的安排，包括年休假、病假、短期伤残、婚假、产假、丧假、探亲假等。长期带薪缺勤属于其他长期职工福利。

（7）短期利润分享计划，是指因职工提供服务而与职工达成的基于利润或其他经营成果提供薪酬的协议。长期利润分享计划属于其他长期职工福利。

（8）非货币性福利，是指企业以自产产品或外购商品作为福利发放给职工或者将自有资产或租赁资产无偿提供给职工使用等形式提供的福利。

（9）其他短期薪酬，是指除上述薪酬以外的其他为获得职工提供的服务而给予的短期薪酬。

2. 离职后福利。

离职后福利，是指企业为获得职工提供的服务而在职工退休或与企业解除劳动关系后提供的各种形式的报酬和福利，属于短期薪酬和辞退福利的除外。

离职后福利计划，是指企业与职工就离职后福利达成的协议，或者企业为向职工提供离职后福利制定的规章或办法等。按照企业承担的风险和义务情况，离职后福利计划可以分为设定提存计划和设定受益计划两种类型。

3. 辞退福利。

辞退福利，是指企业在职工劳动合同到期之前解除与职工的劳动关系或为鼓励职工自愿接受裁减而给予职工的补偿。

辞退福利主要包括：

（1）在职工劳动合同尚未到期前，不论职工本人是否愿意，企业决定解除与职工的劳动关系而给予的补偿。

（2）在职工劳动合同尚未到期前，为鼓励职工自愿接受裁减而给予的补偿，职工有权利选择继续在职或接受补偿离职。

辞退福利通常采取在解除劳动关系时一次性支付补偿的方式，也有通过提高退休后养老金或其他离职后福利的标准，或者在职工不再为企业带来经济利益后，将职工工资支付到辞退后未来某一期间等方式。

4. 其他长期职工福利。

其他长期职工福利，是指除短期薪酬、离职后福利、辞退福利之外所有的职工薪酬，包括长期带薪缺勤、其他长期服务福利、长期残疾福利、长期利润分享计划和长期奖金计划等。

第二节 短期薪酬的确认和计量

企业应当在职工为其提供服务的会计期间，将实际发生的短期薪酬确认为负债，并计入当期损益（其他相关会计准则要求或允许计入资产成本的除外）。

一、一般短期薪酬的确认和计量

企业发生的职工工资、津贴和补贴等短期薪酬，应当在职工为其提供服务的会计期间，根据职工提供服务情况和工资标准等计算确定计入职工薪酬的金额，按照受益对象计入当期损益或相关资产成本，借记"生产成本""制造费用""管理费用"等科目，贷记"应付职工薪酬"科目。发放时，借记"应付职工薪酬"科目，贷记"银行存款"等科目。

企业为职工缴纳的医疗保险费、工伤保险费等社会保险费和住房公积金，以及按规定提取的工会经费和职工教育经费，应当在职工为其提供服务的会计期间，根据规定的计提基础和计提比例计算确定相应的职工薪酬金额，确认相关负债，按照受益对象计入当期损益或相关资产成本。

企业发生的职工福利费，应当在实际发生时根据实际发生额计入当期损益或相关资产成本。企业向职工提供非货币性福利的，应当按照公允价值计量。如企业以自产产品作为非货币性福利提供给职工的，应当按照该产品的公允价值和相关税费确定职工薪酬金额，并计入当期损益或相关资产成本。相关收入的确认、销售成本的结转以及相关税费的处理，与企业正常商品销售的会计处理相同。企业以外购商品作为非货币性福利提供给职工的，应当按照该商品的公允价值和相关税费确定职工薪酬的金额，并计入当期损益或相关资产成本。

【例9-1】2023年7月，甲公司当月应发职工工资1 560万元，其中：生产部门生产工人工资1 000万元；生产部门管理人员工资200万元；管理部门管理人员工资360万元。根据甲公司所在地政府规定，甲公司每月分别按照应发职工工资的10%和8%计提并缴存医疗保险费和住房公积金。同时，甲公司每月分别按照应发职工工资的2%和1.5%计提工会经费和职工教育经费。假定不考虑其他因素以及所得税影响。

根据上述资料，甲公司计算其2023年7月份的职工薪酬金额如下：

应当计入生产成本的职工薪酬金额 = 1 000 + 1 000 × (10% + 8% + 2% + 1.5%) = 1 215（万元）

应当计入制造费用的职工薪酬金额 = 200 + 200 × (10% + 8% + 2% + 1.5%) = 243（万元）

应当计入管理费用的职工薪酬金额 = 360 + 360 × (10% + 8% + 2% + 1.5%) = 437.4（万元）

甲公司有关账务处理如下：

借：生产成本	12 150 000
制造费用	2 430 000
管理费用	4 374 000
贷：应付职工薪酬——工资	15 600 000
——医疗保险费	1 560 000
——住房公积金	1 248 000
——工会经费	312 000
——职工教育经费	234 000

【例9-2】甲公司是一家生产笔记本电脑的企业，共有职工200名。2023年1月16日，甲公司决定以其生产的笔记本电脑作为福利发放给公司每名职工。每台笔记本电脑的售价为1.4万元，成本为1万元。甲公司适用的增值税税率为13%，已开具增值税专用发票。假定200名职工中170名为直接参加生产的职工，30名为总部管理人员。假定甲公司于当日将笔记本电脑发放给各职工。

根据上述资料，甲公司计算笔记本电脑的售价总额及其增值税销项税额如下：

笔记本电脑的售价总额 = 1.4×170 + 1.4×30 = 238 + 42 = 280（万元）

笔记本电脑的增值税销项税额 = 1.4×170×13% + 1.4×30×13% = 30.94 + 5.46 = 36.4（万元）

应当计入生产成本的职工薪酬金额 = 238 + 30.94 = 268.94（万元）

应当计入管理费用的职工薪酬金额 = 42 + 5.46 = 47.46（万元）

甲公司有关账务处理如下：

借：生产成本		2 689 400
管理费用		474 600
贷：应付职工薪酬——非货币性福利		3 164 000
借：应付职工薪酬——非货币性福利		3 164 000
贷：主营业务收入		2 800 000
应交税费——应交增值税（销项税额）		364 000
借：主营业务成本		2 000 000
贷：库存商品		2 000 000

二、短期带薪缺勤的确认和计量

短期带薪缺勤应当根据其性质及其职工享有的权利，分为累积带薪缺勤和非累积带薪缺勤。企业应当对累积带薪缺勤和非累积带薪缺勤分别进行会计处理。带薪缺勤属于长期带薪缺勤的，企业应当作为其他长期职工福利处理。

（一）累积带薪缺勤

累积带薪缺勤，是指带薪权利可以结转下期的带薪缺勤，本期尚未用完的带薪缺勤权利可以在未来期间使用。企业应当在职工提供了服务从而增加了其未来享有的带薪缺勤权利时，确认与累积带薪缺勤相关的职工薪酬，并以累积未行使权利而增加的预期支付金额计量。

对于未行使的累积带薪缺勤权利，职工在离开企业时能够获得现金支付的，企业应当确认企业必须支付的、职工全部累积未使用权利的金额。企业应当根据资产负债表日因累积未使用权利而导致的预期支付的追加金额，作为累积带薪缺勤费用进行预计。

【例9-3】乙公司共有1 000名职工，从2023年1月1日起，该公司实行累积带薪缺勤制度。该制度规定，每个职工每年可享受5个工作日带薪年休假，未使用的年休假只能向后结转一个日历年度，超过1年未使用的权利作废；职工休年休假时，首先使用当年可享受的权利，不足部分再从上年结转的带薪年休假中扣除；职工离开公司时，对未使用的累积带薪年休假无权获得现金支付。

2023年12月31日，每个职工当年平均未使用带薪年休假为2天，乙公司预计2024年有950名职工将享受不超过5天的带薪年休假，剩余50名职工每人将平均享受6.5天年休假，假定这50名职工全部为总部管理人员，该公司平均每名职工每个工作日工资为400元。

根据上述资料，乙公司职工2023年已休带薪年休假的，由于在休假期间照发工资，因此相应的薪酬已经计入公司每月确认的职工薪酬金额中。与此同时，公司还需要预计职工2023年享有但尚未使用的、预期将在下一年度使用的累积带薪缺勤，并计入当期损益或者相关资产成本。在本例中，乙公司在2023年12月31日预计由于职工累积未使用的带薪年休假权利而导致预期将支付的工资负债为75天（50×1.5）的年休假工资金额30 000元（75×400）。相关账务处理如下：

借：管理费用　　　　　　　　　　　　　　　　　　　　　　30 000
　　贷：应付职工薪酬——累积带薪缺勤　　　　　　　　　　　　30 000

如果乙公司2024年有10名职工未享受累积未使用的带薪年休假，则应冲回上年度确认的相应费用6 000元（30 000/50×10），该10名职工2024年度的工资费用照常确认；剩余40名职工2024年享受了累积未使用的带薪年休假，则在职工实际使用权利时，相应期间的工资费用应扣除上年度已确认的累积带薪费用。

（二）非累积带薪缺勤

非累积带薪缺勤，是指带薪权利不能结转下期的带薪缺勤，本期尚未用完的带薪缺勤权利将予以取消，并且职工离开企业时也无权获得现金支付。我国企业职工休婚假、产假、丧假、探亲假、病假期间的工资通常属于非累积带薪缺勤。由于职工提供服务不能增加其能够享受的福利金额，企业在职工未缺勤时不应当计提相关费用和负债；企业应当在职工实际发生缺勤的会计期间确认与非累积带薪缺勤相关的职工薪酬，即视同职工出勤确认的当期费用或相关资产成本。

通常情况下，与非累积带薪缺勤相关的职工薪酬已经包含在企业每期向职工发放的工资等薪酬中，不必作额外的账务处理。

三、短期利润分享计划的确认和计量

企业制定并实施短期利润分享计划的，如当职工完成规定业绩指标或者在企业工作特定期限后，能够享有按照企业净利润的一定比例计算的薪酬，则企业应当按照本章的

规定对其进行会计处理。

短期利润分享计划同时满足下列条件的，企业应当确认相关的应付职工薪酬，并计入当期损益或相关资产成本：

（1）企业因过去事项导致现在具有支付职工薪酬的法定义务或推定义务。

（2）因利润分享计划所产生的应付职工薪酬义务金额能够可靠估计。

属于下列三种情形之一的，视为应付职工薪酬义务金额能够可靠估计：

（1）在财务报告批准报出之前企业已确定应支付的薪酬金额。

（2）该利润分享计划的正式条款中包括确定薪酬金额的方式。

（3）过去的惯例为企业确定推定义务金额提供了明显的证据。

企业在计量利润分享计划产生的应付职工薪酬时，应当反映职工因离职而无法得到利润分享计划支付的可能性。如果企业预期在职工为其提供相关服务的年度报告期间结束后 12 个月内，不需要全部支付利润分享计划产生的应付职工薪酬，该利润分享计划应当适用其他长期职工福利的有关规定。

企业根据经营业绩或职工贡献等情况提取的奖金，属于奖金计划，应当比照短期利润分享计划进行会计处理。

【例 9-4】 甲公司于 2023 年初制订和实施了一项短期利润分享计划，以对公司管理层进行激励。该计划规定，公司全年的净利润指标为 1 000 万元，如果在公司管理层的努力下完成的净利润超过 1 000 万元，公司管理层将可以分享超过 1 000 万元净利润部分的 10% 作为额外报酬。假定至 2023 年 12 月 31 日，甲公司全年实际完成净利润 1 500 万元。如果不考虑离职等其他因素，则甲公司管理层按照利润分享计划可以分享利润 50 万元 ［（1 500－1 000）×10%］ 作为其额外的薪酬。

甲公司 2023 年 12 月 31 日的相关账务处理如下：

借：管理费用 500 000

贷：应付职工薪酬——利润分享计划 500 000

第三节 离职后福利的确认和计量

离职后福利包括退休福利（如养老金和一次性的退休支付）及其他离职后福利（如离职后人寿保险和离职后医疗保障）。企业向职工提供了离职后福利的，无论其是否设立了单独主体来接受提存金并支付福利，均应当按照本章的相关要求对离职后福利进行会计处理。

职工正常退休时获得的养老金等离职后福利，是职工与企业签订的劳动合同到期或者职工达到了国家规定的退休年龄时，获得的离职后生活补偿金。引发企业给予前述补偿的事项是职工在职时提供的服务，因此，企业应当在职工提供服务的会计期间对离职后福利进行确认和计量。

一、设定提存计划的确认和计量

设定提存计划，是指企业向单独主体（如基金等）缴存固定费用后，不再承担进一步支付义务的离职后福利计划。

对于设定提存计划，企业应当根据在资产负债表日为换取职工在会计期间提供的服务而应向单独主体缴存的提存金，确认职工薪酬负债，并将其计入当期损益或相关资产成本。根据设定提存计划，企业预期不会在职工提供相关服务的年度报告期结束后12个月内支付全部应缴存金额的，应当参照资产负债表日与设定提存计划义务期限和币种相匹配的国债或活跃市场上的高质量公司债券的市场收益率确定的折现率，将全部应缴存金额以折现后的金额计量应付职工薪酬。

【例9-5】承〖例9-1〗，甲公司根据所在地政府规定，每月按照应发职工工资的12%计提基本养老保险费，缴存当地社会保险经办机构。2023年7月，甲公司缴存的基本养老保险费，应计入生产成本的金额为120万元，应计入制造费用的金额为24万元，应计入管理费用的金额为43.2万元。甲公司2023年7月的账务处理如下：

借：生产成本　　　　　　　　　　　　　　　　　1 200 000
　　制造费用　　　　　　　　　　　　　　　　　　240 000
　　管理费用　　　　　　　　　　　　　　　　　　432 000
　　贷：应付职工薪酬——设定提存计划　　　　　1 872 000

二、设定受益计划的确认和计量

设定受益计划，是指除设定提存计划以外的离职后福利计划。

设定提存计划与设定受益计划的区分，取决于离职后福利计划的主要条款和条件所包含的经济实质。在设定提存计划下，企业的义务以企业应向独立主体缴存的提存金额为限，职工未来所能取得的离职后福利取决于向独立主体支付的提存金金额以及提存金所产生的投资回报，从而精算风险（即福利将少于预期的风险）和投资风险（即投资的资产将不足以支付预期福利的风险）实质上要由职工来承担。在设定受益计划下，企业的义务是为现在及以前的职工提供约定的福利，计划相关的精算风险和投资风险实质上由企业来承担。

当企业负有下列义务时，该计划属于一项设定受益计划：（1）计划福利公式不仅与提存金金额相关，而且要求企业在资产不足以满足该公式的福利时提供进一步的提存金；或者（2）通过计划间接地或直接地对提存金的特定回报作出担保。

企业应当按照以下步骤对每项设定受益计划进行会计处理：

1. 确定设定受益计划义务的现值和当期服务成本。

企业应当根据预期累计福利单位法，采用无偏且相互一致的精算假设对有关人口统计变量和财务变量等作出估计，计量设定受益计划所产生的义务，并确定相关义务的归属期间。企业应当根据资产负债表日与设定受益计划义务期限和币种相匹配的国债或活跃市场上的高质量公司债券的市场收益率确定折现率，将设定受益计划所产生的义务予以折现，以确定设定受益计划义务的现值和当期服务成本。

设定受益计划义务的现值，是指企业在不扣除任何计划资产的情况下，为履行获得当期和以前期间职工服务产生的最终义务，所需支付的预期未来金额的现值。设定受益计划的最终义务受到许多变量的影响，如职工离职率、死亡率、职工缴付的提存金等。企业在折现时，即使预期有部分义务在报告期间结束后的 12 个月内结算，企业仍应对整项义务进行折现。企业应当就至报告期末的任何重大交易及环境的其他重大变化（包括市场价格和利率的变化）进行调整，在每年年末进行复核。

企业应当通过预期累计福利单位法确定其设定受益计划义务的现值、当期服务成本和过去服务成本。根据预期累计福利单位法，职工每提供一个期间的服务，就会增加一个单位的福利权利，企业应当对每一单位的福利权利进行单独计量，并将所有单位的福利权利累计形成最终义务。企业应当将福利归属于提供设定受益计划的义务发生的期间。这一期间是指从职工提供服务以获取企业在未来报告期间预计支付的设定受益计划福利开始，至职工的继续服务不会导致这一福利金额显著增加之日为止。

企业在确定设定受益计划义务的现值、当期服务成本以及过去服务成本时，应当根据计划的福利公式将设定受益计划产生的福利义务归属于职工提供服务的期间，并计入当期损益或相关资产成本。

当职工后续年度的服务将导致其享有的设定受益计划福利水平显著高于以前年度时，企业应当按照直线法，将累计设定受益计划义务分摊确认于职工提供服务而导致企业第一次产生设定受益计划义务至职工提供服务不再导致该义务显著增加的期间。在确定后续年度服务是否将导致职工享有的设定受益福利水平显著高于以前年度时，不应考虑仅因未来工资水平提高而导致设定受益计划义务显著增加的情况。

精算假设，是指企业对影响离职后福利最终义务的各种变量的最佳估计。精算假设应当是客观公正、相互可比、无偏且相互一致的。精算假设包括人口统计假设和财务假设。人口统计假设包括死亡率、职工的离职率、伤残率、提前退休率等。财务假设包括折现率、福利水平和未来薪酬等。

经验调整是设定受益计划义务的实际数与估计数之间的差异。在某些情况下，设定受益计划对于未来福利水平调整未作出明确规定的，企业将有关福利水平的增加确认为精算假设与实际经验的差异（产生精算利得或损失），还是计划的修改（产生过去服务成本），需要运用职业判断。

【例9-6】 甲公司在2023年1月1日设立了一项设定受益计划，并于当日开始实施。该设定受益计划规定：

（1）甲公司向所有在职员工提供统筹外补充退休金，这些职工在退休后每年可以额外获得12万元退休金，直至去世。

（2）职工获得该额外退休金基于自该计划开始日起为公司提供的服务，而且应当自该设定受益计划开始日起一直为公司服务至退休。

为简化起见，假定符合计划的职工为100人，均为总部管理人员，当前平均年龄为40岁，退休年龄为60岁（即还可为公司服务20年），退休前无人离职，退休后平均剩余寿命为15年。假定适用的折现率为10%，不考虑未来通货膨胀影响等其他因素。

根据上述资料，设定受益计划义务及其现值计算见表9-1，职工服务期间每期服务成本计算见表9-2。

表9-1 　　　　　　　　　　设定受益计划义务及其现值计算表

项目	退休后第1年	退休后第2年	退休后第3年	退休后第4年	……	退休后第14年	退休后第15年
（1）当年支付（万元）	1 200	1 200	1 200	1 200	……	1 200	1 200
（2）折现率（%）	10	10	10	10	……	10	10
（3）复利现值系数	0.9091	0.8264	0.7513	0.6830	……	0.2633	0.2394
（4）退休时点现值=（1）×（3）（万元）	1 091	992	902	820	……	316	287
（5）退休时点现值合计（万元）	9 127						

注：本表中退休时点现值的计算四舍五入取整数。

表9-2 　　　　　　　　　　职工服务期间每期服务成本计算表 　　　　　　　单位：万元

项目	服务第1年	服务第2年	……	服务第19年	服务第20年
（1）福利归属					
——以前年度	0	456.35	……	8 214.3	8 670.65
——当年	456.35	456.35	……	456.35	456.35
——以前年度+当年	456.35	912.70	……	8 670.65	9 127
（2）期初义务	0	74.62	……	6 788.68	7 882.41
（3）利息	0	7.46	……	678.87	788.24

续表

项目	服务第1年	服务第2年	……	服务第19年	服务第20年
（4）当期服务成本	74.62*	82.08**	……	414.86***	456.35
（5）期末义务 =（2）+（3）+（4）	74.62	164.16		7 882.41	9 127****

注：*74.62 = 9 127/20/$(1+10\%)^{19}$ = 456.35/$(1+10\%)^{19}$；**82.08 = 456.35/$(1+10\%)^{18}$；***414.86 = 456.35/$(1+10\%)$；****含尾数调整。

服务第1年年末，甲公司的账务处理如下：

借：管理费用　　　　　　　　　　　　　　　　　746 200
　　贷：应付职工薪酬——设定受益计划　　　　　　　746 200

服务第2年年末，甲公司的账务处理如下：

借：管理费用　　　　　　　　　　　　　　　　　820 800
　　贷：应付职工薪酬——设定受益计划　　　　　　　820 800
借：财务费用　　　　　　　　　　　　　　　　　 74 600
　　贷：应付职工薪酬——设定受益计划　　　　　　　 74 600

服务第3年至第20年，以此类推处理。

2. 确定设定受益计划净负债或净资产。

设定受益计划存在资产的，企业应当将设定受益计划义务的现值减去设定受益计划资产公允价值所形成的赤字或盈余确认为一项设定受益计划净负债或净资产。设定受益计划存在盈余的，企业应当以设定受益计划的盈余和资产上限两项的孰低者计量设定受益计划净资产。其中，资产上限，是指企业可从设定受益计划退款或减少未来向独立主体缴存提存金而获得的经济利益的现值。计划资产包括长期职工福利基金持有的资产、符合条件的保险单等，但不包括企业应付但未付给独立主体的提存金、由企业发行并由独立主体持有的任何不可转换的金融工具。

3. 确定应当计入当期损益的金额。

报告期末，企业应当在损益中确认的设定受益计划产生的职工薪酬成本包括服务成本、设定受益计划净负债或净资产的利息净额。其中，服务成本包括当期服务成本、过去服务成本和结算利得或损失。设定受益计划净负债或净资产的利息净额包括计划资产的利息收益、设定受益计划义务的利息费用以及资产上限影响的利息。企业应当将服务成本和设定受益计划净负债或净资产的利息净额计入当期损益，其他相关会计准则要求或允许计入资产成本的除外。

（1）当期服务成本，是指因职工当期提供服务所导致的设定受益计划义务现值的增加额。

（2）过去服务成本，是指设定受益计划修改所导致的与以前期间职工提供服务相关的设定受益计划义务现值的增加或减少。当企业设立或取消一项设定受益计划或是改变现有设定受益计划下的应付福利时，设定受益计划就发生了修改。

（3）结算利得或损失。企业应当在设定受益计划结算时，确认一项结算利得或损失。设定受益计划结算，是指企业为了消除设定受益计划所产生的部分或所有未来义务进行的交易，而不是根据计划条款和所包含的精算假设向职工支付福利。

设定受益计划结算利得或损失是下列两项的差额：①在结算日确定的设定受益计划义务的现值。②结算价格，包括转移的计划资产的公允价值和企业直接发生的与结算相关的支付。

（4）设定受益计划净负债或净资产的利息净额，是指设定受益计划净负债或净资产在职工提供服务期间由于时间变化而产生的变动，包括计划资产的利息收益、设定受益计划义务的利息费用以及资产上限影响的利息。

4. 确定应当计入其他综合收益的金额。

企业应当将重新计量设定受益计划净负债或净资产所产生的变动计入其他综合收益，并且在后续会计期间不允许转回至损益。在原设定受益计划终止时，企业应当在权益范围内将原计入其他综合收益的部分全部结转至未分配利润。计划终止，指该计划已不存在，即本企业已解除该计划所产生的所有未来义务。

重新计量设定受益计划净负债或净资产所产生的变动包括下列部分：

（1）精算利得或损失，即由于精算假设和经验调整导致之前所计量的设定受益计划义务现值的增加或减少。企业未能预计的过高或过低的职工离职率、提前退休率、死亡率、过高或过低的薪酬、福利的增长以及折现率变化等因素，将导致设定受益计划产生精算利得或损失。精算利得或损失不包括因设立、修改或结算设定受益计划所导致的设定受益计划义务的现值变动，或者设定受益计划下应付福利的变动。这些变动产生了过去服务成本或结算利得或损失。

【例9-7】 承【例9-6】，假定甲公司在该计划开始后职工提供服务的第3年年末重新计量该设定受益计划的净负债。甲公司发现，由于预期寿命等精算假设和经验调整导致该设定受益计划义务的现值增加，形成精算损失15万元。

甲公司的账务处理如下：

借：其他综合收益——设定受益计划净负债或净资产重新计量——精算损失

                                                                          150 000

    贷：应付职工薪酬——设定受益计划   150 000

（2）计划资产回报，扣除包括在设定受益计划净负债或净资产的利息净额中的金额。计划资产的回报，指计划资产产生的利息、股利和其他收入，以及计划资产已实现和未实现的利得或损失。企业在确定计划资产回报时，应当扣除管理该计划资产的成本以及计划本身的应付税款，但计量设定受益计划义务时采用的精算假设所包括的税款除外。

（3）资产上限影响的变动，扣除包括在设定受益计划净负债或净资产的利息净额中的金额。

第四节 辞退福利和其他长期职工福利的确认和计量

一、辞退福利的确认和计量

（一）辞退福利

辞退福利包括两方面内容：一是在职工劳动合同到期前，不论职工本人是否愿意，企业决定解除与职工的劳动关系而给予的补偿；二是在职工劳动合同到期前，为鼓励职工自愿接受裁减而给予职工的补偿，职工有权利选择继续在职或接受补偿离职。由于导致辞退福利义务产生的事项是终止雇佣而不是为获得职工的服务，企业应当将辞退福利作为单独一类职工薪酬进行会计处理。

在确定企业提供的经济补偿是否为辞退福利时，应当注意以下问题：

（1）区分辞退福利和正常退休养老金。辞退福利是在职工与企业签订的劳动合同到期前，企业根据法律与职工本人或职工代表（如工会）签订的协议，或者基于商业惯例，对其提前终止与职工的雇佣关系所支付的补偿，引发补偿的事项是辞退。而职工正常退休获得的养老金，是对职工在职时提供的服务的补偿。

（2）对于职工虽然没有与企业解除劳动合同，但未来不再为企业提供服务，不能为企业带来经济利益，企业承诺提供实质上具有辞退福利性质的经济补偿的，应当比照辞退福利处理。例如，企业实施职工内部退休计划的，在其正式退休之前应当比照辞退福利处理，在其正式退休之后，应当按照离职后福利处理。

（二）辞退福利的确认和计量

企业向职工提供辞退福利的，应当在以下两者孰早的时点确认辞退福利产生的职工薪酬负债，并计入当期损益：

（1）企业不能单方面撤回因解除劳动关系计划或裁减建议所提供的辞退福利时。

（2）企业确认涉及支付辞退福利的重组相关的成本或费用时。

企业有详细、正式的重组计划并且该重组计划已对外公告时，表明企业承担了重组义务。重组计划包括重组涉及的业务、主要地点、需要补偿的职工人数及其岗位性质、预计重组支出、计划实施时间等。

企业应当按照辞退计划条款的规定，合理预计并确认辞退福利产生的职工薪酬负债，并具体考虑下列情况：

（1）对于职工没有选择权的辞退计划，企业应当根据计划条款规定拟解除劳动关系的职工数量、每一职位的辞退补偿等确认职工薪酬负债。

（2）对于自愿接受裁减建议的辞退计划，由于接受裁减的职工数量不确定，企业应当根据本书第十二章的相关会计处理规定，预计将会接受裁减建议的职工数量，根据预计的职工数量、每一职位的辞退补偿金额等确认职工薪酬负债。

（3）对于预期在辞退福利确认的年度报告期间结束后 12 个月内完全支付的辞退福利，企业应当适用短期薪酬的相关规定。

（4）对于预期在年度报告期间结束后 12 个月内不能完全支付的辞退福利，企业应当适用其他长期职工福利的相关规定，即实质性辞退工作在 1 年内实施完毕但补偿款项超过 1 年支付的辞退计划，企业应当选择恰当的折现率，以折现后的金额计量应计入当期损益的辞退福利金额。

【例9-8】甲公司是一家空调制造企业。2023 年 9 月，为了能够在下一年度顺利实施转产，甲公司管理层制订了一项辞退计划。该计划规定，从 2024 年 1 月 1 日起，甲公司将以职工自愿方式辞退其柜式空调生产车间的职工。辞退计划的详细内容，包括拟辞退的职工所在部门、数量、各级别职工能够获得的补偿金额以及计划大体实施的时间等均已与职工沟通，并达成一致意见。辞退计划已于 2023 年 12 月 11 日经董事会正式批准，并将于下一个年度内实施完毕。该项辞退计划的详细内容如表 9-3 所示。

表9-3 甲公司辞退计划

所属部门	职位	辞退数量（人）	工龄（年）	每人补偿额（万元）
柜式空调生产车间	车间主任、副主任	10	1~10	10
			10~20	20
			20~30	30
	高级技工	50	1~10	8
			10~20	18
			20~30	28
	一般技工	100	1~10	5
			10~20	15
			20~30	25
合计		160		

注：本表中 1~10 包含 10，10~20 包含 20，20~30 包含 30，表 9-4 同。

2023 年 12 月 31 日，甲公司预计各级别职工拟接受辞退职工数量的最佳估计数（最可能发生数）及其应支付的补偿如表 9-4 所示。

表9-4 甲公司预计辞退职工数量及补偿金额

所属部门	职位	计划辞退数量（人）	工龄（年）	拟接受辞退数量（人）	每人补偿额（万元）	补偿金额（万元）
柜式空调生产车间	车间主任、副主任	10	1~10	5	10	50
			10~20	2	20	40
			20~30	1	30	30

续表

所属部门	职位	计划辞退数量（人）	工龄（年）	拟接受辞退数量（人）	每人补偿额（万元）	补偿金额（万元）
柜式空调生产车间	高级技工	50	1～10	20	8	160
			10～20	10	18	180
			20～30	5	28	140
	一般技工	100	1～10	50	5	250
			10～20	20	15	300
			20～30	10	25	250
合计		160		123		1 400

根据表 9 - 4，愿意接受辞退职工的最佳估计数为 123 人，预计补偿总额为 1 400 万元，则甲公司在 2023 年（辞退计划于 2023 年 12 月 11 日经董事会批准）应作如下账务处理：

借：管理费用   14 000 000

贷：应付职工薪酬——辞退福利   14 000 000

企业实施职工内部退休计划的，在内退计划符合本章规定的确认条件时，企业应当将自职工停止提供服务日至正常退休日期间企业拟支付的内退职工工资和缴纳的社会保险费等，确认为应付职工薪酬，一次性计入当期损益，而不能在职工内退后分期确认因支付内退职工工资和为其缴纳社会保险费等产生的义务。

二、其他长期职工福利的确认和计量

其他长期职工福利包括长期带薪缺勤、其他长期服务福利、长期残疾福利、长期利润分享计划和长期奖金计划等。

企业向职工提供的其他长期职工福利，符合设定提存计划条件的，应当按照设定提存计划的有关规定进行会计处理；符合设定受益计划条件的，应当按照设定受益计划的有关规定进行会计处理。报告期末，企业应当将其他长期职工福利产生的职工薪酬的总净额（包括服务成本、其他长期职工福利净负债或净资产的利息净额和重新计量其他长期职工福利净负债或净资产所产生的变动）计入当期损益或相关资产成本。

长期残疾福利水平取决于职工提供服务期间长短的，企业应在职工提供服务的期间确认应付长期残疾福利义务，计量时应当考虑长期残疾福利支付的可能性和预期支付的期限；长期残疾福利水平与职工提供服务期间长短无关的，企业应当在导致职工长期残疾的事件发生的当期确认应付长期残疾福利义务。

本章思考题

1. 短期带薪缺勤与一般短期薪酬的会计处理有何异同？

2. 为什么要区分辞退福利与正常退休的养老金，并采用不同的会计处理？

3. 如何确定辞退福利产生的职工薪酬负债的确认时点和计量金额？

第十章 股份支付

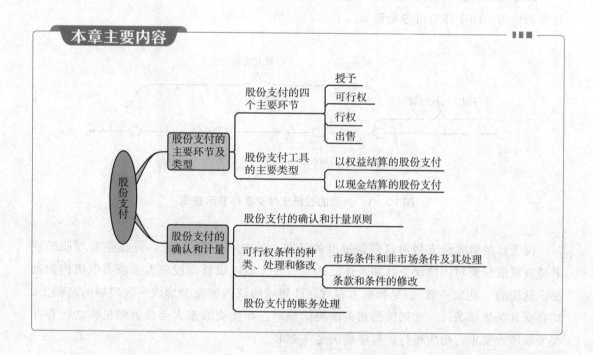

本章主要内容

- 股份支付
  - 股份支付的主要环节及类型
    - 股份支付的四个主要环节
      - 授予
      - 可行权
      - 行权
      - 出售
    - 股份支付工具的主要类型
      - 以权益结算的股份支付
      - 以现金结算的股份支付
  - 股份支付的确认和计量
    - 股份支付的确认和计量原则
    - 可行权条件的种类、处理和修改
      - 市场条件和非市场条件及其处理
      - 条款和条件的修改
    - 股份支付的账务处理

第一节 股份支付的主要环节及类型

股份支付，是指企业为获取职工和其他方提供服务而授予权益工具或者承担以权益工具为基础确定的负债的交易。股份支付所指的权益工具是指企业自身权益工具，包括企业本身、企业的母公司或同集团其他会计主体的权益工具。

股份支付具有以下特征：一是股份支付是企业与职工或其他方之间发生的交易。以股份为基础的支付可能发生在企业与股东之间、合并交易中的合并方与被合并方之间或者企业与其职工之间，其中，只有发生在企业与其职工或向企业提供服务的其他方之间的交易，才可能符合本章对股份支付的定义。二是股份支付是以获取职工或其他方服务为目的的交易。企业在股份支付交易中意在获取其职工或其他方提供的服务（费用）或取得这些服务的权利（资产）。企业获取这些服务或权利的目的在于激励企业职工更好地从事生产经营以达到业绩条件而不是转手获利等。三是股份支付交易的对价或其定价与企业自身权益工具未来的价值密切相关。股份支付交易与企业与其职工间其他类型交易的最大不同，是交易对价或其定价与企业自身权益工具未来的价值密切相关。在股份支付中，企业要么向职工支付其自身权益工具，要么向职工支付一笔现金，而其金额高低取决于行权时企业自身权益工具的公允价值。

一、股份支付的四个主要环节

以薪酬性股票期权为例，典型的股份支付通常涉及四个主要环节：授予、可行权、行权和出售。四个环节可参见图 10 – 1。

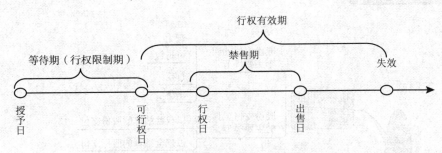

图 10 – 1　典型的股份支付交易环节示意图

授予日是指股份支付协议获得批准的日期。其中"获得批准"，是指企业与职工或其他方就股份支付的协议条款和条件已达成一致，该协议获得股东大会或类似机构的批准。这里的"达成一致"，是指双方在对该计划或协议内容充分形成一致理解的基础上，均接受其条款和条件。如果按照相关法规的规定，在提交股东大会或类似机构之前存在必要程序或要求，则应履行该程序或满足该要求。

可行权日是指可行权条件得到满足、职工或其他方具有从企业取得权益工具或现金权利的日期。有的股份支付协议是一次性可行权，有的则是分批可行权。只有达到可行权条件的股票期权，才是职工真正拥有的"财产"，才能去择机行权。从授予日至可行权日的时段，是可行权条件得到满足的期间，因此称为"等待期"，又称"行权限制期"。

行权日是指职工和其他方行使权利、获取现金或权益工具的日期。例如，持有股票期权的职工行使了以特定价格购买一定数量本公司股票的权利，该日期即为行权日。行权是按期权的约定价格实际购买股票，一般是在可行权日之后至期权到期日之前的可选择时段内行权。

出售日是指股票的持有人将行使期权所取得的期权股票出售的日期。按照我国相关规定，用于期权激励的股份支付协议，应在行权日与出售日之间设立禁售期，其中国有控股上市公司的禁售期不得低于 2 年。

二、股份支付工具的主要类型

（一）以权益结算的股份支付

以权益结算的股份支付，是指企业为获取服务而以股份或其他权益工具作为对价进行结算的交易。以权益结算的股份支付最常用的工具有两类：限制性股票和股票期权。

限制性股票是指职工或其他方按照股份支付协议规定的条款和条件，从企业获得一定数量的本企业股票。企业授予职工一定数量的股票，在一个确定的等待期内或在满足特定业绩指标之前，职工出售股票要受到持续服务期限条款或业绩条件的限制。

股票期权是指企业授予职工或其他方在未来一定期限内以预先确定的价格和条件购买本企业一定数量股票的权利。实务中，存在名为"第二类限制性股票"的股权激励。激励对象在授予日无须出资购买限制性股票；待满足可行权条件后，激励对象可以选择按原授予价格购买股票，也可以选择不缴纳认股款，放弃取得相应股票。此类安排的实质是公司赋予员工在满足可行权条件后以约定价格（授予价格）购买公司股票的权利，员工可获取行权日股票价格高于授予价格的上行收益，但不承担股价下行风险，实质上也是一项股票期权。

（二）以现金结算的股份支付

以现金结算的股份支付，是指企业为获取服务而承担的以股份或其他权益工具为基础计算的交付现金或其他资产的义务的交易。以现金结算的股份支付最常用的工具有两类：模拟股票和现金股票增值权。

模拟股票和现金股票增值权，是用现金支付模拟的股权激励机制，即与股票价值挂钩，但用现金支付。除不需实际认购和持有股票之外，现金股票增值权的运作原理与股票期权是一样的，都是一种增值权形式的与股票价值挂钩的薪酬工具。除不需实际授予股票和持有股票之外，模拟股票的运作原理与限制性股票是一样的。

第二节　股份支付的确认和计量

一、股份支付的确认和计量原则

（一）以权益结算的股份支付的确认和计量原则

1. 换取职工服务的股份支付。

对于换取职工服务的股份支付，企业应当以股份支付所授予的权益工具的公允价值计量。企业应在等待期内的每个资产负债表日，以对可行权权益工具数量的最佳估计为基础，按照权益工具在授予日的公允价值，将当期取得的服务计入相关资产成本或当期费用，同时计入资本公积中的其他资本公积。

对于授予后立即可行权的换取职工提供服务的权益结算的股份支付（例如授予限制性股票的股份支付），应在授予日按照权益工具的公允价值，将取得的服务计入相关资产成本或当期费用，同时计入资本公积中的股本溢价。

2. 换取其他方服务的股份支付。

换取其他方服务，是指企业以自身权益工具换取职工以外其他有关方面为企业提供的服务。在某些情况下，这些服务可能难以辨认，但仍会有迹象表明企业是否取得了该服务，应当按照本章处理。对于换取其他方服务的股份支付，企业应当以股份支付所换取服务的公允价值计量。一般而言，职工以外的其他方所提供的服务能够可靠计量的，应当优先采用其他方提供服务在取得日的公允价值；如果其他方服务的公允价值不能可靠计量，但权益工具的公允价值能够可靠计量，应当按照权益工具在服务取得日的公允价值计量。企业应当根据所确定的公允价值计入相关资产成本或费用。

3. 权益工具公允价值无法可靠确定时的处理。

在极少情况下，授予权益工具的公允价值无法可靠计量。在这种情况下，企业应当在获取对方提供服务的时点、后续的每个资产负债表日以及结算日，以内在价值计量该权益工具，内在价值的变动计入当期损益。同时，企业应当以最终可行权或实际行权的权益工具数量为基础，确认取得服务的金额。内在价值是指交易对方有权认购或取得的股份的公允价值，与其按照股份支付协议应当支付的价格间的差额。企业对上述以内在价值计量的已授予权益工具进行结算，应当遵循以下要求：

（1）结算发生在等待期内的，企业应当将结算作为加速可行权处理，即立即确认本应于剩余等待期内确认的服务金额。

（2）结算时支付的款项应当作为回购该权益工具处理，即减少所有者权益。结算支付的款项高于该权益工具在回购日内在价值的部分，计入当期损益。

（二）以现金结算的股份支付的确认和计量原则

企业应当在等待期内的每个资产负债表日，以对可行权情况的最佳估计为基础，按照企业承担负债的公允价值，将当期取得的服务计入相关资产成本或当期费用，同时计入负债，并在结算前的每个资产负债表日和结算日对负债的公允价值重新计量，将其变动计入当期损益。

对于授予后立即可行权的现金结算的股份支付（例如授予虚拟股票或业绩股票的股份支付），企业应当在授予日按照企业承担负债的公允价值计入相关资产成本或费用，同时计入负债，并在结算前的每个资产负债表日和结算日对负债的公允价值重新计量，将其变动计入当期损益。

二、可行权条件的种类、处理和修改

股份支付中通常涉及可行权条件。可行权条件是指能够确定企业是否得到职工或其他方提供的服务、且该服务使职工或其他方具有获取股份支付协议规定的权益工具或现

金等权利的条件；反之，为非可行权条件。可行权条件包括服务期限条件和业绩条件。服务期限条件是指职工或其他方完成规定服务期限才可行权的条件。业绩条件是指职工或其他方完成规定服务期限且企业已经达到特定业绩目标才可行权的条件，具体包括市场条件和非市场条件。

（一）市场条件和非市场条件及其处理

市场条件是指行权价格、可行权条件以及行权可能性与权益工具的市场价格相关的业绩条件，如股份支付协议中关于股价上升至何种水平职工或其他方可相应取得多少股份的规定。企业在确定权益工具在授予日的公允价值时，应考虑股份支付协议中规定的可行权条件中的市场条件和非可行权条件的影响。但市场条件是否得到满足，不影响企业对预计可行权情况的估计。

非市场条件是指除市场条件之外的其他业绩条件，如股份支付协议中关于达到最低盈利目标或销售目标才可行权的规定。企业在确定权益工具在授予日的公允价值时，不考虑非市场条件的影响。但非市场条件是否得到满足，影响企业对预计可行权情况的估计。对于可行权条件为业绩条件的股份支付，只要职工满足了其他所有非市场条件（如利润增长率、服务期限等），企业就应当确认已取得的服务。股份支付存在非可行权条件的，只要职工或其他方满足了所有可行权条件中的非市场条件（如利润增长率、服务期限等），企业应当确认已得到服务相对应的成本费用。职工或其他方能够选择满足非可行权条件但在等待期未满足的，企业应当将其作为授予权益工具的取消处理。

【例10-1】2023年1月，为奖励并激励高管，上市公司甲公司与其管理层成员签署股份支付协议，规定如果管理层成员在其后3年中都在公司任职服务，并且公司股价每年均提高10%以上，管理层成员即可以低于市价的价格购买一定数量的本公司股票。

同时作为协议的补充，公司把全体管理层成员的年薪提高了50 000元，但公司将这部分年薪按月存入公司专门建立的内部基金，3年后，管理层成员可用属于其个人的部分抵减未来行权时支付的购买股票款项。如果管理层成员决定退出这项基金，可随时全额提取。

甲公司以期权定价模型估计授予的此项期权在授予日的公允价值为3 000 000元。

在授予日，甲公司估计3年内管理层离职的比例为每年10%；第二年年末，甲公司调整其估计离职率为5%；到第三年年末，甲公司实际离职率为6%。

在第一年中，甲公司股价提高了10.5%，第二年提高了11%，第三年提高了6%。甲公司在第一年、第二年年末预计下年能实现当年股价增长10%以上的目标。

请问此例涉及哪些条款和条件？甲公司应如何处理？

分析：如果不同时满足服务3年和公司股价年增长10%以上的要求，管理层成员就无权行使其股票期权，因此二者都属于可行权条件，其中服务满3年是一项服务期限条件，10%的股价增长要求是一项市场条件。虽然公司要求管理层成员将部分薪金存入统一账户保管，但不影响其可行权，因此统一账户条款是非可行权条件。

第一年年末确认的服务费用为：

$3\,000\,000 \times 1/3 \times 90\% = 900\,000$（元）

第二年年末累计确认的服务费用为：

$3\,000\,000 \times 2/3 \times 95\% = 1\,900\,000$（元）

第三年年末累计确认的服务费用为：

$3\,000\,000 \times 94\% = 2\,820\,000$（元）

由此，第二年应确认的费用为：

$1\,900\,000 - 900\,000 = 1\,000\,000$（元）

第三年应确认的费用为：

$2\,820\,000 - 1\,900\,000 = 920\,000$（元）

最后，94%的管理层成员满足了市场条件之外的全部可行权条件。尽管股价每年增长10%以上的市场条件未得到满足，甲公司在3年的年末也均确认了收到的管理层提供的服务，并相应确认了费用。

（二）条款和条件的修改

通常情况下，股份支付协议生效后，不应对其条款和条件随意修改。但在某些情况下，可能需要修改授予权益工具的股份支付协议中的条款和条件。例如，股票除权、除息或其他原因需要调整行权价格或股票期权数量。此外，为了得到更佳的激励效果，有关法规也允许企业依据股份支付协议的规定，调整行权价格或股票期权数量，但应当由董事会作出决议并经股东大会审议批准，或者由股东大会授权董事会决定。《上市公司股权激励管理办法》对此作出了严格的限定，必须按照批准股份支付计划的原则和方式进行调整。

在会计核算上，无论已授予的权益工具的条款和条件如何修改，甚至取消权益工具的授予或结算该权益工具，企业都应至少确认按照所授予的权益工具在授予日的公允价值来计量获取的相应服务，除非因不能满足权益工具的可行权条件（除市场条件外）而无法可行权。

1. 条款和条件的有利修改。

企业应当分别以下情况，确认导致股份支付公允价值总额升高以及其他对职工有利的修改的影响：

（1）如果修改增加了所授予的权益工具的公允价值，企业应按照权益工具公允价值的增加相应地确认取得服务的增加。权益工具公允价值的增加，是指修改前后的权益工具在修改日的公允价值之间的差额。

（2）如果修改增加了所授予的权益工具的数量，企业应将增加的权益工具的公允价值相应地确认为取得服务的增加。

（3）如果企业按照有利于职工的方式修改可行权条件，如缩短等待期、变更或取消业绩条件（而非市场条件），企业在处理可行权条件时，应当考虑修改后的可行权条件。

2. 条款和条件的不利修改。

如果企业以减少股份支付公允价值总额的方式或其他不利于职工的方式修改条款和条件，企业仍应继续对取得的服务进行会计处理，如同该变更从未发生，除非企业取消了部分或全部已授予的权益工具。具体包括如下几种情况：

（1）如果修改减少了授予的权益工具的公允价值，企业应当继续以权益工具在授予日的公允价值为基础，确认取得服务的金额，而不应考虑权益工具公允价值的减少。

（2）如果修改减少了授予的权益工具的数量，企业应当将减少部分作为已授予的权益工具的取消来进行处理。

（3）如果企业以不利于职工的方式修改了可行权条件，如延长等待期、增加或变更业绩条件（而非市场条件），企业在处理可行权条件时，不应当考虑修改后的可行权条件。

3. 取消或结算。

如果企业在等待期内取消了所授予的权益工具或结算了所授予的权益工具（因未满足可行权条件而被取消的除外），企业应当：

（1）将取消或结算作为加速可行权处理，将原本应在剩余等待期内确认的金额立即计入当期损益，同时确认资本公积。

（2）在取消或结算时支付给职工的所有款项均应作为权益的回购处理，回购支付的金额高于该权益工具在回购日公允价值的部分，计入当期费用。

（3）如果向职工授予新的权益工具，并在新权益工具授予日认定所授予的新权益工具是用于替代被取消的权益工具的，企业应以与处理原权益工具条款和条件修改相同的方式，对所授予的替代权益工具进行处理。权益工具公允价值的增加，是指在替代权益工具的授予日，替代权益工具公允价值与被取消的权益工具净公允价值之间的差额。被取消的权益工具的净公允价值，是指其在取消前立即计量的公允价值减去因取消原权益工具而作为权益回购支付给职工的款项。如果企业未将新授予的权益工具认定为替代权益工具，则应将其作为一项新授予的股份支付进行处理。

职工自愿退出股权激励计划不属于未满足可行权条件的情况，而属于股权激励计划的取消，因此，企业应当作为加速行权处理，将剩余等待期内应确认的金额立即计入当期损益，同时确认资本公积，不应当冲回以前期间确认的成本或费用。

企业如果回购其职工已可行权的权益工具，应当借记所有者权益，回购支付的金额高于该权益工具在回购日公允价值的部分，计入当期费用。

三、股份支付的账务处理

股份支付的账务处理必须以完整、有效的股份支付协议为基础。

（一）授予日

除了立即可行权的股份支付外，无论是以权益结算的股份支付还是以现金结算的股份支付，企业在授予日均不作会计处理。

（二）等待期内每个资产负债表日

企业应当在等待期内的每个资产负债表日，将取得职工或其他方提供的服务计入成本费用，同时确认所有者权益或负债。对于附有市场条件的股份支付，只要职工满足了其他所有非市场条件，企业就应当确认已取得的服务。

在等待期内，业绩条件为非市场条件的，如果后续信息表明需要调整对可行权情况的估计的，应对前期估计进行修改。

在等待期内每个资产负债表日，企业应将取得的职工提供的服务计入成本费用，计入成本费用的金额应当按照权益工具的公允价值计量。

对于以权益结算的涉及职工的股份支付，应当按照授予日权益工具的公允价值计入成本费用和资本公积（其他资本公积），不确认其后续公允价值变动；对于以现金结算的涉及职工的股份支付，应当按照每个资产负债表日权益工具的公允价值重新计量，确定成本费用和应付职工薪酬。

对于授予的存在活跃市场的期权等权益工具，应当按照活跃市场中的报价确定其公允价值。对于授予的不存在活跃市场的期权等权益工具，应当采用期权定价模型等估值技术确定其公允价值。

在等待期内每个资产负债表日，企业应当根据最新取得的可行权职工人数变动等后续信息作出最佳估计，修正预计可行权的权益工具数量。在可行权日，最终预计可行权权益工具的数量应当与实际可行权工具的数量一致。

根据上述权益工具的公允价值和预计可行权的权益工具数量，计算截至当期累计应确认的成本费用金额，再减去前期累计已确认金额，作为当期应确认的成本费用金额。

（三）可行权日之后

1. 对于以权益结算的股份支付，在可行权日之后不再对已确认的成本费用和所有者权益总额进行调整。企业应在行权日根据行权情况，确认股本和股本溢价，同时结转等待期内确认的资本公积（其他资本公积）。

2. 对于以现金结算的股份支付，企业在可行权日之后不再确认成本费用，负债（应付职工薪酬）公允价值的变动应当计入当期损益（公允价值变动损益）。

（四）回购股份进行职工期权激励

企业以回购股份形式奖励本企业职工的，属于以权益结算的股份支付，应当进行以下处理：

1. 回购股份。

企业回购股份时，应当按照回购股份的全部支出作为库存股处理，同时进行备查登记。

2. 确认成本费用。

按照以权益结算的股份支付的规定，企业应当在等待期内每个资产负债表日按照权益工具在授予日的公允价值，将取得的职工服务计入成本费用，同时增加资本公积（其他资本公积）。

3. 职工行权。

企业应于职工行权购买本企业股份时,转销交付职工的库存股成本和等待期内资本公积(其他资本公积)累计金额,同时,按照其差额调整资本公积(股本溢价)。

(五)将以现金结算的股份支付修改为以权益结算的股份支付

企业修改以现金结算的股份支付协议中的条款和条件,使其成为以权益结算的股份支付的,在修改日,企业应当按照所授予权益工具当日的公允价值计量以权益结算的股份支付,将已取得的服务计入资本公积,同时终止确认以现金结算的股份支付在修改日已确认的负债,两者之间的差额计入当期损益。上述规定同样适用于修改发生在等待期结束后的情形。如果由于修改延长或缩短了等待期,企业应当按照修改后的等待期进行上述会计处理(无须考虑不利修改的有关会计处理规定)。如果企业取消一项以现金结算的股份支付,授予一项以权益结算的股份支付,并在授予权益工具日认定其是用来替代已取消的以现金结算的股份支付(因未满足可行权条件而被取消的除外)的,适用上述规定。

(六)企业集团内涉及不同企业的股份支付交易

企业集团(由母公司和其全部子公司构成)内发生的股份支付交易,应当进行以下处理:

1. 结算企业以其本身权益工具结算的,应当将该股份支付交易作为权益结算的股份支付处理;除此之外,应当作为现金结算的股份支付处理。

结算企业是接受服务企业的投资者的,应当按照授予日权益工具的公允价值或应承担负债的公允价值确认为对接受服务企业的长期股权投资,同时确认资本公积(其他资本公积)或负债。

2. 接受服务企业没有结算义务或授予本企业职工的是其自身权益工具的,应当将该股份支付交易作为以权益结算的股份支付处理;接受服务企业负有结算义务且授予本企业职工的是集团内其他企业权益工具的,应当将该股份支付交易作为以现金结算的股份支付处理。

【例10-2】甲公司为一上市公司,2021年1月1日,公司向其200名管理人员每人授予100股股票期权,这些职员从2021年1月1日起在该公司连续服务3年,即可以4元每股购买100股甲公司股票,从而获益。公司估计该期权在授予日的公允价值为15元。

扫码看讲解

第一年有20名职员离开甲公司,甲公司估计三年中离开的职员的比例将达到20%;第二年又有10名职员离开公司,公司将估计的职员离开比例修正为15%;第三年又有15名职员离开。

（1）费用和资本公积计算过程见表10-1。

表10-1   单位：元

年份	计算	当期费用	累计费用
2021	$200 \times 100 \times (1-20\%) \times 15 \times 1/3$	80 000	80 000
2022	$200 \times 100 \times (1-15\%) \times 15 \times 2/3 - 80\,000$	90 000	170 000
2023	$155 \times 100 \times 15 - 170\,000$	62 500	232 500

（2）甲公司的账务处理如下：

①2021年1月1日：

授予日不作处理。

②2021年12月31日：

借：管理费用   80 000

    贷：资本公积——其他资本公积   80 000

③2022年12月31日：

借：管理费用   90 000

    贷：资本公积——其他资本公积   90 000

④2023年12月31日：

借：管理费用   62 500

    贷：资本公积——其他资本公积   62 500

⑤假设全部155名职员都在2024年12月31日行权，甲公司股份面值为1元：

借：银行存款   62 000

    资本公积——其他资本公积   232 500

    贷：股本   15 500

        资本公积——股本溢价   279 000

【例10-3】2022年1月1日，甲公司向其100名管理人员每人授予100份股票期权，其可行权条件为：在2022年末，公司当年净利润增长率达到20%；在2023年末，公司2022～2023年两年净利润平均增长率达到15%；在2024年末，公司2022～2024年三年净利润平均增长率达到10%。每份期权在2022年1月1日的公允价值为24元。

2022年12月31日，公司净利润增长了18%，同时有8名管理人员离开，公司预计2023年将以同样速度增长，即2022～2023年两年净利润平均增长率能够达到18%，因此预计2023年12月31日将可行权。另外，预计第二年又将有8名管理人员离开公司。

2023年12月31日，公司净利润仅增长了10%，但公司预计2022～2024年三年净利润平均增长率可达到12%，因此，预计2024年12月31日将可行权。另外，实际有10名管理人员离开，预计第三年将有12名管理人员离开公司。

2024年12月31日，公司净利润增长了8%，三年平均增长率为12%，满足了可行权条件（即三年净利润平均增长率达到10%）。当年有8名管理人员离开。

分析：按照股份支付会计准则，本例中的可行权条件是一项非市场业绩条件。

第一年年末，虽然没能实现净利润增长20%的要求，但公司预计下年将以同样的速度增长，因此能实现两年平均增长15%的要求。所以公司将其预计等待期调整为2年。由于有8名管理人员离开，公司同时调整了期满（两年）后预计可行权期权的数量（100－8－8）。

第二年年末，虽然两年实现15%增长的目标再次落空，但公司仍然估计能够在第三年取得较理想的业绩，从而实现3年平均增长10%的目标。所以公司将其预计等待期调整为3年。由于第二年有10名管理人员离开，高于预计数字，因此公司相应调整了第三年预计离开的人数（100－8－10－12）。

第三年年末，目标实现，实际离开人数为8人。公司根据实际情况确定累计费用，并据此确认了第三年费用。

费用和资本公积计算过程见表10－2。

表10－2　　　　　　　　　　　　　　　　　　　　　　　　　　　　　　　单位：元

年份	计算	当期费用	累计费用
2022	（100－8－8）×100×24×1/2	100 800	100 800
2023	（100－8－10－12）×100×24×2/3－100 800	11 200	112 000
2024	（100－8－10－8）×100×24－112 000	65 600	177 600

（账务处理同〖例10－2〗，此处略）

【例10－4】　2019年初，甲公司向其200名中层以上职员每人授予100份现金股票增值权，这些职员从2019年1月1日起在该公司连续服务3年，即可按照当时股价的增长幅度获得现金，该增值权应在2023年12月31日之前行使。甲公司估计，该增值权在负债结算之前的每一资产负债表日以及结算日的公允价值和可行权后的每份增值权现金支出额如表10－3所示。

表10－3　　　　　　　　　　　　　　　　　　　　　　　　　　　　　　　单位：元

年份	公允价值	支付现金
2019	14	
2020	15	
2021	18	16
2022	21	20
2023		25

第一年有20名职员离开甲公司，甲公司估计三年中还将有15名职员离开；第二年又有10名职员离开公司，公司估计还将有10名职员离开；第三年又有15名职员离开。第三年年末，有70人行使股份增值权取得了现金。第四年年末，有50人行使了股份增值权。第五年年末，剩余35人也行使了股份增值权。

（1）费用和应付职工薪酬计算过程见表10－4。

表10－4   单位：元

年份	负债计算 （1）	支付现金计算 （2）	负债 （3）	支付现金 （4）	当期费用 （5）
2019	（200－35）×100×14×1/3		77 000		77 000
2020	（200－40）×100×15×2/3		160 000		83 000
2021	（200－45－70）×100×18	70×100×16	153 000	112 000	105 000
2022	（200－45－70－50）×100×21	50×100×20	73 500	100 000	20 500
2023	0	35×100×25	0	87 500	14 000
总额				299 500	299 500

注：（1）计算得（3），（2）计算得（4）；当期（3）－前一期（3）＋当期（4）＝当期（5）。

（2）甲公司的账务处理如下：

①2019年12月31日：

借：管理费用   77 000

    贷：应付职工薪酬——股份支付   77 000

②2020年12月31日：

借：管理费用   83 000

    贷：应付职工薪酬——股份支付   83 000

③2021年12月31日：

借：管理费用   105 000

    贷：应付职工薪酬——股份支付   105 000

借：应付职工薪酬——股份支付   112 000

    贷：银行存款   112 000

④2022年12月31日：

借：公允价值变动损益   20 500

    贷：应付职工薪酬——股份支付   20 500

借：应付职工薪酬——股份支付   100 000

    贷：银行存款   100 000

⑤2023 年 12 月 31 日：

借：公允价值变动损益　　　　　　　　　　　　　　14 000
　　贷：应付职工薪酬——股份支付　　　　　　　　　　　14 000
借：应付职工薪酬——股份支付　　　　　　　　　　　87 500
　　贷：银行存款　　　　　　　　　　　　　　　　　　87 500

本章思考题

1. 股份支付包括哪些环节？股份支付工具的主要类型有哪些？

2. 企业在股份支付的授予日、等待期内每个资产负债表日以及可行权日之后分别如何进行账务处理？

第十一章　借款费用

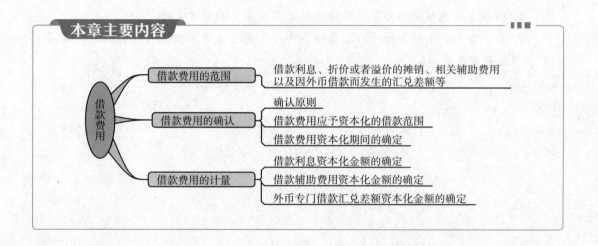

本章主要内容

借款费用
- 借款费用的范围 —— 借款利息、折价或者溢价的摊销、相关辅助费用以及因外币借款而发生的汇兑差额等
- 借款费用的确认
  - 确认原则
  - 借款费用应予资本化的借款范围
  - 借款费用资本化期间的确定
- 借款费用的计量
  - 借款利息资本化金额的确定
  - 借款辅助费用资本化金额的确定
  - 外币专门借款汇兑差额资本化金额的确定

第一节　借款费用的范围

借款费用，是指企业因借入资金所付出的代价，包括借款利息、折价或者溢价的摊销、相关辅助费用以及因外币借款而发生的汇兑差额等。

1. 因借款而发生的利息包括企业向银行或者其他金融机构等借入资金发生的利息、发行公司债券或企业债券发生的利息，以及为购建或者生产符合资本化条件的资产而发生的带息债务所承担的利息等。

2. 因借款而发生的折价或者溢价主要是指发行债券等发生的折价或者溢价。发行债券的折价或者溢价，其实质是对债券票面利息的调整（即将债券票面利率调整为实际利率），属于借款费用的范畴。如某公司发行公司债券，每张公司债券票面价值为 100 元，票面年利率为 6%，期限为 4 年，而同期市场利率为年利率 8%，由于公司债券的票面利率低于市场利率，为成功发行公司债券，该公司采取了折价发行的方式，折价金额在实质上是用于补偿投资者在购入债券后所受到的名义利息上的损失，应当作为以后各期利息费用的调整额。

3. 因借款而发生的辅助费用，是指企业在借款过程中发生的手续费、佣金等费用，这些费用是因安排借款而发生的，也属于借入资金所付出的代价，是借款费用的构成部分。

4. 因外币借款而发生的汇兑差额，是指由于汇率变动导致市场汇率与账面汇率出现差异，从而对外币借款本金及其利息的记账本位币金额所产生的影响金额。

5. 企业发生的权益性融资费用，不应包括在借款费用中。

【例 11 - 1】 某企业发生了借款手续费 100 000 元，发行公司债券佣金 10 000 000 元，发行公司股票佣金 20 000 000 元，借款利息 2 000 000 元。其中，借款手续费 100 000 元、发行公司债券佣金 10 000 000 元和借款利息 2 000 000 元均属于借款费用；发行公司股票属于公司权益性融资，所发生的佣金应当冲减溢价，不属于借款费用范畴，不应按照本章规定进行会计处理。

第二节 借款费用的确认

一、确认原则

借款费用的确认主要涉及的是将每期发生的借款费用资本化、计入相关资产的成本，还是将有关借款费用费用化、计入当期损益的问题。借款费用确认的基本原则是，企业发生的借款费用可直接归属于符合资本化条件的资产购建或者生产的，应当予以资本化，计入相关资产成本；其他借款费用应当在发生时根据其发生额确认为费用，计入当期损益。

符合资本化条件的资产，是指需要经过相当长时间的购建或者生产活动才能达到预定可使用或者可销售状态的固定资产、投资性房地产和存货等资产。无形资产的开发支出等在符合条件的情况下，也可以认定为符合资本化条件的资产。符合资本化条件的存货主要包括房地产开发企业开发的用于对外出售的房地产开发产品、企业制造的用于对外出售的大型机器设备等。其中，"相当长时间"是指资产的购建或者生产所必需的时间，通常为 1 年以上（含 1 年）。

在实务中，如果由于人为或者故意等非正常因素导致资产的购建或者生产时间相当长的，该资产不属于符合资本化条件的资产。购入即可使用的资产，或者购入后需要安装但所需安装时间较短的资产，或者需要建造或生产但建造或生产时间较短的资产，均不属于符合资本化条件的资产。

【例 11 - 2】 甲企业向银行借入资金分别用于生产 A 产品和 B 产品，其中，A 产品的生产时间较短，为 1 个月；B 产品属于大型发电设备，生产周期较长，为 1 年零 3 个月。

为存货生产而借入的借款费用在符合资本化条件的情况下应当予以资本化。本例中，由于 A 产品的生产时间较短，不属于需要经过相当长时间的生产才能达到预定可销售状态的资产，因此，为 A 产品的生产而借入资金所发生的借款费用不应计入 A 产品的生产成本，而应当计入当期财务费用。而 B 产品的生产时间比较长，属于需要经过相当长时间的生产才能达到预定可销售状态的资产，因此，为 B 产品的生产而借入资金所发生的借款费用符合资本化的条件，应计入 B 产品的成本中。

二、借款费用应予资本化的借款范围

借款包括专门借款和一般借款。专门借款，是指为购建或者生产符合资本化条件的资产而专门借入的款项。专门借款通常有明确的用途，即为购建或者生产某项符合资本化条件的资产而专门借入，并通常具有标明该用途的借款合同。如某企业为了建造一条生产线向某银行专门贷款 50 000 000 元，某房地产开发企业为了开发某住宅小区向某银行专门贷款 2 亿元等，均属于专门借款，其使用目的明确。一般借款是指除专门借款之外的借款。相对于专门借款，一般借款在借入时通常没有特指用于符合资本化条件的资产的购建或者生产。

借款费用资本化的借款范围，既包括专门借款，也可包括一般借款。对于一般借款，只有在购建或者生产某项符合资本化条件的资产占用了一般借款时，才应将与该部分一般借款相关的借款费用资本化；否则，所发生的借款费用应当计入当期损益。

三、借款费用资本化期间的确定

只有发生在资本化期间内的有关借款费用才允许资本化，资本化期间的确定是借款费用确认和计量的重要前提。借款费用资本化期间是指从借款费用开始资本化时点到停止资本化时点的期间，不包括借款费用暂停资本化的期间。

（一）借款费用开始资本化的时点

借款费用开始资本化必须同时满足三个条件，即资产支出已经发生、借款费用已经发生、为使资产达到预定可使用或者可销售状态所必要的购建或者生产活动已经开始。

1. 资产支出已经发生的判断。

资产支出包括以支付现金、转移非现金资产和承担带息债务形式所发生的支出。

（1）支付现金，是指用货币资金支付符合资本化条件的资产的购建或者生产支出。

（2）转移非现金资产，是指企业将自有非现金资产直接用于符合资本化条件的资产的购建或者生产。

【例 11-3】 某企业将自产的水泥、钢材等产品用于建造符合资本化条件的资产，该企业同时还用自产的产品换取其他企业的工程物资，并用于符合资本化条件的资产的建造，这些产品的成本均属于资产支出。

（3）承担带息债务，是指企业为了购建或者生产符合资本化条件的资产而承担的带息应付款项。企业以赊购方式取得购建或者生产符合资本化条件的资产所需物资而承担的债务可能带息，也可能不带息。如果企业赊购这些物资承担的是不带息债务，则不应当将购买价款计入资产支出，因为该债务在偿付前不需要承担利息，也没有占用借款资金。企业只有等到实际偿付债务，发生了资源流出时，才能将其作为资产支出。如果企业赊购物资承担的是带息债务，企业要为这笔债务付出代价，支付利息，与企业向银行借入款项用以支付资产支出在性质上是一致的。企业为购建或者生产符合资本化条件的资产而承担的带息债务应当作为资产支出，当该带息债务发生时，视同资产支出已经发生。

2. 借款费用已经发生的判断。

借款费用已经发生，是指企业已经发生了因购建或者生产符合资本化条件的资产而专门借入款项的借款费用，或者占用的一般借款的借款费用。

3. 为使资产达到预定可使用或者可销售状态所必要的购建或者生产活动已经开始的判断。

为使资产达到预定可使用或者可销售状态所必要的购建或者生产活动已经开始，是指符合资本化条件的资产的实体建造或者生产工作已经开始，如主体设备的安装、厂房的实际开工建造等。它不包括仅仅持有资产但没有发生为改变资产形态而进行的实质上的建造或者生产活动。

企业只有在上述三个条件同时满足的情况下，相关借款费用才可以开始资本化；只要其中有一个条件没有满足，借款费用就不能资本化，而应计入当期损益。

【例11-4】 某企业专门借入款项建造某项符合资本化条件的固定资产，相关借款费用已经发生，同时固定资产的实体建造工作也已开始，但固定资产建造所需物资等都是赊购或者客户垫付的（且所形成的负债均为不带息负债），发生的相关薪酬等费用也尚未形成现金流出。

在这种情况下，固定资产建造本身并没有占用借款资金，没有发生资产支出，该事项只满足借款费用开始资本化的第二个和第三个条件，但是没有满足第一个条件，所以，所发生的借款费用不应予以资本化。

【例11-5】 某企业为了建造一项符合资本化条件的固定资产，使用自有资金购置了工程物资，该固定资产已经开始动工兴建，但专门借款资金尚未到位，也没有占用一般借款资金。

在这种情况下，该事项尽管满足了借款费用开始资本化的第一个和第三个条件，但是不符合借款费用开始资本化的第二个条件，因此，不允许开始借款费用的资本化。

【例11-6】 某企业为了建造某一项符合资本化条件的厂房，已经使用银行存款购置了水泥、钢材等，发生了资产支出，相关借款也已开始计息，但是厂房因各种原因迟迟未能开工兴建。

在这种情况下，该事项尽管满足了借款费用开始资本化的第一个和第二个条件，但是不符合借款费用开始资本化的第三个条件，因此，所发生的借款费用不应予以资本化。

（二）借款费用暂停资本化的时间

符合资本化条件的资产在购建或者生产过程中发生非正常中断且中断时间连续超过3个月的，应当暂停借款费用的资本化。中断的原因必须是非正常中断，属于正常中断的，相关借款费用仍可资本化。非正常中断，通常是由于企业管理决策上的原因或者其他不可预见的原因等所导致的中断。如因与施工方发生了质量纠纷、工程或生产用料没有及时供应、资金周转发生了困难、施工或生产发生了安全事故、发生了与资产购建或生产有关的劳动纠纷等原因，导致资产购建或者生产活动发生的中断，均属于非正常中断。

正常中断与非正常中断显著不同。正常中断通常仅限于购建或者生产符合资本化条件的资产达到预定可使用或者可销售状态所必要的程序，或者事先可预见的不可抗力因素导致的中断。如某些工程建造到一定阶段必须暂停下来进行质量或者安全检查，检查通过后才可继续下一阶段的建造工作，这类中断是在施工前可以预见的，而且是工程建造必经的程序，属于正常中断。某些地区的工程在建造过程中，由于可预见的不可抗力因素（如雨季或冰冻季节等）导致施工出现的中断，也属于正常中断。

在实务中，企业应当按照实质重于形式等原则来判断借款费用暂停资本化的时间。如果相关资产购建或者生产的中断时间较长而且满足其他规定条件的，相关借款费用应当暂停资本化。

【例11-7】某企业于2024年1月1日利用专门借款开工建造一幢厂房，支出已经发生，因此借款费用从当日起开始资本化。工程预计于2025年3月完工。2024年5月15日，由于工程施工发生了安全事故，导致工程中断，直到9月10日才复工。

在本例中，该中断属于非正常中断，因此，上述专门借款在2024年5月15日至9月10日间所发生的借款费用不应资本化，而应作为财务费用计入当期损益。

【例11-8】某企业在北方某地建造某工程期间，遇上冰冻季节（通常为6个月），工程施工因此中断，待冰冻季节过后方能继续施工。

在本例中，由于该地区在施工期间出现较长时间的冰冻为正常情况，由此导致的施工中断是可预见的不可抗力因素导致的中断，属于正常中断。在正常中断期间所发生的借款费用可以继续资本化，计入相关资产的成本。

（三）借款费用停止资本化的时点

购建或者生产符合资本化条件的资产达到预定可使用或者可销售状态时，借款费用应当停止资本化。在符合资本化条件的资产达到预定可使用或者可销售状态之后发生的借款费用，应当在发生时根据其发生额确认为费用，计入当期损益。

资产达到预定可使用或者可销售状态，是指所购建或者生产的符合资本化条件的资产已经达到建造方、购买方或者企业自身等预先设计、计划或者合同约定的可使用或者可销售的状态。企业在确定借款费用停止资本化的时点时需要运用职业判断，应当按照实质重于形式原则，针对具体情况，依据经济实质判断所购建或者生产的符合资本化条件的资产达到预定可使用或者可销售状态的时点，具体可从以下几个方面进行判断：

（1）符合资本化条件的资产的实体建造（包括安装）或者生产活动已经全部完成或者实质上已经完成。

（2）所购建或者生产的符合资本化条件的资产与设计要求、合同规定或者生产要求相符或者基本相符，即使有极个别与设计、合同或者生产要求不相符的地方，也不影响其正常使用或者销售。

（3）继续发生在所购建或生产的符合资本化条件的资产上的支出金额很少或者几乎不再发生。

购建或者生产符合资本化条件的资产需要试生产或者试运行的，在试生产结果表明资产能够正常生产出合格产品，或者试运行结果表明资产能够正常运转或者营业时，应当认为该资产已经达到预定可使用或者可销售状态。

> 【例 11－9】 某企业借入一笔款项，于 2023 年 2 月 1 日采用出包方式开工建造一幢厂房。2024 年 10 月 10 日工程全部完工，达到合同要求。10 月 30 日工程验收合格，11 月 15 日办理工程竣工结算，11 月 20 日完成全部资产移交手续，12 月 1 日厂房正式投入使用。
>
> 在本例中，企业应当将 2024 年 10 月 10 日确定为工程达到预定可使用状态的时点，作为借款费用停止资本化的时点。后续的工程验收日、竣工结算日、资产移交日和投入使用日均不应作为借款费用停止资本化的时点，否则会导致资产价值和利润的高估。

在符合资本化条件的资产的实际购建或者生产过程中，如果所购建或者生产的符合资本化条件的资产分别建造、分别完工，企业也应当按照实质重于形式原则，区别不同情况，界定借款费用停止资本化的时点。

如果所购建或者生产的符合资本化条件的资产的各部分分别完工，每部分在其他部分继续建造或者生产过程中可供使用或者可对外销售，且为使该部分资产达到预定可使用或可销售状态所必要的购建或者生产活动实质上已经完成的，应当停止与该部分资产相关的借款费用的资本化。

如果企业购建或者生产的资产的各部分分别完工，但必须等到整体完工后才可使用或者对外销售的，应当在该资产整体完工时停止借款费用的资本化。在这种情况下，即使各部分资产已经完工，也不能够认为该部分资产已经达到了预定可使用或者可销售状态，企业只能在该资产整体完工时，才能认为资产已经达到了预定可使用或者可销售状态，借款费用方可停止资本化。

> 【例 11－10】 某企业在建设某一涉及数项工程的钢铁冶炼项目时，每个单项工程都是根据各道冶炼工序设计建造的。因此，只有在每项工程都建造完毕后，整个冶炼项目才能正式运转，达到生产和设计要求，故每个单项工程完工后不应认为资产已经

达到了预定可使用状态。企业只有等到整个冶炼项目全部完工，达到预定可使用状态时，才能停止借款费用的资本化。

第三节　借款费用的计量

一、借款利息资本化金额的确定

在借款费用资本化期间内，每一会计期间的利息（包括折价或溢价的摊销，下同）的资本化金额，应当按照下列原则确定：

（1）为购建或者生产符合资本化条件的资产而借入专门借款的，应当以专门借款当期实际发生的利息费用减去将尚未动用的借款资金存入银行取得的利息收入或进行暂时性投资取得的投资收益后的金额，确定专门借款应予资本化的利息金额。

（2）为购建或者生产符合资本化条件的资产而占用了一般借款的，企业应当根据累计资产支出超过专门借款部分的资产支出加权平均数乘以所占用一般借款的资本化率，计算确定一般借款应予资本化的利息金额。资本化率应当根据一般借款加权平均利率计算确定。即企业占用一般借款购建或者生产符合资本化条件的资产时，一般借款的借款费用的资本化金额的确定应当与资产支出相挂钩。有关计算公式如下：

一般借款利息费用资本化金额 = 累计资产支出超过专门借款部分的资产支出加权平均数 × 所占用一般借款的资本化率

所占用一般借款的资本化率 = 所占用一般借款加权平均利率 = 所占用一般借款当期实际发生的利息之和 ÷ 所占用一般借款本金加权平均数

（3）每一会计期间的利息资本化金额不应当超过当期相关借款实际发生的利息金额。

【例 11-11】 甲公司于 2023 年 1 月 1 日正式动工建造一幢厂房，工期预计为 18 个月。工程采用出包方式，分别于 2023 年 1 月 1 日、2023 年 7 月 1 日和 2024 年 1 月 1 日支付工程进度款。

扫码看讲解

甲公司为建造厂房于 2023 年 1 月 1 日向 A 银行专门借款 30 000 000 元，借款期限为 2 年，年利率为 5%。另外，在 2023 年 7 月 1 日又向 A 银行专门借款 60 000 000 元，借款期限为 2 年，年利率为 6%。借款利息按年支付（如无特别说明，本章例题中名义利率与实际利率相同）。

甲公司将闲置借款资金用于固定收益债券短期投资，该短期投资月收益率为 0.5%。

厂房于 2024 年 6 月 30 日完工，达到预定可使用状态。

甲公司为建造该厂房的支出金额如表 11-1 所示。

日期	每期资产支出金额	累计资产支出金额	闲置借款资金用于短期投资金额
2023 年 1 月 1 日	15 000 000	15 000 000	15 000 000
2023 年 7 月 1 日	35 000 000	50 000 000	40 000 000
2024 年 1 月 1 日	35 000 000	85 000 000	5 000 000
总计	85 000 000	—	60 000 000

表 11 - 1　　　　　　甲公司厂房建造资产支出及闲置借款资金投资情况　　　　单位：元

由于甲公司使用了专门借款建造厂房，而且厂房建造支出没有超过专门借款金额，因此，甲公司 2023 年、2024 年建造厂房应予资本化的利息金额计算如下：

（1）确定借款费用资本化期间为 2023 年 1 月 1 日至 2024 年 6 月 30 日。

（2）计算在资本化期间内专门借款实际发生的利息金额：

2023 年专门借款发生的利息金额 ＝ 30 000 000 × 5% ＋ 60 000 000 × 6% × 6 ÷ 12 ＝ 3 300 000（元）

2024 年 1 月 1 日至 6 月 30 日专门借款发生的利息金额 ＝ 30 000 000 × 5% × 6 ÷ 12 ＋ 60 000 000 × 6% × 6 ÷ 12 ＝ 2 550 000（元）

（3）计算在资本化期间内利用闲置的专门借款资金进行短期投资的收益：

2023 年短期投资收益 ＝ 15 000 000 × 0.5% × 6 ＋ 40 000 000 × 0.5% × 6 ＝ 1 650 000（元）

2024 年 1 月 1 日至 6 月 30 日短期投资收益 ＝ 5 000 000 × 0.5% × 6 ＝ 150 000（元）

（4）由于在资本化期间内，专门借款利息费用的资本化金额应当以其实际发生的利息费用减去将闲置的借款资金进行短期投资取得的投资收益后的金额确定，因此：

2023 年的利息资本化金额 ＝ 3 300 000 － 1 650 000 ＝ 1 650 000（元）

2024 年的利息资本化金额 ＝ 2 550 000 － 150 000 ＝ 2 400 000（元）

（5）有关借款利息的账务处理如下：

①2023 年 12 月 31 日：

借：在建工程——××厂房　　　　　　　　　　　　　　　　　1 650 000

　　银行存款　　　　　　　　　　　　　　　　　　　　　　　1 650 000

　　贷：长期借款——应计利息　　　　　　　　　　　　　　　　　　3 300 000

利息支付分录略。

②2024 年 6 月 30 日：

借：在建工程——××厂房　　　　　　　　　　　　　　　　　2 400 000

　　银行存款　　　　　　　　　　　　　　　　　　　　　　　150 000

　　贷：长期借款——应计利息　　　　　　　　　　　　　　　　　　2 550 000

【例 11 - 12】　承【例 11 - 11】，假定甲公司建造厂房没有专门借款，占用的都是一般借款。

甲公司为建造厂房占用的一般借款有两笔，具体如下：

（1）向 B 银行借款 20 000 000 元，期限为 2020 年 12 月 1 日至 2025 年 12 月 1 日，年利率为 6%，按年支付利息。

（2）发行公司债券 100 000 000 元，于 2021 年 1 月 1 日发行，期限为 5 年，年利率为 8%，按年支付利息。

假定这两笔一般借款除了用于厂房建设外，没有用于其他符合资本化条件的资产的购建或者生产活动。

假定全年按 360 天计算，其他资料承〖例 11 - 11〗。

鉴于甲公司建造厂房没有占用专门借款，而是占用了一般借款，因此，公司应当首先计算所占用一般借款的加权平均利率作为资本化率，然后计算建造厂房的累计资产支出加权平均数，将其与资本化率相乘，计算求得当期应予资本化的借款利息金额。具体如下：

（1）计算所占用一般借款资本化率：

一般借款资本化率（年）＝（20 000 000×6% + 100 000 000×8%）÷（20 000 000 + 100 000 000）×100% ＝7.67%

（2）计算累计资产支出加权平均数：

2023 年累计资产支出加权平均数 ＝ 15 000 000×360÷360 + 35 000 000×180÷360 ＝ 32 500 000（元）

2024 年累计资产支出加权平均数 ＝ 85 000 000×180÷360 ＝ 42 500 000（元）

（3）计算每期利息资本化金额：

2023 年为建造厂房的利息资本化金额 ＝ 32 500 000×7.67% ＝ 2 492 750（元）

2023 年实际发生的一般借款利息费用 ＝ 20 000 000×6% + 100 000 000×8% ＝ 9 200 000（元）

2024 年为建造厂房的利息资本化金额 ＝ 42 500 000×7.67% ＝ 3 259 750（元）

2024 年 1 月 1 日至 6 月 30 日实际发生的一般借款利息费用 ＝ 20 000 000×6%×180÷360 + 100 000 000×8%×180÷360 ＝ 4 600 000（元）

上述计算的利息资本化金额没有超过两笔一般借款实际发生的利息费用，可以资本化。

（4）根据上述计算结果，有关借款利息的账务处理如下：

①2023 年 12 月 31 日：

借：在建工程——××厂房	2 492 750	
财务费用	6 707 250	
贷：长期借款——应计利息		1 200 000
应付债券——应计利息		8 000 000

利息支付分录略。

②2024 年 6 月 30 日：

借：在建工程——××厂房 3 259 750

　　财务费用 1 340 250

　　贷：长期借款——应计利息 600 000

　　　　应付债券——应计利息 4 000 000

【例 11 - 13】 承〖例 11 - 11〗和〖例 11 - 12〗，假定甲公司为建造厂房于 2023 年 1 月 1 日向 A 银行专门借款 30 000 000 元，借款期限为 3 年，年利率为 5%。除此之外，没有其他专门借款。在厂房建造过程中所占用的一般借款仍为两笔，一般借款有关资料承〖例 11 - 12〗。其他相关资料均同〖例 11 - 11〗和〖例 11 - 12〗。

在这种情况下，公司应当首先计算专门借款利息的资本化金额，然后计算所占用一般借款利息的资本化金额。具体如下：

（1）计算专门借款利息资本化金额：

2023 年专门借款短期投资收益 = 15 000 000 × 0.5% × 6 = 450 000（元）

2023 年专门借款利息资本化金额 = 30 000 000 × 5% - 15 000 000 × 0.5% × 6 = 1 050 000（元）

2024 年专门借款利息资本化金额 = 30 000 000 × 5% × 180 ÷ 360 = 750 000（元）

（2）计算一般借款资本化金额：

在建造厂房过程中，自 2023 年 7 月 1 日起已经有 20 000 000 元占用了一般借款。另外，2024 年 1 月 1 日支出的 35 000 000 元也占用了一般借款。计算这两笔资产支出的加权平均数如下：

2023 年占用了一般借款的资产支出加权平均数 = 20 000 000 × 180 ÷ 360 = 10 000 000（元）

由于一般借款利息资本化率与〖例 11 - 12〗相同，即为 7.67%。所以：

2023 年应予资本化的一般借款利息金额 = 10 000 000 × 7.67% = 767 000（元）

2024 年占用一般借款的资产支出加权平均数 = （20 000 000 + 35 000 000）× 180 ÷ 360 = 27 500 000（元）

2024 年应予资本化的一般借款利息金额 = 27 500 000 × 7.67% = 2 109 250（元）

（3）根据上述计算结果，公司建造厂房应予资本化的利息金额如下：

2023 年利息资本化金额 = 1 050 000 + 767 000 = 1 817 000（元）

2024 年利息资本化金额 = 750 000 + 2 109 250 = 2 859 250（元）

（4）有关借款利息的账务处理如下：

①2023 年 12 月 31 日：

借：在建工程——××厂房 1 817 000

　　财务费用 8 433 000

银行存款 450 000

　　贷：长期借款——应计利息 2 700 000

　　　　应付债券——应计利息 8 000 000

注：2023 年实际发生的借款利息 = 30 000 000 × 5% + 20 000 000 × 6% + 100 000 000 × 8% = 10 700 000（元）

利息支付分录略。

②2024 年 6 月 30 日：

借：在建工程——××厂房 2 859 250

　　财务费用 2 490 750

　　贷：长期借款——应计利息 1 350 000

　　　　应付债券——应计利息 4 000 000

注：2024 年 1 月 1 日至 6 月 30 日实际发生的借款利息 = 10 700 000 ÷ 2 = 5 350 000（元）

【例 11 - 14】甲公司拟在厂区内建造一幢新厂房，有关资料如下：

（1）2023 年 1 月 1 日向银行专门借款 60 000 000 元，期限为 3 年，年利率为 6%，每年 1 月 1 日付息。

（2）除专门借款外，公司只有一笔其他借款，为公司于 2020 年 12 月 1 日借入的长期借款 72 000 000 元，期限为 5 年，年利率为 8%，每年 12 月 1 日付息，假设甲公司在 2023 年底和 2024 年底均未支付当年利息。

（3）由于审批、办手续等原因，厂房于 2023 年 4 月 1 日才开始动工兴建，当日支付工程款 24 000 000 元。工程建设期间的支出情况如表 11 - 2 所示。

表 11 - 2　　　甲公司厂房建造资产支出及闲置借款资金投资情况　　　单位：元

日期	每期资产支出金额	累计资产支出金额	在银行存放的闲置借款资金金额
2023 年 4 月 1 日	24 000 000	24 000 000	36 000 000
2023 年 6 月 1 日	12 000 000	36 000 000	24 000 000
2023 年 7 月 1 日	36 000 000	72 000 000	占用一般借款
2024 年 1 月 1 日	12 000 000	84 000 000	
2024 年 4 月 1 日	6 000 000	90 000 000	
2024 年 7 月 1 日	6 000 000	96 000 000	
总计	96 000 000	—	—

工程于 2024 年 9 月 30 日完工，达到预定可使用状态。其中，由于施工质量问题，工程于 2023 年 9 月 1 日至 12 月 31 日停工 4 个月。

（4）专门借款中未支出部分全部存放银行，月利率为 0.25%。假定全年按照 360 天计算，每月按照 30 天计算。

根据上述资料，有关利息资本化金额的计算和账务处理如下：

（1）计算 2023 年、2024 年全年发生的专门借款和一般借款利息费用：

2023 年专门借款发生的利息金额 = 60 000 000 × 6% = 3 600 000（元）

2023 年一般借款发生的利息金额 = 72 000 000 × 8% = 5 760 000（元）

2024 年专门借款发生的利息金额 = 60 000 000 × 6% = 3 600 000（元）

2024 年一般借款发生的利息金额 = 72 000 000 × 8% = 5 760 000（元）

（2）在本例中，尽管专门借款于 2023 年 1 月 1 日借入，但是厂房建设于 4 月 1 日方才开工。因此，借款利息费用自 4 月 1 日起才符合开始资本化的条件，计入在建工程成本。同时，由于厂房建设在 2023 年 9 月 1 日至 12 月 31 日期间发生非正常中断 4 个月，该期间发生的利息费用应当暂停资本化，计入当期损益。

（3）计算 2023 年借款利息资本化金额和应计入当期损益金额及其账务处理：

①计算 2023 年专门借款应予资本化的利息金额。

2023 年 1~3 月和 9~12 月专门借款发生的利息费用 = 60 000 000 × 6% × 210 ÷ 360 = 2 100 000（元）

2023 年专门借款存放银行取得的利息收入 = 60 000 000 × 0.25% × 3 + 36 000 000 × 0.25% × 2 + 24 000 000 × 0.25% × 1 = 690 000（元）

其中，专门借款在资本化期间内取得的利息收入 = 36 000 000 × 0.25% × 2 + 24 000 000 × 0.25% × 1 = 240 000（元）

公司在 2023 年应予资本化的专门借款利息金额 = 3 600 000 - 2 100 000 - 240 000 = 1 260 000（元）

公司在 2023 年应当计入当期损益的专门借款利息金额 = 3 600 000 - 1 260 000 = 2 340 000（元）

②计算 2023 年一般借款应予资本化的利息金额。

公司在 2023 年占用了一般借款资金的资产支出加权平均数 = (24 000 000 + 12 000 000 + 36 000 000 - 60 000 000) × 60 ÷ 360 = 2 000 000（元）

公司在 2023 年一般借款应予资本化的利息金额 = 2 000 000 × 8% = 160 000（元）

公司在 2023 年应当计入当期损益的一般借款利息金额 = 5 760 000 - 160 000 = 5 600 000（元）

③计算 2023 年应予资本化和应当计入当期损益的借款利息金额。

公司在 2023 年应予资本化的借款利息金额 = 1 260 000 + 160 000 = 1 420 000（元）

公司在 2023 年应当计入当期损益的借款利息金额 = 2 340 000 + 5 600 000 = 7 940 000（元）

④2023 年有关借款利息的账务处理如下：

借：在建工程——××厂房   1 420 000

  财务费用   7 700 000

  银行存款   240 000

  贷：长期借款——应计利息   9 360 000

借：银行存款   450 000

  贷：财务费用   450 000

（4）计算 2024 年借款利息资本化金额和应计入当期损益金额及其账务处理：

①计算 2024 年专门借款应予资本化的利息金额。

公司在 2024 年应予资本化的专门借款利息金额 $= 60\ 000\ 000 \times 6\% \times 270 \div 360 = 2\ 700\ 000$（元）

公司在 2024 年应当计入当期损益的专门借款利息金额 $= 3\ 600\ 000 - 2\ 700\ 000 = 900\ 000$（元）

②计算 2024 年一般借款应予资本化的利息金额。

公司在 2024 年占用了一般借款资金的资产支出加权平均数 $= 24\ 000\ 000 \times 270 \div 360 + 6\ 000\ 000 \times 180 \div 360 + 6\ 000\ 000 \times 90 \div 360 = 22\ 500\ 000$（元）

公司在 2024 年一般借款应予资本化的利息金额 $= 22\ 500\ 000 \times 8\% = 1\ 800\ 000$（元）

公司在 2024 年应当计入当期损益的一般借款利息金额 $= 5\ 760\ 000 - 1\ 800\ 000 = 3\ 960\ 000$（元）

③计算 2024 年应予资本化和应当计入当期损益的借款利息金额。

公司在 2024 年应予资本化的借款利息金额 $= 2\ 700\ 000 + 1\ 800\ 000 = 4\ 500\ 000$（元）

公司在 2024 年应当计入当期损益的借款利息金额 $= 900\ 000 + 3\ 960\ 000 = 4\ 860\ 000$（元）

④2024 年有关账务处理如下：

借：在建工程——××厂房   4 500 000

  财务费用   4 860 000

  贷：长期借款——应计利息   9 360 000

二、借款辅助费用资本化金额的确定

辅助费用是企业为了安排借款而发生的必要费用，包括借款手续费（如发行债券手续费）、佣金等。如果企业不发生这些费用，就无法取得借款。辅助费用是企业借入款项所付出的一种代价，是借款费用的有机组成部分。

对于企业发生的专门借款辅助费用，在所购建或者生产的符合资本化条件的资产达到预定可使用或者可销售状态之前发生的，应当在发生时根据其发生额予以资本化；在所购建或者生产的符合资本化条件的资产达到预定可使用或者可销售状态之后所发生的，应当在发生时根据其发生额确认为费用，计入当期损益。上述资本化或计入当期损益的辅助费用的发生额，是指根据本书第八章按照实际利率法所确定的金融负债交易费用对每期利息费用的调整额。借款实际利率与合同利率差异较小的，也可以采用合同利率计算确定利息费用。一般借款发生的辅助费用，也应当按照上述原则确定其发生额。考虑到借款辅助费用与金融负债交易费用性质相同，其会计处理相同。

根据本书第八章的规定，除以公允价值计量且其变动计入当期损益的金融负债之外，其他金融负债相关的交易费用应当计入金融负债的初始确认金额。为购建或者生产符合资本化条件的资产的专门借款或者一般借款，通常都属于除以公允价值计量且其变动计入当期损益的金融负债之外的其他金融负债。对于这些金融负债所发生的辅助费用需要计入借款的初始确认金额，即抵减相关借款的初始确认金额，从而影响以后各期实际利息的计算。换句话说，由于辅助费用的发生将导致相关借款实际利率的上升，从而需要对各期利息费用做相应调整，在确定借款辅助费用资本化金额时可以结合借款利息资本化金额一并计算。

三、外币专门借款汇兑差额资本化金额的确定

在资本化期间内，外币专门借款本金及其利息的汇兑差额应当予以资本化，计入符合资本化条件的资产的成本；除外币专门借款之外的其他外币借款本金及其利息所产生的汇兑差额，应当作为财务费用计入当期损益。

【例11-15】甲公司产品已经打入某外国市场，为节约生产成本，甲公司决定在当地建造生产工厂并设立分公司，2023年1月1日，为该工程项目专门向当地银行借入XY外币10 000 000元，年利率为8%，期限为3年，假定不考虑与借款有关的辅助费用。合同约定，甲公司于每年1月1日支付借款利息，到期偿还借款本金。

工程于2023年1月1日开始实体建造，2024年6月30日完工，达到预定可使用状态。期间发生的资产支出如下：

2023年1月1日，支出2 000 000XY元；

2023年7月1日，支出5 000 000XY元；

2024年1月1日，支出3 000 000XY元。

公司的记账本位币为人民币，外币业务采用外币业务发生当日即期汇率（即市场汇率）折算。相关汇率如下：

2023年1月1日，市场汇率为1XY元=6.70人民币元；

2023年12月31日，市场汇率为1XY元=6.75人民币元；

2024年1月1日，市场汇率为1XY元=6.77人民币元；

2024年6月30日，市场汇率为1XY元=6.80人民币元。

本例中，甲公司计算该外币借款汇兑差额资本化金额如下：

（1）计算 2023 年汇兑差额资本化金额。

① 应付利息 = 10 000 000 × 8% × 6.75 = 5 400 000（元）

账务处理为：

借：在建工程——××工程　　　　　　　　　　　　　　　　　　5 400 000
　　贷：长期借款——应计利息　　　　　　　　　　　　　　　　　　5 400 000

② 外币借款本金及利息汇兑差额 = 10 000 000 × （6.75 − 6.70）+ 800 000 × （6.75 − 6.75）= 500 000（元）

账务处理为：

借：在建工程——××工程　　　　　　　　　　　　　　　　　　　500 000
　　贷：长期借款——××银行——汇兑差额　　　　　　　　　　　　　500 000

（2）2024 年 1 月 1 日实际支付利息时，应当支付 800 000XY 元，折算成人民币为 5 416 000 元。该金额与原账面金额之间的差额 16 000 元应当继续予以资本化，计入在建工程成本。

账务处理为：

借：长期借款——应计利息　　　　　　　　　　　　　　　　　　5 400 000
　　在建工程——××工程　　　　　　　　　　　　　　　　　　　　16 000
　　贷：银行存款　　　　　　　　　　　　　　　　　　　　　　　5 416 000

（3）计算 2024 年 6 月 30 日时的汇兑差额资本化金额。

① 应付利息 = 10 000 000 × 8% × 1/2 × 6.80 = 2 720 000（元）

账务处理为：

借：在建工程——××工程　　　　　　　　　　　　　　　　　　2 720 000
　　贷：长期借款——应计利息　　　　　　　　　　　　　　　　　　2 720 000

② 外币借款本金及利息汇兑差额 = 10 000 000 × （6.80 − 6.75）+ 400 000 × （6.80 − 6.80）= 500 000（元）

账务处理为：

借：在建工程——××工程　　　　　　　　　　　　　　　　　　　500 000
　　贷：长期借款——××银行——汇兑差额　　　　　　　　　　　　　500 000

本章思考题

1. 借款费用开始资本化应满足的条件是什么？哪些情况下应当暂停资本化？

2. 在确定借款利息资本化金额时，对于尚未动用借款资金存入银行取得的利息收入或进行暂时性投资取得的投资收益应当如何处理？

第十二章 或有事项

本章主要内容 ▪▪▪

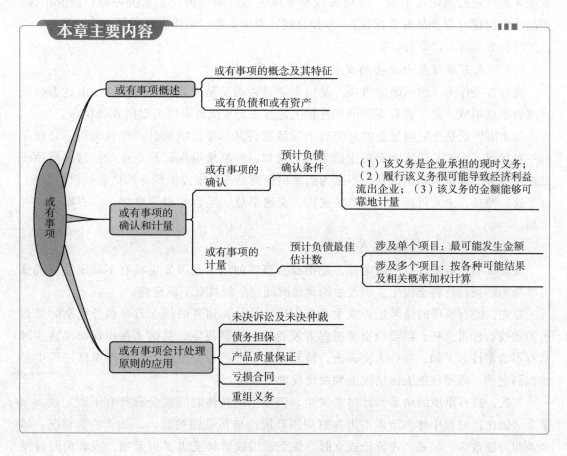

第一节 或有事项概述

一、或有事项的概念及其特征

    企业在经营活动中有时会面临诉讼、仲裁、债务担保、产品质量保证、重组等具有较大不确定性的经济事项，这些不确定事项对企业的财务状况和经营成果可能会产生较大的影响，其最终结果须由某些未来事项的发生或不发生加以决定。如企业对商品提供产品质量保证，承诺在商品发生质量问题时由企业无偿提供修理服务，从而会发生一些费用。至于这笔费用是否发生以及如果发生金额是多少，取决于未来是否发生修理请求以及修理工作量的大小等。按照权责发生制的要求，企业不能等到客户提出修理请求时，才确认因提供产品质量保证而发生的义务，而应当在资产负债表日对这一不确定事项作出判断，以决定是否在当期确认可能承担的修理义务。会计上将这种不确定事项称为或有事项。

或有事项，是指过去的交易或者事项形成的，其结果须由某些未来事项的发生或不发生才能决定的不确定事项。常见的或有事项包括：未决诉讼、未决仲裁、债务担保、产品质量保证（含产品安全保证）、亏损合同、重组义务、承诺、环境污染整治等。

或有事项具有以下特征：

（一）或有事项是由过去的交易或者事项形成的

或有事项作为一种不确定事项，是由企业过去的交易或者事项形成的。由过去的交易或者事项形成，是指或有事项的现存状况是过去交易或者事项引起的客观存在。

如未决诉讼是企业因过去的经济行为导致起诉其他单位或被其他单位起诉，是现存的一种状况，而不是未来将要发生的事项。又如，产品质量保证是企业对已售出商品或已提供劳务的质量提供的保证，不是为尚未出售商品或尚未提供劳务的质量提供的保证。基于这一特征，未来可能发生的自然灾害、交通事故、经营亏损等事项，都不属于或有事项。

（二）或有事项的结果具有不确定性

或有事项的结果具有不确定性，是指或有事项的结果是否发生具有不确定性或者或有事项的结果预计将会发生，但发生的具体时间或金额具有不确定性。

首先，或有事项的结果是否发生具有不确定性。如债务的担保方在债务到期时是否承担和履行连带责任，需要根据被担保方能否按时还款决定，其结果在担保协议达成时具有不确定性。又如，有些未决诉讼，被起诉的一方是否会败诉，在案件审理过程中是难以确定的，需要根据人民法院的判决情况加以确定。

其次，或有事项的结果预计将会发生，但发生的具体时间或金额具有不确定性。如某企业因生产过程中排污治理不力并对周围环境造成污染而被起诉，如无特殊情况，该企业很可能败诉。但是，在诉讼成立时，该企业因败诉将支出多少金额，或者何时将发生这些支出，可能是难以确定的。

（三）或有事项的结果由未来事项决定

由未来事项决定，是指或有事项的结果只能由未来不确定事项的发生或不发生才能决定。

或有事项发生时，将会对企业产生有利影响还是不利影响，或虽已知是有利影响或不利影响，但影响有多大，在或有事项发生时是难以确定的。这种不确定性的消失，只能由未来不确定事项的发生或不发生才能证实。如企业为其他单位提供债务担保，该担保事项最终是否会要求企业履行偿还债务的连带责任，要看被担保方的未来经营情况和偿债能力。如果被担保方经营情况和财务状况良好且有较好的信用，那么企业将不需要履行该连带责任。只有在被担保方到期无力还款时，担保方才承担偿还债务的连带责任。又如，未决诉讼只能等到人民法院判决才能决定其结果。

或有事项与不确定性联系在一起，但会计处理过程中存在不确定性的事项并不都是或有事项，企业应当按照或有事项的定义和特征进行判断。如对固定资产计提折旧虽然也涉及对固定资产预计净残值和使用寿命进行分析和判断，带有一定的不确定性，但是，固定资产折旧是已经发生的损耗，固定资产的原值是确定的，其价值最终会转移到成本或费用中也是确定的，该事项的结果是确定的，因此，对固定资产计提折旧不属于或有事项。

二、或有负债和或有资产

或有负债和或有资产与或有事项密切相关。

（一）或有负债

或有负债，是指过去的交易或事项形成的潜在义务，其存在须通过未来不确定事项的发生或不发生予以证实；或过去的交易或事项形成的现时义务，履行该义务不是很可能导致经济利益流出企业或该义务的金额不能可靠计量。

或有负债涉及两类义务：一类是潜在义务；另一类是现时义务。

（1）潜在义务，是指结果取决于未来不确定事项的可能义务。也就是说，潜在义务最终是否转变为现时义务，由某些未来不确定事项的发生或不发生才能决定。

（2）现时义务，是指企业在现行条件下已承担的义务，该现时义务的履行不是很可能导致经济利益流出企业，或者该现时义务的金额不能可靠地计量。其中：① "不是很可能导致经济利益流出企业"，是指该现时义务导致经济利益流出企业的可能性不超过50%（含50%），如甲企业和乙企业签订担保合同，承诺为乙企业的某项贷款提供担保。由于担保合同的签订，甲企业承担了一项现时义务，但承担现时义务不意味着经济利益很可能因此流出企业。如果乙企业的财务状况良好，说明甲企业履行连带责任的可能性不大，那么这项担保合同不是很可能导致经济利益流出甲企业。该现时义务属于甲企业的或有负债。② "金额不能可靠地计量"，是指该现时义务导致经济利益流出企业的"金额"难以合理预计，现时义务履行的结果具有较大的不确定性。如甲公司涉及一桩诉讼案，根据以往的审判案例推断，甲公司很可能要败诉。但人民法院尚未判决，甲公司无法根据经验判断未来将要承担多少赔偿金额，因此该现时义务的金额不能可靠地计量，该诉讼案件即形成一项甲公司的或有负债。

或有负债无论是潜在义务还是现时义务，均不符合负债的确认条件，因而不能在财务报表中予以确认，但应当按照相关规定在财务报表附注中披露有关信息，包括或有负债的种类及其形成原因、经济利益流出不确定性的说明、预计产生的财务影响以及获得补偿的可能性等。

【例12-1】2023年5月11日，甲公司的子公司乙公司从银行贷款人民币80 000 000元，期限2年，由甲公司全额担保；2024年6月1日丙公司从银行贷款人民币50 000 000元，期限3年，由甲公司全额担保；2024年7月1日丁公司从银行贷款20 000 000美元，期限5年，由甲公司全额担保。

截至2024年12月31日的情况如下：乙公司贷款逾期未还，银行已起诉甲公司和乙公司。丙公司经营状况良好，预期不存在还款困难。丁公司受政策不利影响，可能不能偿还到期美元债务。

在本例中，就乙公司而言，甲公司很可能履行连带责任，造成损失，但损失金额是多少，目前还难以预计。就丙公司而言，要求甲公司履行连带责任的可能性极小。就丁公司而言，甲公司可能履行连带责任。根据企业会计准则的规定，甲公司应在2024年12月31日的财务报表附注中作如下披露（见表12-1）。

表12-1　　　　　　　　　　甲公司财务报表附注相关披露信息

被担保单位	担保金额	财务影响
乙公司	担保金额人民币80 000 000元，2025年5月11日到期	乙公司的银行借款已逾期。贷款银行已起诉乙公司和本公司，由于对乙公司该笔银行贷款提供全额担保，预期诉讼结果将给本公司的财务造成重大不利影响，损失金额目前难以估计
丙公司	担保金额人民币50 000 000元，2027年6月1日到期	丙公司目前经营情况良好，预期对银行贷款不存在还款困难，因此对丙公司的担保极小可能会给本公司造成不利影响，损失金额目前难以估计
丁公司	担保金额20 000 000美元，2029年7月1日到期	丁公司受政策影响本年度效益不如以往，可能不能偿还到期美元贷款，本公司可能因此承担相应的连带责任而发生损失，损失金额目前难以估计

（二）或有资产

或有资产，是指过去的交易或者事项形成的潜在资产，其存在须通过未来不确定事项的发生或不发生予以证实。

或有资产作为一种潜在资产，其结果具有较大的不确定性，只有通过某些未来不确定事项的发生或不发生才能证实其是否会形成企业真正的资产。如甲企业向法院起诉乙企业侵犯了其专利权。法院尚未对该案件进行公开审理，甲企业是否胜诉尚难判断。对于甲企业而言，将来可能胜诉而获得的赔偿属于一项或有资产，但这项或有资产是否会转化为真正的资产，要由人民法院的判决结果确定。如果终审判决结果是甲企业胜诉，那么这项或有资产就转化为企业的一项资产。如果终审判决结果是甲企业败诉，那么或有资产就消失了，不会形成企业的资产。

正如或有负债不符合负债确认条件一样，或有资产也不符合资产确认条件，因而也不能在财务报表中确认。企业通常不应当披露或有资产，但或有资产很可能给企业带来经济利益的，应当披露其形成的原因、预计产生的财务影响等。

（三）或有负债和或有资产转化为预计负债（负债）和资产

需要指出的是，影响或有负债和或有资产的多种因素处于不断变化之中，企业应当持续地对这些因素予以关注。随着时间的推移和事态的进展，或有负债对应的潜在义务可能转化为现时义务，原来不是很可能导致经济利益流出的现时义务也可能被证实将很可能导致经济利益流出企业，并且现时义务的金额也能够可靠计量。企业应当对或有负债相关义务进行评估、分析判断其是否符合确认为负债的条件。如符合确认为负债的条件，应将其确认为预计负债。类似地，或有资产对应的潜在权利也可能随着相关因素的改变而发生变化，其对应的潜在资产最终是否能够流入企业会逐渐变得明确，如果某一时点企业基本确定能够收到这项潜在资产并且其金额能够可靠计量，应当将其确认为企业的资产。

例如，未决诉讼对于预期会胜诉的一方而言，因未决诉讼形成了一项或有资产，该或有资产最终是否转化为企业的资产，要根据诉讼的最终判决而定。最终判决胜诉的，这项或有资产就转化为企业真正的资产。对于预期会败诉的一方而言，因未决诉讼形成了一项或有负债或预计负债。如为或有负债，该或有负债最终是否转化为企业的预计负债，只能根据诉讼的进展而定。企业根据法律规定、律师建议等因素判断自己很可能败诉且赔偿金额能够合理估计的，这项或有负债就转化为企业的预计负债。

第二节 或有事项的确认和计量

一、或有事项的确认

或有事项的确认通常是与或有事项相关义务的确认。或有事项形成的或有资产只有在企业基本确定能够收到的情况下，才能转变为真正的资产，应当予以确认。

根据《企业会计准则第13号——或有事项》的规定，与或有事项有关的义务在同时符合以下三个条件时，应当确认为预计负债：（1）该义务是企业承担的现时义务；（2）履行该义务很可能导致经济利益流出企业；（3）该义务的金额能够可靠地计量。

（一）该义务是企业承担的现时义务

该义务是企业承担的现时义务，是指与或有事项相关的义务是在企业当前条件下已承担的义务，企业没有其他现实的选择，只能履行该现时义务。通常情况下，过去的事项是否导致现时义务是比较明确的，但也存在极少情况，特定事项是否已发生或这些事项是否已产生了一项现时义务可能难以确定，企业应当考虑包括资产负债表日后所有可获得的证据、专家意见等，以此确定资产负债表日是否存在现时义务。如果据此判断，资产负债表日很可能存在现时义务，且符合预计负债确认条件的，应当确认一项预计负债；如果资产负债表日现时义务不是很可能存在的，企业应披露一项或有负债，除非含有经济利益的资源流出企业的可能性极小。

这里所指的义务包括法定义务和推定义务。其中，法定义务是指因合同、法律法规或其他司法解释等产生的义务，通常是企业在经济管理和经济协调中，依照经济法律法规的规定必须履行的责任。例如，企业与其他企业签订购货合同产生的义务就属于法定义务。

推定义务，是指因企业的特定行为而产生的义务。企业的"特定行为"，泛指企业以往的习惯做法、已公开的承诺或已公开宣布的经营政策。并且，由于以往的习惯做法，或通过这些公开或承诺的声明，企业向外界表明了它将承担特定的责任，从而使受影响的各方形成了其将履行那些责任的合理预期。例如，甲公司是一家化工企业，因扩大经营规模，到 A 国创办了一家分公司。假定 A 国尚未针对甲公司这类企业的生产经营可能产生的环境污染制定相关法律，因而甲公司的分公司对在 A 国生产经营可能产生的环境污染不承担法定义务。但是，甲公司为在 A 国树立良好的形象，自行向社会公告，宣称将对生产经营可能产生的环境污染进行治理，甲公司的分公司为此承担的义务就属于推定义务。

（二）履行该义务很可能导致经济利益流出企业

履行该义务很可能导致经济利益流出企业，是指履行与或有事项相关的现时义务时，导致经济利益流出企业的可能性超过 50%，但尚未达到基本确定的程度。

履行或有事项相关义务导致经济利益流出企业的可能性，通常按照一定的概率区间加以判断。一般情况下，发生的概率分为以下几个层次：基本确定、很可能、可能、极小可能。企业通常可以结合下列情况判断经济利益流出的可能性：

结果的可能性	对应的概率区间
基本确定	大于 95% 但小于 100%
很可能	大于 50% 但小于或等于 95%
可能	大于 5% 但小于或等于 50%
极小可能	大于 0 但小于或等于 5%

企业因或有事项承担了现时义务，并不说明该现时义务很可能导致经济利益流出企业。例如，2024 年 5 月 1 日，甲企业与乙企业签订协议，承诺为乙企业的 2 年期银行借款提供全额担保。对于甲企业而言，由于该担保事项而承担了一项现时义务，但这项义务的履行是否很可能导致经济利益流出企业，需依据乙企业的经营情况和财务状况等因素加以确定。假定 2024 年末，乙企业的财务状况恶化，且没有迹象表明可能发生好转。此种情况出现，表明乙企业很可能违约，从而甲企业履行承担的现时义务将很可能导致经济利益流出企业。反之，如果乙企业财务状况良好，一般可以认定乙企业不会违约，从而甲企业履行承担的现时义务不是很可能导致经济利益流出企业。

（三）该义务的金额能够可靠地计量

该义务的金额能够可靠地计量，是指与或有事项相关的现时义务的金额能够合理地估计。

由于或有事项具有不确定性，因或有事项产生的现时义务的金额也具有不确定性，需要估计。要对或有事项确认一项预计负债，相关现时义务的金额应当能够可靠估计。只有在其金额能够可靠地估计并同时满足其他两个条件时，企业才能加以确认。

如乙公司涉及一起诉讼案。根据以往的审判结果判断，乙公司很可能败诉，相关的赔偿金额也可以合理估算出一个区间。在这种情况下，就可以认为该公司因未决诉讼承担的现时义务的金额能够可靠地估计，从而对未决诉讼确认一项因或有事项形成的预计负债。但是如果没有以往的审判结果作为比照，而相关的法律法规条文又没有明确的解释，那么即使该公司预计可能败诉，在判决以前也很可能无法合理估计其须承担的现时义务的金额，这种情况下不应确认为预计负债。

二、或有事项的计量

当与或有事项有关的义务符合确认为负债的条件时应当将其确认为预计负债，预计负债应当按照履行相关现时义务所需支付的最佳估计数进行初始计量。此外，企业清偿因或有事项而确认的负债所需支出还可能从第三方或其他方获得补偿。或有事项的计量主要涉及两个方面：一是预计负债的计量；二是预期可获得补偿的处理。

（一）预计负债的计量

1. 最佳估计数的确定。

预计负债应当按照履行相关现时义务所需支出的最佳估计数进行初始计量。最佳估计数的确定应当分别两种情况处理：

（1）所需支出存在一个连续范围，且该范围内各种结果发生的可能性相同，则最佳估计数应当按照该范围内的中间值，即上下限金额的平均数确定。

【例12-2】2024年12月2日，甲公司因合同违约而被乙公司起诉。2024年12月31日，甲公司尚未接到人民法院的判决。甲公司预计，最终的法院判决很可能对公司不利。假定预计将要支付的赔偿金额为1 000 000～1 600 000元的某一金额，而且这个区间内每个金额的可能性都大致相同。

在这种情况下，甲公司应在2024年12月31日的资产负债表中确认一项预计负债，金额为：（1 000 000＋1 600 000）÷2＝1 300 000（元）。

有关账务处理如下：

借：营业外支出——赔偿支出——乙公司 　　　　　　　　　1 300 000
　　贷：预计负债——未决诉讼——乙公司 　　　　　　　　　　　1 300 000

（2）所需支出不存在一个连续范围，或者虽然存在一个连续范围，但该范围内各种结果发生的可能性不相同。在这种情况下，最佳估计数按照以下方法确定：

①如果或有事项仅涉及单个项目，最佳估计数按照最可能发生金额确定。"涉及单个项目"指或有事项涉及的项目只有一个，如一项未决诉讼、一项未决仲裁或一项债务担保等。

【例12-3】2024年10月11日，乙公司涉及一起诉讼案。2024年12月31日，人民法院尚未作出判决。在咨询了公司的法律顾问后，乙公司认为：胜诉的可能性为40%，败诉的可能性为60%；如果败诉，需要赔偿1 000 000元。

在这种情况下，乙公司在2024年12月31日资产负债表中应确认的预计负债金额应为最可能发生的金额，即1 000 000元。

有关账务处理如下：

借：营业外支出——赔偿支出   1 000 000
　　贷：预计负债——未决诉讼   1 000 000

②如果或有事项涉及多个项目，最佳估计数按照各种可能结果及相关概率加权计算确定。"涉及多个项目"指或有事项涉及的项目不止一个，如产品质量保证。在产品质量保证中，提出产品保修要求的可能有许多客户，相应地，企业对这些客户负有保修义务。

【例12-4】丙公司是生产并销售A产品的企业，2024年第一季度共销售A产品30 000件，销售收入为180 000 000元。根据公司的产品质量保证条款，该产品售出后一年内，如发生正常质量问题，公司将负责免费维修。根据以前年度的维修记录，如果发生较小的质量问题，发生的维修费用为销售收入的1%；如果发生较大的质量问题，发生的维修费用为销售收入的2%。根据公司质量部门的预测，本季度销售的产品中，80%不会发生质量问题；15%可能发生较小质量问题；5%可能发生较大质量问题。

根据上述资料，2024年第一季度末丙公司应确认的预计负债金额为：$180\ 000\ 000 \times (0 \times 80\% + 1\% \times 15\% + 2\% \times 5\%) = 450\ 000$（元）。

有关账务处理如下：

借：主营业务成本——产品质量保证——A产品   450 000
　　贷：预计负债——产品质量保证——A产品   450 000

2. 预计负债的计量需要考虑的其他因素。

企业在确定最佳估计数时应当综合考虑与或有事项有关的风险和不确定性、货币时间价值和未来事项等因素。

（1）风险和不确定性。

风险是对或有事项结果的变化可能性的一种描述。风险的变动可能增加负债计量的金额。企业在不确定的情况下进行判断需要谨慎，使得收入或资产不会被高估，费用或负债不会被低估。但是，不确定性并不说明应当确认过多的预计负债和故意夸大支出或费用。

企业应当充分考虑与或有事项有关的风险和不确定性，既不能忽略风险和不确定性对或有事项计量的影响，也要避免对风险和不确定性进行重复调整，从而在低估和高估预计负债金额之间寻找平衡点。

（2）货币时间价值。

预计负债的金额通常应当等于未来应支付的金额。但是，因货币时间价值的影响，资产负债表日后不久发生的现金流出，要比一段时间之后发生的同样金额的现金流出负有更大的义务。所以，如果预计负债的确认时点距离实际清偿有较长的时间跨度，货币时间价值的影响重大，那么在确定预计负债的确认金额时，应考虑采用现值计量，即通过对相关未来现金流出进行折现后确认最佳估计数。如油气井或核电站的弃置费用等，应按照未来应支付金额的现值确定。确定预计负债的金额不应考虑预期处置相关资产形成的利得。

将未来现金流出折算为现值时，需要注意以下三点：①用来计算现值的折现率应当是反映货币时间价值的当前市场估计和相关负债特有风险的税前利率。②风险和不确定性既可以在计量未来现金流出时作为调整因素，也可以在确定折现率时予以考虑，但不能重复反映。③随着时间的推移，即使在未来现金流出和折现率均不改变的情况下，预计负债的现值将逐渐增长。企业应当在资产负债表日对预计负债的现值进行重新计量。

（3）未来事项。

企业应当考虑可能影响履行现时义务所需金额的相关未来事项。也就是说，对于这些未来事项，如果有足够的客观证据表明它们将发生，如未来技术进步、相关法规出台等，则应当在预计负债计量中予以考虑，但不应考虑预期处置相关资产形成的利得。

预期的未来事项可能对预计负债的计量较为重要。如某核电企业预计在生产结束时处理核废料的费用将因未来技术的变化而显著降低，那么，该企业因此确认的预计负债金额应当反映有关专家对技术发展以及处理费用减少作出的合理预测。但是，这种预计需要取得确凿的客观证据予以支持。

3. 资产负债表日对预计负债账面价值的复核。

企业应当在资产负债表日对预计负债的账面价值进行复核。有确凿证据表明该账面价值不能真实反映当前最佳估计数的，应当按照当前最佳估计数对该账面价值进行调整。如某化工企业对环境造成了污染，按照当时的法律规定，只需要对污染进行清理。随着国家对环境保护越来越重视，按照现在的法律规定，该企业不但需要对污染进行清理，还很可能要对居民进行赔偿。这种法律要求的变化，会对企业预计负债的计量产生影响。企业应当在资产负债表日对为此确认的预计负债金额进行复核，相关因素发生变化表明预计负债金额不再能反映真实情况时，需要按照当前情况下企业清理和赔偿支出的最佳估计数对预计负债的账面价值进行相应的调整。又如，企业对固定资产弃置费用形成的预计负债进行确认后，由于技术进步、法律要求或市场环境变化等原因，履行弃置义务可能发生支出金额、预计弃置时点、折现率等变动的，需要对预计负债的账面价值进行调整。

企业对已经确认的预计负债在实际支出发生时，应当仅限于最初为之确定该预计负债的支出。也就是说，只有与该预计负债有关的支出才能冲减预计负债，否则将会混淆不同预计负债确认事项的影响。

（二）预期可获得补偿的处理

企业清偿因或有事项而确认的负债所需支出全部或部分预期由第三方或其他方补偿的，该补偿金额只有在基本确定能够收到时，才能作为资产单独确认，确认的补偿金额不能超过所确认负债的账面价值。

预期可能获得补偿的情况通常有：发生交通事故等情况时，企业通常可从保险公司获得合理的赔偿；在某些索赔诉讼中，企业可对索赔人或第三方另行提出赔偿要求；在债务担保业务中，企业在履行担保义务的同时，通常可向被担保企业提出追偿要求。

企业预期从第三方获得的补偿，是一种潜在资产，其最终是否会转化为企业真正的资产（即企业是否能够收到这项补偿）具有较大的不确定性，企业只有在基本确定能够收到补偿时才能对其进行确认。根据资产和负债不能随意抵销的原则，预期可获得的补偿在基本确定能够收到时应当单独确认为一项资产，而不能作为预计负债金额的扣减。

补偿金额的确认涉及两个方面问题：一是确认时间，补偿只有在"基本确定"能够收到时才予以确认；二是确认金额，确认的金额是基本确定能够收到的金额，而且不能超过相关预计负债的账面价值。

> **【例12-5】** 2024年12月31日，乙公司因或有事项而确认了一笔金额为500 000元的预计负债；同时，乙公司因该或有事项基本确定可从甲保险公司获得200 000元的赔偿。
>
> 本例中，乙公司应分别确认一项金额为500 000元的预计负债和一项金额为200 000元的资产，而不能只确认一项金额为300 000元（500 000-200 000）的预计负债。同时，乙公司所确认的补偿金额200 000元未超过所确认的预计负债的账面价值500 000元。

第三节 或有事项会计处理原则的应用

一、未决诉讼及未决仲裁

诉讼，是指当事人不能通过协商解决争议，因而在人民法院起诉、应诉，请求人民法院通过审判程序解决纠纷的活动。诉讼尚未裁决之前，对于被告来说，可能形成一项或有负债或者预计负债；对于原告来说，则可能形成一项或有资产。

仲裁，是指经济法的各方当事人依照事先约定或事后达成的书面仲裁协议，共同选定仲裁机构并由其对争议依法作出具有约束力裁决的一种活动。作为当事人一方，仲裁的结果在仲裁决定公布以前是不确定的，会构成一项潜在义务或现时义务，或者潜在资产。

【例 12-6】 甲公司 2024 年度发生的有关交易或事项如下：

扫码看讲解

（1）2024 年 10 月 8 日有一笔已到期的银行借款本金 10 000 000 元，利息 1 500 000 元，甲公司具有还款能力，但因与乙银行存在其他经济纠纷，而未按时归还乙银行的贷款，2024 年 12 月 2 日，乙银行向人民法院提起诉讼。截至 2024 年 12 月 31 日人民法院尚未对案件进行审理。甲公司法律顾问认为败诉的可能性为 60%，预计将要支付的罚息、诉讼费用在 1 000 000 ~ 1 200 000 元之间，而且这个区间内每个金额的可能性都大致相同，其中诉讼费 50 000 元。

（2）2022 年 10 月 8 日，甲公司委托银行向丙公司贷款 60 000 000 元，由于经营困难，2024 年 10 月 8 日贷款到期时丙公司无力偿还，甲公司依法起诉丙公司，2024 年 12 月 6 日，人民法院一审判决甲公司胜诉，责成丙公司向甲公司偿付借款本息 70 000 000 元，并支付罚息及其他费用 6 000 000 元，两项合计 76 000 000 元，但由于种种原因，丙公司未履行判决，直到 2024 年 12 月 31 日，甲公司尚未采取进一步的行动。

在本例中，甲公司的会计处理如下：

（1）甲公司败诉的可能性为 60%，即很可能败诉，且相关罚息和诉讼费用等支出能可靠计量，因此，甲公司应在 2024 年 12 月 31 日确认一项预计负债，金额为：（1 000 000 + 1 200 000）÷ 2 = 1 100 000（元）。

甲公司的有关账务处理如下：

借：管理费用——诉讼费   50 000

      营业外支出——罚息支出   1 050 000

         贷：预计负债——未决诉讼——乙银行   1 100 000

同时，甲公司应在 2024 年 12 月 31 日的财务报表附注中作如下披露：

本公司欠乙银行的借款于 2024 年 10 月 8 日到期，到期本金和利息合计 11 500 000 元，由于与乙银行存在其他经济纠纷，故本公司尚未偿还上述借款本金和利息，为此，乙银行起诉本公司，除要求本公司偿还本金和利息外，还要求支付罚息等费用。由于以上情况，本公司在 2024 年 12 月 31 日确认了一项预计负债 1 100 000 元。目前，此案正在审理中。

（2）虽然一审判决甲公司胜诉，将很可能从丙公司收回委托贷款本金、利息及罚息，但是由于丙公司本身经营困难，该款项是否能全额收回存在较大的不确定性，因此，甲公司 2024 年 12 月 31 日不应确认资产，但应考虑该项委托贷款的减值问题。

同时，甲公司应在 2024 年 12 月 31 日的财务报表附注中作如下披露：

本公司 2022 年 10 月 8 日委托银行向丙公司贷款 60 000 000 元，丙公司逾期未还，为此，本公司依法向人民法院起诉丙公司。2024 年 12 月 6 日，一审判决本公司胜诉，并可从丙公司索偿款项 76 000 000 元，其中贷款本金 60 000 000 元、利息 10 000 000 元以及罚息等其他费用 6 000 000 元。截至 2024 年 12 月 31 日，丙公司未履行判决，本公司尚未采取进一步的措施。

二、债务担保

债务担保在企业中是较为普遍的现象。作为提供担保的一方，在被担保方无法履行合同的情况下，常常承担连带责任。从保护投资者、债权人的利益出发，客观、充分地反映企业因担保义务而承担的潜在风险是十分必要的。

企业对外提供债务担保常常会涉及未决诉讼，这时可以分别以下情况进行处理：（1）企业已被判决败诉，则应当按照人民法院判决的应承担的损失金额，确认为预计负债，并计入当期营业外支出；（2）已判决败诉，但企业正在上诉，或者经上一级人民法院裁定暂缓执行，或者由上一级人民法院发回重审等，企业应当在资产负债表日，根据已有判决结果合理估计可能产生的损失金额，确认为预计负债，并计入当期营业外支出；（3）人民法院尚未判决的，企业应向其律师或法律顾问等咨询，估计败诉的可能性，以及败诉后可能发生的损失金额，并取得有关书面意见。如果败诉的可能性大于胜诉的可能性，并且损失金额能够合理估计的，应当在资产负债表日将预计担保损失金额确认为预计负债，并计入当期营业外支出。

【例 12 - 7】2022 年 4 月，甲公司为乙公司取得的本金 20 000 000 元、期限 2 年的丙银行贷款提供全额担保。截至 2024 年 12 月 31 日，乙公司贷款逾期未还，丙银行已起诉乙公司和甲公司，但人民法院尚未作出判决。甲公司法律顾问认为其败诉的可能性为 70%，预计甲公司因承担连带责任需赔偿的金额为 1 000 000 ~ 1 400 000 元，而且这个区间内每个金额的可能性都大致相同。

本例中，甲公司很可能承担连带责任，且需赔偿的金额能够可靠地计量，因此，甲公司应在 2024 年 12 月 31 日确认一项预计负债，金额为：（1 000 000 + 1 400 000）÷ 2 = 1 200 000（元）。

甲公司的有关账务处理如下：

借：营业外支出——债务担保——乙公司　　　　　　　　1 200 000
　　贷：预计负债——未决诉讼——丙银行　　　　　　　　1 200 000

三、产品质量保证

产品质量保证，通常指销售商或制造商在销售产品或提供劳务后，对客户提供服务的一种承诺。在约定期内（或终身保修），若产品或劳务在正常使用过程中出现质量或与之相关的其他属于正常范围的问题，企业负有更换产品、免费或只收成本价进行修理等责任。按照权责发生制的要求，上述相关支出符合确认条件就应在收入实现时确认相关预计负债。

【例 12 - 8】甲公司为机床生产和销售企业。甲公司对其销售的机床作出承诺：机床售出后 3 年内如出现非意外事件造成的机床故障和质量问题，甲公司免费负责保修

（含零部件更换）。甲公司 2024 年第一季度、第二季度、第三季度、第四季度分别销售机床 400 台、600 台、800 台和 700 台，每台售价为 5 万元。根据以往的经验，机床发生的保修费一般为销售额的 1% ~1.5%。甲公司 2024 年四个季度实际发生的维修费用分别为 40 000 元、400 000 元、360 000 元和 700 000 元（假定用银行存款支付 50%，另外 50% 为耗用的原材料）。假定 2023 年 12 月 31 日，"预计负债——产品质量保证——机床"科目年末余额为 240 000 元。

本例中，甲公司因销售机床而承担了现时义务，该现时义务的履行很可能导致经济利益流出甲公司，且该义务的金额能够可靠计量。因此，甲公司应在每季度末确认一项预计负债。

（1）第一季度：发生产品质量保证费用（维修费）。

借：预计负债——产品质量保证——机床   40 000
    贷：银行存款   20 000
        原材料   20 000

应确认的产品质量保证负债金额 $= 400 \times 50\,000 \times (1\% + 1.5\%) \div 2$
$$= 250\,000 （元）$$

借：主营业务成本——产品质量保证——机床   250 000
    贷：预计负债——产品质量保证——机床   250 000

第一季度末，"预计负债——产品质量保证——机床"科目余额 $= 240\,000 + 250\,000 - 40\,000 = 450\,000$（元）。

（2）第二季度：发生产品质量保证费用（维修费）。

借：预计负债——产品质量保证——机床   400 000
    贷：银行存款   200 000
        原材料   200 000

应确认的产品质量保证负债金额 $= 600 \times 50\,000 \times (1\% + 1.5\%) \div 2$
$$= 375\,000 （元）$$

借：主营业务成本——产品质量保证——机床   375 000
    贷：预计负债——产品质量保证——机床   375 000

第二季度末，"预计负债——产品质量保证——机床"科目余额 $= 450\,000 + 375\,000 - 400\,000 = 425\,000$（元）。

（3）第三季度：发生产品质量保证费用（维修费）。

借：预计负债——产品质量保证——机床   360 000
    贷：银行存款   180 000
        原材料   180 000

应确认的产品质量保证负债金额 $= 800 \times 50\,000 \times (1\% + 1.5\%) \div 2$
$$= 500\,000 （元）$$

借：主营业务成本——产品质量保证——机床　　　　　　500 000
　　贷：预计负债——产品质量保证——机床　　　　　　　　500 000

第三季度末，"预计负债——产品质量保证——机床"科目余额 = 425 000 + 500 000 - 360 000 = 565 000（元）。

（4）第四季度：发生产品质量保证费用（维修费）。

借：预计负债——产品质量保证——机床　　　　　　　　700 000
　　贷：银行存款　　　　　　　　　　　　　　　　　　350 000
　　　　原材料　　　　　　　　　　　　　　　　　　　350 000

应确认的产品质量保证负债金额 = 700 × 50 000 × (1% + 1.5%) ÷ 2
　　　　　　　　　　　　　　 = 437 500（元）

借：主营业务成本——产品质量保证——机床　　　　　　437 500
　　贷：预计负债——产品质量保证——机床　　　　　　　437 500

第四季度末，"预计负债——产品质量保证——机床"科目余额 = 565 000 + 437 500 - 700 000 = 302 500（元）。

在对产品质量保证确认预计负债时，需要注意的是：

第一，如果发现保证费用的实际发生额与预计数相差较大，应及时对预计比例进行调整；

第二，如果企业针对特定批次产品确认预计负债，则在保修期结束时，应将"预计负债——产品质量保证"余额冲销，同时冲销主营业务成本；

第三，已对其确认预计负债的产品，如企业不再生产了，那么应在相应的产品质量保证期满后，将"预计负债——产品质量保证"余额冲销，同时冲销主营业务成本。

四、亏损合同

亏损合同，是指履行合同义务不可避免会发生的成本超过预期经济利益的合同。亏损合同产生的义务满足预计负债确认条件的，应当确认为预计负债。预计负债的计量应当反映退出该合同的最低净成本，即履行该合同的成本与未能履行该合同而发生的补偿或处罚两者之中的较低者。企业与其他企业签订的商品销售合同、劳务合同、租赁合同等，均可能变为亏损合同。

企业对亏损合同进行会计处理，需要遵循以下原则：

企业履行该合同的成本包括履行合同的增量成本和与履行合同直接相关的其他成本的分摊金额。其中，履行合同的增量成本包括直接人工、直接材料等；与履行合同直接相关的其他成本的分摊金额包括用于履行合同的固定资产的折旧费用分摊金额等。

（1）如果与亏损合同相关的义务不需支付任何补偿即可撤销，企业通常就不存在现时义务，不应确认预计负债；如果与亏损合同相关的义务不可撤销，企业就存在现时义务，同时满足该义务很可能导致经济利益流出企业且金额能够可靠地计量的，应当确认预计负债。

（2）亏损合同存在标的资产的，应当对标的资产进行减值测试并按规定确认减值损失，在这种情况下，企业通常不需确认预计负债，如果预计亏损超过该减值损失，应将超过部分确认为预计负债；合同不存在标的资产的，亏损合同相关义务满足预计负债确认条件时，应当确认预计负债。

【例12-9】甲公司与丙公司于2023年12月10日签订不可撤销合同，约定在2024年3月1日以每件200元的价格向丙公司提供A产品1 000件，若不能按期交货，将对甲公司处以总价款20%的违约金。签订合同时A产品尚未开始生产，甲公司准备采购原材料生产A产品时，原材料价格突然上涨，预计生产A产品的单位成本将超过合同单价。不考虑相关税费。

扫码看讲解

（1）若生产A产品的单位成本为210元。

履行合同发生的损失 = 1 000 × (210 - 200) = 10 000（元）

不履行合同支付的违约金 = 1 000 × 200 × 20% = 40 000（元）

本例中，甲公司与丙公司签订了不可撤销合同，但是执行合同不可避免发生的成本超过了预期获得的经济利益，属于亏损合同。由于该合同变为亏损合同时不存在标的资产，甲公司应当按照履行合同造成的损失与违约金两者中的较低者确认一项预计负债，即应确认预计负债10 000元。

借：主营业务成本——亏损合同损失——A产品 10 000
　　贷：预计负债——亏损合同损失——A产品 10 000

待产品完工后，将已确认的预计负债冲减产品成本。

借：预计负债——亏损合同损失——A产品 10 000
　　贷：库存商品——A产品 10 000

（2）若生产A产品的单位成本为270元。

履行合同发生的损失 = 1 000 × (270 - 200) = 70 000（元）

不履行合同支付的违约金 = 1 000 × 200 × 20% = 40 000（元）

应确认预计负债40 000元。

借：主营业务成本——亏损合同损失——A产品 40 000
　　贷：预计负债——亏损合同损失——A产品 40 000

支付违约金时：

借：预计负债——亏损合同损失——A产品 40 000
　　贷：银行存款 40 000

【例12-10】甲公司与乙公司于2023年11月签订不可撤销合同，甲公司向乙公司销售A设备50台，合同价格每台1 000 000元（不含税）。该批设备在2024年1月25日交货。截至2023年末甲公司已生产40台A设备，由于原材料价格上涨，单位成本达到 1 020 000 元，每销售一台 A 设备亏损 20 000 元，因此这项合同已成为亏损合同。预计其余未生产的 10 台 A 设备的单位成本与已生产的 A 设备的单位成本相同。则甲公司应对有标的的 40 台 A 设备计提存货跌价准备，对没有标的的 10 台 A 设备确认预计负债。不考虑相关税费。

有关账务处理如下：

（1）有标的部分，合同为亏损合同，确认减值损失。

借：资产减值损失——存货跌价损失——A 设备　　　　　　　800 000
　　贷：存货跌价准备——A 设备（40×20 000）　　　　　　　　800 000

（2）无标的部分，合同为亏损合同，确认预计负债。

借：主营业务成本——亏损合同损失——A 设备　　　　　　　200 000
　　贷：预计负债——亏损合同损失——A 设备（10×20 000）　　200 000

在产品生产出来后，将预计负债冲减产品成本。

借：预计负债——亏损合同损失——A 设备　　　　　　　　　200 000
　　贷：库存商品——A 设备　　　　　　　　　　　　　　　　200 000

五、重组义务

重组，是指企业制定和控制的，将显著改变企业组织形式、经营范围或经营方式的计划实施行为。属于重组的事项主要包括：（1）出售或终止企业的部分业务；（2）对企业的组织结构进行较大调整；（3）关闭企业的部分营业场所，或将营业活动由一个国家或地区迁移到其他国家或地区。

企业应当将重组与企业合并、债务重组区别开。因为重组通常是企业内部资源的调整和组合，谋求现有资产效能的最大化；企业合并是在不同企业之间的资本重组和规模扩张；而债务重组是债权人、债务人就清偿债务的时间、金额或方式等重新达成协议。

（一）重组义务的确认

企业因重组而承担了重组义务，并且同时满足预计负债确认条件时，才能确认预计负债。

首先，同时存在下列情况的，表明企业承担了重组义务：（1）有详细、正式的重组计划，包括重组涉及的业务、主要地点、需要补偿的职工人数、预计重组支出、计划实施时间等；（2）该重组计划已对外公告，重组计划已经开始实施，或已向受其影响的各方通告了该计划的主要内容，从而使各方形成了对该企业将实施重组的合理预期。

企业制订了详细、正式的重组计划，并已经对外公告，使那些受其影响的其他单位或个人可以合理预期企业将实施重组，这构成了企业的一项推定义务。而管理层或董事会在资产负债表日前作出的重组决定，在资产负债表日并不形成一项推定义务，除非企业在资产负债表日前已经对外进行了公告，将重组计划传达给受其影响的各方，使他们形成了对企业将实施重组的合理预期。

其次，需要判断重组义务是否同时满足预计负债的三个确认条件，即判断其承担的重组义务是否是现时义务、履行重组义务是否很可能导致经济利益流出企业、重组义务的金额是否能够可靠计量。只有同时满足这三个确认条件，才能将重组义务确认为预计负债。

【例12-11】2024年12月31日，甲上市公司董事会决定关闭一个事业部。2024年度财务报告报出前，甲上市公司董事会尚未将有关决定传达到受影响的各方，也未采取任何措施实施该项决定，在2024年12月31日，甲上市公司不应对此项决定确认预计负债。

【例12-12】2024年12月16日，乙上市公司董事会决定关闭A产品事业部，有关计划已获批准。至2024年12月31日，关闭该事业部的决定已经向社会公告，受影响的公司职工、客户及供应商均收到了通知。如果该义务很可能导致经济利益流出乙上市公司，且金额能够可靠计量，在2024年12月31日，乙上市公司应对此项决定确认预计负债。

（二）重组义务的计量

企业应当按照与重组有关的直接支出确定预计负债金额，计入当期损益。其中，直接支出是企业重组必须承担的，并且与主体继续进行的活动无关的支出，不包括留用职工岗前培训、市场推广、新系统和营销网络投入等支出。因为这些支出与未来经营活动有关，在资产负债表日不是重组义务。

由于企业在计量预计负债时不应当考虑预期处置相关资产的利得，在计量与重组义务相关的预计负债时，也不考虑处置相关资产（厂房、店面，有时是一个事业部整体）可能形成的利得或损失，即使资产的出售构成重组的一部分也是如此，这些利得或损失应当单独确认。

企业可以参照表12-2判断某项支出是否属于与重组有关的直接支出。

表12-2　　　　　　　　　　　　　与重组有关支出的判断

支出项目	包括	不包括	不包括的原因
自愿遣散	√		
强制遣散（如果自愿遣散目标未满足）	√		
不再使用的厂房的租赁撤销费	√		
将职工和设备从拟关闭的工厂转移到继续使用的工厂		√	支出与继续进行的活动相关
剩余职工的再培训		√	支出与继续进行的活动相关

续表

支出项目	包括	不包括	不包括的原因
新经理的招聘成本		√	支出与继续进行的活动相关
推广公司新形象的营销成本		√	支出与继续进行的活动相关
对新营销网络的投资		√	支出与继续进行的活动相关
重组的未来可辨认经营损失（最新预计值）		√	支出与继续进行的活动相关
特定固定资产的减值损失		√	资产减值准备应当按照《企业会计准则第8号——资产减值》进行计提

本章思考题

1. 或有资产为何不能在财务报表中确认？
2. 或有负债满足哪些条件才能确认为预计负债？
3. 预计负债如何进行初始计量？

第十三章 收 入

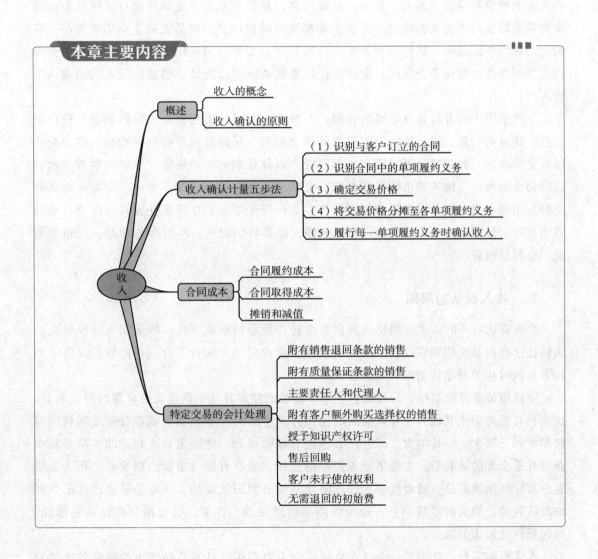

本章主要内容

- 概述
  - 收入的概念
  - 收入确认的原则
- 收入确认计量五步法
  - （1）识别与客户订立的合同
  - （2）识别合同中的单项履约义务
  - （3）确定交易价格
  - （4）将交易价格分摊至各单项履约义务
  - （5）履行每一单项履约义务时确认收入
- 合同成本
  - 合同履约成本
  - 合同取得成本
  - 摊销和减值
- 特定交易的会计处理
  - 附有销售退回条款的销售
  - 附有质量保证条款的销售
  - 主要责任人和代理人
  - 附有客户额外购买选择权的销售
  - 授予知识产权许可
  - 售后回购
  - 客户未行使的权利
  - 无需退回的初始费

第一节 收入概述

一、收入的概念

收入,是指企业在日常活动中形成的、会导致所有者权益增加的、与所有者投入资本无关的经济利益的总流入。其中,日常活动,是指企业为完成其经营目标所从事的经常性活动以及与之相关的活动。工业企业制造并销售产品、商品流通企业销售商品、咨询公司提供咨询服务、软件公司为客户开发软件、安装公司提供安装服务、建筑企业提供建造服务等,均属于企业的日常活动;日常活动所形成的经济利益的流入应当确认为收入。

本章适用于所有与客户之间的合同,不涉及企业对外出租资产收取的租金、进行债权投资收取的利息、进行股权投资取得的现金股利、保险合同取得的保费收入等。企业以存货换取客户的存货、固定资产、无形资产以及长期股权投资等,按照本章有关内容进行会计处理;其他非货币性资产交换,按照《企业会计准则第 7 号——非货币性资产交换》进行会计处理。企业处置固定资产、无形资产等的,在确定处置时点以及计量处置损益时,按照本章有关内容进行会计处理。除非特别说明,本章所称商品,既包括商品,也包括服务。

二、收入确认的原则

企业确认收入的方式应当反映其向客户转让商品的模式,收入的金额应当反映企业因转让这些商品而预期有权收取的对价金额。企业应当在履行了合同中的履约义务,即在客户取得相关商品控制权时确认收入。

取得相关商品控制权,是指能够主导该商品的使用并从中获得几乎全部的经济利益,也包括有能力阻止其他方主导该商品的使用并从中获得经济利益。取得商品控制权同时包括下列三要素:一是能力,即客户必须拥有现时权利,能够主导该商品的使用并从中获得几乎全部经济利益。二是主导该商品的使用。客户有能力主导该商品的使用,是指客户有权使用该商品,或者能够允许或阻止其他方使用该商品。三是能够获得几乎全部的经济利益。商品的经济利益,是指该商品的潜在现金流量,既包括现金流入的增加,也包括现金流出的减少。

本章所称客户,是指与企业订立合同以向企业购买其日常活动产出的商品并支付对价的一方。如果合同对方与企业订立合同的目的是共同参与一项活动(如合作开发一项资产),合同对方和企业一起分担或分享该活动产生的风险或收益,而不是获取企业日常活动产出的商品,则该合同对方不是企业的客户。

企业收入的会计处理是以企业与客户之间的单个合同为基础，但是，为便于实务操作，当企业能够合理预计，将收入的会计处理应用于具有类似特征的合同（或履约义务）组合或应用于该组合中的每一个合同（或履约义务），不会对企业的财务报表产生显著不同的影响时，企业可以在合同组合层面对收入进行会计处理。

第二节　收入的确认和计量

收入的确认和计量大致分为五步：第一步，识别与客户订立的合同；第二步，识别合同中的单项履约义务；第三步，确定交易价格；第四步，将交易价格分摊至各单项履约义务；第五步，履行各单项履约义务时确认收入。其中，第一步、第二步和第五步主要与收入的确认有关，第三步和第四步主要与收入的计量有关。

一、识别与客户订立的合同

（一）合同识别

合同，是指双方或多方之间订立有法律约束力的权利义务的协议。合同包括书面形式、口头形式以及其他形式（如隐含于商业惯例或企业以往的习惯做法中等）。企业与客户之间的合同同时满足下列五项条件（以下简称五项条件）的，企业应当在履行了合同中的履约义务，即在客户取得相关商品控制权时确认收入：一是合同各方已批准该合同并承诺将履行各自义务；二是该合同明确了合同各方与所转让商品相关的权利和义务；三是该合同有明确的与所转让商品相关的支付条款；四是该合同具有商业实质，即履行该合同将改变企业未来现金流量的风险、时间分布或金额；五是企业因向客户转让商品而有权取得的对价很可能收回。企业在进行上述判断时，需要注意下列三点：一是合同约定的权利和义务是否具有法律约束力，需要根据企业所处的法律环境和实务操作进行判断；二是合同具有商业实质，是指履行该合同将改变企业未来现金流量的风险、时间分布或金额；三是企业在评估其因向客户转让商品而有权取得的对价是否很可能收回时，仅应考虑客户到期时支付对价的能力和意图（即客户的信用风险）。企业预期很可能无法收回全部合同对价时，应当判断其原因是客户的信用风险还是企业向客户提供了价格折让所致。

对于不符合上述五项条件的合同，企业只有在不再负有向客户转让商品的剩余义务（如合同已完成或取消），且已向客户收取的对价（包括全部或部分对价）无须退回时，才能将已收取的对价确认为收入；否则，应当将已收取的对价作为负债进行会计处理。企业向客户收取无须退回的对价的，应当在已经将该部分对价所对应的商品的控制权转移给客户，并已停止向客户转让额外的商品，且也不再负有此类义务时；或者，相关合同已经终止时，将该部分对价确认为收入。

需要说明的是，没有商业实质的非货币性资产交换，无论何时，均不应确认收入。从事相同业务经营的企业之间，为便于向客户或潜在客户销售商品而进行的非货币性资产交换（如两家石油公司之间相互交换石油，以便及时满足各自不同地点客户的需求），不应当确认收入。

企业与客户之间的合同，在合同开始日即满足上述五项条件的，企业在后续期间无须对其进行重新评估，除非有迹象表明相关事实和情况发生重大变化。在合同开始日不符合上述五项条件的，企业应当在后续期间对其进行持续评估，以判断其能否满足上述五项条件，企业在此之前已经向客户转移部分商品的，当该合同在后续期间满足上述五项条件时，企业应当将在此之前已经转移商品所分摊的交易价格确认为收入。合同开始日，是指合同开始赋予合同各方具有法律约束力的权利和义务的日期，通常是指合同生效日。

【例 13－1】 甲公司与乙公司签订合同，将一项专利技术授权给乙公司使用，并按其使用情况收取特许权使用费。甲公司评估认为，该合同在合同开始日满足企业与客户之间合同的五项条件。该专利技术在合同开始日即授权给乙公司使用。在合同开始日后的第一年内，乙公司每季度向甲公司提供该专利技术的使用情况报告，并在约定的期间内支付特许权使用费。在合同开始日后的第二年内，乙公司继续使用该专利技术，但是，乙公司的财务状况下滑，融资能力下降，可用资金不足，因此，乙公司仅按合同支付了当年第一季度的特许权使用费，而后三个季度仅象征性地支付了部分金额。在合同开始日后的第三年内，乙公司继续使用甲公司的专利技术。但是，甲公司得知，乙公司已经完全丧失了融资能力，且流失了大部分客户，因此，乙公司的付款能力进一步恶化，信用风险显著升高。

本例中，该合同在合同开始日满足企业与客户之间合同的五项条件，因此，甲公司在乙公司使用该专利技术的行为发生时，按照约定的特许权使用费确认收入。合同开始后的第二年，由于乙公司的信用风险升高，甲公司在确认收入的同时，应按照本书金融工具相关章节的规定对乙公司的应收款项进行减值测试。合同开始日后的第三年，由于乙公司的财务状况恶化，信用风险显著升高，甲公司对该合同进行了重新评估，认为不再满足"企业因向客户转让商品而有权取得的对价很可能收回"这一条件，因此，甲公司不再确认特许权使用费收入，同时，按照本书金融工具相关章节的规定对现有应收款项是否发生减值继续进行评估。

（二）合同合并

企业与同一客户（或该客户的关联方）同时订立或在相近时间内先后订立的两份或多份合同，在满足下列条件之一时，应当合并为一份合同进行会计处理：一是该两份或多份合同基于同一商业目的而订立并构成"一揽子"交易，如一份合同在不考虑另一份合同对价的情况下将会发生亏损；二是该两份或多份合同中的一份合同的对价金额取决于其他合同的定价或履行情况，如一份合同如果发生违约，将会影响另一份合同的对价金额；三是该两份或多份合同中所承诺的商品（或每份合同中所承诺的部分商品）构成单项履约义务。两份或多份合同合并为一份合同进行会计处理的，仍然需要区分该一份合同中包含的各单项履约义务。

（三）合同变更

合同变更，是指经合同各方批准对原合同范围或价格作出的变更。合同各方可能以书面形式、口头形式或其他形式（如隐含于企业以往的习惯做法中）批准合同变更。企业应当区分下列三种情形对合同变更分别进行会计处理。

1. 合同变更部分作为单独合同。

合同变更增加了可明确区分的商品及合同价款，且新增合同价款反映了新增商品单独售价的（以下简称合同变更的第 1 种情形），应当将该合同变更部分作为一份单独的合同进行会计处理。此类合同变更不影响原合同的会计处理。

【例 13 – 2】甲公司承诺向某客户销售 120 件产品，每件产品售价 100 元。该批产品彼此之间可明确区分，且将于未来 6 个月内陆续转让给该客户。甲公司将其中的 60 件产品转让给该客户后，双方对合同进行了变更，甲公司承诺向该客户额外销售 30 件相同的产品，这 30 件产品与原合同中的产品可明确区分，其售价为每件 95 元（假定该价格反映了合同变更时该产品的单独售价）。上述价格均不包含增值税。

本例中，由于新增的 30 件产品是可明确区分的，且新增的合同价款反映了新增产品的单独售价，因此，该合同变更实际上构成了一份单独的、在未来销售 30 件产品的新合同，该新合同并不影响对原合同的会计处理。甲公司应当对原合同中的 120 件产品按每件产品 100 元确认收入，对新合同中的 30 件产品按每件产品 95 元确认收入。

2. 合同变更作为原合同终止及新合同订立。

合同变更不属于合同变更的第 1 种情形，且在合同变更日已转让的商品与未转让的商品之间可明确区分的（以下简称合同变更的第 2 种情形），应当视为原合同终止，同时，将原合同未履约部分与合同变更部分合并为新合同进行会计处理。

【例 13 – 3】沿用【例 13 – 2】，甲公司新增销售的 30 件产品售价为每件 80 元（假定该价格不能反映合同变更时该产品的单独售价）。同时，由于客户发现甲公司已转让的 60 件产品存在瑕疵，要求甲公司对已转让的产品提供每件 15 元的销售折让以弥补损失。经协商，双方同意将价格折让在销售新增的 30 件产品的合同价款中进行抵减，金额为 900 元。上述价格均不包含增值税。

本例中，由于 900 元的折让金额与已经转让的 60 件产品有关，因此应当将其作为已销售的 60 件产品的销售价格的抵减，在该折让发生时冲减当期销售收入。对于合同变更新增的 30 件产品，由于其售价不能反映该产品在合同变更时的单独售价，因此，该合同变更不能作为单独合同进行会计处理。由于尚未转让给客户的产品（包括原合同中尚未交付的 60 件产品以及新增的 30 件产品）与已转让的产品是可明确区分的，因此，甲公司应当将该合同变更作为原合同终止，同时，将原合同的未履约部分与合同变更合并为新合同进行会计处理。该新合同中，剩余产品为90件，其对价为8 400元，即原合同下尚未确认收入的客户已承诺对价6 000元（100×60）与合同变更部分的对价2 400元（80×30）之和，新合同中的90件产品每件产品应确认的收入为93.33元（8 400÷90）。

3. 合同变更部分作为原合同的组成部分。

合同变更不属于合同变更的第1种情形，且在合同变更日已转让的商品与未转让的商品之间不可明确区分的（以下简称合同变更的第3种情形），应当将该合同变更部分作为原合同的组成部分，在合同变更日重新计算履约进度，并调整当期收入和相应成本等。

【例13-4】2023年1月15日，乙建筑公司和客户签订了一项总金额为1 000万元的固定造价合同，在客户自有土地上建造一幢办公楼，预计合同总成本为700万元。假定该建造服务属于在某一时段内履行的履约义务，并根据累计发生的合同成本占合同预计总成本的比例确定履约进度。

截至2023年末，乙公司累计已发生成本420万元，履约进度为60%（420÷700）。因此，乙公司在2023年确认收入600万元（1 000×60%）。2024年初，合同双方同意更改该办公楼屋顶的设计，合同价格和预计总成本因此而分别增加200万元和120万元。

在本例中，由于合同变更后拟提供的剩余服务与在合同变更日或之前已提供的服务不可明确区分（即该合同仍为单项履约义务），因此，乙公司应当将合同变更作为原合同的组成部分进行会计处理。合同变更后的交易价格为1 200万元（1 000+200），乙公司重新估计的履约进度为51.2%［420÷（700+120）］，乙公司在合同变更日应额外确认收入14.4万元（51.2%×1 200-600）。

如果在合同变更日未转让的商品为上述第2种情形和第3种情形的组合，企业应当分别相应按照上述第2种情形或第3种情形的方式对合同变更后尚未转让（或部分未转让）的商品进行会计处理。

二、识别合同中的单项履约义务

合同开始日，企业应当识别合同中所包含的各单项履约义务，并确定各单项履约义务是在某一时段内履行，还是在某一时点履行；然后，在履行各单项履约义务时分别确认收入。履约义务，是指合同中企业向客户转让可明确区分商品的承诺。企业应当将下列向客户转让商品的承诺作为单项履约义务。

（一）企业向客户转让可明确区分商品（或者商品或服务的组合）的承诺

企业向客户承诺的商品同时满足下列条件的，应当作为可明确区分商品：

（1）客户能够从该商品本身或者从该商品与其他易于获得的资源一起使用中受益。当客户能够使用、消耗或以高于残值的价格出售商品，或者以能够产生经济利益的其他方式持有商品时，表明客户能够从该商品本身获益。对于某些商品而言，客户可能需要将其与其他易于获得的资源一起使用才能从中获益。在评估某项商品是否能够明确区分时，应当基于该商品自身的特征，无须考虑合同中可能存在的阻止客户从其他来源取得相关资源的限制性条款。

（2）企业向客户转让该商品的承诺与合同中其他承诺可单独区分，以识别企业承诺转让的是每一项商品，还是由这些商品组成的一个或多个组合产出。组合产出的价值通常高于或者显著不同于各单项商品的价值总和。

下列情形通常表明企业向客户转让该商品的承诺与合同中的其他承诺不可明确区分：

一是企业需提供重大的服务以将该商品与合同中承诺的其他商品进行整合，形成合同约定的某个或某些组合产出转让给客户。如企业为客户建造写字楼的合同中，企业向客户提供的砖头、水泥、人工等都能够使客户获益，但是，企业对客户承诺的是为其建造一栋写字楼，而并非提供这些砖头、水泥和人工等，企业需提供重大的服务将这些商品进行整合，以形成合同约定的一项组合产出（即写字楼）转让给客户。因此，在该合同中，砖头、水泥和人工等商品彼此之间不能单独区分。

二是该商品将对合同中承诺的其他商品予以重大修改或定制。如企业承诺向客户提供其开发的一款现有软件，并提供安装服务，虽然该软件无须更新或技术支持也可直接使用，但是企业在安装过程中需要在该软件现有基础上对其进行定制化的重大修改，以使其能够与客户现有的信息系统相兼容。此时，转让软件的承诺与提供定制化重大修改的承诺在合同层面是不可明确区分的。

三是该商品与合同中承诺的其他商品具有高度关联性。即合同中承诺的每一项商品均受到合同中其他商品的重大影响。如企业承诺为客户设计一种新产品并负责生产10个样品，企业在生产和测试样品的过程中需要对产品的设计进行不断的修正，并导致已生产的样品均可能需要进行不同程度的返工。此时，企业提供的设计服务和生产样品的服务是不断交替反复进行的，二者高度关联，因此，在合同层面是不可明确区分的。

需要说明的是，企业向客户销售商品时，往往约定企业需要将商品运送至客户指定的地点。通常情况下，商品控制权转移给客户之前发生的运输活动不构成单项履约义务；相反，商品控制权转移给客户之后发生的运输活动可能表明企业向客户提供了一项运输服务，企业应当考虑该项服务是否构成单项履约义务。

【例13-5】甲公司与乙公司签订合同，向其销售一批产品，并负责将该批产品运送至乙公司指定的地点，甲公司承担相关的运输费用。假定销售该产品属于在某一时点履行的履约义务，且控制权在出库时转移给乙公司。

本例中，甲公司向乙公司销售产品，并负责运输。该批产品在出库时，控制权转移给乙公司，在此之后，甲公司为将产品运送至乙公司指定的地点而发生的运输活动，属于为乙公司提供了一项运输服务：当该运输服务构成单项履约义务，且甲公司是运输服务的主要责任人时，甲公司应当按照分摊至该运输服务的交易价格确认收入。

假定该产品的控制权不是在出库时，而是在送达乙公司指定地点时转移给乙公司，由于甲公司的运输活动是在产品的控制权转移给客户之前发生的，因此不构成单项履约义务，而是甲公司为履行合同发生的必要活动。

（二）一系列实质相同且转让模式相同的、可明确区分的商品

当企业向客户连续转让某项承诺的商品时，如每天提供类似劳务的长期劳务合同等，如果这些商品属于实质相同且转让模式相同的一系列商品时，企业应当将这一系列商品作为单项履约义务。转让模式相同，是指每一项可明确区分的商品均满足在某一时段内履行履约义务的条件，且采用相同方法确定其履约进度。

企业在判断所转让的一系列商品是否实质相同时，应当考虑合同中承诺的性质，当企业承诺的是提供确定数量的商品时，需要考虑这些商品本身是否实质相同；当企业承诺的是在某一期间内随时向客户提供某项服务时，需要考虑企业在该期间内的各个时间段（如每天或每小时）的承诺是否相同，而并非具体的服务行为本身，如企业向客户提供2年的酒店管理服务（包括保洁、维修、安保等），但没有具体的服务次数或时间的要求，尽管企业每天提供的具体服务不一定相同，但是企业每天对于客户的承诺都是相同的，即按照约定的酒店管理标准，随时准备根据需要为其提供相关服务，因此，该酒店管理服务符合实质相同的条件。

三、确定交易价格

交易价格，是指企业因向客户转让商品而预期有权收取的对价金额。企业代第三方收取的款项（如增值税）以及企业预期将退还给客户的款项，应当作为负债处理，不计入交易价格。合同标价并不一定代表交易价格，企业应当根据合同条款，并结合以往的习惯做法等确定交易价格。

（一）可变对价

企业与客户的合同中约定的对价金额可能是固定的，也可能会因折扣、价格折让、返利、退款、奖励积分、激励措施、业绩奖金、索赔、未来事项等因素而变化。此外，企业有权收取的对价金额，将根据一项或多项或有事项的发生有所不同的情况，也属于可变对价的情形。如企业售出商品但允许客户退货时，企业有权收取的对价金额将取决于客户是否退货，因此该合同的交易价格是可变的。

【例13-6】甲公司系增值税一般纳税人，在2024年6月1日向乙公司销售一批商品，开出的增值税专用发票上注明的销售价格为800 000元，增值税税额为104 000元，款项尚未收到；该批商品成本为640 000元。6月30日，乙公司在验收过程中发现商品外观上存在瑕疵，但基本上不影响使用，要求甲公司在价格上（不含增值税税额）给予5%的减让。假定甲公司已确认收入，并已取得税务机关开具的红字增值税专用发票。甲公司于2024年7月31日收到乙公司款项858 800元。甲公司的账务处理如下：

（1）2024 年 6 月 1 日销售实现。

借：应收账款——乙公司　　　　　　　　　　　　　　904 000

　　贷：主营业务收入——销售××商品　　　　　　　　　800 000

　　　　应交税费——应交增值税（销项税额）　　　　　104 000

借：主营业务成本——销售××商品　　　　　　　　　　640 000

　　贷：库存商品——××商品　　　　　　　　　　　　640 000

（2）2024 年 6 月 30 日发生销售折让，取得红字增值税专用发票。

借：主营业务收入——销售××商品　　　　　　　　　　40 000

　　应交税费——应交增值税（销项税额）　　　　　　　5 200

　　贷：应收账款——乙公司　　　　　　　　　　　　　45 200

（3）2024 年 7 月 31 日收到款项。

借：银行存款　　　　　　　　　　　　　　　　　　　858 800

　　贷：应收账款——乙公司　　　　　　　　　　　　　858 800

1. 可变对价最佳估计数的确定。

企业应当按照期望值或最可能发生金额确定可变对价的最佳估计数。期望值，是按照各种可能发生的对价金额及相关概率计算确定的金额。当企业拥有大量具有类似特征的合同，并据此估计合同可能产生多个结果时，按照期望值估计可变对价金额通常是恰当的。

【例 13 - 7】甲公司生产和销售洗衣机。2024 年 3 月，甲公司向零售商乙公司销售 1 000 台洗衣机，每台价格为 2 000 元，合同价款合计 200 万元。同时，甲公司承诺，如果在未来 6 个月内，同类洗衣机售价下降，则按照合同价格与最低售价之间的差额向乙公司支付差价。甲公司根据以往执行类似合同的经验，预计未来 6 个月内，不降价的概率为 50%；每台降价 200 元的概率为 40%；每台降价 500 元的概率为 10%。假定不考虑增值税等因素。

本例中，甲公司认为期望值能够更好地预测其有权获取的对价金额。假定不考虑下述有关"计入交易价格的可变对价金额的限制"要求，甲公司估计交易价格为每台 1 870 元（2 000×50% + 1 800×40% + 1 500×10%）。2024 年 3 月，甲公司销售洗衣机的账务处理为：

借：应收账款——乙公司　　　　　　　　　　　　　1 870 000

　　贷：主营业务收入　　　　　　　　　　　　　　　1 870 000

最可能发生金额是一系列可能发生的对价金额中最可能发生的单一金额，即合同最可能产生的单一结果。当合同仅有两个可能结果（如企业能够达到或不能达到某业绩奖金目标）时，按照最可能发生金额估计可变对价金额通常是恰当的。

【例13-8】 甲公司为其客户建造一栋厂房，合同约定的价款为100万元，当甲公司不能在合同签订之日起的120天内竣工时，须支付10万元罚款，该罚款从合同价款中扣除。甲公司对合同结果的估计如下：工程按时完工的概率为90%，工程延期的概率为10%。假定上述金额均不含增值税。

本例中，由于该合同涉及两种可能结果，甲公司认为按照最可能发生金额能够更好地预测其有权获取的对价金额。因此，甲公司估计的交易价格为100万元，即最可能发生的单一金额。

企业采用期望值或最可能发生金额估计可变对价时，应当选择能够更好地预测其有权收取的对价金额的方法。对于某一事项的不确定性对可变对价金额的影响，企业应当在整个合同期间一致地采用同一种方法进行估计；对于类似的合同，应当采用相同的方法进行估计。但是，当存在多个不确定性事项均会影响可变对价金额时，企业可以采用不同的方法对其进行估计。

2. 计入交易价格的可变对价金额的限制。

企业按照期望值或最可能发生金额确定可变对价金额之后，计入交易价格的可变对价金额还应该满足限制条件，即包含可变对价的交易价格，应当不超过在相关不确定性消除时累计已确认的收入极可能不会发生重大转回的金额。企业在对此进行评估时，应当同时考虑收入转回的可能性及转回金额的比重。其中，"极可能"发生的概率应远高于"很可能"（即可能性超过50%），但不要求达到"基本确定"（即可能性超过95%）；在评估收入转回金额的比重时，应同时考虑合同中包含的固定对价和可变对价。企业应当将满足上述限制条件的可变对价的金额，计入交易价格。

每一资产负债表日，企业应当重新估计可变对价金额（包括重新评估对可变对价的估计是否受到限制），以如实反映报告期末存在的情况以及报告期内发生的情况变化。

【例13-9】 2024年1月1日，甲公司与乙公司签订合同，向其销售A产品。合同约定，当乙公司在2024年的采购量不超过2 000件时，每件产品的价格为80元；当乙公司在2024年的采购量超过2 000件时，每件产品的价格为70元。乙公司在第一季度的采购量为150件，甲公司预计乙公司全年的采购量不会超过2 000件。2024年4月，乙公司因完成产能升级而增加了原材料的采购量，第二季度共向甲公司采购A产品1 000件，甲公司预计乙公司全年的采购量将超过2 000件，因此，全年采购量适用的产品单价均将调整为70元。

本例中，2024年第一季度，甲公司根据以往经验估计乙公司全年的采购量将不会超过2 000件，甲公司按照80元的单价确认收入，满足在不确定性消除之后（即乙公司全年的采购量确定之后），累计已确认的收入将极可能不会发生重大转回的要求，因此，甲公司在第一季度确认的收入金额为12 000元（80×150）。2024年第二季度，甲公司对交易价格进行重新估计，由于预计乙公司全年的采购量将超过2 000件，按照

70元的单价确认收入，才满足极可能不会导致累计已确认的收入发生重大转回的要求。因此，甲公司在第二季度确认收入68 500元 [70×(1 000+150)−12 000]。

（二）合同中存在的重大融资成分

当企业将商品的控制权转移给客户的时间与客户实际付款的时间不一致时，对于企业以赊销的方式销售商品，或者要求客户支付预付款等，如果各方以在合同中明确（或者以隐含的方式）约定的付款时间为客户或企业就转让商品的交易提供了重大融资利益，则合同中即包含了重大融资成分。合同中存在重大融资成分的，企业应当按照假定客户在取得商品控制权时即以现金支付的应付金额（即现销价格）确定交易价格。

在评估合同中是否存在融资成分以及该融资成分对于该合同而言是否重大时，企业应当考虑所有相关的事实和情况，具体包括：

（1）已承诺的对价金额与已承诺商品的现销价格之间的差额。

（2）企业将承诺的商品转让给客户与客户支付相关款项之间的预计时间间隔和相应的市场现行利率的共同影响。企业向客户转让商品与客户支付相关款项之间虽然存在时间间隔，但两者之间的合同没有包含重大融资成分的情形有：①客户就商品支付了预付款，且可以自行决定这些商品的转让时间。如企业向客户出售其发行的储值卡，客户可随时到该企业持卡购物；再如企业向客户授予奖励积分，客户可随时到该企业兑换这些积分等。②客户承诺支付的对价中有相当大的部分是可变的，该对价金额或付款时间取决于某一未来事项是否发生，且该事项实质上不受客户或企业控制。如按照实际销售量收取的特许权使用费。③合同承诺的对价金额与现销价格之间的差额是由于向客户或企业提供融资利益以外的其他原因所导致的，且这一差额与产生该差额的原因是相称的。如合同约定的支付条款是为了对企业或客户提供保护，以防止另一方未能依照合同充分履行其部分或全部义务。

【例13−10】 2024年1月，甲公司与乙公司签订了一项施工总承包合同。合同约定的工期为30个月，工程造价为8亿元（不含税价）。甲乙双方每季度进行一次工程结算，并于完工时进行竣工结算，每次工程结算额（除质保金及相应的增值税外）由客户于工程结算后5个工作日内支付；除质保金外的工程尾款于竣工结算后10个工作日内支付；合同金额的3%作为质保金，用以保证项目在竣工后2年内正常运行，在质保期满后5个工作日内支付。

本例中，乙公司保留了3%的质保金直到项目竣工2年后支付，虽然服务完成时间与乙公司付款的时间间隔较长，但是，该质保金旨在为乙公司提供工程质量保证，以防甲公司未能完成其合同义务，而并非向乙公司提供融资。因此，甲公司认为该合同中不包含重大融资成分，无须就延期支付质保金的影响调整交易价格。

合同中存在重大融资成分的，企业在确定该重大融资成分的金额时，应使用将合同对价的名义金额折现为商品现销价格的折现率。该折现率一经确定，不得因后续市场利率或客户信用风险等情况的变化而变更。企业确定的交易价格与合同承诺的对价金额之间的差额，应当在合同期间内采用实际利率法摊销。需要说明的是，企业应当在单个合同层面考虑融资成分是否重大，而不应在合同组合层面考虑这些合同中的融资成分的汇总影响对企业整体而言是否重大。企业只有在确认了合同资产（或应收款项）和合同负债时，才应当分别确认重大融资成分相应的利息收入和利息支出。

为简化实务操作，如果在合同开始日，企业预计客户取得商品控制权与客户支付价款间隔不超过一年的，可以不考虑合同中存在的重大融资成分。企业应当对类似情形下的类似合同一致地应用这一简化处理方法。

【例13-11】2023年1月1日，甲公司与乙公司签订合同，向其销售一批产品。合同约定，该批产品将于2年之后交货。合同中包含两种可供选择的付款方式，即乙公司可以在2年后交付产品时支付449.44万元，或者在合同签订时支付400万元。乙公司选择在合同签订时支付货款。该批产品的控制权在交货时转移。甲公司于2023年1月1日收到乙公司支付的货款。上述价格均不包含增值税，且假定不考虑相关税费影响。

本例中，按照上述两种付款方式计算的内含利率为6%。考虑到乙公司付款时间和产品交付时间之间的间隔以及现行市场利率水平，甲公司认为该合同包含重大融资成分，在确定交易价格时，应当对合同承诺的对价金额进行调整，以反映该重大融资成分的影响。假定该融资费用不符合借款费用资本化的要求。甲公司的账务处理为：

（1）2023年1月1日收到货款。

借：银行存款	4 000 000
未确认融资费用	494 400
贷：合同负债	4 494 400

（2）2023年12月31日确认融资成分的影响。

| 借：财务费用——利息支出（4 000 000×6%） | 240 000 |
| 　贷：未确认融资费用 | 240 000 |

（3）2024年12月31日交付产品。

借：财务费用——利息支出（4 240 000×6%）	254 400
贷：未确认融资费用	254 400
借：合同负债	4 494 400
贷：主营业务收入	4 494 400

合同负债，是指企业已收或应收客户对价而应向客户转让商品的义务。企业在向客户转让商品之前，如果客户已经支付了合同对价或企业已经取得了无条件收取合同对价的权利，则企业应当在客户实际支付款项与到期应支付款项孰早时点，将该已收或应收的款项确认并列示为合同负债。尚未向客户履行转让商品的义务而已收或应收客户对价中的增值税部分，因不符合合同负债的定义，不应确认为合同负债。合同资产，是指企业已向客户转让商品而有权收取对价的权利，且该权利取决于时间流逝之外的其他因素。应收款项是企业无条件收取合同对价的权利。只有在合同对价到期支付之前仅仅随着时

间的流逝即可收款的权利，才是无条件的收款权。合同资产和应收款项都是企业拥有的有权收取对价的合同权利，二者的区别在于，应收款项代表的是无条件收取合同对价的权利，即企业仅仅随着时间的流逝即可收款，而合同资产并不是一项无条件收款权，该权利除了时间流逝之外，还取决于其他条件（例如，履行合同中的其他履约义务）才能收取相应的合同对价。

合同资产和合同负债应当在资产负债表中单独列示，并按流动性，分别列示为"合同资产"或"其他非流动资产"以及"合同负债"或"其他非流动负债"。同一合同下的合同资产和合同负债应当以净额列示，不同合同下的合同资产和合同负债不能互相抵销。

（三）非现金对价

当企业因转让商品而有权向客户收取的对价是非现金形式时，如实物资产、无形资产、股权、客户提供的广告服务等，企业通常应当按照非现金对价在合同开始日的公允价值确定交易价格。非现金对价公允价值不能合理估计的，企业应当参照其承诺向客户转让商品的单独售价间接确定交易价格。

非现金对价的公允价值可能会因对价的形式而发生变动（如企业有权向客户收取的对价是股票，股票本身的价格会发生变动），也可能会因为对价形式以外的原因而发生变动（如企业有权收取非现金对价的公允价值因企业的履约情况而发生变动）。合同开始日后，非现金对价的公允价值因对价形式以外的原因而发生变动的，应当作为可变对价，按照与计入交易价格的可变对价金额的限制条件相关的规定进行处理；合同开始日后，非现金对价的公允价值因对价形式而发生变动的，该变动金额不应计入交易价格。

【例13-12】甲企业为客户生产一台专用设备。双方约定，如果甲企业能够在30天内交货，则可以额外获得600股客户的股票作为奖励。合同开始日，该股票的价格为每股4元；由于缺乏执行类似合同的经验，甲企业当日估计，该600股股票的公允价值计入交易价格将不满足累计已确认的收入极可能不会发生重大转回的限制条件。合同开始日之后的第27天，企业将该设备交付给客户，从而获得了600股股票，该股票在此时的价格为每股4.5元。假定甲企业将该股票作为以公允价值计量且其变动计入当期损益的金融资产。

本例中，合同开始日，该股票的价格为每股4元，由于缺乏执行类似合同的经验，甲企业当日估计，该600股股票的公允价值计入交易价格将不满足累计已确认的收入极可能不会发生重大转回的限制条件，甲企业不应将该600股股票的公允价值2 400元计入交易价格。合同开始日之后的第27天，甲企业获得了600股股票，该股票在此时的价格为每股4.5元。甲企业应按股票（非现金对价）在合同开始日的公允价值，即2 400元（4×600）确认为收入，因对价形式原因而发生的变动，即300元（4.5×600－4×600）计入公允价值变动损益。

企业在向客户转让商品的同时，如果客户向企业投入材料、设备或人工等商品，以协助企业履行合同，企业应当评估其是否取得了对这些商品的控制权，取得这些商品控制权的，企业应当将这些商品作为从客户收取的非现金对价进行会计处理。

（四）应付客户对价

企业在向客户转让商品的同时，需要向客户或第三方支付对价的，除为了自客户取得其他可明确区分商品的款项外，应当将该应付对价冲减交易价格，并在确认相关收入与支付（或承诺支付）客户对价二者孰晚的时点冲减当期收入。应付客户对价还包括可以抵减应付企业金额的相关项目金额，如优惠券、兑换券等。

四、将交易价格分摊至各单项履约义务

合同中包含两项或多项履约义务的，企业应当在合同开始日，按照各单项履约义务所承诺商品的单独售价的相对比例，将交易价格分摊至各单项履约义务。单独售价，是指企业向客户单独销售商品的价格。企业在类似环境下向类似客户单独销售某商品的价格，应作为该商品的单独售价。单独售价无法直接观察的，企业应当综合考虑其能够合理取得的全部相关信息，采用市场调整法、成本加成法、余值法等方法合理估计单独售价。企业在估计单独售价时，应当最大限度地采用可观察的输入值，并对类似情况采用一致的估计方法。

市场调整法，是指企业根据某商品或类似商品的市场售价，考虑本企业的成本和毛利等进行适当调整后的金额，确定其单独售价的方法。

成本加成法，是指企业根据某商品的预计成本加上其合理毛利后的金额，确定其单独售价的方法。

余值法，是指企业根据合同交易价格减去合同中其他商品可观察单独售价后的余额，确定某商品单独售价的方法。企业在商品近期售价波动幅度巨大，或者因未定价且未曾单独销售而使售价无法可靠确定时，可采用余值法估计其单独售价。

【例13-13】2024年3月1日，甲公司与客户签订合同，向其销售A、B两项商品，合同价款为2 000元。合同约定，A商品于合同开始日交付，B商品在一个月之后交付，只有当A、B两项商品全部交付之后，甲公司才有权收取2 000元的合同对价。假定A商品和B商品构成两项履约义务，其控制权在交付时转移给客户，A商品和B商品的单独售价分别为500元和2 000元，合计2 500元。上述价格均不包含增值税，且假定不考虑相关税费影响。

本例中，根据交易价格分摊原则，A商品应当分摊的交易价格为400元（500÷2 500×2 000），B产品应当分摊的交易价格为1 600元（2 000÷2 500×2 000），甲公司将A商品交付给客户之后，与该商品相关的履约义务已经履行，但是需要等到后续交付B商品时，企业才具有无条件收取合同对价的权利，因此，甲公司应当将因交付A商品而有权收取的对价400元确认为合同资产，而不是应收账款，相应的账务处理如下：

　　（1）交付 A 商品时：

　　借：合同资产　　　　　　　　　　　　　　　　　　　　400

　　　　贷：主营业务收入　　　　　　　　　　　　　　　　　　　400

　　（2）交付 B 商品时：

　　借：应收账款　　　　　　　　　　　　　　　　　　　2 000

　　　　贷：合同资产　　　　　　　　　　　　　　　　　　　　400

　　　　　　主营业务收入　　　　　　　　　　　　　　　　　1 600

　　如果合同中存在两项或两项以上的商品，其销售价格变动幅度较大或尚未确定，企业需要采用多种方法相结合的方式，对合同所承诺的商品的单独售价进行估计。如企业可能采用余值法估计销售价格变动幅度较大或尚未确定的多项可明确区分商品的单独售价总和，然后再采用其他方法估计其中包含的每一项可明确区分商品的单独售价。企业采用多种方法相结合的方式估计合同所承诺的每一项商品的单独售价时，应当评估该方式是否满足交易价格分摊的目标，即企业分摊至各单项履约义务（或可明确区分的商品）的交易价格是否能够反映其因向客户转让已承诺的相关商品而预期有权收取的对价金额。如当企业采用余值法估计确定的某单项履约义务的单独售价为零或仅为很小的金额时，企业应当评估该结果是否恰当。

　　1. 分摊合同折扣。

　　当客户购买的一组商品中所包含的各单项商品的单独售价之和高于合同交易价格时，表明客户因购买该组商品而取得了合同折扣。合同折扣，是指合同中各单项履约义务所承诺商品的单独售价之和高于合同交易价格的金额。企业应当在各单项履约义务之间按比例分摊合同折扣。有确凿证据表明合同折扣仅与合同中一项或多项（而非全部）履约义务相关的，企业应当将该合同折扣分摊至相关的一项或多项履约义务。

　　同时满足下列三项条件时，企业应当将合同折扣全部分摊至合同中的一项或多项（而非全部）履约义务：一是企业经常将该合同中的各项可明确区分商品单独销售或者以组合的方式单独销售；二是企业经常将其中部分可明确区分的商品以组合的方式按折扣价格单独销售；三是归属于上述第二项中每一组合的商品的折扣与该合同中的折扣基本相同，并且对每一组合中的商品的评估为将该合同的整体折扣归属于某一项或多项履约义务提供了可观察的证据。

　　有确凿证据表明，合同折扣仅与合同中的一项或多项（而非全部）履约义务相关，且企业采用余值法估计单独售价的，应当首先在该一项或多项（而非全部）履约义务之间分摊合同折扣；然后再采用余值法估计单独售价。

　　【例 13－14】甲公司与客户签订合同，向其销售 R、S、T 三种产品，合同总价款为 270 万元，这三种产品构成三项履约义务。企业经常以 100 万元单独出售 R 产品，其单独售价可直接观察；S 产品和 T 产品的单独售价不可直接观察，企业采用市场调整法估计的 S 产品单独售价为 50 万元，采用成本加成法估计的 T 产品单独售价为 150 万元。甲公司通常以 100 万元的价格单独销售 R 产品，并将 S 产品和 T 产品组合在一起以 170 万元的价格销售。上述价格均不包含增值税。

本例中，三种产品的单独售价合计为 300 万元，而该合同的价格为 270 万元，该合同的整体折扣为 30 万元。由于甲公司经常将 S 产品和 T 产品组合在一起以 170 万元的价格销售，该价格与其单独售价之和（200 万元）的差额为 30 万元，与该合同的整体折扣一致，而 R 产品单独销售的价格与其单独售价一致，证明该合同的整体折扣仅应归属于 S 产品和 T 产品。因此，在该合同下，分摊至 R 产品的交易价格为 100 万元，分摊至 S 产品和 T 产品的交易价格合计为 170 万元，甲公司应当进一步按照 S 产品和 T 产品的单独售价的相对比例将该价格在二者之间进行分摊：S 产品应分摊的交易价格为 42.5 万元（50÷200×170），T 产品应分摊的交易价格为 127.5 万元（150÷200×170）。

【例 13-15】 沿用〖例 13-14〗，R、S、T 产品的单独售价均不变，合计为 300 万元，S、T 产品组合销售的折扣仍为 30 万元。但是，合同总价款为 320 万元，甲公司与该客户签订的合同中还包括销售 Q 产品。Q 产品的价格波动巨大，甲公司向不同的客户单独销售 Q 产品的价格在 20 万~60 万元之间。

本例中，由于 Q 产品价格波动巨大，甲公司计划用余值法估计其单独售价。由于合同折扣 30 万元仅与 S、T 产品有关，因此，甲公司首先应当在 S、T 产品之间分摊合同折扣。R、S 和 T 产品在分摊了合同折扣之后的单独售价分别为 100 万元、42.5 万元和 127.5 万元，合计为 270 万元。然后，甲公司采用余值法估计 Q 产品的单独售价为 50 万元（320-270），该金额在甲公司以往单独销售 Q 产品的价格区间之内，表明该分摊结果符合分摊交易价格的目标，即该金额能够反映甲公司因转让 Q 产品而预期有权收取的对价金额。

假定合同总价款不是 320 万元，而是 280 万元时，甲公司采用余值法估计的 Q 产品的单独售价仅为 10 万元（280-270），该金额在甲公司过往单独销售 Q 产品的价格区间之外，表明该分摊结果可能不符合分摊交易价格的目标，即该金额不能反映甲公司因转让 Q 产品而预期有权收取的对价金额。在这种情况下，用余值法估计 Q 产品的单独售价可能是不恰当的，甲公司应当考虑采用其他的方法估计 Q 产品的单独售价。

2. 分摊可变对价。

合同中包含可变对价的，该可变对价可能与整个合同相关，也可能仅与合同中的某一特定组成部分相关。仅与合同中的某一特定组成部分相关包括两种情形：一是可变对价与合同中的一项或多项（而非全部）履约义务相关，如是否获得奖金取决于企业能否在指定时期内转让某项已承诺的商品；二是可变对价与企业向客户转让的构成单项履约义务的一系列可明确区分商品中的一项或多项（而非全部）商品相关，如为期两年的保洁服务合同中，第二年的服务价格将根据指定的通货膨胀率确定。

同时满足下列两项条件的，企业应当将可变对价及可变对价的后续变动额全部分摊至与之相关的某项履约义务，或者构成单项履约义务的一系列可明确区分商品中的某项商品：一是可变对价的条款专门针对企业为履行该项履约义务或转让该项可明确区分商品所作的努力；二是企业在考虑了合同中的全部履约义务及支付条款后，将合同对价中的可变金额全部分摊至该项履约义务或该项可明确区分商品符合分摊交易价格的目标。

不满足上述条件的可变对价及可变对价的后续变动额，以及可变对价及其后续变动额中未满足上述条件的剩余部分，企业应当按照分摊交易价格的一般原则，将其分摊至合同中的各单项履约义务。对于已履行的履约义务，其分摊的可变对价后续变动额应当调整变动当期的收入。

【例13-16】甲公司与乙公司签订合同，将其拥有的两项专利技术 X 和 Y 授权给乙公司使用。假定两项授权均分别构成单项履约义务，且都属于在某一时点履行的履约义务。合同约定，授权使用专利技术 X 的价格为80万元，授权使用专利技术 Y 的价格为乙公司使用该专利技术所生产的产品销售额的3%。专利技术 X 和专利技术 Y 的单独售价分别为80万元和100万元。甲公司估计其就授权使用专利技术 Y 而有权收取的特许权使用费为100万元。上述价格均不包含增值税。

本例中，该合同中包含固定对价和可变对价，其中，授权使用专利技术 X 的价格为固定对价，且与其单独售价一致，授权使用专利技术 Y 的价格为乙公司使用该专利技术所生产的产品销售额的3%，属于可变对价，该可变对价全部与授权使用专利技术 Y 能够收取的对价有关，且甲公司基于实际销售情况估计收取的特许权使用费的金额接近专利技术 Y 的单独售价。因此，甲公司将可变对价部分的特许权使用费金额全部由 Y 承担符合交易价格的分摊目标。

五、履行每一单项履约义务时确认收入

企业应当在履行了合同中的履约义务，即客户取得相关商品控制权时确认收入，控制权转移是确认收入的前提。对于履约义务，企业首先判断履约义务是否满足在某一时段内履行的条件，如不满足，则该履约义务属于在某一时点履行的履约义务。对于在某一时段内履行的履约义务，企业应当选取恰当的方法来确定履约进度；对于在某一时点履行的履约义务，企业应当综合分析控制权转移的迹象，判断其转移时点。

（一）在某一时段内履行的履约义务

1. 在某一时段内履行履约义务的条件。满足下列条件之一的，属于在某一时段内履行的履约义务：

（1）客户在企业履约的同时即取得并消耗企业履约所带来的经济利益。企业在履约过程中持续地向客户转移企业履约所带来的经济利益的，该履约义务属于在某一时段内

履行的履约义务。企业在进行判断时，可以假定在企业履约的过程中更换为其他企业继续履行剩余履约义务时，如果继续履行合同的其他企业实质上无须重新执行企业累计至今已经完成的工作，则表明客户在企业履约的同时即取得并消耗了企业履约所带来的经济利益。如甲企业承诺将客户的一批货物从 A 市运送到 B 市，假定该批货物在途经 C 市时，由乙运输公司接替甲企业继续提供该运输服务，由于 A 市到 C 市之间的运输服务是无须重新执行的，表明客户在甲企业履约的同时即取得并消耗了甲企业履约所带来的经济利益，因此，甲企业提供的运输服务属于在某一时段内履行的履约义务。

（2）客户能够控制企业履约过程中在建的商品。企业在履约过程中在建的商品包括在产品、在建工程、尚未完成的研发项目、正在进行的服务等，由于客户控制了在建的商品，客户在企业提供商品的过程获得其利益，因此，该履约义务属于在某一时段内履行的履约义务，应当在该履约义务履行的期间内确认收入。

（3）企业履约过程中所产出的商品具有不可替代用途，且企业在整个合同期间内有权就累计至今已完成的履约部分收取款项。

①商品具有不可替代用途。具有不可替代用途，是指因合同限制或实际可行性限制，企业不能轻易地将商品用于其他用途。企业在判断商品是否具有不可替代用途时，需要注意下列四点：

一是判断时点是合同开始日。

二是当合同中存在实质性的限制条款，导致企业不能将合同约定的商品用于其他用途时，该商品满足具有不可替代用途的条件。

三是虽然合同中没有限制条款，但是，当企业将合同中约定的商品用作其他用途，将导致企业遭受重大的经济损失时，企业将该商品用作其他用途的能力实际上受到了限制。

四是基于最终转移给客户的商品的特征判断。

②有权就累计至今已完成的履约部分收取款项，是指在由于客户或其他方原因终止合同的情况下，企业有权就累计至今已完成的履约部分收取能够补偿其已发生成本和合理利润的款项，并且该权利具有法律约束力。需要强调的是，合同终止必须是由于客户或其他方而非企业自身的原因所致，在整个合同期间内的任一时点，企业均应当拥有此项权利。企业在进行判断时，需要注意下列五点：

一是企业有权收取的款项应当能够补偿企业已经发生的成本和合理利润。下列两种情形都属于补偿企业的合理利润：第一，根据合同终止前的履约进度对该合同的毛利水平进行调整后确定的金额作为补偿金额；第二，如果该合同的毛利水平高于企业同类合同的毛利水平，以企业从同类合同中能够获取的合理资本回报或者经营毛利作为利润补偿。

二是该规定并不意味着企业拥有现时可行使的无条件收款权。企业在判断时应当考虑，假设在发生由于客户或其他方原因导致合同在合同约定的重要时点、重要事项完成前或合同完成前终止时，企业是否有权要求客户补偿其累计至今已完成的履约部分应收取的款项。

三是当客户只有在某些特定时点才有权终止合同，或者根本无权终止合同时，客户终止了合同（包括客户没有按照合同约定履行其义务），但是，合同或法律法规仍要求企业应继续向客户转移合同中承诺的商品并因此有权要求客户支付对价的，也符合"企业有权就累计至今已完成的履约部分收取款项"的要求。

四是企业在进行判断时，既要考虑合同条款的约定，还应当充分考虑适用的法律法规、补充或者凌驾于合同条款之上的以往司法实践以及类似案例的结果等。

五是企业和客户之间在合同中约定的付款时间进度表，不一定表明企业有权就累计至今已完成的履约部分收取款项。

【例13-17】甲公司是一家造船企业，与乙公司签订了一份船舶建造合同，按照乙公司的具体要求设计和建造船舶。甲公司在自己的厂区内完成该船舶的建造，乙公司无法控制在建过程中的船舶。甲公司如果想把该船舶出售给其他客户，需要发生重大的改造成本。双方约定，如果乙公司单方面解约，乙公司需向甲公司支付相当于合同总价30%的违约金，且建造中的船舶归甲公司所有。假定该合同仅包含一项履约义务，即设计和建造船舶。

本例中，船舶是按照乙公司的具体要求进行设计和建造的，甲公司需要发生重大的改造成本将该船舶改造之后才能将其出售给其他客户，因此，该船舶具有不可替代用途。然而，如果乙公司单方面解约，仅需向甲公司支付相当于合同总价30%的违约金，表明甲公司无法在整个合同期间内都有权就累计至今已完成的履约部分收取能够补偿其已发生成本和合理利润的款项。因此，甲公司为乙公司设计和建造船舶不属于在某一时段内履行的履约义务。

2. 在某一时段内履行的履约义务的收入确认。对于在某一时段内履行的履约义务，企业应当在该段时间内按照履约进度确认收入，但是，履约进度不能合理确定的除外。企业应当考虑商品的性质，采用产出法或投入法确定恰当的履约进度，并且在确定履约进度时，应当扣除那些控制权尚未转移给客户的商品。企业按照履约进度确认收入时，通常应当在资产负债表日按照合同的交易价格总额乘以履约进度扣除以前会计期间累计已确认的收入后的金额，确认为当期收入。

（1）产出法。产出法是根据已转移给客户的商品对于客户的价值确定履约进度，通常可采用实际测量的完工进度、评估已实现的结果、已达到的工程进度节点、时间进度、已完工或交付的产品等产出指标确定履约进度。企业在评估是否采用产出法确定履约进度时，应当考虑具体的事实和情况，并选择能够如实反映企业履约进度和向客户转移商品控制权的产出指标。当选择的产出指标无法计量控制权已转移给客户的商品时，不应采用产出法。

【例13-18】2023年8月1日，甲公司与客户签订合同，为该客户拥有的一条铁路更换100根铁轨，合同价格为10万元（不含税价）。截至2023年12月31日，甲公司共更换铁轨60根，剩余部分预计在2024年3月31日之前完成。该合同仅包含一项履约义务，且该履约义务满足在某一时段内履行的条件。假定不考虑其他情况。

本例中，甲公司提供的更换铁轨的服务属于在某一时段内履行的履约义务，甲公司按照已完成的工作量占预计总工作量的比例确定履约进度。因此，截至2023年12月31日，该合同的履约进度为60%（60÷100×100%），甲公司应确认的收入为6万元（10×60%）。

（2）投入法。投入法是根据企业为履行履约义务的投入确定履约进度，通常可采用投入的材料数量、花费的人工工时或机器工时、发生的成本和时间进度等投入指标确定履约进度。当企业从事的工作或发生的投入是在整个履约期间内平均发生时，企业也可以按照直线法确认收入。产出法下有关产出指标的信息有时可能无法直接观察获得，或者企业为获得这些信息需要花费很高的成本时，可能需要采用投入法来确定履约进度。

【例13-19】甲公司于2024年12月1日接受一项设备安装任务，安装期为3个月，合同总收入600 000元，至年底已预收安装费440 000元，实际发生安装费用为280 000元（假定均为安装人员薪酬），估计还将发生安装费用120 000元。假定甲公司按实际发生的成本占估计总成本的比例确定安装的履约进度，不考虑增值税等其他因素。甲公司的账务处理如下：

实际发生的成本占估计总成本的比例 = 280 000 ÷ (280 000 + 120 000) × 100% = 70%

2024年12月31日确认的劳务收入 = 600 000 × 70% − 0 = 420 000（元）

（1）实际发生劳务成本。

借：合同履约成本——设备安装	280 000
贷：应付职工薪酬	280 000

（2）预收劳务款。

借：银行存款	440 000
贷：合同负债——××公司	440 000

（3）2024年12月31日确认劳务收入并结转劳务成本。

借：合同负债——××公司	420 000
贷：主营业务收入——设备安装	420 000
借：主营业务成本——设备安装	280 000
贷：合同履约成本——设备安装	280 000

对于同一合同下属于在某一时段内履行的履约义务涉及与客户结算对价的，通常情况

下，企业对其已向客户转让商品而有权收取的对价金额应当确认为合同资产或应收账款，对于其已收或应收客户对价而应向客户转让商品的义务，应当按照已收或应收的金额确认合同负债。由于同一合同下的合同资产和合同负债应当以净额列示，企业也可以设置"合同结算"科目（或其他类似科目），以核算同一合同下属于在某一时段内履行的履约义务涉及与客户结算对价所产生的合同资产或合同负债，并在此科目下设置"合同结算——价款结算"科目反映定期与客户进行结算的金额，设置"合同结算——收入结转"科目反映按履约进度结转的收入金额。资产负债表日，"合同结算"科目的期末余额在借方的，根据其流动性，在资产负债表中分别列示为"合同资产"或"其他非流动资产"项目；期末余额在贷方的，根据其流动性，在资产负债表中分别列示为"合同负债"或"其他非流动负债"项目。

【例 13 - 20】2023 年 1 月 1 日，甲公司与乙公司签订一项大型设备建造工程合同，根据双方合同，该工程的造价为 6 300 万元，工程期限为一年半，预计 2024 年 6 月 30 日竣工；预计可能发生的总成本为 4 000 万元；甲公司负责工程的施工及全面管理，乙公司按照第三方工程监理公司确认的工程完工量，每半年与甲公司结算一次。假定该建造工程整体构成单项履约义务，并

扫码看讲解

属于在某一时段履行的履约义务，甲公司采用已发生成本占预计总成本比例计算履约进度，增值税税率为 9%，不考虑其他相关因素。

2023 年 6 月 30 日，工程累计实际发生成本 1 500 万元，乙公司与甲公司结算合同价款 2 500 万元，甲公司实际收到价款 2 000 万元；2023 年 12 月 31 日，工程累计实际发生成本 3 000 万元，乙公司与甲公司结算合同价款 1 100 万元，甲公司实际收到价款 1 000 万元；2024 年 6 月 30 日，工程累计实际发生成本 4 100 万元，乙公司与甲公司结算合同竣工价款 2 700 万元，并支付剩余工程款 3 300 万元。上述价款均不含增值税税额。假定甲公司与乙公司结算时即发生增值税纳税义务，乙公司在实际支付工程价款的同时支付其对应的增值税税款。甲公司的账务处理为：

（1）2023 年 1 月 1 日至 2023 年 6 月 30 日实际发生工程成本时。

借：合同履约成本   15 000 000
  贷：原材料、应付职工薪酬等   15 000 000

（2）2023 年 6 月 30 日。

履约进度 = 15 000 000 ÷ 40 000 000 × 100% = 37.5%

合同收入 = 63 000 000 × 37.5% = 23 625 000（元）

借：合同结算——收入结转   23 625 000
  贷：主营业务收入   23 625 000

借：主营业务成本   15 000 000
  贷：合同履约成本   15 000 000

借：应收账款		27 250 000
贷：合同结算——价款结算		25 000 000
应交税费——应交增值税（销项税额）		2 250 000
借：银行存款		21 800 000
贷：应收账款		21 800 000

当日，"合同结算"科目的余额为贷方137.5万元（2 500 – 2 362.5），表明甲公司已经与乙公司结算但尚未履行履约义务的金额为137.5万元，由于甲公司预计该部分履约义务将在2023年内完成，因此，应在资产负债表中作为"合同负债"列示。

（3）2023年7月1日至12月31日实际发生工程成本时。

| 借：合同履约成本 | | 15 000 000 |
| 贷：原材料、应付职工薪酬等 | | 15 000 000 |

（4）2023年12月31日。

履约进度 = 30 000 000 ÷ 40 000 000 × 100% = 75%

合同收入 = 63 000 000 × 75% – 23 625 000 = 23 625 000（元）

借：合同结算——收入结转		23 625 000
贷：主营业务收入		23 625 000
借：主营业务成本		15 000 000
贷：合同履约成本		15 000 000
借：应收账款		11 990 000
贷：合同结算——价款结算		11 000 000
应交税费——应交增值税（销项税额）		990 000
借：银行存款		10 900 000
贷：应收账款		10 900 000

当日，"合同结算"科目的余额为借方1 125万元（2 362.5 – 1 100 – 137.5），表明甲公司已经履行履约义务但尚未与乙公司结算的金额为1 125万元，由于该部分金额将在2024年内结算，因此，在资产负债表中作为"合同资产"列示。

（5）2024年1月1日至6月30日实际发生工程成本时。

| 借：合同履约成本 | | 11 000 000 |
| 贷：原材料、应付职工薪酬等 | | 11 000 000 |

（6）2024年6月30日。

由于当日该工程已竣工决算，其履约进度为100%。

合同收入 = 63 000 000 – 23 625 000 – 23 625 000 = 15 750 000（元）

| 借：合同结算——收入结转 | | 15 750 000 |
| 贷：主营业务收入 | | 15 750 000 |

```
借：主营业务成本                                    11 000 000
    贷：合同履约成本                                        11 000 000
借：应收账款                                        29 430 000
    贷：合同结算——价款结算                                 27 000 000
        应交税费——应交增值税（销项税额）                    2 430 000
借：银行存款                                        35 970 000
    贷：应收账款                                          35 970 000
```

当日，"合同结算"科目的余额为 0（1 125 + 1 575 - 2 700）。

由于投入法下的投入指标与企业向客户转移商品的控制权之间未必存在直接的对应关系，企业在采用投入法时，应当扣除那些虽然已经发生，但是未导致向客户转移商品的投入。实务中，企业通常按照累计实际发生的成本占预计总成本的比例（即成本法）确定履约进度，累计实际发生的成本包括企业向客户转移商品过程中所发生的直接成本和间接成本，如直接人工、直接材料、分包成本以及其他与合同相关的成本。在下列情形下，企业在采用成本法确定履约进度时，需要对已发生的成本进行适当的调整：①已发生的成本并未反映企业履行履约义务的进度。如因企业生产效率低下等原因而导致的非正常消耗，包括非正常消耗的直接材料、直接人工及制造费用等，不应包括在累计实际发生的成本中，除非企业和客户在订立合同时已经预见会发生这些成本并将其包括在合同价款中。②已发生的成本与企业履行履约义务的进度不成比例。当企业已发生的成本与履约进度不成比例，企业在采用成本法确定履约进度时需要进行适当调整。对于施工中尚未安装、使用或耗用的商品或材料成本等，当企业在合同开始日就预期将能够满足下列所有条件时，应在采用成本法确定履约进度时不包括这些成本：第一，该商品或材料不可明确区分，即不构成单项履约义务；第二，客户先取得该商品或材料的控制权，之后才接受与之相关的服务，且二者的时间间隔较长；第三，该商品或材料的成本相对于预计总成本而言是重大的；第四，企业自第三方采购该商品或材料，且未深入参与其设计和制造，对于包含该商品的履约义务而言，企业是主要责任人。

【例13-21】2023 年 10 月，甲公司与客户签订合同，为客户装修一栋办公楼，包括安装一部电梯，合同总金额为 100 万元。甲公司预计的合同总成本为 80 万元，其中包括电梯的采购成本 30 万元。

2023 年 12 月，甲公司将电梯运达施工现场并经过客户验收，客户已取得对电梯的控制权，但是根据装修进度，预计到 2024 年 2 月才会安装该电梯。截至 2023 年 12 月，甲公司累计发生成本 40 万元，其中包括支付给电梯供应商的采购成本 30 万元以及因采购电梯发生的运输和人工等相关成本 5 万元。

假定该装修服务（包括安装电梯）构成单项履约义务，并属于在某一时段内履行的履约义务，甲公司是主要责任人，但不参与电梯的设计和制造；甲公司采用成本法确定履约进度；上述金额均不含增值税。

本例中，截至 2023 年 12 月，甲公司发生成本 40 万元（包括电梯采购成本 30 万元以及因采购电梯发生的运输和人工等相关成本 5 万元），甲公司认为其已发生的成本和履约进度不成比例，因此需要对履约进度的计算作出调整，将电梯的采购成本排除在已发生成本和预计总成本之外。在该合同中，该电梯不构成单项履约义务，其成本相对于预计总成本而言是重大的，甲公司是主要责任人，但是未参与该电梯的设计和制造，客户先取得了电梯的控制权，随后才接受与之相关的安装服务，因此，甲公司在客户取得该电梯控制权时，按照该电梯采购成本的金额确认转让电梯产生的收入。

2023 年 12 月，该合同的履约进度为 20% $[(40-30)\div(80-30)\times100\%]$ ，应确认的收入和成本金额分别为 44 万元 $[(100-30)\times20\%+30]$ 和 40 万元 $[(80-30)\times20\%+30]$ 。

每一资产负债表日，企业应当对履约进度进行重新估计。当客观环境发生变化时，企业需要重新评估履约进度是否发生变化，以确保履约进度能够反映履约情况的变化。对于每一项履约义务，企业只能采用一种方法来确定其履约进度，并加以一贯运用。对于类似情况下的类似履约义务，企业应当采用相同的方法（如成本法）确定履约进度。

对于在某一时段内履行的履约义务，只有当其履约进度能够合理确定时，才应当按照履约进度确认收入。当履约进度不能合理确定时，企业已经发生的成本预计能够得到补偿的，应当按照已经发生的成本金额确认收入，直到履约进度能够合理确定为止。

【例 13 - 22】甲建筑公司与其客户签订一项总金额为 580 万元的固定造价合同，该合同不可撤销。甲公司负责工程的施工及全面管理，客户按照第三方工程监理公司确认的工程完工量，每年与甲公司结算一次；该工程已于 2020 年 2 月开工，预计 2023 年 6 月完工；预计可能发生的工程总成本为 550 万元。到 2021 年底，由于材料价格上涨等因素，甲公司将预计工程总成本调整为 600 万元。2022 年末根据工程最新情况将预计工程总成本调整为 610 万元。假定该建造工程整体构成单项履约义务，并属于在某一时段内履行的履约义务，该公司采用成本法确定履约进度，不考虑其他相关因素。该合同的其他有关资料如表 13 - 1 所示。

表 13 - 1
单位：万元

项目	2020 年	2021 年	2022 年	2023 年	2024 年
年末累计实际发生成本	154	300	488	610	—
年末预计完成合同尚需发生成本	396	300	122	—	—
本期结算合同价款	174	196	180	30	—
本期实际收到价款	170	190	190	—	30

按照合同约定，工程质保金 30 万元需等到客户于 2024 年底保证期结束且未发生重大质量问题方能收款。上述价款均为不含税价款，不考虑相关税费的影响。

根据上述资料，甲公司的账务处理如下：

（1）2020 年：

①实际发生合同成本。

借：合同履约成本 1 540 000
　　贷：原材料、应付职工薪酬等 1 540 000

②确认计量当年的收入并结转成本。

履约进度 = 1 540 000 ÷（1 540 000 + 3 960 000）× 100% = 28%

合同收入 = 5 800 000 × 28% = 1 624 000（元）

借：合同结算——收入结转 1 624 000
　　贷：主营业务收入 1 624 000

借：主营业务成本 1 540 000
　　贷：合同履约成本 1 540 000

③结算合同价款。

借：应收账款 1 740 000
　　贷：合同结算——价款结算 1 740 000

④实际收到合同价款。

借：银行存款 1 700 000
　　贷：应收账款 1 700 000

2020 年 12 月 31 日，"合同结算"科目的余额为贷方 11.6 万元（174 - 162.4），表明甲公司已经与客户结算但尚未履行履约义务的金额为 11.6 万元，由于甲公司预计该部分履约义务将在 2021 年内完成，因此，应在资产负债表中作为合同负债列示。

（2）2021 年：

①实际发生合同成本。

借：合同履约成本 1 460 000
　　贷：原材料、应付职工薪酬等 1 460 000

②确认计量当年的收入并结转成本，同时，确认合同预计损失。

履约进度 = 3 000 000 ÷（3 000 000 + 3 000 000）× 100% = 50%

合同收入 = 5 800 000 × 50% - 1 624 000 = 1 276 000（元）

借：合同结算——收入结转 1 276 000
　　贷：主营业务收入 1 276 000

借：主营业务成本 1 460 000
　　贷：合同履约成本 1 460 000

借：主营业务成本   100 000

    贷：预计负债   100 000

合同预计损失 = （3 000 000 + 3 000 000 − 5 800 000）×（1 − 50%）= 100 000（元）

在2021年底，由于该合同预计总成本（600万元）大于合同总收入（580万元），预计发生损失总额为20万元，由于其中10万元（20×50%）已经反映在损益中，因此应将剩余的、为完成工程将发生的预计损失10万元确认为当期损失。根据《企业会计准则第13号——或有事项》的相关规定，待执行合同变成亏损合同的，该亏损合同产生的义务满足相关条件的，则应当对亏损合同确认预计负债。因此，为完成工程将发生的预计损失10万元应当确认为预计负债。

③结算合同价款。

借：应收账款   1 960 000

    贷：合同结算——价款结算   1 960 000

④实际收到合同价款。

借：银行存款   1 900 000

    贷：应收账款   1 900 000

2021年12月31日，"合同结算"科目的余额为贷方80万元（11.6 + 196 − 127.6），表明甲公司已经与客户结算但尚未履行履约义务的金额为80万元，由于甲公司预计该部分履约义务将在2022年内完成，因此，应在资产负债表中作为合同负债列示。

（3）2022年：

①实际发生的合同成本。

借：合同履约成本   1 880 000

    贷：原材料、应付职工薪酬等   1 880 000

②确认计量当年的合同收入并结转成本，同时调整合同预计损失。

履约进度 = 4 880 000 ÷（4 880 000 + 1 220 000）× 100% = 80%

合同收入 = 5 800 000 × 80% − 1 624 000 − 1 276 000 = 1 740 000（元）

合同预计损失 = （4 880 000 + 1 220 000 − 5 800 000）×（1 − 80%）− 100 000 = − 40 000（元）

借：合同结算——收入结转   1 740 000

    贷：主营业务收入   1 740 000

借：主营业务成本   1 880 000

    贷：合同履约成本   1 880 000

借：预计负债   40 000

    贷：主营业务成本   40 000

在 2022 年底，由于该合同预计总成本（610 万元）大于合同总收入（580 万元），预计发生损失总额为 30 万元，由于其中 24 万元（30×80%）已经反映在损益中，因此预计负债的余额为 6 万元（30−24），反映剩余的、为完成工程将发生的预计损失，因此，本期应转回合同预计损失 4 万元。

③结算合同价款。

借：应收账款　　　　　　　　　　　　　　　　　　1 800 000
　　贷：合同结算——价款结算　　　　　　　　　　　　　　　1 800 000

④实际收到合同价款。

借：银行存款　　　　　　　　　　　　　　　　　　1 900 000
　　贷：应收账款　　　　　　　　　　　　　　　　　　　　　1 900 000

2022 年 12 月 31 日，"合同结算"科目的余额为贷方 86 万元（80+180−174），表明甲公司已经与客户结算但尚未履行履约义务的金额为 86 万元，由于该部分履约义务将在 2023 年 6 月底前完成，因此，应在资产负债表中作为合同负债列示。

（4）2023 年 1~6 月：

①实际发生合同成本。

借：合同履约成本　　　　　　　　　　　　　　　　1 220 000
　　贷：原材料、应付职工薪酬等　　　　　　　　　　　　　　1 220 000

②确认计量当期的合同收入并结转成本及已计提的合同损失。

2023 年 1~6 月确认的合同收入 = 合同总金额 − 截至目前累计已确认的收入 = 5 800 000 − 1 624 000 − 1 276 000 − 1 740 000 = 1 160 000（元）

借：合同结算——收入结转　　　　　　　　　　　　1 160 000
　　贷：主营业务收入　　　　　　　　　　　　　　　　　　　1 160 000

借：主营业务成本　　　　　　　　　　　　　　　　1 220 000
　　贷：合同履约成本　　　　　　　　　　　　　　　　　　　1 220 000

借：预计负债　　　　　　　　　　　　　　　　　　　60 000
　　贷：主营业务成本　　　　　　　　　　　　　　　　　　　　60 000

2023 年 6 月 30 日，"合同结算"科目的余额为借方 30 万元（86−116），是工程质保金，需等到客户于 2024 年底保质期结束且未发生重大质量问题后方能收款，应在 2023 年 12 月 31 日的资产负债表中作为合同资产列示。

（5）2024 年：

①保质期结束且未发生重大质量问题。

借：应收账款　　　　　　　　　　　　　　　　　　　300 000
　　贷：合同结算　　　　　　　　　　　　　　　　　　　　　　300 000

②实际收到合同价款。

借：银行存款　　　　　　　　　　　　　　　　　　　　　　　　　300 000
　　贷：应收账款　　　　　　　　　　　　　　　　　　　　　　　　　　300 000

（二）在某一时点履行的履约义务

对于不属于在某一时段内履行的履约义务，应当属于在某一时点履行的履约义务，企业应当在客户取得相关商品控制权时点确认收入。

在判断控制权是否转移时，企业应当考虑下列五个迹象：

（1）企业就该商品享有现时收款权利，即客户就该商品负有现时付款义务。当企业就该商品享有现时收款权利时，可能表明客户已经有能力主导该商品的使用并从中获得几乎全部的经济利益。

（2）企业已将该商品的法定所有权转移给客户，即客户已拥有该商品的法定所有权。当客户取得了商品的法定所有权时，表明客户可能已取得对该商品的控制权。如果企业仅仅是为了确保到期收回货款而保留商品的法定所有权，那么企业拥有的该权利通常并不妨碍客户取得对该商品的控制权。

（3）企业已将该商品实物转移给客户，即客户已占有该商品实物。客户占有了某项商品实物并不意味着其就一定取得了该商品的控制权，反之亦然。

①委托代销安排。这一安排是指委托方和受托方签订代销合同或协议，委托受托方向终端客户销售商品。受托方获得对商品控制权的，企业应当按销售商品进行会计处理，这种安排不属于委托代销安排。受托方没有获得对商品控制权的，企业通常应当在受托方售出商品后，按合同或协议约定的方法计算确定的手续费确认收入。

表明一项安排是委托代销安排的迹象包括但不限于：一是在特定事件发生之前（如向最终客户出售产品或指定期间到期之前），企业拥有对商品的控制权；二是企业能够要求将委托代销的商品退回或者将其销售给其他方（如其他经销商）；三是尽管受托方可能被要求向企业支付一定金额的押金，但是，其并没有承担对这些商品无条件付款的义务。

【例13-23】 甲公司委托丙公司销售W商品200件，W商品已经发出，每件成本为60元。合同约定丙公司应按每件100元对外销售，甲公司按不含增值税的销售价格的10%向丙公司支付手续费。丙公司对外实际销售100件，开出的增值税专用发票上注明的销售价格为10 000元，增值税税额为1 300元，款项已经收到。甲公司收到丙公司开具的代销清单时，向丙公司开具一张相同金额的增值税专用发票。假定除上述情况外，不考虑其他因素。

本例中，甲公司将W商品发送至丙公司后，丙公司虽然已经实物占有W商品，但是仅是接受甲公司的委托销售W商品，并根据实际销售的数量赚取一定比例的手续费。甲公司有权要求收回W商品或将其销售给其他的客户，丙公司并不能主导这些商品的销售，这些商品对外销售与否、是否获利以及获利多少等不由丙公司控制，丙公司没有取得这些商品的控制权。因此，甲公司将 W 商品发送至丙公司时，不应确认收入，而应当在丙公司将 W 商品销售给最终客户时确认收入。根据上述资料，甲公司的账务处理如下：

（1）发出商品。

借：发出商品——丙公司　　　　　　　　　　　　　　　12 000
　　贷：库存商品——W 商品　　　　　　　　　　　　　　　　　12 000

（2）收到代销清单，同时发生增值税纳税义务。

借：应收账款——丙公司　　　　　　　　　　　　　　　11 300
　　贷：主营业务收入——销售 W 商品　　　　　　　　　　　　　10 000
　　　　应交税费——应交增值税（销项税额）　　　　　　　　　　1 300

借：主营业务成本——销售 W 商品　　　　　　　　　　　6 000
　　贷：发出商品——丙公司　　　　　　　　　　　　　　　　　　6 000

借：销售费用——代销手续费　　　　　　　　　　　　　1 000
　　贷：应收账款——丙公司　　　　　　　　　　　　　　　　　　1 000

（3）收到丙公司支付的货款。

借：银行存款　　　　　　　　　　　　　　　　　　　　10 300
　　贷：应收账款——丙公司　　　　　　　　　　　　　　　　　10 300

丙公司的账务处理如下：

（1）收到商品。

借：受托代销商品——甲公司　　　　　　　　　　　　　20 000
　　贷：受托代销商品款——甲公司　　　　　　　　　　　　　　20 000

（2）对外销售。

借：银行存款　　　　　　　　　　　　　　　　　　　　11 300
　　贷：受托代销商品——甲公司　　　　　　　　　　　　　　　10 000
　　　　应交税费——应交增值税（销项税额）　　　　　　　　　　1 300

（3）收到增值税专用发票。

借：受托代销商品款——甲公司　　　　　　　　　　　　10 000
　　应交税费——应交增值税（进项税额）　　　　　　　　1 300
　　贷：应付账款——甲公司　　　　　　　　　　　　　　　　　11 300

（4）支付货款并计算代销手续费。

借：应付账款——甲公司　　　　　　　　　　　　　　　11 300
　　贷：银行存款　　　　　　　　　　　　　　　　　　　　　　10 300
　　　　其他业务收入——代销手续费　　　　　　　　　　　　　　1 000

②售后代管商品安排。售后代管商品是指根据企业与客户签订的合同，企业已经就销售的商品向客户收款或取得了收款权利，但是直到在未来某一时点将该商品交付给客户之前，企业仍然继续持有该商品实物的安排。

在售后代管商品安排下，除了应当考虑客户是否取得商品控制权的迹象之外，还应同时满足下列四项条件，才表明客户取得了该商品的控制权：一是该安排必须具有商业实质；二是属于客户的商品必须能够单独识别；三是该商品可以随时应客户要求交付给客户；四是企业不能自行使用该商品或将该商品提供给其他客户。实务中，越是通用的、可以和其他商品互相替换的商品，越有可能难以满足上述条件。需要注意的是，企业在同时满足上述条件时对尚未发货的商品确认了收入的，应当考虑是否还承担了其他的履约义务，如向客户提供保管服务等，从而应当将部分交易价格分摊至该其他履约义务。

【例 13 - 24】2023 年 1 月 1 日，甲公司与乙公司签订合同，向其销售 M 专用零部件。M 零部件的制造期为两年。甲公司在完成 M 零部件的生产之后，能够证明其符合合同约定的规格。假定在该合同下，向客户转让 M 零部件是单项履约义务，且属于在某一时点履行的履约义务。

2024 年 12 月 31 日，乙公司支付了 M 零部件的合同价款，并对其进行了验收。但是考虑到其自身的仓储能力有限，且其工厂紧邻甲公司的仓库，因此要求将 M 零部件存放于甲公司的仓库中，并要求按照其指令随时安排发货。乙公司已拥有 M 零部件的法定所有权，甲公司在其仓库内的单独区域内存放 M 零部件，且 M 零部件可明确识别属于乙公司。甲公司不能使用 M 零部件，也不能将其提供给其他客户使用。

本例中，2024 年 12 月 31 日，甲公司已经收取 M 零部件合同价款，但是乙公司尚未要求发货，乙公司已拥有 M 零部件的法定所有权并且对其进行了验收，虽然 M 零部件实物尚由甲公司持有，但是其满足在"售后代管商品"的安排下客户取得商品控制权的条件，M 零部件的控制权也已经转移给了乙公司。因此，甲公司应当确认销售 M 零部件的收入。除此之外，甲公司还为乙公司提供了仓储保管服务，该服务与 M 零部件可明确区分，构成单项履约义务。

（4）企业已将该商品所有权上的主要风险和报酬转移给客户，即客户已取得该商品所有权上的主要风险和报酬。企业在判断时不应考虑导致企业在所转让商品之外产生其他单项履约义务的风险。如企业将产品销售给客户，并承诺提供后续维护服务的安排中，销售产品和提供维护服务均构成单项履约义务。企业将产品销售给客户之后，虽然仍然保留了与后续维护服务相关的风险，但是由于维护服务构成单项履约义务，该保留的风险并不影响企业已将产品所有权上的主要风险和报酬转移给客户的判断。

【例 13 - 25】甲公司在 2024 年 7 月 12 日向乙公司销售一批商品，开出的增值税专用发票上注明的销售价格为 200 000 元，增值税税额为 26 000 元，款项尚未收到；该批商品成本为 120 000 元。甲公司在销售时已知乙公司资金周转发生困难，但为了减少存货积压，同时也为了维持与乙公司建立的长期商业合作关系，甲公司仍将商品发往乙公司且办妥托收手续。假定甲公司发出该批商品时其增值税纳税义务已经发生。

本例中，由于乙公司资金周转存在困难，因而甲公司在货款回收方面存在较大的不确定性，与该批商品所有权有关的风险和报酬没有转移给乙公司。根据在某一时点履行的履约义务的收入确认条件，甲公司在发出商品且办妥托收手续时不能确认收入，已经发出的商品成本应通过"发出商品"科目反映。甲公司的账务处理如下：

（1）2024年7月12日，甲公司发出商品。

借：发出商品——××商品 120 000
　　贷：库存商品——××商品 120 000

同时，将增值税专用发票上注明的增值税税额转入应收账款。

借：应收账款——乙公司 26 000
　　贷：应交税费——应交增值税（销项税额） 26 000

注：如果销售该商品的增值税纳税义务尚未发生，则不作这笔分录，待纳税义务发生时再作应交增值税的分录。

（2）2024年10月5日，甲公司得知乙公司经营情况逐渐好转，乙公司承诺近期付款。

借：应收账款——乙公司 200 000
　　贷：主营业务收入——销售××商品 200 000
借：主营业务成本——销售××商品 120 000
　　贷：发出商品——××商品 120 000

（3）2024年10月16日，甲公司收到款项。

借：银行存款 226 000
　　贷：应收账款——乙公司 226 000

（5）客户已接受该商品。当商品通过了客户的验收，通常表明客户已接受该商品。客户验收通常有两种情况：一是企业向客户转让商品时，能够客观地确定该商品符合合同约定的标准和条件，客户验收只是一项例行程序，不会影响企业判断客户取得该商品控制权的时点；二是企业向客户转让商品时，无法客观地确定该商品是否符合合同规定的条件，在客户验收之前，企业不能认为已经将该商品的控制权转移给了客户，企业应当在客户完成验收并接受该商品时才能确认收入。实务中，定制化程度越高的商品，越难以证明客户验收仅仅是一项例行程序。

需要强调的是，在上述五个迹象中，并没有哪一个或哪几个迹象是决定性的，企业应当根据合同条款和交易实质进行分析，综合判断其是否将商品的控制权转移给客户以及何时转移的，从而确定收入确认的时点。此外，企业应当从客户的角度进行评估，而不应当仅考虑企业自身的看法。

第三节 合同成本

一、合同履约成本

企业为履行合同会发生各种成本，企业在确认收入的同时应当对这些成本进行分析，属于本书其他章节（如存货、固定资产、无形资产等章节）范围的，应当按照相关章节的要求进行会计处理；不属于上述其他章节范围且同时满足下列条件的，应当作为合同履约成本确认为一项资产：

1. 该成本与一份当前或预期取得的合同直接相关。

预期取得的合同应当是企业能够明确识别的合同，如现有合同续约后的合同、尚未获得批准的特定合同等。与合同直接相关的成本包括直接人工（如支付给直接为客户提供所承诺服务的人员的工资、奖金等）、直接材料（如为履行合同耗用的原材料、辅助材料、构配件、零件、半成品的成本和周转材料的摊销及租赁费用等）、制造费用（或类似费用，如组织和管理相关生产、施工、服务等活动发生的费用，包括管理人员的职工薪酬、劳动保护费、固定资产折旧费及修理费、物料消耗、取暖费、水电费、办公费、差旅费、财产保险费、工程保修费、排污费、临时设施摊销费等）、明确由客户承担的成本以及仅因该合同而发生的其他成本（如支付给分包商的成本、机械使用费、设计和技术援助费用、施工现场二次搬运费、生产工具和用具使用费、检验试验费、工程定位复测费、工程点交费用、场地清理费等）。

2. 该成本增加了企业未来用于履行（或持续履行）履约义务的资源。

3. 该成本预期能够收回。

下列支出不属于合同履约成本，企业应当在下列支出发生时，将其计入当期损益：一是管理费用，除非这些费用明确由客户承担。二是非正常消耗的直接材料、直接人工和制造费用（或类似费用），这些支出为履行合同发生，但未反映在合同价格中。三是与履约义务中已履行（包括已全部履行或部分履行）部分相关的支出，即该支出与企业过去的履约活动相关。对于企业在一段时间内履行的履约义务，在采用产出法计量履约进度时，如果企业为履行该履约义务实际发生的成本超过了按照产出法确定的成本，这些成本是与过去已履行的履约情况相关的支出，因此，不会增加企业未来用于履行（包括持续履行）履约义务的资源，不应当作为资产确认。四是无法在尚未履行的与已履行（或已部分履行）的履约义务之间区分的相关支出。

【例13-26】甲公司与乙公司签订合同，为乙公司信息中心提供管理服务，合同期限为5年。在向乙公司提供服务之前，甲公司设计并搭建了一个信息技术平台供其内部使用，该信息技术平台由相关的硬件和软件组成。甲公司需要提供设计方案，将该信息技术平台与乙公司现有的信息系统对接，并进行相关测试。该平台并不会转让给乙公司，但是，将用于向乙公司提供服务。甲公司为该平台的设计、购买硬件和软件以及信息中心的测试发生了成本。除此之外，甲公司专门指派两名员工，负责向乙公司提供服务。

本例中，在甲公司为履行合同发生的上述成本中，购买硬件和软件的成本应当分别按照本书固定资产和无形资产章节进行会计处理；设计服务成本和信息中心的测试成本不属于本书其他章节的规范范围，但是这些成本与履行该合同直接相关，并且增加了甲公司未来用于履行履约义务（即提供管理服务）的资源，如果甲公司预期该成本可通过未来提供服务收取的对价收回，则甲公司应当将这些成本确认为一项资产。甲公司向两名负责该项目的员工支付的工资费用，虽然与向乙公司提供服务有关，但是由于其并未增加企业未来用于履行履约义务的资源，因此，应当于发生时计入当期损益。

【例 13 – 27】 甲公司经营一家酒店，该酒店是甲公司的自有资产。甲公司除发生餐饮、商品材料等成本外，还需要计提固定资产折旧（如酒店、客房以及客房内的设备家具等）、无形资产摊销（如酒店土地使用权等）费用等，这些费用中哪些应确认为合同履约成本？哪些不能确认为合同履约成本？

本例中，甲公司经营一家酒店，主要通过提供客房服务赚取收入，而客房服务的提供直接依赖于酒店物业（包含土地）以及家具等相关资产，即与客房服务相关的资产折旧和摊销属于甲公司为履行与客户的合同而发生的服务成本。该成本需先考虑是否满足上述资本化条件，如果满足，应作为合同履约成本进行会计处理，并在收入确认时对合同履约成本进行摊销，计入营业成本。此外，这些酒店物业等资产中与客房服务不直接相关的，例如财务部门相关的资产折旧等费用或者销售部门相关的资产折旧等费用，则需要按功能将相关费用计入管理费用或销售费用等。

满足上述条件确认为资产的合同履约成本，初始确认时摊销期限不超过一年或一个正常营业周期的，在资产负债表中列示为存货；初始确认时摊销期限在一年或一个正常营业周期以上的，在资产负债表中列示为其他非流动资产。

二、合同取得成本

企业为取得合同发生的增量成本预期能够收回的，应当作为合同取得成本确认为一项资产。增量成本，是指企业不取得合同就不会发生的成本，如销售佣金等。为简化实务操作，该资产摊销期限不超过一年的，可以在发生时计入当期损益。

企业为取得合同发生的、除预期能够收回的增量成本之外的其他支出，如无论是否取得合同均会发生的差旅费、投标费、为准备投标资料发生的相关费用等，应当在发生时计入当期损益，除非这些支出明确由客户承担。

【例13-28】 甲公司是一家咨询公司，其通过竞标赢得一个新客户，为取得和该客户的合同，甲公司聘请外部律师进行尽职调查支付相关费用15 000元，为投标而发生差旅费10 000元，支付销售人员佣金5 000元。甲公司预期这些支出未来均能够收回。此外，甲公司根据其年度销售目标、整体盈利情况及个人业绩等，向销售部门经理支付年度奖金10 000元。

本例中，甲公司因签订该客户合同而向销售人员支付的佣金属于为取得合同发生的增量成本，应当将其作为合同取得成本确认为一项资产。甲公司聘请外部律师进行尽职调查发生的支出、为投标发生的差旅费，无论是否取得合同都会发生，不属于增量成本，因此，应当于发生时直接计入当期损益。甲公司向销售部门经理支付的年度奖金也不是为取得合同发生的增量成本，这是因为该奖金发放与否以及发放金额还取决于其他因素（包括公司的盈利情况和个人业绩），其并不能直接归属于可识别的合同。

企业因现有合同续约或发生合同变更需要支付的额外佣金，也属于为取得合同发生的增量成本。实务中，当涉及合同取得成本的安排比较复杂时，对于合同续约或合同变更时需要支付额外的佣金、企业支付的佣金金额取决于客户未来的履约情况或者取决于累计取得的合同数量或金额等，企业需要运用判断，对发生的合同取得成本进行恰当的会计处理。

满足上述条件确认为资产的合同取得成本，初始确认时摊销期限不超过一年或一个正常营业周期的，在资产负债表中列示为其他流动资产；初始确认时摊销期限在一年或一个正常营业周期以上的，在资产负债表中列示为其他非流动资产。

三、合同履约成本和合同取得成本的摊销和减值

（一）摊销

确认为企业资产的合同履约成本和合同取得成本（以下简称与合同成本相关的资产），应当采用与该资产相关的商品收入确认相同的基础（即在履约义务履行的时点或按照履约义务的履约进度）进行摊销，计入当期损益。

（二）减值

与合同成本相关的资产，其账面价值高于下列第一项减去第二项的差额的，应按超出部分的金额计提减值准备，并确认为资产减值损失：一是企业因转让与该资产相关的商品预期能够取得的剩余对价；二是为转让该相关商品估计将要发生的成本。以前期间减值的因素之后发生变化，使得第一项减去第二项的差额高于该资产账面价值的，应当转回原已计提的资产减值准备，并计入当期损益，但转回后的资产账面价值不应超过假定不计提减值准备情况下该资产在转回日的账面价值。在确定上述资产的减值损失时，企业应当首先对相关的其他资产确定减值损失，然后再按上述要求确定上述资产的减值损失。

企业在按照本书资产减值章节的规定测试相关资产组的减值情况时，应当将按照上述要求确定与合同成本相关的资产减值后的新账面价值计入相关资产组的账面价值。

第四节 关于特定交易的会计处理

一、附有销售退回条款的销售

企业将商品控制权转让给客户之后，可能会因为各种原因（如客户对所购商品的款式不满意等）允许客户依照有关合同、法律要求、声明或承诺、以往的习惯做法等选择退货，此销售为附有销售退回条款的销售。

企业应当在客户取得相关商品控制权时，按照因向客户转让商品而预期有权收取的对价金额（即不包含预期因销售退回将退还的金额）确认收入，按照预期因销售退回将退还的金额确认负债；同时，按照预期将退回商品转让时的账面价值，扣除收回该商品预计发生的成本（包括退回商品的价值减损）后的余额，确认一项资产，按照所转让商品转让时的账面价值，扣除上述资产成本的净额结转成本。每一资产负债表日，企业应当重新估计未来销售退回情况，并对上述资产和负债进行重新计量。如有变化，应当作为会计估计变更进行会计处理。

【例13-29】甲公司是一家健身器材销售公司。2023年10月1日，甲公司向乙公司销售5 000件健身器材，单位销售价格为500元，单位成本为400元，开出的增值税专用发票上注明的销售价格为250万元，增值税税额为32.5万元。健身器材已经发出，但款项尚未收到。根据协议约定，乙公司应于2023年12月1日

扫码看讲解

之前支付货款，在2024年3月31日之前有权退还健身器材。甲公司根据过去的经验，估计该批健身器材的退货率约为20%。在2023年12月31日，甲公司对退货率进行了重新评估，认为只有10%的健身器材会被退回。甲公司为增值税一般纳税人，健身器材发出时纳税义务已经发生，实际发生退回时取得税务机关开具的红字增值税专用发票。假定健身器材发出时控制权转移给乙公司。甲公司的账务处理如下：

（1）2023年10月1日发出健身器材。

借：应收账款 2 825 000
　　贷：主营业务收入 2 000 000
　　　　预计负债——应付退货款 500 000
　　　　应交税费——应交增值税（销项税额） 325 000
借：主营业务成本 1 600 000
　　应收退货成本 400 000
　　贷：库存商品 2 000 000

（2）2023 年 12 月 1 日前收到货款。

借：银行存款 2 825 000

　　贷：应收账款 2 825 000

（3）2023 年 12 月 31 日，甲公司对退货率进行重新评估。

借：预计负债——应付退货款 250 000

　　贷：主营业务收入 250 000

借：主营业务成本 200 000

　　贷：应收退货成本 200 000

（4）2024 年 3 月 31 日发生销售退回，假定实际退货量为 400 件，退货款项已经支付。

借：库存商品 160 000

　　应交税费——应交增值税（销项税额） 26 000

　　预计负债——应付退货款 250 000

　　贷：应收退货成本 160 000

　　　　主营业务收入 50 000

　　　　银行存款 226 000

借：主营业务成本 40 000

　　贷：应收退货成本 40 000

需要说明的是，客户以一项商品换取类型、质量、状况及价格均相同的另一项商品，不应被视为退货。如果合同约定客户可以将质量有瑕疵的商品退回以换取合格的商品，企业应当按照附有质量保证条款的销售进行会计处理。对于具有类似特征的合同组合，企业也可以在确定退货率、坏账率、合同存续期间等方面运用组合法进行估计。

二、附有质量保证条款的销售

企业在向客户销售商品时，根据合同约定、法律规定或本企业以往的习惯做法等，可能会为所销售的商品提供质量保证。对于客户能够选择单独购买质量保证的，表明该质量保证构成单项履约义务；对于客户虽然不能选择单独购买质量保证，但如果该质量保证在向客户保证所销售的商品符合既定标准之外提供了一项单独服务的，也应当作为单项履约义务。作为单项履约义务的质量保证应当进行相应的会计处理，并将部分交易价格分摊至该项履约义务。对于不能作为单项履约义务的质量保证，企业应当按照本书或有事项章节的相关规定进行会计处理。

企业在评估一项质量保证是否在向客户保证所销售的商品符合既定标准之外提供了一项单独的服务时，应当考虑的因素包括：

（1）该质量保证是否为法定要求。当法律要求企业提供质量保证时，该法律规定通常表明企业承诺提供的质量保证不是单项履约义务。

（2）质量保证期限。企业提供质量保证的期限越长，越有可能表明企业向客户提供了保证商品符合既定标准之外的服务，该质量保证越有可能构成单项履约义务。

（3）企业承诺履行任务的性质。如果企业必须履行某些特定的任务以保证所销售的商品符合既定标准（如企业负责运输被客户退回的瑕疵商品），则这些特定的任务可能不构成单项履约义务。

【例13-30】甲公司与客户签订合同，销售一部手机。该手机自售出起一年内如果发生质量问题，甲公司负责提供质量保证服务。此外，在此期间内，由于客户使用不当（如手机进水）等原因造成的产品故障，甲公司也免费提供维修服务。该维修服务不能单独购买。

本例中，甲公司针对产品的质量问题提供的质量保证服务是为了向客户保证所销售商品符合既定标准，因此不构成单项履约义务；甲公司对由于客户使用不当而导致的产品故障提供的免费维修服务，属于在向客户保证所销售商品符合既定标准之外提供的单独服务，尽管其没有单独销售，该服务与手机可明确区分，应该作为单项履约义务。因此，在该合同下，甲公司的履约义务有两项：销售手机和提供维修服务，甲公司应当按照其各自单独售价的相对比例，将交易价格分摊至这两项履约义务，并在各项履约义务履行时分别确认收入。甲公司提供的质量保证服务，应当按照本书或有事项章节的规定进行会计处理。

企业提供的质量保证同时包含作为单项履约义务的质量保证和不能作为单项履约义务的质量保证的，应当分别对其进行会计处理；无法合理区分的，应当将这两类质量保证一起作为单项履约义务进行会计处理。

三、主要责任人和代理人

当企业向客户销售商品涉及其他方参与其中时，企业应当判断其自身在该交易中的身份是主要责任人还是代理人。在判断时，企业应当首先识别向客户提供的特定商品；然后，应评估该特定商品在转让给客户之前，是否控制这些商品。企业在将特定商品转让给客户之前控制该商品的，企业为主要责任人；相反，企业在特定商品转让给客户之前不控制该商品的，则企业为代理人。这里的特定商品，是指向客户提供的可明确区分的商品或可明确区分的"一揽子"商品。如果企业仅仅是在特定商品的法定所有权转移给客户之前，暂时性地获得该特定商品的法定所有权，这并不能判断企业一定控制了该商品。

（一）企业作为主要责任人的情况

（1）企业自第三方取得商品或其他资产控制权后，再转让给客户。这里的商品或其他资产也包括企业向客户转让的未来享有由第三方提供服务的权利，企业应当评估该权利在转让给客户前，企业是否控制该权利。

【例13-31】甲公司经营一购物网站，在该网站购物的消费者可以明确获知在该网站上销售的商品均为其他零售商直接销售的商品，这些零售商负责发货以及售后服务等。甲公司与零售商签订的合同约定，该网站所售商品的采购、定价、发货以及售后服务等均由零售商自行负责，甲公司仅负责协助零售商和消费者结算货款，并按照每笔交易的实际销售额收取5%的佣金。

本例中，甲公司经营的购物网站是一个购物平台。消费者在该网站购物时，向其提供的特定商品为零售商在网站上销售的商品，除此之外，甲公司并未提供任何其他的商品。这些特定商品在转移给消费者之前，甲公司没有能力主导这些商品的使用，例如，甲公司不能将这些商品提供给购买该商品的消费者之外的其他方，也不能阻止零售商向该消费者转移这些商品，因此，消费者在该网站购物时，在相关商品转移给消费者之前，甲公司并未控制这些商品，甲公司的履约义务是安排零售商向消费者提供相关商品，而非自行提供这些商品，甲公司在该交易中的身份是代理人。

（2）企业能够主导第三方代表本企业向客户提供服务。当企业承诺向客户提供服务，并委托第三方（如分包商、其他服务提供商等）代表企业向客户提供服务时，如果企业能够主导该第三方代表本企业向客户提供服务，则表明企业在相关服务提供给客户之前能够控制该相关服务。

【例13-32】甲公司与乙公司签订合同，为其写字楼提供保洁服务，并商定了服务范围及其价格。甲公司每月按照约定的价格向乙公司开具发票，乙公司按照约定的日期向甲公司付款。双方签订合同后，甲公司委托服务供应商丙公司代表其为乙公司提供该保洁服务，并与其签订了合同。甲公司和丙公司商定了服务价格，双方签订的合同付款条款大致上与甲公司和乙公司约定的付款条款一致。当丙公司按照与甲公司的合同约定提供了服务时，无论乙公司是否向甲公司付款，甲公司都必须向丙公司付款。乙公司无权主导丙公司提供未经甲公司同意的服务。

本例中，甲公司向乙公司提供的特定服务是写字楼的保洁服务，根据甲公司与丙公司签订的合同，甲公司能够主导丙公司所提供的服务，包括要求丙公司代表甲公司向乙公司提供保洁服务，相当于甲公司利用其自身资源履行了该合同。乙公司无权主导丙公司提供未经甲公司同意的服务。因此，甲公司在丙公司向乙公司提供保洁服务之前控制了该服务，甲公司在该交易中的身份为主要责任人。

（3）企业自第三方取得商品控制权后，通过提供重大的服务将该商品与其他商品整合成合同约定的某组合产出转让给客户。此时，企业承诺提供的特定商品就是合同约定的组合产出。企业只有获得为生产该特定商品所需要的投入（包括从第三方取得的商品）的控制权，才能够将这些投入加工整合为合同约定的组合产出。

【例 13 – 33】 甲公司与乙公司签订合同，向其销售一台特种设备，并商定了该设备的具体规格和销售价格，甲公司负责按照约定的规格设计该设备，并按双方商定的销售价格向乙公司开具发票。该特种设备的设计和制造高度相关。为履行该合同，甲公司与其供应商丙公司签订合同，委托丙公司按照其设计方案制造该设备，并安排丙公司直接向乙公司交付设备。丙公司将设备交付给乙公司后，甲公司按与丙公司约定的价格向丙公司支付制造设备的对价；丙公司负责设备质量问题，甲公司负责设备由于设计原因引致的问题。

本例中，甲公司向乙公司提供的特定商品是其设计的专用设备。虽然甲公司将设备的制造工作分包给丙公司进行，但是，甲公司认为该设备的设计和制造高度相关，不能明确区分，应当作为单项履约义务。由于甲公司负责该合同的整体管理，如果在设备制造过程中发现需要对设备规格作出任何调整，甲公司需要负责制订相关的修订方案，通知丙公司进行相关调整，并确保任何调整均符合修订后的规格要求。甲公司主导了丙公司的制造服务，并通过必需的重大整合服务，将其整合作为向乙公司转让的组合产出（专用设备）的一部分，在该专用设备向客户转让前控制了该专用设备，因此，甲公司在该交易中的身份为主要责任人。

企业无论是主要责任人还是代理人，均应当在履约义务履行时确认收入。企业为主要责任人的，应当按照其自行向客户提供商品而有权收取的对价总额确认收入；企业为代理人的，按照既定的佣金金额或比例计算的金额确认收入，或者按照已收或应收对价总额扣除应支付给提供该特定商品的第三方的价款后的净额确认收入。

（二）需要考虑的相关事实和情况

实务中，企业在判断其在向客户转让特定商品之前是否已经拥有对该商品的控制权时，不应仅局限于合同的法律形式，而应当综合考虑所有相关事实和情况进行判断。这些事实和情况包括但不仅限于：

（1）转让商品的主要责任是企业还是第三方。该主要责任包括就特定商品的可接受性（如确保商品的规格满足客户的要求）承担责任等。企业在判断时，应当从客户的角度进行评估。如客户认为谁对商品的质量或性能负责、谁负责提供售后服务、谁负责解决客户投诉等。

（2）该商品的存货风险在商品转让前后由企业还是第三方承担。当企业在与客户订立合同之前已经购买或者承诺将自行购买特定商品时，这可能表明企业在将该特定商品转让给客户之前，承担了该特定商品的存货风险。在附有销售退回条款的销售中，企业将商品销售给客户之后，客户有权要求向该企业退货，这可能表明企业在转让商品之后仍然承担了该商品的存货风险。

（3）所交易商品的价格由企业还是第三方决定。代理人有时可能在一定程度上也拥有定价权（如在主要责任人规定的某一价格范围内决定价格）。如当代理人向主要责任人的客户提供一定折扣优惠，以激励该客户购买主要责任人的商品时，即使代理人有一定的定价能力，也并不表明其身份是主要责任人，代理人只是放弃了一部分自己应当赚取的佣金或手续费而已。

需要强调的是，企业在判断其是主要责任人还是代理人时，应当以该企业在特定商品转让给客户之前是否能够控制该商品为原则。上述相关事实和情况仅为支持对控制权的评估，不能取代控制权的评估，也不能凌驾于控制权评估之上，更不是单独或额外的评估。并且这些事实和情况并无权重之分，其中某一项或几项也不能被孤立地用于支持某一结论。企业应当根据相关商品的性质、合同条款的约定以及其他具体情况，综合进行判断。不同的合同可能需要采用上述不同的事实和情况提供支持证据。

四、附有客户额外购买选择权的销售

企业在销售商品的同时，有时会向客户授予选择权，允许客户据此免费或者以折扣价格购买额外的商品，此种情况称为附有客户额外购买选择权的销售。企业向客户授予的额外购买选择权的形式包括销售激励、客户奖励积分、未来购买商品的折扣券以及合同续约选择权等。

对于附有客户额外购买选择权的销售，企业应当评估该选择权是否向客户提供了一项重大权利。如果客户只有在订立了一项合同的前提下才取得了额外购买选择权，并且客户行使该选择权购买额外商品时，能够享受到超过该地区或该市场中其他同类客户所能够享有的折扣，则通常认为该选择权向客户提供了一项重大权利。对于该项重大权利，企业应当将其与原购买的商品单独区分，作为单项履约义务，按照各单项履约义务的单独售价的相对比例，将交易价格分摊至各单项履约义务。其中，分摊至重大选择权的交易价格与未来的商品相关，企业应当在客户未来行使该选择权取得相关商品的控制权时，或者在该选择权失效时确认为收入。

企业在考虑授予客户的该项权利是否重大时，应根据其金额和性质综合判断。如企业实施一项奖励积分计划，客户每消费 10 元便可获得 1 个积分，每个积分的单独售价为 0.1 元，该积分可累积使用，用于换取企业销售的产品。虽然客户每笔消费所获取的积分的价值相对于消费金额而言并不重大，但是由于该积分可以累积使用，基于企业的历史数据，客户通常能够累积足够的积分来免费换取产品，这可能表明该积分向客户提供了重大权利。

当企业向客户提供了额外购买选择权，客户在行使该选择权购买商品的价格反映了该商品的单独售价时，即使客户只能通过与企业订立特定合同才能获得该选择权，该选择权也不应被视为企业向该客户提供了一项重大权利，企业无须分摊交易价格，只有在客户行使选择权购买额外的商品时才需要进行相应的会计处理。

【例 13 - 34】2023 年 1 月 1 日，甲公司开始推行一项奖励积分计划。根据该计划，客户在甲公司每消费 10 元可获得 1 个积分，每个积分从次月开始在购物时可以抵减 1 元。截至 2023 年 1 月 31 日，客户共消费 100 000 元，可获得 10 000 个积分，根据历史经验，甲公司估计该积分的兑换率为 95%。上述金额均不

扫码看讲解

包含增值税，且假定不考虑相关税费影响。

本例中，甲公司认为其授予客户的积分为客户提供了一项重大权利，应当作为单项履约义务。客户购买商品的单独售价合计为 100 000 元，考虑积分的兑换率，甲公司估计积分的单独售价为 9 500 元（1 × 10 000 × 95%）。甲公司按照商品和积分单独售价的相对比例对交易价格进行分摊：

商品分摊的交易价格 = ［100 000 ÷（100 000 + 9 500）］× 100 000 = 91 324（元）

积分分摊的交易价格 = ［9 500 ÷（100 000 + 9 500）］× 100 000 = 8 676（元）

因此，甲公司应当在商品的控制权转移时确认收入 91 324 元，同时，确认合同负债 8 676 元。

借：银行存款　　　　　　　　　　　　　　　　　　　100 000
　　贷：主营业务收入　　　　　　　　　　　　　　　　　　91 324
　　　　合同负债　　　　　　　　　　　　　　　　　　　　8 676

截至 2023 年 12 月 31 日，客户共兑换了 4 500 个积分，甲公司对该积分的兑换率进行了重新估计，仍然预计客户总共将会兑换 9 500 个积分。因此，甲公司以客户兑换的积分数占预期将兑换的积分总数的比例为基础确认收入。积分当年应当确认的收入为 4 110 元（4 500 ÷ 9 500 × 8 676）；剩余未兑换的积分为 4 566 元（8 676 − 4 110），仍然作为合同负债。

借：合同负债　　　　　　　　　　　　　　　　　　　　4 110
　　贷：主营业务收入　　　　　　　　　　　　　　　　　　4 110

截至 2024 年 12 月 31 日，客户累计兑换了 8 500 个积分。甲公司对该积分的兑换率进行了重新估计，预计客户总共将会兑换 9 700 个积分。积分当年应当确认的收入为 3 493 元（8 500 ÷ 9 700 × 8 676 − 4 110）；剩余未兑换的积分为 1 073 元（8 676 − 4 110 − 3 493），仍然作为合同负债。

借：合同负债　　　　　　　　　　　　　　　　　　　　3 493
　　贷：主营业务收入　　　　　　　　　　　　　　　　　　3 493

需要说明的是，企业向客户授予奖励积分，该积分可能有多种使用方式，例如该积分只能用于兑换本企业提供的商品、只能用于兑换第三方的商品，或者客户可以在二者中进行选择，企业应当根据具体情况确定收入确认的时点和金额。

五、授予知识产权许可

授予知识产权许可，是指企业授予客户对企业拥有的知识产权享有相应权利。常见的知识产权包括软件和技术、影视和音乐等的版权、特许经营权以及专利权、商标权和其他版权等。

（一）授予知识产权许可是否构成单项履约义务

企业向客户授予知识产权许可时，可能也会同时销售商品，企业应当评估该知识产权许可是否构成单项履约义务。不构成单项履约义务的，企业应当将该知识产权许可和所售商品一起作为单项履约义务进行会计处理。知识产权许可与所售商品不可明确区分的情形包括：一是该知识产权许可构成有形商品的组成部分并且对于该商品的正常使用不可或缺，如企业向客户销售设备和相关软件，该软件内嵌于设备之中，该设备必须安装了该软件之后才能正常使用；二是客户只有将该知识产权许可和相关服务一起使用才能够从中获益，如客户取得授权许可，但是只有通过企业提供的在线服务才能访问相关内容。

（二）授予知识产权许可属于在某一时段履行的履约义务

授予客户的知识产权许可构成单项履约义务的，企业应当根据该履约义务的性质，进一步确定其是在某一时段内履行还是在某一时点履行。企业向客户授予的知识产权许可，同时满足下列三项条件的，应当作为在某一时段内履行的履约义务确认相关收入；否则，应当作为在某一时点履行的履约义务确认相关收入：

（1）合同要求或客户能够合理预期企业将从事对该项知识产权有重大影响的活动。企业向客户授予知识产权许可之后，还可能会从事市场推广、继续开发等后续活动。这些活动存在下列情况之一的，将会对该项知识产权有重大影响：一是这些活动预期将显著改变该项知识产权的形式（如知识产权的设计、内容）或者功能（如执行某任务的能力）；二是客户从该项知识产权中获益的能力在很大程度上来源于或者取决于这些活动。如果该项知识产权具有重大的独立功能，且该项知识产权绝大部分的经济利益来源于该项功能，则客户从该项知识产权中获益的能力通常不会受到企业从事的相关活动的重大影响，除非这些活动显著改变了该项知识产权的形式或者功能。具有重大独立功能的知识产权主要包括软件、生物合成物或药物配方以及已完成的媒体内容（如电影、电视节目以及音乐录音）版权等。

（2）该活动对客户将产生有利或不利影响。

（3）该活动不会导致向客户转让某项商品。

【例13－35】甲公司是一家设计制作连环漫画的公司，乙公司是一家大型游轮的运营商。甲公司授权乙公司可在4年内使用其3部连环漫画中的角色形象和名称，乙公司可以以不同的方式（如展览或演出）使用这些漫画中的角色。甲公司的每部连环漫画都有相应的主要角色，并会定期创造新的角色，角色的形象也会随时演变。合同要求乙公司必须使用最新的角色形象。在授权期内，甲公司每年向乙公司收取1 000万元。

本例中，甲公司除了授予知识产权许可外不存在其他履约义务。甲公司基于下列因素的考虑，认为该许可的相关收入应当在某一时段内确认：一是乙公司合理预期（根据甲公司以往的习惯做法），甲公司将实施对该知识产权许可产生重大影响的活动，包括创作角色及出版包含这些角色的连环漫画等；二是合同要求乙公司必须使用甲公司创作的最新角色，这些角色塑造得成功与否，会直接对乙公司产生有利或不利影响；三是尽管乙公司可以通过该知识产权许可从这些活动中获益，但在这些活动发生时并没有导致向乙公司转让任何商品。

由于合同规定乙公司在一段固定期间内可无限制地使用其取得授权许可的角色，因此，甲公司按照时间进度确定履约进度。

（三）授予知识产权许可属于在某一时点履行的履约义务

授予知识产权许可不属于在某一时段内履行的履约义务的，应当作为在某一时点履行的履约义务，在履行该履约义务时确认收入。在客户能够使用某项知识产权许可并开始从中获利之前，企业不能对此类知识产权许可确认收入。如企业授权客户在一定期间内使用软件，但是，在企业向客户提供该软件的密钥之前，客户都无法使用该软件，因此，企业在向客户提供该密钥之前虽然已经得到授权，但也不应确认收入。

【例13-36】 甲音乐唱片公司（以下简称甲公司）将其拥有的一首经典民歌的版权授予乙公司，并约定乙公司在两年内有权在国内所有商业渠道（包括电视、广播和网络广告等）使用该经典民歌。因提供该版权许可，甲公司每月收取1 000元的固定对价。除该版权之外，甲公司无须提供任何其他的商品。该合同不可撤销。

本例中，甲公司除了授予该版权许可外，并无任何义务从事改变该版权的后续活动，该版权也具有重大的独立功能（即民歌的录音可直接用于播放），乙公司主要通过该重大独立功能获利。因此，甲公司应在乙公司能够主导该版权的使用并从中获得几乎全部经济利益时，全额确认收入。此外，由于甲公司履约的时间与客户付款（两年内每月支付）之间间隔的时间较长，甲公司需要判断该项合同中是否存在重大的融资成分，并进行相应的会计处理。

值得注意的是，在判断某项知识产权许可是属于在某一时段内履行的履约义务还是在某一时点履行的履约义务时，企业不应考虑下列因素：一是该许可在时间、地域、排他性以及相关知识产权消耗和使用方面的限制；二是企业就其拥有的知识产权的有效性以及防止未经授权使用该知识产权许可所提供的保证。

（四）基于销售或使用情况的特许权使用费

企业向客户授予知识产权许可，并约定按客户实际销售或使用情况（如按照客户的销售额）收取特许权使用费的，应当在客户后续销售或使用行为实际发生与企业履行相关履约义务二者孰晚的时点确认收入。这是估计可变对价的一个例外规定，该例外规定只有在下列两种情形下才能使用：一是特许权使用费仅与知识产权许可相关；二是特许权使用费可能与合同中的知识产权许可和其他商品都相关，但是，与知识产权许可相关的部分占主导地位。当企业能够合理预期，客户认为知识产权许可的价值远高于合同中与之相关的其他商品时，该知识产权许可通常占主导地位。对于不适用该例外规定的特许权使用费，应当按照估计可变对价的一般原则进行处理。

【例13-37】甲电影发行公司（以下简称甲公司）与乙公司签订合同，将其拥有的一部电影的版权授权给乙公司，乙公司可在其旗下的影院放映该电影，放映期间为6周。除了将该电影版权授权给乙公司之外，甲公司还同意在该电影放映之前，向乙公司提供该电影的片花，在乙公司的影院播放，并且在该电影放映期间在当地知名的广播电台播放广告。甲公司将获得乙公司播放该电影的票房分成。

本例中，甲公司的承诺包括授予电影版权许可、提供电影片花以及提供广告服务。甲公司在该合同下获得的对价为按照乙公司实际销售情况收取的特许权使用费，与之相关的授予电影版权许可占主导地位，这是因为，甲公司能够合理预期，客户认为该电影版权许可的价值远高于合同中的提供电影片花和广告服务。因此，甲公司应当在乙公司放映该电影的期间按照约定的分成比例确认收入。如果授予电影版权许可、提供电影片花以及广告服务分别构成单项履约义务，甲公司应当将该取得的分成收入在这些履约义务之间进行分摊。

六、售后回购

售后回购，是指企业销售商品的同时承诺或有权选择日后再将该商品购回的销售方式。企业应当区分下列两种情形分别对售后回购交易进行会计处理。

（一）企业因存在与客户的远期安排而负有回购义务或企业享有回购权利的

企业因存在与客户的远期安排而负有回购义务或企业享有回购权利的，尽管客户可能已经持有了该商品的实物，但是，由于企业将会回购或者有权回购该商品，导致客户主导该商品的使用并从中获取几乎全部经济利益的能力受到限制。因此，在销售时点，客户并没有取得该商品的控制权，企业应根据下列情况分别进行相应的会计处理：一是回购价格低于原售价的，应当视为租赁交易进行会计处理；二是回购价格不低于原售价的，应当视为融资交易，应当在收到客户款项时确认金融负债，而不是终止确认该商品，并将该款项和回购价格的差额在回购期间内确认为利息费用等。

（二）企业应客户要求回购商品的

企业负有应客户要求回购商品义务的，应当在合同开始日评估客户是否具有行使该要求权的重大经济动因。客户具有行使该要求权的重大经济动因的，企业应当将回购价格与原售价进行比较，并按照第（一）种情形下的原则将该售后回购作为租赁交易或融资交易进行相应的会计处理。客户不具有行使该要求权的重大经济动因的，企业应当将该售后回购作为附有销售退回条款的销售交易进行相应的会计处理。

在判断客户是否具有行权的重大经济动因时，企业应当综合考虑各种相关因素，包括回购价格与预计回购时市场价格之间的比较，以及权利的到期日等。当回购价格明显高于该商品回购时的市场价值时，通常表明客户有行权的重大经济动因。

【例13-38】甲公司向乙公司销售其生产的一台设备，销售价格为2 000万元，双方约定，乙公司在5年后有权要求甲公司以1 500万元的价格回购该设备。甲公司预计该设备在回购时的市场价值将远低于1 500万元。

本例中，假定不考虑时间价值的影响，甲公司的回购价格1 500万元低于原售价2 000万元，但远高于该设备在回购时的市场价值，甲公司判断乙公司有重大的经济动因行使其权利要求甲公司回购该设备。因此，甲公司应当将该交易作为租赁交易进行会计处理。

对于上述两种情形，企业在比较回购价格和原销售价格时，应当考虑货币的时间价值。在企业有权要求回购或者客户有权要求企业回购的情况下，企业或者客户到期未行使权利的，应在该权利到期时终止确认相关负债，同时确认收入。

七、客户未行使的权利

企业因销售商品向客户收取的预收款，赋予了客户一项在未来从企业取得该商品的权利，并使企业承担了向客户转让该商品的义务，因此，企业应当将预收的款项确认为合同负债，待未来履行了相关履约义务，即向客户转让相关商品时，再将该负债转为收入。

在某些情况下，企业收取的预收款无须退回，但是客户可能会放弃其全部或部分合同权利，如放弃储值卡的使用等。企业预期将有权获得与客户所放弃的合同权利相关的金额的，应当按照客户行使合同权利的模式按比例将上述金额确认为收入；否则，企业只有在客户要求其履行剩余履约义务的可能性极低时，才能将相关负债余额转为收入。企业在确定其是否预期将有权获得与客户所放弃的合同权利相关的金额时，应当考虑将估计的可变对价计入交易价格的限制要求。

如果有相关法律规定，企业所收取的与客户未行使权利相关的款项须转交给其他方的（如法律规定无人认领的财产须上交政府），企业不应将其确认为收入。

【例13-39】甲公司经营连锁面包店。2024年，甲公司向客户销售了5 000张储值卡，每张卡的面值为200元，总额为100万元。客户可在甲公司经营的任何一家门店使用该储值卡进行消费。根据历史经验，甲公司预期客户购买的储值卡中将有大约相当于储值卡面值金额5%（即50 000元）的部分不会被消费。截至2024年12月31日，客户使用该储值卡消费的金额为400 000元。假定甲公司为增值税一般纳税人，在客户使用该储值卡消费时发生增值税纳税义务。

本例中，甲公司预期将有权获得与客户未行使的合同权利相关的金额为50 000元，该金额应当按照客户行使合同权利的模式按比例确认为收入。因此，甲公司在2024年销售的储值卡应当确认的收入金额为372 613元〔(400 000＋50 000×400 000÷950 000)÷(1＋13%)〕。甲公司的账务处理为：

（1）销售储值卡。

借：库存现金　　　　　　　　　　　　　　　　　　1 000 000
　　贷：合同负债　　　　　　　　　　　　　　　　　　　884 956
　　　　应交税费——待转销项税额　　　　　　　　　　　115 044

（2）根据储值卡的消费金额确认收入，同时将对应的待转销项税额确认为销项税额。

借：合同负债　　　　　　　　　　　　　　　　　　　372 613
　　应交税费——待转销项税额 ［400 000÷（1+13%）×13%］　46 018
　　贷：主营业务收入　　　　　　　　　　　　　　　　　372 613
　　　　应交税费——应交增值税（销项税额）　　　　　　　46 018

【例13-40】甲公司是一家电商平台，平台商家自行负责商品的采购、定价、发货以及售后服务，甲公司仅提供平台供商家与消费者进行交易并负责协助商家和消费者结算货款，甲公司按照货款的6%向商家收取佣金，并判断自己在商品买卖交易中是代理人。2024年，甲公司向平台的消费者销售了2 000张不可退回的电子购物卡，每张卡的面值为100元，总额200 000元。假定不考虑相关税费的影响。

本例中，考虑到甲公司在商品买卖交易中为代理人，仅为商家和消费者提供平台及结算服务，并收取佣金，因此，甲公司销售电子购物卡收取的款项200 000元中，仅佣金部分12 000元（200 000×6%）代表甲公司已收客户（商家）对价而应在未来消费者消费时作为代理人向商家提供代理服务的义务，应当确认合同负债。对于其余部分（即188 000元），为甲公司代商家收取的款项，作为其他应付款，待未来消费者消费时支付给相应的商家。相应的账务处理为：

借：银行存款　　　　　　　　　　　　　　　　　　200 000
　　贷：合同负债　　　　　　　　　　　　　　　　　　　12 000
　　　　其他应付款　　　　　　　　　　　　　　　　　　188 000

八、无需退回的初始费

企业在合同开始（或临近合同开始）日向客户收取的无需退回的初始费通常包括入会费、接驳费、初装费等。企业收取该初始费时，应当评估该初始费是否与向客户转让已承诺的商品相关。该初始费与向客户转让已承诺的商品相关，且转让该商品构成单项履约义务的，企业应当在转让该商品时，按照分摊至该商品的交易价格确认收入。该初始费与向客户转让已承诺的商品相关，但转让该商品不构成单项履约义务的，企业应当在包含该商品的单项履约义务履行时，按照分摊至该单项履约义务的交易价格确认收入。该初始费与向客户转让已承诺的商品不相关的，该初始费应当作为未来将转让商品的预收款，在未来转让该商品时确认为收入。当企业向客户授予了续约选择权，且该选择权向客户提供了重大权利时，这部分收入确认的期间将可能长于初始合同期限。

在合同开始（或临近合同开始）日，企业通常必须开展一些初始活动，为履行合同进行准备，如一些行政管理性质的准备工作，这些活动虽然与履行合同有关，但并没有向客户转让已承诺的商品，因此，不构成单项履约义务，即使企业向客户收取的无需退还的初始费与这些初始活动有关（如企业为了补偿开展这些活动所发生的成本而向客户收取初始费），也不应在这些活动完成时将该初始费确认为收入，而是应当将该初始费作为未来将转让商品的预收款，在未来转让该商品时确认为收入。

企业为履行合同开展初始活动，但这些活动本身并没有向客户转让已承诺的商品的，企业为开展这些活动所发生的支出，应当按照合同履约成本的相关规定确认为一项资产或计入当期损益，并且企业在确定履约进度时，也不应当考虑这些成本。

【例 13 - 41】甲公司经营一家会员制健身俱乐部。甲公司与客户签订了为期 2 年的合同，客户入会之后可以随时在该俱乐部健身。除俱乐部的年费 2 000 元之外，甲公司还向客户收取了 50 元的入会费，用于补偿俱乐部为客户进行注册登记、准备会籍资料以及制作会员卡等初始活动所花费的成本。甲公司收取的入会费和年费均无须返还。

本例中，甲公司承诺的服务是向客户提供健身服务（即可随时使用的健身场地），而甲公司为会员入会所进行的初始活动并未向客户提供其所承诺的服务，而只是一些内部行政管理性质的工作。因此，甲公司虽然为补偿这些初始活动向客户收取了入会费，但是该入会费实质上是客户为健身服务所支付的对价的一部分，故应当作为健身服务的预收款，与收取的年费一起在 2 年内分摊确认为收入。

本章思考题

1. 企业满足时段法三个条件之一的应当按照时段法确认收入，三个条件均不满足的采用时点法确认收入。实务中如何应用这三个条件判断是否应当采用时段法确认收入？

2. 当企业向客户销售商品涉及其他方参与其中时，企业应当根据在转让商品给客户前是否控制该商品，判断其自身在该交易中的身份是主要责任人还是代理人。实务中如何判断企业在转让商品给客户前是否控制该商品？如何把握控制权转移的三个迹象与控制权转移之间的关系？

3. 当企业与客户之间的合同在后续执行中发生变化时，如何区分属于合同变更还是可变对价？

第十四章　政　府　补　助

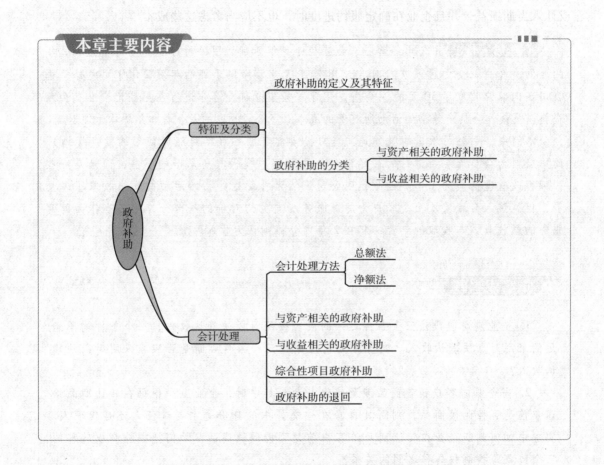

本章主要内容

- 政府补助
  - 特征及分类
    - 政府补助的定义及其特征
    - 政府补助的分类
      - 与资产相关的政府补助
      - 与收益相关的政府补助
  - 会计处理
    - 会计处理方法
      - 总额法
      - 净额法
    - 与资产相关的政府补助
    - 与收益相关的政府补助
    - 综合性项目政府补助
    - 政府补助的退回

第一节　政府补助的特征及分类

一、政府补助的定义及其特征

政府向企业提供经济支持，以鼓励或扶持特定行业、地区或领域的发展，是政府进行宏观调控的重要手段，也是国际上通行的做法。政府补助是指企业从政府无偿取得货币性资产或非货币性资产，但并不是所有来源于政府的经济资源都属于《企业会计准则第 16 号——政府补助》（以下简称政府补助准则）规范的政府补助，除政府补助外，还可能是政府对企业的资本性投入或者政府购买服务所支付的对价。所以，要根据交易或者事项的实质对来源于政府的经济资源所归属的类型作出判断，再进行相应的会计处理。

（一）政府补助的定义

政府补助是指企业从政府无偿取得货币性资产或非货币性资产。政府补助主要形式包括政府对企业的无偿拨款、税收返还、财政贴息，以及无偿给予非货币性资产等。通常情况下，直接减征、免征、增加计税抵扣额、抵免部分税额等不涉及资产直接转移的经济资源，不适用政府补助准则。

需要说明的是，增值税出口退税不属于政府补助。根据税法规定，在对出口货物取得的收入免征增值税的同时，退付出口货物前道环节发生的进项税额，增值税出口退税实际上是政府退回企业事先垫付的进项税，不属于政府补助。

（二）政府补助的特征

政府补助具有下列特征：

1. 政府补助是来源于政府的经济资源。

这里的政府主要是指行政事业单位及类似机构。对于企业收到的来源于其他方的补助，有确凿证据表明政府是补助的实际拨付者，其他方只起到代收代付作用的，该项补助也属于来源于政府的经济资源。

2. 政府补助是无偿的。

这里的无偿，是指企业取得来源于政府的经济资源，不需要向政府交付商品或服务等对价。无偿性是政府补助的基本特征，这一特征将政府补助与政府作为企业所有者投入的资本、政府购买服务等政府与企业之间的互惠性交易区别开来。政府以投资者身份向企业投入资本，享有相应的所有权权益，政府与企业之间是投资者与被投资者的关系，属于互惠性交易，不适用政府补助准则。企业从政府取得的经济资源，如果与企业销售商品或提供劳务等活动密切相关，且是企业商品或服务的对价或者是对价的组成部分，应当按照本书第十三章的规定处理。

【例 14 - 1】甲企业是一家生产和销售高效照明产品的企业。国家为了支持高效照明产品的推广使用，通过统一招标的形式确定中标企业、高效照明产品及中标协议供货价格。甲企业作为中标企业，需以中标协议供货价格减去财政补贴资金后的价格将高效照明产品销售给终端用户，并按照高效照明产品实际安装数量、中标供货协议价格、补贴标准，申请财政补贴资金。2024 年度，甲企业因销售高效照明产品获得财政补贴资金 500 万元。

本例中，甲企业虽然取得财政补贴资金，但最终受益人是从甲企业购买高效照明产品的大宗用户和城乡居民，相当于政府以中标协议供货价格从甲企业购买了高效照明产品，再以中标协议供货价格减去财政补贴资金后的价格将产品销售给终端用户。实际操作时，政府并没有直接从事高效照明产品的购销，但以补贴资金的形式通过甲企业的销售行为实现了政府推广使用高效照明产品的目标。对甲企业而言，销售高效照明产品是其日常经营活动，甲企业仍按照中标协议供货价格销售了产品，其销售收入由两部分构成，一是终端用户支付的购买价款，二是财政补贴资金，财政补贴资金是甲企业产品销售对价的组成部分。因此，甲企业收到的补贴资金 500 万元应当按照本书第十三章的规定进行会计处理。

【例 14－2】乙企业是一家生产和销售重型机械的企业。为推动科技创新，乙企业所在地政府于 2024 年 8 月向乙企业拨付了 300 万元资金，要求乙企业将这笔资金用于技术改造项目研究，研究成果归乙企业享有。

本例中，乙企业的日常经营活动是生产和销售重型机械，其从政府取得了 300 万元资金用于研发支出，且研究成果归乙企业享有。因此，这项财政拨款具有无偿性的特征，乙企业收到的 300 万元资金应当按照政府补助准则的规定进行会计处理。

二、政府补助的分类

确定了来源于政府的经济资源属于政府补助后，还应当对其进行恰当的分类。根据政府补助准则规定，政府补助应当划分为与资产相关的政府补助和与收益相关的政府补助。这两类政府补助给企业带来经济利益或者弥补相关成本或费用的形式不同，从而在具体会计处理上存在差别。

（一）与资产相关的政府补助

与资产相关的政府补助，是指企业取得的、用于购建或以其他方式形成长期资产的政府补助。通常情况下，相关补助文件会要求企业将补助资金用于取得长期资产。长期资产将在较长的期间内给企业带来经济利益，因此相应的政府补助的受益期也较长。

（二）与收益相关的政府补助

与收益相关的政府补助，是指除与资产相关的政府补助之外的政府补助。此类补助主要是用于补偿企业已发生或即将发生的相关成本费用或损失，受益期相对较短，通常在满足补助所附条件时计入当期损益或冲减相关成本。

第二节 政府补助的会计处理

一、政府补助的会计处理方法

政府补助有两种会计处理方法：总额法和净额法。总额法是在确认政府补助时将其全额确认为收益，而不是作为相关资产账面价值或者费用的扣减。净额法是将政府补助确认为对相关资产账面价值或者所补偿费用的扣减。企业应当根据经济业务的实质，判断某一类政府补助业务应当采用总额法还是净额法。通常情况下，对同类或类似政府补助业务只能选用一种方法，同时，企业对该业务应当一贯地运用该方法，不得随意变更。

与企业日常活动相关的政府补助，应当按照经济业务实质，计入其他收益或冲减相关成本费用。与企业日常活动无关的政府补助，计入营业外收支。通常情况下，若政府补助补偿的成本费用是营业利润之中的项目，或该补助与日常销售等经营行为密切相关，如增值税即征即退等，则认为该政府补助与日常活动相关。企业选择总额法对与日常活动相关的政府补助进行会计处理的，应增设"其他收益"科目进行核算。企业在实际收到或应收时，或者将先确认为"递延收益"的政府补助分摊计入损益时，借记"银行存款""其他应收款""递延收益"等科目，贷记"其他收益"科目。

二、与资产相关的政府补助

实务中，企业通常先收到补助资金，再按照政府要求将补助资金用于购建固定资产或无形资产等长期资产。企业在取得与资产相关的政府补助时，应当选择下列方法之一进行会计处理：

（1）总额法。按照补助资金的金额借记"银行存款"等科目，贷记"递延收益"科目；然后在相关资产使用寿命内按合理、系统的方法分期计入损益。如果企业先收到补助资金，再购建长期资产，则应当在开始对相关资产计提折旧或摊销时开始将递延收益分期计入损益；如果企业先开始购建长期资产，再取得补助资金，则应当在相关资产的剩余使用寿命内按照合理、系统的方法将递延收益分期计入损益。企业对与资产相关的政府补助选择总额法后，为避免出现前后方法不一致的情况，结转递延收益时不得冲减相关成本费用，而是将递延收益分期转入其他收益或营业外收入，借记"递延收益"科目，贷记"其他收益"或"营业外收入"科目。相关资产在使用寿命结束时或结束前被处置（出售、报废等），尚未分摊的递延收益余额应当一次性转入资产处置当期的损益，不再予以递延。

（2）净额法。按照补助资金的金额冲减相关资产的账面价值，企业按照扣减了政府补助后的资产价值对相关资产计提折旧或进行摊销。

实务中存在政府无偿给予企业长期非货币性资产的情况，如无偿给予土地使用权、天然起源的天然林等。企业取得的政府补助为非货币性资产的，应当按照公允价值计量；公允价值不能可靠取得的，按照名义金额（1元）计量。企业在收到非货币性资产的政府补助时，应当借记有关资产科目，贷记"递延收益"科目；然后在相关资产使用寿命内按合理、系统的方法分期计入损益，借记"递延收益"科目，贷记"其他收益"或"营业外收入"科目。但是，对以名义金额计量的政府补助，在取得时计入当期损益。

【例14-3】 按照国家有关政策，企业购置环保设备可以申请补贴以补偿其环保支出。丙企业于2024年1月向政府有关部门提交了210万元的补助申请，作为对其购置环保设备的补贴。2024年3月15日，丙企业收到了政府补贴款210万元。2024年4月20日，丙企业购入不需安装的环保设备1台，实际成本为480万元，使用寿命10年，采用直线法计提折旧（不考虑净残值）。

扫码看讲解

2032年4月，丙企业的这台设备发生毁损。本例中不考虑相关税费等其他因素。

方法一：丙企业选择总额法进行会计处理。

（1）2024年3月15日实际收到财政拨款，确认递延收益：

借：银行存款 2 100 000

　　贷：递延收益 2 100 000

（2）2024年4月20日购入设备：

借：固定资产 4 800 000

　　贷：银行存款 4 800 000

（3）自2024年5月起每个资产负债表日（月末）计提折旧，同时分摊递延收益：

①计提折旧（假设该设备用于污染物排放测试，折旧费用计入制造费用）：

借：制造费用 40 000

　　贷：累计折旧 40 000

②分摊递延收益（月末）：

借：递延收益 17 500

　　贷：其他收益 17 500

（4）2032年4月设备毁损，同时转销递延收益余额：

借：固定资产清理 960 000

　　累计折旧 3 840 000

　　贷：固定资产 4 800 000

借：递延收益 420 000

　　贷：固定资产清理 420 000

借：营业外支出 540 000

　　贷：固定资产清理 540 000

方法二：丙企业选择净额法进行会计处理。

（1）2024 年 3 月 15 日实际收到财政拨款：

借：银行存款	2 100 000
贷：递延收益	2 100 000

（2）2024 年 4 月 20 日购入设备：

借：固定资产	4 800 000
贷：银行存款	4 800 000
借：递延收益	2 100 000
贷：固定资产	2 100 000

（3）自 2024 年 5 月起每个资产负债表日（月末）计提折旧：

借：制造费用	22 500
贷：累计折旧	22 500

（4）2032 年 4 月设备毁损：

借：固定资产清理	540 000
累计折旧	2 160 000
贷：固定资产	2 700 000
借：营业外支出	540 000
贷：固定资产清理	540 000

三、与收益相关的政府补助

对于与收益相关的政府补助，企业应当选择采用总额法或净额法进行会计处理。选择总额法的，应当计入其他收益或营业外收入。选择净额法的，应当冲减相关成本费用或营业外支出。

（1）与收益相关的政府补助如果用于补偿企业以后期间的相关成本费用或损失，企业应当将其确认为递延收益，并在确认相关费用或损失的期间，计入当期损益或冲减相关成本。

【例 14 - 4】甲企业于 2023 年 3 月 15 日与其所在地地方政府签订合作协议，根据协议约定，当地政府将向甲企业提供 1 000 万元奖励资金，用于企业的人才激励和人才引进奖励，甲企业必须按年向当地政府报送详细的资金使用计划并按规定用途使用资金。甲企业于 2023 年 4 月 10 日收到 1 000 万元奖励资金，分别在 2023 年 12 月、2024 年 12 月、2025 年 12 月使用了 400 万元、300 万元和 300 万元，用于发放给总裁级高管年度奖金。本例中不考虑相关税费等其他因素。

假定甲企业选择净额法对此类补助进行会计处理，其账务处理如下：

（1）2023 年 4 月 10 日甲企业实际收到补助资金：

借：银行存款	10 000 000
贷：递延收益	10 000 000

（2）2023 年 12 月、2024 年 12 月、2025 年 12 月甲企业将补助资金发放高管奖金，相应结转递延收益：

①2023 年 12 月：

借：递延收益 4 000 000

　　贷：管理费用 4 000 000

②2024 年 12 月：

借：递延收益 3 000 000

　　贷：管理费用 3 000 000

③2025 年 12 月：

借：递延收益 3 000 000

　　贷：管理费用 3 000 000

如果本例中甲企业选择按总额法对此类政府补助进行会计处理，则应当在确认相关管理费用的期间，借记"递延收益"科目，贷记"其他收益"科目。

（2）与收益相关的政府补助如果用于补偿企业已发生的相关成本费用或损失，企业应当将其直接计入当期损益或冲减相关成本费用。这类补助通常与企业已经发生的行为有关，是对企业已发生的成本费用或损失的补偿，或是对企业过去行为的奖励。

【例 14-5】乙企业销售其自主开发生产的动漫软件。按照国家有关规定，该企业的这种产品适用增值税即征即退政策，按 13% 的税率征收增值税后，对其增值税实际税负超过 3% 的部分，实行即征即退。乙企业 2024 年 8 月在进行纳税申报时，对归属于 7 月的增值税即征即退提交退税申请，经主管税务机关审核后的退税额为 10 万元。

本例中，软件企业即征即退增值税与企业日常销售密切相关，属于与企业的日常活动相关的政府补助。乙企业 2024 年 8 月申请退税并确定了增值税退税额，账务处理如下：

借：其他应收款 100 000

　　贷：其他收益 100 000

【例 14-6】丙企业 2024 年 11 月遭受重大自然灾害，并于 2024 年 12 月 20 日收到了政府补助资金 200 万元用于弥补其遭受自然灾害的损失。

2024 年 12 月 20 日，丙企业实际收到补助资金并选择总额法进行会计处理，其账务处理如下：

借：银行存款 2 000 000

　　贷：营业外收入 2 000 000

四、综合性项目政府补助

对于同时包含与资产相关部分和与收益相关部分的政府补助，企业应当将其进行分解，区分不同部分分别进行会计处理；难以区分的，企业应当将其整体归类为与收益相关的政府补助进行会计处理。

【例 14-7】2024 年 6 月 15 日，某市科技创新委员会与甲企业签订了科技计划项目合同书，拟对甲企业的新药临床研究项目提供研究补助资金。该项目总预算为 600 万元，其中，市科技创新委员会资助 200 万元，甲企业自筹 400 万元。市科技创新委员会资助的 200 万元用于补助设备费 60 万元、材料费 15 万元、测试化验加工费 95 万元、会议费 30 万元，假定除设备费外的其他各项费用都属于研究支出。市科技创新委员会应当在合同签订之日起 30 日内将资金拨付给甲企业。甲企业于 2024 年 7 月 10 日收到补助资金，在项目期内按照合同约定的用途使用了补助资金。甲企业于 2024 年 7 月 25 日按项目合同书的约定购置了相关设备，设备成本 150 万元，其中使用补助资金 60 万元，该设备使用年限为 10 年，采用直线法计提折旧（不考虑净残值）。假设本例中不考虑相关税费等其他因素。

本例中，甲企业收到的政府补助是综合性项目政府补助，需要区分与资产相关的政府补助和与收益相关的政府补助并分别进行处理。假设甲企业对收到的与资产相关的政府补助选择净额法进行会计处理。甲企业的账务处理如下：

（1）2024 年 7 月 10 日甲企业实际收到补贴资金：

借：银行存款	2 000 000
贷：递延收益	2 000 000

（2）2024 年 7 月 25 日购入设备：

借：固定资产	1 500 000
贷：银行存款	1 500 000
借：递延收益	600 000
贷：固定资产	600 000

（3）自 2024 年 8 月起每个资产负债表日（月末）计提折旧，折旧费用计入研发支出：

借：研发支出	7 500
贷：累计折旧	7 500

（4）对其他与收益相关的政府补助，甲企业应当按照相关经济业务的实质确定是计入其他收益还是冲减相关成本费用，在企业按规定用途实际使用补助资金时计入损益，或者在实际使用的当期期末根据当期累计使用的金额计入损益，借记"递延收益"科目，贷记有关损益科目。

五、政府补助的退回

已确认的政府补助需要退回的，应当在需要退回的当期分情况按照以下规定进行会计处理：（1）初始确认时冲减相关资产账面价值的，调整资产账面价值；（2）存在相关递延收益的，冲减相关递延收益账面余额，超出部分计入当期损益；（3）属于其他情况的，直接计入当期损益。此外，对于属于前期差错的政府补助退回，应当按照前期差错更正进行追溯调整。

【例14-8】乙企业于2023年11月与某开发区政府签订合作协议，在开发区内投资设立生产基地。协议约定，开发区政府自协议签订之日起6个月内向乙企业提供300万元产业补贴资金用于奖励该企业在开发区内投资并开展经营活动，乙企业自获得补贴起5年内不迁离开发区。如果乙企业在此期限内提前迁离开发区，开发区政府允许乙企业按照实际留在本区的时间保留部分补贴，并按剩余时间追回补贴资金。乙企业于2024年1月3日收到补贴资金。

假设乙企业在实际收到补助资金时，客观情况表明乙企业在未来5年内迁离开发区的可能性很小，乙企业在收到补助资金时应当记入"递延收益"科目。由于协议约定如果乙企业提前迁离开发区，开发区政府有权追回部分补助，说明企业每留在开发区内一年，就有权取得与这一年相关的补助，与这一年补助有关的不确定性基本消除，补贴收益得以实现，所以乙企业应当将该补助在5年内平均摊销结转计入损益。本例中，开发区政府对乙企业的补助是对该企业在开发区内投资并开展经营活动的奖励，并不指定用于补偿特定的成本费用。乙企业的账务处理如下：

（1）2024年1月3日，乙企业实际收到补助资金：

借：银行存款 3 000 000

贷：递延收益 3 000 000

（2）2024年12月31日及以后年度，乙企业分期将递延收益结转入当期损益：

借：递延收益 600 000

贷：其他收益 600 000

假设2026年1月，乙企业因重大战略调整迁离开发区，开发区政府根据协议要求乙企业退回补助180万元：

借：递延收益 1 800 000

贷：其他应付款 1 800 000

本章思考题

1. 政府补助有哪些特征？来源于政府的经济资源都属于政府补助吗？

2. 政府补助有哪两种会计处理方法？分别如何进行会计处理？

第十五章　非货币性资产交换

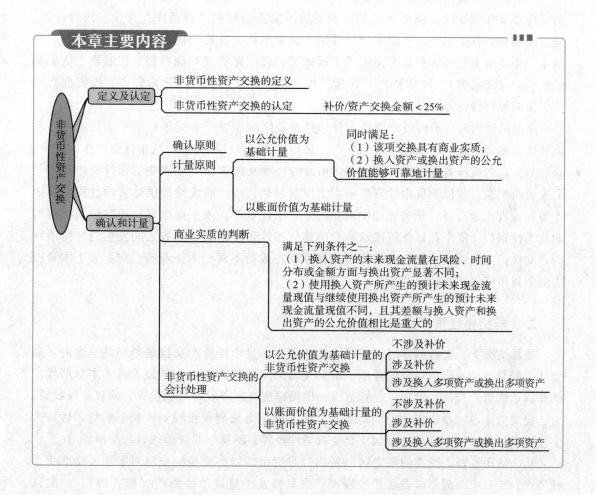

本章主要内容

- 非货币性资产交换
  - 定义及认定
    - 非货币性资产交换的定义
    - 非货币性资产交换的认定　　补价/资产交换金额＜25%
  - 确认和计量
    - 确认原则
    - 计量原则
      - 以公允价值为基础计量　　同时满足：（1）该项交换具有商业实质；（2）换入资产或换出资产的公允价值能够可靠地计量
      - 以账面价值为基础计量
    - 商业实质的判断　　满足下列条件之一：（1）换入资产的未来现金流量在风险、时间分布或金额方面与换出资产显著不同；（2）使用换入资产所产生的预计未来现金流量现值与继续使用换出资产所产生的预计未来现金流量现值不同，且其差额与换入资产和换出资产的公允价值相比是重大的
    - 非货币性资产交换的会计处理
      - 以公允价值为基础计量的非货币性资产交换
        - 不涉及补价
        - 涉及补价
        - 涉及换入多项资产或换出多项资产
      - 以账面价值为基础计量的非货币性资产交换
        - 不涉及补价
        - 涉及补价
        - 涉及换入多项资产或换出多项资产

第一节　非货币性资产交换的定义及认定

企业在生产经营过程中，有时会出现这种状况，即甲企业需要乙企业拥有的某项设备，而乙企业恰好需要甲企业用于生产产品的专利技术，双方可能通过互相交换上述设备和专利技术达成交易，这就是一种非货币性资产交换行为。通过这种非货币性资产的

交换，企业一方面满足了各自生产经营的需要；另一方面也在一定程度上减少了货币性资产的流出。

一、非货币性资产交换的定义

非货币性资产交换是一种非经常性的特殊交易行为，是企业主要以固定资产、无形资产、投资性房地产和长期股权投资等非货币性资产进行的交换。该交换不涉及或只涉及少量的货币性资产（即补价）。

这里的非货币性资产是相对于货币性资产而言的。所谓货币性资产，是指企业持有的货币资金和收取固定或可确定的金额的货币资金的权利，包括库存现金、银行存款、应收账款和应收票据等；所谓非货币性资产，是指货币性资产以外的资产，该类资产在将来为企业带来的经济利益不固定或不可确定，包括存货（如原材料、包装物、低值易耗品、库存商品等）、固定资产、在建工程、生产性生物资产、无形资产、投资性房地产、长期股权投资等。

这里所说的非货币性资产交换，仅包括企业之间主要以非货币性资产形式进行的互惠转让，即企业取得一项非货币性资产，必须以付出自己拥有的非货币性资产作为代价。企业与所有者或所有者以外方面的非货币性资产非互惠转让（如以非货币性资产作为股利发放给股东，或以非货币性资产向职工发放福利，或政府无偿提供非货币性资产给企业等）或在企业合并、债务重组中取得的非货币性资产，或企业以发行股票形式取得的非货币性资产，或企业以存货换取客户的非货币性资产，或关联方之间发生的非货币性资产交换，或企业用于交换的资产目前尚不存在或尚不属于本企业等，均不属于本章所讲的非货币性资产交换的范围。

二、非货币性资产交换的认定

通常情况下，交易双方对于某项交易是否为非货币性资产交换的判断是一致的。需要注意的是，企业应从自身的角度，根据交易的实质判断相关交易是否属于本章所规定的非货币性资产交换。例如，投资方以一项固定资产出资取得对被投资方的权益性投资，对于投资方来说，换出资产为固定资产，换入资产为长期股权投资，属于非货币性资产交换；对于被投资方来说，则属于接受权益性投资，不属于非货币性资产交换。

从非货币性资产交换的概念可以看出，非货币性资产交换的交易对象主要是非货币性资产，交易中一般不涉及货币性资产，或只涉及少量货币性资产（即补价）。一般认为，如果补价占整个资产交换金额的比例低于25%，则认定所涉及的补价为"少量"，该交换为非货币性资产交换；如果该比例等于或高于25%，则不视为非货币性资产交换。例如，对于公允价值能够可靠确定的非货币性资产，非货币性资产交换的认定条件可以用下面的公式表示：

$$\frac{\text{支付的货币性资产}}{\text{换入资产公允价值（或换出资产公允价值} + \text{支付的货币性资产）}} < 25\%$$

或者：

$$\frac{收到的货币性资产}{换出资产公允价值（或换入资产公允价值＋收到的货币性资产）}<25\%$$

第二节 非货币性资产交换的确认和计量

一、非货币性资产交换的确认和计量原则

（一）非货币性资产交换的确认原则

非货币性资产交换中换入资产的确认原则和换出资产的终止确认原则：换入资产应当在其符合资产定义并满足资产确认条件时予以确认；换出资产应当在其满足资产终止确认条件时终止确认。

根据以上原则，企业将换入的资产视为购买取得资产，并按照相关会计准则的规定进行初始确认；将换出的资产视为销售或处置资产，并按照相关会计准则的规定进行终止确认。例如，某企业在非货币性资产交换中的换入资产和换出资产均为固定资产，换入的固定资产应当在与该固定资产有关的经济利益很可能流入企业，且成本能够可靠地计量时确认；换出的固定资产应当以换入企业取得该固定资产控制权时点作为处置时点终止确认。

（二）非货币性资产交换的计量原则

非货币性资产交换同时满足下列条件的，应当以公允价值为基础计量：

（1）该项交换具有商业实质；

（2）换入资产或换出资产的公允价值能够可靠地计量。

不满足上述条件的非货币性资产交换，应当以账面价值为基础计量。

以公允价值为基础计量的非货币性资产交换，企业应当以换出资产的公允价值为基础确定换入资产的成本，换出资产的公允价值与其账面价值之间的差额计入当期损益，但换出资产的公允价值不能可靠地计量或有确凿证据表明换入资产的公允价值更加可靠的，企业应当以换入资产的公允价值为基础确定换入资产的初始计量金额，换入资产的公允价值与换出资产账面价值之间的差额计入当期损益。

以账面价值为基础计量的非货币性资产交换，企业应当以换出资产的账面价值为基础确定换入资产的初始计量金额，换出资产终止确认时不确认损益。

企业在确定换入资产成本的计量基础和交换所产生损益的确认时，需要判断该项交换是否具有商业实质，以及换入资产或换出资产的公允价值能否可靠地计量。

二、非货币性资产交换具有商业实质的判断

认定某项非货币性资产交换具有商业实质，必须满足下列条件之一：

（1）换入资产的未来现金流量在风险、时间分布或金额方面与换出资产显著不同；

（2）使用换入资产所产生的预计未来现金流量现值与继续使用换出资产所产生的预计未来现金流量现值不同，且其差额与换入资产和换出资产的公允价值相比是重大的。

在判断资产交换是否具有商业实质时，企业应当重点考虑由于发生了该项资产交换预计使企业未来现金流量发生变动的程度。只有当换入资产的未来现金流量和换出资产的未来现金流量相比发生较大变化，或使用换入资产进行经营和继续使用换出资产进行经营所产生的预计未来现金流量现值之间的差额较大时，才表明该交易的发生使企业经济状况发生了明显改变，交换才因而具有商业实质。企业应当根据实质重于形式的原则，判断非货币性资产交换是否具有商业实质。

（一）判断条件

1. 换入资产的未来现金流量在风险、时间分布或金额方面与换出资产显著不同。

企业应当对比考虑换入资产与换出资产的未来现金流量在风险、时间分布或金额的三个方面，对非货币性资产交换是否具有商业实质进行综合判断。通常情况下，只要换入资产和换出资产的未来现金流量在风险、时间分布或金额中的某个方面存在显著不同，即表明满足商业实质的判断条件。

例如，企业以一项生产用的设备换入一批存货，设备作为固定资产要在较长的时间内为企业带来现金流量，而存货流动性强，能够在较短的时间内产生现金流量。两者产生现金流量的时间分布相差较大，即使假定两者产生未来现金流量的风险和总额均相同，也可以认为上述固定资产与存货的未来现金流量显著不同，因而交换具有商业实质。

又如，甲企业以其用于经营出租的一幢公寓楼，与乙企业同样用于经营出租的一幢公寓楼进行交换，两幢公寓楼的租期、每期租金总额均相同，但是甲企业的公寓楼是租给一家财务及信用状况良好的知名上市公司作为职工宿舍，乙企业的公寓楼则是租给多个个人租户。相比较而言，甲企业无法取得租金的风险较小，乙企业取得租金依赖于各个个人租户的财务和信用状况，两者现金流量流入的风险或不确定性程度存在明显差异，可以认为两幢公寓楼的未来现金流量显著不同，因而交换具有商业实质。

2. 使用换入资产所产生的预计未来现金流量现值与继续使用换出资产所产生的预计未来现金流量现值不同，且其差额与换入资产和换出资产的公允价值相比是重大的。

企业如果按照上述第1项判断条件难以判断非货币性资产交换是否具有商业实质，可以按照第2项判断条件，分别计算使用换入资产进行相关经营的预计未来现金流量现值和继续使用换出资产进行相关经营的预计未来现金流量现值，通过二者比较进行判断。企业在计算预计未来现金流量现值时，应当按照资产在企业自身持续使用过程和最终处置时预计产生的税后未来现金流量（使用企业自身的所得税税率），根据企业自身而不是市场参与者对资产特定风险的评价，选择恰当的折现率对预计未来现金流量折现后的金额加以确定，以体现资产对企业自身的特定价值。

从市场参与者的角度分析，换入资产和换出资产的未来现金流量在风险、时间分布和金额方面可能相同或相似。但是对于企业自身而言，鉴于换入资产的性质和换入企业经营活动的特征等因素，换入资产与换入企业其他现有资产相结合，能够比换出资产发挥更大的作用、使换入企业受该换入资产影响的经营活动部分产生的现金流量与换出资产明显不同，进而使用换入资产进行相关经营的预计未来现金流量现值与继续使用换出资产进行相关经营的预计未来现金流量现值存在重大差异，当其差额与换入资产和换出资产的公允价值相比是重大的，则表明交换具有商业实质。例如，甲企业以持有的某非上市公司 A 企业的 10% 股权换入乙企业拥有的一项专利权，假定从市场参与者的角度来看，该股权与该项专利权的公允价值相同，两项资产未来现金流量的风险、时间分布和金额也相似。通过第 1 项判断条件难以得出交易是否具有商业实质的结论。根据第 2 项判断条件，对换入专利权的甲企业来说，该项专利权能够解决其生产中的技术难题，使其未来的生产产量成倍增长，从而产生的预计未来现金流量现值与换出的股权投资有较大差异，且其差额与换入资产和换出资产的公允价值相比是重大的，因而认为该交换具有商业实质。对换入股权的乙企业来说，其取得甲公司换出的 A 企业 10% 股权后，对 A 企业的投资关系由重大影响变为控制，从而产生的预计未来现金流量现值与换出的专利权有较大差异，且其差额与换入资产和换出资产的公允价值相比也是重大的，因而可认为该交换具有商业实质。

（二）判断商业实质时对资产类别的考虑

企业在判断非货币性资产交换是否具有商业实质时，通常还可以通过考虑资产是否属于同一类别来进行分析。同类别的资产是指在资产负债表中列示为同一报表项目的资产；不同类别的资产是指在资产负债表中列示为不同报表项目的资产，例如存货、固定资产、无形资产、投资性房地产、长期股权投资等都是不同类别的非货币性资产。一般来说，不同类别的非货币性资产产生经济利益的方式不同，其产生的未来现金流量在风险、时间分布或金额方面也很可能不同，不同类别非货币性资产之间的交换（如固定资产和存货之间的交换、固定资产和长期股权投资之间的交换等）是否具有商业实质，通常较易判断；而同类别非货币性资产之间的交换（如固定资产之间、长期股权投资之间的交换等）是否具有商业实质，则通常较难判断，需要根据上述两项判断条件综合判断。

例如，企业将一项用于出租的投资性房地产，与另一企业的厂房进行交换，换入的厂房作为自用固定资产，属于不同类别的非货币性资产之间的交换。在该交换交易下，换出的投资性房地产的未来现金流量为每期的租金，换入的固定资产的未来现金流量为该厂房独立产生或包括该厂房的资产组协同产生的现金流量。通常情况下，由定期租金带来的现金流量与用于生产经营的固定资产产生的现金流量在风险、时间分布或金额方面显著不同，因而这两项资产的交换具有商业实质。

再如，企业将其拥有的一幢建筑物，与另一企业拥有的在同一地点的另一幢建筑物进行交换，两幢建筑物的建造时间、建造成本等均相同，属于同类别的非货币性资产之间的交换。在该交换交易下，两幢建筑物未来现金流量的风险、时间分布和金额可能相同，也可能不同。如果其中一幢建筑物可以立即出售，企业管理层也打算将其立即出售，而另一幢建筑物难以出售或只能在一段较长的时间内出售，则可以表明两项资产未来现金流量的风险、时间分布或金额显著不同，因而这两项资产的交换具有商业实质。

此外，需要说明的是，从事相同经营业务的企业之间相互交换其有类似性质和相等价值的商品，以便在不同地区销售，这种同类别的非货币性资产之间的交换不具有商业实质。实务中，这种交换通常发生在某些特定商品上，常见的例子如石油、汽油或牛奶等。

三、非货币性资产交换的会计处理

（一）以公允价值为基础计量的非货币性资产交换的会计处理

非货币性资产交换同时满足下列两个条件的，应当以换出资产的公允价值和应支付的相关税费作为换入资产的成本进行初始计量，换出资产公允价值与换出资产账面价值的差额计入当期损益：

（1）该项交换具有商业实质；

（2）换入资产或换出资产的公允价值能够可靠地计量。

换入资产和换出资产公允价值均能够可靠计量的，应当以换出资产公允价值作为确定换入资产成本的基础。一般来说，取得资产的成本应当按照所放弃资产的对价来确定。在非货币性资产交换中，换出资产的价值就是放弃的对价。如果其公允价值能够可靠确定，应当优先考虑按照换出资产的公允价值作为确定换入资产成本的基础；如果有确凿证据表明换入资产的公允价值更加可靠的，应当以换入资产公允价值为基础确定换入资产的成本。

对于非货币性资产交换中换入资产和换出资产的公允价值均能够可靠计量的情形，企业在判断是否有确凿证据表明换入资产的公允价值更加可靠时，应当考虑确定公允价值所使用的输入值层次，企业可以参考以下情况：第一层次输入值为公允价值提供了最可靠的证据，第二层次直接或间接可观察的输入值比第三层次不可观察输入值为公允价值提供更确凿的证据。对于换入资产和换出资产的公允价值所使用的输入值层次相同的，企业应当以换出资产的公允价值为基础计量。实务中，在考虑了补价因素的调整后，正常交易换入资产的公允价值和换出资产的公允价值通常是一致的。

1. 不涉及补价情况下的会计处理。

（1）对于换入资产，企业应当以换出资产的公允价值和应支付的相关税费作为换入资产的成本进行初始计量。换出资产的公允价值不能够可靠计量，或换入资产和换出资产的公允价值均能够可靠计量但有确凿证据表明换入资产的公允价值更加可靠的，应当以换入资产的公允价值和应支付的相关税费作为换入资产的初始计量金额。

其中，计入换入资产的应支付的相关税费应当符合相关会计准则对资产初始计量成本的规定。例如，换入资产为存货的，包括相关税费、使该资产达到目前场所和状态所发生的运输费、装卸费、保险费以及可归属于该资产的其他成本；换入资产为长期股权投资的，包括与取得该资产直接相关的费用、税金和其他必要支出；换入资产为投资性房地产的，包括相关税费和可直接归属于该资产的其他支出；换入资产为固定资产的，包括相关税费、使该资产达到预定可使用状态前所发生的可归属于该资产的运输费、装卸费、安装费和专业人员服务费等；换入资产为生产性生物资产的，包括相关税费、运输费、保险费以及可直接归属于该资产的其他支出；换入资产为无形资产的，包括相关税费以及直接归属于使该资产达到预定用途所发生的其他支出。上述税费均不包括准予从增值税销项税额中抵扣的进项税额。

（2）对于换出资产，企业应当在终止确认换出资产时，将换出资产的公允价值与其账面价值之间的差额计入当期损益。换出资产的公允价值不能够可靠计量，或换入资产和换出资产的公允价值均能够可靠计量，但有确凿证据表明换入资产的公允价值更加可靠的，应当在终止确认时，将换入资产的公允价值与换出资产账面价值之间的差额计入当期损益。

计入当期损益的会计处理，视换出资产的类别不同而有所区别：

①换出资产为固定资产、在建工程、生产性生物资产和无形资产的，应当视同资产处置处理，计入当期损益部分通过"资产处置损益"科目核算。

②换出资产为投资性房地产的，按换出资产公允价值或换入资产公允价值确认其他业务收入，按换出资产账面价值结转其他业务成本，二者之间的差额计入当期损益。

③换出资产为长期股权投资的，应当视同长期股权投资处置处理，计入当期损益部分通过"投资收益"科目核算。

【例15－1】2024年5月10日，甲公司以2020年购入的生产经营用设备交换乙公司生产的一批钢材，甲公司换入的钢材作为原材料用于生产，乙公司换入的设备继续用于生产钢材。甲公司设备的账面原价为1 500 000元，在交换日的累计折旧为525 000元，公允价值为1 404 000元，甲公司此前没有为该设备计提资产减值准备。此外，甲公司以银行存款支付清理费1 500

扫码看讲解

元。乙公司钢材的账面价值为1 200 000元，在交换日的市场价格为1 404 000元，计税价格等于市场价格，乙公司此前也没有为该批钢材计提存货跌价准备。

甲公司、乙公司均为增值税一般纳税人，适用的增值税税率为13%。假设甲公司和乙公司在整个交易过程中没有发生除增值税以外的其他税费，甲公司和乙公司均开具了增值税专用发票。

本例中，整个资产交换过程没有涉及收付货币性资产，因此，该项交换属于非货币性资产交换。甲公司以固定资产换入存货，换入的钢材是生产过程中的原材料，乙公司换入的设备是生产用设备，两项资产产生的现金流量在风险、时间分布或金额方面存在明显差异，两项资产的交换具有商业实质；同时，两项资产的公允价值都能够可靠地计量，符合以公允价值为基础计量的条件。假设无确凿证据表明换入资产的公允价值更加可靠，因此，甲公司应当以换出资产的公允价值为基础确定换入资产的成本，并确认产生的相关损益。

甲公司的账务处理如下：

借：固定资产清理 975 000
　　累计折旧 525 000
　　贷：固定资产——××设备 1 500 000
借：固定资产清理 1 500
　　贷：银行存款 1 500
借：固定资产清理 182 520
　　贷：应交税费——应交增值税（销项税额） 182 520
借：原材料——钢材 1 404 000
　　应交税费——应交增值税（进项税额） 182 520
　　贷：固定资产清理 1 586 520
借：固定资产清理 427 500
　　贷：资产处置损益——处置非流动资产利得 427 500

其中，资产处置损益的金额为换出设备的公允价值 1 404 000 元与其账面价值 975 000 元（1 500 000 – 525 000）并扣除清理费用 1 500 元后的余额，即 427 500 元。

乙公司的账务处理如下：

借：固定资产——××设备 1 404 000
　　应交税费——应交增值税（进项税额） 182 520
　　贷：主营业务收入——钢材 1 404 000
　　　　应交税费——应交增值税（销项税额） 182 520
借：主营业务成本——钢材 1 200 000
　　贷：库存商品——钢材 1 200 000

2. 涉及补价情况下的会计处理。

对于以公允价值为基础计量的非货币性资产交换，涉及补价的，支付补价方和收到补价方应当分别情况处理：

（1）支付补价方：应当以换出资产的公允价值加上支付补价的公允价值和应支付的相关税费作为换入资产的成本；换出资产的公允价值与换出资产账面价值的差额应当计入当期损益。其计算公式为：

换入资产成本 = 换出资产的公允价值 + 支付补价的公允价值 + 应支付的相关税费

计入当期损益的金额 = 换出资产的公允价值 – 换出资产的账面价值

有确凿证据表明换入资产的公允价值更加可靠，即以换入资产的公允价值为基础计量的，应当以换入资产的公允价值和应支付的相关税费作为换入资产的初始计量金额，换入资产的公允价值减去支付补价的公允价值，与换出资产账面价值之间的差额计入当期损益。其计算公式为：

换入资产成本＝换入资产的公允价值＋应支付的相关税费

计入当期损益的金额＝（换入资产的公允价值－支付补价的公允价值）－换出资产账面价值

（2）收到补价方：应当以换出资产的公允价值，减去收到补价的公允价值，加上应支付的相关税费，作为换入资产的成本；换出资产的公允价值与换出资产账面价值的差额应当计入当期损益。其计算公式为：

换入资产成本＝换出资产公允价值－收取补价的公允价值＋应支付的相关税费

计入当期损益的金额＝换出资产的公允价值－换出资产的账面价值

有确凿证据表明换入资产的公允价值更加可靠，即以换入资产的公允价值为基础计量的，应当以换入资产的公允价值和应支付的相关税费作为换入资产的初始计量金额，换入资产的公允价值加上收到补价的公允价值，与换出资产账面价值之间的差额计入当期损益。其计算公式为：

换入资产成本＝换入资产的公允价值＋应支付的相关税费

计入当期损益的金额＝（换入资产的公允价值＋收到补价的公允价值）－换出资产账面价值

【例 15－2】 2024 年 9 月 2 日，甲公司经协商以其拥有的一幢自用写字楼与乙公司持有的对联营企业丙公司长期股权投资交换。在交换日，该幢写字楼的账面原价为 6 000 000 元，已提折旧 1 200 000 元，未计提减值准备，在交换日的不含税公允价值为 6 200 000 元；乙公司持有的对丙公司长期股权投资账面价值为 4 500 000 元（其中投资成本 4 000 000 元，损益调整 500 000 元），未计提减值准备，在交换日的公允价值为 6 000 000 元，乙公司支付补价 200 000 元给甲公司。乙公司换入写字楼后用于经营出租目的，并拟采用成本计量模式。甲公司换入对丙公司投资仍然作为长期股权投资，并采用权益法核算。假定整个交易过程中不涉及相关税费。

本例中，该项资产交换涉及收付货币性资产，即甲公司由于换出和换入资产公允价值不同而收到补价 200 000 元。对甲公司而言，收到的补价 200 000 元÷换出资产的公允价值 6 200 000 元（或换入长期股权投资公允价值 6 000 000 元＋收到的补价 200 000 元）＝3.23%＜25%，属于非货币性资产交换。

对乙公司而言，支付的补价 200 000 元÷换入资产的公允价值 6 200 000 元（或换出长期股权投资公允价值 6 000 000 元＋支付的补价 200 000 元）＝3.23%＜25%，属于非货币性资产交换。

本例属于以固定资产交换长期股权投资。由于两项资产的交换具有商业实质，且长期股权投资和固定资产的公允价值均能够可靠地计量，因此，甲公司、乙公司均应当以公允价值为基础确定换入资产的成本，并确认产生的损益。

甲公司的账务处理如下：

借：固定资产清理　　　　　　　　　　　　　　　　4 800 000

　　累计折旧　　　　　　　　　　　　　　　　　　1 200 000

　　　贷：固定资产——办公楼　　　　　　　　　　　　　　6 000 000

借：长期股权投资——丙公司——投资成本　　　　　6 000 000*

　　银行存款　　　　　　　　　　　　　　　　　　　200 000

　　　贷：固定资产清理　　　　　　　　　　　　　　　　　6 200 000

借：固定资产清理　　　　　　　　　　　　　　　　1 400 000

　　　贷：资产处置损益——处置非流动资产利得　　　　　　1 400 000

注：*此处的账务处理只反映长期股权投资的初始计量，不考虑权益法核算调整。
（下同）

乙公司的账务处理如下：

借：投资性房地产　　　　　　　　　　　　　　　　6 200 000

　　　贷：长期股权投资——丙公司——投资成本　　　　　　4 000 000

　　　　　　　　　　　　　　　——损益调整　　　　　　　　500 000

　　　　银行存款　　　　　　　　　　　　　　　　　　　　200 000

　　　　投资收益　　　　　　　　　　　　　　　　　　　1 500 000

3. 涉及换入多项资产或换出多项资产情况下的会计处理。

非货币性资产交换中，企业可以以一项非货币性资产同时换入另一企业的多项非货币性资产，或同时以多项非货币性资产换入另一企业的一项非货币性资产，或以多项非货币性资产同时换入另一企业的多项非货币性资产，这些交换也可能涉及补价。对于涉及换入或换出多项资产的非货币性资产交换的计量，企业同样应当首先判断是否符合以公允价值为基础计量的两个条件，再分别情况确定各项换入资产的初始计量金额，以及各项换出资产终止确认的相关损益。

（1）以换出资产的公允价值为基础计量的。

①对于同时换入的多项资产，由于通常无法将换入资产与换出的某项特定资产相对应，应当按照各项换入资产的公允价值的相对比例（换入资产的公允价值不能够可靠计量的，可以按照各项换入资产的原账面价值的相对比例或其他合理的比例），将换出资产公允价值总额（涉及补价的，加上支付补价的公允价值或减去收到补价的公允价值）分摊至各项换入资产，以分摊额和应支付的相关税费作为各项换入资产的成本进行初始计量。需要说明的是，如果同时换入的多项非货币性资产中包含由《企业会计准则第22号——金融工具确认和计量》规范的金融资产，应当按照《企业会计准则第22号——金融工具确认和计量》的规定进行会计处理，在确定换入的其他多项资产的初始计量金额时，应当将金融资产公允价值从换出资产公允价值总额中扣除。

②对于同时换出的多项资产，应当将各项换出资产的公允价值与其账面价值之间的

差额,在各项换出资产终止确认时计入当期损益。

(2)以换入资产的公允价值为基础计量的。

①对于同时换入的多项资产,应当以各项换入资产的公允价值和应支付的相关税费作为各项换入资产的初始计量金额。

②对于同时换出的多项资产,由于通常无法将换入资产与换出的某项特定资产相对应,应当按照各项换出资产的公允价值的相对比例(换出资产的公允价值不能够可靠计量的,可以按照各项换出资产的账面价值的相对比例),将换入资产的公允价值总额(涉及补价的,减去支付补价的公允价值或加上收到补价的公允价值)分摊至各项换出资产,分摊额与各项换出资产账面价值之间的差额,在各项换出资产终止确认时计入当期损益。需要说明的是,如果同时换出的多项非货币性资产中包含由《企业会计准则第22号——金融工具确认和计量》规范的金融资产,该金融资产应当按照《企业会计准则第22号——金融工具确认和计量》和《企业会计准则第23号——金融资产转移》的规定判断换出的金融资产是否满足终止确认条件并进行终止确认的会计处理,在确定其他各项换出资产终止确认的相关损益时,应当将终止确认的金融资产公允价值从换入资产公允价值总额中扣除。

【例15-3】为适应业务发展的需要,甲公司经与乙公司协商,决定以生产经营过程中使用的机器设备和一项投资性房地产换入乙公司生产经营过程中使用的10辆货运车、5台专用设备和15辆客运汽车。

甲公司机器设备的账面原价为4 050 000元,在交换日的累计折旧为1 350 000元,不含税公允价值为2 800 000元;甲公司采用成本模式对投资性房地产进行会计处理,该项投资性房地产的账面原价为6 000 000元,在交换日的累计折旧为1 500 000元,不含税公允价值为5 250 000元。

乙公司货运车的账面原价为2 250 000元,在交换日的累计折旧为750 000元,不含税公允价值为2 250 000元;专用设备的账面原价为3 000 000元,在交换日的累计折旧为1 350 000元,不含税公允价值为2 500 000元;客运汽车的账面原价为4 500 000元,在交换日的累计折旧为1 200 000元,不含税公允价值为3 600 000元。

乙公司另外收取甲公司以银行存款支付的549 000元,其中包括由于换出和换入资产公允价值不同而支付的补价300 000元(8 350 000 - 8 050 000),以及换出资产销项税额与换入资产进项税额的差额249 000元。

假定甲公司和乙公司都没有为换出资产计提减值准备;甲公司换入乙公司的货运车、专用设备、客运汽车均作为固定资产使用和管理;乙公司换入甲公司的机器设备和投资性房地产作为固定资产使用和管理。甲公司和乙公司均为增值税一般纳税人,房地产适用的增值税税率为9%,其他资产适用的增值税税率为13%,甲公司、乙公司均开具了增值税专用发票。

　　本例中，交换涉及收付货币性资产，应当计算甲公司支付的货币性资产占甲公司换出资产公允价值与支付的货币性资产之和的比例，即 300 000÷（2 800 000＋5 250 000＋300 000）＝3.59%＜25%。可以认定这一涉及多项资产的交换行为属于非货币性资产交换。对于甲公司而言，为了拓展运输业务，需要客运汽车、专用设备、货运汽车等，乙公司为了满足生产，需要机器设备、厂房等，换入资产对换入企业均能发挥更大的作用，因此，该项涉及多项资产的非货币性资产交换具有商业实质；同时，各单项换入资产和换出资产的公允价值均能可靠计量，符合以公允价值为基础计量的条件。假设均没有确凿证据表明换入资产的公允价值更加可靠，甲公司、乙公司均以换出资产的公允价值为基础确定各项换入资产的成本，并确认各项换出资产产生的损益。

　　甲公司的账务处理如下：

　　（1）换出设备的增值税销项税额＝2 800 000×13%＝364 000（元）

　　换出投资性房地产的增值税销项税额＝5 250 000×9%＝472 500（元）

　　换入货运车、专用设备和客运汽车的增值税进项税额＝（2 250 000＋2 500 000＋3 600 000）×13%＝1 085 500（元）

　　（2）计算换入资产、换出资产公允价值总额。

　　换出资产公允价值总额＝2 800 000＋5 250 000＝8 050 000（元）

　　换入资产公允价值总额＝2 250 000＋2 500 000＋3 600 000＝8 350 000（元）

　　（3）计算换入资产总成本。

　　换入资产总成本＝换出资产公允价值＋支付补价的公允价值＋应支付的相关税费＝8 050 000＋300 000＋0＝8 350 000（元）

　　（4）计算确定换入各项资产的成本。

　　货运车的成本＝8 350 000×（2 250 000÷8 350 000×100%）＝2 250 000（元）

　　专用设备的成本＝8 350 000×（2 500 000÷8 350 000×100%）＝2 500 000（元）

　　客运汽车的成本＝8 350 000×（3 600 000÷8 350 000×100%）＝3 600 000（元）

　　（5）会计分录。

借：固定资产清理	2 700 000	
累计折旧	1 350 000	
贷：固定资产——机器设备		4 050 000
借：固定资产——货运车	2 250 000	
——专用设备	2 500 000	
——客运汽车	3 600 000	
应交税费——应交增值税（进项税额）	1 085 500	
贷：固定资产清理		2 700 000
其他业务收入		5 250 000
应交税费——应交增值税（销项税额）		836 500

银行存款	549 000
资产处置损益——处置非流动资产利得	100 000
借：其他业务成本	4 500 000
投资性房地产累计折旧	1 500 000
贷：投资性房地产	6 000 000

乙公司的账务处理如下：

（1）换入设备的增值税进项税额 = 2 800 000 × 13% = 364 000（元）

换入厂房的增值税进项税额 = 5 250 000 × 9% = 472 500（元）

换出货运车、专用设备和客运汽车的增值税销项税额 =（2 250 000 + 2 500 000 + 3 600 000）× 13% = 1 085 500（元）

（2）计算换入资产、换出资产公允价值总额。

换出资产公允价值总额 = 2 250 000 + 2 500 000 + 3 600 000 = 8 350 000（元）

换入资产公允价值总额 = 2 800 000 + 5 250 000 = 8 050 000（元）

（3）确定换入资产总成本。

换入资产总成本 = 换出资产公允价值 − 收取的补价 + 应支付的相关税费 = 8 350 000 − 300 000 + 0 = 8 050 000（元）

（4）计算确定换入各项资产的成本。

机器设备的成本 = 8 050 000 ×（2 800 000 ÷ 8 050 000 × 100%）= 2 800 000（元）

厂房的成本 = 8 050 000 ×（5 250 000 ÷ 8 050 000 × 100%）= 5 250 000（元）

（5）会计分录。

借：固定资产清理	6 450 000
累计折旧	3 300 000
贷：固定资产——货运车	2 250 000
——专用设备	3 000 000
——客运汽车	4 500 000
借：固定资产清理	1 085 500
贷：应交税费——应交增值税（销项税额）	1 085 500
借：固定资产——机器设备	2 800 000
——厂房	5 250 000
应交税费——应交增值税（进项税额）	836 500
银行存款	549 000
贷：固定资产清理	9 435 500
借：固定资产清理	1 900 000
贷：资产处置损益——处置非流动资产利得	1 900 000

（二）以账面价值为基础计量的非货币性资产交换的会计处理

非货币性资产交换不具有商业实质，或者虽然具有商业实质但换入资产和换出资产的公允价值均不能可靠计量的，企业应当以换出资产的账面价值和应支付的相关税费作为换入资产的初始计量金额；无论是否支付补价，在终止确认换出资产时均不确认损益。

1. 不涉及补价情况下的会计处理。

对于换入资产，企业应当以换出资产的账面价值和应支付的相关税费作为换入资产的初始计量金额。

对于换出资产，企业在终止确认时不确认损益。

【例 15 - 4】2024 年 6 月 3 日，甲公司以其持有的对联营企业丙公司的长期股权投资交换乙公司拥有的商标权。在交换日，甲公司持有的长期股权投资账面余额为 5 000 000 元（其中投资成本 4 500 000 元，损益调整 500 000 元），已计提长期股权投资减值准备余额为 1 400 000 元，该长期股权投资在市场上没有公开报价，公允价值也不能可靠计量；乙公司商标权的账面原价为 4 200 000 元，累计已摊销金额为 600 000 元，其公允价值也不能可靠计量，乙公司未对该项商标权计提减值准备。乙公司将换入的对丙公司的投资仍作为长期股权投资，并采用权益法核算。假定整个交易过程中没有发生相关税费。

本例中，该项资产交换没有涉及收付货币性资产，因此属于非货币性资产交换。本例属于以长期股权投资交换无形资产。由于换出资产和换入资产的公允价值都无法可靠计量，因此，甲公司、乙公司换入资产的成本均应当按照换出资产的账面价值确定，不确认损益。

甲公司的账务处理如下：

借：无形资产——商标权 3 600 000
　　长期股权投资减值准备——丙公司股权投资 1 400 000
　　贷：长期股权投资——丙公司——投资成本 4 500 000
　　　　　　　　　　　　　　——损益调整 500 000

乙公司的账务处理如下：

借：长期股权投资——丙公司——投资成本 3 600 000
　　累计摊销 600 000
　　贷：无形资产——商标权 4 200 000

2. 涉及补价情况下的会计处理。

涉及补价的，支付补价方和收到补价方应当分别情况处理：

（1）支付补价方：应当以换出资产的账面价值，加上支付补价的账面价值和应支付的相关税费，作为换入资产的初始计量金额，不确认损益。其计算公式为：

换入资产成本＝换出资产的账面价值＋支付补价的账面价值＋应支付的相关税费

（2）收到补价方：应当以换出资产的账面价值，减去收到补价的公允价值，加上应支付的相关税费，作为换入资产的初始计量金额，不确认损益。其计算公式为：

换入资产成本 = 换出资产账面价值 − 收到补价的公允价值 + 应支付的相关税费

【例15-5】2024年1月16日，甲公司拥有一个距离生产基地较远的仓库，该仓库账面原价3 500 000元，已计提折旧2 350 000元；乙公司拥有一项非专利技术，账面原价1 200 000元，累计摊销额为150 000元。两项资产均未计提减值准备。由于仓库离市区较远，公允价值不能可靠计量；乙公司拥有的非专利技术在活跃市场中没有报价，其公允价值也不能可靠计量。双方商定，乙公司以两项资产账面价值的差额为基础，支付甲公司100 000元补价，以非专利技术换取甲公司拥有的仓库。假定整个交易中没有发生相关税费。

本例中，该项资产交换涉及收付货币性资产，即补价100 000元。对甲公司而言，收到的补价100 000元÷换出资产账面价值1 150 000元=8.7%＜25%，因此，该项交换属于非货币性资产交换，乙公司的情况也类似。由于两项资产的公允价值不能可靠计量，因此，甲公司、乙公司换入资产的成本均应当以换出资产的账面价值为基础确定，不确认损益。

甲公司的账务处理如下：

借：固定资产清理 1 150 000
　　累计折旧 2 350 000
　　贷：固定资产——仓库 3 500 000
借：无形资产——非专利技术 1 050 000
　　银行存款 100 000
　　贷：固定资产清理 1 150 000

乙公司的账务处理如下：

借：固定资产——仓库 1 150 000
　　累计摊销——非专利技术 150 000
　　贷：无形资产——非专利技术 1 200 000
　　　　银行存款 100 000

3. 涉及换入多项资产或换出多项资产情况下的会计处理。

（1）对于同时换入的多项资产，由于通常无法将换出资产与换入的某项特定资产相对应，应当按照各项换入资产的公允价值的相对比例（换入资产的公允价值不能够可靠计量的，可以按照各项换入资产的原账面价值的相对比例或其他合理的比例），将换出资产账面价值总额（涉及补价的，加上支付补价的账面价值或减去收到补价的公允价值）分摊至各项换入资产，加上应支付的相关税费，作为各项换入资产的初始计量金额。

（2）对于同时换出的多项资产，各项换出资产终止确认时均不确认当期损益。

【例15-6】2024年3月1日，甲公司因经营战略发生较大转变，产品结构发生较大调整，原生产厂房、专利技术等已不符合生产新产品的需要，经与乙公司协商，甲公司将其生产厂房连同专利技术与乙公司正在建造过程中的一幢建筑物、乙公司对联营企业丙公司的长期股权投资进行交换。甲公司、乙公司对丙公司的长期股权投资均采用权益法核算。

甲公司换出生产厂房的账面原价为2 000 000元，已提折旧1 250 000元；专利技术账面原价为750 000元，累计摊销额为375 000元。

乙公司在建工程截止到交换日的成本为875 000元，对丙公司的长期股权投资成本为250 000元。

甲公司的厂房公允价值难以取得，专利技术在市场上并不多见，公允价值也不能可靠计量。乙公司的在建工程因完工程度难以合理确定，其公允价值不能可靠计量，由于丙公司不是上市公司，乙公司对丙公司长期股权投资的公允价值也不能可靠计量。假定甲公司、乙公司均未对上述资产计提减值准备，且整个交易中没有发生相关税费。

本例中，交换不涉及收付货币性资产，属于非货币性资产交换。由于换入资产、换出资产的公允价值均不能可靠计量，甲公司、乙公司均按照各项换入资产的账面价值的相对比例，将换出资产的账面价值总额分摊至各项换入资产，作为各项换入资产的初始计量金额。对于同时换出的多项资产，终止确认时按照账面价值转销，不确认损益。

甲公司的账务处理如下：

（1）计算换入资产、换出资产账面价值总额。

换入资产账面价值总额 = 875 000 + 250 000 = 1 125 000（元）

换出资产账面价值总额 = (2 000 000 − 1 250 000) + (750 000 − 375 000) = 1 125 000（元）

（2）确定换入资产总成本。

换入资产总成本 = 1 125 000 + 0 = 1 125 000（元）

（3）确定各项换入资产成本。

在建工程成本 = 1 125 000 × (875 000 ÷ 1 125 000 × 100%) = 875 000（元）

长期股权投资成本 = 1 125 000 × (250 000 ÷ 1 125 000 × 100%) = 250 000（元）

（4）会计分录。

借：固定资产清理		750 000
累计折旧		1 250 000
贷：固定资产——厂房		2 000 000
借：在建工程——××工程		875 000
长期股权投资——丙公司——投资成本		250 000
累计摊销		375 000
贷：固定资产清理		750 000
无形资产——专利权		750 000

乙公司的账务处理如下：

（1）计算换入资产、换出资产的账面价值总额。

换入资产账面价值总额 = （2 000 000 - 1 250 000）+（750 000 - 375 000）= 1 125 000（元）

换出资产账面价值总额 = 875 000 + 250 000 = 1 125 000（元）

（2）确定换入资产总成本。

换入资产总成本 = 1 125 000 + 0 = 1 125 000（元）

（3）确定各项换入资产成本。

厂房成本 = 1 125 000 ×（750 000 ÷ 1 125 000 × 100%）= 750 000（元）

专利技术成本 = 1 125 000 ×（375 000 ÷ 1 125 000 × 100%）= 375 000（元）

（4）会计分录。

借：固定资产清理   875 000

  贷：在建工程——××工程   875 000

借：固定资产——厂房   750 000

  无形资产——专利权   375 000

  贷：固定资产清理   875 000

    长期股权投资——丙公司——投资成本 250 000

本章思考题

1. 如何判定非货币性资产交换是否具有商业实质？

2. 以公允价值为基础计量的非货币性资产交换，换出资产的公允价值不能够可靠计量，或换入资产和换出资产的公允价值均能够可靠计量但有确凿证据表明换入资产的公允价值更加可靠的，企业应当如何确定换入资产的成本？

3. 在非货币性资产交换中，企业如何确定换出资产终止确认时的损益？

第十六章 债务重组

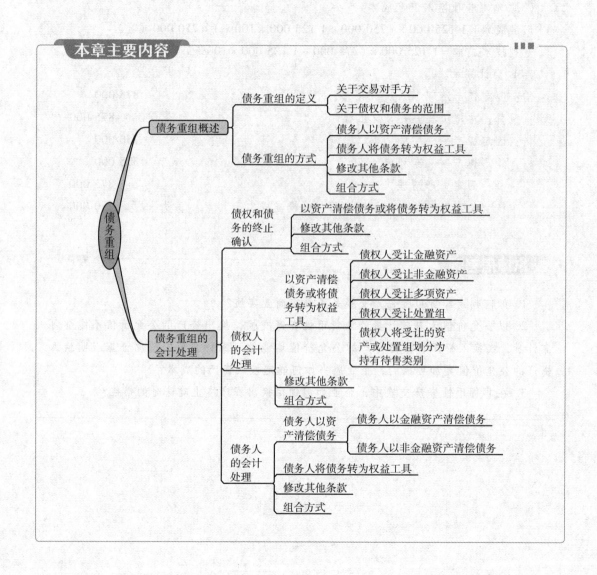

第一节　债务重组概述

一、债务重组的定义

债务重组涉及债权人和债务人，对债权人而言为"债权重组"，对债务人而言为"债务重组"，为便于表述统称为"债务重组"。债务重组，是指在不改变交易对手方的情况下，经债权人和债务人协定或法院裁定，就清偿债务的时间、金额或方式等重新达成协议的交易。经法院裁定进行债务重整并按持续经营进行会计核算的，按照本章要求进行会计处理。债务人在破产清算期间进行的债务重组，应当按照企业破产清算有关会计处理规定处理。

（一）关于交易对手方

债务重组是在不改变交易对手方的情况下进行的交易。实务中经常出现第三方参与相关交易的情形，例如，某公司以不同于原合同条款的方式代债务人向债权人偿债；又如，新组建的公司承接原债务人的债务，与债权人进行债务重组；再如，资产管理公司从债权人处购得债权，再与债务人进行债务重组。在上述情形下，企业应当首先考虑债权和债务是否发生终止确认，再就债务重组交易按照本章要求进行会计处理。

债务重组不强调在债务人发生财务困难的背景下进行，也不论债权人是否作出让步。也就是说，无论何种原因导致债务人未按原定条件偿还债务，也无论双方是否同意债务人以低于债务的金额偿还债务，只要债权人和债务人就债务条款重新达成了协议，就符合债务重组的定义。例如，债权人在减免债务人部分债务本金的同时提高剩余债务的利息，或者债权人同意债务人用等值库存商品抵偿到期债务等，均属于债务重组。

（二）关于债权和债务的范围

债务重组涉及的债权和债务，是符合金融资产和金融负债定义的债权和债务，针对合同资产、合同负债、预计负债等进行的交易安排，不属于债务重组，导致租赁应收款和租赁应付款终止确认的交易安排，属于债务重组。债务人以股权投资清偿债务或者将债务转为权益工具，可能对应导致债权人取得被投资单位或债务人控制权，在债权人的个别财务报表层面和合并财务报表层面，债权人取得长期股权投资或者资产和负债的确认和计量，应当按照本书第二十一章要求进行会计处理。

债务重组构成权益性交易的，债权人和债务人不确认债务重组相关损益。债务重组构成权益性交易的情形包括：

（1）债权人直接或间接对债务人持股，或者债务人直接或间接对债权人持股，且持股方以股东身份进行债务重组；

（2）债权人与债务人在债务重组前后均受同一方或相同的多方最终控制，且该债务重组的交易实质是债权人或债务人进行了权益性分配或接受了权益性投入。

例如，甲公司是乙公司股东，为了弥补乙公司临时性经营现金流短缺，甲公司向乙公司提供 1 000 万元无息借款，并约定于 6 个月后收回。借款期满时，尽管乙公司具有充足的现金流，甲公司仍然决定免除乙公司部分本金还款义务，仅收回 200 万元借款。在此项交易中，如果甲公司不以股东身份而是以市场交易者身份参与交易，在乙公司具有足够偿债能力的情况下不会免除其部分本金。因此，甲公司和乙公司应当将该交易作为权益性交易，不确认债务重组相关损益。

债务重组中不属于权益性交易的部分仍然确认债务重组相关损益。例如，假设前例中债务人乙公司确实出现财务困难，其他债权人对其债务普遍进行了减半的豁免，那么甲公司作为股东比其他债务人多豁免 300 万元债务的交易应当作为权益性交易，正常豁免 500 万元债务的交易确认债务重组相关损益。

企业在判断债务重组是否构成权益性交易时，应当遵循实质重于形式原则。例如，假设债权人对债务人的权益性投资通过其他人代持，债权人不具有股东身份，但实质上以股东身份进行债务重组，债权人和债务人应当认为该债务重组构成权益性交易。

二、债务重组的方式

债务重组的方式主要包括：债务人以资产清偿债务、将债务转为权益工具、修改其他条款，以及前述一种以上方式的组合。这些债务重组方式都是通过债权人和债务人重新协定或者法院裁定达成的，与原来约定的偿债方式不同。

（一）债务人以资产清偿债务

债务人以资产清偿债务，是债务人转让其资产给债权人以清偿债务的债务重组方式。债务人用于偿债的资产通常是已经在资产负债表中确认的资产，例如，库存现金、应收账款、长期股权投资、投资性房地产、固定资产、在建工程、生物资产、无形资产等。债务人以日常活动产出的商品或服务清偿债务的，用于偿债的资产可能体现为存货等资产。

在受让上述资产后，按照相关会计准则要求及本企业会计核算要求，债权人核算相关受让资产的类别可能与债务人不同。例如，债务人以作为固定资产核算的房产清偿债务，债权人可能将受让的房产作为投资性房地产核算；债务人以部分长期股权投资清偿债务，债权人可能将受让的投资作为金融资产核算；债务人以存货清偿债务，债权人可能将受让的资产作为固定资产核算等。

除上述已经在资产负债表中确认的资产外，债务人也可能以不符合确认条件而未予确认的资产清偿债务。例如，债务人以未确认的内部产生品牌清偿债务，债权人在获得的商标权符合无形资产确认条件的前提下作为无形资产核算。在少数情况下，债务人还可能以处置组（即一组资产和与这些资产直接相关的负债）清偿债务。

（二）债务人将债务转为权益工具

债务人将债务转为权益工具，这里的权益工具，是指能证明拥有某个企业在扣除所有负债后的资产中的剩余权益的合同，会计处理上体现为股本、实收资本、资本公积等科目。

实务中，有些债务重组名义上采用"债转股"的方式，但同时附加相关条款，如约定债务人在未来某个时点有义务以某一金额回购股权，或债权人持有的股份享有强制分红权等。对于债务人，这些"股权"可能并不是权益工具，从而不属于债务人将债务转为权益工具的债务重组方式。债权人和债务人还可能协议以一项同时包含金融负债成分和权益工具成分的复合金融工具替换原债权债务，这类交易也不属于债务人将债务转为权益工具的债务重组方式。

（三）修改其他条款

修改债权和债务的其他条款，是债务人不以资产清偿债务，也不将债务转为权益工具，而是改变债权和债务的其他条款的债务重组方式，如调整债务本金、改变债务利息、变更还款期限等。经修改其他条款的债权和债务分别形成重组债权和重组债务。

（四）组合方式

组合方式，是采用债务人以资产清偿债务、债务人将债务转为权益工具、修改其他条款三种方式中一种以上方式的组合清偿债务的债务重组方式。例如，债权人和债务人约定，由债务人以机器设备清偿部分债务，将另一部分债务转为权益工具，调减剩余债务的本金，但利率和还款期限不变；再如，债务人以现金清偿部分债务，同时将剩余债务展期等。

第二节 债务重组的会计处理

一、债权和债务的终止确认

由于债权人与债务人之间进行的债务重组涉及债权和债务的认定，以及清偿方式和期限等的协商，通常需要经历较长时间，例如破产重整中进行的债务重组。只有在符合金融资产和金融负债终止确认条件时才能终止确认相关债权和债务，并确认债务重组的相关损益，即债权人在收取债权现金流量的合同权利终止时终止确认债权，债务人在债务的现时义务解除时终止确认债务。对于在报告期间已经开始协商，但在报告期资产负债表日后的债务重组，不属于资产负债表日后调整事项。

对于终止确认的债权，债权人应当结转已计提的减值准备中对应该债权终止确认部分的金额。对于终止确认的分类为以公允价值计量且其变动计入其他综合收益的债权，之前计入其他综合收益的累计利得或损失应当从其他综合收益中转出，记入"投资收益"科目。

（一）以资产清偿债务或将债务转为权益工具

对于以资产清偿债务或者将债务转为权益工具方式进行的债务重组，由于债权人在拥有或控制相关资产时，通常其收取债权现金流量的合同权利也同时终止，债权人一般可以终止确认该债权。同样地，由于债务人通过交付资产或权益工具解除了其清偿债务的现时义务，债务人一般可以终止确认该债务。

（二）修改其他条款

对于债权人，债务重组通过调整债务本金、改变债务利息、变更还款期限等修改合同条款方式进行的，通常情况下，应当整体考虑是否对全部债权的合同条款作出了实质性修改。如果作出实质性修改，或者债权人与债务人之间签订协议，以获取实质上不同的新金融资产方式替换债权，应当终止确认原债权，并按照修改后的条款或新协议确认新金融资产。

对于债务人，如果对债务或部分债务的合同条款作出"实质性修改"形成重组债务，或者债权人与债务人之间签订协议，以承担"实质上不同"的重组债务方式替换债务，债务人应当终止确认原债务，同时按照修改后的条款确认一项新金融负债。其中，如果重组债务未来现金流量（包括支付和收取的某些费用）现值与原债务的剩余期间现金流量现值之间的差异超过10%，则意味着新的合同条款进行了"实质性修改"或者重组债务是"实质上不同"的，有关现值的计算均采用原债务的实际利率。

（三）组合方式

对于债权人，通常情况下应当整体考虑是否终止确认全部债权。由于组合方式涉及多种债务重组方式，一般可以认为对全部债权的合同条款作出了实质性修改，从而终止确认全部债权，并按照修改后的条款确认新金融资产。

对于债务人，组合中以资产清偿债务或者将债务转为权益工具方式进行的债务重组，如果债务人清偿该部分债务的现时义务已经解除，应当终止确认该部分债务。组合中以修改其他条款方式进行的债务重组，需要根据具体情况，判断对应的部分债务是否满足终止确认条件。

二、债权人的会计处理

（一）以资产清偿债务或将债务转为权益工具

债务重组采用以资产清偿债务或者将债务转为权益工具方式进行的，债权人应当在受让的相关资产符合其定义和确认条件时予以确认。

1. 债权人受让金融资产。

债权人受让包括现金在内的单项或多项金融资产的，金融资产初始确认时应当以其公允价值计量，借记"库存现金""银行存款""交易性金融资产""债权投资""其他债权投资""其他权益工具投资"等科目，转销债权账面价值，借记"坏账准备"等科目，贷记"应收账款"等科目，金融资产确认金额与债权终止确认日账面价值之间的差额，借记或贷记"投资收益"科目。

2. 债权人受让非金融资产。

债权人初始确认受让的金融资产以外的资产时，应当按照下列原则以成本计量：(1) 存货的成本，包括放弃债权的公允价值，以及使该资产达到当前位置和状态所发生的可直接归属于该资产的税金、运输费、装卸费、保险费等其他成本。(2) 对联营企业或合营企业投资的成本，包括放弃债权的公允价值，以及可直接归属于该资产的税金等其他成本。(3) 投资性房地产的成本，包括放弃债权的公允价值，以及可直接归属于该资产的税金等其他成本。(4) 固定资产的成本，包括放弃债权的公允价值，以及使该资产达到预定可使用状态前所发生的可直接归属于该资产的税金、运输费、装卸费、安装费、专业人员服务费等其他成本。确定固定资产成本时，应当考虑预计弃置费用因素。(5) 生物资产的成本，包括放弃债权的公允价值，以及可直接归属于该资产的税金、运输费、保险费等其他成本。(6) 无形资产的成本，包括放弃债权的公允价值，以及可直接归属于使该资产达到预定用途所发生的税金等其他成本。借记"原材料""长期股权投资""投资性房地产""固定资产""生物资产""无形资产"等科目，转销债权账面价值，借记"坏账准备"等科目，贷记"应收账款"等科目，放弃债权的公允价值与账面价值之间的差额，借记或贷记"投资收益"科目。

3. 债权人受让多项资产。

债权人受让多项非金融资产，或者包括金融资产、非金融资产在内的多项资产的，金融资产按照当日公允价值计量，借记"库存现金""银行存款""交易性金融资产""债权投资""其他债权投资""其他权益工具投资"等科目，按照受让的金融资产以外的各项资产在债务重组合同生效日的公允价值比例，对放弃债权在合同生效日的公允价值扣除受让金融资产当日公允价值后的净额进行分配，并以此为基础分别确定各项资产的成本。借记"原材料""长期股权投资""投资性房地产""固定资产""生物资产""无形资产"等科目，转销债权账面价值，借记"坏账准备"等科目，贷记"应收账款"等科目，放弃债权的公允价值与账面价值之间的差额，借记或贷记"投资收益"科目。

4. 债权人受让处置组。

债务人以处置组清偿债务的，债权人应当先对处置组中的金融资产和负债进行初始计量，借记"库存现金""银行存款""交易性金融资产""债权投资""其他债权投资""其他权益工具投资"等科目，贷记有关负债科目，然后按照金融资产以外的各项资产在债务重组合同生效日的公允价值比例，对放弃债权在合同生效日的公允价值以及承担的处置组中负债的确认金额之和，扣除受让金融资产当日公允价值后的净额进行分配，并以此为基础分别确定各项资产的成本。借记"原材料""长期股权投资""投资性房地产""固定资产""生物资产""无形资产"等科目，转销债权账面价值，借记"坏账准备"等科目，贷记"应收账款"等科目，放弃债权的公允价值与账面价值之间的差额，借记或贷记"投资收益"科目。

5. 债权人将受让的资产或处置组划分为持有待售类别。

债务人以资产或处置组清偿债务，且债权人在取得日未将受让的相关资产或处置组作为非流动资产和非流动负债核算，而是将其划分为持有待售类别的，债权人应当在初始计量时，比较假定其不划分为持有待售类别情况下的初始计量金额和公允价值减去出售费用后的净额，以两者孰低计量，借记"持有待售资产"等科目，转销债权账面价值，借记"坏账准备"等科目，贷记"应收账款"等科目，按其差额借记"资产减值损失"科目。

（二）修改其他条款

债务重组采用修改其他条款方式进行的，如果修改其他条款导致全部债权终止确认，债权人应当按照修改后的条款以公允价值初始计量重组债权，借记"应收账款"等科目，转销债权账面价值，借记"坏账准备"等科目，贷记"应收账款"等科目，重组债权的确认金额与债权终止确认日账面价值之间的差额，借记或贷记"投资收益"科目。

如果修改其他条款未导致债权终止确认，债权人应当根据其分类，继续以摊余成本、以公允价值计量且其变动计入其他综合收益，或者以公允价值计量且其变动计入当期损益进行后续计量。对于以摊余成本计量的债权，债权人应当根据重新议定合同的现金流量变化情况，重新计算该重组债权的账面余额，并将相关利得或损失记入"投资收益"科目。重新计算的该重组债权的账面余额，应当根据将重新议定或修改的合同现金流量按债权原实际利率折现的现值确定。对于修改或重新议定合同所产生的成本或费用，债权人应当调整修改后的重组债权的账面价值，并在修改后重组债权的剩余期限内摊销。

（三）组合方式

债务重组采用组合方式进行的，一般可以认为对全部债权的合同条款作出了实质性修改，债权人应当按照修改后的条款，以公允价值初始计量重组债权和受让的新金融资产，按照受让的金融资产以外的各项资产在债务重组合同生效日的公允价值比例，对放弃债权在合同生效日的公允价值扣除重组债权和受让金融资产当日公允价值后的净额进行分配，并以此为基础分别确定各项资产的成本。放弃债权的公允价值与账面价值之间的差额，记入"投资收益"科目。

三、债务人的会计处理

（一）债务人以资产清偿债务

债务重组采用以资产清偿债务方式进行的，债务人应当将所清偿债务账面价值与转让资产账面价值之间的差额计入当期损益。

1. 债务人以金融资产清偿债务。

债务人以单项或多项金融资产清偿债务的，借记"应付账款""长期借款"等科目，贷记"库存现金""银行存款""交易性金融资产""债权投资""其他债权投资""其他权益工具投资""应收账款"等科目，偿债金融资产已计提减值准备的，应结转已计提的减值准备，借记"债权投资减值准备""坏账准备"等科目，债务的账面价值与偿债金融资产账面价值的差额，借记或贷记"投资收益"科目。对于以分类为以公允价值计量且其变动计入其他综合收益的债务工具投资清偿债务的，之前计入其他综合收益的累计利得或损失应当从其他综合收益中转出，借记或贷记"投资收益"科目，贷记或借记"其他综合收益"科目。对于以指定为以公允价值计量且其变动计入其他综合收益的非交易性权益工具投资清偿债务的，之前计入其他综合收益的累计利得或损失应当从其他综合收益中转出，借记或贷记"利润分配——未分配利润"等科目，贷记或借记"其他综合收益"科目。

2. 债务人以非金融资产清偿债务。

债务人以单项或多项长期股权投资清偿债务的，债务的账面价值与偿债长期股权投资账面价值的差额，记入"投资收益"科目。

债务人以单项或多项其他非金融资产（如固定资产、日常活动产出的商品或服务等）清偿债务，或者以包括金融资产和其他非金融资产在内的多项资产清偿债务的，借记"应付账款""长期借款"等科目，贷记"固定资产""无形资产""库存商品"等科目；偿债资产已计提减值准备的，应结转已计提的减值准备，借记"资产减值准备""存货跌价准备"等科目；不需要区分资产处置损益和债务重组损益，也不需要区分不同资产的处置损益，而应将所清偿债务账面价值与转让资产账面价值之间的差额，借记或贷记"其他收益——债务重组收益"科目。

债务人以包含非金融资产的处置组清偿债务的，应当将所清偿债务和处置组中负债的账面价值之和，与处置组中资产的账面价值之间的差额，借记或贷记"其他收益——债务重组收益"科目。处置组所属的资产组或资产组组合分摊了企业合并中取得的商誉的，该处置组应当包含分摊至处置组的商誉。处置组中的资产已计提减值准备的，应结转已计提的减值准备。

（二）债务人将债务转为权益工具

债务重组采用将债务转为权益工具方式进行的，债务人初始确认权益工具时，应当按照权益工具的公允价值计量，权益工具的公允价值不能可靠计量的，应当按照所清偿债务的公允价值计量，借记"应付账款""长期借款"等科目，贷记"股本""资本公积"等科目；所清偿债务账面价值与权益工具确认金额之间的差额，借记或贷记"投资收益"科目。债务人因发行权益工具而支出的相关税费等，应当依次冲减资本公积、盈余公积、未分配利润等。

（三）修改其他条款

债务重组采用修改其他条款方式进行的，如果修改其他条款导致债务终止确认，债务人应当按照公允价值计量重组债务，借记"应付账款""长期借款"等科目，贷记"应付账款""长期借款"等科目；终止确认的债务账面价值与重组债务确认金额之间的差额，借记或贷记"投资收益"科目。

如果修改其他条款未导致债务终止确认，或者仅导致部分债务终止确认，对于未终止确认的部分债务，债务人应当根据其分类，继续以摊余成本、以公允价值计量且其变动计入当期损益或其他适当方法进行后续计量。对于以摊余成本计量的债务，债务人应当根据重新议定合同的现金流量变化情况，重新计算该重组债务的账面价值，并将相关利得或损失借记或贷记"投资收益"科目。重新计算的该重组债务的账面价值，应当根据将重新议定或修改的合同现金流量按债务的原实际利率折现的现值确定。对于修改或重新议定合同所产生的成本或费用，债务人应当调整修改后的重组债务的账面价值，并在修改后重组债务的剩余期限内摊销。

（四）组合方式

债务重组采用以资产清偿债务、将债务转为权益工具、修改其他条款等方式的组合进行的，对于权益工具，债务人应当在初始确认时按照权益工具的公允价值计量，权益工具的公允价值不能可靠计量的，应当按照所清偿债务的公允价值计量。对于修改其他条款形成的重组债务，债务人应当参照上文"修改其他条款"部分，确认和计量重组债务。所清偿债务的账面价值与转让资产的账面价值以及权益工具和重组债务的确认金额之和的差额，借记或贷记"其他收益——债务重组收益"或"投资收益"（仅涉及金融工具时）科目。

四、相关示例

【例 16-1】 2024 年 6 月 18 日，甲公司向乙公司销售商品一批，应收乙公司款项的入账金额为 95 万元。甲公司将该应收款项分类为以摊余成本计量的金融资产。乙公司将该应付账款分类为以摊余成本计量的金融负债。2024 年 10 月 18 日，双方签订债务重组合同，乙公司以一项作为无形资产核算的非专利技术偿还该欠款。该无形资产的账面余额为 100 万元，累计摊销额为 10 万元，已计提减值准备 2 万元。2024 年 10 月 22 日，双方办理完成该无形资产转让手续，甲公司支付评估费用 4 万元。当日，甲公司应收款项的公允价值为 87 万元，已计提坏账准备 7 万元，乙公司应付款项的账面价值仍为 95 万元。假定不考虑相关税费。

（1）债权人的会计处理。

2024 年 10 月 22 日，债权人甲公司取得该无形资产的成本为债权公允价值（87 万元）与评估费用（4 万元）的合计（91 万元）。甲公司的账务处理如下：

借：无形资产	910 000	
坏账准备	70 000	
投资收益	10 000	
贷：应收账款		950 000
银行存款		40 000

（2）债务人的会计处理。

乙公司 2024 年 10 月 22 日的账务处理如下：

借：应付账款	950 000
累计摊销	100 000
无形资产减值准备	20 000

贷：无形资产	1 000 000
其他收益——债务重组收益	70 000

假设甲公司管理层决议，受让该非专利技术后将在半年内将其出售，当日无形资产的公允价值为 87 万元，预计未来出售该非专利技术时将发生 1 万元的出售费用，该非专利技术满足持有待售资产确认条件。

分析：2024 年 10 月 22 日，甲公司对该非专利技术进行初始确认时，按照无形资产初始计量金额（91 万元）与公允价值减出售费用 [87 − 1 = 86（万元）] 孰低计量。债权人甲公司的账务处理如下：

借：持有待售资产——无形资产	860 000
坏账准备	70 000
投资收益	10 000
资产减值损失	50 000
贷：应收账款	950 000
银行存款	40 000

按照本章和第二十章要求，债务人以资产或处置组清偿债务，且债权人在取得日未将受让的相关资产或处置组作为非流动资产和非流动负债核算，而是将其划分为持有待售类别的，债权人应当在初始计量时，比较假定其不划分为持有待售类别情况下的初始计量金额和公允价值减去出售费用后的净额，以两者孰低计量。除企业合并中取得的非流动资产或处置组外，由非流动资产或处置组以公允价值减去出售费用后的净额作为初始计量金额而产生的差额，应当计入当期损益。同时，应当将计入当期损益的金额进一步在持有待售资产的减值部分（资产减值损失）和放弃债权公允价值与账面价值之间的差额（债务重组损益）之间进行区分，从而简化核算，也与企业通过购买等其他方式取得持有待售资产的会计处理保持一致。

【例 16 − 2】2024 年 2 月 10 日，甲公司从乙公司购买一批材料，约定 6 个月后甲公司应结清款项 100 万元（假定无重大融资成分）。乙公司将该应收款项分类为以公允价值计量且其变动计入当期损益的金融资产；甲公司将该应付款项分类为以摊余成本计量的金融负债。2024 年 8 月 12 日，甲公司因无法支付货款与乙公司协

扫码看讲解

商进行债务重组，双方商定乙公司将该债权转为对甲公司的股权投资。2024 年 10 月 20 日，乙公司办结了对甲公司的增资手续，甲公司和乙公司分别支付手续费等相关费用 1.5 万元和 1.2 万元。债转股后甲公司总股本为 100 万元，乙公司持有的抵债股权占甲公司总股本的 25%，对甲公司具有重大影响，甲公司股权公允价值不能可靠计量。甲公司应付款项的账面价值仍为 100 万元。

2024 年 6 月 30 日，应收款项和应付款项的公允价值均为 85 万元。

2024 年 8 月 12 日，应收款项和应付款项的公允价值均为 76 万元。

2024年10月20日，应收款项和应付款项的公允价值仍为76万元。

假定不考虑其他相关税费。

（1）债权人的会计处理。

乙公司的账务处理如下：

①2024年6月30日：

借：公允价值变动损益　　　　　　　　　　　　　　　　　150 000

　　贷：交易性金融资产——公允价值变动　　　　　　　　　　　150 000

②2024年8月12日：

借：公允价值变动损益　　　　　　　　　　　　　　　　　　90 000

　　贷：交易性金融资产——公允价值变动　　　　　　　　　　　　90 000

③2024年10月20日，乙公司对甲公司长期股权投资的成本为应收款项公允价值76万元与相关税费1.2万元的合计77.2万元。

借：长期股权投资——甲公司　　　　　　　　　　　　　　772 000

　　交易性金融资产——公允价值变动　　　　　　　　　　240 000

　　贷：交易性金融资产——成本　　　　　　　　　　　　　1 000 000

　　　　银行存款　　　　　　　　　　　　　　　　　　　　　12 000

（2）债务人的会计处理。

2024年10月20日，由于甲公司股权的公允价值不能可靠计量，初始确认权益工具公允价值时应当按照所清偿债务的公允价值76万元计量，并扣除因发行权益工具支出的相关税费1.5万元。甲公司的账务处理如下：

借：应付账款　　　　　　　　　　　　　　　　　　　　1 000 000

　　贷：实收资本　　　　　　　　　　　　　　　　　　　　250 000

　　　　资本公积——资本溢价　　　　　　　　　　　　　　495 000

　　　　银行存款　　　　　　　　　　　　　　　　　　　　 15 000

　　　　投资收益　　　　　　　　　　　　　　　　　　　　240 000

其中，债务人以包括金融资产和非金融资产在内的多项资产清偿债务的，不需要区分资产处置损益和债务重组损益，也不需要区分不同资产的处置损益，而应将所清偿债务账面价值与转让资产账面价值之间的差额，全部记入"其他收益——债务重组收益"科目，从而简化核算。债务人以单项或多项金融资产清偿债务的，债务的账面价值与偿债金融资产账面价值的差额，应当记入"投资收益"科目。

【例16-3】2023年11月5日，甲公司向乙公司赊购一批材料，含税价为234万元。2024年9月10日，甲公司因发生财务困难，无法按合同约定偿还债务，双方协商进行债务重组。乙公司同意甲公司用其生产的商品、作为固定资产管理的机器设备和一项债券投资抵偿欠款。当日，该债权的公允价值为210万元，甲公司用于抵债的商品市价（不含增值税）为 90 万元，抵债设备的公允价值为 75 万元，用于抵债的债券投资市价为 23.55 万元。

抵债资产于 2024 年 9 月 20 日转让完毕，甲公司发生设备运输费用 0.65 万元，乙公司发生设备安装费用 1.5 万元。

乙公司以摊余成本计量该项债权。2024 年 9 月 20 日，乙公司对该债权已计提坏账准备 19 万元，债券投资市价为 21 万元。乙公司将受让的商品、设备和债券投资分别作为低值易耗品、固定资产和以公允价值计量且其变动计入当期损益的金融资产核算。

甲公司以摊余成本计量该项债务。2024 年 9 月 20 日，甲公司用于抵债的商品成本为 70 万元；抵债设备的账面原价为 150 万元，累计折旧为 40 万元，已计提减值准备 18 万元；甲公司以摊余成本计量用于抵债的债券投资，债券票面价值总额为 15 万元，票面利率与实际利率一致，按年付息，假定甲公司尚未对债券确认利息收入。当日，该项债务的账面价值仍为 234 万元。

甲公司、乙公司均为增值税一般纳税人，适用增值税税率为 13%，经税务机关核定，该项交易中商品和设备的计税价格分别为 90 万元和 75 万元。假定不考虑其他相关税费。

（1）债权人的会计处理。

低值易耗品可抵扣增值税 $= 90 \times 13\% = 11.7$（万元）

设备可抵扣增值税 $= 75 \times 13\% = 9.75$（万元）

低值易耗品和固定资产的成本应当以其公允价值比例（90∶75）对放弃债权公允价值扣除受让金融资产公允价值后的净额进行分配后的金额为基础确定。

低值易耗品的成本 $= 90/(90+75) \times (210 - 23.55 - 11.7 - 9.75) = 90$（万元）

固定资产的成本 $= 75/(90+75) \times (210 - 23.55 - 11.7 - 9.75) = 75$（万元）

2024 年 9 月 20 日，乙公司的账务处理如下：

①结转债务重组相关损益。

借：低值易耗品	900 000
在建工程——在安装设备	750 000
应交税费——应交增值税	214 500
交易性金融资产	210 000
坏账准备	190 000
投资收益	75 500
贷：应收账款——甲公司	2 340 000

②支付安装费用。

借：在建工程——在安装设备	15 000
贷：银行存款	15 000

③安装完毕达到可使用状态。

借：固定资产——××设备 765 000

　　贷：在建工程——在安装设备 765 000

（2）债务人的会计处理。

甲公司2024年9月20日的账务处理如下：

借：固定资产清理 920 000

　　累计折旧 400 000

　　固定资产减值准备 180 000

　　贷：固定资产 1 500 000

借：固定资产清理 6 500

　　贷：银行存款 6 500

借：应付账款 2 340 000

　　贷：固定资产清理 926 500

　　　　库存商品 700 000

　　　　应交税费——应交增值税 214 500

　　　　债权投资——面值 150 000

　　　　其他收益——债务重组收益 349 000

【例16-4】A公司为上市公司，2020年1月1日，A公司取得B银行贷款5 000万元，约定贷款期限为4年（即2023年12月31日到期），年利率6%，按年付息，A公司已按时支付所有利息。2023年12月31日，A公司出现严重资金周转问题，多项债务违约，信用风险增加，无法偿还贷款本金。2024年1月10日，B银行同意与A公司就该项贷款重新达成协议，新协议约定：（1）A公司将一项作为固定资产核算的房产转让给B银行，用于抵偿债务本金1 000万元，该房产账面原值1 200万元，累计折旧400万元，未计提减值准备。（2）A公司向B银行增发股票500万股，面值1元/股，占A公司股份总额的1%，用于抵偿债务本金2 000万元，A公司股票于2024年1月10日的收盘价为4元/股。（3）在A公司履行上述偿债义务后，B银行免除A公司500万元债务本金，并将尚未偿还的债务本金1 500万元展期至2024年12月31日，年利率8%；如果A公司未能履行（1）、（2）所述偿债义务，B银行有权终止债务重组协议，尚未履行的债权调整承诺随之失效。

B银行以摊余成本计量该贷款，已计提贷款损失准备300万元。该贷款于2024年1月10日的公允价值为4 600万元，予以展期的贷款的公允价值为1 500万元。2024年3月2日，双方办理完成房产转让手续，B银行将该房产作为投资性房地产核算。2024年3月31日，B银行为该笔贷款补提了100万元的损失准备。2024年5月9日，双方办理完成股权转让手续，B银行将该股权投资分类为以公允价值计量且其变动计入当期损益的金融资产，A公司股票当日收盘价为4.02元/股。

A 公司以摊余成本计量该贷款，截至 2024 年 1 月 10 日，该贷款的账面价值为 5 000 万元。假定不考虑相关税费。

（1）债权人的会计处理。

A 公司与 B 银行以组合方式进行债务重组，同时涉及以资产清偿债务、将债务转为权益工具、包括债务豁免的修改其他条款等方式，可以认为对全部债权的合同条款作出了实质性修改，债权人在收取债权现金流量的合同权利终止时应当终止确认全部债权，即在 2024 年 5 月 9 日该债务重组协议的执行过程和结果不确定性消除时，可以确认债务重组相关损益，并按照修改后的条款确认新金融资产。

债权人 B 银行的账务处理如下：

①2024 年 3 月 2 日：

投资性房地产成本 = 放弃债权公允价值 4 600 − 受让股权公允价值 2 000 − 重组债权公允价值 1 500 = 1 100（万元）

借：投资性房地产   11 000 000
  贷：贷款——本金   11 000 000

②2024 年 3 月 31 日：

借：信用减值损失   1 000 000
  贷：贷款损失准备   1 000 000

③2024 年 5 月 9 日：

受让股权的公允价值 = 4.02 × 500 = 2 010（万元）

借：交易性金融资产   20 100 000
  贷款——本金   15 000 000
  贷款损失准备   4 000 000
  贷：贷款——本金   39 000 000
    投资收益   100 000

（2）债务人的会计处理。

该债务重组协议的执行过程和结果不确定性于 2024 年 5 月 9 日消除时，债务人清偿该部分债务的现时义务已经解除，可以确认债务重组相关损益，并按照修改后的条款确认新金融负债。

债务人 A 公司的账务处理如下：

①2024 年 3 月 2 日：

借：固定资产清理   8 000 000
  累计折旧   4 000 000
  贷：固定资产   12 000 000
借：长期借款——本金   8 000 000
  贷：固定资产清理   8 000 000

②2024 年 5 月 9 日：

借款的新现金流量现值 = 1 500 × (1 + 8%)/(1 + 6%) = 1 528.3（万元）

现金流变化 = (1 528.3 - 1 500)/1 500 = 1.9% < 10%

因此针对 1 500 万元本金部分的合同条款的修改不构成实质性修改，不终止确认该部分负债。

其中，关于债务（金融负债）终止确认的判断应当以"部分债务"为单元。对于以组合方式进行的债务重组，组合中以修改其他条款方式进行的债务重组，需要根据具体情况，判断对应的部分债务是否满足终止确认条件。本例中的债务重组属于以组合方式进行的债务重组，由于在 2024 年 5 月 9 日，债务人清偿部分债务（500 万元）的现实义务已经解除，应当终止确认该部分债务；当日，另有部分债务（1 500 万元）被展期，应当以此部分债务为对象，判断合同条款的修改是否构成实质性修改，即应当用 1 500 万元作为计算公式的分母。

借：长期借款——本金　　　　　　　　　　　　　　　42 000 000

　　贷：股本　　　　　　　　　　　　　　　　　　　5 000 000

　　　　资本公积　　　　　　　　　　　　　　　　15 100 000

　　　　长期借款——本金　　　　　　　　　　　　15 283 000

　　　　其他收益——债务重组收益　　　　　　　　 6 617 000

本例中，即使没有"A 公司未能履行（1）、（2）所述偿债义务，B 银行有权终止债务重组协议，尚未履行的债权调整承诺随之失效"的条款，债务人仍然应当谨慎处理，考虑在债务的现时义务解除时终止确认原债务。

本章思考题

1. 不同方式的债务重组何时可以确认债务重组损益？

2. 以资产清偿债务或将债务转为权益工具的债务重组中，债权人应当如何计量受让的非金融资产？

3. 将债务转为权益工具方式进行的债务重组中，债务人应当如何计量权益工具？

第十七章 所 得 税

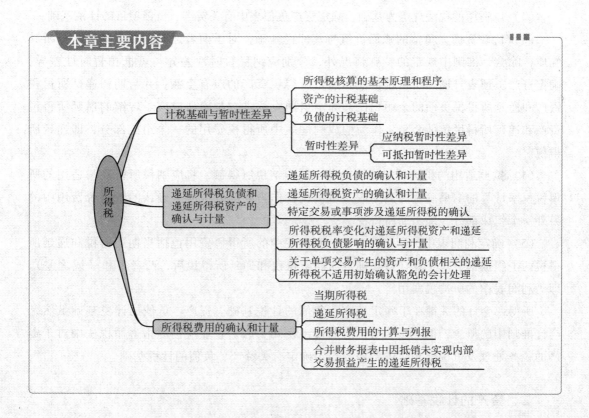

本章主要内容

所得税
├─ 计税基础与暂时性差异
│   ├─ 所得税核算的基本原理和程序
│   ├─ 资产的计税基础
│   ├─ 负债的计税基础
│   └─ 暂时性差异
│   ├─ 应纳税暂时性差异
│   └─ 可抵扣暂时性差异
├─ 递延所得税负债和递延所得税资产的确认与计量
│   ├─ 递延所得税负债的确认和计量
│   ├─ 递延所得税资产的确认和计量
│   ├─ 特定交易或事项涉及递延所得税的确认
│   ├─ 所得税税率变化对递延所得税资产和递延所得税负债影响的确认与计量
│   └─ 关于单项交易产生的资产和负债相关的递延所得税不适用初始确认豁免的会计处理
└─ 所得税费用的确认和计量
    ├─ 当期所得税
    ├─ 递延所得税
    ├─ 所得税费用的计算与列报
    └─ 合并财务报表中因抵销未实现内部交易损益产生的递延所得税

第一节 计税基础与暂时性差异

一、所得税核算的基本原理和程序

所得税会计是研究处理会计收益和应税收益差异的会计理论和方法。《企业会计准则第18号——所得税》（以下简称所得税准则）采用了资产负债表债务法核算所得税。

资产负债表债务法是从资产负债表出发，通过比对资产负债表上列示的资产、负债按照会计准则规定确定的账面价值与按照税法和相关法规（以下简称税法）规定确定的计税基础，对于两者之间的差异分别应纳税暂时性差异与可抵扣暂时性差异，确认相关的递延所得税负债与递延所得税资产，并在此基础上确定每一会计期间利润表中的所得税费用。

在采用资产负债表债务法核算所得税的情况下，企业一般应于每一资产负债表日进行所得税核算。发生特殊交易或事项时，如企业合并，在确认因交易或事项产生的资产、负债时即应确认相关的所得税影响。企业进行所得税核算时一般应遵循以下程序：

（1）按照会计准则规定确定资产负债表中除递延所得税资产和递延所得税负债以外的其他资产和负债项目的账面价值。

（2）以适用的税法规定为基础，确定资产负债表中有关资产、负债项目的计税基础。

（3）比较资产、负债的账面价值与其计税基础，对于两者之间存在差异的，分析其性质，除会计准则中规定的特殊情况外，分别应纳税暂时性差异与可抵扣暂时性差异，确定资产负债表日递延所得税负债和递延所得税资产的应有金额，并与期初递延所得税资产和递延所得税负债的余额相比，确定当期应予进一步确认或应予转销的递延所得税资产和递延所得税负债金额，作为构成利润表中所得税费用的一个组成部分，即递延所得税。

（4）按照适用的税法规定计算确定当期应纳税所得额，将应纳税所得额与适用的所得税税率计算的结果确认为当期应交所得税，作为利润表中应予确认的所得税费用中的另外一个组成部分，即当期所得税。

（5）确定利润表中的所得税费用。利润表中的所得税费用包括当期所得税和递延所得税两个组成部分。企业在计算确定当期所得税和递延所得税后，两者之和（或之差），即为利润表中的所得税费用。

所得税会计的关键在于确定资产、负债的计税基础。资产、负债的计税基础虽然是会计准则中的概念，但实质上与税法的规定密切关联。企业应当严格遵循税法中对于资产的税务处理及可税前扣除的费用等规定确定有关资产、负债的计税基础。

二、资产的计税基础

资产的计税基础，是指在企业收回资产账面价值过程中，计算应纳税所得额时按照税法规定可以自应税经济利益中抵扣的金额，即某一项资产在未来期间计税时可以税前扣除的金额。资产的计税基础是假定企业按照税法规定进行核算所提供的资产负债表中资产的应有金额。

资产在初始确认时，其计税基础一般为取得成本。从所得税角度考虑，某一单项资产产生的所得是指该项资产产生的未来经济利益流入扣除其取得成本之后的金额。一般情况下，税法认定的资产取得成本为购入时实际支付的金额。在资产持续持有的过程中，可在未来期间税前扣除的金额是指资产的取得成本减去以前期间按照税法规定已经税前扣除的金额后的余额。如固定资产、无形资产等长期资产，在某一资产负债表日的计税基础是指其成本扣除按照税法规定已在以前期间税前扣除的累计折旧额或累计摊销额后的金额。

企业应当按照适用的税法规定计算确定资产的计税基础。

（一）固定资产

以各种方式取得的固定资产，初始确认时的入账价值基本上是被税法认可的，即取得时其账面价值一般等于计税基础。

固定资产在持有期间进行后续计量时，会计上的基本计量模式是"实际成本－累计折旧－固定资产减值准备"，税收上的基本计量模式是"实际成本－按照税法规定已在以前期间税前扣除的折旧额"。会计与税收处理的差异主要来自折旧方法、折旧年限的不同以及固定资产减值准备的计提。

1. 折旧方法、折旧年限产生的差异。

会计准则规定，企业可以根据与固定资产有关的经济利益的预期消耗方式合理选择折旧方法，如可以按直线法计提折旧，也可以按照双倍余额递减法、年数总和法等计提折旧，前提是有关的方法能够反映固定资产为企业带来经济利益的消耗情况。税法一般会规定固定资产的折旧方法，除某些按照规定可以加速折旧的情况外，基本上可以税前扣除的是按照直线法计提的折旧。

另外，税法一般规定每一类固定资产的折旧年限，而会计处理时折旧年限是由企业根据固定资产的性质和使用情况合理确定的。因为折旧年限的不同，也会产生固定资产账面价值与计税基础之间的差异。

2. 因计提固定资产减值准备产生的差异。

持有固定资产的期间内，在对固定资产计提了减值准备以后，因税法规定按照会计准则规定计提的减值准备在资产发生实质性损失之前不允许税前扣除，也会造成固定资产的账面价值与计税基础的差异。

【例 17－1】 甲公司于 2023 年 1 月 1 日开始计提折旧的某项固定资产，原价为 3 000 000 元，预计使用年限为 10 年，采用年限平均法计提折旧，预计净残值为 0。假定税法规定类似固定资产采用加速折旧方法计提的折旧可予税前扣除。甲公司在计税时采用双倍余额递减法计提折旧，预计净残值为 0。2024 年 12 月 31 日，甲公司估计该项固定资产的可收回金额为 2 200 000 元。

2024 年 12 月 31 日，该项固定资产的账面价值 = 3 000 000 － 3 000 000 ÷ 10 × 2 = 2 400 000（元），可收回金额为 2 200 000 元，应当计提 200 000 元固定资产减值准备。计提减值准备后，该项固定资产的账面价值为 2 200 000 元。

该项固定资产在 2024 年 12 月 31 日的计税基础 = 3 000 000 － 3 000 000 × 2 ÷ 10 － （3 000 000 － 3 000 000 × 2 ÷ 10）× 2 ÷ 10 = 1 920 000（元）

该项固定资产账面价值 2 200 000 元与其计税基础 1 920 000 元之间的 280 000 元差额，代表着将于未来期间计入甲公司应纳税所得额的金额，增加未来期间的应交所得税，应确认相关的递延所得税负债。

【例17-2】 甲公司于2021年12月20日取得某设备，成本为16 000 000元，预计使用10年，预计净残值为0，采用年限平均法计提折旧。2024年12月31日，根据该设备生产产品的市场占有情况，甲公司估计其可收回金额为9 200 000元。假定税法规定的折旧方法、折旧年限与会计准则相同，企业的资产在发生实质性损失时可予税前扣除。

2024年12月31日，甲公司该设备的账面价值 = 16 000 000 − 16 000 000 ÷ 10 × 3 = 11 200 000（元），可收回金额为9 200 000元，应当计提2 000 000元固定资产减值准备。计提减值准备后，该设备的账面价值为9 200 000元。

该设备在2024年12月31日的计税基础 = 16 000 000 − 16 000 000 ÷ 10 × 3 = 11 200 000（元）

该设备的账面价值9 200 000元小于其计税基础11 200 000元，产生可抵扣暂时性差异。

（二）无形资产

除内部研究开发形成的无形资产以外，以其他方式取得的无形资产，初始确认时其入账价值与税法规定的成本之间一般不存在差异。

（1）对于内部研究开发形成的无形资产，会计准则规定有关内部研究开发活动分为两个阶段，研究阶段的支出应当费用化计入当期损益，而开发阶段符合资本化条件的支出应当计入所形成无形资产的成本。税法规定，自行开发的无形资产，以开发过程中该资产符合资本化条件后至达到预定用途前发生的支出为计税基础。对于研究开发费用，税法规定可以加计扣除，即企业为开发新技术、新产品、新工艺发生的研究开发费用，未形成无形资产计入当期损益的，在按照规定据实扣除的基础上，自2023年1月1日起，再按照实际发生额的100%在税前加计扣除；形成无形资产的，自2023年1月1日起，按照无形资产成本的200%在税前摊销。

对于内部研究开发形成的无形资产，初始确认时按照会计准则规定确定的成本与其计税基础通常是相同的。对于享受税收优惠的研究开发支出，在形成无形资产时，按照会计准则规定确定的成本为研究开发过程中符合资本化条件后至达到预定用途前发生的支出，而因税法规定按照无形资产成本的200%在税前摊销，则其计税基础应在会计上入账价值的基础上加计100%，因而产生账面价值与计税基础在初始确认时的差异，但如果该无形资产的确认不是产生于企业合并交易，同时在确认时既不影响会计利润也不影响应纳税所得额，按照所得税准则的规定，不确认有关暂时性差异的所得税影响。

（2）无形资产在后续计量时，会计处理与税收处理的差异主要产生于对无形资产是否需要摊销及无形资产减值准备的计提。会计准则规定应根据无形资产使用寿命情况，区分为使用寿命有限的无形资产和使用寿命不确定的无形资产。对于使用寿命不确定的无形资产，不要求摊销，在持有期间每年应进行减值测试，而税法规定，企业取得无形资产的成本，应在一定期限内摊销，有关摊销额允许税前扣除，导致该类无形资产的账面价值与计税基础的差异。

在对无形资产计提减值准备的情况下，因所计提的减值准备不允许税前扣除，也会造成无形资产的账面价值与计税基础的差异。

【例17－3】 甲公司当期发生研究开发支出共计10 000 000元，其中研究阶段发生支出2 000 000元，开发阶段符合资本化条件前发生的支出为2 000 000元，符合资本化条件后至达到预定用途前发生的支出为6 000 000元。假定开发形成的无形资产在当期期末已达到预定用途，但尚未进行摊销。

甲公司当期发生的研究开发支出中，按照会计准则规定应予费用化的金额为4 000 000元（2 000 000＋2 000 000），形成无形资产的成本为6 000 000元，即期末所形成无形资产的账面价值为6 000 000元。

甲公司于当期发生的10 000 000元研究开发支出，按照税法规定可在当期税前扣除的金额为8 000 000元（4 000 000×200%）；对于形成无形资产的部分，税法规定按照无形资产成本的200%作为计算未来期间摊销额的基础，即该项无形资产在初始确认时的计税基础为12 000 000元（6 000 000×200%）。

该项无形资产的账面价值6 000 000元与其计税基础12 000 000元之间的差额6 000 000元为暂时性差异，该差异产生于无形资产的初始确认，并非产生于企业合并，在初始确认时既不影响会计利润，也不影响应纳税所得额，因此，不确认该暂时性差异的所得税影响。

【例17－4】 甲公司于2024年1月1日取得某项无形资产，成本为6 000 000元。甲公司根据各方面情况判断，无法合理预计该项无形资产带来未来经济利益的期限，将其作为使用寿命不确定的无形资产。2024年12月31日，对该项无形资产进行减值测试表明未发生减值。假定税法规定对该项无形资产按照10年的期间摊销，有关摊销额允许税前扣除。

会计上将该项无形资产作为使用寿命不确定的无形资产，在未发生减值的情况下，其账面价值为取得成本6 000 000元。

该项无形资产在2024年12月31日的计税基础为5 400 000元（6 000 000－6 000 000÷10）。

该项无形资产的账面价值6 000 000元与其计税基础5 400 000元之间的差额600 000元将计入未来期间的应纳税所得额，产生未来期间企业所得税税款流出的增加，为应纳税暂时性差异。

（三）以公允价值计量且其变动计入当期损益的金融资产

按照《企业会计准则第22号——金融工具确认和计量》的规定，对于以公允价值计量且其变动计入当期损益的金融资产，其于某一会计期末的账面价值为公允价值。如果税法规定持有期间公允的价值变动在计税时不予考虑，即有关金融资产在某一会计期末的计税基础为其取得成本，会造成该类金融资产账面价值与计税基础之间的差异。

【例17-5】 甲公司2024年7月以520 000元取得乙公司股票50 000股，作为以公允价值计量且其变动计入当期损益的金融资产核算。2024年12月31日，甲公司尚未出售所持有乙公司股票，乙公司股票公允价值为每股12.4元。假定税法规定，以公允价值计量且其变动计入当期损益的金融资产在持有期间公允价值的变动不计入当期应纳税所得额，待处置时一并计算应计入应纳税所得额的金额。

该项以公允价值计量且其变动计入当期损益的金融资产在2024年12月31日的账面价值为620 000元（12.4×50 000），其计税基础为取得成本，即520 000元，两者之间产生了100 000元的应纳税暂时性差异。

（四）其他资产

因会计准则规定与税法规定不同，企业持有的其他资产账面价值与计税基础之间可能存在差异。如计提了资产减值准备的其他资产、采用公允价值模式进行后续计量的投资性房地产等。

【例17-6】 甲公司的C建筑物于2022年12月31日投入使用并直接出租，成本为6 800 000元。甲公司对投资性房地产采用公允价值模式进行后续计量。2024年12月31日，已出租C建筑物累计公允价值变动收益为1 200 000元，其中本年度公允价值变动收益为500 000元。假定税法规定，已出租C建筑物以历史成本扣除按税法规定计提折旧后作为其计税基础，折旧年限为20年，净残值为0，自投入使用的次月起采用年限平均法计提折旧。

2024年12月31日，该投资性房地产的账面价值为8 000 000元（6 800 000+1 200 000），计税基础为6 120 000元（6 800 000-6 800 000÷20×2）。该投资性房地产账面价值与其计税基础之间的差额1 880 000元将计入未来期间的应纳税所得额，形成未来期间企业所得税税款流出的增加，为应纳税暂时性差异。

三、负债的计税基础

负债的计税基础，是指负债的账面价值减去未来期间计算应纳税所得额时按照税法规定可予抵扣的金额。即假定企业按照税法规定进行核算，在其按照税法规定确定的资产负债表上有关负债的应有金额。

负债的确认与偿还一般不会影响企业未来期间的损益，也不会影响其未来期间的应纳税所得额，因此未来期间计算应纳税所得额时按照税法规定可予抵扣的金额为0，计税基础即为账面价值。例如企业的短期借款、应付账款等。但是，某些情况下，负债的确认可能会影响企业的损益，进而影响不同期间的应纳税所得额，使其计税基础与账面价值之间产生差额，如按照会计准则规定确认的某些预计负债。

（一）预计负债

根据本书第十三章的相关规定，对于不能作为单项履约义务的质量保证，企业应当按照本书第十二章的相关规定，将预计提供售后服务发生的支出在销售当期确认为相关成本，同时确认预计负债。如果税法规定，与销售产品相关的支出应于发生时税前扣除，因该类事项产生的预计负债在期末的计税基础为其账面价值与未来期间可税前扣除的金额之间的差额，如有关的支出实际发生时可全额税前扣除，其计税基础为0。

因其他事项确认的预计负债，应按照税法规定的计税原则确定其计税基础。某些情况下，因某些事项确认的预计负债，税法规定其支出无论是否实际发生均不允许税前扣除，即未来期间按照税法规定可予抵扣的金额为0，则其账面价值与计税基础相同。

【例17－7】 甲公司2024年因销售产品承诺提供3年的保修服务，在当年年度利润表中确认了8 000 000元营业成本，同时确认为预计负债，当年度发生保修支出2 000 000元，预计负债的期末余额为6 000 000元。假定税法规定，与产品售后服务相关的费用可以在实际发生时税前扣除。

该项预计负债在甲公司2024年12月31日的账面价值为6 000 000元。

该项预计负债的计税基础＝账面价值－未来期间计算应纳税所得额时按照税法规定可予抵扣的金额＝6 000 000－6 000 000＝0（元）

【例17－8】 2024年10月5日，甲公司由于为乙公司向银行借款提供担保，乙公司未如期偿还借款，而被银行提起诉讼，要求甲公司履行担保责任；12月31日，该案件尚未结案。甲公司预计很可能履行的担保责任为3 000 000元。假定税法规定，企业为其他单位债务提供担保发生的损失不允许在税前扣除。

2024年12月31日，该项预计负债的账面价值为3 000 000元，计税基础为3 000 000元（3 000 000－0）。该项预计负债的账面价值等于计税基础，不产生暂时性差异。

（二）合同负债

企业在收到客户预付的销售商品款项时，因不符合收入确认条件，会计上将其确认为负债（合同负债），待履行了相关履约义务时再转为收入。税法对于收入的确认原则一般与会计准则规定相同，即会计上未确认收入时，计税时一般亦不计入应纳税所得额，该部分经济利益在未来期间计税时可予税前扣除的金额为0，计税基础等于账面价值。

如果不符合会计准则规定的收入确认条件，未确认为收入而确认为合同负债的，但按照税法规定应计入当期应纳税所得额时，未来期间无须纳税，有关合同负债的计税基础为0。

（三）应付职工薪酬

会计准则规定，企业为获得职工提供的服务给予的各种形式的报酬以及其他相关支出均应作为企业的成本、费用，在未支付之前确认为负债。税法对于合理的职工薪酬基本允许税前扣除，相关应付职工薪酬负债的账面价值等于计税基础。

（四）其他负债

企业的其他负债项目，如应缴纳的罚款和滞纳金等，在尚未支付之前按照会计准则规定确认为费用，同时作为负债反映。按照税法规定，罚款和滞纳金不允许税前扣除，其计税基础为账面价值减去未来期间计税时可予税前扣除的金额 0 之间的差额，即计税基础等于账面价值。

> 【例 17 - 9】 甲公司因未按照税法规定缴纳税金，需在 2024 年缴纳滞纳金 1 000 000 元，至 2024 年 12 月 31 日，该款项尚未支付，形成其他应付款 1 000 000 元。按照税法规定，企业因违反国家法律、法规规定缴纳的罚款、滞纳金不允许税前扣除。
>
> 因应缴滞纳金形成的其他应付款账面价值为 1 000 000 元，因税法规定该支出不允许税前扣除，其计税基础 = 1 000 000 - 0 = 1 000 000（元）。
>
> 对于罚款和滞纳金支出，会计准则与税法规定存在差异，但该差异仅影响发生当期，对未来期间计税不产生影响，因而不产生暂时性差异。

四、暂时性差异

暂时性差异是指资产、负债的账面价值与其计税基础不同产生的差额。其中，账面价值是指按照会计准则规定确定的有关资产、负债在资产负债表中应列示的金额。由于资产、负债的账面价值与其计税基础不同，产生了在未来收回资产或清偿负债的期间内，应纳税所得额增加或减少并导致未来期间应交所得税增加或减少的情况，在这些暂时性差异发生的当期，一般应当确认相应的递延所得税负债或递延所得税资产。

根据暂时性差异对未来期间应纳税所得额的影响，分为应纳税暂时性差异和可抵扣暂时性差异。

（一）应纳税暂时性差异

应纳税暂时性差异在未来期间转回时，会增加转回期间的应纳税所得额，即在未来期间不考虑该事项影响的应纳税所得额的基础上，由于该暂时性差异的转回，会进一步增加转回期间的应纳税所得额和应交所得税金额。在应纳税暂时性差异产生当期，应当确认相关的递延所得税负债。

应纳税暂时性差异通常产生于以下情况：

（1）资产的账面价值大于其计税基础。一项资产的账面价值代表的是企业在持续使用或最终出售该项资产时会取得的经济利益的总额，而计税基础代表的是一项资产在未来期间可予税前扣除的总金额。资产的账面价值大于其计税基础，该项资产未来期间产生的经济利益不能全部税前抵扣，两者之间的差额需要缴纳所得税，产生应纳税暂时性差异。

（2）负债的账面价值小于其计税基础。一项负债的账面价值为企业预计在未来期间清偿该项负债时的经济利益流出，而其计税基础代表的是账面价值在扣除税法规定未来期间允许税前扣除的金额之后的差额。因负债的账面价值与其计税基础不同产生的暂时性差异，实质上是税法规定就该项负债在未来期间可以税前扣除的金额。负债的账面价值小于其计税基础，则意味着就该项负债在未来期间可以税前抵扣的金额为负数，即应在未来期间应纳税所得额的基础上调增，增加应纳税所得额和应交所得税金额，产生应纳税暂时性差异，应确认相关的递延所得税负债。

（二）可抵扣暂时性差异

可抵扣暂时性差异在未来期间转回时会减少转回期间的应纳税所得额，减少未来期间的应交所得税。在可抵扣暂时性差异产生当期、符合确认条件的情况下，应当确认相关的递延所得税资产。

可抵扣暂时性差异一般产生于以下情况：

（1）资产的账面价值小于其计税基础。从经济含义来看，资产在未来期间产生的经济利益少，按照税法规定允许税前扣除的金额多，则企业在未来期间可以减少应纳税所得额并减少应交所得税，符合有关条件时，应确认相关的递延所得税资产。

（2）负债的账面价值大于其计税基础。负债产生的暂时性差异实质上是税法规定就该项负债可以在未来期间税前扣除的金额。一项负债的账面价值大于其计税基础，意味着未来期间按照税法规定构成负债的全部或部分金额可以自未来应税经济利益中扣除，减少未来期间的应纳税所得额和应交所得税。

值得关注的是，对于按照税法规定可以结转以后年度的未弥补亏损及税款抵减，虽不是因资产、负债的账面价值与计税基础不同产生的，但本质上可抵扣亏损和税款抵减与可抵扣暂时性差异具有同样的作用，均能够减少未来期间的应纳税所得额，进而减少未来期间的应交所得税，在会计处理上，视同可抵扣暂时性差异，符合确认条件的情况下，应确认相关的递延所得税资产。

某些交易或事项发生以后，因为不符合资产、负债的确认条件而未体现为资产负债表中的资产或负债，但按照税法规定能够确定其计税基础的，其账面价值0与计税基础之间的差异也构成暂时性差异。如企业发生的符合条件的广告费和业务宣传费支出，除税法另有规定外，不超过当年销售收入15%的部分准予扣除；超过部分准予在以后纳税年度结转扣除。该类支出在发生时按照会计准则规定计入当期损益，不形成资产负债表中的资产，但因按照税法规定可以确定其计税基础，两者之间的差异也形成暂时性差异。

【例 17-10】 甲公司2024年发生广告费10 000 000元，至年末已全额支付给广告公司。假定税法规定，企业发生的广告费、业务宣传费不超过当年销售收入15%的部分允许税前扣除，超过部分允许结转以后年度税前扣除。甲公司2024年实现销售收入60 000 000元。

因广告费支出形成的资产的账面价值为0，其计税基础 = 10 000 000 - 60 000 000 × 15% = 1 000 000（元）。

广告费支出形成的资产的账面价值0与其计税基础1 000 000元之间形成1 000 000元可抵扣暂时性差异。

第二节　递延所得税负债和递延所得税
资产的确认与计量

一、递延所得税负债的确认和计量

应纳税暂时性差异在转回期间将增加未来期间的应纳税所得额和应交所得税，导致企业经济利益的流出，从其发生当期看，构成企业应支付税金的义务，应作为负债确认。

确认应纳税暂时性差异产生的递延所得税负债时，交易或事项发生时影响到会计利润或应纳税所得额的，相关的所得税影响应作为利润表中所得税费用的组成部分；与直接计入所有者权益的交易或事项相关的，其所得税影响应减少所有者权益；企业合并产生的，相关的递延所得税影响应调整购买日应确认的商誉或是计入合并当期损益的金额。

（一）递延所得税负债的确认

企业在确认因应纳税暂时性差异产生的递延所得税负债时，应遵循以下原则。

（1）除会计准则中明确规定可不确认递延所得税负债的情况以外，企业对于所有的应纳税暂时性差异均应确认相关的递延所得税负债。除直接计入所有者权益的交易或事项以及企业合并外，在确认递延所得税负债的同时，应增加利润表中的所得税费用。

【例17-11】甲公司于2024年1月1日开始计提折旧的某设备，取得成本为2 000 000元，采用年限平均法计提折旧，使用年限为10年，预计净残值为0。假定计税时允许按双倍余额递减法计提折旧，使用年限及预计净残值与会计准则规定相同。甲公司适用的所得税税率为25%。假定甲公司不存在其他会计与税收处理的差异。

2024年该项固定资产按照会计准则规定计提的折旧额为200 000元，计税时允许扣除的折旧额为400 000元，则该项固定资产的账面价值1 800 000元与其计税基础1 600 000元的差额构成应纳税暂时性差异，甲公司应确认递延所得税负债50 000元〔（1 800 000 - 1 600 000）×25%〕。

（2）不确认递延所得税负债的特殊情况。有些情况下，虽然资产、负债的账面价值与其计税基础不同，产生了应纳税暂时性差异，但出于各方面考虑，会计准则规定不确认相关的递延所得税负债，主要包括：

①商誉的初始确认。非同一控制下的企业合并中，企业合并成本大于合并中取得的被购买方可辨认净资产公允价值份额的差额，确认为商誉。因会计准则与税法的划分标准不同，按照税法规定作为免税合并的情况下，税法不认可商誉的价值，即从税法角度，商誉的计税基础为0，两者之间的差额形成应纳税暂时性差异。但是，确认该部分暂时性差异产生的递延所得税负债，则意味着将进一步增加商誉的价值。因商誉本身即是企业合并成本在取得的被购买方可辨认资产、负债之间进行分配后的剩余价值，确认递延所得税负债进

一步增加其账面价值会影响到会计信息的可靠性，而且增加了商誉的账面价值以后，可能很快就要计提减值准备，同时其账面价值的增加还会进一步产生应纳税暂时性差异，使得递延所得税负债和商誉价值量的变化不断循环。因此，在会计上作为非同一控制下的企业合并，同时按照税法规定作为免税合并的情况下，商誉的计税基础为0，其账面价值与计税基础不同形成的应纳税暂时性差异，会计准则规定不确认相关的递延所得税负债。

应予说明的是，按照会计准则规定在非同一控制下企业合并中确认了商誉，并且按照税法规定该商誉在初始确认时计税基础等于账面价值的，该商誉在后续计量过程中因会计准则与税法规定不同产生暂时性差异的，应当确认相关的所得税影响。

【例17－12】 甲公司以增发市场价值为 60 000 000 元的本公司普通股为对价购入乙公司 100% 的净资产，对乙公司进行非同一控制下的吸收合并。假定该项企业合并符合税法规定的免税合并条件，且乙公司原股东选择进行免税处理。购买日乙公司各项可辨认资产、负债的公允价值及其计税基础如表17－1所示。

扫码看讲解

表17－1　　　　乙公司各项可辨认资产、负债的公允价值及计税基础　　　　单位：元

项目	公允价值	计税基础	暂时性差异
固定资产	27 000 000	15 500 000	11 500 000
应收账款	21 000 000	21 000 000	0
存货	17 400 000	12 400 000	5 000 000
其他应付款	(3 000 000)	0	(3 000 000)
应付账款	(12 000 000)	(12 000 000)	0
不包括递延所得税的可辨认资产、负债的公允价值	50 400 000	36 900 000	13 500 000

假定乙公司适用的所得税税率为25%，该项交易中应确认递延所得税负债及商誉的金额计算如下：

企业合并成本	60 000 000
可辨认净资产公允价值	50 400 000
递延所得税资产（3 000 000×25%）	750 000
递延所得税负债（16 500 000×25%）	4 125 000
考虑递延所得税后可辨认资产、负债的公允价值	
（50 400 000＋750 000－4 125 000）	47 025 000
商誉（60 000 000－47 025 000）	12 975 000

所确认的商誉金额 12 975 000 元与其计税基础0之间产生的应纳税暂时性差异，不再进一步确认相关的递延所得税影响。

②除企业合并以外的其他交易或事项中，如果该项交易或事项发生时既不影响会计利润，也不影响应纳税所得额，则所产生的资产、负债的初始确认金额与其计税基础不同，形成应纳税暂时性差异的，交易或事项发生时不确认相应的递延所得税负债。该规定主要是考虑到由于交易发生时既不影响会计利润，也不影响应纳税所得额，确认递延所得税负债的直接结果是增加有关资产的账面价值或是降低所确认负债的账面价值，使得资产、负债在初始确认时，违背历史成本原则，影响会计信息的可靠性。

（二）递延所得税负债的计量

递延所得税负债应以相关应纳税暂时性差异转回期间适用的所得税税率计量。在我国，除享受优惠政策的情况以外，企业适用的所得税税率在不同年度之间一般不会发生变化，企业在确认递延所得税负债时，可以现行适用所得税税率为基础计算确定。对于享受优惠政策的企业，如国家重点扶持的高新技术企业，享受一定时期的税率优惠，则所产生的暂时性差异应以其预计转回期间的适用所得税税率为基础计量。另外，无论应纳税暂时性差异的转回期间如何，递延所得税负债不要求折现。

二、递延所得税资产的确认和计量

（一）递延所得税资产的确认

1. 确认的一般原则。

资产、负债的账面价值与其计税基础不同产生可抵扣暂时性差异的，在估计未来期间能够取得足够的应纳税所得额用以利用该可抵扣暂时性差异时，应当以很可能取得用来抵扣可抵扣暂时性差异的应纳税所得额为限，确认相关的递延所得税资产。与递延所得税负债的确认相同，有关交易或事项发生时，对会计利润或应纳税所得额产生影响的，所确认的递延所得税资产应作为利润表中所得税费用的调整；有关的可抵扣暂时性差异产生于直接计入所有者权益的交易或事项，则确认的递延所得税资产也应计入所有者权益；企业合并时产生的可抵扣暂时性差异的所得税影响，应相应调整企业合并中确认的商誉或是应计入合并当期损益的金额。

确认递延所得税资产时，应关注以下问题。

（1）递延所得税资产的确认应以未来期间很可能取得的用来抵扣可抵扣暂时性差异的应纳税所得额为限。在可抵扣暂时性差异转回的未来期间内，企业无法产生足够的应纳税所得额用以抵减可抵扣暂时性差异的影响，使得与递延所得税资产相关的经济利益无法实现的，该部分递延所得税资产不应确认；企业有确凿的证据表明其于可抵扣暂时性差异转回的未来期间能够产生足够的应纳税所得额，进而利用可抵扣暂时性差异的，则应以可能取得的应纳税所得额为限，确认相关的递延所得税资产。

在判断企业于可抵扣暂时性差异转回的未来期间能否产生足够的应纳税所得额时，应考虑以下两个方面的影响：一是通过正常的生产经营活动能够实现的应纳税所得额，如企业通过销售商品、提供劳务等所实现的收入，扣除相关费用后的金额；二是以前期间产生的应纳税暂时性差异在未来期间转回时将产生应纳税所得额的增加额。

考虑到受可抵扣暂时性差异转回的期间内可能取得应纳税所得额的限制，因无法取得足够的应纳税所得额而未确认相关的递延所得税资产的，应在财务报表附注中进行披露。

（2）对于按照税法规定可以结转以后年度的未弥补亏损和税款抵减，应视同可抵扣暂时性差异处理。在预计可利用可弥补亏损或税款抵减的未来期间内能够取得足够的应纳税所得额时，应当以很可能取得的应纳税所得额为限，确认相关的递延所得税资产，同时减少确认当期的所得税费用。

与未弥补亏损和税款抵减相关的递延所得税资产，其确认条件与可抵扣暂时性差异产生的递延所得税资产相同，在估计未来期间能否产生足够的应纳税所得额用于利用该部分未弥补亏损或税款抵减时，应考虑以下相关因素的影响：

①在未弥补亏损到期前，企业是否会因以前期间产生的应纳税暂时性差异转回而产生足够的应纳税所得额；

②在未弥补亏损到期前，企业是否可能通过正常的生产经营活动产生足够的应纳税所得额；

③未弥补亏损是否产生于一些在未来期间不可能再发生的特殊原因；

④是否存在其他的证据表明在未弥补亏损到期前能够取得足够的应纳税所得额。

2. 不确认递延所得税资产的特殊情况。

某些情况下，如果企业发生的某项交易或事项不是企业合并，并且交易发生时既不影响会计利润也不影响应纳税所得额，且该项交易中产生的资产、负债的初始确认金额与其计税基础不同，产生可抵扣暂时性差异的，会计准则规定在交易或事项发生时不确认相关的递延所得税资产。其原因与该种情况下不确认相关的递延所得税负债相同，如果确认递延所得税资产，则需调整资产、负债的入账价值，对实际成本进行调整将有违历史成本原则，影响会计信息的可靠性。

【例17-13】甲公司2024年发生资本化研究开发支出8 000 000元，开发形成的无形资产在2024年末已达到预定用途，但尚未进行摊销。假定税法规定，按照无形资产成本的200%作为计算摊销额的基础。

甲公司按照会计准则规定资本化的开发支出为8 000 000元，其计税基础为16 000 000元（8 000 000×200%），该开发形成无形资产在初始确认时其账面价值与计税基础即存在差异，因该差异并非产生于企业合并，同时在产生时既不影响会计利润也不影响应纳税所得额，按照所得税准则规定，不确认与该暂时性差异相关的所得税影响。

（二）递延所得税资产的计量

1. 适用税率的确定。

同递延所得税负债的计量原则相一致，确认递延所得税资产时，应估计相关可抵扣暂时性差异的转回时间，采用转回期间适用的所得税税率为基础计算确定。另外，无论相关的可抵扣暂时性差异转回期间如何，递延所得税资产均不予折现。

2. 递延所得税资产的减值。

与其他资产相一致，资产负债表日，企业应当对递延所得税资产的账面价值进行复核。如果未来期间很可能无法取得足够的应纳税所得额用以利用递延所得税资产的利益，应当减记递延所得税资产的账面价值。对于预期无法实现的部分，一般应确认为当期所得税费用，同时减少递延所得税资产的账面价值；对于原确认时计入所有者权益的递延所得税资产，其减记金额也应计入所有者权益，不影响当期所得税费用。

递延所得税资产的账面价值因上述原因减记以后，以后期间根据新的环境和情况判断能够产生足够的应纳税所得额用以利用可抵扣暂时性差异，使得递延所得税资产包含的经济利益能够实现的，应相应恢复递延所得税资产的账面价值。

三、特定交易或事项涉及递延所得税的确认

与当期及以前期间直接计入所有者权益的交易或事项相关的当期所得税及递延所得税应当计入所有者权益。直接计入所有者权益的交易或事项主要有：对会计政策变更采用追溯调整法或对前期差错更正采用追溯重述法调整期初留存收益、以公允价值计量且其变动计入其他综合收益的金融资产的公允价值的变动金额、自用房地产转为采用公允价值模式计量的投资性房地产时公允价值大于原账面价值的差额计入其他综合收益等。

【例 17-14】甲公司于 2023 年 4 月自公开市场以每股 6 元的价格取得 A 公司普通股 200 万股，作为以公允价值计量且其变动计入其他综合收益的非交易性权益工具投资核算（假定不考虑交易费用），2023 年 12 月 31 日，甲公司该股票投资尚未出售，当日市价为每股 9 元。假定按照税法规定，资产在持有期间公允价值的变动不计入应纳税所得额，待处置时一并计算计入应纳税所得额。甲公司适用的所得税税率为 25%，假定在未来期间不会发生变化。假定不考虑其他因素，终止确认时其他综合收益转入留存收益中的"利润分配"科目。

甲公司在 2023 年 12 月 31 日的账务处理如下：

借：其他权益工具投资——公允价值变动 6 000 000
　　贷：其他综合收益——其他权益工具投资公允价值变动 6 000 000

借：其他综合收益——其他权益工具投资公允价值变动 1 500 000
　　贷：递延所得税负债 1 500 000

假定甲公司以每股 11 元的价格将该股票于 2024 年对外出售，结转该股票出售损益时：

借：银行存款 22 000 000
　　贷：其他权益工具投资——成本 12 000 000
　　　　　　　　　　　　——公允价值变动 6 000 000
　　　　利润分配——未分配利润 4 000 000

> 借：其他综合收益——其他权益工具投资公允价值变动   4 500 000
>   递延所得税负债   1 500 000
>   贷：利润分配——未分配利润   6 000 000

四、所得税税率变化对递延所得税资产和递延所得税负债影响的确认与计量

因适用税法规定的变化，导致企业在某一会计期间适用的所得税税率发生变化的，企业应对已确认的递延所得税资产和递延所得税负债进行重新计量。递延所得税资产和递延所得税负债的金额代表的是有关可抵扣暂时性差异或应纳税暂时性差异于未来期间转回时，导致应交所得税金额减少或增加的情况。适用所得税税率的变化必然导致应纳税暂时性差异或可抵扣暂时性差异在未来期间转回时产生增加或减少应交所得税金额的变化，在适用所得税税率变化的情况下应对原已确认的递延所得税资产和递延所得税负债的金额进行调整，反映所得税税率变化带来的影响。

除直接计入所有者权益的交易或事项产生的递延所得税资产和递延所得税负债，其相关的调整金额应计入所有者权益以外，其他情况下因所得税税率变化产生的递延所得税资产和递延所得税负债调整金额应确认为变化当期的所得税费用（或收益）。

五、关于单项交易产生的资产和负债相关的递延所得税不适用初始确认豁免的会计处理

对于不是企业合并、交易发生时既不影响会计利润也不影响应纳税所得额（或可抵扣亏损）、且初始确认的资产和负债导致产生等额应纳税暂时性差异和可抵扣暂时性差异的单项交易（包括承租人在租赁期开始日初始确认租赁负债并计入使用权资产的租赁交易，以及因固定资产等存在弃置义务而确认预计负债并计入相关资产成本的交易等），不适用所得税准则关于豁免初始确认递延所得税负债和递延所得税资产的规定。企业对该交易因资产和负债的初始确认所产生的应纳税暂时性差异和可抵扣暂时性差异，应当根据所得税准则等有关规定，在交易发生时分别确认相应的递延所得税负债和递延所得税资产。

第三节 所得税费用的确认和计量

企业核算所得税，主要是为确定当期应交所得税以及利润表中的所得税费用，从而确定各期实现的净利润。确认递延所得税资产和递延所得税负债，最终目的也是解决不同会计期间所得税费用的分配问题。按照资产负债表债务法进行核算的情况下，利润表中的所得税费用由两个部分组成：当期所得税和递延所得税。

一、当期所得税

当期所得税是指企业按照税法规定计算确定的针对当期发生的交易和事项，应缴纳给税务机关的所得税金额，即应交所得税。当期所得税应当以适用的税法规定为基础计算确定。企业在确定当期所得税时，对于当期发生的交易或事项，会计处理与税收处理不同的，应在会计利润的基础上，按照适用税法规定的要求进行调整（即纳税调整），计算出当期应纳税所得额，按照应纳税所得额与适用所得税税率计算确定当期应交所得税。一般情况下，应纳税所得额可在会计利润的基础上，考虑会计准则与税法规定之间的差异，按照以下公式计算确定：

应纳税所得额 = 会计利润 + 纳税调整增加额 − 纳税调整减少额 + 境外应税所得弥补境内亏损 − 弥补以前年度亏损

当期所得税 = 当期应交所得税 = 应纳税所得额 × 适用税率 − 减免税额 − 抵免税额

二、递延所得税

递延所得税是指按照会计准则规定应予确认的递延所得税资产和递延所得税负债在会计期末应有的金额相对于原已确认金额之间的差额，即递延所得税资产和递延所得税负债的当期发生额，但不包括计入所有者权益的交易或事项的所得税影响。用公式表示即为：

递延所得税 = 当期递延所得税负债的增加 + 当期递延所得税资产的减少 − 当期递延所得税负债的减少 − 当期递延所得税资产的增加

值得注意的是，如果某项交易或事项按照会计准则规定应计入所有者权益，由该交易或事项产生的递延所得税资产或递延所得税负债及其变化也应计入所有者权益，不构成利润表中的递延所得税费用（或收益）。

【例 17 − 15】 丙公司 2024 年 9 月取得的某项以公允价值计量且其变动计入其他综合收益的其他债权投资，成本为 2 000 000 元，2024 年 12 月 31 日，其公允价值为 2 400 000 元。丙公司适用的所得税税率为 25%。

分析：

会计期末在确认 400 000 元（2 400 000 − 2 000 000）的公允价值变动时：

借：其他债权投资——公允价值变动　　　　　　　　　　　400 000

　　贷：其他综合收益——其他债权投资公允价值变动　　　　　　400 000

确认应纳税暂时性差异的所得税影响时：

借：其他综合收益——其他债权投资公允价值变动　　　　100 000

　　贷：递延所得税负债　　　　　　　　　　　　　　　　　100 000

另外，非同一控制下的企业合并中因资产、负债的入账价值与其计税基础不同产生的递延所得税资产或递延所得税负债，其确认结果直接影响购买日确认的商誉或计入合并当期损益的金额，不影响所得税费用。

三、所得税费用的计算与列报

计算确定了当期所得税及递延所得税以后，利润表中应予确认的所得税费用为两者之和，即：

所得税费用 = 当期所得税 + 递延所得税

【例17-16】甲公司2024年度利润表中利润总额为12 000 000元，假定适用的所得税税率为25%，预计未来期间适用的所得税税率不会发生变化，未来期间能够产生足够的应纳税所得额用以抵扣可抵扣暂时性差异。递延所得税资产及递延所得税负债不存在期初余额。

甲公司2024年发生的有关交易和事项中，会计处理与税收处理存在差别的有：

（1）2023年12月31日取得的一项固定资产，成本为6 000 000元，使用年限为10年，预计净残值为0，会计处理按双倍余额递减法计提折旧，税收处理按直线法计提折旧。假定税法规定的使用年限及预计净残值与会计准则规定相同。

（2）向关联企业捐赠现金2 000 000元。假定税法规定，企业向关联方的捐赠不允许税前抵扣。

（3）当年度发生研究开发支出5 000 000元，较上年度增长20%。其中3 000 000元予以资本化；2024年12月31日，该研发项目形成的无形资产达到预定用途，尚未进行摊销。假定税法规定，企业费用化的研究开发支出按200%税前扣除，资本化的研究开发支出按无形资产成本的200%确定应予摊销的金额。

（4）应付违反环保法规罚款1 000 000元。

（5）期末对持有的存货计提了300 000元的存货跌价准备。

分析：

（1）2024年度当期应交所得税。

应纳税所得额 = 12 000 000 + (6 000 000 ÷ 10 × 2 − 6 000 000 ÷ 10) + 2 000 000 − (5 000 000 − 3 000 000) × 100% + 1 000 000 + 300 000 = 13 900 000（元）

应交所得税 = 13 900 000 × 25% = 3 475 000（元）

（2）2024年度递延所得税。

甲公司2024年12月31日有关资产、负债的账面价值、计税基础及相应的暂时性差异如表17-2所示。

表 17 - 2　　甲公司有关资产、负债的账面价值、计税基础、暂时性差异　　　单位：元

项目	账面价值	计税基础	差异	
			应纳税暂时性差异	可抵扣暂时性差异
存货	8 000 000	8 300 000		300 000
固定资产	25 400 000	26 000 000		600 000
无形资产	3 000 000	6 000 000		3 000 000
合　　计				3 900 000

本例中，由于存货、固定资产的账面价值和其计税基础不同，产生可抵扣暂时性差异 900 000 元，确认了递延所得税收益 225 000 元；对于研发形成的无形资产，其账面价值为 3 000 000 元，计税基础为 6 000 000 元 （3 000 000×200%），该无形资产在初始确认时其账面价值与计税基础即存在差异，因该差异并非产生于企业合并，同时在产生时既不影响会计利润也不影响应纳税所得额，按照所得税准则规定，不确认与该暂时性差异相关的所得税影响。所以，递延所得税收益 = 900 000 × 25% = 225 000 （元）。

（3）利润表中应确认的所得税费用。

所得税费用 = 3 475 000 - 225 000 = 3 250 000 （元）

借：所得税费用　　　　　　　　　　　　　　　　　　3 250 000

　　递延所得税资产　　　　　　　　　　　　　　　　　225 000

　　贷：应交税费——应交所得税　　　　　　　　　　　　3 475 000

【例 17 - 17】 丁公司 2024 年初的递延所得税资产借方余额为 1 900 000 元，递延所得税负债贷方余额为 100 000 元，具体构成项目如表 17 - 3 所示。

表 17 - 3　　　　　丁公司递延所得税资产和递延所得税负债　　　　　单位：元

项　目	可抵扣暂时性差异	递延所得税资产	应纳税暂时性差异	递延所得税负债
应收账款	600 000	150 000		
交易性金融资产			400 000	100 000
其他债权投资	2 000 000	500 000		
预计负债	800 000	200 000		
可税前抵扣的经营亏损	4 200 000	1 050 000		

丁公司 2024 年度利润表中利润总额为 16 100 000 元，适用的所得税税率为 25%，预计未来期间适用的所得税税率不会发生变化，未来期间能够产生足够的应纳税所得额用以抵扣可抵扣暂时性差异。

丁公司 2024 年发生的有关交易和事项中，会计处理与税收处理存在差别的有：

（1）年末转回应收账款坏账准备 200 000 元。假定税法规定，转回的坏账损失不计入应纳税所得额。

（2）年末根据交易性金融资产公允价值变动确认公允价值变动收益 200 000 元。假定税法规定，交易性金融资产公允价值变动收益不计入应纳税所得额。

（3）年末根据其他债权投资公允价值变动增加其他综合收益 400 000 元。假定税法规定，其他债权投资公允价值变动金额不计入应纳税所得额。

（4）当年实际支付产品保修费用 500 000 元，冲减前期确认的相关预计负债；当年确认产品保修费用 100 000 元，增加相关预计负债。假定税法规定，实际支付的产品保修费用允许税前扣除，但预计的产品保修费用不允许税前扣除。

（5）当年发生业务宣传费 8 000 000 元，至年末尚未支付。该公司当年实现销售收入 50 000 000 元。假定税法规定，企业发生的业务宣传费支出，不超过当年销售收入 15% 的部分，准予税前扣除；超过部分，准予结转以后年度税前扣除。

分析：

（1）2024 年度当期应交所得税。

应纳税所得额 = 16 100 000 − 4 200 000 − 200 000 − 200 000 − 500 000 + 100 000 + （8 000 000 − 50 000 000 × 15%） = 11 600 000 （元）

应交所得税 = 11 600 000 × 25% = 2 900 000 （元）

（2）2024 年度递延所得税。

丁公司 2024 年 12 月 31 日有关资产、负债的账面价值、计税基础及相应的暂时性差异如表 17-4 所示。

表 17-4　　　丁公司有关资产、负债的账面价值、计税基础、暂时性差异　　　单位：元

项　目	账面价值	计税基础	差　异	
			应纳税暂时性差异	可抵扣暂时性差异
应收账款	3 600 000	4 000 000		400 000
交易性金融资产	4 200 000	3 600 000	600 000	
其他债权投资	4 000 000	5 600 000		1 600 000
预计负债	400 000	0		400 000
其他应付款	8 000 000	7 500 000		500 000

递延所得税费用 = (600 000 × 25% − 100 000) − [(400 000 + 400 000 + 500 000) × 25% − (150 000 + 200 000 + 1 050 000)] = 1 125 000 (元)

(3) 利润表中应确认的所得税费用。

所得税费用 = 2 900 000 + 1 125 000 = 4 025 000 (元)

借：所得税费用   4 025 000

    贷：应交税费——应交所得税   2 900 000

           递延所得税资产   1 075 000

           递延所得税负债   50 000

借：其他综合收益   100 000

    贷：递延所得税资产   100 000

1 075 000 = (150 000 + 200 000 + 1 050 000) − (400 000 + 400 000 + 500 000) × 25%

50 000 = 600 000 × 25% − 100 000

100 000 = 400 000 × 25%

四、合并财务报表中因抵销未实现内部交易损益产生的递延所得税

企业在编制合并财务报表时，因抵销未实现内部销售损益导致合并资产负债表中资产、负债的账面价值与其在纳入合并范围的企业按照适用税法规定确定的计税基础之间产生暂时性差异的，在合并资产负债表中应当确认递延所得税资产或递延所得税负债，同时调整合并利润表中的所得税费用，但与直接计入所有者权益的交易或事项及企业合并相关的递延所得税除外。

企业在编制合并财务报表时，应将纳入合并范围的企业之间发生的未实现内部交易损益予以抵销。因此，对于所涉及的资产负债项目在合并资产负债表中列示的价值与其在所属的企业个别资产负债表中的价值会不同，进而可能产生与有关资产、负债所属纳税主体计税基础的不同，从合并财务报表作为一个完整会计主体的角度看，应当确认该暂时性差异的所得税影响。有关会计处理举例参见本书第二十一章有关内容。

本章思考题

1. 企业对所得税的会计处理和税收处理为什么会存在差异？所得税的会计处理一般应遵循哪些程序？

2. 资产计税基础一般应如何计算？固定资产、无形资产等具体资产项目的计税基础如何确定？

3. 负债计税基础一般应如何计算？预计负债、合同负债等具体负债项目的计税基础如何确定？

4. 暂时性差异的产生原因是什么？应纳税暂时性差异和可抵扣暂时性差异的区别是什么？

5. 递延所得税负债、递延所得税资产的确认原则分别是什么？

6. 所得税费用是如何计算得出的？

第十八章 外币折算

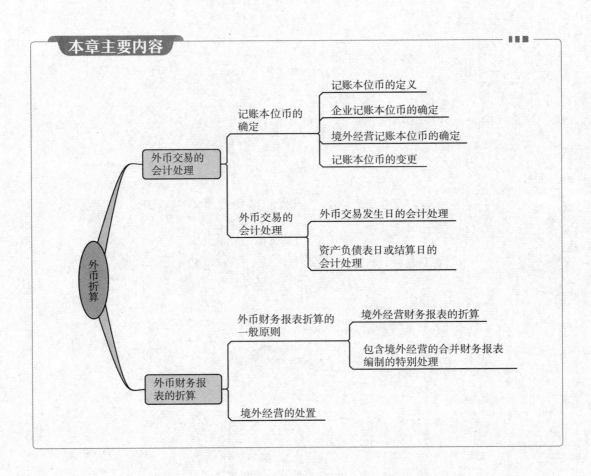

本章主要内容

- 外币折算
  - 外币交易的会计处理
    - 记账本位币的确定
      - 记账本位币的定义
      - 企业记账本位币的确定
      - 境外经营记账本位币的确定
      - 记账本位币的变更
    - 外币交易的会计处理
      - 外币交易发生日的会计处理
      - 资产负债表日或结算日的会计处理
  - 外币财务报表的折算
    - 外币财务报表折算的一般原则
      - 境外经营财务报表的折算
      - 包含境外经营的合并财务报表编制的特别处理
    - 境外经营的处置

第一节 外币交易的会计处理

外币交易是指以外币计价或者结算的交易，包括买入或者卖出以外币计价的商品或者劳务、借入或者借出外币资金和其他以外币计价或者结算的交易。外币是指企业记账本位币以外的货币。

外币交易的会计处理涉及的主要问题有：记账本位币的确定；外币交易发生日折算

汇率的选择及外币交易初始确认的会计处理；资产负债表日及结算日折算汇率的选择及所产生汇兑差额的会计处理。

一、记账本位币的确定

（一）记账本位币的定义

记账本位币是指企业经营所处的主要经济环境中的货币。它通常是企业主要收、支现金的经济环境中的货币。我国会计法规制度中所称的记账本位币与国际财务报告准则中的功能货币虽然名称不同，但其实质内容是一致的。

（二）企业记账本位币的确定

根据《中华人民共和国会计法》，会计核算以人民币为记账本位币。业务收支以人民币以外的货币为主的单位，可以选定其中一种货币作为记账本位币，但是编报的财务会计报告应当折算为人民币。

企业确定记账本位币，应当考虑下列因素：（1）该货币主要影响商品和劳务的销售价格，通常以该货币进行商品和劳务的计价和结算。例如，甲公司为从事商品贸易的企业，80%以上的销售收入以人民币计价和结算。人民币是主要影响甲公司商品销售价格的货币。（2）该货币主要影响商品和劳务所需人工、材料和其他费用，通常以该货币进行上述费用的计价和结算。例如，乙公司为商品制造企业，所需机器设备、厂房、人工、原材料等在国内采购，以人民币计价和结算。人民币是主要影响其商品制造所需人工、材料和其他费用的货币。（3）融资活动获得的货币以及保存从经营活动中收取的款项所使用的货币。

在确定企业的记账本位币时，上述因素的重要程度因企业具体情况不同而异，需要企业管理层根据实际情况进行判断。一般情况下，综合考虑前两项因素即可确定企业的记账本位币，但有些情况下，仅根据收支情况难以确定记账本位币的，企业需要进一步结合第三项因素进行综合分析后作出选择。需要强调的是，这并不是说企业管理层可以根据需要随意选择记账本位币，而是根据实际情况只能将其中一种货币确定为记账本位币。

【例18-1】甲公司为外贸自营出口企业，超过80%的营业收入来自对美国的出口，其商品销售价格主要受美元影响，商品以美元计价。因此，从影响商品和劳务销售价格的角度看，甲公司应选择美元作为记账本位币。

如果甲公司除厂房设施、30%的人工成本在国内以人民币采购或支付外，生产所需原材料、机器设备及70%以上的人工成本都以美元从美国采购或支付，则甲公司应将美元确定为记账本位币。

但是，如果甲公司95%以上的人工成本、原材料及相应的厂房设施、机器设备等在国内采购并以人民币计价，甲公司取得的美元营业收入在汇回国内时直接兑换成人民币存款，且甲公司对美元汇率波动产生的外汇风险进行了套期保值，降低了汇率波动对企业取得的外币销售收入的影响，则甲公司应将人民币确定为记账本位币。

（三）境外经营记账本位币的确定

境外经营的判断，不是以其位置是否在境外为标准，而是要看其记账本位币是否与企业的记账本位币相同。因此，境外经营包含两种情况：一是企业在境外的子公司、合营企业、联营企业、分支机构；二是企业在境内的子公司、合营企业、联营企业、分支机构，采用不同于本企业的记账本位币的，也视同境外经营。

企业在确定境外经营的记账本位币时，除上述确定企业记账本位币需要考虑的因素外，还应当考虑下列有关该境外经营与企业之间关系的因素：（1）境外经营对其所从事的活动是否拥有很强的自主性。如果境外经营所从事的活动是视同本企业经营活动的延伸，构成企业经营活动的组成部分，该境外经营应当选择与企业记账本位币相同的货币作为记账本位币；如果境外经营所从事的活动拥有极大的自主性，境外经营应当根据其实际情况确定记账本位币，不必与企业记账本位币保持一致。（2）与企业的交易是否在境外经营活动中占有较大比重。如果境外经营与企业的交易在境外经营活动中所占的比重较大，境外经营应当选择与企业记账本位币相同的货币作为记账本位币；反之，应选择其他货币。（3）境外经营活动产生的现金流量是否直接影响企业的现金流量、是否可以随时汇回。如果境外经营活动产生的现金流量直接影响企业的现金流量，并可随时汇回，境外经营应当选择与企业记账本位币相同的货币作为记账本位币；反之，应选择其他货币。（4）境外经营活动产生的现金流量是否足以偿还其现有债务和可预期的债务。如果境外经营活动产生的现金流量在企业不提供资金的情况下，难以偿还其现有债务和正常情况下可预期的债务，境外经营应当选择与企业记账本位币相同的货币作为记账本位币；反之，应选择其他货币。

综上所述，企业确定本企业记账本位币或其境外经营记账本位币时，在综合多项因素记账本位币不明显的情况下，应当优先考虑（二）中的（1）、（2）项因素，然后考虑融资活动获得的货币、保存从经营活动中收取款项时所使用的货币，以及（三）中的因素，以确定记账本位币。

（四）记账本位币的变更

企业记账本位币一经确定，不得随意变更，除非与确定记账本位币相关的企业经营所处的主要经济环境发生重大变化。主要经济环境发生重大变化，通常是指企业主要收取和支出现金的环境发生重大变化，使用该环境中的货币最能反映企业的主要交易业务的经济结果。

企业因经营所处的主要经济环境发生重大变化，确需变更记账本位币的，应当采用变更当日即期汇率将所有项目折算为变更后的记账本位币，折算后的金额作为以新的记账本位币计量的历史成本，由于采用同一即期汇率进行折算，不会产生汇兑差额。企业需要提供确凿的证据证明企业经营所处的主要经济环境确实发生了重大变化，并应当在附注中披露变更的理由。

企业记账本位币发生变更的，在按照变更当日的即期汇率将所有项目折算为变更后的记账本位币时，其比较财务报表应当以可比当日的即期汇率折算所有资产负债表和利润表项目。

二、外币交易的会计处理

（一）外币交易发生日的会计处理

企业发生外币交易的，应采用交易发生日的即期汇率或即期汇率的近似汇率将外币金额折算为记账本位币金额，按照折算后的记账本位币金额登记有关记账本位币账户；同时，按照外币金额登记相应的外币账户。

企业通常应当采用即期汇率进行折算。即期汇率一般指中国人民银行公布的当日人民币汇率的中间价。但是，在企业发生单纯的货币兑换交易或涉及货币兑换的交易时，仅用中间价不能反映货币买卖的损益，应当按照交易实际采用的汇率（即银行买入价或卖出价）折算。

当汇率变化不大时，为简化核算，企业也可以采用即期汇率的近似汇率进行折算。即期汇率的近似汇率是指按照系统合理的方法确定的、与交易发生日即期汇率近似的汇率，通常采用当期平均汇率或加权平均汇率等。加权平均汇率需要采用外币交易的外币金额作为权重进行计算。

【例18-2】甲公司系增值税一般纳税人，记账本位币为人民币，其外币交易采用交易日的即期汇率折算。2020年9月10日，甲公司从国外乙公司购入某原材料，货款300 000美元，当日即期汇率为1美元=6.83人民币元，按照规定应缴纳的进口关税为204 900人民币元、进口增值税为293 007人民币元，货款尚未支付，进口关税及增值税已以银行存款支付。

甲公司账务处理如下：

借：原材料——××材料（300 000×6.83+204 900）　　　　　　2 253 900
　　应交税费——应交增值税（进项税额）　　　　　　　　　　　293 007
　　贷：应付账款——乙公司（美元）　　　　　　　　　　　　　　2 049 000
　　　　银行存款（204 900+293 007）　　　　　　　　　　　　　　497 907

【例18-3】甲公司的记账本位币为人民币，其外币交易采用交易日的即期汇率折算。2021年6月10日，向国外丙公司出口一批商品，销售价款共计800 000欧元，取得无条件收款权，当日即期汇率为1欧元=7.78人民币元。假定不考虑增值税等相关税费，货款尚未收到。

甲公司账务处理如下：

借：应收账款——丙公司（欧元）（800 000×7.78）　　　　　　6 224 000
　　贷：主营业务收入——出口××商品　　　　　　　　　　　　　6 224 000

【例18-4】甲公司的记账本位币为人民币，其外币交易采用交易日的即期汇率折算。2021年2月5日，从银行借入200 000英镑，期限为6个月，年利率为5%（等于实际利率），借入的英镑暂存银行。借入当日即期汇率为1英镑=8.85人民币元。

甲公司账务处理如下：

借：银行存款——××银行（英镑）（200 000×8.85）　　1 770 000

　　贷：短期借款——××银行（英镑）　　　　　　　　　　　　　1 770 000

【例18-5】甲公司的记账本位币为人民币，其外币交易采用交易日的即期汇率折算。2021年8月4日，将货款1 000 000欧元兑换成人民币，银行当日欧元买入价为1欧元=7.63人民币元，中间价为1欧元=7.67人民币元。

本例中，企业与银行发生货币兑换，兑换所用汇率为银行的买入价，而通常记账所用的即期汇率为中间价，由此产生的汇兑差额计入当期财务费用。甲公司当日的账务处理如下：

借：银行存款——××银行（人民币元）（1 000 000×7.63）　7 630 000

　　财务费用——汇兑差额　　　　　　　　　　　　　　　　　40 000

　　贷：银行存款——××银行（欧元）（1 000 000×7.67）　　　7 670 000

企业收到投资者以外币投入的资本，无论是否有合同约定汇率，均不得采用合同约定汇率和即期汇率的近似汇率折算，而应当采用交易发生日的即期汇率折算，外币投入资本与相应的货币性项目的记账本位币金额相符，因此不产生外币资本折算差额。

【例18-6】甲公司的记账本位币为人民币，其外币交易采用交易日的即期汇率折算。2020年9月10日，甲公司为增资扩股与某外商签订投资合同，当日收到外商投入资本2 000 000美元，当日即期汇率为1美元=6.83人民币元，其中，13 000 000人民币元作为注册资本的组成部分。假定投资合同约定的汇率为1美元=6.85人民币元。

甲公司账务处理如下：

借：银行存款——××银行（美元）（2 000 000×6.83）　13 660 000

　　贷：实收资本——××　　　　　　　　　　　　　　　　13 000 000

　　　　资本公积——资本溢价　　　　　　　　　　　　　　　660 000

（二）资产负债表日或结算日的会计处理

资产负债表日，企业应当分别外币货币性项目和外币非货币性项目进行会计处理。

1. 外币货币性项目。

货币性项目是指企业持有的货币资金和将以固定或可确定的金额收取的资产或者偿付的负债。货币性项目分为货币性资产和货币性负债。货币性资产包括现金、银行存款、应收账款、其他应收款、长期应收款、债权投资、其他债权投资等；货币性负债包括应付账款、其他应付款、短期借款、应付债券、长期借款、长期应付款等。

资产负债表日或结算货币性项目时，企业应当采用资产负债表日或结算当日即期汇率折算外币货币性项目，因当日即期汇率与初始确认时或者前一资产负债表日即期汇率不同而产生的汇兑差额，计入当期损益，同时调增或调减外币货币性项目的记账本位币金额。

【例 18 - 7】 沿用【例 18 - 2】，2020 年 9 月 30 日，甲公司尚未向乙公司支付所欠货款，当日即期汇率为 1 美元 = 6.81 人民币元。甲公司对该笔交易产生的外币货币性项目"应付账款"采用期末的即期汇率进行折算，折算为记账本位币 2 043 000 人民币元（300 000 × 6.81），与原记账本位币金额 2 049 000 人民币元的差额 6 000 人民币元计入当期损益。

甲公司账务处理如下：

借：应付账款——乙公司（美元）　　　　　　　　　6 000
　　贷：财务费用——汇兑差额　　　　　　　　　　　　　　6 000

【例 18 - 8】 沿用【例 18 - 3】，2021 年 6 月 30 日，甲公司仍未收到丙公司购货款，当日即期汇率为 1 欧元 = 7.69 人民币元。甲公司对该笔交易产生的外币货币性项目"应收账款"采用期末的即期汇率进行折算，折算为记账本位币 6 152 000 人民币元（800 000 × 7.69），与原记账本位币金额 6 224 000 人民币元的差额 72 000 人民币元计入当期损益。

甲公司账务处理如下：

借：财务费用——汇兑差额　　　　　　　　　　　　72 000
　　贷：应收账款——丙公司（欧元）　　　　　　　　　　　72 000

假定甲公司 2021 年 6 月 27 日收到上述货款，兑换成人民币直接存入银行，当日银行的欧元买入价为 1 欧元 = 7.71 人民币元。甲公司账务处理如下：

借：银行存款——××银行（人民币元）（800 000 × 7.71）　6 168 000
　　财务费用——汇兑差额　　　　　　　　　　　　　56 000
　　贷：应收账款——丙公司（欧元）　　　　　　　　　　　6 224 000

【例 18 - 9】 沿用【例 18 - 4】，假定 2021 年 2 月 28 日即期汇率为 1 英镑 = 9.03 人民币元，甲公司对该笔交易产生的外币货币性项目"短期借款"采用期末的即期汇率进行折算，折算为记账本位币 1 806 000 人民币元（200 000 × 9.03），与原记账本位币金额 1 770 000 人民币元的差额 36 000 人民币元计入当期损益。

甲公司账务处理如下：

借：财务费用——汇兑差额　　　　　　　　　　　　36 000
　　贷：短期借款——××银行（英镑）　　　　　　　　　　36 000

2021 年 8 月 5 日，甲公司以人民币归还所借英镑，当日银行的英镑卖出价为 1 英镑＝9.03 人民币元，假定借款利息在到期归还本金时一并支付，则当日应归还银行借款利息 5 000 英镑（200 000×5%÷12×6），按当日英镑卖出价折算为人民币 45 150 元（5 000×9.03）。假定 2021 年 7 月 31 日的即期汇率为 1 英镑＝9.02 人民币元。甲公司账务处理如下：

> 借：短期借款——××银行（英镑）（200 000×9.02）　　1 804 000
> 　　财务费用——汇兑差额　　　　　　　　　　　　　　　2 000
> 　　贷：银行存款——××银行（人民币元）（200 000×9.03）　1 806 000
> 借：财务费用——利息费用（5 000×9.03）　　　　　　　 45 150
> 　　贷：银行存款——××银行（人民币元）　　　　　　　　 45 150

2. 外币非货币性项目。

非货币性项目是指货币性项目以外的项目，包括存货、长期股权投资、以公允价值计量且其变动计入当期损益的金融资产（股票、基金等）、固定资产、无形资产、预收账款、预付账款、合同负债等。

（1）对于以历史成本计量的外币非货币性项目，已在交易发生日按当日即期汇率折算，资产负债表日不应改变其原记账本位币金额，不产生汇兑差额。因为这些项目在取得时已按取得时即期汇率折算，从而构成这些项目的历史成本，如果再按资产负债表日的即期汇率折算，就会导致这些项目价值不断变动，从而使这些项目的折旧、摊销和减值不断地随之变动。这与这些项目按历史成本计量的实际情况不符。

【例 18－10】 甲公司的记账本位币为人民币，其外币交易采用交易日的即期汇率折算。2020 年 9 月 10 日进口一台机器设备，支付价款 1 000 000 美元，已按当日即期汇率 1 美元＝6.83 人民币元折算为人民币并记入"固定资产"账户。"固定资产"属于非货币性项目，因此，资产负债表日不需要再按照当日即期汇率进行调整。

（2）对于以成本与可变现净值孰低计量的存货，在以外币购入存货并且该存货在资产负债表日的可变现净值以外币反映的情况下，确定资产负债表日存货价值时应当考虑汇率变动的影响。即先将可变现净值按资产负债表日即期汇率折算为记账本位币金额，再与以记账本位币反映的存货成本进行比较，从而确定该项存货的期末价值。

【例 18－11】 甲公司为医疗设备经销商，其记账本位币为人民币，外币交易采用交易日即期汇率折算。2020 年 10 月 9 日，甲公司以 1 000 欧元/台的价格从国外购入某新型医疗设备 200 台（该设备在国内市场尚无供应），当日即期汇率为 1 欧元＝7.99 人民币元。2020 年 12 月 31 日，尚有 120 台设备未销售出去，国内市场仍无该设备供应，其在国际市场的价格已降至 920 欧元/台。2020 年 12 月 31 日即期汇率为 1 欧元＝8.03 人民币元。假定不考虑增值税等相关税费。

本例中，由于存货在资产负债表日采用成本与可变现净值孰低计量，因此，在以外币购入存货并且该存货在资产负债表日的可变现净值以外币反映时，确定该项存货的期末价值时应当考虑汇率变动的影响。

2020年12月31日甲公司对该项设备应计提的存货跌价准备 = 1 000 × 120 × 7.99 − 920 × 120 × 8.03 = 72 288（人民币元）

借：资产减值损失——存货——××医疗设备　　　　　　　72 288
　　贷：存货跌价准备——××医疗设备　　　　　　　　　　72 288

（3）对于以公允价值计量的股票、基金等非货币性项目，期末公允价值以外币反映的，应当先将该外币金额按照公允价值确定当日的即期汇率折算为记账本位币金额，再与原记账本位币金额进行比较。对于以公允价值计量且其变动计入当期损益的金融资产，折算后的记账本位币金额与原记账本位币金额之间的差额计入当期损益。对于指定为以公允价值计量且其变动计入其他综合收益的非交易性权益工具投资，其折算后的记账本位币金额与原记账本位币金额之间的差额应计入其他综合收益（处置时直接转入留存收益）。

【例18-12】 甲公司的记账本位币为人民币，其外币交易采用交易日的即期汇率折算。2020年6月8日，以每股4美元的价格购入乙公司B股股票20 000股，划分为以公允价值计量且其变动计入当期损益的金融资产核算，当日即期汇率为1美元 = 7.09人民币元，款项已支付。2020年6月30日，乙公司B股股票市价为每股3.5美元，当日即期汇率为1美元 = 7.08人民币元。假定不考虑相关税费。

2020年6月8日，甲公司购入股票的账务处理如下：

借：交易性金融资产——乙公司B股——成本（4 × 20 000 × 7.09）

　　　　　　　　　　　　　　　　　　　　　　　　　　　567 200
　　贷：银行存款——××银行（美元）　　　　　　　　　　567 200

由于该项交易性金融资产以外币计价，在资产负债表日，不仅应考虑B股股票市价的波动，还应一并考虑美元与人民币之间汇率变动的影响。上述交易性金融资产在资产负债表日应按495 600人民币元（3.5 × 20 000 × 7.08）入账，与原账面价值567 200人民币元的差额71 600人民币元应计入公允价值变动损益。该差额既包含了甲公司所购乙公司B股股票公允价值（股价）变动的影响，也包含了人民币与美元之间汇率变动的影响。甲公司相关账务处理如下：

借：公允价值变动损益——乙公司B股　　　　　　　　　　71 600
　　贷：交易性金融资产——乙公司B股——公允价值变动　　71 600

2020年7月24日，甲公司将所购乙公司B股股票按当日市价每股4.2美元全部售出，所得价款为84 000美元，按当日即期汇率1美元 = 6.99人民币元折算为587 160人民币元（4.2 × 20 000 × 6.99），与其原账面价值495 600人民币元的差额为91 560

人民币元。对于汇率的变动和股价的变动不进行区分，均作为投资收益进行处理。因此，售出乙公司 B 股股票当日，甲公司相关账务处理如下：

借：银行存款——××银行（美元） 587 160
　　交易性金融资产——乙公司 B 股——公允价值变动 71 600
　　贷：交易性金融资产——乙公司 B 股——成本 567 200
　　　　投资收益——出售乙公司 B 股股票 91 560

【例 18 - 13】 甲公司系增值税一般纳税人，以人民币作为记账本位币，其外币交易采用交易日的即期汇率折算，按月计算汇兑损益。甲公司在银行开设有欧元账户。

扫码看讲解

甲公司有关外币账户 2020 年 5 月 31 日的余额如表 18 - 1 所示。

表 18 - 1

项目	外币账户余额（欧元）	汇率	人民币账户余额（人民币元）
银行存款	800 000	7.90	6 320 000
应收账款	400 000	7.90	3 160 000
应付账款	200 000	7.90	1 580 000

（1）甲公司 2020 年 6 月发生的有关外币交易或事项如下：

①6 月 5 日，以人民币向银行买入 200 000 欧元。当日即期汇率为 1 欧元 = 8.05 人民币元，当日银行欧元的卖出价为 1 欧元 = 8.11 人民币元。

②6 月 12 日，从国外购入一批原材料，总价款为 400 000 欧元。该原材料已验收入库，货款尚未支付。当日即期汇率为 1 欧元 = 8.00 人民币元。另外，以银行存款支付该原材料的进口关税 320 000 人民币元、增值税 457 600 人民币元。

③6 月 16 日，出口销售一批商品，销售价款为 600 000 欧元，取得无条件收款权，货款尚未收到。当日即期汇率为 1 欧元 = 8.02 人民币元。假设不考虑相关税费。

④6 月 25 日，收回 5 月出口销售发生的应收账款 300 000 欧元，款项已存入银行。当日即期汇率为 1 欧元 = 7.98 人民币元。

⑤6 月 30 日，即期汇率为 1 欧元 = 7.96 人民币元。

甲公司相关账务处理如下：

①借：银行存款——××银行（欧元）（200 000 × 8.05） 1 610 000
　　财务费用——汇兑差额 12 000
　　贷：银行存款——××银行（人民币元）（200 000 × 8.11） 1 622 000
②借：原材料——××材料（400 000 × 8.00 + 320 000） 3 520 000
　　应交税费——应交增值税（进项税额） 457 600

贷：应付账款——××单位（欧元）（400 000×8.00）　　3 200 000

　　　　银行存款——××银行（人民币元）　　　　　　777 600

③借：应收账款——××单位（欧元）（600 000×8.02）　4 812 000

　　贷：主营业务收入——出口××商品　　　　　　　　4 812 000

④借：银行存款——××银行（欧元）（300 000×7.98）　2 394 000

　　贷：应收账款——××单位（欧元）（300 000×7.90）　2 370 000

　　　　财务费用——汇兑差额　　　　　　　　　　　　　24 000

（2）2020年6月30日，计算期末产生的汇兑差额：

①银行存款欧元账户余额 = 800 000 + 200 000 + 300 000 = 1 300 000（欧元）

按当日即期汇率折算为人民币金额 = 1 300 000×7.96 = 10 348 000（人民币元）

汇兑差额 = 10 348 000 - （6 320 000 + 1 610 000 + 2 394 000）= 24 000（人民币元）
（汇兑收益）

②应收账款欧元账户余额 = 400 000 + 600 000 - 300 000 = 700 000（欧元）

按当日即期汇率折算为人民币金额 = 700 000×7.96 = 5 572 000（人民币元）

汇兑差额 = 5 572 000 - （3 160 000 + 4 812 000 - 2 370 000）= - 30 000（人民币元）（汇兑损失）

③应付账款欧元账户余额 = 200 000 + 400 000 = 600 000（欧元）

按当日即期汇率折算为人民币金额 = 600 000×7.96 = 4 776 000（人民币元）

汇兑差额 = 4 776 000 - （1 580 000 + 3 200 000）= - 4 000（人民币元）（汇兑收益）

④应计入当期损益的汇兑差额 = - 24 000 + 30 000 - 4 000 = 2 000（人民币元）（汇兑损失）

借：银行存款——××银行（欧元）　　　　　　　　　24 000

　　应付账款——××单位（欧元）　　　　　　　　　　4 000

　　财务费用——汇兑差额　　　　　　　　　　　　　　2 000

　　贷：应收账款——××单位（欧元）　　　　　　　　30 000

第二节　外币财务报表的折算

一、外币财务报表折算的一般原则

（一）境外经营财务报表的折算

如果企业的子公司、合营企业、联营企业和分支机构的记账本位币不同于企业的记账本位币，在将企业境外经营通过合并财务报表、权益法核算等纳入企业的财务报表中时，需要将境外经营的财务报表折算为以企业记账本位币反映的财务报表。

在对企业境外经营财务报表进行折算前，应当调整境外经营的会计期间和会计政策，使之与企业的会计期间和会计政策相一致，按照调整后的会计政策和会计期间编制相应货币（记账本位币以外的货币）的财务报表，然后再按照以下规定进行折算：

（1）资产负债表中的资产和负债项目，采用资产负债表日的即期汇率折算，所有者权益项目除"未分配利润"项目外，其他项目采用发生时的即期汇率折算。

（2）利润表中的收入和费用项目，采用交易发生日的即期汇率折算；也可以采用按照系统合理的方法确定的、与交易发生日的即期汇率近似的汇率折算。

（3）产生的外币财务报表折算差额，在资产负债表中所有者权益项目下的"其他综合收益"项目列示。

比较财务报表的折算比照上述规定处理。

【例 18-14】 甲公司的记账本位币为人民币，乙公司为其国外子公司，乙公司的记账本位币为 XY。甲公司拥有乙公司 70% 的股权，并能够对乙公司的财务和经营政策实施控制。甲公司采用当期平均汇率折算乙公司利润表项目。乙公司有关资料如下：

假定 2021 年 12 月 31 日的即期汇率为 1XY 元 = 9.88 人民币元，2021 年的平均汇率为 1XY 元 = 12.87 人民币元，实收资本、资本公积发生日的即期汇率为 1XY 元 = 14.27 人民币元。2020 年 12 月 31 日的股本为 6 000 000XY 元，折算人民币为 85 620 000 元；盈余公积为 600 000XY 元，折算人民币为 9 000 000 元；未分配利润为 1 400 000XY 元，折算人民币为 21 000 000 元，甲、乙两公司均在年末提取盈余公积，乙公司 2021 年提取的盈余公积为 700 000XY 元。

利润表（简表）和所有者权益变动表（简表）见表 18-2、表 18-3。

表 18-2　　　　　　　　　　　利润表（简表）

编制单位：乙公司　　　　　　　　　　2021 年度　　　　　　　　　　单位：万元

项 目	本年金额（XY 币）	折算汇率	折算为人民币金额
一、营业收入	2 400	12.87	30 888
减：营业成本	1 800	12.87	23 166
税金及附加	50	12.87	643.5
管理费用	120	12.87	1 544.4
财务费用	10	12.87	128.7
加：投资收益	30	12.87	386.1
二、营业利润	450	—	5 791.5
加：营业外收入	50	12.87	643.5
减：营业外支出	20	12.87	257.4

续表

项 目	本年金额（XY 币）	折算汇率	折算为人民币金额
三、利润总额	480	—	6 177.6
减：所得税费用	130	12.87	1 673.1
四、净利润	350	—	4 504.5
五、其他综合收益的税后净额			
六、综合收益总额	350	—	4 504.5

注：为便于排版，本章中报表统一以"万元"为单位。实务中，财务报表应当以"元"为单位列报。

表 18－3　　　　　　　　　　　　　所有者权益变动表（简表）

编制单位：乙公司　　　　　　　　　　　　　2021 年度　　　　　　　　　　　　　单位：万元

项 目	实收资本			其他综合收益	盈余公积			未分配利润		所有者权益合计
	XY 币	折算汇率	人民币	人民币	XY 币	折算汇率	人民币	XY 币	人民币	人民币
一、本年年初余额	600	14.27	8 562		60		900	140	2 100	11 562
二、本年增减变动金额										
（一）综合收益总额										－200
净利润								350	4 504.5	4 504.5
其他综合收益的税后净额				－4 704.5						－4 704.5
其中：外币报表折算差额				－4 704.5						－4 704.5
（二）利润分配										
提取盈余公积					70	12.87	900.9	－70	－900.9	0
三、本年年末余额	600	14.27	8 562	－4 704.5	130		1 800.9	420	5 703.6	11 362

当期计提的盈余公积采用当期平均汇率折算，期初盈余公积为以前年度计提的盈余公积按相应年度平均汇率折算后金额的累计，期初未分配利润记账本位币金额为以前年度未分配利润记账本位币金额的累计。

资产负债表（简表）见表 18－4。

表 18 –4　　　　　　　　　　　　　　　资产负债表（简表）

编制单位：乙公司　　　　　　　　　　2021 年 12 月 31 日　　　　　　　　　　单位：万元

资产	期末数（XY 币）	折算汇率	折算为人民币金额	负债和所有者权益	期末数（XY 币）	折算汇率	折算为人民币金额
流动资产：				流动负债：			
货币资金	230	9.88	2 272.4	短期借款	50	9.88	494
应收账款	230	9.88	2 272.4	应付账款	340	9.88	3 359.2
存货	280	9.88	2 766.4	其他流动负债	130	9.88	1 284.4
其他流动资产	240	9.88	2 371.2	流动负债合计	520	—	5 137.6
流动资产合计	980	—	9 682.4	非流动负债：			
非流动资产：				长期借款	170	9.88	1 679.6
长期应收款	140	9.88	1 383.2	应付债券	100	9.88	988
固定资产	660	9.88	6 520.8	其他非流动负债	90	9.88	889.2
在建工程	90	9.88	889.2	非流动负债合计	360	—	3 556.8
无形资产	120	9.88	1 185.6	负债合计	880		8 694.4
其他非流动资产	40	9.88	395.2	所有者权益：			
非流动资产合计	1 050	—	10 374	实收资本	600	14.27	8 562
				其他综合收益			– 4 704.5
				盈余公积	130		1 800.9
				未分配利润	420		5 703.6
				所有者权益合计	1 150		11 362
资产合计	2 030		20 056.4	负债和所有者权益合计	2 030		20 056.4

外币报表折算差额为以记账本位币反映的净资产减去以记账本位币反映的实收资本、资本公积、盈余公积及未分配利润等项目金额后的余额。

企业对处于恶性通货膨胀经济情况下的境外经营的财务报表进行折算时，需要先对其财务报表进行重述，然后再折算为以企业记账本位币反映的财务报表。

企业的记账本位币不是人民币的，应当按照境外经营财务报表折算原则将其财务报表折算为人民币财务报表。

（二）包含境外经营的合并财务报表编制的特别处理

企业境外经营为其子公司的情况下，企业在编制合并财务报表时，对于境外经营财务报表折算差额，需要在母公司与子公司少数股东之间按照各自在境外经营所有者权益中所享有的份额进行分摊，其中：属于母公司应分担的部分在合并资产负债表和合并所有者权益变动表中所有者权益项目下的"其他综合收益"项目列示，属于子公司少数股东应分担的部分应并入"少数股东权益"项目列示。

企业存在实质上构成对子公司（境外经营）净投资的外币货币性项目的情况下，在编制合并财务报表时，应分别以下两种情况编制抵销分录：

（1）实质上构成对子公司净投资的外币货币性项目以母公司或子公司的记账本位币反映的，应在抵销长期应收应付项目的同时，将其产生的汇兑差额转入"其他综合收益"项目。

（2）实质上构成对子公司净投资的外币货币性项目以母、子公司的记账本位币以外的货币反映的，应将母、子公司此项外币货币性项目产生的汇兑差额相互抵销，差额转入"其他综合收益"项目。

如果合并财务报表中各子公司之间也存在实质上构成对另一子公司（境外经营）净投资的外币货币性项目，在编制合并财务报表时应比照上述原则编制相应的抵销分录。

二、境外经营的处置

企业可能通过出售、清算、返还股本或放弃全部或部分权益等方式处置其在境外经营中的权益。企业在处置境外经营时，应当将资产负债表所有者权益项目中与该境外经营相关的外币财务报表折算差额，转入处置当期损益；部分处置境外经营的，应当按处置的比例计算处置部分对应的外币财务报表折算差额，转入处置当期损益。

本章思考题

1. 企业在确定记账本位币时应当考虑哪些因素？对于境外经营记账本位币的确定，还应考虑哪些额外因素？

2. 企业在对外币交易进行会计处理时，应当如何选择折算汇率？

3. 对于境外经营的外币财务报表，应当如何进行折算？

第十九章 租 赁

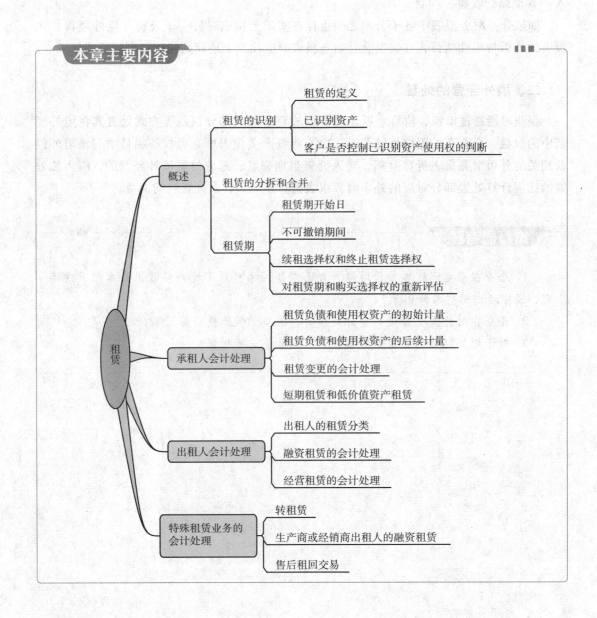

第一节 租赁概述

按照《企业会计准则第 21 号——租赁》（财会〔2018〕35 号，以下简称租赁准则），承租人不再区分融资租赁和经营租赁，而应对所有租赁（按照租赁准则的规定采用简化处理的短期租赁和低价值资产租赁除外）确认使用权资产和租赁负债，参照固定资产准则对使用权资产计提折旧，并采用固定的周期性利率确认每期利息费用；出租人仍将租赁分为融资租赁和经营租赁，并分别采用不同的会计处理方法。

一、租赁的识别

（一）租赁的定义

租赁，是指在一定期间内，出租人将资产的使用权让与承租人以获取对价的合同。如果合同一方让渡了在一定期间内控制一项或多项已识别资产使用的权利以换取对价，则该合同为租赁或者包含租赁。

根据上述定义，一项租赁应当包含以下要素：一是存在一定期间；二是存在已识别资产；三是资产供应方向客户转移对已识别资产使用权的控制。在合同中，"一定期间"也可以表述为已识别资产的使用量，如某项设备的产出量。如果客户有权在部分合同期内控制已识别资产的使用，则合同包含一项在该部分合同期间的租赁。

企业应当在合同开始日，评估合同是否为租赁或者包含租赁。除非合同条款或条件发生变化，否则，企业无须在合同开始日后重新评估合同是否为租赁或者包含租赁。

（二）已识别资产

已识别资产通常由合同明确指定，也可以在资产可供客户使用时隐性指定。

如果资产的某部分产能与其他部分在物理上不可区分（如光缆的部分容量），则该部分不属于已识别资产，除非其实质上代表该资产的全部产能，从而使客户获得因使用该资产所产生的几乎全部经济利益的权利。

> 【例 19 - 1】甲公司（客户）与乙公司（供应方）就一节火车车厢的使用签订 5 年期合同。该车厢是为专用于运输甲公司生产过程中使用的特殊材料而设计，未经重大改造，不适合其他客户使用。合同中没有通过序列号等明确指定车厢，但是乙公司仅拥有一节适合甲公司使用的火车车厢。如果车厢不能正常工作，合同要求乙公司修理或更换车厢。
>
> 本例中，虽然甲公司具体使用哪节火车车厢未在合同中明确指定，但因为乙公司仅拥有一节适合甲公司使用的火车车厢，必须使用其来履行合同，乙公司无法自由替换该车厢。因此，该火车车厢是一项被隐性指定的已识别资产。

有些情况下，即使合同已对资产进行指定，但如果资产供应方在整个使用期间拥有对该资产的实质性替换权，则该资产不属于已识别资产。因为如果资产供应方在整个使用期间均能自由替换合同指定的资产，那么实际上，合同仅规定了满足客户需求的一类资产，而不是被唯一识别出的一项或几项资产。

同时符合下列条件时，表明资产供应方拥有资产的实质性替换权：（1）资产供应方拥有在整个使用期间替换资产的实际能力。例如，客户无法阻止供应方替换资产，且资产供应方易于获得或可以在合理期间内取得用于替换的资产。（2）资产供应方通过行使替换资产的权利将获得经济利益。即替换资产的预期经济利益将超过替换资产所需成本。

企业在评估资产供应方的替换权是否为实质性权利时，应基于合同开始日的事实和情况，而不应考虑在合同开始日企业认为不可能发生的未来事件。例如，引入在合同开始日尚未实质开发的新技术。

需要注意的是，如果合同仅赋予资产供应方在特定日期或者特定事件发生日或之后拥有替换资产的权利或义务，考虑到资产供应方没有在整个使用期间替换资产的实际能力，资产供应方的替换权不具有实质性。例如，资产供应方在资产运行结果不佳或者进行技术升级的情况下，因修理和维护而替换资产的权利或义务不属于实质性替换权。企业难以确定资产供应方是否拥有实质性替换权的，应视为资产供应方没有对该资产的实质性替换权。

（三）客户是否控制已识别资产使用权的判断

为确定合同是否让渡了在一定期间内控制已识别资产使用的权利，企业应当评估客户是否有权获得在使用期间因使用已识别资产所产生的几乎全部经济利益，并有权在该使用期间主导已识别资产的使用。

1. 客户是否有权获得因使用资产所产生的几乎全部经济利益。

在评估客户是否有权获得因使用已识别资产所产生的几乎全部经济利益时，企业应当在约定的客户权利范围内考虑其所产生的经济利益。例如，如果合同规定汽车在使用期间仅限在某一特定区域使用，则企业应当仅考虑在该区域内使用汽车所产生的经济利益，而不包括在该区域外使用汽车所产生的经济利益。又如，如果合同规定客户在使用期间仅能在特定里程范围内驾驶汽车，则企业应当仅考虑在允许的里程范围内使用汽车所产生的经济利益，而不包括超出该里程范围使用汽车所产生的经济利益。

为了控制已识别资产的使用，客户应当有权获得整个使用期间使用该资产所产生的几乎全部经济利益。客户可以通过多种方式直接或间接获得使用资产所产生的经济利益，例如，通过使用、持有或转租资产。使用资产所产生的经济利益包括资产的主要产出和副产品以及通过与第三方之间的商业交易实现的其他经济利益。

如果合同规定客户应向资产供应方或另一方支付因使用资产所产生的部分现金流量作为对价，该现金流量仍应视为客户因使用资产而获得的经济利益的一部分。例如，如果客户因使用零售区域需向供应方支付零售收入的一定比例作为对价，该条款本身并不妨碍客户拥有获得使用零售区域所产生的几乎全部经济利益的权利。因为零售收入所产生的现金流量是客户使用零售区域而获得的经济利益，而客户支付给零售区域供应方的部分现金流量是使用零售区域的权利的对价。

2. 客户是否有权主导资产的使用。

存在下列情形之一的，可视为客户有权主导对已识别资产在整个使用期间的使用：

（1）客户有权在整个使用期间主导已识别资产的使用目的和使用方式；

（2）已识别资产的使用目的和使用方式在使用期间前已预先确定，并且客户有权在整个使用期间自行或主导他人按照其确定的方式运营该资产，或者客户设计了已识别资产（或资产的特定方面）并在设计时已预先确定了该资产在整个使用期间的使用目的和使用方式。

对于第一种情况，如果客户有权在整个使用期间在合同界定的使用权范围内改变资产的使用目的和使用方式，则视为客户有权在该使用期间主导资产的使用目的和使用方式。在判断客户是否有权在整个使用期间主导已识别资产的使用目的和使用方式时，企业应当考虑在该使用期间与改变资产的使用目的和使用方式最为相关的决策权。相关决策权是指对使用资产所产生的经济利益产生影响的决策权。最为相关的决策权可能因资产性质、合同条款和条件的不同而不同。此类例子包括：①变更资产的产出类型的权利。例如，决定将集装箱用于运输商品还是储存商品，或者决定在零售区域销售的产品组合。②变更资产的产出时间的权利。例如，决定机器或发电厂的运行时间。③变更资产的产出地点的权利。例如，决定卡车或船舶的目的地，或者决定设备的使用地点。④变更资产是否产出以及产出数量的权利。例如，决定是否使用发电厂发电以及发电量的多少。

对于第二种情况，与资产使用目的和使用方式相关的决策可以通过很多方式预先确定，例如，通过设计资产或在合同中对资产的使用作出限制来预先确定相关决策。对于在合同中预先确定关于资产使用目的和使用方式相关决策的，企业应当考虑该做法是对客户使用资产的范围作出限定，还是对客户在整个使用期间与改变资产的使用目的和使用方式相关的决策权作出限定，若仅是对客户使用资产的范围作出限定的，该限定不妨碍客户获得主导资产使用的权利。例如，合同可能包含一些旨在保护资产供应方在已识别资产中的权益、保护资产供应方的工作人员或者确保资产供应方不因客户使用租赁资产而违反法律法规的条款和条件（如在合同中规定资产使用的最大工作量、限制客户使用资产的地点或时间、要求客户遵守特定的操作惯例或者要求客户在变更资产使用方式时通知资产供应方等）。这些权利虽然对客户使用资产权利的范围作出了限定，但是其本身不足以否定客户拥有主导资产使用的权利。

此外，在评估客户是否有权主导资产的使用时，除非资产（或资产的特定方面）由客户设计，企业应当仅考虑在使用期间对资产使用作出决策的权利。例如，如果客户仅能在使用期间之前指定资产的产出而没有与资产使用相关的任何其他决策权，则该客户享有的权利与购买该项商品或服务的其他客户享有的权利并无不同。

二、租赁的分拆和合并

(一) 租赁的分拆

1. 分拆的原则。

合同中同时包含多项单独租赁的,承租人和出租人应当将合同予以分拆,并分别各项单独租赁进行会计处理。

同时符合下列条件的,使用已识别资产的权利构成合同中的一项单独租赁:

(1) 承租人可从单独使用该资产或将其与易于获得的其他资源一起使用中获利。易于获得的资源是指出租人或其他供应方单独销售或出租的商品或服务,或者承租人已从出租人或其他交易中获得的资源。

(2) 该资产与合同中的其他资产不存在高度依赖或高度关联关系。例如,若承租人租入资产的决定不会对承租人使用合同中的其他资产的权利产生重大影响,则表明该项资产与合同中的其他资产不存在高度依赖或高度关联关系。

合同中同时包含租赁和非租赁部分的,承租人和出租人应当将租赁和非租赁部分进行分拆(承租人按照租赁准则的规定选择不分拆的除外)。分拆后,各租赁部分应当分别按照租赁准则进行会计处理,非租赁部分应当按照其他适用的企业会计准则进行会计处理。

2. 承租人的处理。

在分拆合同包含的租赁和非租赁部分时,承租人应当按照各项租赁部分单独价格及非租赁部分的单独价格之和的相对比例分摊合同对价。租赁和非租赁部分的相对单独价格,应当根据出租人或类似资产供应方就该部分或类似部分对外单独收取的价格确定。如果可观察的单独价格不易获得,承租人应当最大限度地利用可观察的信息估计单独价格。

为简化处理,承租人可以按照租赁资产的类别选择是否分拆合同包含的租赁和非租赁部分。承租人选择不分拆的,应当将各租赁部分及与其相关的非租赁部分分别合并为租赁,按照租赁准则进行会计处理。但是,对于按照《企业会计准则第22号——金融工具确认和计量》应分拆的嵌入衍生工具,承租人不应将其与租赁部分合并进行会计处理。

【例19-2】 甲公司从乙公司租赁一台推土机、一辆卡车和一台长臂挖掘机用于采矿业务,租赁期为4年。乙公司同意在整个租赁期内维护各项设备。合同固定对价为3 000 000元,按年分期支付,每年支付750 000元。合同对价包含了各项设备的维护费用。

本例中,甲公司未采用简化处理,而是将非租赁部分(维护服务)与租入的各项设备分别进行会计处理。甲公司认为租入的推土机、卡车和长臂挖掘机分别属于单独租赁,原因如下:(1)甲公司可分别单独使用这三项设备或将其与易于获得的其他资源一起使用并从中获利;(2)尽管甲公司租入这三项设备只有一个目的(即从事采矿业务),但这些设备不存在高度依赖或高度关联关系。因此,甲公司得出结论,合同中存在三个租赁部分和对应的三个非租赁部分（维护服务）。甲公司将合同对价分摊至三个租赁部分和非租赁部分。

市场上有多家供应方提供类似推土机和卡车的维护服务，因此这两项租入设备的维护服务存在可观察的单独价格。假设其他供应方的支付条款与甲、乙公司签订的合同条款相似，甲公司能够确定推土机和卡车维护服务的可观察单独价格分别为160 000元和80 000元。长臂挖掘机是高度专业化机械，其他供应方不出租类似挖掘机或为其提供维护服务。乙公司对从本公司购买相似长臂挖掘机的客户提供4年的维护服务，可观察对价为固定金额280 000元，分4年支付。因此，甲公司估计长臂挖掘机维护服务的单独价格为280 000元。甲公司观察到乙公司在市场上单独出租租赁期为4年的推土机、卡车和长臂挖掘机的价格分别为900 000元、580 000元和1 200 000元。

甲公司将合同固定对价3 000 000元分摊至租赁和非租赁部分的情况如表19-1所示。

表19-1　　　　　　　　　　　　　　　　　　　　　　　　　　　　　　　　　　　单位：元

项目		推土机	卡车	长臂挖掘机	合计
可观察的单独价格	租赁部分	900 000	580 000	1 200 000	2 680 000
	非租赁部分				520 000①
	合计				3 200 000
合同固定对价总额					3 000 000
分摊率②					93.75%

注：①160 000 + 80 000 + 280 000 = 520 000（元）。

②分摊率 = 3 000 000 ÷ 3 200 000 = 93.75%（承租人按照推土机、卡车、长臂挖掘机这三个租赁部分的单独价格900 000元、580 000元、1 200 000元和非租赁部分的单独价格之和520 000元的相对比例进行合同对价分摊）。分拆后，推土机、卡车和长臂挖掘机的租赁付款额（折现前）分别为843 750元、543 750元和1 125 000元。

3. 出租人的处理。

在分拆合同包含的租赁部分和非租赁部分时，出租人应当根据《企业会计准则第14号——收入》关于交易价格分摊的规定分摊合同对价。

（二）租赁的合并

企业与同一交易方或其关联方在同一时间或相近时间订立的两份或多份包含租赁的合同，在满足下列条件之一时，应当合并为一份合同进行会计处理：

（1）该两份或多份合同基于总体商业目的而订立并构成一揽子交易，若不作为整体考虑则无法理解其总体商业目的。

（2）该两份或多份合同中的某份合同的对价金额取决于其他合同的定价或履行情况。

（3）该两份或多份合同让渡的资产使用权合起来构成一项单独租赁。

两份或多份合同合并为一份合同进行会计处理的，仍然需要区分该一份合同中的租赁部分和非租赁部分。

三、租赁期

租赁期是指承租人有权使用租赁资产且不可撤销的期间；承租人有续租选择权，即有权选择续租该资产，且合理确定将行使该选择权的，租赁期还应当包含续租选择权涵盖的期间；承租人有终止租赁选择权，即有权选择终止租赁该资产，但合理确定将不会行使该选择权的，租赁期应当包含终止租赁选择权涵盖的期间。

（一）租赁期开始日

租赁期自租赁期开始日起计算。租赁期开始日，是指出租人提供租赁资产使其可供承租人使用的起始日期。如果承租人在租赁协议约定的起租日或租金起付日之前已获得对租赁资产使用权的控制，则表明租赁期已经开始。租赁协议中对起租日或租金支付时间的约定，并不影响租赁期开始日的判断。

> 【例 19-3】 在某商铺的租赁合同中，出租人于 2023 年 1 月 1 日将房屋钥匙交付承租人，承租人收到钥匙后即可自主安排对商铺的装修布置及搬迁。合同约定有 3 个月的免租期，承租人自 2023 年 4 月 1 日起支付租金。
>
> 本例中，由于承租人自 2023 年 1 月 1 日起就已拥有对商铺使用权的控制，因此租赁期开始日为 2023 年 1 月 1 日，即租赁期包含出租人给予承租人的免租期。

（二）不可撤销期间

在确定一项租赁的租赁期和评估其不可撤销期间时，企业应根据租赁条款的约定确定可强制执行合同的期间。当承租人和出租人双方均有权在未经另一方许可的情况下终止租赁且所受惩罚不重大时，该租赁不再可强制执行。如果只有承租人有权终止租赁，则在确定租赁期时，企业应将该项权利视为承租人可行使的终止租赁选择权予以考虑。如果只有出租人有权终止租赁，则该租赁的不可撤销期间包括终止租赁选择权所涵盖的期间。

需要注意的是，在作出"所受惩罚不重大"的判断时，企业除考虑终止合同的罚款外，还应当考虑与合同相关的其他经济因素，如弃置或拆卸租赁资产改良的成本等。

（三）续租选择权和终止租赁选择权

在租赁期开始日，企业应当评估承租人是否合理确定将行使续租或购买租赁资产的选择权，或者将不行使终止租赁选择权。在评估时，企业应当考虑对承租人行使续租选择权或不行使终止租赁选择权带来经济利益的所有相关事实和情况，包括自租赁期开始日至选择权行使日之间的事实和情况的预期变化。需考虑的因素包括但不限于以下方面：

（1）与市价相比，选择权期间的合同条款和条件。例如，选择权期间内为使用租赁资产而需支付的租金；可变租赁付款额或其他或有款项（如因终止租赁罚款和余值担保导致的应付款项）；初始选择权期间后可行使的其他选择权的条款和条件（如续租期结束时可按低于市价的价格行使购买选择权）。

（2）在合同期内承租人进行或预期进行重大租赁资产改良的，在可行使续租选择权、终止租赁选择权或者购买租赁资产选择权时，预期能为承租人带来的重大经济利益。

（3）与终止租赁相关的成本。例如，谈判成本、搬迁成本、寻找与选择可满足承租人需求的替代资产所发生的成本、将新资产融入运营所发生的整合成本、终止租赁的罚款、将租赁资产恢复至租赁条款约定状态的成本、将租赁资产归还至租赁条款约定地点的成本等。

（4）租赁资产对承租人运营的重要程度。例如，租赁资产是否为一项专门资产、租赁资产位于何地以及是否可获得合适的替换资产等。

（5）与行使选择权相关的条件及满足相关条件的可能性。例如，租赁条款约定仅在满足一项或多项条件时方可行使选择权的，还应考虑相关条件及满足相关条件的可能性。

租赁的不可撤销期间的长短会影响对承租人是否合理确定将行使或不行使选择权的评估。通常，不可撤销期间越短，获取替代资产的相对成本就越高，承租人行使续租选择权或不行使终止租赁选择权的可能性就越大。此外，在评估承租人是否合理确定将行使或不行使选择权时，如果承租人曾经使用过特定类型的租赁资产或自有资产，则可以参考承租人使用该类资产的通常期限及原因。例如，承租人通常在特定时期内使用某类资产，或承租人通常对某类租赁资产行使选择权，则承租人应考虑以往这些做法的原因，以评估是否合理确定将对此类租赁资产行使选择权。

续租选择权或终止租赁选择权可能与租赁的其他条款相结合。例如，无论承租人是否行使选择权，均保证向出租人支付基本相等的最低或固定现金，在此情形下，应假定承租人合理确定将行使续租选择权或不行使终止租赁选择权。又如，同时存在原租赁和转租赁时，转租赁期限超过原租赁期限，如原租赁包含5年的不可撤销期间和2年的续租选择权，而转租赁的不可撤销期限为7年，此时应考虑转租赁期限及相关租赁条款对续租选择权评估的可能影响。

购买选择权的评估方式与续租选择权或终止租赁选择权的评估方式相同，购买选择权在经济上与将租赁期延长至租赁资产全部剩余经济寿命的续租选择权类似。

【例19－4】承租人签订一份建筑租赁合同，合同包含4年不可撤销期间和2年按照市价行使的续租选择权。在搬入该建筑前，承租人花费大量资金对租赁建筑进行了改良，预计在第4年结束时租赁资产改良仍具有重大价值，且该价值仅可通过继续使用租赁资产实现。

本例中，如果承租人在第4年结束时放弃该租赁资产改良，将蒙受重大经济损失。因此，承租人合理确定将行使续租选择权，在租赁开始时确定租赁期为6年。

（四）对租赁期和购买选择权的重新评估

发生承租人可控范围内的重大事件或变化，且影响承租人是否合理确定将行使相应选择权的，承租人应当对其是否合理确定将行使续租选择权、购买选择权或不行使终止租赁选择权进行重新评估，并根据重新评估结果修改租赁期。

承租人可控范围内的重大事件或变化包括但不限于下列情形：

（1）在租赁期开始日未预计到的重大租赁资产改良，在可行使续租选择权、终止租赁选择权或购买选择权时，预期将为承租人带来重大经济利益。

（2）在租赁期开始日未预计到的租赁资产的重大改动或定制化调整。

（3）承租人作出的与行使或不行使选择权直接相关的经营决策。例如，决定续租互补性资产、处置可替代的资产或处置包含相关使用权资产的业务。

如果不可撤销的租赁期间发生变化，企业应当修改租赁期。例如，在下述情况下，不可撤销的租赁期将发生变化：（1）承租人实际行使了选择权，但该选择权在之前企业确定租赁期时未涵盖；（2）承租人未实际行使选择权，但该选择权在之前企业确定租赁期时已涵盖；（3）某些事件的发生导致根据合同规定承租人有义务行使选择权，但该选择权在之前企业确定租赁期时未涵盖；（4）某些事件的发生导致根据合同规定禁止承租人行使选择权，但该选择权在之前企业确定租赁期时已涵盖。

第二节 承租人会计处理

在租赁期开始日，承租人应当对租赁确认使用权资产和租赁负债，但按照租赁准则的规定应用短期租赁和低价值资产租赁简化处理的除外。

一、租赁负债的初始计量

租赁负债应当按照租赁期开始日尚未支付的租赁付款额的现值进行初始计量。识别应纳入租赁负债的相关款项是计量租赁负债的关键。

（一）租赁付款额

租赁付款额，是指承租人向出租人支付的与在租赁期内使用租赁资产的权利相关的款项。租赁付款额包括以下五项内容：

1. 固定付款额及实质固定付款额，存在租赁激励的，扣除租赁激励相关金额。

实质固定付款额是指在形式上可能包含变量但实质上无法避免的付款额。常见情形包括：

（1）付款额设定为可变租赁付款额，但该可变条款几乎不可能发生，没有真正的经济实质。例如，付款额仅需在租赁资产经证实能够在租赁期间正常运行时支付，或者仅需在不可能不发生的事件发生时支付。又如，付款额初始设定为与租赁资产使用情况相关的可变付款额，但其潜在可变性将于租赁期开始日之后的某个时点消除，在可变性消除时，该类付款额成为实质固定付款额。

（2）承租人有多套付款额方案，但其中仅有一套是可行的。在此情况下，承租人应采用该可行的付款额方案作为租赁付款额。

（3）承租人有多套可行的付款额方案，但必须选择其中一套。在此情况下，承租人应采用总折现金额最低的一套作为租赁付款额。

【例19-5】甲公司是一家知名零售商，从乙公司租入已成熟开发的零售场所开设一家商店。根据租赁合同，甲公司在正常工作时间内必须经营该商店，且不得将该商店进行分租。合同中关于租赁付款额的条款为：如果甲公司开设的这家商店没有发生销售，则甲公司应付的年租金为 100 元；如果这家商店发生销售，则甲公司应付的年租金为 1 000 000 元。

本例中，该租赁包含每年 1 000 000 元的实质固定付款额。该金额不是取决于销售额的可变租赁付款额。因为甲公司是一家知名零售商，根据租赁合同，甲公司应在正常工作时间内经营该商店，所以甲公司开设的这家商店不可能不发生销售。

租赁激励，是指出租人为达成租赁向承租人提供的优惠，包括出租人向承租人支付的与租赁有关的款项、出租人为承租人偿付或承担的成本等。存在租赁激励的，承租人在确定租赁付款额时，应扣除租赁激励相关金额。

2. 取决于指数或比率的可变租赁付款额。

可变租赁付款额，是指承租人为取得在租赁期内使用租赁资产的权利，而向出租人支付的因租赁期开始日后的事实或情况发生变化（而非时间推移）而变动的款项。可变租赁付款额可能与下列指标或情况挂钩：（1）市场比率或指数。例如，随基准利率或消费者价格指数变动调整租赁付款额。（2）承租人源自租赁资产的绩效。例如，零售业不动产租赁可能会要求基于使用该不动产取得的销售收入的一定比例确定租赁付款额。（3）租赁资产的使用。例如，车辆租赁可能要求承租人在超过特定里程数时支付额外的租赁付款额。

需要注意的是，纳入租赁负债初始计量的可变租赁付款额仅限于取决于指数或比率的可变租赁付款额，包括与消费者价格指数挂钩的款项、与基准利率挂钩的款项和为反映市场租金费率变化而变动的款项等。此类可变租赁付款额应当根据租赁期开始日的指数或比率确定。

3. 购买选择权的行权价格，前提是承租人合理确定将行使该选择权。

在租赁期开始日，承租人应评估是否合理确定将行使购买租赁资产的选择权。在评估时，承租人应考虑对其行使或不行使购买选择权产生经济激励的所有相关事实和情况。如果承租人合理确定将行使购买租赁资产的选择权，则租赁付款额中应包含购买选择权的行权价格。

4. 行使终止租赁选择权需支付的款项，前提是租赁期反映出承租人将行使终止租赁选择权。

在租赁期开始日，承租人应评估是否合理确定将行使终止租赁的选择权。在评估时，承租人应考虑对其行使或不行使终止租赁选择权产生经济激励的所有相关事实和情况。如果承租人合理确定将行使终止租赁选择权，则租赁付款额中应包含行使终止租赁选择权需支付的款项，并且租赁期不应包含终止租赁选择权涵盖的期间。

【例 19 - 6】甲公司租入某办公楼的一层楼，为期 10 年。甲公司有权选择在第 5 年后提前终止租赁，并以相当于 6 个月的租金作为罚金。每年的租赁付款额为固定金额 120 000 元。该办公楼是全新的，并且设施及物业管理在周边商业园区的办公楼中处于领先水平。上述租赁付款额与市场租金水平相符。

在租赁期开始日，甲公司评估后认为，6个月的租金对于甲公司而言金额重大，且同等条件下也难以按更优惠的价格租入其他办公楼，可以合理确定不会选择提前终止租赁，因此，其租赁负债不应包括提前终止租赁时需支付的罚金，租赁期确定为10年。

5. 根据承租人提供的担保余值预计应支付的款项。

担保余值，是指与出租人无关的一方向出租人提供担保，保证在租赁结束时租赁资产的价值至少为某指定的金额。如果承租人提供了对余值的担保，则租赁付款额应包含该担保下预计应支付的款项，它反映了承租人预计将支付的金额，而不是承租人担保余值下的最大敞口。

需要说明的是，承租人向出租人支付的款项中包含增值税的，该增值税不属于租赁付款额的范畴，不应纳入租赁负债和使用权资产的计量。出租人为确保承租人履行合同相关义务收取租赁保证金的，该租赁保证金也不属于承租人的租赁付款额，承租人应将其作为单独的资产进行会计处理。

（二）折现率

租赁负债应当按照租赁期开始日尚未支付的租赁付款额的现值进行初始计量。在计算租赁付款额的现值时，承租人应当采用租赁内含利率作为折现率；无法确定租赁内含利率的，应当采用承租人增量借款利率作为折现率。

租赁内含利率，是指使出租人的租赁收款额的现值与未担保余值的现值之和等于租赁资产公允价值与出租人的初始直接费用之和的利率。其中，未担保余值，是指租赁资产余值中，出租人无法保证能够实现或仅由与出租人有关的一方予以担保的部分。初始直接费用，是指为达成租赁所发生的增量成本。增量成本是指若企业不取得该租赁，则不会发生的成本，如佣金、印花税等。无论是否实际取得租赁都会发生的支出，不属于初始直接费用，如为评估是否签订租赁合同而发生的差旅费、法律费用等，此类费用应当在发生时计入当期损益。

【例19-7】 承租人甲公司与出租人乙公司签订了一份车辆租赁合同，租赁期为5年。在租赁期开始日，该车辆的公允价值为100 000元，乙公司预计在租赁结束时其公允价值（即未担保余值）为10 000元。每年租赁付款额为23 000元，于每年年末支付。乙公司发生的初始直接费用为5 000元。乙公司计算租赁内含利率r的方法如下：

$23\ 000 \times (P/A,\ r,\ 5) + 10\ 000 \times (P/F,\ r,\ 5) = 100\ 000 + 5\ 000$

本例中，计算得出的租赁内含利率r为5.79%。

承租人增量借款利率，是指承租人在类似经济环境下为获得与使用权资产价值接近的资产，在类似期间以类似抵押条件借入资金须支付的利率。该利率与下列事项相关：（1）承租人自身情况，即承租人的偿债能力和信用状况；（2）"借款"的期限，即租赁期；（3）"借入"资金的金额，即租赁负债的金额；（4）"抵押条件"，即租赁资产的性质和质量；（5）经济环境，包括承租人所处的司法管辖区、计价货币、合同签订时间等。

实务中，承租人可以先根据所处经济环境，以可观察的利率作为确定增量借款利率的参考基础，然后根据承租人自身情况、租赁资产情况、租赁期和租赁负债金额等租赁业务具体情况对参考基础进行调整，得出适用的承租人增量借款利率。

二、使用权资产的初始计量

使用权资产，是指承租人可在租赁期内使用租赁资产的权利。在租赁期开始日，承租人应当按照成本对使用权资产进行初始计量。该成本包括下列四项：

（1）租赁负债的初始计量金额。

（2）在租赁期开始日或之前支付的租赁付款额；存在租赁激励的，应扣除已享受的租赁激励相关金额。

（3）承租人发生的初始直接费用。

（4）承租人为拆卸及移除租赁资产、复原租赁资产所在场地或将租赁资产恢复至租赁条款约定状态预计将发生的成本。前述成本属于为生产存货而发生的，适用《企业会计准则第1号——存货》。

关于上述第（4）项成本，承租人有可能在租赁期开始日就承担了上述成本的支付义务，也可能在特定期间内因使用租赁资产而承担了相关义务。承租人应在其有义务承担上述成本时，将这些成本确认为使用权资产成本的一部分。但是，承租人由于在特定期间内将使用权资产用于生产存货而发生的上述成本，应按照《企业会计准则第1号——存货》进行会计处理。承租人应当按照《企业会计准则第13号——或有事项》对上述成本的支付义务进行确认和计量。

【例19-8】 承租人甲公司就某写字楼的一层楼与出租人乙公司签订为期10年的租赁协议，并拥有5年的续租选择权。有关资料如下：（1）初始租赁期内的不含税租金为每年50 000元，续租期间为每年55 000元，所有款项应于每年年初支付；（2）为获得该项租赁，甲公司发生初始直接费用20 000元，其中，15 000元为向该楼层前任租户支付的款项，5 000元为向房地产中介支付

扫码看讲解

的佣金；（3）作为对甲公司的激励，乙公司同意补偿甲公司5 000元的佣金；（4）在租赁期开始日，甲公司评估后认为，不能合理确定将行使续租选择权，因此，将租赁期确定为10年；（5）甲公司无法确定租赁内含利率，其增量借款利率为每年5%，该利率反映的是甲公司以类似抵押条件借入期限为10年、与使用权资产等值的相同币种的借款而必须支付的利率。为简化处理，假设不考虑相关税费影响。

承租人甲公司的会计处理如下：

第一步，计算租赁期开始日租赁付款额的现值，并确认租赁负债和使用权资产。

在租赁期开始日，甲公司支付第1年的租金50 000元，并以剩余9年租金（每年50 000元）按5%的年利率折现后的现值计量租赁负债。租赁付款额及其现值的计算

过程如下：

剩余 9 期租赁付款额 = 50 000 × 9 = 450 000（元）

租赁负债 = 剩余 9 期租赁付款额的现值 = 50 000 × (P/A,5%,9) = 355 391（元）

未确认融资费用 = 剩余 9 期租赁付款额 − 剩余 9 期租赁付款额的现值 = 450 000 − 355 391 = 94 609（元）

借：使用权资产　　　　　　　　　　　　　　　　　405 391

　　租赁负债——未确认融资费用　　　　　　　　　94 609

　　贷：租赁负债——租赁付款额　　　　　　　　　　450 000

　　　　银行存款（第 1 年的租赁付款额）　　　　　　50 000

第二步，将初始直接费用计入使用权资产的初始成本。

借：使用权资产　　　　　　　　　　　　　　　　　20 000

　　贷：银行存款　　　　　　　　　　　　　　　　　20 000

第三步，将已收的租赁激励相关金额从使用权资产入账价值中扣除。

借：银行存款　　　　　　　　　　　　　　　　　　5 000

　　贷：使用权资产　　　　　　　　　　　　　　　　5 000

综上，甲公司使用权资产的初始成本为：405 391 + 20 000 − 5 000 = 420 391（元）。

三、租赁负债的后续计量

（一）计量基础

在租赁期开始日后，承租人应当按以下原则对租赁负债进行后续计量：

（1）确认租赁负债的利息时，增加租赁负债的账面金额。

（2）支付租赁付款额时，减少租赁负债的账面金额。

（3）因重估或租赁变更等原因导致租赁付款额发生变动时，重新计量租赁负债的账面价值。

承租人应当按照固定的周期性利率计算租赁负债在租赁期内各期间的利息费用，并计入当期损益，但按照《企业会计准则第 17 号——借款费用》等其他准则规定应当计入相关资产成本的，从其规定。此处的周期性利率，是指承租人对租赁负债进行初始计量时所采用的折现率，或者因租赁付款额发生变动或因租赁变更而需按照修订后的折现率对租赁负债进行重新计量时，承租人所采用的修订后的折现率。

【例 19−9】承租人甲公司与出租人乙公司签订了为期 7 年的商铺租赁合同，作为甲公司的专设售后服务网点。每年的租赁付款额为 450 000 元，于每年年末支付。甲公司无法确定租赁内含利率，其增量借款利率为每年 5.04%。

本例中，在租赁期开始日，甲公司按租赁付款额的现值确认的租赁负债为 2 600 000 元。在第 1 年年末，甲公司向乙公司支付第 1 年的租赁付款额 450 000 元，其中，131 040

元（2 600 000×5.04%）是当年的利息，318 960 元（450 000－131 040）是本金，即租赁负债的账面价值减少 318 960 元。甲公司的账务处理如下：

借：租赁负债——租赁付款额		450 000
贷：银行存款		450 000
借：财务费用——利息费用		131 040
贷：租赁负债——未确认融资费用		131 040

未纳入租赁负债计量的可变租赁付款额（即并非取决于指数或比率的可变租赁付款额），应当在实际发生时计入当期损益，但按照《企业会计准则第 1 号——存货》等其他准则规定应当计入相关资产成本的，从其规定。

（二）租赁负债的重新计量

在租赁期开始日后，当发生下列四种情形时，承租人应当按照变动后的租赁付款额的现值重新计量租赁负债，并相应调整使用权资产的账面价值。使用权资产的账面价值已调减至零，但租赁负债仍需进一步调减的，承租人应当将剩余金额计入当期损益。

1. 实质固定付款额发生变动。

如果租赁付款额最初是可变的，但在租赁期开始日后的某一时点转为固定，那么，在潜在可变性消除时，该付款额成为实质固定付款额，应纳入租赁负债的计量中。承租人应当按照变动后租赁付款额的现值重新计量租赁负债。在该情形下，承租人采用的折现率不变，即采用租赁期开始日确定的折现率。

【例 19－10】 承租人甲公司签订了一份为期 10 年的机器租赁合同。租金于每年年末支付，并按以下方式确定：第 1 年，租金根据该机器在第 1 年下半年的实际产能确定；第 2～10 年，每年的租金根据该机器在第 1 年下半年的实际产能确定，即租金将在第 1 年年末转变为固定付款额。在租赁期开始日，甲公司无法确定租赁内含利率，其增量借款利率为每年 5%。假设在第 1 年年末，根据该机器在第 1 年下半年的实际产能所确定的租赁付款额为每年 20 000 元。

本例中，在租赁期开始时，由于未来的租金尚不确定，因此甲公司的租赁负债为 0。在第 1 年年末，租金的潜在可变性消除，成为实质固定付款额（即每年 20 000 元），因此甲公司应基于变动后的租赁付款额重新计量租赁负债，并采用租赁期开始日确定的折现率（即 5%）进行折现。在支付第 1 年的租金之后，甲公司后续年度需支付的租赁付款额为 180 000 元（20 000×9），租赁付款额在第 1 年年末的现值为 142 156 元 [20 000×（P/A，5%，9）]，未确认融资费用为 37 844 元（180 000－142 156）。甲公司在第 1 年年末的相关账务处理如下：

支付第 1 年的可变租赁付款额并计入当期损益：

借：制造费用等		20 000
贷：银行存款		20 000

确认使用权资产和租赁负债：

借：使用权资产	142 156
租赁负债——未确认融资费用	37 844
贷：租赁负债——租赁付款额	180 000

2. 担保余值预计的应付金额发生变动。

在租赁期开始日后，承租人应对其在担保余值下预计支付的金额进行估计。该金额发生变动的，承租人应当按照变动后租赁付款额的现值重新计量租赁负债。在该情形下，承租人采用的折现率不变。

3. 用于确定租赁付款额的指数或比率发生变动。

在租赁期开始日后，因浮动利率的变动而导致未来租赁付款额发生变动的，承租人应当按照变动后租赁付款额的现值重新计量租赁负债。在该情形下，承租人应采用反映利率变动的修订后的折现率进行折现。

在租赁期开始日后，因用于确定租赁付款额的指数或比率（浮动利率除外）的变动而导致未来租赁付款额发生变动的，承租人应当按照变动后租赁付款额的现值重新计量租赁负债。在该情形下，承租人采用的折现率不变。

需要注意的是，仅当现金流量发生变动，即租赁付款额的变动生效时，承租人才应重新计量租赁负债。承租人应基于变动后的合同付款额，确定剩余租赁期内的租赁付款额。

4. 购买选择权、续租选择权或终止租赁选择权的评估结果或实际行使情况发生变化。

租赁期开始日后，发生下列情形的，承租人应采用修订后的折现率对变动后的租赁付款额进行折现，以重新计量租赁负债：

（1）发生承租人可控范围内的重大事件或变化，且影响承租人是否合理确定将行使续租选择权或终止租赁选择权的，承租人应当对其是否合理确定将行使相应选择权进行重新评估。上述选择权的评估结果发生变化的，承租人应当根据新的评估结果重新确定租赁期和租赁付款额。前述选择权的实际行使情况与原评估结果不一致等导致租赁期变化的，也应当根据新的租赁期重新确定租赁付款额。

（2）发生承租人可控范围内的重大事件或变化，且影响承租人是否合理确定将行使购买选择权的，承租人应当对其是否合理确定将行使购买选择权进行重新评估。评估结果发生变化的，承租人应根据新的评估结果重新确定租赁付款额。

上述两种情形下，承租人在计算变动后租赁付款额的现值时，应当采用剩余租赁期间的租赁内含利率作为折现率；无法确定剩余租赁期间的租赁内含利率的，应当采用重估日的承租人增量借款利率作为折现率。

【例19－11】承租人甲公司与出租人乙公司签订了一份办公楼租赁合同，每年的租赁付款额为50 000元，于每年年末支付。甲公司无法确定租赁内含利率，其增量借款利率为每年5%。

合同约定的不可撤销租赁期间为 5 年，第 5 年年末甲公司有权选择以每年 50 000 元续租 5 年，或者以 1 000 000 元购买该房产。甲公司在租赁期开始时评估认为，可以合理确定将行使续租选择权，而不会行使购买选择权，因此将租赁期确定为 10 年。

在租赁期开始日，甲公司确认的租赁负债和使用权资产为 386 000 元 [50 000 × (P/A，5%，10)]。租赁负债将按表 19-2 所述方法进行后续计量。

表 19-2　　　　　　　　　　　　　　　　　　　　　　　　　　　　　　　　　　单位：元

租赁期	租赁负债年初金额	确认利息	支付租赁付款额	租赁负债年末金额
	①	②=①×5%	③	④=①+②-③
第 1 年	386 000	19 300	50 000	355 300
第 2 年	355 300	17 765	50 000	323 065
第 3 年	323 065	16 155	50 000	289 255
第 4 年	289 255	14 465	50 000	253 765
第 5 年	253 765	12 690	50 000	216 490
第 6 年	216 490	10 825	50 000	177 325
第 7 年	177 325	8 865	50 000	136 165
第 8 年	136 165	6 810	50 000	93 010
第 9 年	93 010	4 650	50 000	47 650
第 10 年	47 650	2 350*	50 000	—

注：（1）为便于计算，本例中年金现值系数取两位小数，其他计算四舍五入取整数。
（2）*作尾数调整：2 350 = 50 000 - 47 650。

在租赁期开始日，甲公司的账务处理如下：

借：使用权资产　　　　　　　　　　　　　　　　　　　　　　386 000

　　租赁负债——未确认融资费用　　　　　　　　　　　　　　114 000

　　贷：租赁负债——租赁付款额　　　　　　　　　　　　　　　　500 000

第 4 年，该房产所在地房价显著上涨，甲公司预计租赁期结束时该房产的市价为 2 000 000 元，甲公司第 4 年年末重新评估后认为，能够合理确定将行使购买选择权，而不会行使续租选择权。该房产所在地区的房价上涨属于市场情况发生的变化，不在甲公司的可控范围内。因此，虽然该事项导致购买选择权及续租选择权的评估结果发生变化，但甲公司无须重新计量租赁负债。

第 5 年年末，甲公司实际行使了购买选择权。截至该时点，使用权资产的原值为 386 000 元，累计折旧为 193 000 元（386 000 × 5/10）；支付第 5 年租赁付款额之后，租赁负债的账面价值为 216 490 元，其中，租赁付款额为 250 000 元，未确认融资费用为 33 510 元（250 000 - 216 490）。甲公司行使购买选择权的账务处理如下：

借：固定资产——办公楼		976 510
使用权资产累计折旧		193 000
租赁负债——租赁付款额		250 000
贷：使用权资产		386 000
租赁负债——未确认融资费用		33 510
银行存款		1 000 000

四、使用权资产的后续计量

（一）计量基础

在租赁期开始日后，承租人应当采用成本模式对使用权资产进行后续计量，即，以成本减累计折旧及累计减值损失计量使用权资产。承租人按照规定重新计量租赁负债的，应当相应调整使用权资产的账面价值。

（二）使用权资产的折旧

承租人应当参照《企业会计准则第4号——固定资产》有关折旧规定，自租赁期开始日起对使用权资产计提折旧。使用权资产通常应自租赁期开始的当月计提折旧，当月计提确有困难的，为便于实务操作，企业也可以选择自租赁期开始的下月计提折旧，但应对同类使用权资产采取相同的折旧政策。计提的折旧金额应根据使用权资产的用途，计入相关资产的成本或者当期损益。

承租人在确定使用权资产的折旧方法时，应当根据与使用权资产有关的经济利益的预期消耗方式作出决定。通常，承租人按直线法对使用权资产计提折旧。如果其他折旧方法更能反映使用权资产有关经济利益预期消耗方式的，应采用其他折旧方法。

承租人在确定使用权资产的折旧年限时，应遵循以下原则：承租人能够合理确定租赁期届满时取得租赁资产所有权的，应当在租赁资产剩余使用寿命内计提折旧；承租人无法合理确定租赁期届满时能够取得租赁资产所有权的，应当在租赁期与租赁资产剩余使用寿命两者孰短的期间内计提折旧。如果使用权资产的剩余使用寿命短于前两者，则应在使用权资产的剩余使用寿命内计提折旧。

（三）使用权资产的减值

在租赁期开始日后，承租人应当按照《企业会计准则第8号——资产减值》的规定，确定使用权资产是否发生减值，并对已识别的减值损失进行会计处理。使用权资产发生减值的，按应减记的金额，借记"资产减值损失"科目，贷记"使用权资产减值准备"科目。使用权资产减值准备一旦计提，不得转回。承租人应当按照扣除减值损失之后的使用权资产的账面价值，计提后续折旧。

五、租赁变更的会计处理

租赁变更，是指原合同条款之外的租赁范围、租赁对价、租赁期限的变更，包括增加或终止一项或多项租赁资产的使用权，延长或缩短合同规定的租赁期等。租赁变更生效日，是指双方就租赁变更达成一致的日期。

1. 租赁变更作为一项单独租赁处理。

租赁发生变更且同时符合下列条件的，承租人应当将该租赁变更作为一项单独租赁进行会计处理：

（1）该租赁变更通过增加一项或多项租赁资产的使用权而扩大了租赁范围；

（2）增加的对价与租赁范围扩大部分的单独价格按该合同情况调整后的金额相当。

2. 租赁变更未作为一项单独租赁处理。

租赁变更未作为一项单独租赁进行会计处理的，在租赁变更生效日，承租人应当按照租赁准则有关租赁分拆的规定对变更后合同的对价进行分摊，按照有关租赁期的规定确定变更后的租赁期，并采用变更后的折现率对变更后的租赁付款额进行折现，以重新计量租赁负债。在计算变更后租赁付款额的现值时，承租人应当采用剩余租赁期间的租赁内含利率作为折现率；无法确定剩余租赁期间的租赁内含利率的，应当采用租赁变更生效日的承租人增量借款利率作为折现率。

就上述租赁负债调整的影响，承租人应区分以下情形进行会计处理：

（1）租赁变更导致租赁范围缩小或租赁期缩短的，承租人应当调减使用权资产的账面价值，以反映租赁的部分终止或完全终止。承租人应将部分终止或完全终止租赁的相关利得或损失计入当期损益。

（2）其他租赁变更，承租人应当相应调整使用权资产的账面价值。

六、短期租赁和低价值资产租赁

对于短期租赁和低价值资产租赁，承租人可以选择不确认使用权资产和租赁负债。作出该选择的，承租人应当将短期租赁和低价值资产租赁的租赁付款额，在租赁期内各个期间按照直线法或其他系统合理的方法计入相关资产成本或当期损益。其他系统合理的方法能够更好地反映承租人的受益模式的，承租人应当采用该方法。

（一）短期租赁

短期租赁，是指在租赁期开始日，租赁期不超过 12 个月的租赁。包含购买选择权的租赁（即使租赁期不超过 12 个月）不属于短期租赁。

对于短期租赁，承租人可以按照租赁资产的类别作出采用简化会计处理的选择。如果承租人对某类租赁资产作出了简化会计处理的选择，则该类资产下所有的短期租赁都应采用简化会计处理。某类租赁资产是指企业运营中具有类似性质和用途的一组租赁资产。

采用简化会计处理的短期租赁，发生租赁变更或者因其他原因导致租赁期发生变化的，承租人应当将其视为一项新租赁，重新按照上述原则判断该项新租赁是否可以选择简化会计处理。

【例19-12】承租人与出租人签订了一份租赁合同，约定不可撤销期间为9个月，且承租人拥有4个月的续租选择权。在租赁期开始日，承租人可以合理确定将行使续租选择权，因为续租期的月租赁付款额明显低于市场价格。在此情况下，承租人确定租赁期为13个月，不属于短期租赁，承租人不能选择采用简化会计处理。

（二）低价值资产租赁

低价值资产租赁，是指单项租赁资产为全新资产时价值较低的租赁。

承租人在判断是否是低价值资产租赁时，应基于租赁资产全新状态下的绝对价值进行评估，不受承租人规模、性质等影响，也不应考虑资产已被使用的年限以及该资产对于承租人或相关租赁交易的重要性。同时，低价值资产租赁还应满足以下条件：承租人能够从单独使用该低价值资产或将其与承租人易于获得的其他资源一起使用中获利，且该项资产与合同中的其他租赁资产不存在高度依赖或高度关联关系。常见的低价值资产包括平板电脑、普通办公家具、电话等小型资产。

对于低价值资产租赁，承租人可根据每项租赁的具体情况作出简化会计处理选择。如果承租人已经或者预期要将相关资产进行转租赁，则不能将原租赁按照低价值资产租赁进行简化会计处理。

第三节　出租人会计处理

一、出租人的租赁分类

（一）融资租赁和经营租赁

出租人应当在租赁开始日将租赁分为融资租赁和经营租赁。租赁开始日，是指租赁合同签署日与租赁各方就主要租赁条款作出承诺日中的较早者。租赁开始日可能早于租赁期开始日，也可能与租赁期开始日重合。

一项租赁属于融资租赁还是经营租赁取决于交易的实质，而不是合同的形式。如果一项租赁实质上转移了与租赁资产所有权有关的几乎全部风险和报酬，出租人应当将该项租赁分类为融资租赁。出租人应当将除融资租赁以外的其他租赁分类为经营租赁。

出租人的租赁分类应当以租赁转移与租赁资产所有权相关的风险和报酬的程度为依据。其中，风险包括由于生产能力的闲置或技术陈旧可能造成的损失，以及由于经济状况的改变可能造成的回报变动。报酬可以表现为在租赁资产的预期经济寿命期间经营的盈利以及因增值或残值变现可能产生的利得。

租赁开始日后，除非发生租赁变更，出租人无须对租赁的分类进行重新评估。租赁资产预计使用寿命、预计余值等会计估计变更或发生承租人违约、承租人按照原合同条款行使续租选择权或终止租赁选择权导致租赁期变化等情况的，不属于租赁变更，出租人无需对相关租赁的分类进行重新评估。

（二）融资租赁的分类标准

1. 一项租赁存在下列一种或多种情形的，通常分类为融资租赁：

（1）在租赁期届满时，租赁资产的所有权转移给承租人。即，如果在租赁合同中已经约定或者根据其他条件，在租赁开始日就可以合理地判断，租赁期届满时出租人会将资产的所有权转移给承租人，那么该项租赁通常分类为融资租赁。

（2）承租人有购买租赁资产的选择权，所订立的购买价款预计将远低于行使选择权时租赁资产的公允价值，因而在租赁开始日就可以合理确定承租人将行使该选择权。

（3）资产的所有权虽然不转移，但租赁期占租赁资产使用寿命的大部分。实务中，此处的"大部分"一般指租赁期占租赁开始日租赁资产使用寿命的75%以上（含75%）。需要说明的是，此条标准是租赁期占租赁资产剩余使用寿命的比例，而非租赁期占该项资产全部可使用年限的比例。如果租赁资产是旧资产，在租赁前已使用年限超过资产全新时可使用年限的75%以上（含75%）时，不能采用这条标准确定租赁的分类。

（4）在租赁开始日，租赁收款额的现值几乎相当于租赁资产的公允价值。实务中，此处的"几乎相当于"通常指90%以上（含90%）。

（5）租赁资产性质特殊，如果不作较大改造，只有承租人才能使用。例如，租赁资产由出租人根据承租人对资产型号、规格等方面的特殊要求专门购买或建造的，具有专购、专用性质，不作较大改造，其他企业通常难以使用。

2. 一项租赁存在下列一项或多项迹象的，也可能分类为融资租赁：

（1）若承租人撤销租赁，撤销租赁对出租人造成的损失由承租人承担。

（2）租赁资产余值的公允价值波动所产生的利得或损失归属于承租人。例如，租赁结束时，出租人以相当于资产销售收益的绝大部分金额作为对租金的退还，说明承租人承担了租赁资产余值的几乎所有风险和报酬。

（3）承租人有能力以远低于市场水平的租金继续租赁至下一期间。此经济激励政策与购买选择权类似，如果续租选择权行权价格远低于市场水平，可以合理确定承租人将继续租赁至下一期间。

需要说明的是，出租人判断租赁类型时，上述情形和迹象并非总是决定性的，相关量化标准只是指导性标准，企业在具体运用时，应综合考虑经济激励的有利方面和不利方面，以与租赁资产所有权相关的风险和报酬的转移程度为依据进行综合判断。若有其他特征充分表明，租赁实质上没有转移与租赁资产所有权相关的几乎全部风险和报酬，则该租赁应分类为经营租赁。

二、出租人对融资租赁的会计处理

（一）初始计量

在租赁期开始日，出租人应当对融资租赁确认应收融资租赁款，并终止确认融资租赁资产。出租人对应收融资租赁款进行初始计量时，应当以租赁投资净额作为应收融资租赁款的入账价值。

租赁投资净额为未担保余值和租赁期开始日尚未收到的租赁收款额按照租赁内含利率折现的现值之和。租赁内含利率，是指使出租人的租赁收款额的现值与未担保余值的现值之和（即租赁投资净额）等于租赁资产公允价值与出租人的初始直接费用之和的利率。因此，出租人发生的初始直接费用包括在租赁投资净额中，也即包括在应收融资租赁款的初始入账价值中。

租赁收款额，是指出租人因让渡在租赁期内使用租赁资产的权利而应向承租人收取的款项，包括：（1）承租人需支付的固定付款额及实质固定付款额。存在租赁激励的，应当扣除租赁激励相关金额。（2）取决于指数或比率的可变租赁付款额。该款项在初始计量时根据租赁期开始日的指数或比率确定。（3）购买选择权的行权价格，前提是合理确定承租人将行使该选择权。（4）承租人行使终止租赁选择权需支付的款项，前提是租赁期反映出承租人将行使终止租赁选择权。（5）由承租人、与承租人有关的一方以及有经济能力履行担保义务的独立第三方向出租人提供的担保余值。

需要说明的是，出租人向承租人收取的款项中包含增值税的，该增值税不属于租赁收款额的范畴，不应纳入应收融资租赁款的计量。出租人为确保承租人履行合同相关义务收取租赁保证金的，该租赁保证金不属于出租人的租赁收款额，出租人应当将其作为单独的负债进行会计处理，不应冲减应收融资租赁款。

【例19-13】2020年12月31日，甲公司与乙公司（租赁企业）签订了一份租赁合同，从乙公司租入一台塑钢机。租赁合同主要条款如下：

（1）租赁资产：全新塑钢机。

（2）租赁期开始日：2021年1月1日。

（3）租赁期：2021年1月1日~2026年12月31日，共72个月。

（4）固定付款额：自2021年1月1日起，每年年末支付租金160 000元。如果甲公司能够在每年年末及时付款，则给予减少租金10 000元的奖励。

（5）取决于指数或比率的可变租赁付款额：租赁期限内，如遇中国人民银行贷款基准利率调整时，出租人将对租赁利率作出同方向、同幅度的调整。基准利率调整日之前各期和调整日当期租金不变，从下一期开始按调整后的租金金额收取。

（6）租赁开始日租赁资产的公允价值：2020年12月31日该机器的公允价值为700 000元，账面价值为600 000元。

（7）初始直接费用：签订租赁合同过程中乙公司发生可归属于租赁项目的手续费、佣金10 000元。

（8）承租人的购买选择权：租赁期届满时，甲公司享有优惠购买该机器的选择权，购买价为20 000元，估计该日租赁资产的公允价值为80 000元。

（9）取决于租赁资产绩效的可变租赁付款额：2022年和2023年，甲公司每年按该机器所生产的塑钢窗户的年销售收入的5%向乙公司支付。

（10）承租人的终止租赁选择权：甲公司享有终止租赁选择权。在租赁期间，如果甲公司终止租赁，需支付的款项为剩余租赁期间的固定付款额。

（11）担保余值和未担保余值均为0。

（12）全新塑钢机的使用寿命为7年。

出租人乙公司的会计处理如下：

（1）第一步，判断租赁类型。

本例存在优惠购买选择权，优惠购买价20 000元远低于行使选择权日租赁资产的公允价值80 000元，因此，乙公司在2020年12月31日就可合理确定甲公司将会行使购买选择权。另外，在本例中，租赁期6年，占租赁开始日租赁资产使用寿命的86%（占租赁资产使用寿命的大部分）。同时，乙公司综合考虑其他情形和迹象，认为该租赁实质上转移了与该项设备所有权有关的几乎全部风险和报酬，因此将这项租赁分类为融资租赁。

（2）第二步，确定租赁收款额。

①承租人的固定付款额为扣除租赁激励后的金额。

（160 000 - 10 000）× 6 = 900 000（元）

②取决于指数或比率的可变租赁付款额。

该款项在初始计量时根据租赁期开始日的指数或比率确定，因此，本例中在租赁期开始日不作考虑。

③承租人购买选择权的行权价格。

如前述分析，乙公司在2020年12月31日就可合理确定甲公司将会行使购买选择权。因此，租赁收款额中应包含承租人购买选择权的行权价格20 000元。

④终止租赁的罚款。

虽然甲公司享有终止租赁选择权，但若终止租赁，甲公司需支付的款项为剩余租赁期间的固定付款额。因此，可以合理确定甲公司不会行使终止租赁选择权，终止租赁的罚款不应纳入租赁收款额。

⑤承租人提供的担保余值：甲公司向乙公司提供的担保余值为0。

综合以上情况，租赁收款额 = 900 000 + 20 000 = 920 000（元）

（3）第三步，确定租赁投资总额。

租赁投资总额 = 租赁收款额 + 未担保余值 = 920 000 + 0 = 920 000（元）

（4）第四步，确定租赁投资净额和未实现融资收益。

租赁投资净额 = 租赁开始日租赁资产的公允价值 + 出租人发生的初始直接费用 = 700 000 + 10 000 = 710 000（元）

未实现融资收益 = 租赁投资总额 - 租赁投资净额 = 920 000 - 710 000 = 210 000（元）

（5）第五步，计算租赁内含利率。

租赁内含利率是使租赁投资总额的现值（即租赁投资净额）等于租赁资产在租赁

开始日的公允价值与出租人的初始直接费用之和的利率。

由 $(160\,000 - 10\,000) \times (P/A, r, 6) + 20\,000 \times (P/F, r, 6) = 710\,000$ 计算得到租赁内含利率为 7.82%。

（6）第六步，账务处理。

2021 年 1 月 1 日的账务处理如下：

借：应收融资租赁款——租赁收款额		920 000
贷：银行存款		10 000
融资租赁资产		600 000
资产处置损益		100 000
应收融资租赁款——未实现融资收益		210 000

对于以收到租赁保证金为生效条件的融资租赁合同，出租人在收到承租人交来的租赁保证金时，应借记"银行存款"等科目，贷记"其他应付款——租赁保证金"科目。承租人到期不交租金，以保证金抵作租金时，应借记"其他应付款——租赁保证金"科目，贷记"应收融资租赁款"科目。因承租人违约，出租人按租赁合同约定没收保证金时，应借记"其他应付款——租赁保证金"科目，贷记"营业外收入"等科目。承租人未发生违约，出租人到期归还保证金时，应借记"其他应付款——租赁保证金"科目，贷记"银行存款"等科目。

（二）融资租赁的后续计量

出租人应当按照固定的周期性利率计算并确认租赁期内各个期间的利息收入。

【例 19 - 14】 沿用〖例 19 - 13〗，出租人乙公司确认计量租赁期内各期间的利息收入如下。

第一步，计算租赁期内各期的利息收入（见表 19 - 3）。

表 19 - 3 　　　　　　　　　　　　　　　　　　　　　　　　　单位：元

日期	收取租赁款项 ①	确认的利息收入 ②＝期初③×7.82%	租赁投资净额余额 期末③＝期初③－①＋②
2021 年 1 月 1 日			710 000
2021 年 12 月 31 日	150 000	55 522	615 522
2022 年 12 月 31 日	150 000	48 134	513 656
2023 年 12 月 31 日	150 000	40 168	403 824
2024 年 12 月 31 日	150 000	31 579	285 403
2025 年 12 月 31 日	150 000	22 319	157 722
2026 年 12 月 31 日	150 000	12 278 *	20 000
2026 年 12 月 31 日	20 000		
合计	920 000	210 000	

注：（1）为便于计算，本表中利息收入的计算四舍五入取整数。
（2）* 作尾数调整：12 278 = 150 000 + 20 000 - 157 722。

第二步，账务处理。

2021 年 12 月 31 日收到第一期租金并确认租赁收入：

借：银行存款　　　　　　　　　　　　　　　　　　　150 000

　　贷：应收融资租赁款——租赁收款额　　　　　　　　　　150 000

借：应收融资租赁款——未实现融资收益　　　　　　　　55 522

　　贷：租赁收入　　　　　　　　　　　　　　　　　　　　55 522

2021 年 12 月 31 日以后期间的账务处理略。

纳入出租人租赁投资净额的可变租赁付款额仅限取决于指数或比率的可变租赁付款额。在初始计量时，应当采用租赁期开始日的指数或比率进行初始计量。出租人应定期复核计算租赁投资总额时所使用的未担保余值。若预计未担保余值降低，出租人应修改租赁期内的收益分配，并立即确认预计的减少额。

出租人取得的未纳入租赁投资净额计量的可变租赁付款额，如与资产的未来绩效或使用情况挂钩的可变租赁付款额，应当在实际发生时计入当期损益。

（三）融资租赁变更的会计处理

融资租赁发生变更且同时符合下列条件的，出租人应当将该变更作为一项单独租赁进行会计处理：（1）该变更通过增加一项或多项租赁资产的使用权而扩大了租赁范围；（2）增加的对价与租赁范围扩大部分的单独价格按该合同情况调整后的金额相当。

【例 19-15】 承租人就某套机器设备与出租人签订一项为期 5 年的租赁合同，构成融资租赁。在第 2 年年初，承租人和出租人同意对原租赁进行修改，再租入一套机器设备，租赁期也为 5 年。扩租的设备从第 2 年第二季度末时可供承租人使用。租赁总对价的增加额与新增的该套机器设备的当前出租市价扣减相关折扣相当。其中，折扣反映了出租人节约的成本，即若将同样的设备租赁给新租户，出租人会发生的营销等成本。

本例中，该变更通过增加一套机器设备的使用权而扩大了租赁范围，增加的对价与租赁范围扩大部分的单独价格按该合同情况调整后的金额相当，应将该变更作为一项单独租赁。

如果融资租赁的变更未作为一项单独租赁进行会计处理，且满足假如变更在租赁开始日生效，该租赁会被分类为经营租赁条件的，出租人应当自租赁变更生效日开始将其作为一项新租赁进行会计处理，并以租赁变更生效日前的租赁投资净额作为租赁资产的账面价值。

如果融资租赁的变更未作为一项单独租赁进行会计处理，且满足假如变更在租赁开始日生效，该租赁会被分类为融资租赁条件的，出租人应当按照《企业会计准则第 22 号——金融工具确认和计量》关于修改或重新议定合同的规定进行会计处理。即，修改或重新议定租赁合同，未导致应收融资租赁款终止确认，但导致未来现金流量发生变化的，应当重新计算该应收融资租赁款的账面余额，并将相关利得或损失计入当期损益。重新计算应收融资租赁款账面余额时，应当根据重新议定或修改的租赁合同现金流量按照应收融资租赁款的原折现率或按照《企业会计准则第 24 号——套期会计》规定重新计算的折现率（如适用）折现的现值确定。对于修改或重新议定租赁合同所产生的所有成本和费用，企业应当调整修改后的应收融资租赁款的账面价值，并在修改后的应收融资租赁款的剩余期限内进行摊销。

三、出租人对经营租赁的会计处理

（一）租金的处理

在租赁期内各个期间，出租人应采用直线法将经营租赁的租赁收款额确认为租金收入。如果其他系统合理的方法能够更好地反映因使用租赁资产所产生经济利益的消耗模式的，出租人应采用该方法。

（二）出租人对经营租赁提供激励措施

出租人提供免租期的，出租人应将租金总额在不扣除免租期的整个租赁期内，按直线法或其他合理的方法进行分配，免租期内应当确认租金收入。出租人承担了承租人某些费用的，出租人应将该费用自租金收入总额中扣除，按扣除后的租金收入余额在租赁期内进行分配。

（三）初始直接费用

出租人发生的与经营租赁有关的初始直接费用应当资本化至租赁资产的成本，在租赁期内按照与租金收入相同的确认基础分期计入当期损益。

（四）折旧和减值

对于经营租赁资产中的固定资产，出租人应当采用类似资产的折旧政策计提折旧；对于其他经营租赁资产，出租人应当根据该资产适用的企业会计准则，采用系统合理的方法进行摊销。

出租人应当按照《企业会计准则第 8 号——资产减值》的规定，确定经营租赁资产是否发生减值，并对已识别的减值损失进行会计处理。

（五）可变租赁付款额

出租人取得的与经营租赁有关的可变租赁付款额，如果是与指数或比率挂钩的，应在租赁期开始日计入租赁收款额；除此之外的其他可变租赁付款额，应当在实际发生时计入当期损益。

（六）经营租赁的变更

经营租赁发生变更的，出租人应自变更生效日开始，将其作为一项新的租赁进行会计处理，与变更前租赁有关的预收或应收租赁收款额视为新租赁的收款额。

第四节　特殊租赁业务的会计处理

一、转租赁

转租情况下，原租赁合同和转租赁合同通常都是单独协商的，交易对手也是不同的企业，转租出租人对原租赁合同和转租赁合同应当分别根据承租人和出租人会计处理要求进行会计处理。

在对转租赁进行分类时，转租出租人应基于原租赁中产生的使用权资产，而不是租赁资产（如作为租赁对象的不动产或设备）进行分类。原租赁资产不归转租出租人所有，原租赁资产也未计入其资产负债表。因此，转租出租人应基于其控制的资产（即使用权资产）进行会计处理。

原租赁为短期租赁，且转租出租人作为承租人采用简化会计处理的，应将转租赁分类为经营租赁。

二、生产商或经销商出租人的融资租赁

如果生产商或经销商出租其产品或商品构成融资租赁，该交易产生的损益应相当于按照考虑适用的交易量或商业折扣后的正常售价直接销售该资产所产生的损益。在租赁期开始日，生产商或经销商出租人应当按照租赁资产公允价值与租赁收款额按市场利率折现的现值两者孰低确认收入，并按照租赁资产账面价值扣除未担保余值的现值后的余额结转销售成本，收入和销售成本的差额作为销售损益。

由于取得融资租赁所发生的成本主要与生产商或经销商赚取的销售利得相关，生产商或经销商出租人应当在租赁期开始日将其计入损益。即，与其他融资租赁出租人不同，生产商或经销商出租人取得融资租赁所发生的成本不属于初始直接费用，不计入租赁投资净额。

【例19-16】甲公司是一家设备生产商，与乙公司（生产型企业）签订一份租赁合同，向乙公司出租所生产的设备。合同主要条款如下：（1）租赁资产：设备A；（2）租赁期：2021年1月1日至2023年12月31日，共3年；（3）租赁付款额：自2021年起每年年末支付年租金1 000 000元；（4）租赁合同规定的利率：5%（年利率），与市场利率相同；（5）该设备于2021年1月1日的公允价值为2 700 000元，账面价值为2 000 000元；（6）甲公司取得该租赁发生的相关成本为5 000元；（7）该设备于2021年1月1日交付乙公司，预计使用寿命为8年，无残值；租赁期届满时，乙公司可以100元购买该设备，预计租赁到期日该设备的公允价值不低于1 500 000元，乙公司对此金额提供担保；租赁期内该设备的保险、维修等费用均由乙公司自行承担。假设不考虑其他因素和各项税费影响。

甲公司的会计处理如下：

第一步，判断租赁类型。本例中，租赁期满乙公司可以远低于租赁到期日租赁资产公允价值的金额购买租赁资产，甲公司认为其可以合理确定乙公司将行使购买选择权，综合考虑其他因素，与该项资产所有权有关的几乎所有风险和报酬已实质转移给乙公司，因此甲公司将该租赁分类为融资租赁。

第二步，计算租赁期开始日租赁收款额按市场利率折现的现值，确定销售收入。

租赁收款额 = 租金 × 期数 + 购买价格 = 1 000 000 × 3 + 100 = 3 000 100（元）

租赁收款额按市场利率折现的现值 = 1 000 000 ×（P/A，5%，3）+ 100 ×（P/F，5%，3）= 2 723 286（元）

按照租赁资产公允价值与租赁收款额按市场利率折现的现值两者孰低的原则，确定销售收入为 2 700 000 元。

第三步，计算租赁资产账面价值扣除未担保余值的现值后的余额，确定销售成本。

销售成本 = 租赁资产账面价值 − 未担保余值的现值 = 2 000 000 − 0 = 2 000 000（元）

第四步，账务处理。

2021 年 1 月 1 日（租赁期开始日）账务处理如下：

借：应收融资租赁款——租赁收款额　　　　　　　　　　　　　　3 000 100

　　贷：主营业务收入　　　　　　　　　　　　　　　　　　　　2 700 000

　　　　应收融资租赁款——未实现融资收益　　　　　　　　　　　300 100

借：主营业务成本　　　　　　　　　　　　　　　　　　　　　　2 000 000

　　贷：库存商品　　　　　　　　　　　　　　　　　　　　　　2 000 000

借：销售费用　　　　　　　　　　　　　　　　　　　　　　　　　　5 000

　　贷：银行存款　　　　　　　　　　　　　　　　　　　　　　　　5 000

由于甲公司在确定销售收入和租赁投资净额（即应收融资租赁款）时，是基于租赁资产的公允价值，因此，甲公司需要根据租赁收款额、未担保余值和租赁资产公允价值重新计算租赁内含利率。

由 1 000 000 ×（P/A，r，3）+ 100 ×（P/F，r，3）= 2 700 000 计算得到租赁内含利率 r = 5.4606%。

租赁期内各期分摊的融资收益如表 19 - 4 所示。

表 19 - 4　　　　　　　　　　　　　　　　　　　　　　　　　　　　单位：元

日期	收取租赁款项	分摊的融资收益	应收租赁款减少额	应收租赁款净额
	①	② = 期初④ × 5.4606%	③ = ① − ②	期末④ = 期初④ − ③
2021 年 1 月 1 日				2 700 000
2021 年 12 月 31 日	1 000 000	147 436	852 564	1 847 436
2022 年 12 月 31 日	1 000 000	100 881	899 119	948 317

续表

日期	收取租赁款项	分摊的融资收益	应收租赁款减少额	应收租赁款净额
	①	②＝期初④×5.4606%	③＝①－②	期末④＝期初④－③
2023 年 12 月 31 日	1 000 000	51 783 *	948 217 **	100
2023 年 12 月 31 日	100		100	
合计	3 000 100	300 100	2 700 000	

注：（1）为便于计算，本表中分摊的融资收益的计算四舍五入取整数。

（2）*、** 分别作尾数调整：51 783 = 1 000 000 - 948 217；948 217 = 948 317 - 100。

2021 年 12 月 31 日账务处理如下：

借：应收融资租赁款——未实现融资收益　　　　　　　　　　147 436

　　贷：财务费用——利息收入　　　　　　　　　　　　　　　147 436

借：银行存款　　　　　　　　　　　　　　　　　　　　　1 000 000

　　贷：应收融资租赁款——租赁收款额　　　　　　　　　　　1 000 000

2022 年 12 月 31 日和 2023 年 12 月 31 日的账务处理略。

三、售后租回交易

若企业（卖方兼承租人）将资产转让给其他企业（买方兼出租人），并从买方兼出租人租回该项资产，则卖方兼承租人和买方兼出租人均应按照售后租回交易的规定进行会计处理。企业应当按照《企业会计准则第 14 号——收入》的规定，评估确定售后租回交易中的资产转让是否属于销售，并进行相应会计处理。

（一）售后租回交易中的资产转让属于销售

卖方兼承租人应当按原资产账面价值中与租回获得的使用权有关的部分，计量售后租回所形成的使用权资产，并仅就转让至买方兼出租人的权利确认相关利得或损失。买方兼出租人根据其他适用的企业会计准则对资产购买进行会计处理，并根据租赁准则对资产出租进行会计处理。

如果销售对价的公允价值与资产的公允价值不同，或者出租人未按市场价格收取租金，企业应当将销售对价低于市场价格的款项作为预付租金进行会计处理，将销售对价高于市场价格的款项作为买方兼出租人向卖方兼承租人提供的额外融资进行会计处理。同时，承租人按照公允价值调整相关销售利得或损失，出租人按市场价格调整租金收入。

企业在按照上述要求确定销售对价与市场价格的差额以及调整销售利得或损失（承租人）或租金收入（出租人）时，应当基于下列二者中较易确定者进行：（1）销售对价的公允价值与资产的公允价值的差异；（2）合同付款额的现值与按市场租金计算的付款额的现值的差异。

在租赁期开始日后，承租人应当按照租赁准则有关使用权资产后续计量的规定对售后租回所形成的使用权资产进行后续计量，并按照租赁准则有关租赁负债后续计量的规定对售后租回所形成的租赁负债进行后续计量。承租人在对售后租回所形成的租赁负债进行后续计量时，确定租赁付款额或变更后租赁付款额的方式不得导致其确认与租回所获得的使用权有关的利得或损失。租赁变更导致租赁范围缩小或租赁期缩短的，承租人仍应当按照租赁准则的规定将部分终止或完全终止租赁的相关利得或损失计入当期损益，不受前述规定的限制。

（二）售后租回交易中的资产转让不属于销售

卖方兼承租人不终止确认所转让的资产，而应当将收到的现金作为金融负债，并按照《企业会计准则第22号——金融工具确认和计量》进行会计处理。买方兼出租人不确认被转让资产，而应当将支付的现金作为金融资产，并按照《企业会计准则第22号——金融工具确认和计量》进行会计处理。

（三）售后租回交易示例

1. 售后租回交易中的资产转让不属于销售。

【例19-17】甲公司（卖方兼承租人）以24 000 000元的价格向乙公司（买方兼出租人）转让一栋建筑物，乙公司以银行存款支付转让价款，转让前该建筑物的账面原值为24 000 000元，累计折旧为4 000 000元。同日，甲公司与乙公司签订合同，取得该建筑物18年的使用权（全部剩余使用年限为40年），年租金为2 000 000元，于每年年末支付，租赁期届满时，甲公司将以100元购买该建筑物。根据交易的条款和条件，甲公司转让建筑物不满足《企业会计准则第14号——收入》中关于销售成立的条件。该建筑物在转让当日的公允价值为36 000 000元。假设不考虑初始直接费用和各项税费的影响。

在租赁期开始日，甲公司对该交易的账务处理如下：

借：银行存款　　　　　　　　　　　　　　　　　　24 000 000
　　贷：长期应付款　　　　　　　　　　　　　　　　　　24 000 000

在租赁期开始日，乙公司对该交易的账务处理如下：

借：长期应收款　　　　　　　　　　　　　　　　　　24 000 000
　　贷：银行存款　　　　　　　　　　　　　　　　　　24 000 000

2. 售后租回交易中的资产转让属于销售。

【例19-18】甲公司（卖方兼承租人）以40 000 000元的价格向乙租赁公司（买方兼出租人）转让一栋建筑物，乙公司以银行存款支付转让价款，转让前该建筑物的账面原值为24 000 000元，累计折旧为4 000 000元。同日，甲公司与乙公司签订合同，取得该建筑物18年的使用权（全部剩余使用年限为40年），年租金为2 400 000元，于每年年末支付。根据交易的条款和条件，甲公司转让建筑物符合《企业会计准则第14号——收入》中关于销售成立的条件。该建筑物在销售当日的公允价值为36 000 000元。假设不考虑初始直接费用和各项税费的影响。

由于该建筑物的销售对价高于销售当日的公允价值，超额售价 4 000 000 元（40 000 000 − 36 000 000）作为乙公司向甲公司提供的额外融资进行会计处理。甲公司和乙公司按照公允价值分别确定销售利得、租赁收入等。

甲、乙公司均确定租赁内含利率为 4.5%（年利率）。18 年付款额现值为 29 183 980 元（年付款额 2 400 000 元，共 18 期，按每年 4.5% 进行折现），其中：4 000 000 元与额外融资相关（对应的未折现年付款额为 328 948 元），25 183 980 元（29 183 980 − 4 000 000）与租赁相关（对应的未折现年付款额为 2 071 052 元），具体计算过程如下：

18 年付款额现值 = 2 400 000 × (P/A，4.5%，18) = 29 183 980（元）

额外融资年付款额 = 4 000 000 ÷ 29 183 980 × 2 400 000 = 328 948（元）

租赁相关年付款额 = 2 400 000 − 328 948 = 2 071 052（元）

（1）在租赁期开始日，甲公司账务处理如下：

第一步，按该建筑物原账面价值中与租回获得的使用权有关的部分计量售后租回所形成的使用权资产。

使用权资产 = 该建筑物原账面价值 ×（租赁相关付款额的现值 ÷ 该建筑物的公允价值）=（24 000 000 − 4 000 000）×（25 183 980 ÷ 36 000 000）= 13 991 100（元）

第二步，计算与转让至乙公司的权利相关的利得。

出售该建筑物的全部利得 = 36 000 000 − 20 000 000 = 16 000 000（元），其中：

与使用权相关的利得 = 16 000 000 ×（25 183 980 ÷ 36 000 000）= 11 192 880（元）

与转让至乙公司的权利相关的利得 = 16 000 000 − 11 192 880 = 4 807 120（元）

第三步，账务处理。

①额外融资的账务处理。

借：银行存款　　　　　　　　　　　　　　　　　　　　4 000 000

　　贷：长期应付款　　　　　　　　　　　　　　　　　　4 000 000

②租赁相关的账务处理。

借：固定资产清理　　　　　　　　　　　　　　　　　　20 000 000

　　累计折旧　　　　　　　　　　　　　　　　　　　　4 000 000

　　贷：固定资产　　　　　　　　　　　　　　　　　　24 000 000

借：银行存款　　　　　　　　　　　　　　　　　　　　36 000 000

　　使用权资产　　　　　　　　　　　　　　　　　　　13 991 100

　　租赁负债——未确认融资费用　　　　　　　　　　　12 094 956

　　贷：固定资产清理　　　　　　　　　　　　　　　　20 000 000

　　　　租赁负债——租赁付款额　　　　　　　　　　　37 278 936

　　　　资产处置损益　　　　　　　　　　　　　　　　4 807 120

其中：

租赁付款额 = 租赁相关年付款额 × 18 = 2 071 052 × 18 = 37 278 936（元）

未确认融资费用 = 37 278 936 − 25 183 980 = 12 094 956（元）

租赁期开始日后，甲公司支付的年付款额 2 400 000 元中，2 071 052 元作为支付租赁付款额处理，其余 328 948 元作为偿还额外融资的本金及支付相关利息进行会计处理。以第 1 年年末为例，甲公司的账务处理如下：

借：租赁负债——租赁付款额　　　　　　　　　　　　　2 071 052

　　长期应付款　　　　　　　　　　　　　　　　　　　　148 948

　　财务费用——利息费用　　　　　　　　　　　　　　1 313 279

　　贷：租赁负债——未确认融资费用　　　　　　　　　　　　　1 133 279

　　　　银行存款　　　　　　　　　　　　　　　　　　　　　　2 400 000

其中：

长期应付款相关利息费用 = 4 000 000 × 4.5% = 180 000（元）

租赁负债相关利息费用 = 25 183 980 × 4.5% = 1 133 279（元）

长期应付款减少额 = 328 948 − 180 000 = 148 948（元）

（2）综合考虑租赁期占该建筑物剩余使用年限的比例等因素，乙公司将该建筑物的租赁分类为经营租赁。

在租赁期开始日，乙公司账务处理如下：

借：投资性房地产　　　　　　　　　　　　　　　　　36 000 000

　　长期应收款　　　　　　　　　　　　　　　　　　　4 000 000

　　贷：银行存款　　　　　　　　　　　　　　　　　　　　　40 000 000

租赁期开始日后，乙公司将年收款额 2 400 000 元中的 2 071 052 元作为租赁收款额进行会计处理，其余 328 948 元作为收回额外融资的本金及取得相关利息进行会计处理。以第 1 年年末为例，乙公司的账务处理如下：

借：银行存款　　　　　　　　　　　　　　　　　　　2 400 000

　　贷：租赁收入　　　　　　　　　　　　　　　　　　　　　2 071 052

　　　　利息收入　　　　　　　　　　　　　　　　　　　　　　180 000

　　　　长期应收款　　　　　　　　　　　　　　　　　　　　　148 948

本章思考题

1. 企业在识别租赁时，应当注意哪些方面？

2. 企业在确定租赁期时，应当考虑哪些因素？

3. 承租人在对短期租赁和低价值资产租赁选择采用简化会计处理时，应当注意哪些方面？

第二十章　持有待售的非流动资产、处置组和终止经营

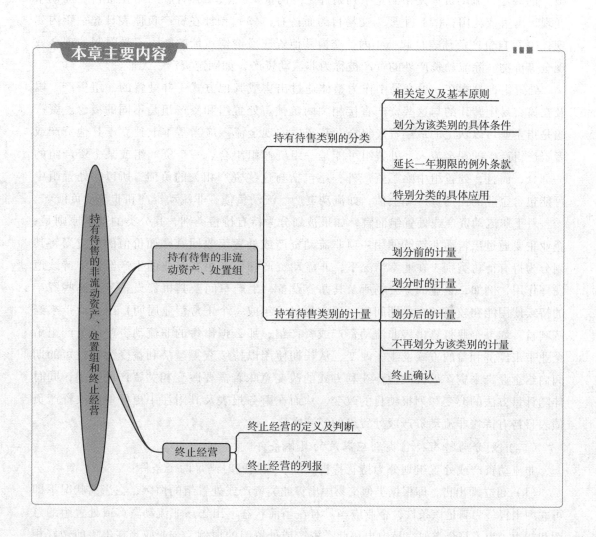

- 持有待售的非流动资产、处置组和终止经营
  - 持有待售的非流动资产、处置组
    - 持有待售类别的分类
      - 相关定义及基本原则
      - 划分为该类别的具体条件
      - 延长一年期限的例外条款
      - 特别分类的具体应用
    - 持有待售类别的计量
      - 划分前的计量
      - 划分时的计量
      - 划分后的计量
      - 不再划分为该类别的计量
      - 终止确认
  - 终止经营
    - 终止经营的定义及判断
    - 终止经营的列报

第一节　持有待售的非流动资产、处置组

一、持有待售类别的分类

（一）相关定义及分类的基本原则

非流动资产是流动资产以外的资产。按照《企业会计准则第 30 号——财务报表列报》的规定，流动资产是指满足下列条件之一的资产：（1）预计在一个正常营业周期中变现、出售或耗用；（2）主要为交易目的而持有；（3）预计在资产负债表日起一年内变现；（4）自资产负债表日起一年内，交换其他资产或清偿负债的能力不受限制的现金或现金等价物。除流动资产外的资产被称为非流动资产，如固定资产、无形资产等。

处置组，是指在一项交易中作为整体通过出售或其他方式一并处置的一组资产，以及在该交易中转让的与这些资产直接相关的负债。处置组和资产组是不同的概念。资产组是指企业可以认定的最小资产组合，其产生的现金流入应当基本上独立于其他资产或者资产组产生的现金流入。处置组可能是一组资产组组合、一个资产组或某个资产组的一部分，而且，处置组中除了资产外，还包括与这些资产相关的负债，所以，处置组中可能包含企业的任何资产和负债，如流动资产、流动负债、非流动资产和非流动负债。

对于非流动资产或处置组而言，如果被划分为持有待售类别，其分类的基本原则是：企业主要通过出售而非持续使用一项非流动资产或处置组收回其账面价值的，应当将其划分为持有待售类别。在通常情况下，非流动资产和资产组在企业的生产经营中持续地发挥作用，例如，企业的办公场所及其办公设备、生产车间及其机器设备等，这些资产的持续使用能在较长的一段期间内（通常超过一年或一个正常营业周期）给企业带来经济利益。如果企业打算出售非流动资产或资产组，那么拟出售的非流动资产或资产组给企业带来经济利益的方式发生了改变，从长期使用以持续获得经济利益变为在较短的期间内给企业带来资产处置收益。获利方式的改变意味着需要改变相关资产的分类，同时伴随计量方法的改变和列报项目的改变，从而在财务报表及其附注中更好地反映资产负债表日持有待售非流动资产或处置组的经济实质。

（二）划分为持有待售类别应满足的具体条件

非流动资产或处置组划分为持有待售类别，应当同时满足两个条件：

（1）可立即出售，即根据类似交易中出售此类资产或处置组的惯例，在当前状况下即可立即出售。为满足该条件，企业应当具有在当前状态下出售该非流动资产或处置组的意图和能力。为了符合类似交易中出售此类资产或处置组的惯例，企业应当在出售前做好相关准备。例如，按照惯例允许买方在报价和签署合同前对资产进行尽职调查等。需要特别指出的是，上文所述"出售"包括具有商业实质的非货币性资产交换。如果企业以非货币性资产交换形式换出非流动资产或处置组，且该交易具有商业实质，那么企业应当考虑相

关非流动资产或处置组是否符合划分为持有待售类别的条件。同样地，如果企业以非流动资产或处置组作为换出资产进行债务重组，也可能符合划分为持有待售类别的条件。

【例20-1】G企业在X市区繁华地段拥有一栋办公大楼，企业的主要业务部门均在该大楼内办公。由于发展战略发生改变，G企业计划整体搬迁至Y市。G企业与H企业签订了办公大楼转让合同，附带约定条款。

情形一：G企业将在腾空办公大楼后将其交付给H企业，且腾空办公大楼所需时间是正常且符合交易惯例的。

情形二：G企业将在Y市兴建的新办公大楼竣工并装修完成前继续使用现有办公大楼，竣工并装修完成后将X市大楼交付H企业。

分析：

（1）情形一，在出售建筑物前将其腾空属于出售此类资产的惯例，且腾空只占用常规所需时间，因此，即使G企业的办公大楼当前尚未腾空，并不影响其满足在当前状况下即可立即出售的条件。

（2）情形二，"在Y市兴建的新办公大楼竣工并装修完成前继续使用现有办公大楼"的条件不属于类似交易中出售此类资产的惯例，使得办公大楼在当前状况下不能立即出售，在新大楼竣工并装修完成前G企业虽然已取得确定的购买承诺，办公大楼仍然不符合持有待售类别的划分条件。

【例20-2】由于F企业经营范围发生改变，企业计划将生产D产品的全套生产线出售，F企业尚有一批积压的未完成客户订单。情形一：F企业决定在出售生产线的同时，将尚未完成的客户订单一并移交给买方。情形二：F企业决定在完成所积压的客户订单后再将生产线转让给买方。

分析：

（1）情形一，由于在出售日移交未完成客户订单不会影响对该生产线的转让时间，可以认为该生产线符合了在当前状况下即可立即出售的条件。

（2）情形二，由于生产线在完成积压订单后方可出售，在完成所有积压的客户订单前，该生产线在当前状态下不能立即出售，不符合划分为持有待售类别的条件。

（2）出售极可能发生，即企业已经就一项出售计划作出决议且获得确定的购买承诺，预计出售将在一年内完成。有关规定要求企业相关权力机构或者监管部门批准后方可出售的，应当已经获得批准。具体来说，"出售极可能发生"应当包含以下几层含义：一是企业出售非流动资产或处置组的决议一般需要由企业相应级别的管理层作出，如果有关规定要求企业相关权力机构或者监管部门批准后方可出售，应当已经获得批准；二是企业已经获得确定的购买承诺，确定的购买承诺是企业与其他方签订的具有法律约束力的购买协议，该协议包含交易价格、时间和足够严厉的违约惩罚等重要条款，使协议出现重大调整或者撤销的可能性极小；三是预计自划分为持有待售类别起一年内，出售交易能够完成。

（三）延长一年期限的例外条款

有些情况下，可能由于发生一些企业无法控制的原因导致出售未能在一年内完成，则已分类为持有待售的非流动资产或处置组可能需要进行重分类，也可能在满足特定条件后允许放松一年期限条件，继续划分为持有待售类别。如果涉及的出售是关联方交易，则不允许放松一年期限条件，企业需要对持有待售非流动资产或处置组进行重分类。如果涉及的出售不是关联方交易，且有充分证据表明企业仍然承诺出售非流动资产或处置组，则允许放松一年期限条件，企业可以继续将非流动资产或处置组划分为持有待售类别。导致企业未能在一年内出售持有待售非流动资产或处置组的原因主要包括：

1. 意外设定条件。

即买方或其他方意外设定导致出售延期的条件，企业针对这些条件已经及时采取行动，且预计能够自设定导致出售延期的条件起一年内顺利化解延期因素。即企业在初始对非流动资产或处置组进行分类时，能够满足划分为持有待售类别的所有条件，但此后买方或其他方提出一些意料之外的条件，且企业已经采取措施加以应对，预计能够自设定这些条件起一年内满足条件并完成出售，那么即使出售无法在最初一年内完成，企业仍然可以维持原持有待售类别的分类。

> 【例20-3】E企业计划将整套钢铁生产厂房和设备出售给F企业，E企业和F企业不存在关联关系，双方已于2023年9月15日签订了转让合同。因该厂区的污水排放系统存在缺陷，对周边环境造成污染。
>
> 情形一：E企业不知晓土地污染情况，2023年11月6日，F企业在对生产厂房和设备进行检查过程中发现污染，并要求E企业进行补救。E企业立即着手采取措施，预计至2024年10月底环境污染问题能够得到成功整治。
>
> 情形二：E企业知晓土地污染情况，在转让合同中附带条款，承诺将自2023年10月1日起开展污染清除工作，清除工作预计将持续8个月。
>
> 情形三：E企业知晓土地污染情况，在协议中标明E企业不承担清除污染义务，并在确定转让价格时考虑了该污染因素，预计转让将于9个月内完成。
>
> 分析：
>
> （1）情形一，在签订转让合同前，买卖双方并不知晓影响交易进度的环境污染问题，属于符合延长一年期限的例外事项，在2023年11月6日发现延期事项后，E企业预计将在一年内消除延期因素，因此仍然可以将处置组划分为持有待售类别。
>
> （2）情形二，虽然买卖双方已经签订协议，但在污染得到整治前，该处置组在当前状态下不可立即出售，不符合划分为持有待售类别的条件。
>
> （3）情形三，由于卖方不承担清除污染义务，转让价格已将污染因素考虑在内，该处置组于协议签署日即符合划分为持有待售类别的条件。

2. 发生罕见情况。

罕见情况主要指因不可抗力引发的情况、宏观经济形势发生急剧变化等不可控情况。

非流动资产或处置组在初始分类时满足了持有待售类别的所有条件，但在最初一年内，出现罕见情况导致出售将被延迟至一年之后。如果企业针对这些新情况在最初一年内已经采取必要措施，而且该非流动资产或处置组重新满足了持有待售类别的划分条件，也就是在当前状况下可立即出售且出售极可能发生，那么即使原定的出售计划无法在最初一年内完成，企业仍然可以维持原持有待售类别的分类。

【例20-4】 A企业拟将一栋原自用的写字楼转让，于2007年12月6日与B企业签订了房产转让协议，预计将于10个月内完成转让，假定该写字楼于签订协议当日符合划分为持有待售类别的条件。2008年发生全球金融危机，市场状况迅速恶化，房产价格大跌，B企业认为原协议价格过高，决定放弃购买，并于2008年9月22日按照协议约定缴纳了违约金。A企业决定在考虑市场状况变化的基础上降低写字楼售价，并积极开展市场营销，于2008年12月1日与C企业重新签订了房产转让协议，预计将于9个月内完成转让，A企业与B企业、A企业与C企业均不存在关联关系。

分析：A企业与B企业之间的房产转让交易未能在一年内完成，原因是发生市场恶化、买方违约的罕见事件。在将写字楼划分为持有待售类别的最初一年内，A企业已经重新签署转让协议，并预计将在2008年12月1日开始的一年内完成，使写字楼重新符合了持有待售类别的划分条件。因此，A企业仍然可以将该资产继续划分为持有待售类别。

假设在本例中，A企业尽管降低了写字楼售价并积极开展市场营销，但在2008年12月6日前始终没有找到合适买家，企业也没有将该写字楼用于经营出租的计划。则在这种情况下，写字楼不再满足持有待售类别的划分条件，A企业应当根据实际情况，重新将该写字楼作为固定资产。

（四）某些特定持有待售类别分类的具体应用

1. 专为转售而取得的非流动资产或处置组。

对于企业专为转售而新取得的非流动资产或处置组，如果在取得日满足"预计出售将在一年内完成"的规定条件，且短期（通常为三个月）内很可能满足划分为持有待售类别的其他条件，企业应当在取得日将其划分为持有待售类别。这些"其他条件"包括：根据类似交易中出售此类资产或处置组的惯例，在当前状况下即可立即出售；企业已经就一项出售计划作出决议且获得确定的购买承诺。有关规定要求企业相关权力机构或者监管部门批准后方可出售的，应当已经获得批准。

2. 持有待售的长期股权投资。

（1）出售部分或全部对子公司的权益性投资。

企业出售对子公司的权益性投资，根据是否丧失控制权分为两种情况。

一是如果因出售对子公司的权益性投资等原因导致其丧失对子公司的控制权，则企业应当在拟出售的部分满足持有待售类别划分条件时，在母公司个别财务报表中将对子公司投资整体划分为持有待售类别；在合并财务报表中将子公司所有资产和负债划分为持有待售类别，而不是仅将拟处置的部分投资对应的资产和负债划分为持有待售类别。

在处置部分投资后,对于保留的部分权益性投资,应当区分以下情况处理:①如果企业对被投资单位施加共同控制或重大影响,在编制母公司个别财务报表时,应当按照《企业会计准则第2号——长期股权投资》有关成本法转权益法的规定进行会计处理,在编制合并财务报表时,应当按照《企业会计准则第33号——合并财务报表》的有关规定进行会计处理;②如果企业对被投资单位不具有控制、共同控制或重大影响,在编制母公司个别财务报表时,应当按照《企业会计准则第22号——金融工具确认和计量》进行会计处理,在编制合并财务报表时,应当按照《企业会计准则第33号——合并财务报表》的有关规定进行会计处理。

二是如果出售部分权益性投资后企业仍拥有对子公司的控制权,在拟出售阶段对此类投资仍应将其整体作为长期股权投资核算,不将拟出售的部分划分为持有待售类别。

（2）出售部分或全部对联营企业或合营企业的权益性投资。

对于拟出售的部分,满足持有待售类别划分条件、分类为持有待售资产的,应当停止权益法核算。对于未划分为持有待售类别的剩余权益性投资,应当在划分为持有待售的那部分权益性投资出售前继续采用权益法进行会计处理,待划分为持有待售的那部分权益性投资出售后,根据是否具有共同控制或重大影响,按照《企业会计准则第2号——长期股权投资》或《企业会计准则第22号——金融工具确认和计量》的有关规定进行会计处理。原权益法核算的相关其他综合收益等应当在持有待售资产终止确认时,按照《企业会计准则第2号——长期股权投资》有关处置长期股权投资的规定进行会计处理。

【例20-5】 G企业集团拟出售持有的部分长期股权投资。

情形一:G企业集团拥有子公司100%的股权,拟出售全部股权。

情形二:G企业集团拥有子公司100%的股权,拟出售55%的股权,出售后将丧失对子公司的控制权,但对其具有重大影响。

情形三:G企业集团拥有子公司100%的股权,拟出售25%的股权,出售后仍然拥有对子公司的控制权。

情形四:G企业集团拥有子公司55%的股权,拟出售6%的股权,出售后将丧失对子公司的控制权,但对其具有重大影响。

情形五:G企业集团拥有联营企业35%的股权,拟出售30%的股权,G持有剩余的5%股权,且对被投资方不具有重大影响。

情形六:G企业集团拥有合营企业50%的股权,拟出售35%的股权,G持有剩余的15%股权,且对被投资方不具有共同控制或重大影响。

分析:

（1）情形一,G企业集团应当在母公司个别财务报表中将拥有的子公司全部股权对应的长期股权投资划分为持有待售类别,在合并财务报表中将子公司所有资产和负债划分为持有待售类别。

（2）情形二，G企业集团应当在母公司个别财务报表中将拥有的子公司全部股权对应的长期股权投资划分为持有待售类别，在合并财务报表中将子公司所有资产和负债划分为持有待售类别。

（3）情形三，由于G企业集团仍然拥有对子公司的控制权，该长期股权投资并不是"主要通过出售而非持续使用收回其账面价值"的，因此不应当将拟处置的部分股权划分为持有待售类别。

（4）情形四与情形二类似，G企业集团应当在母公司个别财务报表中将拥有的子公司55%的股权划分为持有待售类别，在合并财务报表中将子公司所有资产和负债划分为持有待售类别。

（5）情形五，G企业集团应当将拟出售的30%股权划分为持有待售类别，不再按权益法核算，而按照本章规定进行后续计量，剩余5%的股权在前述30%的股权处置前，应当继续采用权益法进行会计处理，在前述30%的股权处置后，应当按照《企业会计准则第22号——金融工具确认和计量》有关规定进行会计处理。

（6）情形六与情形五类似，G企业集团应当将拟出售的35%股权划分为持有待售类别，不再按权益法核算，而按照本章规定进行后续计量，剩余15%的股权在前述35%的股权处置前，应当继续采用权益法进行会计处理，在前述35%的股权处置后，应当按照《企业会计准则第22号——金融工具确认和计量》有关规定进行会计处理。

3. 拟结束使用而非出售的非流动资产或处置组。

拟结束使用而非出售的非流动资产或处置组，不划分为持有待售类别，原因是企业对该非流动资产或处置组的使用实质上几乎贯穿了其整个经济使用寿命期，其账面价值并非主要通过出售收回，而是主要通过持续使用收回。例如，因已经使用至经济寿命期结束而将某机器设备报废，并收回少量残值。对于暂时停止使用的非流动资产，企业不应当认为其拟结束使用，也不应当将其划分为持有待售类别。

【例 20 - 6】 某 H 纺织企业拥有一条生产某类布料的生产线，由于市场需求变化，该类布料的销量锐减，H 企业决定暂停该生产线的生产，但仍然对其进行定期维护，待市场转好时重启生产。

分析：由于生产线属于暂停使用，H 企业不应当将其划分为持有待售类别。

二、持有待售类别的计量

对于持有待售的非流动资产（包括处置组中的非流动资产）的计量，应当区分不同情况：（1）采用公允价值模式进行后续计量的投资性房地产，适用《企业会计准则第 3 号——投资性房地产》；（2）采用公允价值减去出售费用后的净额计量的生物资产，适用《企业会计准则第 5 号——生物资产》；（3）职工薪酬形成的资产，适用《企业会计准则第9号——职工薪酬》；（4）递延所得税资产，适用《企业会计准则第18号——所得税》；（5）由金融工具相关会计准则规范的金融资产，适用金融工具相关会计准则；（6）由保险合同相关会计准则规范的保险合同所产生的权利，适用保险合同相关会计准则；（7）除上述（1）~（6）项所述的非流动资产外，其他的持有待售非流动资产，按照下文所述的方法计量。

（一）划分为持有待售类别前的计量

企业将非流动资产或处置组首次划分为持有待售类别前，应当按照相关会计准则规定计量非流动资产或处置组中各项资产和负债的账面价值。例如，按照《企业会计准则第4号——固定资产》的规定，对固定资产计提折旧；按照《企业会计准则第6号——无形资产》的规定，对无形资产进行摊销。按照《企业会计准则第8号——资产减值》的规定，企业应当判断资产是否存在可能发生减值的迹象，如果资产已经或者将被闲置、终止使用或者计划提前处置，表明资产可能发生了减值。对于拟出售的非流动资产或处置组，企业应当在划分为持有待售类别前考虑进行减值测试。

【例20-7】2023年12月31日，A企业与B企业签署转让协议，拟在4个月内将其所拥有的一项生产用专业设备转让。该设备的原值为50万元，每月计提折旧2万元，截至2023年11月30日已计提折旧26万元，经减值测试，2023年12月31日专业设备的可收回金额为20万元。假定该设备满足划分为持有待售类别的其他条件。

分析：2023年12月31日，A企业应当将该设备划分为持有待售类别，并按照《企业会计准则第4号——固定资产》对该固定资产计提12月份折旧2万元，按照《企业会计准则第8号——资产减值》对该固定资产计提减值损失2万元。2023年12月31日，该设备在划分为持有待售类别前的账面价值为20万元，此后不再计提折旧。该设备划分为持有待售类别前，其账务处理如下：

借：制造费用　　　　　　　　　　　　　　　　　　　20 000
　　贷：累计折旧　　　　　　　　　　　　　　　　　　　20 000
借：资产减值损失　　　　　　　　　　　　　　　　　　20 000
　　贷：固定资产减值准备　　　　　　　　　　　　　　　20 000

（二）划分为持有待售类别时的计量

企业初始计量持有待售的非流动资产或处置组时，如果其账面价值低于其公允价值减去出售费用后的净额，企业不需要对账面价值进行调整；如果账面价值高于其公允价值减去出售费用后的净额，企业应当将账面价值减记至公允价值减去出售费用后的净额，减记的金额确认为资产减值损失，计入当期损益，同时计提持有待售资产减值准备。

企业应当按照《企业会计准则第39号——公允价值计量》的有关规定确定非流动资

产或处置组的公允价值。具体来说，如果企业已经获得确定的购买承诺，应当参考交易价格确定持有待售的非流动资产或处置组的公允价值，交易价格应当考虑可变对价、非现金对价、应付客户对价等因素的影响。如果企业尚未获得确定的购买承诺，例如对于专为转售而取得的非流动资产或处置组，企业应当对其公允价值作出估计，优先使用市场报价等可观察输入值。

出售费用是企业发生的可以直接归属于出售资产或处置组的增量费用，出售费用直接由出售引起，并且是企业进行出售所必需的，如果企业不出售资产或处置组，该费用将不会产生。出售费用包括为出售发生的特定法律服务、评估咨询等中介费用，也包括相关的消费税、城市维护建设税、土地增值税和印花税等，但不包括财务费用和所得税费用。有些情况下，公允价值减去出售费用后的净额可能为负值，持有待售的非流动资产或处置组中资产的账面价值应当以减记至零为限。是否需要确认相关预计负债，应当按照《企业会计准则第 13 号——或有事项》的规定进行会计处理。

【例 20 - 8】 承【例 20 - 7】，假设该设备的可收回金额等于其公允价值减去出售费用后的净额，固定资产减值准备余额为 2 万元，在将该设备划分为持有待售类别时，其账务处理如下：

借：持有待售资产——固定资产 200 000
　　累计折旧 280 000
　　固定资产减值准备 20 000
　　贷：固定资产 500 000

对于取得日划分为持有待售类别的非流动资产或处置组，企业应当在初始计量时比较假定其不划分为持有待售类别情况下的初始计量金额和公允价值减去出售费用后的净额，以两者孰低计量。除企业合并中取得的非流动资产或处置组外，由非流动资产或处置组以公允价值减去出售费用后的净额作为初始计量金额而产生的差额，应当计入当期损益。

【例 20 - 9】 2023 年 3 月 1 日，L 公司购入非关联的 M 公司的全部股权，支付价款 1 600 万元。购入该股权之前，L 公司的管理层已经作出决议，一旦购入 M 公司，将在一年内将其出售给 N 公司，M 公司当前状况下即可立即出售。预计 L 公司还将为出售该子公司支付 12 万元的出售费用。L 公司与 N 公司计划于 2023 年 3 月 31 日签署股权转让合同。情形一：L 公司与 N 公司初步议定股权转让价格为 1 620 万元。情形二：L 公司尚未与 N 公司议定转让价格，3 月 1 日股权公允价值与支付价款 1 600 万元一致。

扫码看讲解

（1）情形一：M 公司是专为转售而取得的子公司，其不划分为持有待售类别情况下的初始计量金额应当为 1 600 万元，当日公允价值减去出售费用后的净额为 1 608 万元，按照两者孰低计量。L 公司 2023 年 3 月 1 日的账务处理如下：

借：持有待售资产——长期股权投资 16 000 000

　　贷：银行存款 16 000 000

（2）情形二：M 公司是专为转售而取得的子公司，其不划分为持有待售类别情况下的初始计量金额为 1 600 万元，当日公允价值减去出售费用后的净额为 1 588 万元，按照两者孰低计量。L 公司 2023 年 3 月 1 日的账务处理如下：

借：持有待售资产——长期股权投资 15 880 000

　　资产减值损失 120 000

　　贷：银行存款 16 000 000

（三）划分为持有待售类别后的计量

1. 持有待售的非流动资产的后续计量。

企业在资产负债表日重新计量持有待售的非流动资产时，如果其账面价值高于公允价值减去出售费用后的净额，应当将账面价值减记至公允价值减去出售费用后的净额，减记的金额确认为资产减值损失，计入当期损益，同时计提持有待售资产减值准备。

如果后续资产负债表日持有待售的非流动资产公允价值减去出售费用后的净额增加，以前减记的金额应当予以恢复，并在划分为持有待售类别后非流动资产确认的资产减值损失金额内转回，转回金额计入当期损益，划分为持有待售类别前确认的资产减值损失不得转回。

持有待售的非流动资产不应计提折旧或摊销。

【例 20-10】 承【例 20-8】，假设 2024 年 1 月 31 日，该设备的公允价值减去出售费用后的净额为 21 万元，高于其账面价值 20 万元。因为与之相关的资产减值损失是在划分为持有待售类别之前确认的，这部分资产减值损失不得转回，所以 A 企业不需要进行账务处理。

【例 20-11】 承【例 20-9】，2023 年 3 月 31 日，L 公司与 N 公司签订合同，转让所持有 M 公司的全部股权，转让价格为 1 607 万元，L 公司预计还将支付 8 万元的出售费用。

扫码看讲解

（1）情形一：2023 年 3 月 31 日，L 公司持有的 M 公司的股权公允价值减去出售费用后的净额为 1 599 万元，账面价值为 1 600 万元，以两者孰低计量，L 公司 2023 年 3 月 31 日的账务处理如下：

借：资产减值损失 10 000

　　贷：持有待售资产减值准备——长期股权投资 10 000

（2）情形二：2023 年 3 月 31 日，L 公司持有的 M 公司的股权公允价值减去出售费用后的净额为 1 599 万元，账面价值为 1 588 万元，以两者孰低计量，L 公司不需要进行账务处理。

2. 持有待售的处置组的后续计量。

企业在资产负债表日重新计量持有待售的处置组时，应当首先按照相关会计准则规定计量处置组中的流动资产、适用其他准则计量规定的非流动资产和负债的账面价值。例如，处置组中的金融工具，应当按照《企业会计准则第22号——金融工具确认和计量》的规定计量。

在进行上述计量后，企业应当比较持有待售的处置组整体账面价值与公允价值减去出售费用后的净额，如果账面价值高于其公允价值减去出售费用后的净额，应当将账面价值减记至公允价值减去出售费用后的净额，减记的金额确认为资产减值损失，计入当期损益，同时计提持有待售资产减值准备。

对于持有待售的处置组确认的资产减值损失金额，如果该处置组包含商誉，应当先抵减商誉的账面价值，再根据处置组中适用本章计量规定的各项非流动资产账面价值所占比重，按比例抵减其账面价值。确认的资产减值损失金额应当以适用本章计量规定的各项资产的账面价值为限，不应分摊至处置组中的流动资产或适用其他准则计量规定的非流动资产。

如果后续资产负债表日持有待售的处置组公允价值减去出售费用后的净额增加，以前减记的金额应当予以恢复，并在划分为持有待售类别后适用本章计量规定的非流动资产确认的资产减值损失金额内转回，转回金额计入当期损益，且不应当重复确认适用其他准则计量规定的资产和负债按照相关准则规定已经确认的利得。已抵减的商誉账面价值，以及适用本章计量规定的非流动资产在划分为持有待售类别前确认的资产减值损失不得转回。对于持有待售的处置组确认的资产减值损失后续转回金额，应当根据处置组中除商誉外适用本章计量规定的各项非流动资产账面价值所占比重，按比例增加其账面价值。

（四）不再继续划分为持有待售类别的计量

非流动资产或处置组因不再满足持有待售类别划分条件而不再继续划分为持有待售类别或非流动资产从持有待售的处置组中移除时，应当按照以下两者孰低计量：（1）划分为持有待售类别前的账面价值，按照假定不划分为持有待售类别情况下本应确认的折旧、摊销或减值等进行调整后的金额。（2）可收回金额。由此产生的差额计入当期损益，可以通过"资产减值损失"科目进行会计处理。这样处理的结果是，原来划分为持有待售的非流动资产或处置组重新分类后的账面价值，与其从未划分为持有待售类别情况下的账面价值相一致。

（五）终止确认

企业终止确认持有待售的非流动资产或处置组，应当将尚未确认的利得或损失计入当期损益。

【例20-12】承【例20-11】，2023年6月26日，L公司为转让N公司的股权支付律师费5万元。6月29日，L公司完成对N公司的股权转让，收到价款1 607万元。

（1）情形一：L 公司 2023 年 6 月 26 日支付出售费用的账务处理如下：

借：投资收益　　　　　　　　　　　　　　　　　　　　50 000

　　贷：银行存款　　　　　　　　　　　　　　　　　　　　　50 000

L 公司 2023 年 6 月 29 日的账务处理如下：

借：持有待售资产减值准备——长期股权投资　　　　　　10 000

　　银行存款　　　　　　　　　　　　　　　　　　16 070 000

　　贷：持有待售资产——长期股权投资　　　　　　　　16 000 000

　　　　投资收益　　　　　　　　　　　　　　　　　　　　80 000

（2）情形二：L 公司 2023 年 6 月 26 日支付出售费用的账务处理如下：

借：投资收益　　　　　　　　　　　　　　　　　　　　50 000

　　贷：银行存款　　　　　　　　　　　　　　　　　　　　50 000

L 公司 2023 年 6 月 29 日的账务处理如下：

借：银行存款　　　　　　　　　　　　　　　　　　16 070 000

　　贷：持有待售资产——长期股权投资　　　　　　　15 880 000

　　　　投资收益　　　　　　　　　　　　　　　　　　190 000

第二节　终止经营

一、终止经营的定义及判断

终止经营，是指企业满足下列条件之一的、能够单独区分的组成部分，且该组成部分已经处置或划分为持有待售类别：（1）该组成部分代表一项独立的主要业务或一个单独的主要经营地区；（2）该组成部分是拟对一项独立的主要业务或一个单独的主要经营地区进行处置的一项相关联计划的一部分；（3）该组成部分是专为转售而取得的子公司。

终止经营的定义包含以下三方面含义：

1. 终止经营应当是企业能够单独区分的组成部分。

该组成部分的经营和现金流量在企业经营和编制财务报表时是能够与企业的其他部分清楚区分的。企业组成部分可能是一个资产组，也可能是一组资产组组合，通常是企业的一个子公司、一个事业部或事业群。

2. 终止经营应当具有一定的规模。

终止经营应当代表一项独立的主要业务或一个单独的主要经营地区，或者是拟对一项独立的主要业务或一个单独的主要经营地区进行处置的一项相关联计划的一部分。

并非所有处置组都符合终止经营定义中的规模条件，企业需要运用职业判断加以确定。当然，如果企业主要经营一项业务或主要在一个地理区域内开展经营，企业的一个主要产品或服务线就可能满足终止经营定义中的规模条件。对于专为转售而取得的子公司，对其规模不做要求，只要是单独区分的组成部分且满足时点要求，即构成终止经营。有些专为转售而取得的重要的合营企业或联营企业，也可能因为符合终止经营定义中的规模等条件而构成终止经营。

【例 20-13】 某快餐 A 企业在全国拥有 500 家零售门店，A 企业决定将其位于 Z 市的 8 家零售门店中的一家门店 C 出售，并于 2023 年 8 月 14 日与 B 企业正式签订了转让协议，假设该门店 C 符合持有待售类别的划分条件。判断门店 C 是否构成 A 企业的终止经营。

分析：尽管门店 C 是一个处置组，也符合持有待售类别的划分条件，但由于它只是一个零售点，不能代表一项独立的主要业务或一个单独的主要经营地区，也不构成拟对一项独立的主要业务或一个单独的主要经营地区进行处置的一项相关联计划的一部分，因此该处置组并不构成企业的终止经营。

3. 终止经营应当满足一定的时点要求。

符合终止经营定义的组成部分应当属于以下两种情况之一：

（1）该组成部分在资产负债表日之前已经处置，包括已经出售和结束使用（如关停或报废等）。多数情况下，如果组成部分的所有资产和负债均已处置，产生收入和发生成本的来源消失，这时确定组成部分"处置"的时点是较为容易的。但在有些情况下，组成部分的资产仍处于出售或报废过程中，仍可能发生清理费用，企业需要根据实际情况判断组成部分是否已经处置从而符合终止经营的定义。

【例 20-14】 C 企业集团拥有一家经营药品批发业务的子公司 H 公司，药品批发构成 C 企业集团的一项独立的主要业务，且 H 公司在全国多个城市设立了营业网点。由于经营不善，C 企业集团决定停止 H 公司的所有业务。截至 2023 年 10 月 13 日，已处置了该子公司所有存货并辞退了所有员工，但仍有一些债权等待收回，部分营业网点门店的租约尚未到期，仍需支付租金费用。判断 H 公司是否构成 C 企业集团的终止经营。

分析：由于 H 子公司原药品批发业务已经停止，收回债权、处置租约等尚未结算的未来交易并不构成上述业务的延续，因此该子公司的经营已经终止，应当认为 2023 年 10 月 13 日后该子公司符合终止经营的定义。

【例 20-15】 D 企业集团正在关闭其主要从事放贷业务的 L 子公司，自 2023 年 2 月 1 日起，L 子公司不再贷出新的款项，但仍会继续收回未结贷款的本金和利息，直到原设定的贷款期结束。判断 L 子公司是否构成 D 企业集团的终止经营。

> 分析：由于 L 子公司仍在从事收回贷款本金和利息的日常经营收入创造活动，直至最后一期本金和利息被收回之前，该子公司不能被认为已被处置，也不符合终止经营的定义。虽然〖例 20 - 14〗中也存在 H 子公司收回债权的活动，但该活动仅仅是收回现金的过程，并不继续创造日常经营活动收入，不构成 H 子公司重大的收入创造活动，因此不影响将 H 子公司作为终止经营处理。

> **【例 20 - 16】** M 企业决定关闭从事工程承包业务的分部 P，要求分部 P 在完成现有承包合同后不再承接新的承包合同。判断分部 P 是否构成 M 企业的终止经营。
>
> 分析：在完成现有合同的期间，分部 P 仍在继续开展收入创造活动，无论工程承包是否是 M 企业的独立的主要业务，在此期间分部 P 都不符合终止经营的定义。

（2）该组成部分在资产负债表日之前已经划分为持有待售类别。有些情况下，企业对一项独立的主要业务或一个单独的主要经营地区进行处置的一项相关联计划持续数年，组成部分中的资产组或资产组组合无法同时满足持有待售类别的划分条件。随着处置计划的进行，组成部分中的一些资产组或资产组组合可能先满足持有待售类别划分条件且构成企业的终止经营，其他资产组或资产组组合可能在未来满足持有待售类别的划分条件，应当适时将其作为终止经营处理。

> **【例 20 - 17】** F 企业集团决定出售其专门从事酒店管理的下属子公司 R 公司，酒店管理构成 F 企业集团的一项主要业务。R 公司管理一个酒店集团和一个连锁健身中心。为获取最大收益，F 企业集团决定允许将酒店集团和连锁健身中心出售给不同买家，但酒店集团和健身中心的转让是相互关联的，即两者或者均出售，或者均不出售。F 企业集团于 2023 年 12 月 6 日与 S 企业就转让连锁健身中心正式签订了协议，假设此时连锁健身中心符合了持有待售类别的划分条件，但酒店集团尚不符合持有待售类别的划分条件。判断酒店集团和连锁健身中心是否构成 F 企业集团的终止经营。
>
> 分析：处置酒店集团和连锁健身中心构成一项相关联的计划，虽然酒店集团和连锁健身中心可能出售给不同买家，但分别属于对一项独立的主要业务进行处置的一项相关联计划的一部分，因此连锁健身中心符合终止经营的定义，酒店集团在未来符合持有待售类别划分条件时也符合终止经营的定义。

需要强调的是，不是所有划分为持有待售类别的处置组都符合终止经营的定义，因为有些处置组可能不是"能够单独区分的组成部分"或不符合终止经营定义中的规模条件；也不是所有终止经营都划分为持有待售类别，因为有些终止经营在资产负债表日前已经处置。

二、终止经营的列报

企业应当在利润表中分别列示持续经营损益和终止经营损益。不符合终止经营定义的持有待售的非流动资产或处置组所产生的下列相关损益，应当在利润表中作为持续经营损益列报：（1）企业初始计量或在资产负债表日重新计量持有待售的非流动资产或处置组时，因账面价值高于其公允价值减去出售费用后的净额而确认的资产减值损失。（2）后续资产负债表日持有待售的非流动资产或处置组公允价值减去出售费用后的净额增加，因恢复以前减记的金额而转回的资产减值损失。（3）持有待售的非流动资产或处置组的处置损益。

终止经营的相关损益应当作为终止经营损益列报，列报的终止经营损益应当包含整个报告期间，而不仅包含认定为终止经营后的报告期间。相关损益具体包括：（1）终止经营的经营活动损益，如销售商品、提供服务的收入、相关成本和费用等。（2）企业初始计量或在资产负债表日重新计量符合终止经营定义的持有待售的处置组时，因账面价值高于其公允价值减去出售费用后的净额而确认的资产减值损失。（3）后续资产负债表日符合终止经营定义的持有待售处置组的公允价值减去出售费用后的净额增加，因恢复以前减记的金额而转回的资产减值损失。（4）终止经营的处置损益。（5）终止经营处置损益的调整金额，可能引起调整的情形包括：最终确定处置条款，如与买方商定交易价格调整额和补偿金；消除与处置相关的不确定因素，如确定卖方保留的环保义务或产品质量保证义务；履行与处置相关的职工薪酬支付义务等。企业还应当在附注中披露终止经营的相关信息。

本章思考题

1. 非流动资产或处置组划分为持有待售类别，应当同时满足哪两个条件？如果发生一些企业无法控制的原因导致出售未能在一年内完成，对已分类为持有待售类别的非流动资产或处置组，是否都要进行重分类？

2. 一项非流动资产在划分为持有待售类别时，如果账面价值高于其公允价值减去出售费用后的净额，该项资产应当如何计量？在划分为持有待售类别后，企业在资产负债表日重新计量该项资产时，如果该项资产的公允价值减去出售费用后的净额增加，以前减记的金额能否转回？划分为持有待售类别前确认的资产减值损失能否转回？

第二十一章 企业合并与合并财务报表

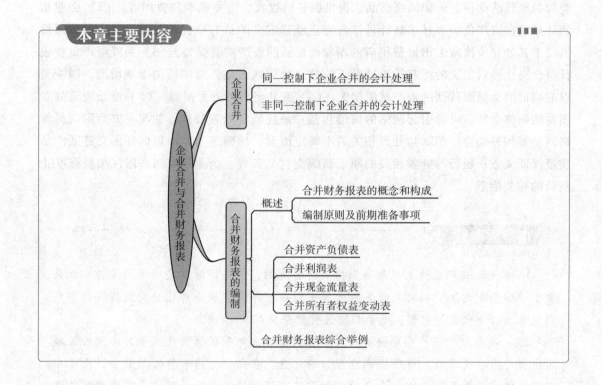

本章主要内容

- 企业合并与合并财务报表
  - 企业合并
    - 同一控制下企业合并的会计处理
    - 非同一控制下企业合并的会计处理
  - 合并财务报表的编制
    - 概述
      - 合并财务报表的概念和构成
      - 编制原则及前期准备事项
    - 合并资产负债表
    - 合并利润表
    - 合并现金流量表
    - 合并所有者权益变动表
    - 合并财务报表综合举例

第一节 企业合并

一、同一控制下企业合并的会计处理

（一）同一控制下企业合并的会计处理原则

对于同一控制下的企业合并，《企业会计准则第 20 号——企业合并》（本章以下简称企业合并准则）中规定的会计处理方法类似于权益结合法。该方法下，将企业合并看作是两个或多个参与合并企业权益的重新整合，由于最终控制方的存在，从最终控制方

的角度，该类企业合并一定程度上并不会造成企业集团整体的经济利益流入和流出，最终控制方在合并前后实际控制的经济资源并没有发生变化，有关交易事项不应视为出售或购买。

1. 合并方在合并中确认取得的被合并方的资产、负债仅限于被合并方账面上原已确认的资产和负债，合并中不产生新的资产和负债。

同一控制下的企业合并，从最终控制方的角度，其在企业合并发生前后能够控制的净资产价值量并没有发生变化，因此即便是在合并过程中，取得的净资产入账价值与支付的合并对价账面价值之间存在差额，同一控制下的企业合并中一般也不产生新的商誉因素，即不确认新的资产，但被合并方在企业合并前账面上原已确认的商誉应作为合并中取得的资产确认。

2. 合并方在合并中取得的被合并方各项资产、负债应维持其在被合并方的原账面价值不变。

被合并方在企业合并前采用的会计政策与合并方不一致的，应基于重要性原则，首先统一会计政策和会计期间，即合并方应当按照本企业会计政策和会计期间对被合并方资产、负债的账面价值进行调整，并以调整后的账面价值作为有关资产、负债的入账价值。在被合并方是最终控制方以前年度从第三方收购来的情况下，应视同合并后形成的报告主体自最终控制方开始实施控制时起，一直是一体化存续下来的，应以被合并方的资产、负债（包括最终控制方收购被合并方而形成的商誉）在最终控制方财务报表中的账面价值为基础，进行相关会计处理。进行上述调整的一个基本原因是将该项合并中涉及的合并方及被合并方作为一个整体对待，对于一个完整的会计主体，其对相关交易、事项应当采用相对统一的会计政策和会计期间，在此基础上反映其财务状况和经营成果。在同一控制下的企业合并中，被合并方同时进行公司制改制并对资产、负债进行评估调账的，应以评估调账后的账面价值并入合并方。

3. 合并方在合并中取得的净资产的入账价值与为进行企业合并支付的对价账面价值之间的差额，应当调整所有者权益相关项目，不计入企业合并当期损益。合并方在同一控制下的企业合并，本质上不作为购买，而是两个或多个会计主体权益的整合。合并方在企业合并中取得的价值量相对于所放弃价值量之间存在差额的，应当调整所有者权益。在根据合并差额调整合并方的所有者权益时，应首先调整资本公积（资本溢价或股本溢价），资本公积（资本溢价或股本溢价）的余额不足冲减的，依次冲减盈余公积和未分配利润。

4. 对于同一控制下的控股合并，应视同合并后形成的报告主体自最终控制方开始实施控制时一直是一体化存续下来的，体现在其合并财务报表上，即由合并后形成的母子公司构成的报告主体，无论是其资产规模还是其经营成果都应持续计算。

编制合并财务报表时，无论该项合并发生在报告期的任一时点，合并利润表、合并现金流量表均反映的是由母子公司构成的报告主体自合并当期期初至合并日实现的损益及现金流量情况，相应地，合并资产负债表的"盈余公积"和"未分配利润"项目，应当反映母子公司如果一直作为一个整体运行至合并日应实现的盈余公积和未分配利润的情况。

对于同一控制下的控股合并，在编制合并日的合并财务报表时，应当对合并资产负债表的期初数进行调整，同时应当对比较报表的相关项目进行调整，视同合并后的报告主体在以前期间一直存在。实务中有些情况下，合并方的设立日可能晚于被合并方，例如，某集团公司新设一家子公司，将现有其他子公司或业务注入该新设公司，该交易构成同一控制下企业合并，如果该新设公司的成立日晚于被注入的其他子公司或业务的成立日，该新设公司应当追溯至自比较期最早期初开始编制的合并财务报表，即使比较期最早期初早于该新设公司的成立日，但应不早于被注入的其他子公司或业务处于最终控制方控制的时点。

（二）同一控制下控股合并的会计处理

同一控制下企业合并形成的长期股权投资，其初始投资成本的确定参见本书第六章的相关内容。同一控制下的企业合并形成母子公司关系的，合并方一般应在合并日编制合并财务报表，反映于合并日形成的报告主体的财务状况、视同该主体一直存在产生的经营成果等。编制合并日的合并财务报表时，一般包括合并资产负债表、合并利润表及合并现金流量表等。下列有关原则同样适用于合并当期期末合并财务报表的编制。

1. 合并资产负债表。

被合并方的有关资产、负债应以其账面价值并入合并财务报表。合并方与被合并方在合并日及以前期间发生的交易，应作为内部交易进行抵销。

在合并资产负债表中，对于被合并方在企业合并前实现的留存收益（盈余公积和未分配利润之和）中归属于合并方的部分，应按以下原则，自合并方的资本公积（资本溢价或股本溢价）转入盈余公积和未分配利润：

（1）确认企业合并形成的长期股权投资后，合并方账面资本公积（资本溢价或股本溢价）贷方余额大于被合并方在合并前实现的留存收益中归属于合并方的部分的，在合并资产负债表中，应将被合并方在合并前实现的留存收益中归属于合并方的部分自"资本公积"转入"盈余公积"和"未分配利润"。在合并工作底稿中，借记"资本公积"项目，贷记"盈余公积"和"未分配利润"项目。

（2）确认企业合并形成的长期股权投资后，合并方账面资本公积（资本溢价或股本溢价）贷方余额小于被合并方在合并前实现的留存收益中归属于合并方的部分的，在合并资产负债表中，应以合并方资本公积（资本溢价或股本溢价）的贷方余额为限，将被合并方在企业合并前实现的留存收益中归属于合并方的部分自"资本公积"转入"盈余公积"和"未分配利润"。在合并工作底稿中，借记"资本公积"项目，贷记"盈余公积"和"未分配利润"项目。

因合并方的资本公积（资本溢价或股本溢价）余额不足，被合并方在合并前实现的留存收益中归属于合并方的部分在合并资产负债表中未予全额恢复的，合并方应当在报表附注中对这一情况进行说明。

2. 合并利润表。

合并方在编制合并日的合并利润表时，应当将被合并方自合并当期期初至合并日所发生的收入、费用和利润纳入合并利润表。发生同一控制下企业合并的当期，合并方在合并利润表中的"净利润"项下应单列"其中：被合并方在合并前实现的净利润"项目，反映合并当期期初至合并日自被合并方带入的损益。

3. 合并现金流量表。

合并方在编制合并日现金流量表时，应当将被合并方自合并当期期初至合并日的现金流量纳入合并现金流量表。

（三）同一控制下吸收合并的会计处理

在同一控制下的吸收合并中，合并方主要涉及合并日取得被合并方资产、负债入账价值的确定，以及合并差额（合并中取得有关净资产的入账价值与支付的合并对价账面价值之间差额）的处理。

1. 合并方对同一控制下吸收合并中取得的资产、负债，应当按照相关资产、负债在最终控制方合并财务报表中的账面价值入账。

2. 合并差额的处理。

合并方在确认了合并中取得的被合并方的资产和负债的入账价值后，以发行权益性证券方式进行的该类合并，所确认的净资产入账价值与发行股份面值总额的差额，应调整资本公积（资本溢价或股本溢价），资本公积（资本溢价或股本溢价）的余额不足冲减的，依次冲减盈余公积和未分配利润；以支付现金、转让非现金资产或承担债务方式进行的该类合并，所确认的净资产入账价值与支付的现金、转让的非现金资产及所承担债务账面价值的差额，应调整资本公积（资本溢价或股本溢价），资本公积（资本溢价或股本溢价）的余额不足冲减的，依次冲减盈余公积和未分配利润。

二、非同一控制下企业合并的会计处理

非同一控制下的企业合并，是指参与合并各方在合并前后不受同一方或相同的多方最终控制的合并交易，即除判断属于同一控制下企业合并以外的其他企业合并。非同一控制下企业合并的基本处理原则是购买法。

（一）非同一控制下企业合并的会计处理原则

1. 确定购买方。

采用购买法核算企业合并的首要前提是确定购买方。购买方是指在企业合并中取得对另一方或多方控制权的一方。非同一控制下的企业合并中，应当根据《企业会计准则第 33 号——合并财务报表》（本章以下简称合并财务报表准则）关于控制的定义和所涉及的相关要素等有关规定，在综合考虑所有相关事实和情况的基础上确定购买方。

2. 确定购买日。

购买日是购买方获得对被购买方控制权的日期，即企业合并交易进行过程中，发生控

制权转移的日期。确定购买日的基本原则是控制权转移的时点。企业在实务操作中，应当结合合并合同或协议的约定及其他有关的影响因素，按照实质重于形式的原则进行判断。

3. 确定企业合并成本。

企业合并成本的确定参见本书第六章的相关内容。

4. 企业合并成本在取得的可辨认资产和负债之间的分配。

在非同一控制下的企业合并中，购买方取得了对被购买方净资产的控制权，视合并方式的不同，应分别在合并财务报表或个别财务报表中确认合并中取得的各项可辨认资产和负债。

（1）购买方在企业合并中取得的被购买方各项可辨认资产和负债，要作为本企业的资产、负债（或合并财务报表中的资产、负债）进行确认，在购买日，应当满足资产、负债的确认条件。有关的确认条件包括：

①合并中取得的被购买方的各项资产（无形资产除外），其所带来的未来经济利益预期能够流入企业且公允价值能够可靠计量的，应单独作为资产确认。

②合并中取得的被购买方的各项负债（或有负债除外），履行有关的义务预期会导致经济利益流出企业且公允价值能够可靠计量的，应单独作为负债确认。

（2）企业合并中取得无形资产的确认。购买方在企业合并中取得的无形资产应符合《企业会计准则第6号——无形资产》中对于无形资产的界定且其在购买日的公允价值能够可靠计量。没有实物形态的非货币性资产要符合无形资产的定义，关键要看其是否满足可辨认性标准，即是否能够从企业中分离或者划分出来，并能单独或者与相关合同、资产、负债一起，用于出售、转移、授予许可、租赁或者交换；或者应源自合同性权利或其他法定权利，无论这些权利是否可以从企业或其他权利和义务中转移或分离。

公允价值能够可靠计量的情况下，应区别于商誉单独确认的无形资产一般包括商标、版权及与其相关的许可协议、特许权、分销权等类似权利、专利技术、专有技术等。

（3）企业合并中产生或有负债的确认。为了尽可能反映购买方因为进行企业合并可能承担的潜在义务，对于购买方在企业合并时可能需要代被购买方承担的或有负债，在购买日，可能相关的或有事项导致经济利益流出企业的可能性还比较小，但其公允价值能够合理确定的情况下，即需要作为合并中取得的负债确认。

（4）对于被购买方在企业合并之前已经确认的商誉和递延所得税项目，购买方在对企业合并成本进行分配、确认合并中取得可辨认资产和负债时不应予以考虑。在按照规定确定了合并中应予确认的各项可辨认资产、负债的公允价值后，其计税基础与账面价值不同形成暂时性差异的，应当按照《企业会计准则第18号——所得税》相关规定确认相应的递延所得税资产或递延所得税负债。

5. 企业合并成本与合并中取得的被购买方可辨认净资产公允价值份额之间差额的处理。

购买方对于企业合并成本与确认的被购买方可辨认净资产公允价值份额的差额，应视情况分别处理：

（1）企业合并成本大于合并中取得的被购买方可辨认净资产公允价值份额的差额，应确认为商誉。视企业合并方式不同，控股合并情况下，该差额是指合并财务报表中应列示的商誉；吸收合并情况下，该差额是购买方在其账簿及个别财务报表中应确认的商誉。

商誉在确认以后，持有期间不要求摊销，企业应当按照《企业会计准则第 8 号——资产减值》的规定对其进行减值测试，对于可收回金额低于账面价值的部分，应计提减值准备。

（2）企业合并成本小于合并中取得的被购买方可辨认净资产公允价值份额的差额，应计入合并当期损益。

企业合并准则中要求该种情况下，要对合并中取得的资产、负债的公允价值、作为合并对价的非现金资产或发行的权益性证券等的公允价值进行复核，复核结果表明所确定的各项可辨认资产和负债的公允价值确定是恰当的，应将企业合并成本低于取得的被购买方可辨认净资产公允价值份额之间的差额，计入合并当期的营业外收入，并在报表附注中予以说明。

在吸收合并的情况下，上述企业合并成本小于合并中取得的被购买方可辨认净资产公允价值份额的差额，应计入合并当期购买方的个别利润表；在控股合并的情况下，上述差额应体现在合并当期的合并利润表中。

6. 企业合并成本或合并中取得的可辨认资产、负债公允价值的调整。

按照购买法核算的企业合并，基本原则是确定公允价值，无论是作为合并对价付出的各项资产的公允价值，还是合并中取得被购买方各项可辨认资产、负债的公允价值，如果在购买日或合并当期期末，因各种因素影响无法合理确定的，合并当期期末，购买方应以暂时确定的价值为基础进行核算。

（1）购买日后 12 个月内对有关价值量的调整。合并当期期末，对合并成本或合并中取得的可辨认资产、负债以暂时确定的价值对企业合并进行处理的情况下，自购买日算起 12 个月内取得进一步的信息表明需对原暂时确定的企业合并成本或所取得的可辨认资产、负债的暂时性价值进行调整的，应视同在购买日发生，进行追溯调整，同时对以暂时性价值为基础提供的比较报表信息，也应进行相关的调整。

（2）超过规定期限后的价值量调整。自购买日算起 12 个月以后对企业合并成本或合并中取得的可辨认资产、负债价值的调整，应当按照《企业会计准则第 28 号——会计政策、会计估计变更和差错更正》的规定进行处理，即对于企业合并成本、合并中取得可辨认资产、负债公允价值等进行的调整，应作为前期差错处理。

（3）购买日取得的被购买方在以前期间发生的未弥补亏损等可抵扣暂时性差异，按照税法规定可以用于抵减以后年度应纳税所得额，但在购买日不符合递延所得税资产确认条件的，不应予以确认。购买日后 12 个月内，如果取得新的或进一步的信息表明相关情况在购买日已经存在，预期被购买方在购买日可抵扣暂时性差异带来的经济利益能够实现的，购买方应当确认相关的递延所得税资产，同时减少由该企业合并所产生的商誉，商誉不足冲减的，差额部分确认为当期损益（所得税费用）。除上述情况以外（比如，购买日后超过 12 个月、或在购买日不存在相关情况但购买日以后开始出现新的情况导致可抵扣暂时性差异带来的经济利益预期能够实现），如果符合了递延所得税资产的确认条件，确认与企业合并相关的递延所得税资产，应当计入当期损益（所得税费用），不得调整商誉金额。

7. 购买日合并财务报表的编制。

非同一控制下的控股合并中，购买方一般应于购买日编制合并资产负债表，反映其于购买日开始能够控制的经济资源情况。在合并资产负债表中，合并中取得的被购买方各项可辨认资产、负债应以其在购买日的公允价值计量，长期股权投资的成本大于合并中取得的被购买方可辨认净资产公允价值份额的差额，体现为合并财务报表中的商誉；长期股权投资的成本小于合并中取得的被购买方可辨认净资产公允价值份额的差额，应计入合并当期损益，因购买日不需要编制合并利润表，该差额体现在合并资产负债表上，应调整合并资产负债表的留存收益。

需要强调的是，非同一控制下的企业合并中，作为购买方的母公司在进行有关会计处理后，应单独设置备查簿，记录其在购买日取得的被购买方各项可辨认资产、负债的公允价值以及因企业合并成本大于取得的被购买方可辨认净资产公允价值份额应确认的商誉金额，或因企业合并成本小于取得的被购买方可辨认净资产公允价值的份额计入当期损益的金额，作为企业合并当期以及以后期间编制合并财务报表的基础。企业合并当期期末以及合并以后期间，应当纳入到合并财务报表中的被购买方资产、负债等，是以购买日确定的公允价值为基础持续计算的结果。

（二）非同一控制下控股合并的会计处理

非同一控制下的企业合并中，购买方取得对被购买方控制权的，在购买日应当按照确定的企业合并成本（不包括应自被投资企业收取的现金股利或利润），作为形成的对被购买方长期股权投资的初始投资成本，具体参见本书第六章的相关内容。购买方为取得对被购买方的控制权，以支付非货币性资产为对价的，按照处置非货币性资产进行处理，相关的资产处置损益计入合并当期的利润表。

（三）非同一控制下吸收合并的会计处理

非同一控制下的吸收合并中，购买方在购买日应当将合并中取得的符合确认条件的各项可辨认资产、负债，按其公允价值确认为本企业的资产和负债；作为合并对价的有关非货币性资产按照处置非货币性资产进行处理，相关的资产处置损益计入合并当期的利润表；确定的企业合并成本与所取得的被购买方可辨认净资产公允价值份额之间的差额，视情况分别确认为商誉或是作为企业合并当期的损益。其具体处理原则与非同一控制下的控股合并类似，不同点在于，在非同一控制下的吸收合并中，合并中取得的可辨认资产和负债是作为个别财务报表中的项目列示，合并中产生的商誉也是作为购买方个别财务报表中的资产列示。

第二节 合并财务报表的编制

一、合并财务报表概述

（一）合并财务报表的概念和构成

合并财务报表是指反映母公司和其全部子公司形成的企业集团整体财务状况、经营成果和现金流量的财务报表。

母公司，是指控制一个或一个以上主体（含企业、被投资单位中可分割的部分，以及企业所控制的结构化主体等，下同）的主体。子公司是指被母公司控制的主体。

与个别财务报表相比，合并财务报表具有下列特点：一是反映的对象是由母公司和其全部子公司组成的会计主体；二是编制者是母公司，但所对应的会计主体是由母公司及其控制的所有子公司所构成的合并财务报表主体（以下简称合并集团）；三是合并财务报表是站在合并集团的立场上，以纳入合并范围的企业个别财务报表为基础，根据其他有关资料，抵销母公司与子公司、子公司相互之间发生的内部交易，考虑了特殊交易事项对合并财务报表的影响后编制的，旨在反映合并集团作为一个整体的财务状况、经营成果和现金流量。

合并财务报表至少应当包括合并资产负债表、合并利润表、合并现金流量表、合并所有者权益（或股东权益，下同）变动表和附注。企业集团中期、期末编制合并财务报表的，至少应当包括合并资产负债表、合并利润表、合并现金流量表和附注。

（二）合并财务报表的编制原则

合并财务报表的编制除应遵循财务报表编制的一般原则和要求，如真实可靠、内容完整之外，还应当遵循以下原则和要求：

1. 以个别财务报表为基础编制。

合并财务报表并不是直接根据母公司和子公司账簿编制，而是利用母公司和子公司编制的反映各自财务状况和经营成果的财务报表提供的数据，通过合并财务报表的特有方法进行编制。以纳入合并范围的个别财务报表为基础，可以说是客观性原则在合并财务报表编制时的具体体现。

2. 一体性原则。

合并财务报表反映的是母公司和其全部子公司形成的企业集团整体的财务状况、经营成果和现金流量。母公司编制合并财务报表，应当将整个企业集团视为一个会计主体，依据相关企业会计准则的确认、计量和列报要求，按照统一的会计政策，反映企业集团整体财务状况、经营成果和现金流量。因此，在编制合并财务报表时，对于母公司与子公司、子公司相互之间发生的经济业务，应当视同同一会计主体内部业务处理，对合并财务报表的财务状况、经营成果和现金流量不产生影响。另外，对于某些特殊交易，如果站在企业集团角度的确认和计量与个别财务报表角度的确认和计量不同，还需要站在企业集团角度就同一交易或事项予以调整。

3. 重要性原则。

与个别财务报表相比，合并财务报表涉及多个法人主体，涉及的经营活动的范围很广，母公司与子公司经营活动往往跨越不同行业界限，有时母公司与子公司经营活动甚至相差很大。这样，合并财务报表要综合反映这样的会计主体的财务状况和经营成果，必然要涉及重要性的判断问题。特别是在拥有众多子公司的情况下，更是如此。在编制合并财务报表时，必须特别强调重要性原则的运用。如一些项目在企业集团中的某一企业具有重要性，但对于整个企业集团则不一定具有重要性，在这种情况下根据重要性的要求对财务报表项目进行取舍，则具有重要的意义。此外，母公司与子公司、子公司相互之间发生的经济业务，对整个企业集团财务状况和经营成果影响不大时，为简化合并手续也应根据重要性原则进行取舍，可以不编制抵销分录而直接编制合并财务报表。

（三）合并财务报表编制的前期准备事项

合并财务报表的编制涉及多个子公司，有的合并财务报表的合并范围甚至包括数百个子公司。为了使编制的合并财务报表准确、全面反映企业集团的真实情况，必须做好一系列的前期准备事项。这些前期准备事项主要有：

1. 统一母子公司的会计政策。

会计政策是指企业进行会计核算和编制财务报表时所采用的会计原则、会计程序和会计处理方法，是编制财务报表的基础，统一母公司和子公司的会计政策是保证母子公司财务报表各项目反映内容一致的基础。为此，在编制财务报表前，应当尽可能统一母公司和子公司的会计政策，统一要求子公司所采用的会计政策与母公司保持一致。对一些境外子公司，由于所在国家或地区法律、会计准则等方面的原因，确实无法使其采用的会计政策与母公司所采用的会计政策保持一致，则应当要求其按照母公司所采用的会计政策，重新编报财务报表，也可以由母公司根据自身所采用的会计政策对境外子公司报送的财务报表进行调整，以重编或调整编制的境外子公司财务报表，作为编制合并财务报表的基础。

2. 统一母子公司的资产负债表日及会计期间。

财务报表总是反映某一特定日期的财务状况和一定会计期间经营成果的，母公司和子公司的个别财务报表只有在反映财务状况的日期和反映经营成果的会计期间一致的情况下，才能进行合并。为了编制合并财务报表，必须统一企业集团内所有的子公司的资产负债表日和会计期间，使子公司的资产负债表日和会计期间与母公司的资产负债表日和会计期间保持一致，以便于子公司提供相同资产负债表日和会计期间的财务报表。

对于境外子公司，由于当地法律限制确实不能与母公司财务报表决算日和会计期间一致的，母公司应当按照自身的资产负债表日和会计期间对子公司的财务报表进行调整，以调整后的子公司财务报表为基础编制合并财务报表，也可以要求子公司按照母公司的资产负债表日和会计期间另行编制报送其个别财务报表。

3. 对子公司以外币表示的财务报表进行折算。

对母公司和子公司的财务报表进行合并，其前提必须是母子公司个别财务报表所采用的货币计量单位一致。我国允许外币业务比较多的企业采用某一外币作为记账本位币，境外企业一般也是采用其所在国家或地区的货币作为其记账本位币。在将这些企业的财务报表纳入合并时，则必须将其折算为母公司所采用的记账本位币表示的财务报表。有关外币财务报表的具体折算方法参见本书第十八章的相关内容。

4. 收集编制合并财务报表的相关资料。

合并财务报表以母公司和其子公司的财务报表以及其他有关资料为依据，由母公司进行编制。为编制合并财务报表，子公司除了应当向母公司提供相应期间的财务报表外，还应当向母公司提供下列有关材料：（1）采用的与母公司不一致的会计政策及其影响金额；（2）与母公司不一致的会计期间的说明；（3）与母公司及与其他子公司之间发生的内部购销交易、债权债务、投资及其产生的现金流量和未实现内部销售损益的期初、期末余额及变动情况等资料；（4）子公司所有者权益变动和利润分配的有关资料；（5）编制合并财务报表所需要的其他资料。

二、合并资产负债表的编制

合并资产负债表是反映企业集团在某一特定日期财务状况的财务报表，由合并资产、负债和所有者权益各项目组成。

（一）对子公司的个别财务报表进行调整

在编制合并财务报表时，首先应对各子公司进行分类，分为同一控制下企业合并中取得的子公司和非同一控制下企业合并中取得的子公司两类。

1. 属于同一控制下企业合并中取得的子公司。

对于属于同一控制下企业合并中取得的子公司的个别财务报表，如果不存在与母公司会计政策和会计期间不一致的情况，则不需要对该子公司的个别财务报表进行调整，只需要抵销内部交易对合并财务报表的影响即可。

2. 属于非同一控制下企业合并中取得的子公司。

对于属于非同一控制下企业合并中取得的子公司，除了存在与母公司会计政策和会计期间不一致的情况，需要对该子公司的个别财务报表进行调整外，还应当根据母公司为该子公司设置的备查簿，以记录的该子公司的各项可辨认资产、负债及或有负债等在购买日的公允价值为基础，通过编制调整分录，对该子公司的个别财务报表进行调整，以使子公司的个别财务报表反映为在购买日公允价值基础上确定的可辨认资产、负债及或有负债在本期资产负债表日的金额。

（二）按权益法调整对子公司的长期股权投资

在合并工作底稿中，将对子公司的长期股权投资调整为权益法时，应按照《企业会计准则第2号——长期股权投资》所规定的权益法进行调整。在确认应享有子公司净损益的份额时，对于属于非同一控制下企业合并形成的长期股权投资，应当以在备查簿中记录的子公司各项可辨认资产、负债及或有负债等在购买日的公允价值为基础，对该子公司的净利润进行调整后确认;对于属于同一控制下的企业合并形成的长期股权投资,可以直接以该子公司的净利润进行确认,但是该子公司的会计政策或会计期间与母公司不一致的,仍需要对净利润进行调整。

在合并工作底稿中编制的调整分录为:对于当期该子公司实现净利润,按母公司应享有的份额,借记"长期股权投资"项目,贷记"投资收益"项目;对于当期该子公司发生的净亏损,按母公司应分担的份额,借记"投资收益"项目,贷记"长期股权投资"等项目。对于当期子公司宣告分派现金股利或利润时,按母公司应享有的份额,借记"投资收益"项目,贷记"长期股权投资"项目。

对于子公司除净损益以外所有者权益的其他变动,如果是增加,按母公司应享有的份额,借记"长期股权投资"项目,贷记"其他综合收益""资本公积"等项目;如果是减少,作相反调整分录。

(三)编制合并资产负债表时应进行抵销处理的项目

合并资产负债表是以母公司和子公司的个别资产负债表为基础编制的。个别资产负债表则是以单个企业为会计主体进行会计核算的结果,它从母公司本身或从子公司本身的角度对自身的财务状况进行反映。这样,对于内部交易,从发生内部交易的企业来看,发生交易的各方都在其个别资产负债表中进行了反映。

编制合并资产负债表时需要进行抵销处理的项目主要有:(1)母公司对子公司的长期股权投资与母公司在子公司所有者权益中所享有的份额;(2)母公司与子公司、子公司相互之间产生的内部债权与债务项目;(3)母公司与子公司、子公司相互之间销售商品(或提供劳务,下同)或其他方式形成的存货、固定资产、工程物资、在建工程、无形资产等所包含的未实现内部销售损益;(4)与抵销的长期股权投资、应收账款、存货、固定资产、工程物资、在建工程、无形资产等资产相关的减值准备的抵销;(5)母公司与子公司、子公司相互之间发生的其他内部交易对合并资产负债表的影响;(6)因抵销未实现内部销售损益导致合并资产负债表中资产、负债的账面价值与其在所属纳税主体的计税基础之间产生暂时性差异的,在合并资产负债表中应当确认递延所得税资产或递延所得税负债,同时调整合并利润表中的所得税费用,但与直接计入所有者权益的交易或事项及企业合并相关的递延所得税除外。

1. 长期股权投资与子公司所有者权益的抵销处理。

母公司对子公司的长期股权投资,一方面反映为长期股权投资以外的其他资产的减少,另一方面反映为长期股权投资的增加,在母公司个别资产负债表中作为资产类项目中的长期股权投资列示。子公司接受这一投资时,一方面增加资产,另一方面作为实收资本(或股本,下同)等处理;在其个别资产负债表中一方面反映为实收资本等的增加,另一方面反映为相对应的资产的增加。从企业集团整体来看,母公司对子公司进行的长期股权投资实际上相当于母公司将资本拨付下属核算单位,并不引起整个企业集团的资产、负债和所有者权益的增减变动。因此,编制合并财务报表时,应当在母公司与子公司财务报表数据简单相加的基础上,将母公司对子公司长期股权投资与子公司所有者权益予以抵销。

（1）在子公司为全资子公司的情况下，母公司对子公司长期股权投资的金额和子公司所有者权益各项目的金额应当全额抵销。在合并工作底稿中编制的抵销分录为：借记"实收资本""资本公积""其他综合收益""盈余公积""未分配利润——年末"项目，贷记"长期股权投资"项目。其中，属于商誉的部分，还应借记"商誉"项目。

（2）在子公司为非全资子公司的情况下，应当将母公司对子公司长期股权投资的金额与子公司所有者权益中母公司所享有的份额相抵销。子公司所有者权益中不属于母公司的份额，即子公司所有者权益中抵销母公司所享有的份额后的余额，在合并财务报表中作为"少数股东权益"处理。在合并工作底稿中编制的抵销分录为：借记"实收资本""资本公积""其他综合收益""盈余公积""未分配利润——年末"项目，贷记"长期股权投资""少数股东权益"项目。其中，属于商誉的部分，还应借记"商誉"项目。

合并财务报表准则规定，子公司持有母公司的长期股权投资，应当视为企业集团的库存股，作为所有者权益的减项，在合并资产负债表中所有者权益项目下以"减：库存股"项目列示。子公司相互之间持有的长期股权投资，应当比照母公司对子公司的股权投资的抵销方法，将长期股权投资与其对应的子公司所有者权益中所享有的份额相互抵销。

2. 内部债权与债务的抵销处理。

母公司与子公司、子公司相互之间的债权和债务项目，是指母公司与子公司、子公司相互之间因销售商品、提供劳务以及发生结算业务等原因产生的应收票据与应付票据、应收账款与应付账款、预付款项与合同负债、其他应收款（含应收利息、应收股利）与其他应付款（含应付利息、应付股利）、债权投资（其他债权投资）与应付债券等项目。发生在母公司与子公司、子公司相互之间的这些项目，企业集团内部企业的一方在其个别资产负债表中反映为资产，而另一方则在其个别资产负债表中反映为负债。但从企业集团整体角度来看，它只是内部资金运动，既不能增加企业集团的资产，也不能增加负债。因此，为了消除个别资产负债表直接加总中的重复计算因素，在编制合并财务报表时应当将内部债权债务项目予以抵销。需要进行抵销处理的内部债权债务项目主要包括：（1）应收票据与应付票据；（2）应收账款与应付账款；（3）预付款项与合同负债；（4）债权投资（假定该项债券投资，持有方划归为以摊余成本计量的金融资产，如果划分为其他类的金融资产，原理相同）与应付债券；（5）其他应收款（含应收利息、应收股利）与其他应付款（含应付利息、应付股利）。

（1）应收账款与应付账款的抵销处理。

①初次编制合并财务报表时应收账款与应付账款的抵销处理。

在应收账款计提坏账准备的情况下，某一会计期间坏账准备的金额是以当期应收账款为基础计提的。在编制合并财务报表时，内部应收账款抵销时，其抵销分录为：借记"应付账款"项目，贷记"应收账款"项目；内部应收账款计提的坏账准备抵销时，其抵销分录为：借记"应收账款——坏账准备"项目，贷记"信用减值损失"项目。

②连续编制合并财务报表时内部应收账款坏账准备的抵销处理。

从合并财务报表来讲，内部应收账款计提坏账准备的抵销是与抵销当期信用减值损失相对应的，上期抵销的坏账准备的金额，即上期信用减值损失抵减的金额，最终将影响到本期合并所有者权益变动表中的期初未分配利润金额的增加。由于利润表和所有者权益变动表是反映企业一定会计期间经营成果及其分配情况的财务报表，其上期期末未分配利润就是本期所有者权益变动表期初未分配利润（假定不存在会计政策变更和前期差错更正的情况）。本期编制合并财务报表是以本期母公司和子公司当期的个别财务报表为基础编制的，随着上期编制合并财务报表时内部应收账款计提坏账准备的抵销，以此个别财务报表为基础加总得出的期初未分配利润与上一会计期间合并所有者权益变动表中的未分配利润金额之间则将产生差额。为此，编制合并财务报表时，必须将上期因内部应收账款计提坏账准备抵销而抵销的信用减值损失对本期期初未分配利润的影响予以抵销，调整本期期初未分配利润的金额。

在连续编制合并财务报表进行抵销处理时，应按下列程序进行抵销：

首先，将内部应收账款与应付账款予以抵销，即按内部应收账款的金额，借记"应付账款"项目，贷记"应收账款"项目。

其次，应将上期信用减值损失中抵销的内部应收账款计提的坏账准备对本期期初未分配利润的影响予以抵销，即按上期信用减值损失项目中抵销的内部应收账款计提的坏账准备金额，借记"应收账款——坏账准备"项目，贷记"未分配利润——年初"项目。

最后，对于本期个别财务报表中内部应收账款相对应的坏账准备增减变动的金额也应予以抵销，即按照本期个别资产负债表中期末内部应收账款相对应的坏账准备的增加额，借记"应收账款——坏账准备"项目，贷记"信用减值损失"项目，或按照本期个别资产负债表中期末内部应收账款相对应的坏账准备的减少额，借记"信用减值损失"项目，贷记"应收账款——坏账准备"项目。

第一种情况：内部应收账款本期余额与上期余额相等时的抵销处理。

【例21-1】 假定P公司是S公司的母公司，P公司2023年个别资产负债表中对S公司内部应收账款余额与2022年相同，仍为4 750 000元，坏账准备余额仍为250 000元，2023年内部应收账款相对应的坏账准备余额未发生增减变化。S公司个别资产负债表中应付账款5 000 000元系2022年向P公司购进商品存货发生的应付购货款。

P公司在合并工作底稿中应进行如下抵销处理：

（1）将内部应收账款与应付账款相互抵销。其抵销分录如下：

借：应付账款   5 000 000

    贷：应收账款   5 000 000

（2）将上期（2022年）内部应收账款计提的坏账准备抵销。在这种情况下，P公司个别财务报表附注中坏账准备余额实际上是上期结转而来的余额，因此只需将上期内部应收账款计提的坏账准备予以抵销，同时调整本期期初未分配利润的金额。其抵销分录如下：

| 借：应收账款——坏账准备 | 250 000 | |
| 贷：未分配利润——年初 | | 250 000 |

第二种情况：内部应收账款本期余额大于上期余额时的抵销处理。

【例21-2】 假定 P 公司是 S 公司的母公司，P 公司 2023 年个别资产负债表中对 S 公司内部应收账款余额为 6 270 000 元，坏账准备余额为 330 000 元，本期对 S 公司内部应收账款净增加 1 600 000 元，本期内部应收账款相对应的坏账准备增加 80 000 元。S 公司个别资产负债表中应付账款 6 600 000 元系 2022 年和 2023 年向 P 公司购进商品存货发生的应付购货款。其他资料同【例21-1】。

P 公司在合并工作底稿中应进行如下抵销处理：

（1）将内部应收账款与应付账款相互抵销。其抵销分录如下：

| 借：应付账款 | 6 600 000 | |
| 贷：应收账款 | | 6 600 000 |

（2）将上期（2022年）内部应收账款计提的坏账准备予以抵销，调整期初未分配利润的金额。其抵销分录如下：

| 借：应收账款——坏账准备 | 250 000 | |
| 贷：未分配利润——年初 | | 250 000 |

（3）将本期（2023年）对 S 公司内部应收账款相对应的坏账准备增加的 80 000 元予以抵销。其抵销分录如下：

| 借：应收账款——坏账准备 | 80 000 | |
| 贷：信用减值损失 | | 80 000 |

第三种情况：内部应收账款本期余额小于上期余额时的抵销处理。

【例21-3】 假定 P 公司是 S 公司的母公司，P 公司 2023 年个别资产负债表中对 S 公司内部应收账款余额为 3 040 000 元，坏账准备余额为 160 000 元。内部应收账款比上期（2022年）净减少 1 800 000 元，本期内部应收账款相对应的坏账准备余额减少 90 000 元。S 公司个别资产负债表中应付账款 3 200 000 元系 2022 年向 P 公司购进商品存货发生的应付购货款的余额。其他资料同【例21-1】。

P 公司在合并工作底稿中应进行如下抵销处理：

（1）将内部应收账款与应付账款相互抵销。其抵销分录如下：

| 借：应付账款 | 3 200 000 | |
| 贷：应收账款 | | 3 200 000 |

（2）将上期（2022年）内部应收账款计提的坏账准备予以抵销，调整期初未分配利润的金额。其抵销分录如下：

> 借：应收账款——坏账准备 250 000
> 　　贷：未分配利润——年初 250 000
>
> （3）将本期（2023年）因内部应收账款相对应的坏账准备减少的90 000元予以抵销。其抵销分录如下：
>
> 借：信用减值损失 90 000
> 　　贷：应收账款——坏账准备 90 000

在第三期编制合并财务报表的情况下，必须将第二期内部应收账款期末余额相应的坏账准备予以抵销，以调整期初未分配利润的金额。然后，计算确定与本期内部应收账款相对应的坏账准备增减变动的金额，并将其增减变动的金额予以抵销。其抵销分录与第二期编制的抵销分录相同。

（2）其他债权与债务项目的抵销处理。

在某些情况下，债券投资而持有的企业集团内部成员企业的债券并不是从发行债券的企业直接购进的，而是在证券市场上从第三方手中购进的。在这种情况下，债权投资（其他债权投资）中的债券投资与发行债券企业的应付债券抵销时，可能会出现差额，应当计入合并利润表的投资收益或财务费用项目。

3. 存货价值中包含的未实现内部销售损益的抵销处理。

存货价值中包含的未实现内部销售损益是由于企业集团内部商品购销、劳务提供活动所引起的。在内部购销活动中，销售企业将集团内部销售作为收入确认并计算销售利润，而购买企业则是以支付购货的价款作为其成本入账。在本期内未实现对外销售而形成期末存货时，其存货价值中也相应地包括两部分内容：一部分为真正的存货成本（即销售企业销售该商品的成本）；另一部分为销售企业的销售毛利（即其销售收入减去销售成本的差额）。对于期末存货价值中包括的这部分销售毛利，从企业集团整体来看，并不是真正实现的利润。因为从整个企业集团来看，集团内部企业之间的商品购销活动实际上相当于企业内部物资调拨活动，既不会产生利润，也不会增加商品的价值。正是从这一意义上来说，将期末存货价值中包括的这部分销售企业作为利润确认的部分，称为未实现内部销售损益。因此，在编制合并资产负债表时，应当将存货价值中包含的未实现内部销售损益予以抵销。

（1）当期内部购进商品并形成存货情况下的抵销处理。

在编制合并财务报表进行抵销处理时，按照内部销售收入的金额，借记"营业收入"项目，贷记"营业成本"项目；同时按照期末内部购进形成的存货价值中包含的未实现内部销售损益的金额，借记"营业成本"项目，贷记"存货"项目（或按照内部营业收入形成期末存货的金额，借记"营业收入"项目，按照其对应的销售成本的金额，贷记"营业成本"项目，按其差额，贷记"存货"项目）。

（2）连续编制合并财务报表时内部购进商品的抵销处理。

对于上期内部购进商品本期全部实现对外销售的情况下，由于不涉及内部存货价值中包含的未实现内部销售损益的抵销处理，在本期连续编制合并财务报表时不涉及对其进行处理的问题。但在上期内部购进商品并形成期末存货的情况下，在编制合并财务报表进行抵销处理时，存货价值中包含的未实现内部销售损益的抵销，直接影响上期合并财务报表中合并净利润金额的减少，最终影响合并所有者权益变动表中期末未分配利润的金额的减少。由于本期编制合并财务报表时是以母公司和子公司本期个别财务报表为基础，而母公司和子公司个别财务报表中未实现内部销售损益是作为其实现利润的部分包括在其期初未分配利润之中，以母子公司个别财务报表中期初未分配利润为基础计算得出的合并期初未分配利润的金额就可能与上期合并财务报表中的期末未分配利润的金额不一致。因此，上期编制合并财务报表时抵销的内部购进存货中包含的未实现内部销售损益，也对本期的期初未分配利润产生影响，本期编制合并财务报表时必须在合并母子公司期初未分配利润的基础上，将上期抵销的未实现内部销售损益对本期期初未分配利润的影响予以抵销，调整本期期初未分配利润的金额。

在连续编制合并财务报表的情况下，首先必须将上期抵销的存货价值中包含的未实现内部销售损益对本期期初未分配利润的影响予以抵销，调整本期期初未分配利润的金额；然后再对本期内部购进存货进行抵销处理，其具体抵销处理程序和方法如下：

①将上期抵销的存货价值中包含的未实现内部销售损益对本期期初未分配利润的影响进行抵销。即按照上期内部购进存货价值中包含的未实现内部销售损益的金额，借记"未分配利润——年初"项目，贷记"营业成本"项目。这一抵销分录，可以理解为上期内部购进的存货中包含的未实现内部销售损益在本期视同为实现利润，将未实现内部销售损益转为实现利润，冲减当期的合并营业成本。

②对于本期发生内部购销活动的，将内部销售收入、内部销售成本及内部购进存货中未实现内部销售损益予以抵销。即按照销售企业内部销售收入的金额，借记"营业收入"项目，贷记"营业成本"项目。

③将期末内部购进存货价值中包含的未实现内部销售损益予以抵销。对于期末内部购买形成的存货（包括上期结转形成的本期存货），应按照购买企业期末内部购入存货价值中包含的未实现内部销售损益的金额，借记"营业成本"项目，贷记"存货"项目。

【例21-4】 假定P公司是S公司的母公司，2023年S公司向P公司销售产品15 000 000元，S公司2023年销售毛利率与2022年相同（为20%），销售成本为12 000 000元。P公司2023年将此商品实现对外销售收入为18 000 000元，销售成本为12 600 000元；期末存货为12 400 000元（期初存货10 000 000+本期购进存货15 000 000−本期销售成本12 600 000），存货价值中包含的未实现内部销售损益为2 480 000元（12 400 000×20%）。

扫码看讲解

P公司编制合并财务报表时应进行如下抵销处理：

（1）调整期初（2023年）未分配利润的金额：

借：未分配利润——年初　　　　　　　　　　　　　　　　2 000 000
　　贷：营业成本　　　　　　　　　　　　　　　　　　　　　　2 000 000
（2）抵销本期（2023年）内部销售收入和内部销售成本：
借：营业收入　　　　　　　　　　　　　　　　　　　　15 000 000
　　贷：营业成本　　　　　　　　　　　　　　　　　　　　　15 000 000
（3）抵销期末存货中包含的未实现内部销售损益：
借：营业成本　　　　　　　　　　　　　　　　　　　　　2 480 000
　　贷：存货　　　　　　　　　　　　　　　　　　　　　　　2 480 000

4. 内部固定资产交易的抵销处理。

内部固定资产交易是指企业集团内部发生交易的一方与固定资产有关的购销业务。对于企业集团内部固定资产交易，根据销售企业销售的是产品还是固定资产，可以将其划分为两种类型：第一种类型是企业集团内部企业将自身生产的产品销售给企业集团内的其他企业作为固定资产使用；第二种类型是企业集团内部企业将自身的固定资产出售给企业集团内的其他企业作为固定资产使用。此外，还有一种类型的内部固定资产交易，即企业集团内部企业将自身使用的固定资产出售给企业集团内的其他企业作为普通商品销售。这种类型的固定资产交易，在企业集团内部发生的情况极少，一般情况下发生的数量也不大。

（1）在第一种类型的内部固定资产交易的情况下，即企业集团内部的母公司或子公司将自身生产的产品销售给企业集团内部的其他企业作为固定资产使用，这种类型的内部固定资产交易发生得比较多，也比较普遍。

与存货的情况不同，固定资产的使用寿命较长，往往要跨越几个会计年度。对于内部交易形成的固定资产，不仅在该内部固定资产交易发生的当期需要进行抵销处理，而且在以后使用该固定资产的期间也需要进行抵销处理。固定资产在使用过程中是通过折旧的方式将其价值转移到产品价值之中，由于固定资产按原价计提折旧，在固定资产原价中包含未实现内部销售损益的情况下，每期计提的折旧费中也必然包含着未实现内部销售损益的金额，由此也需要对该内部交易形成的固定资产每期计提的折旧费进行相应的抵销处理。同样，如果购买企业对该项固定资产计提了固定资产减值准备，由于固定资产减值准备是按原价为基础进行计算确定的，在固定资产原价中包含未实现内部销售损益的情况下，对该项固定资产计提的减值准备中也必然包含着未实现内部销售损益的金额，由此也需要对该内部交易形成的固定资产计提的减值准备进行相应的抵销处理。

①内部交易形成的固定资产在购入当期的抵销处理。将与内部交易形成的固定资产相关的销售收入、销售成本以及原价中包含的未实现内部销售损益予以抵销。即按销售企业由于该固定资产交易所实现的销售收入，借记"营业收入"项目，按照其销售成本，贷记"营业成本"项目，按该固定资产的销售收入与销售成本之间的差额（即原价

中包含的未实现内部销售损益的金额），贷记"固定资产——原价"项目。

将内部交易形成的固定资产当期多计提的折旧费和累计折旧予以抵销。从单个企业来说，对计提折旧进行会计处理时，一方面增加当期的费用或计入相关资产的成本；另一方面形成累计折旧。因此，对内部交易形成的固定资产当期多计提的折旧费抵销时，应按当期多计提的折旧额，借记"固定资产——累计折旧"项目，贷记"管理费用"等项目。为便于理解，本节有关内部交易形成的固定资产多计提的折旧费的抵销，均假定该固定资产为购买企业的行政管理用固定资产，通过"管理费用"项目进行抵销。

②连续编制合并财务报表时内部交易形成固定资产，其抵销处理程序和方法如下：

首先，将内部交易形成的固定资产原价中包含的未实现内部销售损益抵销，并调整期初未分配利润的金额。即按照原价中包含的未实现内部销售损益的金额，借记"未分配利润——年初"项目，贷记"固定资产——原价"项目。

其次，将以前会计期间内部交易形成的固定资产多计提的累计折旧抵销，并调整期初未分配利润的金额。即按以前会计期间抵销该内部交易形成的固定资产因包含未实现内部销售损益而多计提的累计折旧额，借记"固定资产——累计折旧"项目，贷记"未分配利润——年初"项目。

最后，将本期由于该内部交易形成的固定资产因包含未实现内部销售损益而多计提的折旧费用予以抵销，并调整本期计提的累计折旧额。即按本期该内部交易形成的固定资产多计提的折旧额，借记"固定资产——累计折旧"项目，贷记"管理费用"等项目。

> 【例 21-5】 假定 S 公司是 P 公司的全资子公司，S 公司以 30 000 000 元的价格将其生产的产品销售给 P 公司，其销售成本为 27 000 000 元，因该内部固定资产交易实现的销售利润为 3 000 000 元。P 公司购买该产品作为管理用固定资产使用，按 30 000 000 元入账，对该固定资产按 15 年的使用寿命采用年限平均法计提折旧，预计净残值为零。该固定资产交易时间为 2022 年 1 月 1 日，本例题为简化抵销处理，假定 P 公司该内部交易形成的固定资产 2022 年按 12 个月计提折旧。
>
> 2023 年（第 2 年）编制合并财务报表时，应当编制如下抵销分录进行处理：
>
> 借：未分配利润——年初　　　　　　　　　　　　　3 000 000
> 　　贷：固定资产——原价　　　　　　　　　　　　　　3 000 000
> 借：固定资产——累计折旧　　　　　　　　　　　　200 000
> 　　贷：未分配利润——年初　　　　　　　　　　　　　200 000
> 借：固定资产——累计折旧　　　　　　　　　　　　200 000
> 　　贷：管理费用　　　　　　　　　　　　　　　　　　200 000

（2）在第二种类型的内部固定资产交易的情况下，即企业集团内部企业将其自用的固定资产出售给集团内部的其他企业，通过抵销后，使其在合并财务报表中该固定资产原价仍然以销售企业的原账面价值反映。在合并工作底稿中编制的抵销分录为：借记

"资产处置收益"项目，贷记"固定资产——原价"项目，或借记"固定资产——原价"项目，贷记"资产处置收益"项目。同时，将本期由于该内部交易形成的固定资产因包含未实现内部销售损益而多计提（或少计提）的折旧费用予以抵销，借记（或贷记）"固定资产——累计折旧"项目，贷记（或借记）"管理费用"等项目。

（四）子公司发生超额亏损在合并资产负债表中的反映

子公司少数股东分担的当期亏损超过了少数股东在该子公司期初所有者权益中所享有的份额，其余额仍应当冲减少数股东权益，即少数股东权益可以出现负数。

（五）报告期内增加或处置子公司以及业务

母公司在报告期内因同一控制下企业合并增加的子公司以及业务，编制合并资产负债表时，应当调整合并资产负债表的期初数，同时应当对比较报表的相关项目进行调整，视同合并后的报告主体自最终控制方开始控制时点起一直存在。因非同一控制下企业合并或其他方式增加的子公司以及业务，编制合并资产负债表时，不应当调整合并资产负债表的期初数。

母公司在报告期内处置子公司以及业务，编制合并资产负债表时，不应当调整合并资产负债表的期初数。

（六）合并资产负债表的格式

合并资产负债表的格式在一般企业和金融企业财务报表格式对财务状况列报要求的基础上，主要增加了以下项目：一是在"无形资产"项目之下增加了"商誉"项目，用于反映非同一控制下企业合并中取得的商誉，即在控股合并下母公司对子公司的长期股权投资（合并成本）大于其在购买日子公司可辨认净资产公允价值份额的差额；二是在所有者权益项目下增加了"归属于母公司所有者权益合计"项目，用于反映企业集团的所有者权益中归属于母公司所有者权益的部分，包括实收资本（或股本）、其他权益工具、资本公积、库存股、其他综合收益、盈余公积、未分配利润等项目的金额；三是在所有者权益项目下，增加了"少数股东权益"项目，用于反映非全资子公司的所有者权益中不属于母公司的份额。

有关合并资产负债表编制的综合举例请见本节内容"六、合并财务报表综合举例"。

三、合并利润表的编制

合并利润表应当以母公司和子公司的利润表为基础，在抵销母公司与子公司、子公司相互之间发生的内部交易对合并利润表的影响后，由母公司合并编制。

（一）编制合并利润表时应进行抵销处理的项目

利润表作为以单个企业为会计主体进行会计核算的结果，分别从母公司本身和子公司本身反映其在一定会计期间的经营成果。在以其个别利润表为基础计算的收入和费用等项目的加总金额中，也必然包含有重复计算的因素，因此，编制合并利润表时，也需要将这些重复的因素予以剔除。

编制合并利润表时需要进行抵销处理的项目，主要有：（1）母公司与子公司、子公司相互之间销售商品所产生的营业收入和营业成本项目；（2）母公司与子公司、子公司相互之间销售商品，期末未实现对外销售而形成存货、固定资产、工程物资、在建工程、无形资产等资产项目中包含的未实现内部销售损益；（3）母公司与子公司、子公司相互之间销售商品形成固定资产、无形资产等项目计提折旧额或摊销额中包含的未实现内部销售损益；（4）母公司与子公司、子公司相互之间持有对方债券所产生的投资收益、利息收入及其他综合收益等；（5）母公司对子公司、子公司相互之间持有对方长期股权投资的投资收益；（6）母公司与子公司、子公司相互之间发生的其他内部交易对合并利润表的影响。

1. 内部营业收入和内部营业成本项目的抵销处理。

内部营业收入是指企业集团内部母公司与子公司、子公司相互之间发生的商品销售活动所产生的营业收入。内部营业成本是指企业集团内部母公司与子公司、子公司相互之间发生的销售商品的营业成本。

在购买企业将内部购进的商品用于对外销售时，可能出现以下三种情况：第一种情况是内部购进商品全部实现对外销售；第二种情况是内部购进的商品全部未实现销售，形成期末存货；第三种情况是内部购进的商品部分实现对外销售、部分形成期末存货。因此，对内部销售收入和内部销售成本进行抵销时，应分别不同的情况进行处理。

（1）母公司与子公司、子公司相互之间销售商品，期末全部实现对外销售的抵销处理。

在这种情况下，从销售企业来说，销售给企业集团内其他企业的商品与销售给企业集团外部企业的情况下的会计处理相同，即在本期确认销售收入、结转销售成本、计算销售商品损益，并在其个别利润表中反映；对于购买企业来说，一方面要确认向企业集团外部企业的销售收入，另一方面要结转销售内部购进商品的成本，在其个别利润表中分别作为营业收入和营业成本反映，并确认销售损益。也就是说，对于同一购销业务，在销售企业和购买企业的个别利润表中都作了反映。但从整个企业集团来看，这一购销业务只是实现了一次对外销售，其销售收入只是购买企业向企业集团外部企业销售该产品的销售收入，其销售成本只是销售企业向购买企业销售该商品的成本。销售企业向购买企业销售该商品实现的收入属于内部销售收入；相应地，购买企业向企业集团外部企业销售该商品的销售成本则属于内部销售成本。因此在编制合并利润表时，就必须将重复反映的内部营业收入与内部营业成本予以抵销。应编制的抵销分录为：借记"营业收入"项目，贷记"营业成本"项目。

（2）母公司与子公司、子公司相互之间销售商品，期末未实现对外销售而形成存货的抵销处理。

在内部购进的商品未实现对外销售的情况下，在编制合并利润表时，应当将销售企业由此确认的内部销售收入和内部销售成本予以抵销。对于这一内部交易，从购买企业来说，则以支付的购货价款作为存货成本入账，并在其个别资产负债表中作为存货列示。这样，购买企业的个别资产负债表中存货的价值中就包含销售企业实现的销售毛利。编制合并资产负债表时，应将购买企业存货价值中包含的未实现内部销售损益予以抵销。应编制的抵销分录为：按内部销售收入的金额，借记"营业收入"项目，贷记"营业成本"项目；同时，对于存货价值中包含的未实现内部销售损益，借记"营业成本"项目，贷记"存货"项目。

（3）母公司与子公司、子公司相互之间销售商品，期末部分实现对外销售、部分形成期末存货的抵销处理。

在这种情况下，可以将内部购买的商品分解为两部分来理解：一部分为当期购进并全部实现对外销售；另一部分为当期购进但未实现对外销售而形成期末存货。

对于内部营业收入的抵销，也可按照如下方法进行抵销处理：按内部销售收入的金额，借记"营业收入"项目，按期末存货价值中包含的未实现内部销售损益的金额，贷记"存货"项目，按其差额，贷记"营业成本"项目。

2. 购买企业内部购进商品作为固定资产等资产使用时的抵销处理。

在购买企业将内部购进的商品作为固定资产等资产使用时，则形成其固定资产等资产。

在企业集团内母公司与子公司、子公司相互之间将自身的产品销售给其他企业作为固定资产（无形资产等的处理原则类似）使用的情况下，从整个企业集团来说，只能以销售企业生产该产品的成本作为固定资产原价在合并财务报表中反映。因此，编制合并利润表时，应将销售企业由于该内部交易产生的销售收入和销售成本予以抵销；并将内部交易形成的固定资产原价中包含的未实现内部销售损益予以抵销。在对销售商品形成的固定资产所包含的未实现内部销售损益进行抵销的同时，也应当对固定资产的折旧额与未实现内部销售损益相关的部分进行抵销。应编制的抵销分录为：按内部销售收入的金额，借记"营业收入"项目，按固定资产原价中包含的未实现内部销售损益的金额，贷记"固定资产——原价"项目，按其差额，贷记"营业成本"项目；同时，对于本期计提的折旧额中包含的未实现内部销售损益的金额，借记"固定资产——累计折旧"项目，贷记"管理费用"等项目。

3. 内部应收款项计提的坏账准备等减值准备的抵销处理。

编制合并资产负债表时，需要将内部应收款项与应付款项相互抵销，与此相适应需要将内部应收款项计提的坏账准备予以抵销。编制合并财务报表将信用减值损失中包含的本期内部应收款项计提的坏账准备抵销时，按照当期内部应收款项计提的坏账准备的金额，借记"应收账款——坏账准备"等项目，贷记"信用减值损失"项目。

4. 内部投资收益（利息收入）和利息费用的抵销处理。

企业集团内部母公司与子公司、子公司相互之间可能发生持有对方债券的内部交易。在编制合并财务报表时，应当在抵销内部发行的应付债券和债权投资（其他债权投资）等内部债权债务的同时，将内部应付债券和债权投资（其他债权投资）相关的利息费用与投资收益（利息收入）相互抵销。应编制的抵销分录为：借记"投资收益"项目，贷记"财务费用"项目。

5. 母公司与子公司、子公司相互之间持有对方长期股权投资的投资收益的抵销处理。

内部投资收益是指母公司对子公司或子公司对母公司、子公司相互之间的长期股权投资的收益，即母公司对子公司的长期股权投资在合并工作底稿中按权益法调整的投资收益，实际上就是子公司当期营业收入减去营业成本和期间费用、所得税费用等后的余额与其持股比例相乘的结果。

在子公司为全资子公司的情况下，应当编制的抵销分录为：借记"投资收益""未分配利润——年初"项目，贷记"提取盈余公积""对所有者（或股东）的分配""未分配利润——年末"项目；在子公司为非全资子公司的情况下，应编制的抵销分录为：借记"投资收益""少数股东损益""未分配利润——年初"项目，贷记"提取盈余公积""对所有者（或股东）的分配""未分配利润——年末"项目。

（二）报告期内增加或处置子公司以及业务

母公司在报告期内因同一控制下企业合并增加的子公司以及业务，应当将该子公司以及业务合并当期期初至报告期末的收入、费用、利润纳入合并利润表，同时应当对比较报表的相关项目进行调整，视同合并后的报告主体自最终控制方开始控制时点起一直存在。因非同一控制下企业合并或其他方式增加的子公司以及业务，应当将该子公司以及业务购买日至报告期末的收入、费用、利润纳入合并利润表。

母公司在报告期内处置子公司以及业务，应当将该子公司以及业务期初至处置日的收入、费用、利润纳入合并利润表。

（三）合并利润表的格式

合并利润表的格式在一般企业和金融企业财务报表格式对经营成果列报要求的基础上，主要在三个方面增加了五个项目：一是在"净利润"项目下增加了"归属于母公司所有者的净利润"和"少数股东损益"两个项目，分别反映净利润中由母公司所有者所享有的份额和非全资子公司当期实现的净利润中属于少数股东权益的份额，即不属于母公司享有的份额。二是在属于同一控制下企业合并增加的子公司当期的合并利润表中还应在"净利润"项目之下增加"其中：被合并方在合并前实现的净利润"项目，用于反映同一控制下企业合并中取得的被合并方在合并日以前实现的净利润。但是，"被合并方在合并前实现的净利润"应当在母公司所有者和少数股东之间进行分配，如果全部不属于母公司所有者，则应同时列示在"少数股东损益"项目之中，仍然保持"合并净利润 ＝归属于母公司所有者的净利润 ＋少数股东损益"的平衡关系。三是在"综合收益总额"项目下增加了"归属于母公司所有者的综合收益总额"和"归属于少数股东的综合收益总额"两个项目，分别反映综合收益总额中由母公司所有者所享有的份额和非全资子公司当期综合收益总额中属于少数股东权益的份额，即不属于母公司享有的份额，仍然保持"综合收益总额 ＝归属于母公司所有者的综合收益总额 ＋归属于少数股东的综合收益总额"的平衡关系。

有关合并利润表编制的综合举例请见本节内容"六、合并财务报表综合举例"。

四、合并现金流量表的编制

合并现金流量表是综合反映母公司及其所有子公司组成的企业集团在一定会计期间现金和现金等价物流入和流出的报表。在本节提及现金时，除非同时提及现金等价物，均包括现金和现金等价物。

合并现金流量表的编制原理、编制方法和编制程序与合并资产负债表、合并利润表的编制原理、编制方法和编制程序相同。即首先编制合并工作底稿，将母公司和所有子公司的个别现金流量表各项目的数据全部过入同一合并工作底稿中；其次根据当期母公司与子公司以及子公司相互之间发生的影响其现金流量增减变动的内部交易，编制相应的抵销分录，通过抵销分录将个别现金流量表中重复反映的现金流入量和现金流出量予以抵销；最后，在此基础上计算出合并现金流量表的各项目的合并金额，并填制合并现金流量表。

（一）编制合并现金流量表时应进行抵销处理的项目

现金流量表作为以单个企业为会计主体进行会计核算的结果，分别从母公司本身和子公司本身反映其在一定会计期间的现金流入和现金流出。在以其个别现金流量表为基础计算的现金流入和现金流出项目的加总金额中，也必然包含有重复计算的因素，因此，编制合并现金流量表时，也需要将这些重复的因素予以剔除。

编制合并现金流量表时需要进行抵销处理的项目，主要有：（1）母公司与子公司、子公司相互之间当期以现金投资或收购股权增加的投资所产生的现金流量；（2）母公司与子公司、子公司相互之间当期取得投资收益收到的现金与分配股利、利润或偿付利息支付的现金；（3）母公司与子公司、子公司相互之间以现金结算债权与债务所产生的现金流量；（4）母公司与子公司、子公司相互之间当期销售商品所产生的现金流量；（5）母公司与子公司、子公司相互之间处置固定资产、无形资产和其他长期资产收回的现金净额与购建固定资产、无形资产和其他长期资产支付的现金；（6）母公司与子公司、子公司相互之间当期发生的其他内部交易所产生的现金流量。

1. 企业集团内部当期以现金投资或收购股权增加的投资所产生的现金流量的抵销处理。

母公司直接以现金对子公司进行的长期股权投资或以现金从子公司的其他所有者（即企业集团内的其他子公司）处收购股权，表现为母公司现金流出，在母公司个别现金流量表中作为投资活动现金流出列示。子公司接受这一投资（或处置投资）时，表现为现金流入，在其个别现金流量表中反映为筹资活动的现金流入（或投资活动的现金流入）。从企业集团整体来看，母公司以现金对子公司进行的长期股权投资实际上相当于母公司将资本拨付下属核算单位，并不引起整个企业集团的现金流量的增减变动。因此，编制合并现金流量表时，应当在母公司与子公司现金流量表数据简单相加的基础上，将母公司当期以现金对子公司长期股权投资所产生的现金流量予以抵销。

2. 企业集团内部当期取得投资收益收到的现金与分配股利、利润或偿付利息支付的现金的抵销处理。

母公司对子公司进行的长期股权投资和债权投资，在持有期间收到子公司分派的现金股利（利润）或债券利息，表现为现金流入，在母公司个别现金流量表中作为取得投资收益收到的现金列示。子公司向母公司分派现金股利（利润）或支付债券利息，表现为现金流出，在其个别现金流量表中反映为分配股利、利润或偿付利息支付的现金。从整个企业集团来看，这种投资收益的现金收支，并不引起整个企业集团的现金流量的增减变动。因此，编制合并现金流量表时，应当在母公司与子公司现金流量表数据简单相加的基础上，将母公司当期取得投资收益收到的现金与子公司分配股利、利润或偿付利息支付的现金予以抵销。

3. 企业集团内部以现金结算债权与债务所产生的现金流量的抵销处理。

母公司与子公司、子公司相互之间当期以现金结算应收款项或应付款项等债权与债务，表现为现金流入或现金流出，在母公司个别现金流量表中作为销售商品、提供劳务收到的现金或购买商品、接受劳务支付的现金列示，在子公司个别现金流量表中作为购买商品、接受劳务支付的现金或销售商品、提供劳务收到的现金列示。从整个企业集团来看，这种现金结算债权与债务，并不引起整个企业集团的现金流量的增减变动。因此，编制合并现金流量表时，应当在母公司与子公司现金流量表数据简单相加的基础上，将母公司当期以现金结算债权与债务所产生的现金流量予以抵销。

4. 企业集团内部当期销售商品所产生的现金流量的抵销处理。

母公司向子公司当期销售商品（或子公司向母公司销售商品或子公司相互之间销售商品，下同）所收到的现金，表现为现金流入，在母公司个别现金流量表中作为销售商品、提供劳务收到的现金列示。子公司向母公司支付购货款，表现为现金流出，在其个别现金流量表中反映为购买商品、接受劳务支付的现金。从整个企业集团来看，这种内部商品购销现金收支，并不会引起整个企业集团的现金流量的增减变动。因此，编制合并现金流量表时，应当在母公司与子公司现金流量表数据简单相加的基础上，将母公司与子公司、子公司相互之间当期销售商品所产生的现金流量予以抵销。

5. 企业集团内部处置固定资产等收回的现金净额与购建固定资产等支付的现金的抵销处理。

母公司向子公司处置固定资产等长期资产，表现为现金流入，在母公司个别现金流量表中作为处置固定资产、无形资产和其他长期资产收回的现金净额列示。子公司表现为现金流出，在其个别现金流量表中反映为购建固定资产、无形资产和其他长期资产支付的现金。从整个企业集团来看，这种固定资产处置与购置的现金收支，并不会引起整个企业集团的现金流量的增减变动。因此，编制合并现金流量表时，应当在母公司与子公司现金流量表数据简单相加的基础上，将母公司与子公司、子公司相互之间处置固定资产、无形资产和其他长期资产收回的现金净额与购建固定资产、无形资产和其他长期资产支付的现金相互抵销。

（二）合并现金流量表中有关少数股东权益项目的反映

合并现金流量表编制与个别现金流量表相比，一个特殊的问题就是在子公司为非全资子公司的情况下，涉及子公司与其少数股东之间的现金流入和现金流出的处理问题。

对于子公司与少数股东之间发生的现金流入和现金流出，从整个企业集团来看，也影响到其整体的现金流入和现金流出数量的增减变动，必须在合并现金流量表中予以反映。子公司与少数股东之间发生的影响现金流入和现金流出的经济业务包括：少数股东对子公司增加权益性投资、少数股东依法从子公司中抽回权益性投资、子公司向其少数股东支付现金股利或利润等。为了便于企业集团合并财务报表使用者了解掌握企业集团现金流量的情况，有必要将与子公司少数股东之间的现金流入和现金流出的情况单独予以反映。

对于子公司的少数股东增加在子公司中的权益性投资，在合并现金流量表中应当在"筹资活动产生的现金流量"之下的"吸收投资收到的现金"项目下"其中：子公司吸收少数股东投资收到的现金"项目反映。

对于子公司向少数股东支付现金股利或利润，在合并现金流量表中应当在"筹资活动产生的现金流量"之下的"分配股利、利润或偿付利息支付的现金"项目下"其中：子公司支付给少数股东的股利、利润"项目反映。

对于子公司的少数股东依法抽回在子公司中的权益性投资，在合并现金流量表中应当在"筹资活动产生的现金流量"之下的"支付其他与筹资活动有关的现金"项目反映。

需要说明的是，在企业合并当期，母公司购买子公司支付对价中以现金支付的部分与子公司在购买日持有的现金和现金等价物应当相互抵销，区别两种情况分别处理：

（1）子公司在购买日持有的现金和现金等价物小于母公司支付对价中以现金支付的部分，按减去子公司在购买日持有的现金和现金等价物后的净额在"取得子公司及其他营业单位支付的现金净额"项目反映，应编制的抵销分录为：借记"取得子公司及其他营业单位支付的现金净额"项目，贷记"年初现金及现金等价物余额"项目。

（2）子公司在购买日持有的现金和现金等价物大于母公司支付对价中以现金支付的部分，按减去子公司在购买日持有的现金和现金等价物后的净额在"收到其他与投资活动有关的现金"项目反映，应编制的抵销分录为：借记"取得子公司及其他营业单位支付的现金净额"项目和"收到其他与投资活动有关的现金"项目，贷记"年初现金及现金等价物余额"项目。

（三）报告期内增加或处置子公司以及业务

母公司在报告期内因同一控制下企业合并增加的子公司以及业务，应当将该子公司以及业务合并当期期初至报告期末的现金流量纳入合并现金流量表，同时应当对比较报表的相关项目进行调整，视同合并后的报告主体自最终控制方开始控制时点起一直存在。因非同一控制下企业合并增加的子公司以及业务，应当将该子公司购买日至报告期末的现金流量纳入合并现金流量表。

母公司在报告期内处置子公司以及业务，应当将该子公司以及业务期初至处置日的现金流量纳入合并现金流量表。

（四）合并现金流量表的格式

合并现金流量表的格式在一般企业和金融企业财务报表格式对现金流量列报要求的基础上形成。

有关合并现金流量表编制的综合举例请见本节内容"六、合并财务报表综合举例"。

五、合并所有者权益变动表

合并所有者权益变动表是反映构成企业集团所有者权益的各组成部分当期的增减变动情况的财务报表。合并所有者权益变动表应当以母公司和子公司的所有者权益变动表为基础，在抵销母公司与子公司、子公司相互之间发生的内部交易对合并所有者权益变动表的影响后，由母公司合并编制。合并所有者权益变动表也可以根据合并资产负债表和合并利润表进行编制。

（一）编制合并所有者权益变动表时应进行抵销的项目

所有者权益变动表作为以单个企业为会计主体进行会计核算的结果，分别从母公司本身和子公司本身反映其在一定会计期间所有者权益构成及其变动情况。在以其个别所有者权益变动表为基础计算的各所有者权益构成项目的加总金额中，也必然包含重复计算的因素，因此，编制合并所有者权益变动表时，也需要将这些重复的因素予以剔除。

编制合并所有者权益变动表时需要进行抵销处理的项目，主要有：（1）母公司对子公司的长期股权投资与母公司在子公司所有者权益中所享有的份额相互抵销，其抵销处理参见本章有关"长期股权投资与子公司所有者权益的抵销处理"的内容；（2）母公司对子公司、子公司相互之间持有对方长期股权投资的投资收益应当抵销，其抵销处理参见本章有关"母公司与子公司、子公司相互之间持有对方长期股权投资的投资收益的抵销处理"的内容；（3）母公司与子公司、子公司相互之间发生的其他内部交易对所有者权益变动的影响。

需要说明的是，从合并财务报表前后一致的理念、原则出发，将母公司及其全部子公司构成的企业集团作为一个会计主体，反映企业集团外部交易的情况，企业集团内部母子公司之间的投资收益和利润分配与其他内部交易一样应当相互抵销。同时，应当关注合并所有者权益变动表"未分配利润"的年末余额，将其中子公司当年提取的盈余公积归属于母公司的金额进行单项附注披露。

还需要说明的是，子公司在"专项储备"项目中反映的按照国家相关规定提取的安全生产费等，与留存收益不同，在长期股权投资与子公司所有者权益相互抵销后，应当按归属于母公司所有者的份额予以恢复，借记"未分配利润"项目，贷记"专项储备"项目。

（二）合并所有者权益变动表的格式

合并所有者权益变动表的格式在一般企业和金融企业所有者权益变动表格式的基础上，在子公司存在少数股东的情况下，增加了"少数股东权益"栏目，用于反映少数股东权益变动的情况。

有关合并所有者权益变动表编制的综合举例请见本节内容"六、合并财务报表综合举例"。

六、合并财务报表综合举例

为了便于理解和掌握合并财务报表的编制方法，了解合并财务报表的编制过程，下面通过综合举例说明合并资产负债表、合并利润表、合并现金流量表和合并所有者权益变动表及合并工作底稿的编制方法与过程。

【例 21 - 6】2023 年 1 月 1 日，P 公司用银行存款 30 000 000 元购得 S 公司 80% 的股份，且取得对 S 公司的控制权（假定 P 公司与 S 公司的企业合并属于非同一控制下的企业合并，初始取得成本等于计税基础）。P 公司在 2023 年 1 月 1 日建立的备查簿（见表 21-1）中记录了购买日（2023 年 1 月 1 日）S 公司可辨认资产、负债及或有负债的公允价值信息。

2023 年 1 月 1 日，S 公司股东权益总额为 35 000 000 元，其中：股本为 20 000 000 元，资本公积为 15 000 000 元，盈余公积为 0，未分配利润为 0。

P 公司和 S 公司 2023 年 12 月 31 日个别资产负债表分别见表 21-2 和表 21-3，2023 年个别利润表、个别现金流量表和个别所有者权益变动表分别见表 21-4 至表 21-6。

S 公司 2023 年实现净利润 10 000 000 元。为了便于说明合并所有者权益变动表的编制，本例题假定 S 公司 2023 年即进行了利润分配。S 公司计提法定盈余公积 1 000 000 元，分派现金股利 6 000 000 元，其中：向 P 公司分派现金股利 4 800 000 元，向其他股东分派现金股利 1 200 000 元，未分配利润为 3 000 000 元。S 公司因持有的其他债权投资的公允价值变动计入当期其他综合收益的金额为 750 000 元。2023 年 12 月 31 日，S 公司股东权益总额为 39 750 000 元，其中：股本为 20 000 000 元，资本公积为 15 000 000 元，其他综合收益为 750 000 元，盈余公积为 1 000 000 元，未分配利润为 3 000 000 元。

假定 S 公司的会计政策和会计期间与 P 公司一致；P 公司和 S 公司适用的所得税税率均为 25%；除 P 公司应收账款、S 公司其他债权投资存在暂时性差异外，P 公司的其他资产和负债、S 公司的其他资产和负债均不存在暂时性差异，在合并财务报表层面出现暂时性差异均符合递延所得税资产或递延所得税负债的确认条件。

P 公司在编制由 P 公司和 S 公司组成的企业集团 2023 年合并财务报表时，存在以下内部交易或事项需在合并工作底稿（见表 21-7）中进行抵销或调整处理。

1. 2023 年 12 月 31 日，P 公司个别资产负债表中对 S 公司的长期股权投资的金额为 30 000 000 元，拥有 S 公司 80% 的股份（假定未发生减值）。P 公司在个别资产负债表中采用成本法核算该项长期股权投资。

（1）调整子公司资产和负债的公允价值，根据子公司已实现的公允价值调整当期净利润。根据合并财务报表准则的规定，在合并工作底稿中对 S 公司的长期股权投资由成本法调整为权益法。

《企业会计准则第 2 号——长期股权投资》规定，投资企业在采用权益法确认应享有被投资单位净损益的份额时，应当以取得投资时被投资单位各项可辨认资产、负债等的公允价值为基础，对被投资单位的净利润进行调整后确认。在本例中，P 公司在编制 2023 年合并财务报表时，应当首先根据 P 公司备查簿中记录的 S 公司可辨认资产、负债在购买日（2023 年 1 月 1 日）的公允价值的资料（见表 21-1），调整 S 公司的净利润。按照 P 公司备查簿中的记录，在购买日，S 公司可辨认资产、负债及或有负债的公允价值与账面价值存在差异仅有一项，即甲办公楼，公允价值高于账面价值的差额为 1 000 000 元（7 000 000 - 6 000 000），按年限平均法每年应补提的折旧额为 50 000 元（1 000 000 ÷ 20）。假定甲办公楼用于 S 公司的总部管理。在合并工作底稿中应作的调整分录如下：

借：固定资产	1 000 000	（1）
贷：资本公积	750 000	
递延所得税负债	250 000	
借：管理费用	50 000	
贷：固定资产——累计折旧	50 000	
借：递延所得税负债	12 500	
贷：所得税费用	12 500	

据此，以 S 公司 2023 年 1 月 1 日各项可辨认资产、负债等的公允价值为基础，考虑递延所得税后，重新确定的 2023 年净利润为 9 962 500 元（10 000 000 - 50 000 + 12 500）。

（2）按照权益法调整母公司财务报表项目。本例中，应确认 P 公司在 2023 年 S 公司实现净利润 9 962 500 元中所享有的份额为 7 970 000 元（9 962 500 × 80%），确认 P 公司在 2023 年 S 公司其他综合收益中所享有的份额为 600 000 元（750 000 × 80%），抵销 P 公司在 2023 年原按成本法确认的 S 公司宣告分派现金股利时确认的投资收益 4 800 000 元。在合并工作底稿中应作的调整分录如下：

借：长期股权投资——S 公司 3 770 000 （2）
　　贷：投资收益——S 公司 3 170 000
　　　　其他综合收益——S 公司 600 000

（3）抵销长期股权投资与所有者权益项目。经过上述调整，P 公司对 S 公司长期股权投资经调整后的 2023 年 12 月 31 日金额为 33 770 000 元（投资成本 30 000 000 元 + 权益法调整增加的长期股权投资 3 770 000 元），S 公司经调整的 2023 年 12 月 31 日股东权益总额为 40 462 500 元［原账面余额 39 750 000 元 + 甲办公楼购买日公允价值高于账面价值的差额扣除所得税影响后的金额 750 000 元 – 调整减少 S 公司净利润的金额 37 500 元（10 000 000 – 9 962 500）］。

S 公司股东权益中 20% 的部分，即 8 092 500 元（股东权益调整后余额 40 462 500 元 ×20%）属于少数股东权益，在抵销处理时应作为少数股东权益处理。在合并工作底稿中抵销分录如下：

借：股本 20 000 000 （3）
　　资本公积 15 750 000
　　其他综合收益 750 000
　　盈余公积 1 000 000
　　未分配利润——年末 2 962 500
　　商誉 1 400 000
　　贷：长期股权投资 33 770 000
　　　　少数股东权益 8 092 500

需要说明的是：

一是商誉金额应根据企业合并准则的规定确定，本例中商誉 1 400 000 元 = P 公司购买日（2023 年 1 月 1 日）支付的合并成本 30 000 000 元 –（购买日 S 公司的所有者权益总额 35 000 000 元 + S 公司固定资产公允价值增加额扣除所得税的影响后的金额 750 000 元）×80%。

二是"资本公积" = 15 000 000 + 750 000 = 15 750 000（元）。此处的 750 000 元为 S 公司甲办公楼购买日公允价值高于账面价值的差额扣除所得税影响后的金额，即（7 000 000 – 6 000 000）×（1 – 25%）。

三是"未分配利润" = 3 000 000 – 37 500 = 2 962 500（元）。此处的 37 500 元为母公司为编制合并财务报表调整减少 S 公司净利润的金额，即 10 000 000 – 9 962 500 = 37 500（元）。

2. P公司2023年个别资产负债表中应收账款4 750 000元（假定不含增值税，下同）为2023年向S公司销售商品发生的应收销货款的账面价值，P公司对该笔应收账款计提的坏账准备为250 000元。S公司2023年个别资产负债表中应付账款5 000 000元（假定不含增值税，下同）系2023年向P公司购进商品存货发生的应付购货款。

（4）抵销内部应收账款与应付账款项目。在合并工作底稿中的抵销分录为：

借：应付账款 5 000 000（4）

　　贷：应收账款 5 000 000

（5）抵销内部应收账款计提的坏账准备并确认递延所得税的影响。在合并工作底稿中的抵销分录为：

借：应收账款——坏账准备 250 000（5）

　　贷：信用减值损失 250 000

借：所得税费用 62 500

　　贷：递延所得税资产 62 500

3. P公司2023年个别资产负债表中合同负债1 000 000元（假定不含增值税，下同）为S公司预付账款；应收票据4 000 000元（假定不含增值税，下同）为S公司2023年向P公司购买商品35 000 000元时开具的票面金额为4 000 000元的商业承兑汇票；S公司应付债券2 000 000元为P公司所持有（P公司划归为债权投资）。

（6）抵销内部合同负债与内部预付账款。在合并工作底稿中的抵销分录为：

借：合同负债 1 000 000（6）

　　贷：预付款项 1 000 000

（7）抵销内部应收票据与内部应付票据。在合并工作底稿中的抵销分录为：

借：应付票据 4 000 000（7）

　　贷：应收票据 4 000 000

（8）抵销内部债权投资与应付债券。在合并工作底稿中的抵销分录为：

借：应付债券 2 000 000（8）

　　贷：债权投资 2 000 000

4. P公司2023年利润表的营业收入中有35 000 000元系向S公司销售产品实现的销售收入，该产品销售成本为30 000 000元。S公司在本期将该产品全部售出，其销售收入为50 000 000元，销售成本为35 000 000元，反映在S公司2023年的利润表中。

（9）将内部销售收入和内部销售成本予以抵销，在合并工作底稿中的抵销分录为：

借：营业收入 35 000 000（9）

　　贷：营业成本 35 000 000

5. S公司2023年确认的应向P公司支付的债券利息费用为200 000元（假设该债券的票面利率与实际利率相差较小，发生的债券利息费用不符合资本化条件）。

（10）将内部债券投资收益与应付债券利息费用相互抵销，在合并工作底稿中的抵销分录为：

借：投资收益 200 000 （10）

　　贷：财务费用 200 000

6. S公司2023年利润表的营业收入中有10 000 000元系向P公司销售商品实现的销售收入，对应的销售成本为8 000 000元。P公司购进的该商品2023年未对外销售，全部形成期末存货。

（11）抵销内部销售收入、销售成本和内部销售形成的存货中包含的未实现内部销售损益，在合并工作底稿中的抵销分录为：

借：营业收入 10 000 000 （11）

　　贷：营业成本 8 000 000

　　　　存货 2 000 000

（12）将内部销售形成的存货中包含的未实现内部销售损益进行分摊。该交易为逆流交易，按照少数股东在未实现内部交易损益中所占份额（金额），并考虑所得税影响，抵销少数股东权益300 000元〔2 000 000×（1−25%）×20%〕。在合并工作底稿中的抵销分录为：

借：少数股东权益 300 000 （12）

　　贷：少数股东损益 300 000

（13）抵销因逆流存货交易的所得税影响。确认该存货可抵扣差异性的递延所得税影响金额为500 000元（2 000 000×25%）。在合并工作底稿中的抵销分录为：

借：递延所得税资产 500 000 （13）

　　贷：所得税费用 500 000

7. S公司2023年以3 000 000元的价格将其生产的产品销售给P公司，销售成本为2 700 000元，因该内部固定资产交易实现的销售利润为300 000元。P公司购买该产品作为行政管理用固定资产，按3 000 000元入账。假设P公司对该固定资产按3年的使用寿命采用年限平均法计提折旧，预计净残值为0。该固定资产交易时间为2023年1月2日，本例题为简化抵销处理，假定P公司该内部交易形成的固定资产2023年按12个月计提折旧。

（14）抵销与该固定资产相关的销售收入、销售成本以及原价中包含的未实现内部销售损益。在合并工作底稿中的抵销分录为：

借：营业收入 3 000 000 （14）

　　贷：营业成本 2 700 000

　　　　固定资产——原价 300 000

（15）将内部销售形成的固定资产中包含的未实现内部销售损益进行分摊。因该交易为逆流交易，按照少数股东在未实现内部交易损益中所占份额（金额），并考虑所得税影响，抵销少数股东权益的金额为 45 000 元 [300 000 × (1 – 25%) × 20%]。在合并工作底稿中的抵销分录为：

借：少数股东权益   45 000 （15）

    贷：少数股东损益   45 000

（16）抵销该固定资产当期多计提的折旧额。该固定资产折旧年限为 3 年，原价为 3 000 000 元，预计净残值为 0，2023 年计提的折旧额为 1 000 000 元，而按抵销其原价中包含的未实现内部销售损益后的原价 2023 年应计提的折旧额为 900 000 元，当期多计提的折旧额为 100 000 元，应当按 100 000 元分别抵销管理费用和累计折旧。在合并工作底稿中的抵销分录为：

借：固定资产——累计折旧   100 000 （16）

    贷：管理费用   100 000

（17）抵销因内部固定资产交易当期多计提的折旧额对少数股东权益的份额，即 100 000 × (1 – 25%) × 20% = 15 000（元）。在合并工作底稿中的抵销分录为：

借：少数股东损益   15 000 （17）

    贷：少数股东权益   15 000

（18）抵销该内部固定资产交易的所得税影响。可抵扣差异性的递延所得税影响金额为 50 000 元 [(300 000 – 100 000) × 25%]。在合并工作底稿中的抵销分录为：

借：递延所得税资产   50 000 （18）

    贷：所得税费用   50 000

8. P 公司将其账面价值为 1 300 000 元的某项固定资产以 1 200 000 元的价格出售给 S 公司作为管理用固定资产来使用。P 公司因该内部固定资产交易发生处置损失 100 000 元。假设 S 公司以 1 200 000 元作为该项固定资产的成本入账，S 公司对该固定资产按 5 年的使用寿命采用年限平均法计提折旧，预计净残值为 0。该固定资产交易时间为 2023 年 7 月 1 日，本例题为简化抵销处理，假定 S 公司该内部交易形成的固定资产 2023 年按 6 个月计提折旧。

（19）该固定资产的处置损失与固定资产原价中包含的未实现内部销售损益的抵销。在合并工作底稿中的抵销分录为：

借：固定资产——原价   100 000 （19）

    贷：资产处置收益   100 000

（20）抵销该固定资产当期少计提的折旧额。该固定资产折旧年限为 5 年，原价为 1 200 000 元，预计净残值为 0，2023 年计提的折旧额为 120 000 元，而按抵销其原价中包含的未实现内部销售损益后的原价 2023 年应计提的折旧额为 130 000 元，当期少计提的折旧额为 10 000 元，应当按 10 000 元分别抵销管理费用和累计折旧。在合并工作底稿中的抵销分录为：

借：管理费用   10 000 （20）

    贷：固定资产——累计折旧   10 000

（21）抵销该固定资产交易的所得税影响。应纳税差异性的递延所得税影响金额为22 500元 ［(100 000 – 10 000)×25％］。在合并工作底稿中的抵销分录为：

借：所得税费用　　　　　　　　　　　　　　　　　　　　22 500（21）

　　贷：递延所得税负债　　　　　　　　　　　　　　　　　　　22 500

9. P公司和S公司2023年度所有者权益变动，如表21 – 7所示。

P公司拥有S公司80％的股份。在合并工作底稿中P公司按权益法调整的S公司本期投资收益为7 970 000元（9 962 500×80％），S公司本期少数股东损益为1 992 500元（9 962 500×20％）。S公司年初未分配利润为0，S公司本期计提的盈余公积1 000 000元、分派现金股利6 000 000元、未分配利润2 962 500元（9 962 500元 – 分派的现金股利6 000 000元 – 按调整前计提的盈余公积1 000 000元）。

（22）对S公司2023年利润分配进行抵销处理，在合并工作底稿中的抵销分录为：

借：投资收益　　　　　　　　　　　　　　　　　　　　7 970 000（22）

　　少数股东损益　　　　　　　　　　　　　　　　　　　1 992 500

　　未分配利润——年初　　　　　　　　　　　　　　　　　　　 0

　　贷：提取盈余公积　　　　　　　　　　　　　　　　　　　1 000 000

　　　　对所有者（或股东）的分配　　　　　　　　　　　　　6 000 000

　　　　未分配利润——年末　　　　　　　　　　　　　　　　2 962 500

10. 2023年，P公司收到S公司向其支付的债券利息200 000元和S公司分派的现金股利4 800 000元。

（23）抵销内部交易的现金流量，在合并工作底稿中的抵销分录为[①]：

借：分配股利、利润或偿付利息支付的现金　　　　　　　　5 000 000（23）

　　贷：取得投资收益收到的现金　　　　　　　　　　　　　5 000 000

11. P公司2023年向S公司销售商品的价款35 000 000元中实际收到S公司支付的银行存款26 000 000元，同时S公司还向P公司开具了票面金额为4 000 000元的商业承兑汇票。S公司2023年向P公司销售商品10 000 000元的价款全部收到。

（24）抵销内部交易的现金流量，在合并工作底稿中的抵销分录为：

借：购买商品、接受劳务支付的现金　　　　　　　　　　36 000 000（24）

　　贷：销售商品、提供劳务收到的现金　　　　　　　　　36 000 000

12. S公司2023年1月2日向P公司销售商品3 000 000元的价款全部收到。

（25）抵销内部交易的现金流量，在合并工作底稿中的抵销分录为：

借：购建固定资产、无形资产和其他长期资产支付的现金　3 000 000（25）

　　贷：销售商品、提供劳务收到的现金　　　　　　　　　3 000 000

13. P公司向S公司出售固定资产的价款1 200 000元全部收到。

---

① 在本节合并现金流量表的抵销分录中，借记，表示现金流出的减少；贷记，表示现金流入的减少。

（26）抵销内部交易的现金流量，在合并工作底稿中的抵销分录为：

借：购建固定资产、无形资产和其他长期资产支付的现金 1 200 000（26）

贷：处置固定资产、无形资产和其他长期资产收回的现金净额 1 200 000

14. P公司在购买日（2023年1月1日）支付银行存款30 000 000元购得S公司80%的股份且取得对S公司的控制权，使S公司成为其子公司。在该日，S公司实际持有货币资金3 000 000元。

（27）抵销内部交易的现金流量，在合并工作底稿中的抵销分录为：

借：取得子公司及其他营业单位支付的现金净额 3 000 000（27）

贷：年初现金及现金等价物余额 3 000 000

根据以上资料，通过合并工作底稿编制P公司与S公司组成的企业集团2023年的合并资产负债表、合并利润表、合并现金流量表和合并所有者权益变动表，分别参见表21-8至表21-11，限于篇幅，其合并财务报表附注略。

表21-1　　　　　　　　　　　　P公司备查簿——S公司

2023年1月1日　　　　　　　　　　　　　单位：万元*

项　　目	购买日账面价值	购买日公允价值	公允价值与账面价值的差额	合并财务报表调整	备　　注
流动资产	3 900	3 900	0		
非流动资产	2 000	2 100	100		
其中：固定资产——甲办公楼	600	700	100		该办公楼的剩余折旧年限为20年，采用年限平均法计提折旧
资产总计	5 900	6 000	100		
流动负债	1 500	1 500	0		
非流动负债	900	900	0	25	
其中：递延所得税负债				25	
负债合计	2 400	2 400	0	25	
股本	2 000	2 000	0		
资本公积	1 500	1 600	100	75	甲办公楼公允价值与账面价值的差额扣除所得税的影响后的金额
盈余公积	0	0	0		

续表

项　目	购买日账面价值	购买日公允价值	公允价值与账面价值的差额	合并财务报表调整	备　注
未分配利润	0	0			
股东权益合计	3 500	3 600	100	75	
负债和股东权益合计	5 900	6 000	100	100	

注：＊为便于排版，本章在报表中统一以"万元"为单位。在实务中，合并财务报表应当以"元"为单位列报。

表 21 -2　　　　　　　　　　　　资产负债表（简表）

会企 01 表

编制单位：P 公司　　　　　　　　　　2023 年 12 月 31 日　　　　　　　　　　单位：万元

资　产	期末余额	年初余额	负债和所有者权益	期末余额	年初余额
流动资产：			流动负债：		
货币资金	1 000	3 000	应付票据	1 000	1 000
应收票据	1 400	1 000	应付账款	3 000	2 000
其中：应收 S 公司票据	400		合同负债	200	300
应收账款	1 800	1 300	其中：预收 S 公司账款	100	
其中：应收 S 公司账款	475		应付职工薪酬	1 000	2 100
预付款项	770		应交税费	800	1 000
存货	1 000	3 800	流动负债合计	6 000	6 400
其中：向 S 公司购入存货	1 000		非流动负债：		
流动资产合计	5 970	9 100	长期借款	2 000	2 000
非流动资产：			应付债券	600	600
债权投资	200	200	非流动负债合计	2 600	2 600
其中：持有 S 公司债券	200	200	负债合计	8 600	9 000
其他债权投资					
长期股权投资	4 700	1 700	所有者权益：		
其中：对 S 公司投资	3 000		实收资本（股本）	4 000	4 000
固定资产	4 100	3 300	资本公积	800	800

续表

资　产	期末余额	年初余额	负债和所有者权益	期末余额	年初余额
其中：向S公司购入固定资产	200		其他综合收益		
无形资产	623.75	700	盈余公积	1 034.5	732
递延所得税资产	6.25		未分配利润	1 165.5	468
非流动资产合计	9 630	5 900	所有者权益合计	7 000	6 000
资产合计	15 600	15 000	负债和所有者权益合计	15 600	15 000

表21-3　　　　　　　　　　　资产负债表（简表）

会企01表

编制单位：S公司　　　　　　　　2023年12月31日　　　　　　　　单位：万元

资　产	期末余额	年初余额	负债和所有者权益	期末余额	年初余额
流动资产：			流动负债：		
货币资金	500	300	应付票据	400	300
应收票据	300	100	其中：应付票据——P公司	400	
应收账款	760	600	应付账款	500	600
预付款项	400		其中：应付P公司账款	500	
其中：预付P公司账款	100		合同负债		50
存货	1 100	2 900	应付职工薪酬	100	350
流动资产合计	3 060	3 900	应交税费	60	200
非流动资产：			流动负债合计	1 060	1 500
债权投资			非流动负债：		
其他债权投资	800	700	长期借款	700	700
长期股权投资			应付债券	200	200
固定资产	2 100	1 300	其中：应付债券——P公司	200	200
其中：向P公司购入固定资产	108		递延所得税负债	25	
无形资产			非流动负债合计	925	900
非流动资产合计	2 900	2 000	负债合计	1 985	2 400
			所有者权益：		
			股本	2 000	2 000

续表

资　产	期末余额	年初余额	负债和所有者权益	期末余额	年初余额
			资本公积	1 500	1 500
			其他综合收益	75	0
			盈余公积	100	0
			未分配利润	300	0
			所有者权益合计	3 975	3 500
资产总计	5 960	5 900	负债和所有者权益总计	5 960	5 900

表 21 - 4 　　　　　　　　　　　　利润表（简表）

会企 02 表

2023 年度　　　　　　　　　　　　　　　　　　　　　单位：万元

项　　目	P 公司	S 公司
一、营业收入	8 700	6 140
减：营业成本	4 425	4 570
税金及附加	300	125
销售费用	15	10
管理费用	100	62
研发费用		
财务费用	300	40
其中：利息费用	300	40
利息收入		
加：其他收益		
投资收益（损失以"-"号填列）	500	
其中：对联营企业和合营企业的投资收益		
以摊余成本计量的金融资产终止确认收益（损失以"-"号填列）		
净敞口套期收益（损失以"-"号填列）		
公允价值变动收益（损失以"-"号填列）		
信用减值损失（损失以"-"号填列）	-25	
资产减值损失（损失以"-"号填列）		
资产处置收益（损失以"-"号填列）	-10	

续表

项　目	P公司	S公司
二、营业利润（亏损以"－"号填列）	4 025	1 333
加：营业外收入		
减：营业外支出		
三、利润总额（亏损总额以"－"号填列）	4 025	1 333
减：所得税费用	1 000	333
四、净利润（净亏损以"－"号填列）	3 025	1 000
五、其他综合收益的税后净额		75
（一）不能重分类进损益的其他综合收益		0
（二）将重分类进损益的其他综合收益		75
……		
2. 其他债权投资公允价值变动		75
……		
六、综合收益总额	3 025	1 075
七、每股收益		
（一）基本每股收益		
（二）稀释每股收益		

表 21－5　　　　　　　　　　　现金流量表（简表）

会企03表

2023 年度　　　　　　　　　　　　　　　　　　　　　单位：万元

项　目	P公司	S公司
一、经营活动产生的现金流量：	7 795	5 990
销售商品、提供劳务收到的现金		
收到的税费返还		
收到的其他与经营活动有关的现金		
经营活动现金流入小计	7 795	5 990
购买商品、接受劳务支付的现金	1 420	3 270
支付给职工以及为职工支付的现金	1 100	250
支付的各项税费	1 820	758
支付其他与经营活动有关的现金	45	22
经营活动现金流出小计	4 385	4 300

续表

项　目	P公司	S公司
经营活动产生的现金流量净额	3 410	1 690
二、投资活动产生的现金流量：		
收回投资收到的现金		
取得投资收益收到的现金	500	
处置固定资产、无形资产和其他长期资产收回的现金净额	120	
处置子公司及其他营业单位收到的现金净额		
收到其他与投资活动有关的现金		
投资活动现金流入小计	620	
购建固定资产、无形资产和其他长期资产支付的现金	930	800
投资支付的现金		
取得子公司及其他营业单位支付的现金净额	3 000	
支付其他与投资活动有关的现金		
投资活动现金流出小计	3 930	800
投资活动产生的现金流量净额	− 3 310	− 800
三、筹资活动产生的现金流量：		
吸收投资收到的现金		
取得借款收到的现金		
收到其他与筹资活动有关的现金		
筹资活动现金流入小计		
偿还债务支付的现金		
分配股利、利润或偿付利息支付的现金	2 100	690
支付其他与筹资活动有关的现金		
筹资活动现金流出小计	2 100	690
筹资活动产生的现金流量净额	− 2 100	690
四、汇率变动对现金及现金等价物的影响		
五、现金及现金等价物净增加值	− 2 000	200
加：年初现金及现金等价物余额	3 000	300
六、年末现金及现金等价物净增加值	1 000	500

表 21-6

所有者权益变动表（简表）

2023 年度

会企 04 表
单位：万元

项目	P公司 实收资本（或股本）	资本公积	其他综合收益	盈余公积	未分配利润	所有者权益合计	S公司 实收资本（或股本）	资本公积	其他综合收益	盈余公积	未分配利润	所有者权益合计
一、上年末余额	4 000	800	0	732	468	6 000	2 000	1 500	0	0	0	3 500
加：会计政策变更												
前期差错更正												
二、本年初余额	4 000	800	0	732	468	6 000	2 000	1 500	0	0	0	3 500
三、本年增减变动金额（减少以"－"号填列）												
（一）综合收益总额					3 025	3 025			75		1 000	1 075
（二）所有者投入和减少资本					-2 025	-2 025						
（三）利润分配				302.5	-2 327.5	0				100	-700	-600
1. 提取盈余公积				302.5	-302.5					100	-100	0
2. 对所有者（或股东）的分配					-2 025	-2 025					-600	-600
四、本年末余额	4 000	800	0	1 034.5	1 165.5	7 000	2 000	1 500	75	100	300	3 975

表21-7

合并工作底稿（简表）

2023 年度

单位：万元

项目	P公司 报表金额	S公司 报表金额	合计金额	调整分录与抵销分录 借方	调整分录与抵销分录 贷方	少数股东 权益	合并金额
（利润表项目）							
一、营业收入	8 700	6 140	14 840	(9) 3 500 (11) 1 000 (14) 300			10 040
减：营业成本	4 425	4 570	8 995		(9) 3 500 (11) 800 (14) 270		4 425
税金及附加	300	125	425				425
销售费用	15	10	25				25
管理费用	100	62	162	(1) 5 (20) 1	(16) 10		158
财务费用	300	40	340		(10) 20		320
加：投资收益（损失以"-"号填列）	500		500	(10) 20 (22) 797	(2) 317		0
信用减值损失（损失以"-"号填列）	-25		-25		(5) 25		0
资产处置收益（损失以"-"号填列）	-10		-10		(19) 10		0
二、营业利润	4 025	1 333	5 358	5 623	4 952		4 687
三、利润总额	4 025	1 333	5 358	5 623	4 952		4 687

续表

项 目	P公司 报表金额	S公司 报表金额	合计金额	调整分录与抵销分录 借方	调整分录与抵销分录 贷方	少数股东权益	合并金额
减：所得税费用	1 000	333	1 333	(5) 6.25 (21) 2.25	(1) 1.25 (13) 50 (18) 5		1 285.25
四、净利润	3 025	1 000	4 025	5 631.5	5 008.25		3 401.75
少数股东损益		1 000		(17) 1.5 (22) 199.25	(12) 30 (15) 4.5	166.25	166.25
归属于母公司所有者的净利润	3 025	1 000	4 025	5 832.25	5 042.75		3 235.5
五、其他综合收益的税后净额		75	75				75
（一）归属于母公司所有者的其他综合收益的税后净额		60	60				60
1. 不能重分类进损益的其他综合收益							
2. 将重分类进损益的其他综合收益		60	60				60
……							
（2）其他债权投资公允价值变动		60	60				60
……							
（二）归属于少数股东的其他综合收益的税后净额		15	15			15	15
六、综合收益总额	3 025	1 075	4 100	5 631.5	5 008.25		3 476.75
归属于母公司所有者的综合收益总额							3 295.5
归属于少数股东的综合收益总额						181.25	181.25
（所有者权益变动表项目）							
未分配利润——年初	468	0	468	(22) 0			468

续表

项 目	P公司 报表金额	S公司 报表金额	合计金额	调整分录与抵销分录 借方	调整分录与抵销分录 贷方	少数股东权益	合并金额
未分配利润——本期							
其中：归属于母公司所有者的净利润	3 025	1 000	4 025	5 832.25	5 042.75		3 235.5
提取盈余公积	−302.5	−100	−402.5		(22) 100		−302.5
对所有者（或股东）的分配	−2 025	−600	−2 625		(22) 600		−2 025
未分配利润——年末	1 165.5	300	1 465.5	(3) 296.25 6 128.5	(22) 296.25 6 039		1 376
（资产负债表项目）							
流动资产：							
货币资金	1 000	500	1 500				1 500
应收票据	1 400	300	1 700		(7) 400		1 300
其中：应收 S 公司票据	400		400		(7) 400		0
应收账款	1 800	760	2 560	(5) 25	(4) 500		2 085
其中：应收 S 公司账款	475		475	(5) 25	(4) 500		0
预付款项	770	400	1 170		(6) 100		1 070
其中：预付 P 公司账款		100	100		(6) 100		0
存货	1 000	1 100	2 100		(11) 200		1 900
其中：向 S 公司购入存货	1 000		1 000		(11) 200		800
流动资产合计	5 970	3 060	9 030	25	1 200		7 855
非流动资产：							
债权投资	200		200		(8) 200		0

续表

项　目	P公司 报表金额	S公司 报表金额	合计金额	调整分录与抵销分录 借方	调整分录与抵销分录 贷方	少数股东权益	合并金额
其中：持有S公司债券	200		200		(8) 200		0
其他股权投资		800	800				800
长期股权投资	4 700		4 700	(2) 377	(3) 3 377		1 700
其中：对S公司投资	3 000		3 000	(2) 377	(3) 3 377		0
固定资产	4 100	2 100	6 200	(1) 100 (16) 10 (19) 10	(1) 5 (14) 30 (20) 1		6 284
其中：S公司——甲办公楼		570	570	(1) 100	(1) 5		665
向S公司购入固定资产	200		200	(16) 10	(14) 30		180
向P公司购入固定资产		108	108	(19) 10	(20) 1		117
无形资产	623.75		623.75				623.75
商誉				(3) 140			140
递延所得税资产	6.25		6.25	(13) 50 (18) 5	(5) 6.25		55
非流动资产合计	9 630	2 900	12 530	692	3 619.25		9 602.75
资产合计	15 600	5 960	21 560	717	4 819.25		17 457.75
流动负债：							
应付票据	1 000	400	1 400	(7) 400			1 000
其中：应付账票——P公司		400	400	(7) 400			0
应付账款	3 000	500	3 500	(4) 500			3 000

续表

项 目	P 公司 报表金额	S 公司 报表金额	合计金额	调整分录与抵销分录 借方	调整分录与抵销分录 贷方	少数股东 权益	合并金额
其中: 应付账款——P 公司		500	500	(4) 500			0
合同负债	200		200	(6) 100			100
其中: 预收 S 公司账款	100	100		(6) 100			0
应付职工薪酬	1 000	100	1 100				1 100
应交税费	800	60	860				860
流动负债合计	6 000	1 060	7 060	1 000			6 060
非流动负债:							
长期借款	2 000	700	2 700				2 700
应付债券	600	200	800	(8) 200			600
其中: 应付债券——P 公司		200	200	(8) 200			0
递延所得税负债		25	25	(1) 1.25	(1) 25 (21) 2.25		51
非流动负债合计	2 600	925	3 525	201.25	27.25		3 351
负债合计	8 600	1 985	10 585	1 201.25	27.25		9 411
所有者权益:							
实收资本（股本）	4 000	2 000	6 000	(3) 2 000			4 000
资本公积	800	1 500	2 300	(3) 1 575	(1) 75		800
其他综合收益		75	75	(3) 75	(2) 60		60
盈余公积	1 034.5	100	1 134.5	(3) 100			1 034.5
未分配利润	1 165.5	300	1 465.5	6 128.5	6 039		1 376

续表

项 目	P公司 报表金额	S公司 报表金额	合计金额	调整分录与抵销分录 借方	调整分录与抵销分录 贷方	少数股东权益	合并金额
少数股东权益				(12) 30 (15) 4.5	(3) 809.25 (17) 1.5		776.25
所有者权益合计	7 000	3 975	10 975	9 913	6 984.75		8 046.75
负债和所有者权益合计	15 600	5 960	21 560	11 114.25	7 012		17 457.75
（现金流量表项目）							
一、经营活动产生的现金流量：							
销售商品、提供劳务收到的现金	7 795	5 990	13 785		(24) 3 600 (25) 300		9 885
经营活动现金流入小计	7 795	5 990	13 785		3 900		9 885
购买商品、接受劳务支付的现金	1 420	3 270	4 690	(24) 3 600			1 090
支付给职工以及为职工支付的现金	1 100	250	1 350				1 350
支付的各项税费	1 820	758	2 578				2 578
支付其他与经营活动有关的现金	45	22	67				67
经营活动现金流出小计	4 385	4 300	8 685	3 600			5 085
经营活动产生的现金流量净额	3 410	1 690	5 100	3 600	3 900		4 800
二、投资活动产生的现金流量：							
取得投资收到的现金	500		500		(23) 500		0
处置固定资产、无形资产和其他长期资产收回的现金净额	120		120		(26) 120		0
投资活动现金流入小计	620		620		620		0

续表

项　目	P公司 报表金额	S公司 报表金额	合计金额	调整分录与抵销分录 借方	调整分录与抵销分录 贷方	少数股东权益	合并金额
购建固定资产、无形资产和其他长期资产支付的现金	930	800	1 730	(25) 300 (26) 120			1 310
取得子公司及其他营业单位支付的现金净额	3 000		3 000	(27) 300			2 700
投资活动现金流出小计	3 930	800	4 730	720			4 010
投资活动产生的现金流量净额	−3 310	−800	−4 110	720	620		−4 010
三、筹资活动产生的现金流量：							
分配股利、利润或偿付利息支付的现金	2 100	690	2 790	(23) 500			2 290
其中：子公司支付给少数股东的股利、利润		120	120			120	
筹资活动现金流出小计	2 100	690	2 790	500			2 290
筹资活动产生的现金流量净额	−2 100	−690	−2 790		500		−2 290
现金及现金等价物净增加值	−2 000	200	−1 800	4 820	4 520		−1 500
年初现金及现金等价物余额	3 000	300	3 300		(27) 300		3 000
年末现金及现金等价物余额	1 000	500	1 500	4 820	4 820		1 500

表 21-8 合并资产负债表（简表）

会合 01 表

编制单位：P 公司　　　　　　　　2023 年 12 月 31 日　　　　　　　　　　单位：万元

资　　产	期末余额	年初余额	负债和所有者权益	期末余额	年初余额
流动资产：			流动负债：		
货币资金	1 500		短期借款		
交易性金融资产			交易性金融负债		
衍生金融资产			衍生金融负债		
应收票据	1 300		应付票据	1 000	
应收账款	2 085		应付账款	3 000	
预付款项	1 070		预收账款		
其他应收款			合同负债	100	
存货	1 900		应付职工薪酬	1 100	
合同资产			应交税费	860	
持有待售资产			其他应付款		
一年内到期的非流动资产			持有待售负债		
其他流动资产			一年内到期的非流动负债		
流动资产合计	7 855		其他流动负债		
非流动资产：			流动负债合计	6 060	
债权投资			非流动负债：		
其他债权投资	800		长期借款	2 700	
长期应收款			应付债券	600	
长期股权投资	1 700		其中：优先股		
其他权益工具投资			永续债		
其他非流动金融资产			租赁负债		
投资性房地产			长期应付款		
固定资产	6 284		预计负债		
在建工程			递延收益		
生产性生物资产			递延所得税负债	51	
油气资产			其他非流动负债		

资　产	期末余额	年初余额	负债和所有者权益	期末余额	年初余额
使用权资产			非流动负债合计	3 351	
无形资产	623.75		负债合计	9 411	
开发支出			所有者权益：		
商誉	140		实收资本（股本）	4 000	
长期待摊费用			其他权益工具		
递延所得税资产	55		其中：优先股		
其他非流动资产			永续债		
非流动资产合计	9 602.75		资本公积	800	
			减：库存股		
			其他综合收益	60	
			盈余公积	1 034.5	
			未分配利润	1 376	
			归属于母公司所有者权益合计	7 270.5	
			少数股东权益	776.25	
			所有者权益合计	8 046.75	
资产总计	17 457.75		负债和所有者权益总计	17 457.75	

表 21-9　　　　合并利润表（简表）

会合 02 表

编制单位：P公司　　　　2023 年度　　　　单位：万元

项　目	本年金额	上年金额
一、营业总收入	10 040	
其中：营业收入	10 040	
二、营业总成本	5 353	
其中：营业成本	4 425	
税金及附加	425	
销售费用	25	
管理费用	158	
研发费用		
财务费用	320	

续表

项　　目	本年金额	上年金额
其中：利息费用	320	
利息收入		
加：其他收益		
投资收益（损失以"－"号填列）		
其中：对联营企业和合营企业的投资收益		
以摊余成本计量的金融资产终止确认收益（损失以"－"号填列）		
净敞口套期收益（损失以"－"号填列）		
公允价值变动收益（损失以"－"号填列）		
信用减值损失（损失以"－"号填列）		
资产减值损失（损失以"－"号填列）		
资产处置收益（损失以"－"号填列）		
三、营业利润（亏损以"－"号填列）	4 687	
加：营业外收入		
减：营业外支出		
四、利润总额（亏损总额以"－"号填列）	4 687	
减：所得税费用	1 285.25	
五、净利润（净亏损以"－"号填列）	3 401.75	
（一）按经营持续性分类		
1. 持续经营净利润（净亏损以"－"号填列）	3 401.75	
2. 终止经营净利润（净亏损以"－"号填列）		
（二）按所有权归属分类		
1. 归属于母公司所有者的净利润（净亏损以"－"号填列）	3 235.5	
2. 少数股东损益（净亏损以"－"号填列）	166.25	
六、其他综合收益的税后净额	75	
（一）归属于母公司所有者的其他综合收益的税后净额	60	
1. 不能重分类进损益的其他综合收益		
……		
2. 将重分类进损益的其他综合收益	60	
……		
（2）其他债权投资公允价值变动	60	

续表

项　目	本年金额	上年金额
……		
（二）归属于少数股东的其他综合收益的税后净额	15	
七、综合收益总额	3 476.75	
（一）归属于母公司所有者的综合收益总额	3 295.5	
（二）归属于少数股东的综合收益总额	181.25	
八、每股收益		
（一）基本每股收益		
（二）稀释每股收益		

表 21 - 10　　　　　　　　　合并现金流量表（简表）

会合 03 表

编制单位：P 公司　　　　　　　　　2023 年度　　　　　　　　　单位：万元

项　目	本年金额	上年金额
一、经营活动产生的现金流量：		
销售商品、提供劳务收到的现金	9 885	
收到的税费返还		
收到的其他与经营活动有关的现金		
经营活动现金流入小计	9 885	
购买商品、接受劳务支付的现金	1 090	
支付给职工以及为职工支付的现金	1 350	
支付的各项税费	2 578	
支付其他与经营活动有关的现金	67	
经营活动现金流出小计	5 085	
经营活动产生的现金流量净额	4 800	
二、投资活动产生的现金流量：		
收回投资收到的现金		
取得投资收益收到的现金	0	
处置固定资产、无形资产和其他长期资产收回的现金净额	0	

续表

项　　目	本年金额	上年金额
处置子公司及其他营业单位收到的现金净额		
收到其他与投资活动有关的现金		
投资活动现金流入小计	0	
购建固定资产、无形资产和其他长期资产支付的现金	1 310	
投资支付的现金		
取得子公司及其他营业单位支付的现金净额	2 700	
支付其他与投资活动有关的现金		
投资活动现金流出小计	4 010	
投资活动产生的现金流量净额	−4 010	
三、筹资活动产生的现金流量：		
吸收投资收到的现金		
其中：子公司吸收少数股东投资收到的现金		
取得借款收到的现金		
发行债券收到的现金		
收到其他与筹资活动有关的现金		
筹资活动现金流入小计		
偿还债务支付的现金		
分配股利、利润或偿付利息支付的现金	2 290	
其中：子公司支付给少数股东的股利、利润	120	
支付其他与筹资活动有关的现金		
筹资活动现金流出小计	2 290	
筹资活动产生的现金流量净额	−2 290	
四、汇率变动对现金及现金等价物的影响		
五、现金及现金等价物净增加值	−1 500	
加：年初现金及现金等价物余额	3 000	
六、年末现金及现金等价物余额	1 500	

表21-11

合并所有者权益变动表（简表）

编制单位：P公司　　　　　　2023年度　　　　　　　　　会合04表
单位：万元

项目	本年金额											上年金额（略）										
	归属于母公司所有者权益									少数股东权益	所有者权益合计	归属于母公司所有者权益									少数股东权益	所有者权益合计
	实收资本（或股本）	其他权益工具	资本公积	减：库存股	其他综合收益	专项储备	盈余公积	未分配利润	其他			实收资本（或股本）	其他权益工具	资本公积	减：库存股	其他综合收益	专项储备	盈余公积	未分配利润	其他		
一、上年年末余额	4 000		800				732	468		715	6 715											
加：会计政策变更																						
前期差错更正																						
二、本年年初余额	4 000		800				732	468		715	6 715											
三、本年增减变动金额（减少以"-"号填列）																						
（一）综合收益总额					60			3 235.5		181.25	3 476.75											
（二）所有者投入和减少资本																						
1. 所有者投入的普通股																						
2. 其他权益工具持有者投入资本																						
3. 股份支付计入所有者权益的金额																						
4. 其他																						
（三）利润分配							302.5	-2 327.5		-120	-2 145											

续表

项目	本年金额											上年金额（略）
	归属于母公司所有者权益									少数股东权益	所有者权益合计	
	实收资本（或股本）	其他权益工具	资本公积	减：库存股	其他综合收益	专项储备	盈余公积	未分配利润	其他			
1. 提取盈余公积							302.5	-302.5			0	
2. 对所有者（或股东）的分配								-2 025		-120	-2 145	
3. 其他												
（四）所有者权益内部结转												
1. 资本公积转增资本（或股本）												
2. 盈余公积转增资本（或股本）												
3. 盈余公积弥补亏损												
4. 设定受益计划变动额结转留存收益												
5. 其他综合收益结转留存收益												
6. 其他												
四、本年末余额	4 000		800			60	1 034.5	1 376		776.25	8 046.75	

435

本章思考题

1. 同一控制下的控股合并，取得的被合并方各项资产、负债的入账价值如何计量？取得净资产的入账价值与支付对价账面价值之间的差额，应当如何处理？

2. 非同一控制下的控股合并，购买方对于企业合并成本与确认的被购买方可辨认净资产公允价值份额的差额，应当如何处理？

3. 母公司编制合并资产负债表时应当进行调整和抵销的事项通常有哪些？

4. 母公司编制合并利润表、合并现金流量表、合并所有者权益变动表时应当进行抵销的事项分别有哪些？

第二十二章 会计政策、会计估计变更和差错更正

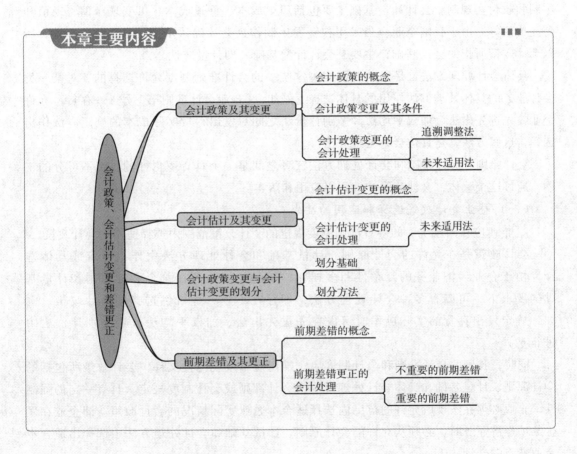

第一节 会计政策及其变更

一、会计政策的概念

会计政策，是指企业在会计确认、计量和报告中所采用的原则、基础和会计处理方法。原则，是指企业按照国家统一的会计准则制度规定的、适合于企业会计核算所采用

的特定会计原则。基础，是指为了将会计原则应用于交易或者事项而采取的会计基础。会计处理方法，是指企业在会计核算中从诸多可选择的会计处理方法中所选择的、适合于本企业的具体会计处理方法。

会计原则包括一般原则和特定原则。会计政策所指的会计原则是指某一类会计业务的核算所应遵循的特定原则，而不是笼统地指所有的会计原则。例如，借款费用是费用化还是资本化，即属于特定会计原则。可靠性、相关性、实质重于形式等属于会计信息质量要求，是为了满足会计信息质量要求而制定的原则，是统一的、不可选择的，不属于特定原则。

会计基础包括会计确认基础和会计计量基础。可供选择的会计确认基础包括权责发生制和收付实现制。会计计量基础主要包括历史成本、重置成本、可变现净值、现值和公允价值等。由于我国企业应当采用权责发生制作为会计确认基础，不具备选择性，所以会计政策所指的会计基础，主要是会计计量基础（即计量属性）。

具体会计处理方法，是指企业根据国家统一的会计准则制度允许选择的、对某一类会计业务的具体处理方法作出的具体选择。例如，《企业会计准则第 1 号——存货》允许企业在先进先出法、加权平均法和个别计价法之间对发出存货实际成本的确定方法作出选择，这些方法就是具体会计处理方法。

会计原则、会计基础和会计处理方法三者之间是一个具有逻辑性的、密不可分的整体，通过这个整体，会计政策才能得以应用和落实。

（一）企业会计政策选择和运用的要求

1. 企业应在国家统一的会计准则制度规定的会计政策范围内选择适用的会计政策。

会计政策是在允许的会计原则、计量基础和会计处理方法中作出指定或具体选择。由于企业经济业务的复杂性和多样化，某些经济业务在符合会计原则和计量基础的要求下，可以有多种会计处理方法，即存在不止一种可供选择的会计政策。例如，确定发出存货的实际成本时可以在先进先出法、加权平均法或者个别计价法中进行选择。

同时，我国的会计准则和会计制度属于部门规章或规范性文件，会计政策所包括的会计原则、计量基础和具体会计处理方法由会计准则或会计制度规定，具有一定的强制性。企业必须在法规所允许的范围内选择适合本企业实际情况的会计政策。即企业在发生某项经济业务时，必须从允许的会计原则、计量基础和会计处理方法中选择出适合本企业特点的会计政策。

2. 会计政策应当保持前后各期的一致性。

企业通常应在每期采用相同的会计政策。企业选用的会计政策一般情况下不能也不应当随意变更，以保持会计信息的可比性。

（二）企业会计政策披露的要求

企业在会计核算中所采用的会计政策，通常应在报表附注中加以披露，需要披露的会计政策项目主要有以下几项：

（1）财务报表的编制基础、计量基础和会计政策的确定依据等。

（2）存货的计价，是指企业存货的计价方法。例如，企业发出存货成本的计量是采用先进先出法，还是采用其他计量方法。

（3）固定资产的初始计量，是指对取得的固定资产初始成本的计量。例如，企业取得的固定资产初始成本是以购买价款，还是以购买价款的现值为基础进行计量。

（4）无形资产的确认，是指对无形项目的支出是否确认为无形资产。例如，企业内部研究开发项目开发阶段的支出是确认为无形资产，还是在发生时计入当期损益。

（5）投资性房地产的后续计量，是指企业在资产负债表日对投资性房地产进行后续计量所采用的会计处理。例如，企业对投资性房地产的后续计量是采用成本模式，还是公允价值模式。

（6）长期股权投资的核算，是指长期股权投资的具体会计处理方法。例如，企业对被投资单位的长期股权投资是采用成本法，还是采用权益法核算。

（7）非货币性资产交换的计量，是指非货币性资产交换事项中对换入资产成本的计量。

（8）收入的确认，是指收入确认所采用的会计方法。

（9）借款费用的处理，是指借款费用的处理方法，即采用资本化还是采用费用化。

（10）外币折算，是指外币折算所采用的方法以及汇兑损益的处理。

（11）合并政策，是指编制合并财务报表所采用的原则。例如，母公司与子公司的会计年度不一致的处理原则；合并范围的确定原则等。

二、会计政策变更及其条件

（一）会计政策变更的概念

会计政策变更，是指企业对相同的交易或者事项由原来采用的会计政策改用另一会计政策的行为。一般情况下，为保证会计信息的可比性，使财务报告使用者在比较企业一个以上期间的财务报表时，能够正确判断企业的财务状况、经营成果和现金流量的趋势，企业在不同的会计期间应采用相同的会计政策，不能随意变更会计政策。

需要注意的是，企业不能随意变更会计政策并不意味着企业的会计政策在任何情况下均不能变更。

（二）会计政策变更的条件

会计政策变更，并不意味着以前期间的会计政策是错误的，只是由于情况发生了变化，或者掌握了新的信息、积累了更多的经验，使得变更会计政策能够更好地反映企业的财务状况、经营成果和现金流量。如果以前期间会计政策的选择和运用是错误的，则属于前期差错，应按前期差错更正的会计处理方法进行处理。符合下列条件之一，企业可以变更会计政策：

1. 按照法律、行政法规或国家统一的会计准则制度等要求变更。

这种情况是指，按照法律、行政法规以及国家统一的会计准则制度的规定，要求企业采用新的会计政策。在这种情况下，企业应按规定改变原会计政策，采用新的会计政策。例如，《企业会计准则第16号——政府补助》在2017年修订实施以后，对财政贴息采用新的会计政策进行处理；再如，采用2017年修订的《企业会计准则第14号——收入》的企业，应在履行了合同履约义务，即在客户取得相关商品控制权时确认收入。

2. 会计政策的变更能够提供更可靠、更相关的会计信息。

这种情况是指，由于经济环境、客观情况的改变，使企业原来采用的会计政策所提供的会计信息，已不能恰当地反映企业的财务状况、经营成果和现金流量等情况。在这种情况下，应改变原有会计政策，按新的会计政策进行核算，以对外提供更可靠、更相关的会计信息。

需要注意的是，除法律、行政法规或者国家统一的会计准则制度等要求变更会计政策应当按照规定执行和披露外，企业因满足上述第2条的条件变更会计政策时，必须有充分、合理的证据表明其变更的合理性，并说明变更会计政策后，能够提供关于企业财务状况、经营成果和现金流量等更可靠、更相关会计信息的理由。对会计政策的变更，应经股东大会或董事会等类似机构批准。如无充分、合理的证据表明会计政策变更的合理性或者未经股东大会等类似机构批准擅自变更会计政策的，或者连续、反复地自行变更会计政策的，视为滥用会计政策，应按照前期差错更正的方法进行处理。

（三）不属于会计政策变更的情形

对会计政策变更的认定，直接影响到会计处理方法的选择。实务中，企业应当分清哪些属于会计政策变更，哪些不属于会计政策变更。下列情况不属于会计政策变更：

（1）本期发生的交易或者事项与以前相比具有本质差别而采用新的会计政策。例如，某企业以往并购的企业都不是在合并前后受同一方或相同的多方最终控制的，企业按购买法进行会计处理，但本年度合并的企业都是在合并前后受同一方或相同的多方最终控制的，则该企业本年度对新发生的企业合并采用类似权益结合法的会计处理方法进行会计处理。该企业以往的企业并购属于非同一控制下企业合并，而本年度发生的企业合并属于同一控制下企业合并，存在本质差别，因而改变会计政策不属于会计政策变更。

（2）对初次发生的或不重要的交易或者事项采用新的会计政策。例如，某企业第一次签订一项建造合同，为另一企业建造三栋厂房，该企业以控制权持续转移作为收入确认时点的判断标准。由于该企业初次发生该项交易，采用在提供该建造服务的期间确认该项交易的收入，不属于会计政策变更。

三、会计政策变更的会计处理

1. 企业依据法律、行政法规或者国家统一的会计准则制度等的要求变更会计政策的，应当按照国家相关规定执行。例如，财政部 2006 年 2 月 15 日发布并于 2007 年 1 月 1 日起实施的《企业会计准则第 38 号——首次执行企业会计准则》对首次执行企业会计准则涉及职工薪酬的会计调整作了如下规定：对于首次执行日存在的解除与职工的劳动关系，满足《企业会计准则第 9 号——职工薪酬》预计负债确认条件的，应当确认因解除与职工的劳动关系给予补偿而产生的负债，并调整留存收益。

2. 会计政策变更能够提供更可靠、更相关的会计信息的，应当采用追溯调整法处理，将会计政策变更累积影响数调整列报前期最早期初留存收益，其他相关项目的期初余额和列报前期披露的其他比较数据也应当一并调整，但确定该项会计政策变更累积影响数不切实可行的除外。

追溯调整法，是指对某项交易或者事项变更会计政策，视同该项交易或者事项初次发生时即采用变更后的会计政策，并以此对财务报表相关项目进行调整的方法。

追溯调整法的运用通常由以下几个步骤构成：

（1）计算会计政策变更累积影响数。

会计政策变更累积影响数，是指按照变更后的会计政策对以前各期追溯计算的列报前期最早期初留存收益应有金额与现有金额之间的差额，即假设与会计政策变更相关的交易或者事项在初次发生时即采用新的会计政策，而得出的列报前期最早期初留存收益应有金额与现有金额之间的差额。这里的留存收益，包括当年和以前年度的未分配利润和按照相关法律规定提取并累积的盈余公积，不需要考虑由于会计政策变更使以前期间净利润的变化而需要分派的股利。例如，由于会计政策变化，增加了以前期间的净利润 100 万元，该企业通常按净利润的 10% 分派股利。在计算调整会计政策变更当期期初的留存收益时，应当按照 100 万元计算，而不是 90 万元。会计政策变更的累积影响数，是对变更会计政策所导致的对净利润的累积影响，以及由此导致的对利润分配及未分配利润的累积影响金额，不包括分配的利润或股利。

上述变更会计政策当期期初现有的留存收益金额，即上期资产负债表所反映的留存收益期末数，可以从上期资产负债表项目中获得。追溯调整后的留存收益金额，指扣除所得税后的净额，即按新的会计政策计算确定留存收益时，应当考虑由于损益变化所导致的所得税影响的情况。

会计政策变更的累积影响数，通常可以通过以下各步计算获得：

第一步，根据新的会计政策重新计算受影响的前期交易或者事项；

第二步，计算两种会计政策下的差异；

第三步，计算差异的所得税影响金额；

第四步，确定前期中每一期的税后差异；

第五步，计算会计政策变更的累积影响数。

（2）相关的账务处理。

（3）调整财务报表相关项目。

（4）财务报表附注说明。

采用追溯调整法时，会计政策变更的累积影响数应包括在变更当期期初留存收益中。但是，如果提供可比财务报表，对于比较财务报表期间的会计政策变更，应调整各该期间净利润各项目和财务报表其他相关项目，视同该政策在比较财务报表期间一直采用。对于比较财务报表可比期间以前的会计政策变更的累积影响数，应调整比较财务报表最早期间的期初留存收益，财务报表其他相关项目的数字也应一并调整。

【例 22 - 1】甲股份有限公司（以下简称甲公司）是一家海洋石油开采公司，于 2014 年开始建造一座海上石油开采平台，根据法律法规的有关规定，在该开采平台使用期满后要将其拆除，需要对其造成的环境污染进行整治。2015 年 12 月 15 日，该开采平台建造完成并交付使用，建造成本共 120 000 000 元，预计使用寿命 10 年，采用平均年限法计提折旧。2021 年 1 月 1 日甲公司开始执行企业会计准则，企业会计准则对于具有弃置义务的固定资产，要求将相关弃置费用计入固定资产成本，对之前尚未计入资产成本的弃置费用，应当进行追溯调整。已知甲公司保存的会计资料比较齐备，可以通过会计资料追溯计算。甲公司预计该开采平台的弃置费用 10 000 000 元。假定甲公司只有该开采平台一项固定资产，折现率（即为实际利率）为 10%。不考虑企业所得税和其他税法因素影响。该公司按净利润的 10% 提取法定盈余公积。

根据上述资料，甲公司的会计处理如下：

（1）计算确认弃置义务后的累积影响数（见表 22 - 1）。

表 22 - 1　　　　　　　　　确认弃置义务后的累积影响数计算表　　　　　　　金额单位：元

年份	计息金额	实际利率	利息费用 ①	折旧 ②	税前差异 -（①+②）	税后差异
2016	3 855 000	10%	385 500	385 500	-771 000	-771 000
2017	4 240 500	10%	424 050	385 500	-809 550	-809 550
2018	4 664 550	10%	466 455	385 500	-851 955	-851 955
2019	5 131 005	10%	513 100.50	385 500	-898 600.50	-898 600.50
小计	—	—	1 789 105.50	1 542 000	-3 331 105.50	-3 331 105.50
2020	5 644 105.50	10%	564 410.55	385 500	-949 910.55	-949 910.55
合计	—	—	2 353 516.05	1 927 500	-4 281 016.05	-4 281 016.05

2016 年 1 月 1 日，该开采平台计入资产成本弃置费用的现值 = 10 000 000 × (P/F，10%，10) = 10 000 000 × 0.3855 = 3 855 000（元）；每年应计提折旧 = 3 855 000 ÷ 10 = 385 500（元）。

甲公司确认该开采平台弃置费用后的税后净影响额为 −4 281 016.05 元，即为该公司确认资产弃置费用后的累积影响数。

（2）会计处理。

①调整确认的弃置费用。

借：固定资产——开采平台——弃置义务 3 855 000
　　贷：预计负债——开采平台弃置义务 3 855 000

②调整会计政策变更累积影响数。

借：利润分配——未分配利润 4 281 016.05
　　贷：累计折旧 1 927 500
　　　　预计负债——开采平台弃置义务 2 353 516.05

③调整利润分配。

借：盈余公积——法定盈余公积 428 101.61
　　贷：利润分配——未分配利润 428 101.61

（3）财务报表调整和重述调整。

甲公司在编制 2021 年度的财务报表时，应调整资产负债表的年初数（见表 22 - 2），利润表、股东权益变动表的上年数（见表 22 - 3、表 22 - 4）也应作相应调整。2021 年 12 月 31 日资产负债表的期末余额栏、股东权益变动表的未分配利润项目上年年末余额应以调整后的数字为基础编制。

表 22 - 2　　　　　　　　　　　　资产负债表（简表）

会企 01 表

编制单位：甲公司　　　　　　　2021 年 12 月 31 日　　　　　　　单位：元

资　　产	年初余额		负债和股东权益	年初余额	
	调整前	调整后		调整前	调整后
……			……		
			预计负债	0	6 208 516.05
固定资产	60 000 000	61 927 500			
			盈余公积	1 700 000	1 271 898.39
			未分配利润	4 000 000	147 085.56
……			……		

在利润表中，根据账簿的记录，甲公司重新确认了 2020 年度营业成本和财务费用分别调增 385 500 元和 564 410.55 元，其结果为净利润调减 949 910.55 元。

表22-3　　　　　　　　　　　　　　利润表（简表）

会企02表

编制单位：甲公司　　　　　　　　　　2021年度　　　　　　　　　　单位：元

项　目	上期金额	
	调整前	调整后
一、营业收入	18 000 000	18 000 000
减：营业成本	13 000 000	13 385 500
……		
财务费用	260 000	824 410.55
……		
二、营业利润	3 900 000	2 950 089.45
……		
四、净利润	4 060 000	3 110 089.45
……		

表22-4　　　　　　　　　　　所有者权益变动表（简表）

会企04表

编制单位：甲公司　　　　　　　　　　2021年度　　　　　　　　　　单位：元

项　目		本年金额		
……	……	盈余公积	未分配利润	……
一、上年年末余额		1 700 000	4 000 000	
加：会计政策变更		-428 101.61	-3 852 914.44	
前期差错更正				
二、本年年初余额		1 271 898.39	147 085.56	
……				

（4）附注说明。

2021年1月1日，甲公司按照企业会计准则规定，对2015年12月15日建造完成并交付使用的开采平台的弃置义务进行确认。此项会计政策变更采用追溯调整法，2020年的比较报表已重新表述。2020年运用新的方法追溯计算的会计政策变更累积影响数为-4 281 016.05元。会计政策变更对2020年度报告的损益的影响为减少净利润949 910.55元，调减2020年的期末留存收益4 281 016.05元，其中，调减盈余公积428 101.61元，调减未分配利润3 852 914.44元。

3.确定会计政策变更对列报前期影响数不切实可行的，应当从可追溯调整的最早期间期初开始应用变更后的会计政策。在当期期初确定会计政策变更对以前各期累积影响数不切实可行的，应当采用未来适用法处理。

（1）不切实可行的判断。

不切实可行，是指企业在作出所有合理努力后仍然无法采用某项规定。即企业在采取所有合理的方法后，仍然不能获得采用某项规定所必需的相关信息，而导致无法采用该项规定，则该项规定在此时是不切实可行的。

对于以下特定前期，对某项会计政策变更应用追溯调整法或进行追溯重述以更正一项前期差错是不切实可行的：

①应用追溯调整法或追溯重述法的累积影响数不能确定。

②应用追溯调整法或追溯重述法要求对管理层在该期当时的意图作出假定。

③应用追溯调整法或追溯重述法要求对有关金额进行重新估计，并且不可能将提供有关交易发生时存在状况的证据（例如，有关金额确认、计量或披露日期存在事实的证据，以及在受变更影响的当期和未来期间确认会计估计变更的影响的证据）和该期间财务报告批准报出时能够取得的信息这两类信息与其他信息客观地加以区分。

在某些情况下，调整一个或者多个前期比较信息以获得与当期会计信息的可比性是不切实可行的。例如，企业因账簿、凭证超过法定保存期限而销毁，或因火灾、水灾等不可抗力而毁坏、遗失，使当期期初确定会计政策变更对以前各期累积影响数无法计算，即不切实可行，此时，会计政策变更应当采用未来适用法进行处理。

（2）未来适用法。

未来适用法，是指将变更后的会计政策应用于变更日及以后发生的交易或者事项，或者在会计估计变更当期和未来期间确认会计估计变更影响数的方法。

在未来适用法下，不需要计算会计政策变更产生的累积影响数，也无须重编以前年度的财务报表。对于企业会计账簿记录及财务报表上反映的金额，在变更之日仍保留原有的金额，不因会计政策变更而改变以前年度的既定结果，在现有金额的基础上再按新的会计政策进行核算。

第二节　会计估计及其变更

一、会计估计变更的概念

（一）会计估计的概念

会计估计，是指企业对其结果不确定的交易或者事项以最近可利用的信息为基础所作的判断。会计估计具有以下特点：

1. 会计估计的存在是由经济活动中内在的不确定性因素所决定的。

企业总是力求保持会计核算的准确性，但有些交易或者事项本身具有不确定性，因而需要根据经验作出估计；同时，由于采用权责发生制为基础编制财务报表，也使得有必要充分估计未来交易或者事项的影响。可以说，在会计核算和信息披露过程中，会计估计是不可避免的，会计估计的存在是由于经济活动中内在的不确定性因素的影响所造成的。例如，对于固定资产折旧，需要根据固定资产消耗方式、性能、技术发展等情况进行估计。

2. 会计估计应当以最近可利用的信息或资料为基础。

由于经营活动内在的不确定性，企业在会计核算中不得不经常进行估计。某些估计主要用于确定资产或负债的账面价值，例如，法律诉讼可能引起的赔偿等；另一些估计主要用于确定将在某一期间记录的收入或费用的金额，例如，某一期间的折旧费用、摊销费用的金额，在某一期间内按照投入法或产出法确定的履约进度核算建造合同已实现收入的金额。企业在进行会计估计时，通常应根据当时的情况和经验，以最近可利用的信息或资料为基础进行。但是，随着时间的推移、环境的变化，进行会计估计的基础可能会发生变化，因此进行会计估计所依据的信息或资料不得不进行更新。由于最新的信息是最接近目标的信息，以其为基础所作的估计最接近实际，所以，进行会计估计时应以最近可利用的信息或资料为基础。

3. 会计估计应当建立在可靠性的基础上。

会计估计是建立在具有确凿证据的前提下，而不是随意的。例如，企业估计固定资产预计使用寿命，应当考虑该项固定资产的技术性能、历史资料、同行业同类固定资产的预计使用年限、本企业经营性质等诸多因素，并掌握确凿证据后确定。企业根据当时所掌握的可靠证据作出的最佳估计，不会削弱会计核算的可靠性。

下列各项属于常见的需要进行估计的项目：

（1）存货可变现净值的确定。

（2）固定资产的预计使用寿命与净残值，固定资产的折旧方法。

（3）使用寿命有限的无形资产的预计使用寿命与净残值。

（4）可收回金额按照资产组的公允价值减去处置费用后的净额确定的，确定公允价值的方法；可收回金额按照资产组预计未来现金流量的现值确定的，预计未来现金流量的确定。

（5）确认收入时对合同履约进度的确定。

（6）公允价值的确定。

（7）预计负债初始计量的最佳估计数的确定。

（二）会计估计变更的概念及其原因

会计估计变更，是指由于资产和负债的当前状况及预期经济利益和义务发生了变化，从而对资产或负债的账面价值或者资产的定期消耗金额进行调整。

由于企业经营活动中内在不确定因素的影响，某些财务报表项目不能精确地计量，而只能加以估计。如果赖以进行估计的基础发生了变化，或者由于取得新的信息、积累更多的经验以及后来的发展变化，可能需要对会计估计进行修正。

通常情况下，企业可能由于以下原因而发生会计估计变更：

（1）赖以进行估计的基础发生了变化。企业进行会计估计，总是要依赖于一定的基础，如果其所依赖的基础发生了变化，则会计估计也应相应作出改变。例如，企业某项无形资产的摊销年限原定为 15 年，以后因受国家专利保护影响，该资产的受益年限已变为 10 年，则应相应调减摊销年限。

（2）取得了新的信息，积累了更多的经验。企业进行会计估计是就现有资料对未来所作的判断，随着时间的推移，企业有可能取得新的信息、积累更多的经验，在这种情况下，也需要对会计估计进行修订。例如，企业原对固定资产采用年限平均法按 15 年计提折旧，后来根据新得到的信息——使用 5 年后对该固定资产所能生产产品的产量有了比较准确的证据，企业改按工作量法计提固定资产折旧。

二、会计估计变更的会计处理

会计估计变更应采用未来适用法处理，即在会计估计变更当期及以后期间，采用新的会计估计。采用未来适用法不需要调整以前期间的估计金额，也不需要调整以前期间的报告结果。未来适用法的要求如下：

（1）如果会计估计的变更仅影响变更当期，有关估计变更的影响应于当期确认。

（2）如果会计估计的变更既影响变更当期又影响未来期间，有关估计变更的影响在当期及以后各期确认。例如，固定资产的使用寿命或预计净残值的估计发生的变更，将影响变更当期及资产以后使用年限内各个期间的折旧费用。因此，这类会计估计的变更，需要在变更当期进行会计处理，也涉及以后各期需要进行会计处理。

会计估计变更的影响数应计入变更当期与前期相同的项目中。

【例 22-2】 乙公司于 2020 年 1 月 1 日起对某管理用设备计提折旧，原价为 84 000 元，预计使用寿命为 8 年，预计净残值为 4 000 元，按年限平均法计提折旧。2024 年初，由于新技术发展等原因，需要对原估计的使用寿命和净残值作出修正，修改后该设备预计尚可使用年限为 2 年，预计净残值为 2 000 元。乙公司适用的企业所得税税率为 25%。

乙公司对该项会计估计变更的会计处理如下：

（1）不调整以前各期折旧，也不计算累积影响数。

（2）变更日以后改按新的估计计提折旧。

按原估计，每年折旧额为 10 000 元，已提折旧 4 年，共计 40 000 元，该项固定资产账面价值为 44 000 元，则第 5 年相关科目的期初余额如下：

固定资产	84 000
减：累计折旧	40 000
固定资产账面价值	44 000

改变预计使用年限后，从 2024 年起每年计提的折旧费用为 21 000 元 ［（44 000 – 2 000）÷2］。2024 年不必对以前年度已提折旧进行调整，只需按重新预计的尚可使用年限和净残值计算确定折旧费用，有关账务处理如下：

借：管理费用　　　　　　　　　　　　　　　　21 000

　　贷：累计折旧　　　　　　　　　　　　　　　　　　21 000

（3）财务报表附注说明。

本公司一台管理用设备成本为 84 000 元，原预计使用寿命为 8 年，预计净残值为 4 000 元，按年限平均法计提折旧。由于新技术发展，该设备已不能按原预计使用寿命计提折旧，本公司于 2024 年初将该设备的预计尚可使用寿命变更为 2 年，预计净残值变更为 2 000 元，以反映该设备在目前状况下的预计尚可使用寿命和净残值。此估计变更将减少本年度净利润 8 250 元 ［（21 000 – 10 000）×（1 – 25%）］。

（3）企业难以对某项变更区分为会计政策变更或会计估计变更的，应当将其作为会计估计变更处理。

第三节　会计政策变更与会计估计变更的划分

一、会计政策变更与会计估计变更的划分基础

企业应当以变更事项的会计确认、计量基础和列报项目是否发生变更作为判断该变更是会计政策变更，还是会计估计变更的划分基础。

1. 以会计确认是否发生变更作为判断基础。《企业会计准则——基本准则》规定了资产、负债、所有者权益、收入、费用和利润等 6 项会计要素的确认标准，是会计处理的首要环节。一般地，对会计确认的指定或选择是会计政策，其相应的变更是会计政策变更。会计确认、计量的变更一般会引起列报项目的变更。例如，某企业在前期将某项内部研发项目开发阶段的支出计入当期损益，而当期按照《企业会计准则第 6 号——无形资产》的规定，该项支出符合无形资产的确认条件，应当确认为无形资产。该事项的会计确认发生变更，即前期将开发费用确认为一项费用，而当期将其确认为一项资产。该事项中会计确认发生了变化，所以该变更属于会计政策变更。

2. 以计量基础是否发生变更作为判断基础。《企业会计准则——基本准则》规定了历史成本、重置成本、可变现净值、现值和公允价值等 5 项会计计量属性，是会计处理的计量基础。一般地，对计量基础的指定或选择是会计政策，其相应的变更是会计政策变更。例如，某企业在前期对购入的价款超过正常信用条件延期支付的固定资产初始计量采用历史成本，而当期按照《企业会计准则第 4 号——固定资产》的规定，该类固定资产的初始成本应以购买价款的现值为基础确定。该事项的计量基础发生了变化，所以

该变更属于会计政策变更。

3. 以列报项目是否发生变更作为判断基础。《企业会计准则第 30 号——财务报表列报》规定了财务报表项目应采用的列报原则。一般地，对列报项目的指定或选择是会计政策，其相应的变更是会计政策变更。当然，在实务中，有时列报项目的变更往往伴随着会计确认的变更或者相反。例如，某商业企业在前期将商品采购费用列入营业费用，当期根据《企业会计准则第 1 号——存货》的规定，将采购费用列入成本。因为列报项目发生了变化，所以该变更是会计政策变更。当然，这里也涉及会计确认、计量的变更。

4. 根据会计确认、计量基础和列报项目所选择的、为取得与该项目有关的金额或数值所采用的处理方法，不是会计政策，而是会计估计，其相应的变更是会计估计变更。例如，某企业需要对某项资产采用公允价值进行计量，而公允价值的确定应当采用在当前情况下适用并且有足够可利用数据和其他信息支持的估值技术，包括市场法、收益法和成本法。因为企业所确定的公允价值是与该项资产有关的金额，所以为确定公允价值所采用的处理方法是会计估计，不是会计政策。相应地，当企业面对的市场情况发生变化时，其采用的确定公允价值的方法变更是会计估计变更，不是会计政策变更。

总之，在单个会计期间，会计政策决定了财务报表所列报的会计信息和列报方式；会计估计是用来确定与财务报表所列报的会计信息有关的金额和数值。

二、划分会计政策变更和会计估计变更的方法

企业可以采用以下具体方法划分会计政策变更与会计估计变更：分析并判断该事项是否涉及会计确认、计量基础选择或列报项目的变更，当至少涉及其中一项划分基础变更的，该事项是会计政策变更；不涉及这些划分基础变更时，该事项可以判断为会计估计变更。例如，某企业在前期将自行购建的固定资产相关的一般借款费用计入当期损益，当期根据会计准则的规定，将符合条件的有关借款费用予以资本化，企业因此将对该事项进行变更。该事项的计量基础未发生变更，即都是以历史成本作为计量基础；该事项的会计确认发生变更，即前期将借款费用确认为一项费用，而当期将其确认为一项资产；同时，会计确认的变更导致该事项在资产负债表和利润表相关项目的列报也发生变更。该事项涉及会计确认和列报的变更，所以属于会计政策变更。又如，企业原采用双倍余额递减法计提固定资产折旧，根据固定资产使用的实际情况，企业决定改用直线法计提固定资产折旧。该事项前后采用的两种计提折旧方法都是以历史成本作为计量基础，对该事项的会计确认和列报项目也未发生变更，只是固定资产折旧、固定资产净值等相关金额发生了变化。因此，该事项属于会计估计变更。

第四节　前期差错及其更正

一、前期差错的概念

前期差错，是指由于没有运用或错误运用下列两种信息，而对前期财务报表造成省略或错报：

（1）编报前期财务报表时预期能够取得并加以考虑的可靠信息。

（2）前期财务报告批准报出时能够取得的可靠信息。

前期差错通常包括以下四个方面：

（1）计算错误。例如，企业本期应计提折旧 50 000 000 元，但由于计算出现差错，得出错误数据为 45 000 000 元。

（2）应用会计政策错误。例如，按照《企业会计准则第 17 号——借款费用》的规定，为购建固定资产而发生的借款费用，在固定资产达到预定可使用状态前发生的，满足一定条件时应予资本化，计入所购建固定资产的成本；在固定资产达到预定可使用状态后发生的，计入当期损益。如果企业将固定资产达到预定可使用状态后发生的借款费用，也计入该项固定资产成本，予以资本化，则属于应用会计政策错误。

（3）疏忽或曲解事实以及舞弊产生的影响。例如，企业销售一批商品，商品的控制权已经发生转移，商品销售收入确认条件均已满足，但企业在期末未将已实现的销售收入入账。

（4）存货、固定资产盘盈等。

二、前期差错更正的会计处理

前期差错按照重要程度分为重要的前期差错和不重要的前期差错。重要的前期差错，是指足以影响财务报表使用者对企业财务状况、经营成果和现金流量作出正确判断的前期差错。不重要的前期差错，是指不足以影响财务报表使用者对企业财务状况、经营成果和现金流量作出正确判断的前期差错。

（一）不重要的前期差错的会计处理

对于不重要的前期差错，企业无须调整财务报表相关项目的期初数，但应调整发现差错当期与前期相同的相关项目的金额。属于影响损益的，应直接计入本期与上期相同的净损益项目。

（二）重要的前期差错的会计处理

对于重要的前期差错，如果能够合理确定前期差错累积影响数，则重要的前期差错的更正应采用追溯重述法。追溯重述法是指在发现前期差错时，视同该项前期差错从未发生过，从而对财务报表相关项目进行调整的方法。前期差错累积影响数是指前期差错发生后对差错期间每期净利润的影响数之和。

如果确定前期差错累积影响数不切实可行，可以从可追溯重述的最早期间开始调整留存收益的期初余额，并对财务报表其他相关项目的期初余额一并进行调整，也可以采用未来适用法。

重要的前期差错的调整结束后，还应调整发现年度财务报表的年初数和上年数。在编制比较财务报表时，对于比较财务报表期间的重要的前期差错，应调整各该期间的净损益和其他相关项目；对于比较财务报表期间以前的重要的前期差错，应调整比较财务报表最早期间的期初留存收益，财务报表其他相关项目的数字也应一并调整。

【例22-3】2024年12月31日，甲公司发现2023年公司漏记一项管理用固定资产的折旧费用300 000元，所得税申报表中也未扣除该项费用。假定2023年甲公司适用所得税税率为25%，无其他纳税调整事项。该公司按净利润的10%和5%提取法定盈余公积和任意盈余公积。假定税法允许调整应交所得税。

扫码看讲解

（1）分析前期差错的影响数。

2023年少计折旧费用300 000元；多计所得税费用75 000元（300 000×25%）；多计净利润225 000元；多计应交税费75 000元（300 000×25%）；多提法定盈余公积和任意盈余公积22 500元（225 000×10%）和11 250元（225 000×5%）。

（2）编制有关项目的调整分录。

①补提折旧。

借：以前年度损益调整   300 000

  贷：累计折旧   300 000

②调整应交所得税。

借：应交税费——应交所得税   75 000

  贷：以前年度损益调整   75 000

③将"以前年度损益调整"科目余额转入未分配利润。

借：利润分配——未分配利润   225 000

  贷：以前年度损益调整   225 000

④因净利润减少，调减盈余公积。

借：盈余公积——法定盈余公积   22 500

     ——任意盈余公积   11 250

  贷：利润分配——未分配利润   33 750

（3）财务报表调整和重述（财务报表略）。

甲公司在列报2024年度财务报表时，应调整2023年度财务报表的相关项目。

①资产负债表项目的调整。

调减固定资产 300 000 元；调减应交税费 75 000 元；调减盈余公积 33 750 元，调减未分配利润 191 250 元。

②利润表项目的调整。

调增管理费用 300 000 元，调减所得税费用 75 000 元，调减净利润 225 000 元（需要对每股收益进行披露的企业应当同时调整基本每股收益和稀释每股收益）。

③所有者权益变动表项目的调整。

调减前期差错更正项目中盈余公积上年金额 33 750 元，未分配利润上年金额 191 250 元，所有者权益合计上年金额 225 000 元。

④财务报表附注说明。

本年度发现 2023 年漏记固定资产折旧 300 000 元，在编制 2024 年财务报表和 2023 年比较财务报表时，已对该项差错进行了更正。更正后，调减 2023 年净利润 225 000 元，调增累计折旧 300 000 元。

本章思考题

1. 会计政策变更与前期差错更正的会计处理有何不同？

2. 如何区别会计政策变更和会计估计变更？两者的会计处理有何不同？

3. 重要的前期差错和不重要的前期差错的会计处理有何不同？

第二十三章 资产负债表日后事项

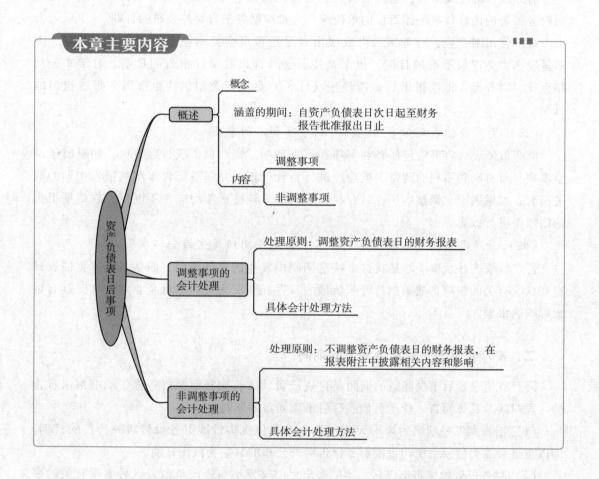

本章主要内容

- 资产负债表日后事项
  - 概述
    - 概念
    - 涵盖的期间：自资产负债表日次日起至财务报告批准报出日止
    - 内容
      - 调整事项
      - 非调整事项
  - 调整事项的会计处理
    - 处理原则：调整资产负债表日的财务报表
    - 具体会计处理方法
  - 非调整事项的会计处理
    - 处理原则：不调整资产负债表日的财务报表，在报表附注中披露相关内容和影响
    - 具体会计处理方法

第一节 资产负债表日后事项概述

一、资产负债表日后事项的概念

资产负债表日后事项，是指资产负债表日至财务报告批准报出日之间发生的有利或

不利事项。

（一）资产负债表日

资产负债表日，是指会计年度末和会计中期期末。中期是指短于一个完整的会计年度的报告期间，包括半年度、季度和月度等。按照《中华人民共和国会计法》规定，我国会计年度采用公历年度，即1月1日至12月31日。年度资产负债表日是指每年的12月31日，中期资产负债表日是指各会计中期期末。

（二）财务报告批准报出日

财务报告批准报出日，是指董事会或类似机构批准财务报告报出的日期，通常是指对财务报告的内容负有法律责任的单位或个人批准财务报告对外公布的日期。

对于公司制企业，财务报告批准报出日是指董事会批准财务报告报出的日期，而不是股东大会审议批准的日期，也不是注册会计师出具审计报告的日期。对于非公司制企业，财务报告批准报出日是指经理（厂长）会议或类似机构批准财务报告报出的日期。

（三）资产负债表日后事项包括有利事项和不利事项

资产负债表日后事项包括有利事项和不利事项。资产负债表日后事项，如果属于调整事项，对有利和不利的调整事项均应进行会计处理，并调整报告年度或报告中期的财务报表；如果属于非调整事项，对有利和不利的非调整事项均应在年度报告或中期报告的附注中进行披露。

（四）资产负债表日后事项不是在这个特定期间内发生的全部事项

资产负债表日后事项不是在这个特定期间内发生的全部事项，而是与资产负债表日存在状况有关的事项，或虽然与资产负债表日存在状况无关，但对企业财务状况具有重大影响的事项。

二、资产负债表日后事项涵盖的期间

资产负债表日后事项涵盖的期间是自资产负债表日次日起至财务报告批准报出日止的一段时间。具体而言，资产负债表日后事项涵盖的期间包括：

（1）报告期下一期间的第一天至董事会或类似机构批准财务报告对外公布的日期，即以董事会或类似权力机构批准财务报告对外公布的日期为截止日期。

（2）财务报告批准报出以后、实际报出之前又发生与资产负债表日后事项有关的事项，并由此影响财务报告对外公布日期的，应以董事会或类似机构再次批准财务报告对外公布的日期为截止日期。

如果公司管理层由此修改了财务报告，注册会计师应当根据具体情况实施必要的审计程序，并针对修改后的财务报告重新出具审计报告。

【例23-1】甲上市公司2023年的年度财务报告于2024年3月20日编制完成，注册会计师完成年度财务报表审计工作并签署审计报告的日期为2024年4月15日，董事会批准财务报告对外公布的日期为2024年4月17日，财务报告实际对外公布的日期为2024年4月21日，股东大会召开日期为2024年5月12日。

根据资产负债表日后事项涵盖期间的规定，甲上市公司2023年度财务报告资产负债表日后事项涵盖的期间为2024年1月1日至4月17日（财务报告批准报出日）。如果在2024年4月17日至21日之间发生了重大事项，需要调整财务报表相关项目的数字或需要在财务报表附注中披露，假设经调整或说明后的财务报告再经董事会批准报出的日期为2024年4月26日，实际报出的日期为2024年4月29日，则资产负债表日后事项涵盖的期间为2024年1月1日至4月26日。

三、资产负债表日后事项的内容

资产负债表日后事项包括资产负债表日后调整事项（以下简称调整事项）和资产负债表日后非调整事项（以下简称非调整事项）。

（一）调整事项

资产负债表日后调整事项，是指对资产负债表日已经存在的情况提供了新的或进一步证据的事项。

资产负债表日及所属会计期间已经存在某种情况，当时并不知道其存在或者不能知道其确切结果，而在资产负债表日后发生的事项能够证实该情况的存在或者确切结果，则该事项属于资产负债表日后调整事项。即资产负债表日后事项对资产负债表日的情况提供了进一步的证据，证据表明的情况与原来的估计和判断不完全一致，则需要对原来的会计处理进行调整。

企业发生的资产负债表日后调整事项，通常包括下列各项：（1）资产负债表日后诉讼案件结案，法院判决证实了企业在资产负债表日已经存在现时义务，需要调整原先确认的与该诉讼案件相关的预计负债，或确认一项新负债；（2）资产负债表日后取得确凿证据，表明某项资产在资产负债表日发生了减值或者需要调整该项资产原先确认的减值金额；（3）资产负债表日后进一步确定了资产负债表日前购入资产的成本或售出资产的收入；（4）资产负债表日后发现了财务报告舞弊或差错。

【例23-2】甲公司因产品质量问题被客户起诉。2023年12月31日人民法院尚未判决，考虑到客户胜诉要求甲公司赔偿的可能性较大，甲公司为此确认了3 000 000元的预计负债。2024年2月25日，在甲公司2023年度财务报告批准对外报出之前，人民法院判决客户胜诉，要求甲公司支付赔偿款6 000 000元。

本例中，甲公司在 2023 年 12 月 31 日结账时已经知道客户胜诉的可能性较大，但不知道人民法院判决的确切结果，因此确认了 3 000 000 元的预计负债。2024 年 2 月 25 日人民法院判决结果为甲公司预计负债的存在提供了进一步的证据。此时，按照 2023 年 12 月 31 日存在状况编制的财务报告所提供的信息已不能真实反映甲公司的实际情况，应据此对财务报告相关项目的数字进行调整。

值得注意的是，在确定存货可变现净值时，应当以资产负债表日取得最可靠的证据估计的售价为基础并考虑持有存货的目的，资产负债表日至财务报告批准报出日之间存货售价发生波动的，如有确凿证据表明其对资产负债表日存货已经存在的情况提供了新的或进一步的证据，应当作为调整事项进行处理；否则，应当作为非调整事项进行处理。

（二）非调整事项

资产负债表日后非调整事项，是指表明资产负债表日后发生的情况的事项。资产负债表日后非调整事项虽然不影响资产负债表日存在的情况，但不加以说明将会影响财务报告使用者作出正确估计和决策。

企业发生的资产负债表日后非调整事项，通常包括下列各项：（1）资产负债表日后发生重大诉讼、仲裁、承诺；（2）资产负债表日后资产价格、税收政策、外汇汇率发生重大变化；（3）资产负债表日后因自然灾害导致资产发生重大损失；（4）资产负债表日后发行股票和债券以及其他巨额举债；（5）资产负债表日后资本公积转增资本；（6）资产负债表日后发生巨额亏损；（7）资产负债表日后发生企业合并或处置子公司；（8）资产负债表日后，企业利润分配方案中拟分配的以及经审议批准宣告发放的股利或利润。

【例 23 - 3】 甲公司 2023 年度财务报告于 2024 年 3 月 20 日经董事会批准对外公布。2024 年 2 月 25 日，甲公司与乙银行签订了 80 000 000 元的贷款合同，用于生产设备的购置，贷款期限自 2024 年 3 月 1 日起至 2025 年 12 月 31 日止。

本例中，2024 年 2 月 25 日，在公司 2023 年度财务报告尚未批准对外公布前，甲公司发生了向银行贷款的事项，该事项发生在资产负债表日后事项所涵盖的期间内。该事项在 2023 年 12 月 31 日尚未发生，与资产负债表日存在的状况无关，不影响资产负债表日甲公司的财务报表数字。但是，该事项属于重要事项，会影响甲公司以后期间的财务状况和经营成果，因此，需要在附注中予以披露。

资产负债表日后发生的某一事项究竟是调整事项还是非调整事项，取决于该事项表明的情况在资产负债表日是否已经存在。若该情况在资产负债表日已经存在，则属于调整事项；反之，则属于非调整事项。

第二节 资产负债表日后调整事项

一、资产负债表日后调整事项的处理原则

企业发生的资产负债表日后调整事项，应当调整资产负债表日的财务报表。对于年度财务报告而言，由于资产负债表日后事项发生在报告年度的次年，报告年度的有关账目已经结转，特别是损益类科目在结账后已无余额。因此，资产负债表日后发生的调整事项，应具体分别以下情况进行处理：

1. 涉及损益的事项，通过"以前年度损益调整"科目核算。

调整增加以前年度利润或调整减少以前年度亏损的事项，记入"以前年度损益调整"科目的贷方；调整减少以前年度利润或调整增加以前年度亏损的事项，记入"以前年度损益调整"科目的借方。

涉及损益的调整事项，在企业所得税方面应按税收有关法律法规要求进行处理，可能会调整报告年度应纳税所得额、应纳所得税税额；由于以前年度损益调整增加的所得税费用，记入"以前年度损益调整"科目的借方，同时贷记"应交税费——应交所得税"等科目；由于以前年度损益调整减少的所得税费用，记入"以前年度损益调整"科目的贷方，同时借记"应交税费——应交所得税"等科目。调整完成后，将"以前年度损益调整"科目的贷方或借方余额，转入"利润分配——未分配利润"科目。

也可能会调整本年度（即报告年度的次年）的应纳税所得额、应纳所得税税额。

2. 涉及利润分配调整的事项，直接在"利润分配——未分配利润"科目核算。

3. 不涉及损益及利润分配的事项，调整相关科目。

通过上述账务处理后，还应同时调整财务报表相关项目的数字，包括：

（1）报告年度财务报表相关项目的期末数或本年发生数；

（2）当期编制的财务报表相关项目的期初数或上年数；

（3）上述调整如果涉及报表附注内容的，还应当作出相应调整。

二、资产负债表日后调整事项的具体会计处理方法

为简化处理，如无特别说明，本章所有的例子均假定如下：财务报告批准报出日是次年 3 月 31 日，所得税税率为 25%，按净利润的 10% 提取法定盈余公积，提取法定盈余公积后不再作其他分配；调整事项按税法规定均可调整应缴纳的所得税；涉及递延所得税资产的，均假定未来期间很可能取得用来抵扣暂时性差异的应纳税所得额；不考虑报表附注中有关现金流量表项目的数字。

1. 资产负债表日后诉讼案件结案，人民法院判决证实了企业在资产负债表日已经存在现时义务，需要调整原先确认的与该诉讼案件相关的预计负债，或确认一项新负债。

这一事项是指导致诉讼的事项在资产负债表日已经发生，但尚不具备确认负债的条件而未确认，资产负债表日后至财务报告批准报出日之间获得了新的或进一步的证据（人民法院判决结果），表明符合负债的确认条件，因此应在财务报告中确认为一项新负债；或者在资产负债表日已确认某项负债，但在资产负债表日至财务报告批准报出日之间获得新的或进一步的证据，表明需要对已经确认的金额进行调整。

【例23-4】 甲公司与乙公司签订一项销售合同，约定甲公司应在2023年8月向乙公司交付A产品3 000件。由于甲公司未按照合同发货，致使乙公司遭受重大经济损失。2023年11月，乙公司将甲公司告上法庭，要求甲公司赔偿9 000 000元。2023年12月31日人民法院尚未判决，甲公司对该诉讼事项确认预计负债6 000 000元，乙公司未确认应收赔偿款。2024年2月8日，经人民

扫码看讲解

法院判决甲公司应赔偿乙公司8 000 000元，甲、乙双方均服从判决。判决当日，甲公司向乙公司支付赔偿款8 000 000元。甲、乙两公司2023年所得税汇算清缴均在2024年3月10日完成（假定该项预计负债产生的损失不允许在预计时税前抵扣，只有在损失实际发生时，才允许税前抵扣）。

本例中，人民法院2024年2月8日的判决证实了甲、乙两公司在资产负债表日（即2023年12月31日）分别存在现实赔偿义务和获赔权利，因此两公司都应将"人民法院判决"这一事项作为调整事项进行处理。甲公司和乙公司按税收有关法律法规要求应调整报告年度应纳税所得额和应纳所得税税额。

（1）甲公司的账务处理如下：

①记录支付的赔偿款。

借：以前年度损益调整——营业外支出　　　　　　　　　　2 000 000

　　贷：其他应付款——乙公司　　　　　　　　　　　　　　　2 000 000

借：预计负债——未决诉讼　　　　　　　　　　　　　　　6 000 000

　　贷：其他应付款——乙公司　　　　　　　　　　　　　　　6 000 000

借：其他应付款——乙公司　　　　　　　　　　　　　　　8 000 000

　　贷：银行存款　　　　　　　　　　　　　　　　　　　　　8 000 000

注：资产负债表日后事项如涉及现金收支项目，均不调整报告年度资产负债表的货币资金项目和现金流量表各项目数字。本例中，虽然已经支付了赔偿款，但在调整会计报表相关数字时，只需调整上述第一笔和第二笔分录，第三笔分录作为2024年的会计事项处理。

②调整递延所得税资产。

借：以前年度损益调整——所得税费用（6 000 000×25%）　1 500 000

　　贷：递延所得税资产　　　　　　　　　　　　　　　　　　1 500 000

2023年末因确认预计负债6 000 000元时已确认相应的递延所得税资产，资产负债表日后事项发生后递延所得税资产不复存在，应予转回。

③调整应交所得税。

借：应交税费——应交所得税（8 000 000×25%）　　　　　　　2 000 000

　　贷：以前年度损益调整——所得税费用　　　　　　　　　　　　　2 000 000

④将"以前年度损益调整"科目余额转入未分配利润。

借：利润分配——未分配利润　　　　　　　　　　　　　　　　1 500 000

　　贷：以前年度损益调整——本年利润　　　　　　　　　　　　　　1 500 000

⑤因净利润减少，调减盈余公积。

借：盈余公积（1 500 000×10%）　　　　　　　　　　　　　　 150 000

　　贷：利润分配——未分配利润　　　　　　　　　　　　　　　　　 150 000

⑥调整报告年度财务报表相关项目的数字（财务报表略）。

第一，资产负债表项目的调整。

调减递延所得税资产1 500 000元，调减应交税费2 000 000元；调增其他应付款8 000 000元，调减预计负债6 000 000元；调减盈余公积150 000元，调减未分配利润1 350 000元。

第二，利润表项目的调整。

调增营业外支出2 000 000元，调减所得税费用500 000元，调减净利润1 500 000元。

第三，所有者权益变动表项目的调整。

调减综合收益总额1 500 000元；提取盈余公积项目中盈余公积一栏调减150 000元；未分配利润调减1 350 000元。

⑦调整2024年2月份资产负债表相关项目的年初数（资产负债表略）。

甲公司在编制2024年1月份的资产负债表时，按照调整前2023年12月31日的资产负债表的数字作为资产负债表的年初数。由于发生了资产负债表日后调整事项，甲公司除了调整2023年度资产负债表相关项目的数字外，还应当调整2024年2月份资产负债表相关项目的年初数，其年初数按照2023年12月31日调整后的数字填列。

（2）乙公司的账务处理如下：

①记录收到的赔款。

借：其他应收款——甲公司　　　　　　　　　　　　　　　　　8 000 000

　　贷：以前年度损益调整——营业外收入　　　　　　　　　　　　　8 000 000

借：银行存款　　　　　　　　　　　　　　　　　　　　　　　8 000 000

　　贷：其他应收款——甲公司　　　　　　　　　　　　　　　　　　8 000 000

注：资产负债表日后事项如涉及现金收支项目，均不调整报告年度资产负债表的货币资金项目和现金流量表各项目数字。本例中，虽然已经收到了赔偿款，但在调整会计报表相关数字时，只需调整上述第一笔分录，第二笔分录作为2024年的会计事项处理。

②调整应交所得税。

借：以前年度损益调整——所得税费用（8 000 000×25%）　　　　2 000 000

贷：应交税费——应交所得税　　　　　　　　　　　　　　　　2 000 000

③将"以前年度损益调整"科目余额转入未分配利润。

借：以前年度损益调整——本年利润　　　　　　　　　　　　　6 000 000

贷：利润分配——未分配利润　　　　　　　　　　　　　　　6 000 000

④因净利润增加，补提盈余公积。

借：利润分配——未分配利润　　　　　　　　　　　　　　　　600 000

贷：盈余公积（6 000 000×10%）　　　　　　　　　　　　　600 000

⑤调整报告年度财务报表相关项目的数字（财务报表略）。

第一，资产负债表项目的调整。

调增其他应收款 8 000 000 元；调增应交税费 2 000 000 元；调增盈余公积 600 000 元，调增未分配利润 5 400 000 元。

第二，利润表项目的调整。

调增营业外收入 8 000 000 元，调增所得税费用 2 000 000 元，调增净利润 6 000 000 元。

第三，所有者权益变动表项目的调整。

调增综合收益总额 6 000 000 元；提取盈余公积项目中盈余公积一栏调增 600 000 元；未分配利润调增 5 400 000 元。

⑥调整 2024 年 2 月份资产负债表相关项目的年初数（资产负债表略）。

乙公司在编制 2024 年 1 月份的资产负债表时，按照调整前 2023 年 12 月 31 日的资产负债表的数字作为资产负债表的年初数。由于发生了资产负债表日后调整事项，乙公司除了调整 2023 年度资产负债表相关项目的数字外，还应当调整 2024 年 2 月份资产负债表相关项目的年初数，其年初数按照 2023 年 12 月 31 日调整后的数字填列。

2. 资产负债表日后取得确凿证据，表明某项资产在资产负债表日发生了减值或者需要调整该项资产原先确认的减值金额。

这一事项是指在资产负债表日，根据当时的资料判断某项资产可能发生了损失或减值，但没有最后确定是否会发生，因而按照当时的最佳估计金额反映在财务报表中；但在资产负债表日至财务报告批准报出日之间，所取得的确凿证据能证明该事实成立，即某项资产已经发生了损失或减值，则应对资产负债表日所作的估计予以修正。

【例 23－5】甲公司 2023 年 6 月销售给乙公司一批物资，货款为 2 000 000 元（含增值税）。乙公司于 7 月份收到所购物资并验收入库。按合同规定，乙公司应于收到所购物资后 3 个月内付款。由于乙公司财务状况不佳，到 2023 年 12 月 31 日仍未付款。甲公司于 2023 年 12 月 31 日按预期信用损失法为该项应收账款计提坏账准备 100 000 元。2023 年 12 月 31 日资产负债表上"应收账款"项目的金额为 4 000 000 元，其中 1 900 000 元为该项应收账款。甲公司于 2024 年 2 月 3 日收到人民法院通知，乙公司已宣告破产清算，无力偿还所欠部分货款。甲公司预计可收回应收账款的 60%。甲公司按税收有关法律法规要求应调整 2023 年的应纳税所得额和应纳所得税税额。

本例中，甲公司在收到人民法院通知后，首先可判断该事项属于资产负债表日后调整事项。甲公司原按预期信用损失法对应收乙公司账款计提了 100 000 元的坏账准备，按照新的证据应计提的坏账准备为 800 000 元（2 000 000×40%），差额 700 000 元应当调整 2023 年度财务报表相关项目的数字。

甲公司的账务处理如下：

（1）补提坏账准备。

应补提的坏账准备 = 2 000 000×40% − 100 000 = 700 000（元）

借：以前年度损益调整——信用减值损失 700 000
　　贷：坏账准备 700 000

（2）调整递延所得税资产。

借：递延所得税资产 175 000
　　贷：以前年度损益调整——所得税费用（700 000×25%） 175 000

（3）将"以前年度损益调整"科目的余额转入未分配利润。

借：利润分配——未分配利润 525 000
　　贷：以前年度损益调整——本年利润 525 000

（4）因净利润减少，调减盈余公积。

借：盈余公积 52 500
　　贷：利润分配——未分配利润（525 000×10%） 52 500

（5）调整报告年度财务报表相关项目的数字（财务报表略）。

①资产负债表项目的调整。

调减应收账款 700 000 元，调增递延所得税资产 175 000 元；调减盈余公积 52 500 元，调减未分配利润 472 500 元。

②利润表项目的调整。

调增信用减值损失 700 000 元，调减所得税费用 175 000 元，调减净利润 525 000 元。

③所有者权益变动表项目的调整。

调减综合收益总额 525 000 元；提取盈余公积项目中盈余公积一栏调减 52 500 元；未分配利润调减 472 500 元。

（6）调整 2024 年 2 月资产负债表相关项目的年初数（资产负债表略）。

甲公司在编制 2024 年 1 月的资产负债表时，按照调整前 2023 年 12 月 31 日的资产负债表的数字作为资产负债表的年初数。由于发生了资产负债表日后调整事项，甲公司除了调整 2023 年度资产负债表相关项目的数字外，还应当调整 2024 年 2 月资产负债表相关项目的年初数，其年初数按照 2023 年 12 月 31 日调整后的数字填列。

3. 资产负债表日后进一步确定了资产负债表日前购入资产的成本或售出资产的收入。

这类调整事项包括两个方面的内容：（1）若资产负债表日前购入的资产已经按暂估

金额等入账，资产负债表日后获得证据，可以进一步确定该资产的成本，则应该对已入账的资产成本进行调整。如购建固定资产已经达到预定可使用状态，但尚未办理竣工决算，企业已办理暂估入账；资产负债表日后办理决算，此时应根据竣工决算的金额调整暂估入账的固定资产成本等。（2）企业在报告年度已根据收入确认条件确认资产销售收入，但资产负债表日后获得关于资产收入的进一步证据，如发生销售退回、销售折让等，此时也应调整财务报表相关项目的金额。需要说明的是，资产负债表日后发生的销售退回，既包括报告年度或报告中期销售的商品在资产负债表日后发生的销售退回，也包括以前期间销售的商品在资产负债表日后发生的销售退回。

资产负债表所属期间或以前期间所售商品在资产负债表日后退回的，应作为资产负债表日后调整事项处理。发生于资产负债表日后至财务报告批准报出日之间的销售退回事项，在所得税方面应按税收有关法律法规要求处理，其会计处理分别为：

（1）按要求调整报告年度应纳税所得额和应纳税税额的，应调整报告年度利润表的收入、成本等，并相应调整报告年度的应纳税所得额以及报告年度应缴纳的所得税等。

【例 23-6】甲公司 2023 年 10 月 25 日销售一批 A 商品给乙公司，预计退货率为 0。取得收入 2 400 000 元（不含增值税），并结转成本 2 000 000 元。2023 年 12 月 31 日，该笔货款尚未收到，假设甲公司未对该应收账款计提坏账准备。2024 年 2 月 8 日，由于产品质量问题，本批货物被全部退回。甲公司按税收有关法律法规要求调整报告年度应纳税所得额和应纳所得税税额。甲公司适用的增值税税率为 13%。

本例中，销售退回业务发生在资产负债表日后事项涵盖期间内，属于资产负债表日后调整事项。

甲公司的账务处理如下：

（1）调整销售收入。

借：以前年度损益调整——主营业务收入	2 400 000	
应交税费——应交增值税（销项税额）	312 000	
贷：应收账款——乙公司		2 712 000

（2）调整销售成本。

借：库存商品——A 商品	2 000 000	
贷：以前年度损益调整——主营业务成本		2 000 000

（3）调整应缴纳的所得税。

借：应交税费——应交所得税 [（2 400 000 − 2 000 000）×25%]		
	100 000	
贷：以前年度损益调整——所得税费用		100 000

（4）将"以前年度损益调整"科目的余额转入未分配利润。

借：利润分配——未分配利润	300 000	
贷：以前年度损益调整——本年利润		300 000

（5）因净利润减少，调减盈余公积。

借：盈余公积（300 000×10%）　　　　　　　　　　　　　　　30 000

　　贷：利润分配——未分配利润　　　　　　　　　　　　　　　　　30 000

（6）调整报告年度相关财务报表（财务报表略）。

第一，资产负债表项目的调整。

调减应收账款2 712 000元，调增存货2 000 000元；调减应交税费412 000元；调减盈余公积30 000元，调减未分配利润270 000元。

第二，利润表项目的调整。

调减营业收入2 400 000元，调减营业成本2 000 000元，调减所得税费用100 000元，调减净利润300 000元。

第三，所有者权益变动表项目的调整。

调减综合收益总额300 000元；提取盈余公积项目中盈余公积一栏调减30 000元；未分配利润调减270 000元。

（7）调整2024年2月资产负债表相关项目的年初数（资产负债表略）。

甲公司在编制2024年1月份的资产负债表时，按照调整前2023年12月31日的资产负债表的数字作为资产负债表的年初数。由于发生了资产负债表日后调整事项，甲公司除了调整2023年度资产负债表相关项目的数字外，还应当调整2024年2月资产负债表相关项目的年初数，其年初数按照2023年12月31日调整后的数字填列。

（2）按要求调整本年度应纳税所得额和应纳所得税税额的，应调整报告年度会计报表的收入、成本等，但按照税法规定，在此期间的销售退回所涉及的应缴所得税，应作为本年度的纳税调整事项。

4. 资产负债表日后发现了财务报表舞弊或差错。

这一事项是指资产负债表日至财务报告批准报出日之间发生的属于资产负债表期间或以前期间存在的财务报表舞弊或差错。这种舞弊或差错应当作为资产负债表日后调整事项，调整报告年度的年度财务报告或中期财务报告相关项目的数字。具体会计处理可以参见本书第二十二章的相关内容。

第三节　资产负债表日后非调整事项

一、资产负债表日后非调整事项的处理原则

资产负债表日后发生的非调整事项，是表明资产负债表日后发生的情况的事项，与资产负债表日存在状况无关，不应当调整资产负债表日的财务报表。但有的非调整事项由于事项重大，对财务报告使用者具有重大影响，如不加以说明，将影响财务报告使用者作出正确估计和决策。

二、资产负债表日后非调整事项的具体会计处理方法

对于资产负债表日后发生的非调整事项，应当在报表附注中披露每项重要的资产负债表日后非调整事项的性质、内容，及其对财务状况和经营成果的影响。无法作出估计的，应当说明原因。

资产负债表日后非调整事项的主要例子有：

（一）资产负债表日后发生重大诉讼、仲裁、承诺

资产负债表日后发生的重大诉讼等事项，对企业影响较大，为防止误导投资者及其他财务报告使用者，应当在财务报表附注中予以披露。

【例23-7】甲公司是房地产的销售代理商，在买卖双方同意房地产的销售条款时确认佣金收入，佣金由卖方支付。2023年，甲公司同意替乙公司的房地产寻找买主。2023年12月10日，甲公司找到一位有意的买主丙公司，丙公司在对该房地产实地观察后，与乙公司在2023年12月30日签订了购买该房地产的合同，乙公司随即向甲公司支付了销售佣金。但在2024年1月20日，当乙公司催促丙公司履行合同时，丙公司称其在获得银行贷款方面有困难，资金不足，拒绝履行合同。2024年2月，乙公司通过法律手段起诉丙公司。2024年3月1日，丙公司同意赔偿给乙公司2 000 000元现金以使其撤回法律诉讼。假设该赔偿额对乙公司和丙公司均存在较大影响。

本例中，乙公司提起诉讼是在2024年才发生的，在2023年资产负债表日（2023年12月31日）并不存在。但由于资产负债表日后发生的重大诉讼、仲裁、承诺等事项影响较大，应在财务报表附注中进行相关披露，即乙公司和丙公司均应在2023年度财务报表附注中披露诉讼事项的信息。

（二）资产负债表日后资产价格、税收政策、外汇汇率发生重大变化

资产负债表日后发生的资产价格、税收政策和外汇汇率的重大变化，虽然不会影响资产负债表日财务报表相关项目的数字，但对企业资产负债表日后的财务状况和经营成果有重大影响，应当在财务报表附注中予以披露。

【例23-8】甲公司2023年9月采用分期付款方式从英国购入某大型生产线，分3年付款，每年支付300 000英镑。甲公司在编制2023年度财务报表时已按2023年12月31日的即期汇率对该笔长期应付款进行了折算（假设2023年12月31日的汇率为1英镑兑9.03元人民币）。假设我国规定从2024年1月1日起调整人民币兑英镑的汇率，人民币兑英镑的汇率发生重大变化。

本例中，甲公司在资产负债表日（2023年12月31日）已经按规定的汇率对有关账户进行调整，因此，无论资产负债表日后汇率如何变化，均不影响资产负债表日的财务状况和经营成果。但是，如果资产负债表日后外汇汇率发生重大变化，甲公司应对由此产生的影响在财务报表附注中进行披露。

（三）资产负债表日后因自然灾害导致资产发生重大损失

自然灾害导致资产发生重大损失对企业资产负债表日后财务状况的影响较大，如果不加以披露，有可能使财务报告使用者作出错误的决策，因此应作为非调整事项在财务报表附注中进行披露。

【例 23 - 9】 甲公司 2023 年 12 月购入一批商品 10 000 000 元，至 2023 年 12 月 31 日该批商品已全部验收入库，货款通过银行支付。2024 年 1 月 12 日，甲公司所在地发生百年不遇的冰冻灾害，该批商品全部毁损。

本例中，冰冻灾害发生于 2024 年 1 月 12 日，属于资产负债表日后才发生或存在的事项，但对公司资产负债表日后财务状况的影响较大，甲公司应当将此事项作为非调整事项在 2023 年度财务报表附注中进行披露。

（四）资产负债表日后发行股票和债券以及其他巨额举债

企业在资产负债表日后发行股票、债券以及向银行或非银行金融机构举借巨额债务都是比较重大的事项，虽然这一事项与企业资产负债表日的存在状况无关，但这一事项的披露能使财务报告使用者了解与此有关的情况及可能带来的影响，因此应当在财务报表附注中进行披露。

【例 23 - 10】 甲公司于 2024 年 1 月 20 日经批准发行 5 年期债券 10 000 000 元，面值 100 元，年利率 6%，公司按 105 元的价格发行，并于 2024 年 3 月 5 日结束发行。

本例中，甲公司发行债券虽然与公司资产负债表日（2023 年 12 月 31 日）的存在状况无关，但这一事项的披露能使财务报告使用者了解与此有关的情况及可能带来的影响，甲公司应当将此事项作为非调整事项在 2023 年度财务报表附注中进行披露。

（五）资产负债表日后资本公积转增资本

资产负债表日后企业以资本公积转增资本将会改变企业的资本（或股本）结构，影响较大，应当在财务报表附注中进行披露。

【例 23 - 11】 甲公司 2024 年 1 月经批准将 80 000 000 元资本公积转增资本。

本例中，甲公司于 2024 年 1 月将资本公积转增资本，属于资产负债表日后才发生的事项，但对公司资产负债表日后财务状况的影响较大，甲公司应当将此事项作为非调整事项在 2023 年度财务报表附注中进行披露。

（六）资产负债表日后发生巨额亏损

企业资产负债表日后发生巨额亏损将会对企业报告期以后的财务状况和经营成果产生重大影响，应当在财务报表附注中及时披露该事项，以便为投资者或其他财务报告使用者作出正确决策提供信息。

【例 23 - 12】 甲公司 2024 年 1 月出现巨额亏损，净利润由 2023 年 12 月的 70 000 000 元变为亏损 5 000 000 元。

本例中，甲公司出现巨额亏损发生于 2024 年 1 月，虽然属于资产负债表日后才发生的事项，但由盈利转为亏损，会对公司资产负债表日后财务状况和经营成果产生重大影响，甲公司应当将此事项作为非调整事项在 2023 年度财务报表附注中进行披露。

（七）资产负债表日后发生企业合并或处置子企业

企业合并或者处置子企业的行为可以影响股权结构、经营范围等，对企业未来的生产经营活动会产生重大影响，应当在财务报表附注中进行披露。

【例 23 - 13】甲公司 2024 年 1 月 15 日将其全资子公司丙公司出售给乙公司。

本例中，甲公司出售子公司发生于 2024 年 1 月，与公司资产负债表日（2023 年 12 月 31 日）存在的状况无关，但是出售子公司可能对甲公司的股权结构、经营范围等方面产生较大影响，甲公司应当将此事项作为非调整事项在 2023 年度财务报表附注中进行披露。

（八）资产负债表日后，企业利润分配方案中拟分配的以及经审议批准宣告发放的股利或利润

资产负债表日后，企业利润分配方案中拟分配的以及经审议批准宣告发放的股利或利润，不确认为资产负债表日负债，但应当在财务报表附注中单独披露。

【例 23 - 14】2024 年 1 月 16 日，甲上市公司董事会审议通过了 2023 年利润分配方案，决定以公司 2023 年末总股本为基数，分派现金股利 10 000 000 元，每 10 股派送 1 元（含税），该利润分配方案于 2024 年 4 月 10 日经公司股东大会审议批准。

本例中，甲上市公司制订利润分配方案，拟分配或经审议批准宣告发放股利或利润的行为，并不会使公司在资产负债表日（2023 年 12 月 31 日）形成现时义务，虽然发生该事项可导致公司负有支付股利或利润的义务，但支付义务在资产负债表日尚不存在，不应该调整资产负债表日的财务报告，因此，该事项为非调整事项。但由于该事项对公司资产负债表日后的财务状况有较大影响，可能导致现金较大规模流出、公司股权结构变动等，为便于财务报告使用者更充分了解相关信息，甲上市公司需要在 2023 年度财务报表附注中单独披露该信息。

本章思考题

1. 企业资产负债表日后调整事项和非调整事项通常包括哪些？

2. 企业发生的资产负债表日后调整事项中，涉及损益的事项和涉及利润分配的事项分别通过什么科目核算？

3. 企业对资产负债表日后发生的调整事项进行处理时，除进行相关科目的账务处理外，还应当调整财务报表哪些内容？

第二十四章 政府会计

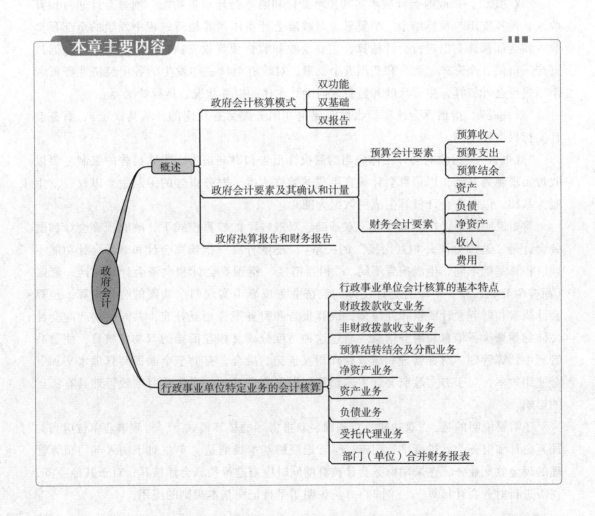

第一节 政府会计概述

政府会计是会计体系的重要分支，它是运用会计专门方法对政府及其组成主体（如政府所属的行政事业单位等）的财务状况、运行情况、预算执行等情况进行全面核算、监督和报告。政府会计是政府财政财务管理和预算管理的重要基础，建立与现代财政制度相适应的政府会计体系，对于加强公共财政管理、促进财政长期可持续发展、推进国家治理体系和治理能力现代化具有重要意义。

一、政府会计核算模式

政府会计由预算会计和财务会计构成，实行"双功能、双基础、双报告"的核算模式，具体内容如下：

"双功能"，指政府会计应当实现预算会计和财务会计双重功能。预算会计通过预算收入、预算支出与预算结余三个要素，对政府会计主体预算执行过程中发生的全部预算收入和全部预算支出进行会计核算，主要反映和监督预算收支执行情况。财务会计通过资产、负债、净资产、收入和费用五个要素，对政府会计主体发生的各项经济业务或者事项进行会计核算，主要反映和监督政府会计主体的财务状况、运行情况等。

"双基础"，指预算会计实行收付实现制（国务院另有规定的，从其规定），财务会计实行权责发生制。

"双报告"，指政府会计主体应当编制决算报告和财务报告。决算报告的编制主要以收付实现制为基础，以预算会计核算生成的数据为准。财务报告的编制主要以权责发生制为基础，以财务会计核算生成的数据为准。

需要说明的是，在"双功能、双基础、双报告"的核算模式下，政府预算会计和财务会计是"适度分离并相互衔接"的关系。"适度分离"指预算会计和财务会计功能不同、核算基础不同、生成报告不同。"相互衔接"指预算会计和财务会计是在同一套账（而非两套账）中，对政府会计主体的经济业务或事项实现两个功能的会计核算，预算会计要素和财务会计要素相互协调，决算报告和财务报告相互补充，共同反映政府会计主体的预算执行信息和财务信息。通过这种适度分离又相互衔接的双功能核算，使公共管理中预算管理、财务管理和绩效管理相互连接、融合，有助于全面提高管理水平和资金使用效率，对于夯实政府会计主体预算和财务管理基础、强化政府绩效管理具有深远的影响。

还需要说明的是，"双功能、双基础、双报告"的核算模式下，行政事业单位应当对预算会计和财务会计进行平行记账。平行记账的基本规则是"单位对于纳入部门预算管理的现金收支业务，在采用财务会计核算的同时应当进行预算会计核算；对于其他业务，仅需进行财务会计核算"。〖例24-1〗说明了平行记账基本规则的应用。

【例24-1】2023年5月3日，某事业单位按照年初批复的预算以银行存款购买了一项价值120 000元的固定资产，折旧年限10年。假定不考虑其他因素，有关账务处理如下：

（1）5月3日，单位购买固定资产时，财务会计账务处理如下：

借：固定资产   120 000

    贷：银行存款   120 000

同时，进行预算会计账务处理：

借：事业支出   120 000

    贷：资金结存——货币资金   120 000

（2）5月末，单位计提固定资产折旧时，财务会计账务处理如下：

借：业务活动费用   1 000

    贷：固定资产累计折旧   1 000

预算会计不作处理。

本例中，财务会计反映了财务状况和运行情况，而预算会计反映了预算执行情况。

二、政府会计要素及其确认和计量

政府会计要素包括预算会计要素和财务会计要素。预算会计要素包括预算收入、预算支出和预算结余；财务会计要素包括资产、负债、净资产、收入和费用。

（一）预算会计要素

1. 预算收入。

预算收入是指政府会计主体在预算年度内依法取得的并纳入预算管理的现金流入。预算收入一般在实际收到时予以确认，以实际收到的金额计量。

2. 预算支出。

预算支出是指政府会计主体在预算年度内依法发生并纳入预算管理的现金流出。预算支出一般在实际支付时予以确认，以实际支付的金额计量。

3. 预算结余。

预算结余是指政府会计主体预算年度内预算收入扣除预算支出后的资金余额，以及历年滚存的资金余额。

预算结余包括结余资金和结转资金。结余资金是指年度预算执行终了，预算收入实际完成数扣除预算支出和结转资金后剩余的资金。结转资金是指预算安排项目的支出年终尚未执行完毕或者因故未执行，且下年需要按原用途继续使用的资金。

（二）财务会计要素

1. 资产。

（1）资产的定义和分类。

资产是指政府会计主体过去的经济业务或者事项形成的，由政府会计主体控制的，预期能够产生服务潜力或者带来经济利益流入的经济资源。服务潜力是指政府会计主体利用资产提供公共产品和服务以履行政府职能的潜在能力。经济利益流入表现为现金及现金等价物的流入，或者现金及现金等价物流出的减少。

政府会计主体的资产按照流动性，分为流动资产和非流动资产。流动资产是指预计在1年内（含1年）耗用或者可以变现的资产，包括货币资金、短期投资、应收及预付款项、存货等。非流动资产是指流动资产以外的资产，包括长期投资、固定资产、在建工程、无形资产、公共基础设施、政府储备资产、文物文化资产、保障性住房等。

（2）资产的确认和计量。

符合政府资产定义的经济资源，在同时满足以下条件时，应确认为资产：一是与该经济资源相关的服务潜力很可能实现或者经济利益很可能流入政府会计主体；二是该经济资源的成本或者价值能够可靠地计量。

政府资产的计量属性主要包括历史成本、重置成本、现值、公允价值和名义金额。政府会计主体在对资产进行计量时，一般应当采用历史成本。采用重置成本、现值、公允价值计量的，应当保证所确定的资产金额能够持续、可靠计量。无法采用历史成本、重置成本、现值和公允价值计量属性的，应采用名义金额（即人民币1元）计量。

2. 负债。

（1）负债的定义和分类。

负债是指政府会计主体过去的经济业务或者事项形成的，预期会导致经济资源流出政府会计主体的现时义务。现时义务是指政府会计主体在现行条件下已承担的义务。未来发生的经济业务或者事项形成的义务不属于现时义务，不应当确认为负债。

政府会计主体的负债按照流动性，分为流动负债和非流动负债。流动负债是指预计在1年内（含1年）偿还的负债，包括短期借款、应付短期政府债券、应付及预收款项、应缴款项等。非流动负债是指流动负债以外的负债，包括长期借款、长期应付款、应付长期政府债券等。

政府会计主体的负债按照偿债压力不同，分为偿还时间与金额基本确定的负债和由或有事项形成的预计负债。偿还时间与金额基本确定的负债按政府会计主体的业务性质及风险程度，分为融资活动形成的举借债务及其应付利息、运营活动形成的应付及预收款项和运营活动形成的暂收性负债。

（2）负债的确认和计量。

符合政府负债定义的义务，在同时满足以下条件时，应确认为负债：一是履行该义务很可能导致含有服务潜力或者经济利益的经济资源流出政府会计主体；二是该义务的金额能够可靠地计量。

政府负债的计量属性主要包括历史成本、现值和公允价值。政府会计主体在对负债进行计量时，一般应当采用历史成本。采用现值、公允价值计量的，应当保证所确定的负债金额能够持续、可靠计量。

3. 净资产。

净资产是指政府会计主体资产扣除负债后的净额，其金额取决于资产和负债的计量。

4. 收入。

收入是指报告期内导致政府会计主体净资产增加的、含有服务潜力或者经济利益的经济资源的流入。

收入的确认应当同时满足以下条件：一是与收入相关的含有服务潜力或者经济利益的经济资源很可能流入政府会计主体；二是含有服务潜力或者经济利益的经济资源流入会导致政府会计主体资产增加或者负债减少；三是流入金额能够可靠地计量。

5. 费用。

费用是指报告期内导致政府会计主体净资产减少的、含有服务潜力或者经济利益的经济资源的流出。

费用的确认应当同时满足以下条件：一是与费用相关的含有服务潜力或者经济利益的经济资源很可能流出政府会计主体；二是含有服务潜力或者经济利益的经济资源流出会导致政府会计主体资产减少或者负债增加；三是流出金额能够可靠地计量。

三、政府决算报告和财务报告

（一）政府决算报告

政府决算报告是综合反映政府会计主体年度预算收支执行结果的文件。政府决算报告的目标是向决算报告使用者提供与政府预算执行情况有关的信息，综合反映政府会计主体预算收支的年度执行结果，服务于决算报告使用者进行监督和管理，并为编制后续年度预算提供参考和依据。

政府决算报告包括决算报表和其他应当在决算报告中反映的相关信息和资料。行政事业单位的预算会计报表是单位通过预算会计核算直接形成的报表，是决算报表的主要信息来源。根据《政府单位会计制度》规定，预算会计报表至少包括预算收入支出表、预算结转结余变动表和财政拨款预算收入支出表。

（二）政府财务报告

政府财务报告是反映政府会计主体某一特定日期的财务状况和某一会计期间的运行情况和现金流量等信息的文件。政府财务报告的目标是向财务报告使用者提供与政府财务状况、运行情况和现金流量等有关的信息，反映政府会计主体公共受托责任履行情况，服务于财务报告使用者作出决策或者进行监督和管理。

政府财务报告包括财务报表和其他应当在财务报告中披露的相关信息和资料。财务报表包括会计报表和附注。会计报表一般包括资产负债、收入费用表和净资产变动表。行政事业单位可根据实际情况自行选择编制现金流量表。资产负债表是反映政府会计主体在某一特定日期的财务状况的报表。收入费用表是反映政府会计主体在一定会计期间运行情况的报表。净资产变动表是反映政府会计主体在某一年度内净资产项目变动情况的报表。现金流量表是反映政府会计主体在一定会计期间现金及现金等价物流入和流出情况的报表。附注是对在资产负债表、收入费用表等报表中列示项目所作的进一步说明，以及对未能在这些报表中列示项目的说明。

政府财务报告主要分为政府部门财务报告和政府综合财务报告。政府部门编制部门财务报告，反映本部门的财务状况和运行情况；财政部门编制政府综合财务报告，反映政府整体的财务状况、运行情况和财政中长期可持续性。

第二节 行政事业单位特定业务的会计核算

行政事业单位财务会计的原理和方法与企业会计基本一致，但与企业会计不同的是，行政事业单位会计核算应当具备财务会计与预算会计双重功能，实现财务会计与预算会计适度分离并相互衔接，全面、清晰地反映单位财务信息和预算执行信息。本节主要介绍行政事业单位与企业会计处理不同的部分特定业务的会计核算。

一、行政事业单位会计核算的基本特点

行政事业单位会计核算应当具备财务会计与预算会计双重功能。

行政事业单位预算会计通过预算收入、预算支出和预算结余三个要素，全面反映单位预算收支执行情况。预算会计等式为"预算收入－预算支出＝预算结余"。预算收入类科目包括"财政拨款预算收入""事业预算收入""上级补助预算收入""附属单位上缴预算收入""经营预算收入""债务预算收入""非同级财政拨款预算收入""投资预算收益""其他预算收入"。预算支出类科目包括"行政支出""事业支出""经营支出""上缴上级支出""对附属单位补助支出""投资支出""债务还本支出""其他支出"。为了在预算会计三要素中实现会计复式记账，在日常核算时，单位应当设置"资金结存"科目，核算纳入部门预算管理的资金的流入、流出、调整和滚存等情况。根据资金支付方式及资金形态，"资金结存"科目应设置"零余额账户用款额度""货币资金""财政应返还额度"三个明细科目。年末预算收支结转后"资金结存"科目借方余额与预算结余类科目合计贷方余额相等。

行政事业单位财务会计通过资产、负债、净资产、收入、费用五个要素，全面反映单位财务状况、运行情况等。反映单位财务状况的会计等式为"资产－负债＝净资产"，反映单位运行情况的会计等式为"收入－费用＝本期盈余"，本期盈余经分配后最终转入净资产。收入类科目包括"财政拨款收入""事业收入""上级补助收入""附属单位上缴收入""经营收入""非同级财政拨款收入""投资收益""捐赠收入""利息收入""租金收入""其他收入"。费用类科目包括"业务活动费用""单位管理费用""经营费用""资产处置费用""上缴上级费用""对附属单位补助费用""所得税费用""其他费用"。需要说明的是，"业务活动费用"科目核算单位为实现其职能目标、依法履职或开展专业业务活动及其辅助活动所发生的各项费用。"单位管理费用"科目核算事业单位本级行政及后勤管理部门开展管理活动发生的各项费用，包括单位行政及后勤管理部门发生的人员经费、公用经费、资产折旧（摊销）等费用，以及由单位统一负担的离退休

人员经费、工会经费、诉讼费、中介费等。

行政事业单位对于纳入部门预算管理的现金收支业务，在采用财务会计核算的同时应当进行预算会计核算；对于其他业务，仅需进行财务会计核算。这里的现金，是指单位的库存现金以及其他可以随时用于支付的款项，包括库存现金、银行存款、其他货币资金、零余额账户用款额度、财政应返还额度，以及通过财政直接支付方式支付的款项。对于不涉及现金收支的业务，仅需要进行财务会计处理，不需要进行预算会计处理；对于单位受托代理的现金以及应上缴财政的现金等现金收支业务，由于不纳入部门预算管理，也只进行财务会计处理，不需要进行预算会计处理。

行政事业单位会计核算的另外一个重要特点是关于明细科目的设置及运用。例如，为了满足决算报表的编制要求，单位应当在预算会计"行政支出""事业支出"科目下，分别按照"财政拨款支出""非财政专项资金支出""其他资金支出""基本支出""项目支出"等进行明细核算，并按照《政府收支分类科目》中"支出功能分类科目"的项级科目进行明细核算；"基本支出"和"项目支出"明细科目下应当按照《政府收支分类科目》中"部门预算支出经济分类科目"的款级科目进行明细核算，同时在"项目支出"明细科目下按照具体项目进行明细核算。又如，为了满足成本核算需要，单位可在财务会计"业务活动费用"和"单位管理费用"科目下，按照"工资福利费用""商品和服务费用""对个人和家庭的补助费用""对企业补助费用""固定资产折旧费""无形资产摊销费""公共基础设施折旧（摊销）费""保障性住房折旧费""计提专用基金"等成本项目设置明细科目，归集能够直接计入业务活动或采用一定方法计算后计入业务活动的费用。

此外，行政事业单位财务会计核算中关于应交增值税的会计处理与企业会计基本相同，但是在预算会计处理中，预算收入和预算支出包含了销项税额和进项税额，实际缴纳增值税时计入预算支出。为了简化起见，本节内容在账务处理介绍中一般不涉及增值税的会计处理。

二、财政拨款收支业务

财政拨款收支业务是绝大多数单位的主要业务，"财政拨款（预算）收入"科目核算单位从同级财政部门取得的各类财政拨款。实行国库集中支付的行政事业单位，财政资金的支付方式包括财政直接支付和财政授权支付。

（一）财政直接支付业务

在财政直接支付方式下，单位收到相关支付凭证时，按照支付凭证所列金额，在财务会计中借记"库存物品""固定资产""应付职工薪酬""业务活动费用""单位管理费用"等科目，贷记"财政拨款收入"科目；同时在预算会计中借记"行政支出""事业支出"等科目，贷记"财政拨款预算收入"科目。

年末，根据本年度财政直接支付预算指标数大于当年财政直接支付实际支出数的金额，在财务会计中借记"财政应返还额度"科目，贷记"财政拨款收入"科目；同时在预算会计中借记"资金结存——财政应返还额度"科目，贷记"财政拨款预算收入"科目。同级财政国库集中支付结余不再按权责发生制列支的，相关单位年末不再进行上述账务处理。

下年度恢复财政直接支付额度后，单位以财政直接支付方式发生实际支出时，在财务会计中借记"库存物品""固定资产""应付职工薪酬""业务活动费用""单位管理费用"等科目，贷记"财政应返还额度"科目；同时在预算会计中借记"行政支出""事业支出"等科目，贷记"资金结存——财政应返还额度"科目。

【例 24－2】2023 年 4 月 9 日，某事业单位根据经过批准的部门预算和用款计划，向同级财政部门申请支付第一季度水费 105 000 元。4 月 18 日，财政部门经审核后，以财政直接支付方式向自来水公司支付了该单位的水费 105 000 元。4 月 23 日，该事业单位收到了相关支付凭证。该事业单位的账务处理如下：

借：单位管理费用　　　　　　　　　　　　　　　　　　　105 000
　　贷：财政拨款收入　　　　　　　　　　　　　　　　　　　　105 000
同时，
借：事业支出　　　　　　　　　　　　　　　　　　　　　105 000
　　贷：财政拨款预算收入　　　　　　　　　　　　　　　　　　105 000

【例 24－3】2023 年 12 月 31 日，某行政单位本年财政直接支付指标数大于当年财政直接支付实际支出数的金额为 100 000 元。2024 年初，财政部门恢复了该单位的财政直接支付额度。2024 年 1 月 15 日，该单位以财政直接支付方式购买一批办公用物资（属于上年预算指标数），支付给供应商 50 000 元价款。该行政单位的账务处理如下：

（1）2023 年 12 月 31 日补记指标。
借：财政应返还额度——财政直接支付　　　　　　　　　　100 000
　　贷：财政拨款收入　　　　　　　　　　　　　　　　　　　　100 000
同时，
借：资金结存——财政应返还额度　　　　　　　　　　　　100 000
　　贷：财政拨款预算收入　　　　　　　　　　　　　　　　　　100 000
（2）2024 年 1 月 15 日使用上年预算指标购买办公用品。
借：库存物品　　　　　　　　　　　　　　　　　　　　　50 000
　　贷：财政应返还额度——财政直接支付　　　　　　　　　　　50 000
同时，
借：行政支出　　　　　　　　　　　　　　　　　　　　　50 000
　　贷：资金结存——财政应返还额度　　　　　　　　　　　　　50 000

（二）财政授权支付业务

在财政授权支付方式下，行政事业单位收到相关支付凭证时，根据支付凭证所列数额，在财务会计中借记"零余额账户用款额度"科目,贷记"财政拨款收入"科目;同时在预算会计中借记"资金结存——零余额账户用款额度"科目,贷记"财政拨款预算收入"科目。

按规定支用额度时,按照实际支用的额度,在财务会计中借记"库存物品""固定资产""应付职工薪酬""业务活动费用""单位管理费用"等科目,贷记"零余额账户用款额度"科目;同时在预算会计中借记"行政支出""事业支出"等科目,贷记"资金结存——零余额账户用款额度"科目。

年末,依据代理银行提供的对账单作注销额度的相关账务处理,在财务会计中借记"财政应返还额度"科目,贷记"零余额账户用款额度"科目;同时在预算会计中借记"资金结存——财政应返还额度"科目,贷记"资金结存——零余额账户用款额度"科目。下年年初恢复额度时,在财务会计中借记"零余额账户用款额度"科目,贷记"财政应返还额度——财政授权支付"科目;同时在预算会计中借记"资金结存——零余额账户用款额度"科目,贷记"资金结存——财政应返还额度"科目。

年末,行政事业单位本年度财政授权支付预算指标数大于零余额账户用款额度下达数的,根据未下达的用款额度,在财务会计中借记"财政应返还额度"科目,贷记"财政拨款收入"科目;同时在预算会计中借记"资金结存——财政应返还额度"科目,贷记"财政拨款预算收入"科目。下年度收到财政部门批复的上年年末未下达零余额账户用款额度时,在财务会计中借记"零余额账户用款额度"科目,贷记"财政应返还额度"科目;同时在预算会计中借记"资金结存——零余额账户用款额度"科目,贷记"资金结存——财政应返还额度"科目。同级财政国库集中支付结余不再按权责发生制列支的,相关单位年末和下年度不再进行上述账务处理。

【例 24-4】2023 年 3 月,某科研所根据经过批准的部门预算和用款计划,向同级财政部门申请财政授权支付用款额度 180 000 元。4 月 6 日,财政部门经审核后,以财政授权支付方式下达了 170 000 元用款额度。4 月 8 日,该科研所收到相关支付凭证。该科研所的账务处理如下:

借:零余额账户用款额度　　　　　　　　　　　　　　170 000
　　贷:财政拨款收入　　　　　　　　　　　　　　　　　　170 000
同时,
借:资金结存——零余额账户用款额度　　　　　　　　170 000
　　贷:财政拨款预算收入　　　　　　　　　　　　　　　　170 000

【例 24-5】2023 年 12 月 31 日,某事业单位经与代理银行提供的对账单核对无误后,将 150 000 元零余额账户用款额度予以注销。另外,本年度财政授权支付预算指标数大于零余额账户用款额度下达数,未下达的用款额度为 200 000 元。2024 年度,该单位收到代理银行提供的额度恢复到账通知书及财政部门批复的上年年末未下达零余额账户用款额度。该事业单位的账务处理如下:

（1）2023 年 12 月 31 日注销额度。

借：财政应返还额度——财政授权支付　　　　　　　　150 000

　　贷：零余额账户用款额度　　　　　　　　　　　　　　　150 000

同时，

借：资金结存——财政应返还额度　　　　　　　　　　150 000

　　贷：资金结存——零余额账户用款额度　　　　　　　　　150 000

（2）2023 年 12 月 31 日补记指标数。

借：财政应返还额度——财政授权支付　　　　　　　　200 000

　　贷：财政拨款收入　　　　　　　　　　　　　　　　　　200 000

同时，

借：资金结存——财政应返还额度　　　　　　　　　　200 000

　　贷：财政拨款预算收入　　　　　　　　　　　　　　　　200 000

（3）2024 年初恢复额度。

借：零余额账户用款额度　　　　　　　　　　　　　　150 000

　　贷：财政应返还额度——财政授权支付　　　　　　　　　150 000

同时，

借：资金结存——零余额账户用款额度　　　　　　　　150 000

　　贷：资金结存——财政应返还额度　　　　　　　　　　　150 000

（4）2024 年收到财政部门批复的上年年末未下达的额度。

借：零余额账户用款额度　　　　　　　　　　　　　　200 000

　　贷：财政应返还额度——财政授权支付　　　　　　　　　200 000

同时，

借：资金结存——零余额账户用款额度　　　　　　　　200 000

　　贷：资金结存——财政应返还额度　　　　　　　　　　　200 000

（三）预算管理一体化的相关会计处理

在部分实行预算管理一体化的地区和部门，国库集中支付不再区分财政直接支付和财政授权支付，单位的会计处理与财政直接支付方式下类似，不再使用"零余额账户用款额度"科目，"财政应返还额度"科目和"资金结存——财政应返还额度"科目不再设置"财政直接支付""财政授权支付"明细科目。

单位应当根据收到的国库集中支付凭证及相关原始凭证，按照凭证上的国库集中支付入账金额，在财务会计中借记"库存物品""固定资产""业务活动费用""单位管理费用""应付职工薪酬"等科目，贷记"财政拨款收入"科目（使用本年度预算指标）或"财政应返还额度"科目（使用以前年度预算指标）；同时，在预算会计中借记"行政支出""事业支出"等科目，贷记"财政拨款预算收入"科目（使用本年度预算指标）或"资金结存——财政应返还额度"科目（使用以前年度预算指标）。

年末，根据财政部门批准的本年度预算指标数大于当年实际支付数的差额中允许结转使用的金额，在财务会计中借记"财政应返还额度"科目，贷记"财政拨款收入"科目；同时，在预算会计中借记"资金结存——财政应返还额度"科目，贷记"财政拨款预算收入"科目。同级财政国库集中支付结余不再按权责发生制列支的，相关单位年末不进行上述账务处理。

三、非财政拨款收支业务

单位的收支业务除了财政拨款收支业务之外，还包括事业活动、经营活动等形成的收支。这里主要以事业（预算）收入、捐赠（预算）收入和支出的核算为例进行说明。

（一）事业（预算）收入

事业收入是指事业单位开展专业业务活动及其辅助活动实现的收入，不包括从同级财政部门取得的各类财政拨款。

（1）对采用财政专户返还方式管理的事业（预算）收入，实现应上缴财政专户的事业收入时，按照实际收到或应收的金额，在财务会计中借记"银行存款""应收账款"等科目，贷记"应缴财政款"科目。向财政专户上缴款项时，按照实际上缴的款项金额，在财务会计中借记"应缴财政款"科目，贷记"银行存款"等科目。收到从财政专户返还的事业收入时，按照实际收到的返还金额，在财务会计中借记"银行存款"等科目，贷记"事业收入"科目；同时在预算会计中借记"资金结存——货币资金"科目，贷记"事业预算收入"科目。

【例24-6】某事业单位部分事业收入采用财政专户返还的方式管理。2023年9月5日，该单位收到应上缴财政专户的事业收入5 000 000元。9月15日，该单位将上述款项上缴财政专户。10月15日，该单位收到从财政专户返还的事业收入5 000 000元。该事业单位的账务处理如下：

（1）收到应上缴财政专户的事业收入时：

借：银行存款	5 000 000
贷：应缴财政款	5 000 000

（2）向财政专户上缴款项时：

借：应缴财政款	5 000 000
贷：银行存款	5 000 000

（3）收到从财政专户返还的事业收入时：

借：银行存款	5 000 000
贷：事业收入	5 000 000

同时，

借：资金结存——货币资金	5 000 000
贷：事业预算收入	5 000 000

（2）对采用预收款方式确认的事业（预算）收入，实际收到预收款项时，按照收到的款项金额，在财务会计中借记"银行存款"等科目，贷记"预收账款"科目；同时在预算会计中借记"资金结存——货币资金"科目，贷记"事业预算收入"科目。以合同完成进度确认事业收入时，按照基于合同完成进度计算的金额，借记"预收账款"科目，贷记"事业收入"科目。

（3）对采用应收款方式确认的事业收入，根据合同完成进度计算本期应收的款项，在财务会计中借记"应收账款"科目，贷记"事业收入"科目。实际收到款项时，在财务会计中借记"银行存款"等科目，贷记"应收账款"科目；同时在预算会计中借记"资金结存——货币资金"科目，贷记"事业预算收入"科目。

单位以合同完成进度确认事业收入时，应当根据业务实质，选择累计实际发生的合同成本占合同预计总成本的比例、已经完成的合同工作量占合同预计总工作量的比例、已经完成的时间占合同期限的比例、实际测定的完工进度等方法，合理确定合同完成进度。

（4）对于其他方式下确认的事业收入，按照实际收到的金额，在财务会计中借记"银行存款""库存现金"等科目，贷记"事业收入"科目；同时在预算会计中借记"资金结存——货币资金"科目，贷记"事业预算收入"科目。

（5）事业活动中涉及增值税业务的，事业收入按照实际收到的金额扣除增值税销项税之后的金额入账，事业预算收入按照实际收到的金额入账。

【例24-7】2023年3月，某科研事业单位（为增值税一般纳税人）对外开展技术咨询服务，开具的增值税专用发票上注明的价款为200 000元，增值税税额为12 000元，款项已存入银行。该事业单位的账务处理如下：

（1）收到劳务收入时：

借：银行存款　　　　　　　　　　　　　　　　212 000
　　贷：事业收入　　　　　　　　　　　　　　　　200 000
　　　　应交增值税——应交税金（销项税额）　　　12 000

同时，

借：资金结存——货币资金　　　　　　　　　　212 000
　　贷：事业预算收入　　　　　　　　　　　　　　212 000

（2）实际缴纳增值税时：

借：应交增值税——应交税金（已交税金）　　　 12 000
　　贷：银行存款　　　　　　　　　　　　　　　　12 000

同时，

借：事业支出　　　　　　　　　　　　　　　　 12 000
　　贷：资金结存——货币资金　　　　　　　　　　12 000

（6）事业单位对于因开展专业业务活动及其辅助活动取得的非同级财政拨款收入（包括两大类：一类是从同级财政以外的同级政府部门取得的横向转拨财政款，另一类是从上级或下级政府取得的各类财政款），应当通过"事业收入"和"事业预算收入"下的"非同级财政拨款"明细科目核算；对于其他非同级财政拨款收入，应当通过"非同级财政拨款（预算）收入"科目核算。

（二）捐赠（预算）收入和支出

1. 捐赠（预算）收入的核算。

捐赠收入指单位接受其他单位或者个人捐赠取得的收入，包括现金捐赠和非现金捐赠收入。捐赠预算收入指单位接受捐赠的现金资产。

单位接受捐赠的货币资金，按照实际收到的金额，在财务会计中借记"银行存款""库存现金"等科目，贷记"捐赠收入"科目；同时在预算会计中借记"资金结存——货币资金"科目，贷记"其他预算收入——捐赠预算收入"科目。

单位接受捐赠的存货、固定资产等非现金资产，按照确定的成本，在财务会计中借记"库存物品""固定资产"等科目，按照发生的相关税费、运输费等，贷记"银行存款"等科目，按照其差额，贷记"捐赠收入"科目；同时在预算会计中，按照发生的相关税费、运输费等支出金额，借记"其他支出"科目，贷记"资金结存——货币资金"科目。

【例 24-8】2023 年 3 月 12 日，某事业单位接受甲公司捐赠的一批实验材料，甲公司所提供的凭据表明其价值为 100 000 元，该事业单位以银行存款支付了运输费 1 000元。假设不考虑相关税费。该事业单位的账务处理如下：

借：库存物品　　　　　　　　　　　　　　　　　　　　101 000
　　贷：捐赠收入　　　　　　　　　　　　　　　　　　　　100 000
　　　　银行存款　　　　　　　　　　　　　　　　　　　　　1 000
同时，
借：其他支出　　　　　　　　　　　　　　　　　　　　　1 000
　　贷：资金结存——货币资金　　　　　　　　　　　　　　　1 000

需要说明的是，单位取得捐赠的货币资金按规定应当上缴财政的，应当按照"应缴财政款"科目相关规定进行财务会计处理，预算会计不作处理。单位接受捐赠人委托转赠的资产，应当按照受托代理业务相关规定进行财务会计处理，预算会计不作处理。

2. 捐赠费用（支出）的核算。

单位对外捐赠现金资产的，按照实际捐赠的金额，在财务会计中借记"其他费用"科目，贷记"银行存款""库存现金"等科目；同时在预算会计中借记"其他支出"科目，贷记"资金结存——货币资金"科目。

单位对外捐赠库存物品、固定资产等非现金资产的，在财务会计中应当将资产的账面价值转入"资产处置费用"科目，如未支付相关费用，预算会计则不作账务处理。

单位作为主管部门或上级单位向其附属单位分配受赠的货币资金，应当按照"对附属单位补助费用（支出）"科目相关规定处理；单位按规定向其附属单位以外的其他单位分配受赠的货币资金，应当按照"其他费用（支出）"科目相关规定处理。单位向政府会计主体分配受赠的非现金资产，应当按照"无偿调拨净资产"科目相关规定处理；单位向非政府会计主体分配受赠的非现金资产，应当按照"资产处置费用"科目相关规定处理。

四、预算结转结余及分配业务

单位在预算会计中应当严格区分财政拨款结转结余和非财政拨款结转结余。财政拨款结转结余不参与事业单位的结余分配，单独设置"财政拨款结转"和"财政拨款结余"科目核算。非财政拨款结转结余通过设置"非财政拨款结转""非财政拨款结余""专用结余""经营结余""非财政拨款结余分配"等科目核算。

（一）财政拨款结转结余

1. 财政拨款结转的核算。

"财政拨款结转"科目核算单位取得的同级财政拨款结转资金的调整、结转和滚存情况，主要账务处理如下：

（1）年末，单位应当将财政拨款收入和对应的财政拨款支出结转入"财政拨款结转"科目。

（2）按照规定从其他单位调入财政拨款结转资金的，按照实际调增的额度数额或调入的资金数额，在预算会计中借记"资金结存——财政应返还额度、零余额账户用款额度、货币资金"科目，贷记"财政拨款结转——归集调入"科目；同时在财务会计中借记"零余额账户用款额度""财政应返还额度"等科目，贷记"累计盈余"科目。

按规定上缴（或注销）财政拨款结转资金、向其他单位调出财政拨款结转资金，按照实际上缴资金数额、实际调减的额度数额或调出的资金数额，在预算会计中借记"财政拨款结转——归集上缴、归集调出"科目，贷记"资金结存——财政应返还额度、零余额账户用款额度、货币资金"科目；同时在财务会计中借记"累计盈余"科目，贷记"零余额账户用款额度""财政应返还额度"等科目。

因发生会计差错等事项调整以前年度财政拨款结转资金的，按照调整的金额，在预算会计中借记或贷记"资金结存——财政应返还额度、零余额账户用款额度、货币资金"科目，贷记或借记"财政拨款结转——年初余额调整"科目；同时在财务会计中借记或贷记"以前年度盈余调整"科目，贷记或借记"零余额账户用款额度""银行存款"等科目。

经财政部门批准对财政拨款结余资金改变用途，调整用于本单位基本支出或其他未完成项目支出的，按照批准调剂的金额，借记"财政拨款结余——单位内部调剂"科目，贷记"财政拨款结转——单位内部调剂"科目。

（3）年末，冲销有关明细科目余额。将"财政拨款结转——本年收支结转、年初余额调整、归集调入、归集调出、归集上缴、单位内部调剂"科目余额转入"财政拨款结转——累计结转"科目。

（4）年末，完成上述财政拨款收支结转后，应当对财政拨款各明细项目执行情况进行分析，按照有关规定将符合财政拨款结余性质的项目余额转入财政拨款结余，借记"财政拨款结转——累计结转"科目，贷记"财政拨款结余——结转转入"科目。

2. 财政拨款结余的核算。

"财政拨款结余"核算单位取得的同级财政拨款项目支出结余资金的调整、结转和滚存情况，主要账务处理如下：

（1）年末，对财政拨款结转各明细项目执行情况进行分析，按照有关规定将符合财政拨款结余性质的项目余额转入财政拨款结余。

（2）经财政部门批准对财政拨款结余资金改变用途，调整用于本单位基本支出或其他未完成项目支出的，按照批准调剂的金额，借记"财政拨款结余——单位内部调剂"科目，贷记"财政拨款结转——单位内部调剂"科目。

按照规定上缴财政拨款结余资金或注销财政拨款结余资金额度的，按照实际上缴资金数额或注销的资金额度数额，在预算会计中借记"财政拨款结余——归集上缴"科目，贷记"资金结存——财政应返还额度、零余额账户用款额度、货币资金"科目；同时在财务会计中借记"累计盈余"科目，贷记"零余额账户用款额度""财政应返还额度"等科目。

因发生会计差错等事项调整以前年度财政拨款结余资金的，按照调整的金额，在预算会计中借记或贷记"资金结存——财政应返还额度、零余额账户用款额度、货币资金"科目，贷记或借记"财政拨款结余——年初余额调整"科目；同时在财务会计中借记或贷记"以前年度盈余调整"科目，贷记或借记"零余额账户用款额度""银行存款"等科目。

（3）年末，冲销有关明细科目余额。将本科目（年初余额调整、归集上缴、单位内部调剂、结转转入）余额转入本科目（累计结转）。

【例 24-9】 2023 年 6 月，财政部门拨付某事业单位基本支出补助 4 000 000 元、项目支出补助 1 000 000 元，"事业支出"科目下"财政拨款支出（基本支出）""财政拨款支出（项目支出）"明细科目的当期发生额分别为 4 000 000 元和 800 000 元。月末，该事业单位将本月财政拨款收入和支出结转，账务处理如下：

（1）结转财政拨款收入：

借：财政拨款预算收入——基本支出   4 000 000
        ——项目支出   1 000 000
  贷：财政拨款结转——本年收支结转——基本支出结转 4 000 000
            ——项目支出结转 1 000 000

（2）结转财政拨款支出：

借：财政拨款结转——本年收支结转——基本支出结转 4 000 000
          ——项目支出结转 800 000
  贷：事业支出——财政拨款支出（基本支出）   4 000 000
      ——财政拨款支出（项目支出）   800 000

【例 24－10】 2023 年末，某事业单位完成财政拨款收支结转后，对财政拨款各明细项目进行分析，按照有关规定将某项目结余资金 45 000 元转入财政拨款结余，该单位的账务处理如下：

将项目结余资金转入财政拨款结余：

借：财政拨款结转——累计结转——项目支出结转　　　　　45 000
　　贷：财政拨款结余——结转转入　　　　　　　　　　　　　　45 000

（二）非财政拨款结转结余

1. 非财政拨款结转的核算。

非财政拨款结转资金是指单位除财政拨款收支、经营收支以外的各非同级财政拨款专项资金收入与其相关支出相抵后剩余滚存的、须按规定用途使用的结转资金。非财政拨款结转的主要账务处理如下：

（1）年末，将除财政拨款预算收入、经营预算收入以外的各类预算收入本年发生额中的专项资金收入转入"非财政拨款结转——本年收支结转"科目；将行政支出、事业支出、其他支出本年发生额中的非财政拨款专项资金支出转入"非财政拨款结转——本年收支结转"科目。

（2）按照规定从科研项目预算收入中提取项目间接费用或管理费时，按照提取金额，在预算会计中借记"非财政拨款结转——项目间接费用或管理费"科目，贷记"非财政拨款结余——项目间接费用或管理费"科目；同时在财务会计中借记"单位管理费用"等科目，贷记"预提费用——项目间接费用或管理费"科目。

因会计差错更正等事项调整非财政拨款结转资金的，按照收到或支出的金额，在预算会计中借记或贷记"资金结存——货币资金"科目，贷记或借记"非财政拨款结转——年初余额调整"科目；同时在财务会计中借记或贷记"以前年度盈余调整"科目，贷记或借记"银行存款"等科目。

按照规定缴回非财政拨款结转资金的，按照实际缴回资金数额，在预算会计中借记"非财政拨款结转——缴回资金"科目，贷记"资金结存——货币资金"科目；同时在财务会计中借记"累计盈余"科目，贷记"银行存款"等科目。

（3）年末，冲销有关明细科目余额。将"非财政拨款结转——年初余额调整、项目间接费用或管理费、缴回资金、本年收支结转"科目余额转入"非财政拨款结转——累计结转"科目。结转后，"非财政拨款结转"科目除"累计结转"明细科目外，其他明细科目应无余额。

（4）年末，完成上述结转后，应当对非财政拨款专项结转资金各项目情况进行分析，将留归本单位使用的非财政拨款专项（项目已完成）剩余资金转入非财政拨款结余，借记"非财政拨款结转——累计结转"科目，贷记"非财政拨款结余——结转转入"科目。

【例 24-11】 2023 年 1 月，某事业单位启动一项科研项目。当年收到上级主管部门拨付的非财政专项资金 5 000 000 元，为该项目发生事业支出 4 800 000 元。2023 年 12 月，项目结项，经上级主管部门批准，该项目的结余资金留归事业单位使用。该事业单位的账务处理如下：

（1）收到上级主管部门拨付款项时：

借：银行存款 5 000 000
　　贷：上级补助收入 5 000 000

同时，

借：资金结存——货币资金 5 000 000
　　贷：上级补助预算收入 5 000 000

（2）发生业务活动费用（事业支出）时：

借：业务活动费用 4 800 000
　　贷：银行存款 4 800 000

同时，

借：事业支出 4 800 000
　　贷：资金结存——货币资金 4 800 000

（3）年末结转上级补助预算收入中该科研专项资金收入：

借：上级补助预算收入 5 000 000
　　贷：非财政拨款结转——本年收支结转 5 000 000

（4）年末结转事业支出中该科研专项支出：

借：非财政拨款结转——本年收支结转 4 800 000
　　贷：事业支出——非财政专项资金支出 4 800 000

（5）经批准确定结余资金留归本单位使用时：

借：非财政拨款结转——累计结转 200 000
　　贷：非财政拨款结余——结转转入 200 000

2. 非财政拨款结余的核算。

非财政拨款结余指单位历年滚存的非限定用途的非同级财政拨款结余资金，主要为非财政拨款结余扣除结余分配后滚存的金额。非财政拨款结余的主要账务处理如下：

（1）年末，将留归本单位使用的非财政拨款专项（项目已完成）剩余资金转入本科目，借记"非财政拨款结转——累计结转"科目，贷记"非财政拨款结余——结转转入"科目。

（2）有企业所得税缴纳义务的事业单位实际缴纳企业所得税时，按照缴纳金额，在预算会计中借记"非财政拨款结余——累计结余"科目，贷记"资金结存——货币资金"科目；同时在财务会计中借记"其他应交税费——单位应交所得税"科目，贷记"银行存款"等科目。

因会计差错更正等调整非财政拨款结余资金的，按照收到或支出的金额，在预算会计中借记或贷记"资金结存——货币资金"科目，贷记或借记"非财政拨款结余——年初余额调整"科目；同时在财务会计中借记或贷记"以前年度盈余调整"科目，贷记或借记"银行存款"等科目。

（3）年末，冲销有关明细科目余额。将"非财政拨款结余——年初余额调整、项目间接费用或管理费、结转转入"科目余额结转入"非财政拨款结余——累计结余"科目。结转后，本科目除"累计结余"明细科目外，其他明细科目应无余额。

（4）年末，事业单位将"非财政拨款结余分配"科目余额转入非财政拨款结余。"非财政拨款结余分配"科目为借方余额的，借记"非财政拨款结余——累计结余"科目，贷记"非财政拨款结余分配"科目；"非财政拨款结余分配"科目为贷方余额的，借记"非财政拨款结余分配"科目，贷记"非财政拨款结余——累计结余"科目。

年末，行政单位将"其他结余"科目余额转入非财政拨款结余。"其他结余"科目为借方余额的，借记"非财政拨款结余——累计结余"科目，贷记"其他结余"科目；"其他结余"科目为贷方余额的，借记"其他结余"科目，贷记"非财政拨款结余——累计结余"科目。

3. 专用结余的核算。

专用结余是指事业单位按照规定从非财政拨款结余中提取的具有专门用途的资金。

"专用结余"科目，核算专用结余资金的变动和滚存情况。根据有关规定从本年度非财政拨款结余或经营结余中提取专用基金的，按照提取金额，借记"非财政拨款结余分配"科目，贷记"专用结余"科目。根据规定使用从非财政拨款结余或经营结余中提取的专用基金时，按照使用金额，借记"事业支出"等预算支出科目，贷记"资金结存——货币资金"科目，并在有关预算支出科目的明细核算或辅助核算中注明"使用专用结余"。在年末将有关预算支出中使用专用结余的本年发生额转入专用结余，借记"专用结余"科目，贷记"事业支出"等科目。"专用结余"科目年末贷方余额，反映事业单位从非同级财政拨款结余中提取的专用基金的累计滚存数额。

4. 经营结余的核算。

"经营结余"科目核算事业单位本年度经营活动收支相抵后余额弥补以前年度经营亏损后的余额。期末，事业单位应当结转本期经营收支。根据经营预算收入本期发生额，借记"经营预算收入"科目，贷记"经营结余"科目；根据经营支出本期发生额（不包括使用专用结余的支出），借记"经营结余"科目，贷记"经营支出"科目。年末，如"经营结余"科目为贷方余额，将余额结转入"非财政拨款结余分配"科目，借记"经营结余"科目，贷记"非财政拨款结余分配"科目；如为借方余额，为经营亏损，不予结转。

5. 其他结余的核算。

"其他结余"科目核算单位本年度除财政拨款收支、非同级财政专项资金收支和经营收支以外各项收支（不包括使用专用结余的支出）相抵后的余额。年末，行政单位将本科目余额转入"非财政拨款结余——累计结余"科目；事业单位将本科目余额转入

"非财政拨款结余分配"科目。

6. 非财政拨款结余分配的核算。

"非财政拨款结余分配"科目核算事业单位本年度非财政拨款结余分配的情况和结果。年末，事业单位应将"其他结余"科目余额和"经营结余"科目贷方余额转入"非财政拨款结余分配"科目。根据有关规定提取专用基金的，按照提取的金额，借记"非财政拨款结余分配"科目，贷记"专用结余"科目；同时在财务会计中按照相同金额，借记"本年盈余分配"科目，贷记"专用基金"科目。然后，将"非财政拨款结余分配"科目余额转入非财政拨款结余。

【例 24 - 12】 2023 年 12 月，某事业单位对其收支科目进行分析，事业预算收入和上级补助预算收入本年发生额中的非专项资金收入分别为 1 000 000 元、200 000 元，事业支出和其他支出本年发生额中的非财政非专项资金支出分别为 800 000 元、100 000 元，对附属单位补助支出本年发生额为 200 000 元。经营预算收入本年发生额为 94 000 元，经营支出本年发生额为 64 000 元。年末，该事业单位的账务处理如下：

（1）结转本年非财政、非专项资金预算收入：

借：事业预算收入	1 000 000
上级补助预算收入	200 000
贷：其他结余	1 200 000

（2）结转本年非财政、非专项资金支出：

借：其他结余	1 100 000
贷：事业支出——其他资金支出	800 000
其他支出	100 000
对附属单位补助支出	200 000

（3）结转本年经营预算收入：

借：经营预算收入	94 000
贷：经营结余	94 000

（4）结转本年经营支出：

借：经营结余	64 000
贷：经营支出	64 000

【例 24 - 13】 2023 年年终结账时，某事业单位当年经营结余的贷方余额为 30 000 元，其他结余的贷方余额为 40 000 元。该事业单位按照有关规定提取职工福利基金 10 000 元。该事业单位的账务处理如下：

（1）结转其他结余：

借：其他结余	40 000
贷：非财政拨款结余分配	40 000

（2）结转经营结余：

借：经营结余　　　　　　　　　　　　　　　　　30 000

　　贷：非财政拨款结余分配　　　　　　　　　　　　　30 000

（3）提取专用基金：

借：非财政拨款结余分配　　　　　　　　　　　　　10 000

　　贷：专用结余——职工福利基金　　　　　　　　　　10 000

同时，

借：本年盈余分配　　　　　　　　　　　　　　　　10 000

　　贷：专用基金——职工福利基金　　　　　　　　　　10 000

（4）将"非财政拨款结余分配"的余额转入非财政拨款结余：

借：非财政拨款结余分配　　　　　　　　　　　　　60 000

　　贷：非财政拨款结余　　　　　　　　　　　　　　　60 000

五、净资产业务

单位财务会计中净资产的来源主要包括累计实现的盈余和无偿调拨的净资产。在日常核算中，单位应当在财务会计中设置"累计盈余""专用基金""无偿调拨净资产""权益法调整""本期盈余""本年盈余分配""以前年度盈余调整"等科目。

（一）本期盈余及本年盈余分配

1. 本期盈余的核算。

本期盈余反映单位本期各项收入、费用相抵后的余额。期末，单位应当将各类收入科目和各类费用科目本期发生额（不包括使用专用基金的费用）转入本期盈余。年末，单位应当将"本期盈余"科目余额转入"本年盈余分配"科目。

2. 本年盈余分配的核算。

"本年盈余分配"科目反映单位本年度盈余分配的情况和结果。年末，单位应当将"本期盈余"科目余额转入本科目。根据有关规定从本年度非财政拨款结余或经营结余中提取专用基金的，按照预算会计下计算的提取金额，借记"本年盈余分配"科目，贷记"专用基金"科目。然后，将"本年盈余分配"科目余额转入"累计盈余"科目。

（二）专用基金

专用基金是指事业单位按照规定提取或设置的具有专门用途的净资产，主要包括职工福利基金、科技成果转化基金等。事业单位在财务会计下应当设置"专用基金"科目，核算专用基金的取得和使用情况。事业单位从本年度非财政拨款结余或经营结余中提取专用基金的，在财务会计"专用基金"科目核算的同时，还应在预算会计"专用结余"科目进行核算。

（三）无偿调拨净资产

按照行政事业单位资产管理相关规定，经批准行政事业单位之间可以无偿调拨资产。

通常情况下，无偿调拨非现金资产不涉及资金业务，因此不需要进行预算会计核算（除非以现金支付相关费用等）。"无偿调拨净资产"科目核算单位无偿调入或调出非现金资产所引起的净资产变动金额。年末，单位应将"无偿调拨净资产"科目余额转入累计盈余。

【例 24－14】2023 年 5 月 5 日，某行政单位接受其他部门无偿调入物资一批，该批物资在调出方的账面价值为 20 000 元，经验收合格后入库。物资调入过程中该单位以银行存款支付了运输费 1 000 元。假设不考虑相关税费，该单位的账务处理如下：

借：库存物品 21 000
　　贷：无偿调拨净资产 20 000
　　　　银行存款 1 000
同时，
借：其他支出 1 000
　　贷：资金结存——货币资金 1 000

【例 24－15】2023 年 7 月 5 日，某事业单位经批准对外无偿调出一套设备，该设备账面余额为 100 000 元，已计提折旧 40 000 元。设备调拨过程中该单位以现金支付了运输费 1 000 元。假设不考虑相关税费，该单位的账务处理如下：

借：无偿调拨净资产 60 000
　　固定资产累计折旧 40 000
　　贷：固定资产 100 000
借：资产处置费用 1 000
　　贷：库存现金 1 000
同时，
借：其他支出 1 000
　　贷：资金结存——货币资金 1 000

（四）权益法调整

"权益法调整"科目核算事业单位持有的长期股权投资采用权益法核算时，按照被投资单位除净损益和利润分配以外的所有者权益变动份额调整长期股权投资账面余额而计入净资产的金额。年末，按照被投资单位除净损益和利润分配以外的所有者权益变动应享有（或应分担）的份额，借记或贷记"长期股权投资——其他权益变动"科目，贷记或借记"权益法调整"科目。处置长期股权投资时，按照原计入净资产的相应部分金额，借记或贷记"权益法调整"科目，贷记或借记"投资收益"科目。

（五）以前年度盈余调整

"以前年度盈余调整"科目核算单位本年度发生的调整以前年度盈余的事项，包括本年度发生的重要前期差错更正涉及调整以前年度盈余的事项。单位对相关事项调整后，应当及时将"以前年度盈余调整"科目余额转入累计盈余，借记或贷记"累计盈余"科目，贷记或借记"以前年度盈余调整"科目。

（六）累计盈余

累计盈余反映单位历年实现的盈余扣除盈余分配后滚存的金额，以及因无偿调入调出资产产生的净资产变动额。年末，将"本年盈余分配"科目的余额转入累计盈余，借记或贷记"本年盈余分配"科目，贷记或借记"累计盈余"科目；将"无偿调拨净资产"科目的余额转入累计盈余，借记或贷记"无偿调拨净资产"科目，贷记或借记"累计盈余"科目。

按照规定上缴、缴回、单位间调剂结转结余资金产生的净资产变动额，以及对以前年度盈余的调整金额，也通过"累计盈余"科目核算。

六、资产业务

资产业务是单位会计核算的重要内容。本节主要介绍资产业务的几个共性内容及固定资产、长期股权投资、公共基础设施和政府储备物资的核算。

（一）资产业务的几个共性内容

1. 资产取得。

单位资产取得的方式包括外购、自行加工或自行建造、接受捐赠、无偿调入、置换换入、租赁等。资产在取得时按照成本进行初始计量，并分别不同取得方式进行会计处理。

（1）外购的资产，其成本通常包括购买价款、相关税费（不包括按规定可抵扣的增值税进项税额），以及使得资产达到目前场所和状态或交付使用前所发生的归属于该项资产的其他费用。

（2）自行加工或自行建造的资产，其成本包括该项资产至验收入库或交付使用前所发生的全部必要支出。

（3）接受捐赠的非现金资产，对于存货、固定资产、无形资产而言，其成本按照有关凭据注明的金额加上相关税费等确定；没有相关凭据可供取得，但按规定经过资产评估的，其成本按照评估价值加上相关税费等确定；没有相关凭据可供取得、也未经资产评估的，其成本比照同类或类似资产的市场价格加上相关税费等确定；没有相关凭据且未经资产评估、同类或类似资产的市场价格也无法可靠取得的，按照名义金额（人民币1元）入账。对于投资和公共基础设施、政府储备物资、保障性住房等资产而言，其初始成本只能按照前三个层次进行计量，不能采用名义金额计量。盘盈资产入账成本的确定参照上述规定。这里的"同类或类似资产的市场价格"，一般指取得资产当日捐赠方自产物资的出厂价、所销售物资的销售价、非自产或销售物资在知名大型电商平台同类或类似商品价格等。如果存在政府指导价或政府定价的，应符合其规定。有确凿证据表明凭据上注明的金额高于受赠资产同类或类似资产的市场价格30%或达不到其70%的，则应当以同类或类似资产的市场价格确定成本。

单位对于接受捐赠的资产，其成本能够确定的，应当按照确定的成本减去相关税费后的净额计入捐赠收入。资产成本不能确定的，单独设置备查簿进行登记，相关税费等计入当期费用。

（4）无偿调入的资产，其成本按照调出方账面价值加上相关税费等确定。单位对于无偿调入的资产，应当按照无偿调入资产的成本减去相关税费后的金额计入无偿调拨净资产。

（5）置换取得的资产，其成本按照换出资产的评估价值，加上支付的补价或减去收到的补价，加上为换入资产发生的其他相关支出确定。

2. 资产处置。

资产处置的形式按照规定包括无偿调拨、出售、出让、转让、置换、对外捐赠、报废、毁损以及货币性资产损失核销等。单位应当按规定报经批准后对资产进行处置。通常情况下，单位应当将被处置资产账面价值转销计入资产处置费用，并按照"收支两条线"将处置净收益上缴财政。如按规定将资产处置净收益纳入单位预算管理的，应将净收益计入当期收入。对于资产盘盈、盘亏、报废或毁损的，应当在报经批准前将相关资产账面价值转入"待处理财产损溢"，待报经批准后再进行资产处置。

对于无偿调出的资产，单位应当在转销被处置资产账面价值时冲减无偿调拨净资产。对于置换换出的资产，应当与换入资产一同进行相关会计处理。

（二）固定资产

固定资产是指单位为满足自身开展业务活动或其他活动需要而控制的，使用年限超过1年（不含1年）、单位价值在规定标准以上，并在使用过程中基本保持原有物质形态的资产，一般包括房屋和构筑物、设备等。单位价值虽未达到规定标准，但是使用年限超过1年（不含1年）的大批同类物资，如图书、家具、用具、装具等，应当确认为固定资产。

购入需要安装的固定资产，应当先通过"在建工程"科目核算，安装完毕交付使用时再转入"固定资产"科目核算。以借入、经营租赁租入方式取得的固定资产，不通过"固定资产"科目核算，应当设置备查簿进行登记。采用融资租入方式取得的固定资产，通过本科目核算，并在"固定资产"科目下设置"融资租入固定资产"明细科目。经批准在境外购买具有所有权的土地，作为固定资产，通过"固定资产"科目核算；单位应当在"固定资产"科目下设置"境外土地"明细科目，进行相应明细核算。

单位应当按月对固定资产计提折旧，下列固定资产除外：（1）文物和陈列品；（2）特种动植物；（3）图书和档案；（4）单独计入账的土地；（5）以名义金额计量的固定资产。单位应当根据相关规定以及固定资产的性质和使用情况，合理确定固定资产的折旧年限。因改建、扩建等原因而延长固定资产使用年限的，应当重新确定固定资产的折旧年限。单位盘盈、无偿调入、接受捐赠以及置换的固定资产，应当考虑该项资产的新旧程度，按照其尚可使用的年限计提折旧。

固定资产应当按月计提折旧，当月增加的固定资产，当月开始计提折旧；当月减少的固定资产，当月不再计提折旧。固定资产提足折旧后，无论能否继续使用，均不再计提折旧；提前报废的固定资产，也不再补提折旧。已提足折旧的固定资产，可以继续使用的，应当继续使用，规范实物管理。

（三）长期股权投资

长期投资是指事业单位取得的持有时间超过1年（不含1年）的债权和股权性质的投资。为了核算长期投资业务，事业单位应当在财务会计中设置"长期股权投资""长期债券投资""投资收益""权益法调整"等科目，在预算会计中设置"投资支出""投资预算收益"等科目。长期股权投资采用权益法核算的，应当在"长期股权投资"科目下按照"成本""损益调整""其他权益变动"设置明细科目。

1. 取得长期股权投资的处理。

长期股权投资在取得时，应当以实际成本作为初始投资成本。

（1）以现金取得的长期股权投资。

事业单位以现金取得长期股权投资的，应当按照实际支付的全部价款（包括购买价款和相关税费）作为实际成本。实际支付价款中包含的已宣告但尚未发放的现金股利，应当单独确认为应收股利。取得长期股权投资时，在财务会计中，按照确定的成本，借记"长期股权投资"科目，按照实际支付价款中包含的已宣告但尚未发放的现金股利，借记"应收股利"科目，按照实际支付的全部价款，贷记"银行存款"等科目；同时在预算会计中，按照支付的全部金额，借记"投资支出"科目，贷记"资金结存——货币资金"科目。事业单位收到取得股权投资时实际支付价款中包含的已宣告但尚未发放的现金股利时，在财务会计中借记"银行存款"科目，贷记"应收股利"科目；同时在预算会计中借记"资金结存——货币资金"科目，贷记"投资支出"等科目。

（2）以现金以外的其他资产置换取得的长期股权投资。

事业单位以现金以外的其他资产置换取得的长期股权投资，其成本按照换出资产的评估价值（以持有的科技成果取得长期股权投资并且按规定通过协议定价、在技术交易市场挂牌交易、拍卖等方式确定价格的，按照以上方式确定的价格）加上支付的补价或减去收到的补价，加上换入长期股权投资发生的其他相关支出确定。

以固定资产、无形资产取得长期股权投资的，应当在财务会计中，按照固定资产、无形资产的评估价值和相关税费的合计金额，借记"长期股权投资"科目，按照换出资产累计折旧（摊销）金额，借记"固定资产累计折旧""无形资产累计摊销"科目，按照换出资产的账面余额，贷记"固定资产""无形资产"科目，按照置换过程中发生的相关税费支出，贷记"银行存款""其他应交税费"等科目，按照借贷方差额，借记"资产处置费用"科目或贷记"其他收入"科目；同时在预算会计中，按照实际支付的相关税费支出，借记"其他支出"科目，贷记"资金结存——货币资金"科目。涉及补价的，还应一并考虑补价进行账务处理。

以未入账的无形资产取得长期股权投资的，应当在财务会计中，按照评估价值与相关税费的合计金额，借记"长期股权投资"科目，按照发生的相关税费支出，贷记"银行存款""其他应交税费"等科目，按其差额，贷记"其他收入"科目；同时在预算会计中，按照实际支付的相关税费支出，借记"其他支出"科目，贷记"资金结存——货币资金"科目。

2. 长期股权投资持有期间的处理。

长期股权投资在持有期间，通常应当采用权益法进行核算。事业单位无权决定被投资单位的财务和经营政策或无权参与被投资单位的财务和经营政策决策的，应当采用成本法进行核算。成本法，是指投资按照投资成本计量的方法。权益法，是指投资最初以投资成本计量，以后根据事业单位在被投资单位所享有的所有者权益份额的变动对投资的账面余额进行调整的方法。

（1）采用成本法核算。

采用成本法核算时，长期股权投资的账面余额通常保持不变，但追加或收回投资时，应当相应调整其账面余额。长期股权投资持有期间，被投资单位宣告发放现金股利或利润时，事业单位按照宣告发放的现金股利或利润中属于其应享有的份额，借记"应收股利"科目，贷记"投资收益"科目。收到现金股利或利润时，通常，在财务会计中借记"银行存款"等科目，贷记"应收股利"科目；同时在预算会计中，借记"资金结存——货币资金"科目，贷记"投资预算收益"科目。

（2）采用权益法核算。

采用权益法核算的，事业单位应当根据其在被投资单位所享有的所有者权益份额的变动对长期股权投资的账面余额进行调整。

①被投资单位实现净利润的，事业单位按照应享有的份额，借记"长期股权投资——损益调整"科目，贷记"投资收益"科目。

被投资单位发生净亏损的，事业单位按照应分担的份额，借记"投资收益"科目，贷记"长期股权投资——损益调整"科目，但以"长期股权投资"科目的账面余额减记至零为限，事业单位负有承担额外损失义务的除外。发生亏损的被投资单位以后年度又实现净利润的，事业单位应当按照收益分享额弥补未确认的亏损分担额等后的金额，借记"长期股权投资——损益调整"科目，贷记"投资收益"科目。

②被投资单位宣告发放现金股利或利润的，事业单位应当按照应享有的份额，借记"应收股利"科目，贷记"长期股权投资——损益调整"科目。收到现金股利或利润时，通常，在财务会计中借记"银行存款"等科目，贷记"应收股利"科目；同时在预算会计中，借记"资金结存——货币资金"科目，贷记"投资预算收益"科目。

③被投资单位发生除净损益和利润分配以外的所有者权益变动的，事业单位应当按照应享有或应分担的份额，借记或贷记"权益法调整"科目，贷记或借记"长期股权投资——其他权益变动"科目。事业单位处置长期股权投资时，应当按照原记入"权益法调整"科目的相应部分金额，借记或贷记"权益法调整"科目，贷记或借记"投资收益"科目。

事业单位采用权益法核算长期股权投资，且被投资单位编制合并财务报表的，在持有投资期间，应当以被投资单位合并财务报表中归属于母公司的净利润和其他所有者权益变动为基础，计算确定应当调整长期股权投资账面余额的金额，并进行相关会计处理。

【例 24-16】 甲科研事业单位（以下简称甲单位）报经批准于 2022 年 1 月 10 日以自行研发的专利技术作价出资，与乙企业共同成立丙有限责任公司（假定相关的产权手续于当日办理完毕）。甲单位该专利技术账面余额 40 万元，累计摊销 10 万元，评估价值 300 万元。丙公司注册资本 500 万元，甲单位股权比例为 60%，能够决定丙公司财务和经营政策。2022 年丙公司全年实现净利润 300 万元、除净利润以外的所有者权益减少额为 50 万元。2023 年 4 月，丙公司宣告向股东发放利润 100 万元，6 月，丙公司实际向股东支付了利润 100 万元。2023 年丙公司全年发生净亏损 800 万元。2024 年丙公司全年实现净利润 200 万元。假定不考虑税费等其他因素，甲单位的账务处理如下：

（1）2022 年 1 月以无形资产取得长期股权投资：

借：长期股权投资——丙公司（成本）	3 000 000	
无形资产累计摊销	100 000	
贷：无形资产		400 000
其他收入		2 700 000

（2）2022 年 12 月 31 日，确认对丙公司投资收益：

借：长期股权投资——丙公司（损益调整）	1 800 000	
贷：投资收益		1 800 000

确认丙公司除净利润以外的所有者权益减少额中应分担的份额：

借：权益法调整	300 000	
贷：长期股权投资——丙公司（其他权益变动）		300 000

（3）2023 年 4 月确认丙公司宣告发放利润中应享有份额：

借：应收股利	600 000	
贷：长期股权投资——丙公司（损益调整）		600 000

宣告发放利润后"长期股权投资——丙公司"科目的账面余额 = 3 000 000 + 1 800 000 - 300 000 - 600 000 = 3 900 000（元）。

2023 年 6 月，实际收到丙公司发放的股利：

借：银行存款	600 000	
贷：应收股利		600 000

同时，

借：资金结存——货币资金	600 000	
贷：投资预算收益		600 000

（4）2023 年 12 月 31 日，确认对丙公司的投资损失：

借：投资收益	3 900 000	
贷：长期股权投资——丙公司（损益调整）		3 900 000

可减少"长期股权投资——丙公司"科目账面余额的金额为 3 900 000 元。备查登记中应记录未减记长期股权投资的金额为 900 000 元（8 000 000×60% – 3 900 000）。

（5）2024 年 12 月 31 日，确认对丙公司的投资收益：

借：长期股权投资——丙公司（损益调整）　　　　　　　　　300 000
　　　贷：投资收益　　　　　　　　　　　　　　　　　　　　300 000

可恢复"长期股权投资——丙公司"科目的账面余额 = 300 000 元（2 000 000×60% – 900 000）。

（四）公共基础设施和政府储备物资

公共基础设施和政府储备物资属于行政事业单位为满足社会公共需求而控制的资产。不同于行政事业单位以自身占有、使用方式控制的固定资产和库存物品，这类资产是行政事业单位以管理方式控制的、供社会公众使用的经济资源，主要包括公共基础设施、政府储备物资、文物文化资产、保障性住房等。这里主要介绍公共基础设施和政府储备物资的会计核算。

1. 公共基础设施。

公共基础设施是指行政事业单位为满足社会公共需求而控制的，同时具有以下特征的有形资产：（1）是一个有形资产系统或网络的组成部分；（2）具有特定用途；（3）一般不可移动。公共基础设施主要包括市政基础设施（如城市道路、桥梁、隧道、公交场站、路灯、广场、公园绿地、室外公共健身器材，以及环卫、排水、供水、供电、供气、供热、污水处理、垃圾处理系统等）、交通基础设施（如公路、航道、港口等）、水利基础设施（如大坝、堤防、水闸、泵站、渠道等）和其他公共基础设施。独立于公共基础设施、不构成公共基础设施使用不可缺少组成部分的管理维护用房屋建筑物、设备、车辆等，应当确认为固定资产。

通常情况下，公共基础设施应当由按规定对其负有管理维护职责的行政事业单位予以确认。多个行政事业单位共同管理维护的公共基础设施，应当由对该资产负有主要管理维护职责或者承担后续主要支出责任的行政事业单位予以确认。分为多个组成部分由不同行政事业单位分别管理维护的公共基础设施，应当由各个行政事业单位分别对其负责管理维护的公共基础设施的相应部分予以确认。负有管理维护公共基础设施职责的行政事业单位通过政府购买服务方式委托企业或其他会计主体代为管理维护公共基础设施的，该公共基础设施应当由委托方予以确认。

公共基础设施的各组成部分具有不同使用年限或者以不同方式提供公共产品或服务，适用不同折旧率或折旧方法且可以分别确定各自原价的，应当分别将各组成部分确认为该类公共基础设施中的一个单项公共基础设施。在购建公共基础设施时，能够分清购建成本中的构筑物部分与土地使用权部分的，应当将其中的构筑物部分和土地使用权部分分别确认为公共基础设施；不能分清购建成本中的构筑物部分与土地使用权部分的，应当整体确认为公共基础设施。

为了核算公共基础设施，行政事业单位应当设置"公共基础设施"和"公共基础设施累计折旧（摊销）"科目。公共基础设施在取得时，应当按照其成本入账，其账务处理与固定资产基本相同。按月计提公共基础设施折旧时，按照应计提的折旧额，借记"业务活动费用"科目，贷记"公共基础设施累计折旧（摊销）"科目。处置公共基础设施时，按照所处置公共基础设施的账面价值，借记"资产处置费用""无偿调拨净资产""待处理财产损溢"等科目，按照已提取的折旧和摊销，借记"公共基础设施累计折旧（摊销）"科目，按照公共基础设施账面余额，贷记"公共基础设施"科目。

2. 政府储备物资。

政府储备物资是指行政事业单位为满足实施国家安全与发展战略、进行抗灾救灾、应对公共突发事件等特定公共需求而控制的，同时具有下列特征的有形资产：（1）在应对可能发生的特定事件或情形时动用；（2）其购入、存储保管、更新（轮换）、动用等由政府及相关部门发布的专门管理制度规范。政府储备物资包括战略及能源物资、抢险抗灾救灾物资、农产品、医药物资和其他重要商品物资，通常情况下由行政事业单位委托承储单位存储。

通常情况下，政府储备物资应当由按规定对其负有行政管理职责的行政事业单位予以确认。行政管理职责主要指提出或拟订收储计划、更新（轮换）计划、动用方案等。相关行政管理职责由不同行政事业单位行使的政府储备物资，由负责提出收储计划的行政事业单位予以确认。对政府储备物资不负有行政管理职责但接受委托具体负责执行其存储保管等工作的行政事业单位，应当将受托代储的政府储备物资作为受托代理资产核算。

为了核算政府储备物资，行政事业单位应当设置"政府储备物资"科目，根据需要可在该科目下设置"在库""发出"等明细科目。政府储备物资在取得时，应当按照其成本入账，会计处理与库存物品基本一致。因动用而发出无需收回的政府储备物资的，应当在发出物资时将其账面余额予以转销，计入业务活动费用；因动用而发出需要收回或者预期可能收回的政府储备物资的，应当在按规定的质量验收标准收回物资时，将未收回物资的账面余额予以转销计入业务活动费用；因行政管理主体变动等原因而将政府储备物资调拨给其他主体的，按照无偿调出政府储备物资的账面余额冲减无偿调拨净资产；对外销售政府储备物资并将销售收入纳入单位预算统一管理的，应当将发出物资的账面余额计入业务活动费用，将实现的销售收入计入当期收入；对外销售政府储备物资并按照规定将销售净收入上缴财政的，应当将取得销售价款时大于所承担的相关税费后的差额确认为应缴财政款。

【例 24-17】甲行政单位（以下简称甲单位）负有对国家某大类救灾物资的行政管理职责，负责制定相关的收储、动用方案。2023 年 8 月 12 日，甲单位按规定动用救灾物资，向灾区发出一批救灾物资。其中，发出的 A 类物资为一次消耗性物资，发出后不再收回，发出的该类物资账面余额为 6 000 000 元；发出的 B 类物资为可重复使用物资，预期能够大部分收回，共发出 B 类物资 2 000 件，每件账面余额 6 000 元。至

10 月 20 日，甲单位实际收回 B 类物资 1 800 件并按规定的质量标准予以验收，其余的 200 件在救灾中发生毁损。甲单位的账务处理如下：

（1）2023 年 8 月 12 日发出救灾物资。

借：业务活动费用   6 000 000
  贷：政府储备物资——A 类物资   6 000 000
借：政府储备物资——B 类物资（发出）   12 000 000
  贷：政府储备物资——B 类物资（在库）   12 000 000

（2）2023 年 10 月 20 日收回 B 类物资。

借：政府储备物资——B 类物资（在库）   10 800 000
  业务活动费用   1 200 000
  贷：政府储备物资——B 类物资（发出）   12 000 000

（五）文物资源

文物资源，是指按照《中华人民共和国文物保护法》等有关法律、行政法规规定，被认定为文物的有形资产，以及考古发掘品、尚未被认定为文物的古籍和按照文物征集尚未入藏的征集物。文物资源应当由对其承担管理收藏职责的行政事业单位予以确认。

行政事业单位应当按照成本对文物资源进行初始计量；对于成本无法可靠取得的文物资源，应当按照名义金额计量。对于依法征集购买取得的文物资源，行政事业单位应当按照购买价款确定其成本。行政事业单位通过调拨、依法接收、指定保管等方式取得的文物资源，其成本应当按照该文物资源在调出方的账面价值予以确定。行政事业单位控制的其他相关资产重分类为文物资源的，其成本应当按照该资产原账面价值予以确定。因盘点、普查等方式盘盈的文物资源，有相关凭据的，其成本按照凭据注明的金额予以确定；没有相关凭据的，行政事业单位应当按照成本无法可靠取得的文物资源进行会计处理。行政事业单位通过考古发掘、接受捐赠等方式取得文物资源的，应当按照成本无法可靠取得的文物资源进行会计处理。

文物资源不计提折旧。行政事业单位对于文物资源本体的修复修缮等相关保护支出，应当在发生时计入当期费用。行政事业单位按照规定报经批准调出文物资源的，应当将该文物资源的账面价值予以转销，将调出中发生的归属于调出方的相关支出计入当期费用。文物资源报经文物行政部门批准被依法拆除或者因不可抗力等因素发生毁损、丢失的，行政事业单位应当在按照规定程序核查处理后确认文物资源灭失时，将该文物资源账面价值予以转销。文物资源撤销退出后仍作为其他资产进行管理的，行政事业单位应当按照该文物资源的账面价值将其重分类为其他资产。

为了核算文物资源，行政事业单位应当设置"文物资源"科目。根据文物资源的类型设置"可移动文物""不可移动文物""其他藏品"一级明细科目。根据文物资源的计量属性设置"成本""名义金额"二级明细科目。对于可移动文物和其他藏品，根据文物资源的入藏状态，设置"待入藏""馆藏""借出"三级明细科目。文物资源在取得时，按照成本或名义金额借记"文物资源"科目，贷记"财政拨款收入""银行存款""无偿调拨净资产""累计盈余""捐赠收入"等科目。文物资源在调出，被依法拆除或发生毁损、丢失，重分类为其他资产时，按照文物资源的账面价值，借记"无偿调拨净资产""待处理财产损溢""固定资产"等科目，贷记"文物资源"科目。

七、负债业务

单位负债的财务会计核算与企业会计基本相同。本节主要介绍应缴财政款、应付职工薪酬和借款的核算。

（一）应缴财政款

单位应缴财政款是指单位取得或应收的按照规定应当上缴财政的款项，包括应缴国库的款项和应缴财政专户的款项。为核算应缴财政的各类款项，单位应当设置"应缴财政款"科目。单位按照国家税法等有关规定应当缴纳的各种税费，通过"应交增值税""其他应交税费"科目核算，不通过本科目核算。

单位取得或应收按照规定应缴财政的款项时，借记"银行存款""应收账款"等科目，贷记"应缴财政款"科目。单位上缴应缴财政的款项时，按照实际上缴的金额，借记"应缴财政款"科目，贷记"银行存款"科目。由于应缴财政的款项不属于纳入部门预算管理的现金收支，因此不进行预算会计处理。

（二）应付职工薪酬

单位的应付职工薪酬是指按照有关规定应付给职工（含长期聘用人员）及为职工支付的各种薪酬，包括基本工资、国家统一规定的津贴补贴、规范津贴补贴（绩效工资）、改革性补贴、社会保险费（如职工基本养老保险费、职业年金、基本医疗保险费等）、住房公积金等。为核算应付职工薪酬业务，单位应当设置"应付职工薪酬"科目。该科目应当根据国家有关规定按照"基本工资（含离退休费）""国家统一规定的津贴补贴""规范津贴补贴（绩效工资）""改革性补贴""社会保险费""住房公积金""其他个人收入"等进行明细核算。其中，"社会保险费""住房公积金"明细科目核算内容包括单位从职工工资中代扣代缴的社会保险费、住房公积金，以及单位为职工计算缴纳的社会保险费、住房公积金。

【例24-18】2023年5月，某事业单位为开展专业业务活动及其辅助活动人员发放工资500 000元、津贴300 000元、奖金100 000元，按规定应代扣代缴个人所得税30 000元，该单位以国库授权支付方式支付薪酬并上缴代扣的个人所得税。该单位相关账务处理如下：

（1）计算应付职工薪酬时：

借：业务活动费用 900 000

贷：应付职工薪酬 900 000

（2）代扣个人所得税时：

借：应付职工薪酬 30 000

  贷：其他应交税费——应交个人所得税 30 000

（3）实际支付职工薪酬时：

借：应付职工薪酬 870 000

  贷：零余额账户用款额度 870 000

同时，

借：事业支出 870 000

  贷：资金结存——零余额账户用款额度 870 000

（4）上缴代扣的个人所得税时：

借：其他应交税费——应交个人所得税 30 000

  贷：零余额账户用款额度 30 000

同时，

借：事业支出 30 000

  贷：资金结存——零余额账户用款额度 30 000

（三）借款

借款是事业单位从银行或其他金融机构等借入的款项。事业单位应当在与债权人签订借款合同或协议并取得举借资金时，按照借款本金确认负债。事业单位为了核算借款，应当在财务会计下设置"短期借款""长期借款""应付利息"等科目，在预算会计下设置"债务预算收入"和"债务还本支出"科目。其中，事业单位借入的期限在1年以内（含1年）的借款，通过"短期借款"科目核算；借入的期限超过1年（不含1年）的借款，通过"长期借款"科目核算，"长期借款"科目下应当设置"本金"和"应计利息"明细科目。

1. 取得借款。

事业单位借入各种短期、长期借款时，应当按照实际借入的本金金额，在财务会计中借记"银行存款"科目，贷记"短期借款""长期借款——本金"科目；同时在预算会计中借记"资金结存——货币资金"科目，贷记"债务预算收入"科目。

2. 计提借款利息。

事业单位应当按照借款本金和合同或协议约定的利率按期计提借款利息。

（1）为购建固定资产等工程项目借入的专门借款的利息。

事业单位为购建固定资产等工程项目借入专门借款的，对于发生的专门借款利息，应当按照借款利息减去尚未动用的借款资金产生的利息收入后的金额，属于工程项目建设期间发生的，计入工程成本；不属于工程项目建设期间发生的，计入当期费用。工程项目建设期间是指自工程项目开始建造起至交付使用时止的期间。工程项目建设期间发生非正常中断且中断时间连续超过3个月（含3个月）的，事业单位应当将非正常中断期间的借款费用计入当期费用。如果中断是使工程项目达到交付使用所必需的程序，则中断期间所发生的借款费用仍应计入工程成本。

（2）其他借款的利息。

事业单位除工程项目专门借款以外的其他借款计提的利息，应当计入当期费用。按期计提其他借款利息时，按照计算确定应支付的利息金额，在财务会计中借记"其他费用"科目，贷记"应付利息"（短期借款利息，分期付息、到期还本的长期借款利息）或"长期借款——应计利息"（到期一次还本付息的长期借款利息）科目。待实际支付短期借款利息或分期付息长期借款利息时，在财务会计中借记"应付利息"科目，贷记"银行存款"科目；同时，在预算会计中借记"其他支出"科目，贷记"资金结存——货币资金"科目。

（3）偿还借款。

事业单位偿还各项短期、长期借款时，应当按照偿还的借款本金，在财务会计中借记"短期借款""长期借款——本金"科目；按照到期一次还本付息长期借款的利息，借记"长期借款——应计利息"科目；按照还款总金额，贷记"银行存款"科目。同时在预算会计中，按照支付的本金金额，借记"债务还本支出"科目；按照支付的利息金额，借记"其他支出"科目；按照支付总金额，贷记"资金结存——货币资金"科目。

八、受托代理业务

受托代理资产是指行政事业单位接受委托方委托管理的各项资产，包括受托指定转赠的物资、受托存储保管的物资和罚没物资等。行政事业单位对受托代理资产不拥有控制权，因此受托代理资产并不符合基本准则所规定的资产的定义及确认标准，但为了全面核算和反映行政事业单位的经济业务，行政事业单位应当设置"受托代理资产""受托代理负债"科目，对受托代理业务进行核算。行政事业单位收到的受托代理资产为现金和银行存款的，不通过"受托代理资产"科目核算，应当通过"库存现金""银行存款"科目进行核算。

行政事业单位接受委托人委托存储保管或需要转赠给受赠人的物资，其成本按照有关凭据注明的金额确定。接受委托的物资验收入库，按照确定的成本，借记"受托代理资产"科目，贷记"受托代理负债"科目。将受托转赠物资交付受赠人或按委托人要求发出委托存储保管的物资时，作相反会计分录。转赠物资的委托人取消了对捐赠物资的转赠要求，且不再收回捐赠物资的，应当将转赠物资转为单位的存货、固定资产等，同时确认其他收入。

行政事业单位取得罚没物资时，其成本按照有关凭据注明的金额确定。罚没物资验收（入库），按照确定的成本，借记"受托代理资产"科目，贷记"受托代理负债"科目。罚没物资成本无法可靠确定的，单位应当设置备查簿进行登记。按照规定处置或移交罚没物资时，按照罚没物资的成本，借记"受托代理负债"科目，贷记"受托代理资产"科目。处置时取得款项的，按照实际取得的款项金额，借记"银行存款"等科目，贷记"应缴财政款"等科目。

【例24-19】 承【例24-17】，假定甲单位将其负责行政管理的救灾物资委托其下属乙事业单位存储保管。乙单位的账务处理如下：

(1) 接收甲单位委托存储的物资时：

借：受托代理资产　　　　　　　　　　　　　　　18 000 000
　　贷：受托代理负债　　　　　　　　　　　　　　　18 000 000

(2) 2023年8月12日按甲单位指令发出物资时：

借：受托代理负债　　　　　　　　　　　　　　　18 000 000
　　贷：受托代理资产　　　　　　　　　　　　　　　18 000 000

(3) 2023年10月20日按甲单位指令接收B类物资时：

借：受托代理资产　　　　　　　　　　　　　　　10 800 000
　　贷：受托代理负债　　　　　　　　　　　　　　　10 800 000

九、部门（单位）合并财务报表

部门（单位）合并财务报表，是指以政府部门（单位）本级作为合并主体，将部门（单位）本级及其合并范围内全部被合并主体的财务报表进行合并后形成的，反映部门（单位）整体财务状况与运行情况的财务报表。部门（单位）合并财务报表是政府部门财务报告的主要组成部分。

（一）合并范围

部门（单位）合并财务报表的合并范围一般应当以财政预算拨款关系为基础予以确定。有下级预算单位的部门（单位）为合并主体，其下级预算单位为被合并主体。合并主体应当将其全部被合并主体纳入合并财务报表的合并范围。通常情况下，纳入本部门预决算管理的行政事业单位和社会组织（包括社会团体、基金会和社会服务机构，下同）都应当纳入本部门（单位）合并财务报表范围。

除满足一般原则的会计主体外，以下会计主体也应当纳入部门（单位）合并财务报表范围：（1）部门（单位）所属的未纳入部门预决算管理的事业单位。（2）部门（单位）所属的纳入企业财务管理体系执行企业类会计准则制度的事业单位。（3）财政部规定的应当纳入部门（单位）合并财务报表范围的其他会计主体。

以下会计主体不纳入部门（单位）合并财务报表范围：（1）部门（单位）所属的企业，以及所属企业下属的事业单位。（2）与行政机关脱钩的行业协会商会。（3）部门（单位）财务部门按规定单独建账核算的会计主体，如工会经费、党费、团费和土地储备资金、住房公积金等资金（基金）会计主体。（4）挂靠部门（单位）的没有财政预算拨款关系的社会组织以及非法人性质的学术团体、研究会等。

（二）合并程序

部门（单位）合并资产负债表应当以部门（单位）本级和其被合并主体符合上述有关编制基础和统一会计政策要求的个别资产负债表或合并资产负债表为基础，在抵销内部业务或事项对合并资产负债表的影响后，由部门（单位）本级合并编制。编制部门（单位）合并资产负债表时，需要抵销的内部业务或事项包括部门（单位）本级和其被合并主体之间、被合并主体相互之间的债权（含应收款项坏账准备）、债务项目，以及其他业务或事项对部门（单位）合并资产负债表的影响。

部门（单位）合并收入费用表应当以部门（单位）本级和其被合并主体符合上述有关编制基础和统一会计政策要求的个别收入费用表或合并收入费用表为基础，在抵销内部业务或事项对合并收入费用表的影响后，由部门（单位）本级合并编制。编制部门（单位）合并收入费用表时，需要抵销的内部业务或事项包括部门（单位）本级和其被合并主体之间、被合并主体相互之间的收入、费用项目。

（三）合并财务报表格式

部门（单位）合并资产负债表的格式参见《政府单位会计制度》规定的资产负债表格式。部门（单位）合并收入费用表中"本期收入"类项目的列示参见《政府单位会计制度》规定的收入费用表格式，但"本期费用"类项目应当按照费用的性质进行分类列示，具体参见《政府单位会计制度》规定的财务报表附注中"本期费用按经济分类的披露格式"。

本章思考题

1. 政府会计要素包括哪些？政府会计核算模式与企业会计相比有哪些特点？

2. 行政事业单位对于财政拨款收入和非同级财政拨款收入如何进行会计核算？

3. 行政事业单位如何确定不同取得方式下政府资产的初始入账成本？

4. 公共基础设施资产具有哪些特征？与固定资产有什么区别？

第二十五章　民间非营利组织会计[*]

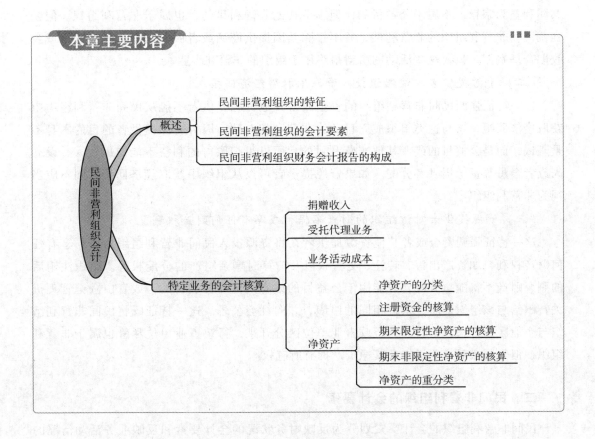

第一节　民间非营利组织会计概述

一、民间非营利组织的特征

《民间非营利组织会计制度》规定适用该制度的民间非营利组织应当同时具备以下

---

* 注：本章内容及示例根据《民间非营利组织会计制度》（财会〔2024〕25 号）的规定进行编写。

三个特征。

（一）为公益目的或者其他非营利目的成立

这一特征强调民间非营利组织的设立需基于公益目的或其他非营利目的。公益目的是指组织从事的活动属于社会公益事业。根据公益事业捐赠法的规定，公益事业是指非营利的下列事项：（1）救助灾害、救济贫困、扶助残疾人等困难的社会群体和个人的活动；（2）教育、科学、文化、卫生、体育事业；（3）环境保护、社会公共设施建设；（4）促进社会发展和进步的其他社会公共和福利事业。除了公益目的外，为其他非营利目的而成立的组织也属于非营利组织。如行业协会的成立以谋取和增进全体会员单位的共同利益为宗旨，不属于公益目的，但属于其他非营利目的，也属于非营利组织。但是强调民间非营利组织的非营利性，并不排除其因提供商品或者服务而获取相应收入或者收取合理费用，只要这些活动的所得最终用于组织的非营利事业。

（二）资源提供者向该组织投入资源不取得经济回报

这一特征强调民间非营利组织的资金或者其他资源提供者不能从民间非营利组织中获取经济回报，这与这类组织成立目的为非营利相一致，因为资源提供者的目的本身不是赚钱，而是公益目的或者其他非营利目的，所以组织取得的利益不能向出资人、设立人或者会员等资源提供者分配。如果资源提供者可以从组织中获取经济回报，则不应当视为非营利组织。

（三）资源提供者对该组织的财产不保留或享有任何财产权利

这一特征强调资金或者其他资源提供者在将资源投入民间非营利组织后不再享有任何财产权利，如资产出售、转让、处置权以及清算时剩余财产的分配权等。组织注销后的剩余财产不得随意分配，只能用于公益目的或者其他非营利目的，或者由登记管理机关转赠给与该组织性质、宗旨相同的组织，并向社会公告。这一特征既将民间非营利组织与企业区分开来，也将其与行政事业单位区分开来，行政事业单位尽管也属于非营利组织，但是国家对这些组织及其净资产拥有所有权。

二、民间非营利组织的会计要素

民间非营利组织的会计要素划分为反映财务状况的会计要素和反映业务活动情况的会计要素。由于民间非营利组织的资源提供者对该组织的财产不保留或享有任何财产权利，不取得经济回报，因此，其会计要素不包括所有者权益和利润，而是设置了净资产这一要素。反映财务状况的会计要素包括资产、负债和净资产，其会计等式为：资产－负债＝净资产；反映业务活动情况的会计要素包括收入和费用，其会计等式为：收入－费用＝净资产变动额。

（一）反映财务状况的会计要素

1. 资产，是指过去的交易或者事项形成并由民间非营利组织拥有或者控制的资源，该资源预期会给民间非营利组织带来经济利益或者服务潜力。资产分为流动资产、非流动资产和受托代理资产，非流动资产包括长期投资、固定资产、无形资产等。

2. 负债，是指过去的交易或者事项形成的现时义务，履行该义务预期会导致含有经济利益或者服务潜力的资源流出民间非营利组织。负债分为流动负债、长期负债和受托代理负债。

3. 净资产，是指民间非营利组织的资产减去负债后的余额。净资产应当按照其是否受到限制，分为限定性净资产和非限定性净资产。

（二）反映业务活动情况的会计要素

1. 收入，是指民间非营利组织开展业务活动取得的、导致本期净资产增加的经济利益或者服务潜力的流入，包括捐赠收入、会费收入、提供服务收入、政府补助收入、商品销售收入、投资收益、总部拨款收入和其他收入等。

2. 费用，是指民间非营利组织为开展业务活动所发生的、导致本期净资产减少的经济利益或者服务潜力的流出，包括业务活动成本、税金及附加、管理费用、筹资费用、资产减值损失、所得税费用和其他费用等。

三、民间非营利组织财务会计报告的构成

为了向民间非营利组织的会计信息使用者提供对其决策有用的信息，真实、完整地反映民间非营利组织的财务状况、业务活动情况和现金流量，民间非营利组织应当定期编制财务会计报告。财务会计报告由会计报表、会计报表附注和其他应当在财务会计报告中披露的相关信息和资料组成。财务会计报告中的会计报表至少应当包括资产负债表、业务活动表和现金流量表三张基本报表，同时民间非营利组织应当在会计报表附注中披露编制会计报表所采用的会计政策、已经在会计报表中得到反映的重要项目的具体说明和未在会计报表中得到反映的重要信息的说明等内容。

第二节 民间非营利组织特定业务的会计核算

一、捐赠收入

（一）捐赠收入的概念

捐赠通常是指某个单位或个人（捐赠人）自愿地将现金或其他资产无偿地转让给另一单位或个人（受赠人），或者无偿地清偿或取消该单位或个人（受赠人）的负债。这里的其他资产包括债券、股票、产品、材料、设备、房屋、无形资产和服务等。在实务中，民间非营利组织既可能作为受赠人，接受其他单位或个人的捐赠；也可能作为捐赠人，对其他单位或个人作出捐赠。

捐赠一般具有以下三个基本特征：

1. 捐赠是无偿转让资产或者清偿或取消负债，属于非交换交易；

2. 捐赠是自愿地转让资产或者清偿或取消负债，从而将捐赠与纳税、征收罚款等其他非交换交易区分开；

3. 捐赠交易中资产或服务的转让不属于所有者的投入或向所有者的分配。

判断某项交易是否是捐赠时，还需要注意以下几点：

1. 应当将捐赠与受托代理业务等类似交易区分开；

2. 可能某项交易的一部分属于捐赠交易，另一部分属于其他性质的交易；

3. 应当将政府补助收入与捐赠收入区分开，分别核算和反映。

捐赠收入是指民间非营利组织接受其他单位或者个人捐赠所取得的收入。民间非营利组织应当区分捐赠与捐赠承诺。捐赠承诺是指捐赠现金或其他资产的书面协议或口头约定等。由于捐赠承诺不满足非交换交易收入的确认条件，民间非营利组织对于捐赠承诺，不应予以确认，但可以在会计报表附注中作相关披露。

（二）捐赠收入金额的确定

对于民间非营利组织接受捐赠收到的现金资产，应当按照实际收到的金额入账。对于民间非营利组织接受捐赠收到的股权，应当按照民间非营利组织根据有关规定开具的捐赠票据等凭据金额入账。对于民间非营利组织接受捐赠收到的其他非现金资产，应当按照以下方法确定其入账价值：（1）如果捐赠方提供了有关凭据（如发票、报关单、有关协议等）的，应当按照凭据上标明的金额作为入账价值。（2）如果捐赠方没有提供有关凭据的，或者凭据上标明的金额与受赠资产公允价值相差较大，受赠资产应当以其公允价值作为入账价值。（3）对于民间非营利组织接受的固定资产、无形资产捐赠，如果捐赠方没有提供有关凭据，且有确凿的证据表明该资产的公允价值确实无法可靠计量，应当按照名义金额（即人民币1元）入账。对于民间非营利组织接受的文物资源捐赠，如果捐赠方没有提供有关凭据，应当按照名义金额入账。（4）对于民间非营利组织接受的服务捐赠，如果捐赠方提供了发票等有关凭据，且凭据上标明的金额能够反映受赠服务的公允价值，民间非营利组织应当按照凭据金额入账，其他情况不予确认。

《民间非营利组织会计制度》中所称的公允价值是指市场参与者在计量日发生的有序交易中，出售一项资产所能收到或者转移一项负债所需支付的价格。公允价值的确定顺序如下：（1）如果同类或者类似资产存在活跃市场的，应当按照同类或者类似资产的市场价格确定公允价值。（2）如果同类或类似资产不存在活跃市场，或者无法找到同类或者类似资产的，应当采用合理的计价方法确定资产的公允价值。其中，"市场价格"一般指取得资产当日捐赠方自产物资的出厂价、捐赠方所销售物资的销售价、政府指导价、知名大型电商平台同类或者类似商品价格等，"合理的计价方法"包括由第三方机构进行估价等。

（三）捐赠收入的核算

民间非营利组织对于捐赠收入，应按照捐赠人对捐赠资产是否设置了限制，分别按照限定性收入和非限定性收入进行核算。如果捐赠人对捐赠资产的使用设置了时间限制或（和）用途限制，则确认的相关捐赠收入为限定性捐赠收入；如果捐赠方对捐赠资产的使用没有设置限制，则确认的相关捐赠收入为非限定性捐赠收入。

民间非营利组织为了核算其接受其他单位或者个人捐赠所取得的收入，应当设置"捐赠收入"科目，并按照捐赠收入是否存在限制，在"捐赠收入"科目下设置"限定性收入"和"非限定性收入"明细科目分别核算限定性捐赠收入和非限定性捐赠收入。如果民间非营利组织存在多个捐赠项目，还可以结合具体情况，在"限定性收入"和"非限定性收入"明细科目下按照捐赠项目设置相应的明细科目。

"捐赠收入"科目的贷方反映当期捐赠收入的实际发生额。在会计期末，应当将该科目中"非限定性收入"明细科目的余额转入"非限定性净资产"科目，将该科目中"限定性收入"明细科目的余额转入"限定性净资产"科目。期末结转后该科目应无余额。

1. 接受捐赠时，按照应确认的金额，借记"现金""银行存款""短期投资""存货""长期股权投资""长期债权投资""固定资产""无形资产"等科目，贷记"捐赠收入——限定性收入"或"捐赠收入——非限定性收入"科目。

接受的服务捐赠收入，按照应确认的金额，借记"业务活动成本""管理费用"等科目，贷记"捐赠收入——限定性收入"或"捐赠收入——非限定性收入"科目。

接受的捐赠，如果由于捐赠方或法律法规限制等民间非营利组织之外的原因存在需要偿还全部或部分捐赠资产或者相应金额的现时义务时，按照需要偿还的金额，借记"捐赠收入——限定性收入"，贷记"其他应付款"等科目；如果由于民间非营利组织自身原因存在需要偿还全部或部分捐赠资产或者相应金额的现时义务时，按照需要偿还的金额，借记"管理费用"科目，贷记"其他应付款"等科目。

2. 如果限定性捐赠收入的限制在确认收入的当期得以完全解除，应当将其转为非限定性捐赠收入，借记"捐赠收入——限定性收入"科目，贷记"捐赠收入——非限定性收入"科目。

3. 期末，将"捐赠收入"科目各明细科目的余额分别转入限定性净资产和非限定性净资产，借记"捐赠收入——限定性收入"科目，贷记"限定性净资产"科目，借记"捐赠收入——非限定性收入"科目，贷记"非限定性净资产"科目。

【例 25 – 1】 2025 年 4 月 2 日，甲社会团体收到乙企业捐赠款项。协议规定，乙企业向甲社会团体捐赠 54 000 元，应当在协议签订当日转入甲社会团体银行账户；甲社会团体应当将这笔款项用于某项学术课题。甲社会团体的账务处理如下：

借：银行存款　　　　　　　　　　　　　　　　　　54 000
　　贷：捐赠收入——限定性收入　　　　　　　　　　　　54 000

【例 25 - 2】 2024 年 6 月 16 日，甲基金会与乙企业签订了一份捐赠协议。协议规定，自 2024 年 7 月 1 日至 2024 年 12 月 31 日，乙企业在此 6 个月的期间内每售出一件产品，即向甲基金会捐赠 1 元钱，以资助贫困人员医疗救治，款项将在每月底按照销售量计算后汇至甲基金会银行账户。同时，乙企业承诺，此次捐赠的款项不会少于 600 000 元，并争取达到 1 000 000 元。根据此协议，甲基金会在 2024 年 7 月底收到了乙企业捐赠的款项 90 000 元。甲基金会的账务处理如下：

（1）2024 年 6 月 16 日，不满足捐赠收入的确认条件，不需要进行账务处理。

（2）2024 年 7 月底，按照收到的捐款金额，确认捐赠收入。

借：银行存款　　　　　　　　　　　　　　　　　　　90 000

　　贷：捐赠收入——限定性收入　　　　　　　　　　　　　90 000

（3）2024 年 8 月至 12 月的每月月底，分别按照收到的捐款金额，确认捐赠收入。会计分录同 7 月底。

【例 25 - 3】 2024 年 8 月 24 日，甲基金会与乙企业签订了一份捐赠协议。协议规定，乙企业将向甲基金会捐赠 180 000 元，其中 177 000 元用于资助贫困地区的儿童；3 000 元用于此次捐赠活动的管理，款项将在协议签订后的 20 日内汇至甲基金会银行账户。根据此协议，2024 年 9 月 12 日，甲基金会收到了乙企业捐赠的款项 180 000 元。2024 年 9 月 19 日，甲基金会将 177 000 元转赠给数家贫困地区的小学，并发生了 1 000 元的管理费用。甲基金会的账务处理如下：

扫码看讲解

（1）2024 年 8 月 24 日，不满足捐赠收入的确认条件，不需要进行账务处理。

（2）2024 年 9 月 12 日，按照收到的捐款金额，确认捐赠收入。

借：银行存款　　　　　　　　　　　　　　　　　　180 000

　　贷：捐赠收入——限定性收入　　　　　　　　　　　　180 000

（3）2024 年 9 月 19 日，按照实际发生的金额，确认业务活动成本。

借：业务活动成本——限定性费用　　　　　　　　　　177 000

　　管理费用——限定性费用　　　　　　　　　　　　　1 000

　　贷：银行存款　　　　　　　　　　　　　　　　　　178 000

【例 25 - 4】 沿用【例 25 - 3】2024 年 9 月 24 日，甲基金会与乙企业签订了一份补充协议，协议规定，此次捐赠活动结余的 2 000 元由甲基金会自由支配。甲基金会的账务处理如下：

（1）2024 年 9 月 24 日，限定性捐赠收入的限制在确认收入的当期得以完全解除，将其转为非限定性捐赠收入。

借：捐赠收入——限定性收入　　　　　　　　　　　　　　　　2 000
　　贷：捐赠收入——非限定性收入　　　　　　　　　　　　　　　　　2 000

（2）2024 年 9 月 30 日，期末结转收入。

借：捐赠收入——限定性收入　　　　　　　　　　　　　　　178 000
　　捐赠收入——非限定性收入　　　　　　　　　　　　　　　　2 000
　　贷：限定性净资产　　　　　　　　　　　　　　　　　　　　　178 000
　　　　非限定性净资产　　　　　　　　　　　　　　　　　　　　　2 000

【例 25 – 5】沿用【例 25 – 3】2024 年 12 月 12 日，甲基金会与乙企业签订了一份补充协议，协议规定：此次捐赠活动结余的 2 000 元由甲基金会自由支配。甲基金会的账务处理如下：

（1）2024 年 9 月 30 日，期末结转收入。

借：捐赠收入——限定性收入　　　　　　　　　　　　　　　180 000
　　贷：限定性净资产　　　　　　　　　　　　　　　　　　　　　180 000

（2）2024 年 12 月 12 日，剩余 2 000 元的限制已经完全解除，应当对净资产进行重分类。

借：限定性净资产　　　　　　　　　　　　　　　　　　　　　2 000
　　贷：非限定性净资产　　　　　　　　　　　　　　　　　　　　　2 000

【例 25 – 6】2023 年 4 月 5 日，某基金会收到一笔 500 000 元的捐款，捐赠人要求该基金会在 2024 年度使用该款项。2024 年 2 月 20 日，该基金会使用了其中的 450 000 元，用于资助贫困家庭。2025 年 1 月 1 日，由于基金会自身原因，剩余 50 000 元还未使用，需要退回捐赠人。该基金会的账务处理如下：

（1）2023 年 4 月 5 日，收到捐款。

借：银行存款　　　　　　　　　　　　　　　　　　　　　500 000
　　贷：捐赠收入——限定性收入　　　　　　　　　　　　　　　500 000

（2）2023 年 4 月 30 日，将捐赠收入结转到限定性净资产。

借：捐赠收入——限定性收入　　　　　　　　　　　　　　　500 000
　　贷：限定性净资产　　　　　　　　　　　　　　　　　　　　　500 000

（3）2024 年 2 月 20 日，使用捐赠款项。

借：业务活动成本——限定性费用　　　　　　　　　　　　　450 000
　　贷：银行存款　　　　　　　　　　　　　　　　　　　　　450 000

（4）2024 年 2 月 28 日，期末结转。

借：限定性净资产　　　　　　　　　　　　　　　　　　　　450 000
　　贷：业务活动成本——限定性费用　　　　　　　　　　　　　450 000

（5）2025 年 1 月 1 日，需要退回未使用捐款。

借：管理费用——限定性费用   50 000

  贷：其他应付款   50 000

【例 25 - 7】2024 年 11 月 5 日，某捐资举办的民办学校获得一笔 23 000 元的捐款，捐款人要求将款项用于奖励该校 2025 年度科研竞赛的前十名学生。在 2024 年 11 月 7 日，又得到一笔 1 000 000 元的政府实拨补助款，要求用于资助贫困学生。该民办学校的账务处理如下：

（1）2024 年 11 月 5 日，收到捐款。

借：银行存款   23 000

  贷：捐赠收入——限定性收入   23 000

（2）2024 年 11 月 7 日，收到补助款。

借：银行存款   1 000 000

  贷：政府补助收入——限定性收入   1 000 000

（3）2024 年 11 月 30 日，将收入结转限定性净资产。

借：捐赠收入——限定性收入   23 000

  政府补助收入——限定性收入   1 000 000

  贷：限定性净资产   1 023 000

二、受托代理业务

（一）受托代理业务的概念

受托代理业务是指民间非营利组织从委托方收到受托资产，并按照委托人的意愿将资产转赠给指定的其他组织或者个人的受托代理过程。民间非营利组织在业务活动中，有时会充当中间人的角色，帮助捐赠人将款项或其他资产转赠给其他单位或个人。在这种业务活动中，民间非营利组织通常只是从委托方取得现金或其他资产，然后按照委托人的意愿将这些资产转赠给委托人指定的第三方，或者按照有关规定将资产转交给指定的其他组织或者个人。民间非营利组织本身在此业务活动过程中只是起中介作用，没有权利改变上述资产的用途或者变更受益人。这种业务活动就是《民间非营利组织会计制度》中所界定的受托代理业务。民间非营利组织接受委托方委托从事受托代理业务而收到的资产即为受托代理资产。民间非营利组织因从事受托代理业务、接受受托代理资产而产生的负债即为受托代理负债。

（二）受托代理业务的界定

受托代理业务是指有明确的转赠或者转交协议，或者虽然无协议但同时满足以下条件的业务：

1. 民间非营利组织在取得资产的同时即产生了向具体受益人转赠或转交资产的现时

义务,不会导致自身净资产的增加。因为在受托代理业务中,民间非营利组织并不是受托代理资产的最终受益人,只是代受益人保管这些资产,对于资产以及资产带来的收益不具有控制权。

2. 民间非营利组织仅起到中介而非主导发起作用,帮助委托人将资产转赠或转交给指定的受益人,并且没有权利改变受益人,也没有权利改变资产的用途。在受托代理业务中,受托代理资产的受益人是由委托人具体指定的,民间非营利组织没有变更的权利。

3. 委托人已明确指出了具体受益人个人的姓名或受益单位的名称,包括从民间非营利组织提供的名单中指定一个或若干个受益人。例如,在希望工程中,基金会向社会公布拟资助困难学生名单,捐赠人可以从中选择资助一名或多名困难学生。

(三)受托代理业务的核算

根据《民间非营利组织会计制度》的规定,对于受托代理业务,民间非营利组织应当比照接受捐赠资产的原则确认和计量受托代理资产,同时应当按照其金额确认相应的受托代理负债。民间非营利组织需要设置两个会计科目,即"受托代理资产"和"受托代理负债"科目,分别核算民间非营利组织接受委托方委托从事受托代理业务而收到的资产与因从事受托代理业务、接受受托代理资产而产生的负债。

民间非营利组织应当设置受托代理资产登记簿,加强对受托代理资产的管理;同时应当在"受托代理资产"和"受托代理负债"科目下,按照指定的受赠组织或个人设置明细账,进行明细核算。"受托代理资产"科目的期末借方余额,反映民间非营利组织期末尚未转出的受托代理资产价值;"受托代理负债"科目的期末贷方余额,反映民间非营利组织尚未清偿的受托代理负债。

1. 收到受托代理资产时,应当按照应确认的受托代理资产的入账金额,借记"受托代理资产"科目,贷记"受托代理负债"科目。其中,受托代理资产的入账价值应当比照接受捐赠资产确定。

2. 在转赠或者转出受托代理资产时,应当按照转出受托代理资产的账面余额,借记"受托代理负债"科目,贷记"受托代理资产"科目。

收到的受托代理资产如果为现金、银行存款或其他货币资金,可以不通过"受托代理资产"科目核算,而在"现金""银行存款""其他货币资金"科目下设置"受托代理资产"明细科目进行核算。即在取得这些受托代理资产时,借记"现金——受托代理资产""银行存款——受托代理资产""其他货币资金——受托代理资产"科目,贷记"受托代理负债"科目;在转赠或者转出受托代理资产时,借记"受托代理负债"科目,贷记"现金——受托代理资产""银行存款——受托代理资产""其他货币资金——受托代理资产"科目。

【例 25 – 8】2024 年 12 月 10 日，甲民间非营利组织、乙民间非营利组织与丙企业共同签订了一份捐赠协议，协议规定：丙企业将通过甲民间非营利组织向乙民间非营利组织下属的 10 家儿童福利院（附有具体的受赠福利院名单）捐赠全新的台式电脑 60 台，每家福利院 6 台。每台电脑的账面价值为 12 000 元。丙企业应当在协议签订后的 10 日内将电脑运至甲民间非营利组织。甲民间非营利组织应当在电脑运抵后的 20 日内派志愿者将电脑送至各福利院，并负责安装。2024 年 12 月 18 日，丙企业按照协议规定将电脑运至甲民间非营利组织。截至 2024 年 12 月 31 日，甲民间非营利组织尚未将电脑送至各福利院。假设不考虑其他因素和税费。

甲民间非营利组织的账务处理如下：

根据协议规定判断，此项交易对于甲民间非营利组织属于受托代理交易。

（1）2024 年 12 月 18 日，收到电脑。

借：受托代理资产——电脑   720 000

    贷：受托代理负债   720 000

（2）相关披露。

甲民间非营利组织应当在 2024 年 12 月 31 日资产负债表中单设"受托代理资产"和"受托代理负债"项目，金额均为 720 000 元。同时，应当在会计报表附注中披露该受托代理业务的情况。

【例 25 – 9】2024 年 12 月 1 日，甲基金会与乙企业签订了一份捐赠合作协议，协议规定：乙企业将通过甲基金会向丙学校捐款 100 000 元，乙企业应当在协议签订后的 10 日内将款项汇往甲基金会银行账户，甲基金会应当在收到款项后的 10 日内将款项汇往丙学校的银行账户。2024 年 12 月 8 日，乙企业按照协议规定将款项汇至甲基金会账户。2024 年 12 月 15 日，甲基金会按照协议规定将款项汇至丙学校账户。假设不考虑其他因素和税费。

甲基金会的账务处理如下：

根据协议规定判断，此项交易对于甲基金会属于受托代理交易。

（1）2024 年 12 月 8 日，收到银行存款。

借：银行存款——受托代理资产   100 000

    贷：受托代理负债   100 000

（2）2024 年 12 月 15 日，转出银行存款。

借：受托代理负债   100 000

    贷：银行存款——受托代理资产   100 000

三、业务活动成本

业务活动成本是指民间非营利组织为了实现其业务活动目标、开展某项目活动或者提供服务所发生的费用。

民间非营利组织的业务活动成本应当按照是否存在限定区分为非限定性费用和限定性费用，设置"非限定性费用""限定性费用"明细科目进行明细核算。如果民间非营利组织从事的项目、提供的服务或者开展的业务比较单一，可以将相关费用全部归集在"业务活动成本"科目下进行核算；如果民间非营利组织从事的项目、提供的服务或者开展的业务种类较多，应当在"业务活动成本"科目下设置相应的明细科目，分项目、服务或者业务大类进行明细核算。如果民间非营利组织的某些费用是属于业务活动、管理活动和筹资活动等共同发生的，而且不能直接归属于某一类活动，则应当将这些费用按照合理的方法在各项活动中进行分配。

此外，如果民间非营利组织接受政府提供的专项资金补助，可以在"政府补助收入——限定性收入"科目下设置"专项补助收入"进行核算；同时，在"业务活动成本"科目下设置"专项补助成本"，归集当期为专项资金补助项目发生的所有费用。

民间非营利组织发生的业务活动成本，应当按照其发生额计入当期费用。"业务活动成本"科目的借方反映当期业务活动成本的实际发生额。业务活动成本的主要账务处理如下：

1. 发生的业务活动成本，应当借记"业务活动成本"科目，贷记"现金""银行存款""存货""应付账款"等科目。民间非营利组织收到退回的捐赠资产，按照退回的金额，借记"现金""银行存款""存货"等科目，贷记本科目。

2. 会计期末，将"业务活动成本"科目各明细科目的余额分别转入非限定性净资产和限定性净资产，借记"非限定性净资产"科目，贷记"业务活动成本——非限定性费用"科目；借记"限定性净资产"科目，贷记"业务活动成本——限定性费用"科目。

【例 25 – 10】 某教育基金会主要致力于推动教育事业发展，2024 年 7 月 15 日，用银行存款（捐赠者要求该笔银行存款只能用于奖励优秀青年教师）向甲中学捐赠 20 000 元，用于奖励优秀青年教师。假设不考虑相关税费，该基金会的账务处理如下：

借：业务活动成本——限定性费用　　　　　　　　　　　　　　20 000
　　贷：银行存款　　　　　　　　　　　　　　　　　　　　　　　　20 000

【例 25 – 11】 2024 年 8 月 5 日，某社会团体对外售出自营的杂志 20 000 份，每份售价 5 元，款项已于当日收到（假定均为银行存款），每份杂志的成本为 4 元。假定销售符合收入确认条件，不考虑相关税费。该社会团体的账务处理如下：

按照配比原则，在确认销售收入时，应当结转相应的成本。

借：银行存款　　　　　　　　　　　　　　　　　　　　　　100 000
　　贷：商品销售收入——非限定性收入　　　　　　　　　　　　　100 000
借：业务活动成本——非限定性费用（商品销售成本）　　　　80 000
　　贷：存货　　　　　　　　　　　　　　　　　　　　　　　　　　80 000

【例25-12】2024年12月31日，某民间非营利组织"业务活动成本——非限定性费用"科目的借方余额为230 000元，"业务活动成本——限定性费用"科目的借方余额为70 000元。该民间非营利组织的账务处理如下：

借：非限定性净资产　　　　　　　　　　　　　　　　230 000
　　限定性净资产　　　　　　　　　　　　　　　　　70 000
　　贷：业务活动成本——非限定性费用　　　　　　　　　230 000
　　　　业务活动成本——限定性费用　　　　　　　　　70 000

四、净资产

（一）净资产的分类

按照是否受到限制，民间非营利组织的净资产分为限定性净资产和非限定性净资产。如果资产或者资产所产生的经济利益（如资产的投资收益和利息等）的使用受到资产提供者或者国家有关法律、行政法规所设置的时间限制或（和）用途限制，由此形成的净资产即为限定性净资产。国家有关法律、行政法规对净资产的使用直接设置限制的，该受限制的净资产也应作为限定性净资产。除此之外的其他净资产应作为非限定性净资产。

时间限制是由资产提供者或者国家有关法律、行政法规要求民间非营利组织在收到资产后的特定时期之内或特定日期之后使用该项资产，或者对资产的使用设置了永久限制。用途限制是指资产提供者或者国家有关法律、行政法规要求民间非营利组织将收到的资产用于某一特定的用途。在界定限定性净资产时，需要注意以下几点：

1. 限制是由民间非营利组织之外的资源提供者或者国家有关法律、行政法规作出的，民间非营利组织为此承担了遵循这些限制的责任。民间非营利组织的理事会或类似权力机构对净资产的使用所作的限定性决策、决议或拨款限额等，属于民间非营利组织内部管理上对资产使用所作的限制，不属于所界定的限定性净资产，因为这种限制是该组织可以自行决定撤销或变更的。

2. 资源提供者或者国家有关法律、行政法规所设置的限制只有在比民间非营利组织的宗旨、目的或章程等关于资产使用的要求更为具体明确时，才能成为制度所指的限制。

3. 在实务中，时间限制和用途限制常常是同时存在的，民间非营利组织应当能够判断是否存在时间限制或用途限制，或者两种限制同时存在。

4. 有些时候，资源提供者并没有明确规定资产使用的时间或用途，但是如果当时的情形足以推定资源提供者对资产的限制，也应当将相应净资产界定为限定性净资产。

（二）注册资金的核算

民间非营利组织取得的注册资金，应当直接计入净资产。注册资金的使用受到时间限制或（和）用途限制的，在取得时直接计入限定性净资产；其使用没有受到限制的，在取得时直接计入非限定性净资产。

民间非营利组织用净资产转增注册资金，并不引起资产和净资产的变动，无须进行会计处理。

（三）期末限定性净资产的核算

民间非营利组织应当设置"限定性净资产"科目核算本单位的限定性净资产，并可以根据本单位的具体情况和实际需要，在"限定性净资产"科目下设置相应的二级科目和明细科目。

1. 期末结转限定性收入。

期末，民间非营利组织应当将当期限定性收入的贷方余额结转至限定性净资产，即将各收入科目中所属的限定性收入明细科目的贷方余额转入"限定性净资产"科目的贷方，借记"捐赠收入——限定性收入""政府补助收入——限定性收入"等科目，贷记"限定性净资产"科目。

2. 期末结转成本费用。

期末，民间非营利组织应当将当期限定性费用的借方余额结转限定性净资产，即将各费用科目中所属的限定性费用明细科目的借方余额转入"限定性净资产"科目的借方，借记"限定性净资产"科目，贷记"业务活动成本——限定性费用""税金及附加——限定性费用"等科目。

（四）期末非限定性净资产的核算

如果资源提供者对所提供的资产（以及资产所产生的经济利益）的使用没有设置限制，由此形成的净资产就属于非限定性净资产。民间非营利组织从事按照等价交换原则销售商品、提供服务等交换交易时，由于所获得的收入大于成本而积累的净资产，通常也属于非限定性净资产（除非资产提供者和国家法律、行政法规对资产的这些收入设置了限制）。

民间非营利组织应当设置"非限定性净资产"科目来核算本单位的非限定性净资产，并可以根据本单位的具体情况和实际需要，在"非限定性净资产"科目下设置相应的二级科目和明细科目。

1. 期末结转非限定性收入。

期末，民间非营利组织应当将捐赠收入、会费收入、提供服务收入、政府补助收入、商品销售收入、投资收益、总部拨款收入和其他收入等各项收入科目中非限定性收入明细科目的期末余额结转至非限定性净资产，借记"捐赠收入——非限定性收入""会费收入——非限定性收入""提供服务收入——非限定性收入""政府补助收入——非限定性收入""商品销售收入——非限定性收入""投资收益——非限定性收入""其他收入——非限定性收入"科目，贷记"非限定性净资产"科目。

2. 期末结转成本费用。

期末，民间非营利组织应当将业务活动成本、税金及附加、管理费用、筹资费用、资产减值损失和其他费用等各项费用科目中非限定性费用明细科目的期末余额结转至非限定性净资产，并将所得税费用科目的期末余额结转至非限定性净资产，借记"非限定性净资产"科目，贷记"业务活动成本——非限定性费用""税金及附加——非限定性费用""管理费用——非限定性费用""资产减值损失——非限定性费用""筹资费用——非限定性费用""其他费用——非限定性费用""所得税费用"科目。

（五）净资产的重分类

如果限定性净资产的限制已经完全解除，应当对净资产进行重分类，将限定性净资产转为非限定性净资产，借记"限定性净资产"科目，贷记"非限定性净资产"科目。民间非营利组织应当区分限制解除的不同情况，确定将限定性净资产转为非限定性净资产的金额。当同时符合下列两种情况时，可以认为限制已经完全解除：一是设置的限制时间已经到期或时间限制已经解除；二是设置的用途限制已经解除。对于资产提供者或者国家有关法律、行政法规等撤销对限定性净资产所设置限制的，应当在撤销时金额转为非限定性净资产。

对于因资产提供者或者国家有关法律、行政法规要求在收到资产后的特定时期之内使用该项资产而形成的限定性净资产，若在限定时间已经到期时，资产提供者撤销了剩余资产的限制，则应当按照该限定性净资产的余额转为非限定性净资产。若在限定时间已经到期时，由于民间非营利组织自身原因需要退回剩余资产，则应当按照需要偿还的金额计入管理费用。

【例 25－13】 2024 年 6 月 7 日，某基金会收到一笔 300 000 元的捐款，捐赠人要求该基金会在 2025 年 1 月 1 日之后才能使用该款项。2025 年 3 月 5 日，该基金会使用了其中的 100 000 元，用于资助贫困家庭。该基金会的账务处理如下：

（1）2024 年 6 月 7 日，收到捐款。

借：银行存款 300 000
　　贷：捐赠收入——限定性收入 300 000

（2）2024 年 6 月 30 日，将捐赠收入结转到限定性净资产。

借：捐赠收入——限定性收入 300 000
　　贷：限定性净资产 300 000

（3）2025 年 1 月 1 日，由于该捐赠的限定条件（时间限制）已经完全解除，将限定性净资产进行重分类。

借：限定性净资产 300 000
　　贷：非限定性净资产 300 000

（4）2025 年 3 月 5 日，使用捐赠款项。

借：业务活动成本——非限定性费用 100 000
　　贷：银行存款 100 000

【例 25 - 14】 2024 年 1 月 1 日，某非营利性民办学校接受了一项固定资产捐赠，价值 1 200 000 元，捐赠人要求该学校将这项固定资产用作办公楼，不得出售或挪为他用。假设收到时固定资产为全新资产，预期使用年限为 10 年，采用直线法计提折旧，不考虑净残值。该民办学校的账务处理如下：

（1）2024 年 1 月 1 日，收到捐赠。

借：固定资产　　　　　　　　　　　　　　　　　　　　　　1 200 000

　　贷：捐赠收入——限定性收入　　　　　　　　　　　　　　　　　1 200 000

（2）2024 年 1 月起提取折旧，月折旧额为 1 200 000 ÷ 10 ÷ 12 = 10 000（元）。
2024 年 1 月 31 日计提折旧：

借：管理费用——限定性费用　　　　　　　　　　　　　　　　　10 000

　　贷：累计折旧　　　　　　　　　　　　　　　　　　　　　　　　10 000

将捐赠收入结转到限定性净资产。

借：捐赠收入——限定性收入　　　　　　　　　　　　　　　　1 200 000

　　贷：限定性净资产　　　　　　　　　　　　　　　　　　　　　1 200 000

将管理费用结转到限定性净资产。

借：限定性净资产　　　　　　　　　　　　　　　　　　　　　10 000

　　贷：管理费用——限定性费用　　　　　　　　　　　　　　　　　10 000

【例 25 - 15】 2024 年 1 月 1 日，某非营利性民办学校接受了一项固定资产捐赠，价值 1 200 000 元，捐赠人要求该学校须在收到资产后的一年内（即至 2024 年 12 月 31 日）将这项固定资产用作办公楼，此后的用途不限。该民办学校 2024 年 1 月 1 日至 2024 年 12 月 31 日的账务处理同【例 25 - 14】，2025 年 1 月起的账务处理如下：

（1）2025 年 1 月，限制时间已到期。限定性净资产的净额 = 1 200 000 - 120 000 - 120 000 = 960 000（元）。

借：限定性净资产　　　　　　　　　　　　　　　　　　　　　960 000

　　贷：非限定性净资产　　　　　　　　　　　　　　　　　　　　　960 000

（2）2025 年 1 月起，每月计提折旧。

借：管理费用——非限定性费用　　　　　　　　　　　　　　　10 000

　　贷：累计折旧　　　　　　　　　　　　　　　　　　　　　　　　10 000

期末将管理费用结转到非限定性净资产。

借：非限定性净资产　　　　　　　　　　　　　　　　　　　　10 000

　　贷：管理费用——非限定性费用　　　　　　　　　　　　　　　　10 000

【例 25 - 16】 2024 年 1 月 1 日，某非营利性民办学校接受了一项固定资产捐赠，价值 1 200 000 元，捐赠人要求该学校须在 2024 年 7 月 1 日之后将这项固定资产用作办公楼。实际上，由于种种原因，学校直到 2025 年 1 月 1 日才将该固定资产用作办公楼，之前一直闲置。2024 年 1 月起的账务处理如下：

（1）2024 年 1 月起，每月计提折旧。

借：管理费用——限定性费用	10 000
贷：累计折旧	10 000

期末将管理费用结转到限定性净资产。

借：限定性净资产	10 000
贷：管理费用	10 000

（2）2025 年 1 月 1 日起，该固定资产按照规定用途使用。

每月计提折旧。

借：管理费用——限定性费用	10 000
贷：累计折旧	10 000

期末将管理费用结转到限定性净资产。

借：限定性净资产	1 000
贷：管理费用	1 000

【例 25 - 17】 2024 年 12 月 4 日，某民办非营利性医院取得一项捐款 600 000 元，捐赠人限定将该款项用于购置化疗设备。2025 年 1 月 12 日，该医院购入价值 570 000 元的化疗设备。2025 年 1 月 19 日，经与捐赠人协商，捐赠人同意将剩余的款项 30 000 元留归该医院自主使用。该医院的账务处理如下：

（1）2024 年 12 月 4 日，取得捐赠。

借：银行存款	600 000
贷：捐赠收入——限定性收入	600 000

（2）2024 年 12 月 31 日，将捐赠收入结转到限定性净资产。

借：捐赠收入——限定性收入	600 000
贷：限定性净资产	600 000

（3）2025 年 1 月 12 日，购入化疗设备。

借：固定资产	570 000
贷：银行存款	570 000

由于捐赠人对该化疗设备未设置限制，购入设备部分的限定性净资产的限制已经完全解除，应当对净资产进行重分类。

借：限定性净资产	570 000
贷：非限定性净资产	570 000

（4）2025 年 1 月 19 日，捐赠人撤销了对剩余款项的限制，应当将限定性净资产进行重分类。

借：限定性净资产	30 000
贷：非限定性净资产	30 000

有些情况下，资源提供者或者国家有关法律、行政法规会对以前期间未设置限制的资产增加时间限制或（和）用途限制，应将非限定性净资产转入限定性净资产，借记"非限定性净资产"科目，贷记"限定性净资产"科目。

本章思考题

1. 民间非营利组织与企业有哪些区别？这些区别在会计核算方面如何体现？

2. 如何区分受托代理业务与捐赠收入中的限定性收入？

3. 民间非营利组织在哪些情况下应该对净资产进行重分类？